深圳证券交易所
SHENZHEN
STOCK EXCHANGE
金融衍生品丛书

麦克米伦谈期权

| 原书第 2 版 |

[美] 劳伦斯 G. 麦克米伦（Lawrence G. McMillan）著

深圳证券交易所
衍生品丛书编译组　译

MCMILLAN
ON OPTIONS

Second Edition

机械工业出版社
CHINA MACHINE PRESS

图书在版编目（CIP）数据

麦克米伦谈期权（原书第 2 版）/（美）劳伦斯 G. 麦克米伦（Lawrence G. McMillan）著；深圳证券交易所衍生品丛书编译组译 . —北京：机械工业出版社，2017.11（2025.6 重印）

（深圳证券交易所金融衍生品丛书）

书名原文：McMillan on Options

ISBN 978-7-111-58428-5

I. 麦…　II. ①劳…　②深…　III. 期权交易 – 基本知识　IV. F830.91

中国版本图书馆 CIP 数据核字（2017）第 266846 号

北京市版权局著作权合同登记　图字：01-2011-4439 号。

Lawrence G. McMillan. McMillan on Options, 2nd Edition.

ISBN 978-0-47-167875-5

Copyright © 2004 by Lawrence G. McMillan.

麦克米伦谈期权（原书第 2 版）

出版发行：机械工业出版社（北京市西城区百万庄大街 22 号　邮政编码：100037）

责任编辑：黄姗姗　　　　　　　　　　　　　　责任校对·李秋荣

印　　刷：北京富资园科技发展有限公司　　　版　　次：2025 年 6 月第 1 版第 10 次印刷

开　　本：185mm×260mm　1/16　　　　　　　印　　张：30.5

书　　号：ISBN 978-7-111-58428-5　　　　　　定　　价：120.00 元

客服电话：（010）88361066　68326294

版权所有·侵权必究
封底无防伪标均为盗版

自从中国共产党第十八次全国代表大会召开以来，我国金融改革不断取得新的重大成就，金融业保持快速发展，金融体系不断完善，金融产品日益丰富，金融监管持续改进。在深化金融改革的大背景下，金融衍生品的试点和推广对服务社会经济发展、提升金融资源配置效率、提高金融风险防控能力，具有重要的现实意义。期权及期货产品能够降低金融活动的交易成本，有效分担风险，提高市场效率，减少系统风险，这正是衍生品市场存在的意义所在。但市场机制失效时，衍生品的过度投机也可能加剧市场波动，影响金融市场的稳定。因此，必须坚持审慎原则，在严格防控风险的前提下，稳步发展衍生品。

20 世纪 70 年代金融创新浪潮爆发以来，国际金融市场的衍生品发展迅速，品种不断丰富，规模持续增长。股票期权诞生于 1973 年，是当时创新浪潮划时代的产品。股票期权具有价格发现、风险管理的功能。作为交易所场内标准化的重要产品，股票期权依靠其成本低、流动性强、标准化程度高等优势，已经成为全球金融市场应用广泛的成熟衍生工具。据统计，2016 年全球场内衍生品交易量为 252.2 亿张，较 2015 年增长 1.7%，其中期权占比 37%，期货占比 63%，亚太市场交易量全球居首（36.4%），股票类衍生品交易量保持第一（46.3%）。在股票类衍生品中，ETF 期权广受欢迎，VIX 等创新性期权的市场需求旺盛，同时中国概念的衍生品交投活跃。近年来，我国衍生品市场持续稳健发展，股指期货、国债期货、ETF 期权、商品期权陆续推出。2015 年 2 月 9 日，上证 50ETF 期权正式上线，标志着我国资本市场进入期权时代。2017

年3月和4月，豆粕期权与白糖期权相继推出，2017年成为我国商品期权的交易元年。

深圳证券交易所（简称"深交所"）根植于中国改革开放的前沿，在中国证券监督管理委员会（简称"证监会"）的领导下，紧紧围绕服务实体经济、防控金融风险、深化金融改革三项任务，服务中国经济发展战略，致力于建设世界一流的交易所、成为我国创新资本形成中心，积极服务供给侧结构性改革和经济转型升级。深交所始终把市场体系建设放在重要位置，从主板、中小企业板到创业板，从股本证券、基金、固定收益到各类其他产品，深市多层次市场体系、多样化产品体系格局初步形成，成为金融服务改革开放全局、推进经济转型升级的重要平台。在此基础上，积极推进衍生品市场发展、构建完整的风险管理市场、丰富健全多层次产品体系一直是深圳证券交易所的重要任务。正如《衍生品不是坏孩子》一书中所述，"这些在交易所推出和交易的好的衍生品，能够为社会创造价值，防范了金融机构和资本市场可能出现的系统性风险"。深市具备发展股票期权的现货基础和较强的市场需求。深市ETF期权将为指数投资提供有效的避险工具，有利于促进新兴行业股票的指数化投资，与投资者和深市发展的需要相契合。

十年磨一剑，霜刃未曾试。近年来，深圳证券交易所以服务经济社会发展为根本目的，开展期权等金融衍生品研发工作，2007年出版深圳证券交易所金融衍生品丛书（第一辑）。现在，深圳证券交易所推出衍生品系列丛书第二辑，在第一辑的基础上，继续汇集国外衍生品经典书籍及深圳证券交易所研究成果，希望丛书能够为普及金融衍生品知识、凝聚衍生品发展共识起到积极作用，为我国衍生品市场的发展贡献一份力量，也供业内同仁和有兴趣的人士参考，期待大家的分享交流、批评指正，共同推动我国金融衍生品市场的平稳健康发展。

深圳证券交易所总经理

2017年8月

金融的基本功能是融通资金、配置资源、发现价格和管理风险，这些功能的发挥有助于降低生产中的交易成本，提高效率，增进国民财富。在当前金融改革不断深化的背景之下，优化金融结构，完善金融市场、金融产品体系成为重要任务，完备的金融衍生品体系能够促进金融业与社会经济协调发展，在促进直接融资发展、降低实体经济成本、提升资源配置效率、防控金融风险等方面具有重要的现实意义。在当前社会中，有一种类似"重农主义"的观点往往将金融衍生品与传统金融业及实体经济对立起来。经济史上的重农主义认为在社会各部门中农业是唯一创造财富的部门，其不合理之处在于忽视了国民财富创造是"生产—流通—交换—消费"完整循环的有机过程。金融衍生品是经济完整循环的有机组成部分，在发现价格和管理风险上有着不可或缺的作用，它能够降低金融活动的交易成本，为避险者有效实现风险分担，有着重要的意义。

正如诺贝尔经济学奖获得者罗伯特·默顿所说，金融衍生品是金融系统之间的高效"适配器"，能够提高全球金融一体化和多元化，并通过多种风险转移渠道提高金融稳定性和改善价格信息提取。期权等交易所场内标准化衍生品是现代资本市场和金融体系不可或缺的重要组成部分，交易所的重要职能之一是为市场提供流动性良好、品种丰富的衍生品，满足投资者对于风险管理的需求。深交所始终将市场体系建设放在重要位置，致力于建设世界一流的交易所。积极推进衍生品市场发展，构建完整的风险管理市场一直是深圳证券交易所的重要任务。未来深市股票期权推出以后，不仅能够弥补深市风险管理工具不足的短板，也对促进现货市场发展和提高市场效率有着积极意义。

《麦克米伦谈期权》（*McMillan on Options*）一书在北美推出以来，一直深受全球广大衍生品交易者欢迎。劳伦斯 G. 麦克米伦是公认的理论与实践兼备的期权专家。《麦克米伦谈期权》更是他的杰出著作，也是美国期权界的经典书籍，几乎人手一本。本书涵盖了麦克米伦对期权策略、期权用途、预测指标、波动率以及交易体系的哲学，详细阐释了其在真实的股票期权及其他期权市场中的交易方法，并用实例加以佐证，这是与其他期权书籍最不同的部分。100 多张图表和相应实例，直观、全面地描述不同交易场景下不同的交易方法，在开仓、持仓、平仓三个完整阶段中的市场分析及调整方案，是让读者最着迷、最受益的精华之处。

《麦克米伦谈期权》作为机械工业出版社华章公司出版的深圳证券交易所金融衍生品丛书的第一本译著，对刚涉入期权领域或者已具备一定经验的期权交易者非常具有参考价值，能够让交易者更专业、更理性地参与期权交易，是不可多得的专业书籍，我们希望将此权威且畅销的衍生品经典著作介绍给更多的国内读者。本书曾经有过中译本，但因停印多年而绝版。在机械工业出版社华章公司的盛情邀约下，我们决定根据国内最新的衍生品发展趋势和行业标准，紧密结合衍生品市场日新月异的变化，重新翻译。

在具体的翻译过程中，我们把握三个原则。一是时代性。为了更好地满足当前我国股票期权交易者的实际使用需求，我们根据证监会颁发的金融用语规范，调整了一些术语的翻译，将 Call、Put 等译为认购期权、认沽期权等标准称谓，与当前规范专业名词提法保持一致。同时，由于英文版出版时间较早，书中实例提到的某些事件太过久远或曾经的证券行情不再，因此请读者在阅读中主要参考作者的思考分析方式，切勿将具体数值生搬硬套在证券目前行情上，特别是书中的近几年指的是 2004 年之前的近几年，而不是现在的近几年。二是专业性。为最大程度贴合原著，我们尽量直译，并在艰涩生僻处加以意译或解释。新译本增加了对洗售（wash sale）、快市（fast market）、SPAN 保证金、提价规则（uptick rule）等的注释，并补充说明了涉及的美国金融文化。三是易读性。我们力求在遣词造句上更符合中文阅读习惯，调整被动句、倒装句的句式结构，厘清计算中频繁出现的波动点位、价格与合约价值的数字关系，并根据上下文和计算，更正原著多处微小纰漏，便于读者理解。

本书由深圳证券交易所衍生品丛书编译组全体成员共同完成翻译工作，陈炜担任本书编译组组长，吴国珊担任副组长，主要组员包括徐恝懿、吴一鑫、方堃。陈炜、吴国珊统筹了全书的编译校审工作，吴国珊、徐恝懿、吴一鑫和方堃翻译并交叉校对了主要章节，最后由陈炜负责全书校审和文字润色工作。此外，孙守坤、任康瑶、姚瑶参与了其中两章的校对，曾在衍生品业务部实习的唐征球、石怀龙、陈梓峰和陈秋怡参与了其中两章的翻译。深圳证券交易所金融衍生品丛书编委会王建军、李鸣钟、喻华丽在本书的翻译过程中给予了特别的关心与指导，付德伟对翻译工作提供了宝贵意见，使本书的出版成为可能。机械工业出版社华章分社的编辑王颖、黄姗姗也为本书的顺利出版付出了努力，在此一并表示感谢。

对于书中的疏漏和错误，恳请读者不吝指正，也期待和欢迎您与我们交流，邮箱为 options@szse.cn。

陈　炜

2017 年 8 月

当人们知道我写了一本书时，通常会问我两个问题。"这本书是《期权投资策略》的新版吗？"或者"这本书与《期权投资策略》有什么不同？"首先，本书肯定不是《期权投资策略》（*Options as a Strategic Investment*，简称 OSI）[⊖] 新版。这是一本通过真实事例阐述期权交易的书，它独一无二，与别的书完全不同。其次，本书与 OSI 有着实质的不同。它不是讲述各种策略概念的综合性书籍——如果要找寻这类书籍，OSI 是更好的参考书。本书讨论真实交易场景中期权的运用。书中许多真实交易事例都来自我的亲身交易经验。此外，本书还讲述了许多故事——有幽默，更有悲伤，代表了真实交易中，特别是在期权交易中的回报与圈套。最后，本书还包括其他期权书籍没有涉及的简要背景材料。

本书还将持续讨论期货、股票与指数交易。期货市场提供了许多期权交易和期权策略的有趣场景。为此，第 1 章将讲述期货期权的基本定义，以及期货期权与股票期权的比较。

虽然本书并非专门为交易新手准备，但包括了新手必须知道的所有定义。因此，认真的交易新手也可以通过本书实现快速入门。事实上，本书谈到的许多交易技巧，根本不需要提前熟悉期权策略。本书主要是为了讲述实际的期权运用，因此并没有对较基础的期权策略定义进行延伸讨论。例如，本书不会详细解释盈亏平衡点的计算以及这些基本策略的后续操作。读者如果想更好地理解这些基础知识，可以

⊖　此书中文版已由机械工业出版社出版。

参考前面提到的书籍 OSI。OSI 涵盖了几乎所有的策略，并有非常细致的阐述。

本书分为五部分，共 7 章。第一部分，第 1 章和第 2 章，讲述基本定义与回顾期权策略，为接下来的章节建立框架和知识基础。穿插其中的交易故事肯定会引起一些人的共鸣，因此即便是经验丰富的期权专家，也可以从阅读这些介绍性的章节中获得乐趣。本书将大量运用图表，图表比简单表格更加直观。为帮助读者更好地理解，书中使用了 120 多张图表。

接下来 3 章，第 3 ～ 5 章，集中讲述非常重要的期权交易技巧。它们更多讨论期权交易的基本特性，并不涉及高深的理论。实际上，即便一点都不清楚期权 delta 是什么，股票和期货交易者都可以快速吸收信息。别误会——我鼓励每位期权交易者利用计算机程序建模，以便在买入或者卖出前更好地评估决策。但是，这些章节不需要更高深的理论了。

第 3 章的内容对所有交易者都非常重要——特别是股票交易者，当然期货交易者也可从中受益。我想通过此章证明期权的多种用途——期权不仅仅是投机工具。对利用期权构建等价于股票或期货持仓概念的基本理解，在许多运用中都是必需的。例如，即使期货被锁定在停板价上无法平仓，等价的期权持仓可以让交易者从期货持仓中解脱出来。

第 3 章接着重点讲述了期权与期货到期日是如何影响股票市场的。我们提供了一些追踪记录良好的交易体系范例，可以逐月持续使用。最后讲述的是运用期权或期货来保护股票投资组合。如果再经历熊市，这些策略肯定很受欢迎。

第 4 章是我最喜欢的一章——"期权的预测力"。期权是杠杆交易，因而吸引了各种投机者。通过观察期权价格和期权交易量，可以得出许多关于期货和股票未来走势的重要结论。第 4 章中的大部分内容讲述如何利用期权交易量，在重要公司新闻发布前购买股票（或者有时是卖出股票），例如收购信息或者意外的利润报告。另一个重点介绍的是广泛用了指数和期货交易中的认沽认购比（反向指标）。认沽认购比在技术分析领域是非常独特的，它可以在期货市场的各个领域得到运用和评估。

第 5 章将讲解一些有着盈利记录的交易系统——从日内交易到季节性交易模型。许多交易者（即便是倾向技术分析的交易者）也经常忽视季节的力量。此外，此章还讲述了跨市场期权的运用。如果按照书中的方法交易，期权将为跨市场套利者增加盈利机会。

第6章将是理论爱好者最爱的章节。此章将谈到期权中性策略的运用，特别是其中的波动率预测与交易。我最不能忍受随意使用"中性"这个术语，因为它经常会被用在实际上有相当大风险的头寸上。第6章的目的不仅是澄清问题，而且还证明，即便中性交易也是可以盈利的，但并不像中性交易支持者所说的那样，无须花费精力就可以轻松盈利。我经常被问到如何决定建立持仓、滚动持仓等，因此第6章的反向比率价差组合的例子相当于交易日志，记录了我在6个月的持仓中考虑了什么以及如何调整交易。

本书以资产管理、交易理念以及一些交易指南作为结尾——第7章。我喜欢的一些交易故事和交易谚语都在此章。希望读者喜欢。

希望通过本书，交易者可以了解到期权的多种用途，也能为期权市场吸引更多的交易者。期权不仅可以被视为投机工具，实际上，即便只是股票或者期货交易者，期权也可以给出有价值的买入或卖出信号。理论爱好者也将发现波动率交易能够获利丰厚。

第2版

在第1版出版7年后，衍生品领域发生了很多变化，我觉得很有必要进行一些删减和补充，整理形成第2版。例如，大量篇幅讲述定义的第1章中，现在增加了交易所交易基金、电子交易、个股期权以及波动率期货的内容。第2版的主要目的是删除不再实用的内容（原因是产品已经退市或不活跃，或者策略已经被过度使用），并增加我在交易和分析时用到的技巧与策略。

第3章阐述了期权的各种用途，现在包括了股票如何在期权到期日时"锁定"某个行权价的内容——导致的因素、发生的原因以及预期发生的时间。此外，随着期权作为股票持有者（特别是专业股票持有者）的对冲工具，变得越来越受欢迎，新的策略出现了。这些新策略也会在此版中讲述。其中一个是使用新推出的波动率期货，另外一个是期权"领口"策略的扩展运用。新的案例会讲解它们的运用。

修订后的第4章，主要增加了个股期权认沽认购比的图表及理论。编写第1版时，我觉得个股期权市场有太多内幕交易，这些交易使得个股期权的认沽认购比的效用失真。但随着时间流逝，我开始觉得市值较大、资本完善的股票较少受到操纵和内幕交易的影响，因此这些股票期权的认沽认购比的确可以作为好的情绪指标。此版中认沽认购比的另一主要内容是**加权**认沽认购比。加权认沽认购比综合了期权**价格**与交易量，是认沽认购比基本指标理论的高效提升。第 4 章涵盖了大部分我们多年来关于另一相关问题的大量研究——波动率指数作为市场指标。这些研究不仅包括 VIX 图表本身的峰值和谷值的分析，还说明了隐含波动率与历史波动率的比较是非常重要的指标。

第 5 章依然讲述的是交易体系和策略。最近几年，市场发生的一个主要变化是纽约证券交易所（NYSE）的涨跌幅比率图（ADR）变得没那么有效了。大部分原因是十进制的流行。所以，我们采用了另一种查看市场广度的方式——"只有股票"（stock-only）的方法。该方法用于一些交易体系中，提升显著。跨市场价差部分也进行了更新。一些价差只是更新了图表，另一些价差（尤其是 1 月效应价差）的**模式**发生了较大变化；交易跨市场价差的策略必然有所改变，也包括执行跨市场价差的方式。对期货的依赖越来越少，对 ETFs 的依赖越来越多。ETFs 比本书第 1 版出版时更受欢迎。最后，季节性交易体系的内容也更新了，并且增加了 1 月末季节性买入点的内容。此章的体系保留了我喜欢的一些投机交易工具。更新的信息对所有读者应该都有所帮助。

第 6 章再次讲述了更为先进的期权交易方法。该章谈到了许多新的重要内容，大部分关于统计与概率，也就是在交易决策中运用统计理论。此章解释了**预期收益**，还有蒙特卡罗模拟。这些概念和工具让理论派交易者在交易中更加自律。交易者可以集中精力在定价有误的期权上（比如，波动率偏度），坚定信念，相信只要持续投资超过预期收益均值的产品，最后将获得超过均值的盈利。

网上可以找到许多期权交易必要的数据和工具。第 7 章谈到哪里可以找到数据和工具。如果读者访问我的网站（www.optionstrategist.com），我肯定很开心。网站上有大量免费资源。网站上有一个订阅区 The Strategy Zone，那儿有更加深度的报告和数据，以及每日市场点评。

毋庸置疑，期权和其他衍生品在投资领域占据一席之地。但令人困惑的是，还有那么多人仍然不理解期权。只要市场情况变糟，他们立刻指责衍生品。只有通过传播本书中这类知识和理念，才能期望他们改变如此负面无知的态度。如果经历另一个熊市，期权交易者将有可能盈利丰厚——不管是将期权视为保护性工具还是投机工具。有些读者可能已经想到，一些愤怒的投资者，本身并不了解衍生品，却将熊市及其伴生的亏损归罪于期权和其他衍生品。这些指责很荒谬。但如果可以说服越来越多的交易者相信期权交易的可行性，那么未来针对期权的指责也将可以进一步商议和改变。

我在期权领域已经很久，有太多帮助过我的人需要感谢。然而，篇幅和时间限制，我将在此感谢对本书以及其中概念做出特别贡献的人们：Shelly Kaufman，他制作了本书所有的图表，也是我珍贵的知己；Peter Bricken，他第一次提出了利用期权交易量作为公司新闻事件先行指标的想法；Van Hemphill，Mike Gallagher，还有 Jeff Kaufman，他们提供了无与伦比的关于到期日交易活动的信息，帮助我理清了到期策略的思路；Chris Myers 说服了我出版此书；Peter Kopple，让我持续地畅所欲言；还有 Art Kaufman，使我相信自己可以从事商业。最后，特别感谢我的妻子 Janet，还有我的孩子 Karen 和 Glenn，在我疯狂工作的时候容忍了我。

劳伦斯 G. 麦克米伦

兰道夫市，新泽西州

2004 年 8 月

目录
McMillan on Options

期权历史、定义及术语

现在场内交易的期权品种很多，其中股票期权、指数期权以及期货期权是主要的期权品种。本书目的在于，仔细探究期权的一些运用方式，并演示实例以帮助读者盈利。

期权的运用范围很广泛。它们不仅可以用于期权本身的策略中，还可以作为其他资产组合的一部分。而且，无论标的是股票、指数还是期货，期权都可以用于增强标的资产组合的收益或为之提供保护。通过此书，读者会发现期权比想象得更有用。正如前言所说，此书不仅适合初学者阅读，同时在其中还包括了所有期权相关的定义，可以作为进一步讨论的服务平台。

1.1 标的

首先从最简单的术语定义开始。在介绍期权定义前，需要对持有期权意味着什么有一些概念。也就是说，什么是各种挂牌衍生证券（期权、权证等）的标的？最简单的标的是普通股票。期权给予投资者买卖普通股票的权利。我们称这类期权为**股票期权**（stock options，或者 equity options）。

另一种受欢迎的期权标的是**指数**（index）。指数是通过一定方法，将一组金融产品（例如股票）价格进行"平均"后获得的最终数值。我们希望该指数能够代表该组特定金融产品的市场表现。最著名的指数是道琼斯工业平均指数，还有很多其他股票组合的指数。例如，由众多股票组成的指数有标普 500 指数（Standard Poor's 500 Index，或 S&P 500 Index）和价值线指数（Value Line Index）。有一些股票指数专门跟踪特定行业，例如公用事业指数、石油指数、金银指数。还有一些指数跟踪外国股票市场，但这些指数的期权在美国挂牌交易。这些指数包括日本指数、中国香港指数、墨西哥指数还有其他指数等。指数不仅限于股票指数，还可以是商品指数如商品研究局指数（Commodity Research

Bureau Index），也可以是债券或利率指数如短期利率指数、市政债券指数以及 30 年期债券利率指数。这些指数对应的期权都被称为**指数期权**（index options）。附录 A 是现有指数期权列表。

最后，第三种广泛运用的期权标的是**期货**（futures）。期货可能是最难理解的标的。但是当开始讲解策略时，你会发现期货期权非常有用，也非常重要。有些交易者误以为期权和期货是相同的衍生品。这种理解极其错误。**期货是一种规定未来某个时间，交割一定量特定商品或现金的标准化合约**。实际上，除了期货价格与现货价格相关且有到期时间外，持有期货合约跟持有股票非常类似。因此，正如股票一样，期货价格可以无限上涨，理论上期货价格也可以下跌到零。再者，期货交易只需要很小比例的保证金，因此持有期货的风险比较大，当然潜在盈利也比较大。这些关于期货的简要介绍，会帮助我们更好地理解接下来的期权概念。之后的章节将更详细地讨论期货。期货对应的期权被称为**期货期权**（futures options）。

1.2　期权术语

期权（option）是以特定价格买入或者卖出特定标的（证券）的权利。该权利在特定时间内有效。期权定义中涉及的术语如下。

- **类型**。类型是指所讨论的期权是认购期权还是认沽期权。如果讨论的是股票期权，那么认购期权的持有者拥有**买入**股票的权利，认沽期权的持有者则拥有**卖出**股票的权利。虽然期权运用很广泛，但是如果我们只是讨论买入期权，那么买入认购期权持有希望股价上涨的牛市观点，而买入认沽期权持有希望股价下跌的熊市观点。

- **标的（证券）**。标的（证券）是指期权持有者可以买入或者卖出的**特定产品**。就股票期权而言，可以买入或卖出的是具体的股票（比如 IBM 股票）。

- **行权价格**。行权价格是指可以买入标的（对应认购期权）或者卖出标的（对应认沽期权）的特定价格。场内期权的行权价格是标准化的。例如，股票期权和指数期权的行权价格间距一般是 5 点。当行权价格低于 25 时，行权价格间距可以是 2½。由于不同期货的性质各有不同，其行权价格比较复杂，但也是标准化的（例如，债券期货期权的行权价格间距是 1 点，波动更大的商品期货期权如玉米的行权价格间距则为 10 点）。

- **到期日**。到期日是指期权必须了结头寸（例如在公开市场卖出）或者行权

（例如交割成期权合约的实物标的：股票、指数或者期货）的日期。同样，场内挂牌期权的到期日也是标准化的。股票期权和大部分指数期权到期日是紧接着到期月份第 3 个星期五的星期六（也就是说，第 3 个星期五是最后交易日）。然而，不同期货期权的到期日差别较大。而且，交易最活跃的期权距离到期一般不超过 9 个月时间，但是也有长期期权距离到期至少两年。在股票期权和指数期权市场，这类期权被称为 LEAPS。

以上 4 个术语一起，可描述某一特定期权。用这些术语描述期权的顺序一般是：标的、到期日、行权价格和类型。例如，IBM 7 月 50 认购期权（IBM July 50 call），说明该期权是在 7 月到期日前，赋予期权持有者以 50 价格买入 IBM 股票的权利。类似地，期货期权美国债券 12 月 98 认沽期权（U.S. Bond Dec 98 Put），则说明该期权在 12 月到期日前，赋予期权持有者以 98 价格卖出 30 年期美国政府债券期货的权利。

1.3　期权成本

期权成本即期权**价格**（price），也经常被称为**权利金**（premium）。目前仍未谈到 1 手期权对应**多少份标的**。场内期权的合约乘数是标准化的。例如，股票期权给予持有者买入或者卖出 100 股标的股票的权利。如果存在拆股或者宣布股息，那么合约乘数将随之调整。但一般而言，股票期权代表的是 100 股标的股票。指数期权一般也指 100 “股”标的指数，但由于指数不是实物（其合约乘数并不真正代表**股数**），指数期权通常是现金交割。后文会继续谈到现金交割的内容。最后是期货期权，无论 1 手期货代表了多少蒲式耳、多少捆还是多少份商品，总之 1 手期货期权对应的是 1 手期货合约。

期权是以单位价格报价的。因此，只有知道 1 手期权对应多少数量单位，才能知道 1 手期权的成本。例如，如果 IBM 7 月 50 认购期权的交易价是 3 美元（而该期权对应 100 股 IBM 股票），那么期权实际成本是 300 美元。以 3 美元的价格买入该期权将花费 300 美元。在期权到期前，相当于“控制”100 股 IBM 股票。

初入期权市场的交易者通常会犯的错误是实际想要买入 1 手期权，却说成“我要买入 100 手期权”（犯错的原因应该是如果股票交易者想持有 100 股 IBM 股票，他会告诉经纪商买入 100 股 IBM 股票）。这种错误会给交易者甚至经纪公司带来很大的麻烦，有时甚至是非常不好的后果。例如，如果你告诉经纪人买入

500 手如上所述的 IBM 期权，需要支付的是 150 000（= 500 × 300）美元，但如果你真正想买入的是 5 手期权（对应的是 500 股 IBM 股票），那么你可能认为只需要支付 1500（= 5 × 300）美元。两种结果非常不同。

当市场不佳时，此类错误交易会使情况变得更糟糕（也被称为墨菲法则⊖）。1990 年 10 月的某个星期五，美国联合航空的订单谈判失败，市场暴跌 190 点，大家非常担心市场会继续下跌。星期一早上，某大股东想通过买入认沽期权保护股票，因此他以市价指令买入 1500 手认沽期权。其经纪商有些吃惊，但由于该交易者是大股东，经纪商还是将指令报入市场。由于大家担心又会出现类似 1987 年的股灾，因此那天早上的认沽期权非常昂贵。虽然星期五晚上认沽期权价格是 5，但是星期一早上的价格已经高达 12。两天后，该交易者收到要求支付 180 万美元的交易确认单，此时他打电话给经纪商说他想要的是 1500 股对应的认沽期权，不是 1500 手认沽期权——之间的差别约是 1 782 000 美元！这时候的市场已经回升了，认沽期权的价格只有 1 或 2。该事件的后续诉讼不知会如何处理。

期货期权的成本（以美元计价）取决于期货对应的商品数量。前面已经说明，1 手期货期权对应 1 手期货合约。但每一种期货都不太一样。例如，大豆期货和期权对应的是 50 美元 / 点。如果 1 手大豆 7 月 600 认沽期权的价格是 12，那么买入该大豆期权花费的成本是 600（= 12 × 50）美元。然而，欧洲美元（Eurodollar）期货和期权对应的是 2500 美元 / 点。如果欧元美元 12 月 98 认购期权的价格是 0.70，那么买入该期权的成本是 1750（= 0.7 × 2500）美元。附录 B 将详细列出大部分常用的期货期权对应的合约乘数。

1.4　场内期权的历史

1973 年 4 月 26 日，芝加哥期权交易所（Chicago Board Options Exchange，简称 CBOE）成立，并开始交易 16 只股票的场内认购期权。期权市场从如此小型的交易开始，到现在已经演变为宽广而活跃的市场。了解期权的发展历史非常有趣（对于一开始就参与交易的交易者来说，可能使用"令人怀念"更为贴切）。较年轻的交易者或许也能从期权历史中获得一些领悟。

⊖　墨菲法则是指，事情如果有变坏的可能，不管这种可能性有多小，它总会发生。——译者注

1.4.1　场外期权

在场内期权前，认购期权和认沽期权都是在场外交易。在场外交易方式下，一些中间商会为期权合约寻找买方和卖方，让买卖双方协商期权的各项要素，达成交易。**立契方**（writer）成为期权卖方的称呼，也就来源于期权卖方是期权合约的立契方，是期权合约的发行者。中间商一般从中抽取佣金：例如，买方可能支付了 3¼ 点，但是卖方只收到 3 点。那 1/4 点就留给了中间商，作为协助达成交易的佣金。

场外期权通常以股票现价作为行权价格。因此，如果协商时股价为 46⅜，那么该价格将作为认购或认沽期权的行权价格。这样一来计算会有点麻烦。场外期权在发行时有固定的到期时间：距离到期时间为 6 个月又 10 天、95 天、65 天或者 35 天。红利支付也不一样，会在场外期权到期执行时支付给期权持有者。因此，只有在期权行权时，其行权价格才会因期权存续期里的所有红利而调整。

场外期权市场，除了面临寻找对手方交易的困难，缺少二级市场也是其发展的最大障碍。假设买入认购期权：行权价格 46⅜，距离到期日 35 天。接着，股价快速上涨。这时理论上你很愿意卖出持有的场外期权，不过你可以卖给谁呢？中间商可能会尝试寻找别的买方，但是要求期权的各项参数和原来的一致。因此，如果 10 天后的股价是 48¾，那么需要寻找的对手方是愿意买入实值 2⅜ 点，且距离到期 25 天的认购期权买方。但实际上很难找到这样的买方。因此，期权持有者被迫持有期权到期，或者通过交易股票来锁定盈利。那时的股票交易还是固定佣金率，交易股票相比持有期权将更加昂贵。这些因素导致场外期权交易并不活跃，通常日交易量小于 1000 张。

1.4.2　CBOE 的诞生

对所有人而言，场外期权交易都是比较麻烦的。因此，大家希望将标准化期权的思想付诸实践，期权能够有固定的行权价格、固定的到期日以及能由中央清算机构负责所有期权的清算。芝加哥期货交易所（Chicago Board of Trade，简称 CBOT）的标准化期货证明了衍生品标准化的可行性，因此标准化期权的思想也起源于 CBOT。CBOE 的第一任主席乔·苏利文（Joe Sullivan）曾担任 CBOT 的研发项目主管。

然而，由于场外期权一直都存在，场内标准化期权饱受质疑。这种质疑可以从以下趣闻中看出：CBOE 刚成立时，场外主要的交易商可花费 10 000 美元获得交易席位。今天，席位费用是 450 000 美元。当时几乎没有交易商愿意购买这些席位，即便当时的席位非常便宜。他们觉得这个新交易所就是个笑话。此外，由于新的期权产品在交易所交易，因此美国的证券交易管理委员会（Securities and Exchange Commission，简称 SEC）需要审批该产品及相关制度。

尽管如此，芝加哥期权交易所还是在 1973 年 4 月 26 日开市了。首日 16 只股票认购期权的交易量是 911 手。甚至一开始就参与的一些交易者可能都不记得，奇怪的是，IBM 并不在这 16 只股票里。IBM 是在 1973 年秋天第 2 批的 16 只股票标的里。IBM 是目前最活跃的股票期权标的，因此大家可能不太记得它并不在第 1 批的期权标的里。实际上，第 1 批的期权标的股票是比较奇怪的组合。如果读者当时有在交易，可以试着回忆下。可以回忆起多少呢？我将在接下来的 3 段中讲到。

除了标准化期权参数，CBOE 还引入做市商系统。CBOE 也同时负责运营期权清算公司（Option Clearing Corporation，简称 OCC）以保障期权交易。这些举措非常关键，它们从市场深度和行权流程可靠性两方面给予了新交易所生存下来的可行性。如果执行认购期权，那么不管对手方是否违约，OCC 都将可以保证交割进行（通常 OCC 利用保证金规则来避免违约，OCC 的存在本身是非常重要的）。

第 2 批的 16 只股票期权标的就包括了一些几年来长期活跃的股票。除了 IBM，还有例如美国无线电公司（RCA）、雅芳（Avon）、埃克森（Exxon）、科麦奇（Kerr-McGee）、克瑞斯吉公司（Kresge，现在是 K-Mart）和西尔斯（Sears）等。1974 年 11 月，另外 8 只股票期权标的的加入后，场内挂牌的期权市场开始兴盛。美国股票交易所（American Stock Exchange，简称 AMEX）于 1975 年 1 月挂牌期权交易，费城股票交易所（Philadelphia Stock Exchange）于 1975 年 6 月挂牌期权交易。场内股票期权的成功也刺激了期货期权的挂牌上市（农产品期权曾经交易过，但由于产业机构滥用交易，因此从 20 世纪 20 年代开始被禁止，当时也没有金融期货）。其他新的产品纷纷上市，例如指数期货与期权、交易所交易基金（exchange traded funds，简称 ETFs）和金融期货。得益于 CBOE 的成功，其他上市期权的交易所开始发展和复苏。除了那些没有在期权交易所推出的股票期权外，大部分场外期权市场逐渐萎缩并消失。

最开始在 CBOE 挂牌交易的 16 只股票期权标的是：AT&T 公司、大西洋富田（Atlantic Richfield）、宾士域集团公司（Brunswick）、柯达公司（Eastman Kodak）、福特公司（Ford）、海湾与西方工业公司（Gulf&Western）、洛斯公司（Loews）、麦当劳（McDonald's）、默克公司（Merck）、西北航空（Northwest Airlines）、鹏斯公司（Pennzoil）、宝丽来（Polaroid）、斯佩里·兰德公司（Sperry Randy）、德州仪器（Texas Instruments）、普强公司（Upjohn）和施乐公司（Xerox）。

1.4.3　指数期权

股票市场第二大的创新是指数交易。堪萨斯期货交易所（Kansas City Board of Trade）于 1982 年推出价值线指数期货，标志着指数衍生品交易的开端。CBOE 开发了 OEX 指数（由 100 只较大规模的股票组成，这些股票的期权均在 CBOE 交易），并于 1983 年 3 月 11 日挂牌该指数的期权交易，这是第一个指数期权产品。今天，OEX 指数已经改名为标普 100 指数，但交易代码依然是"OEX"。它是最成功的场内交易的指数期权之一。与此同时，芝加哥商业交易所（Chicago Merchantile Exchange，简称 Merc）开始交易标普 500 期货。该产品的成功和影响力大大超过了期货和期权市场的范围，其最后变成了所有指数交易的"王者"，后来在 1987 年股市暴跌及其他时候市场下跌期间备受指责。

标普 500 期货成功的原因在于，它是第一次有反映全市场情况并让投资者可以直接交易的产品。在它推出前，不管个人投资者还是投资管理机构，都必须通过买入股票来表达对市场的观点。我们知道，通常的是正确判断了整体市场，但对特定股票的判断是错误的。可以直接交易指数解决了这个问题。

1.4.4　交易所交易基金

20 世纪 90 年代推出了新的产品——交易所交易基金。这些基金由大型机构开发，是有共同特质的股票组合，例如石油相关的股票组合。这些基金在纽约证券交易所（New York Stock Exchange，简称 NYSE）或者美国证券交易所（AMEX）挂牌交易。投资者买入这些基金时，相当于买入指数。同时，相继推出了类似产品，例如单位信托基金（units trust）或存管信托基金（depository trust）。这类产品，同样是将具有共同特质的股票组合在一起，形成信托基金，并在交易所挂牌交易。大部分这类基金都有相应的期权。

最受欢迎且最活跃的产品是标普 500 指数存托凭证（S&P 500 Depository Receipts，代码 SPDR，它等于标普 500 指数价值的 1/10）和纳斯达克 100 指数跟踪股（Nasdaq 100 Tracking Stock，代码 QQQ）。不过，现在有几百种这类基金。大部分这类基金的命名中都包含安硕（iShares），由巴克莱全球投资者公司

（Barclays Global Investors）开发，用于跟踪各种各样的指数。

许多机构和个人投资者更倾向于被动管理（指数基金），区别只在于选择的ETF不一样。投资者只需要从不同风格、不同领域的ETF中选择出希望直接交易的指数基金，而不需要去购买不同领域的各只股票。

1.4.5　期货期权

金融期货最早推出时间的确定，取决于如何定义金融期货。如果金融期货涵盖外汇期货，那么1972年芝加哥商业交易所的外汇期货的上市标志着金融期货开端。如果金融期货指的是利率期货，那么1975年CBOT的政府国有抵押协会（Government National Mortgage Association，简称GNMA）期货是第一个金融期货。随后1976年美国国债（Treasury Bill，又称T-Bill）期货上市。最受欢迎的美国30年期国债（30-year U.S. Bond）期货以及欧洲美元（Eurodollar）期货，分别于1977年和1981年推出，其相应的期权则在几年后的1982年和1986年推出。第一个农产品期权是大豆期权，1984年上市交易。

1.4.6　今天的场外市场

根据CBOE的统计，目前美国期权的年交易量是几亿张[○]。美国期权市场成功后，很多其他国家的交易所模仿美国模式，也推出了期权。但讽刺的是，统计数据并没有覆盖交易量很大的一些期权，那就是目前很活跃的场外衍生品市场。

期权发展似乎又回到了原点。今天的场外市场比之前的场外市场更复杂，但它们有一些相似处。最大的相似是合约都是非标准化的。现在运用期权的大型机构更喜欢期权产品能够个性化地贴合其投资组合和持仓情况（这些持仓不太可能刚好跟标普500或者标普100一样，因此不可能用标准化的期货或期权完全对冲风险）。此外，他们希望期权到期日刚好是他们需要的，而不是标准化的日期。

今天场外市场与之前场外市场的最大不同在于，目前场外合约是由大型证券公司卖出的（所罗门兄弟、摩根士丹利、高盛公司等）。这些公司在卖出期权后，会让策略员和交易员去对冲由此产生的投资组合风险。而以前的经纪公司只是寻找期权的买方和卖方，让他们能够匹配交易。如果历史重演，那么交易所会将现在的场外期权场内化。CBOE已经推出灵活期权（FLEX options），该类期权的到期日和行权价格可以是非标准化的，这可以看成场外期权场内化道路的开端。

期权策略及期权交易不断演进。努力去理解并运用期权的交易者，肯定比其他交易者有更多的选择和机会。

1.5　期权交易流程

只要交易所开市，场内期权就可交易，这是场内期权的最大优势（较早的场外期权则不可能实现），也是期权交易所能够成功的原因。如果早上买入期权，预期市场上涨，但到下午可能改变了想法，那么就可以在市场自由地卖出期权。

期货交易者会比较熟悉期权持仓量的概念，但股票交易者不一定熟悉。投资者第一次交易特定期权的操作被称为执行**开仓交易**（opening trade）。也就是说，交易者最初买入或卖出期权相当于增加该期权对应的多头或者空头**持仓**。接着从账户中移除期权的交易被称为**平仓交易**（closing trade）。平仓交易减少了该期权的持仓量。部分技术派交易者会密切关注期权持仓量的变化，用于预测未来标的价格波动[⊖]。谈及这点的原因是，在开始交易前，投资者必须明确是开仓还是平仓。

期权订单必须明确以下 7 个要素。

（1）买入或者卖出。
（2）申报交易量。
（3）期权描述（例如，IBM 7 月 50 认购期权）。
（4）申报价格。
（5）指令类型（详见下文）。
（6）开仓或者平仓。
（7）客户账户（customer）或者机构账户（firm）。

期权指令类型（第 5 个要素）跟期货和股票的类型一样。可以使用**市价指令**（market order，在不活跃期权上使用市价指令很危险）、**限价指令**（limit order，大部分情况下限价订单是比较好的选择）、**止损止盈指令**（stop order，在期权上使用止损止盈指令并不是好选择）以及**撤销前有效指令**（good-until-canceled order）。如果是和交易池内的专业交易者直接交易，那么可以用**不为市场约束指令**（market not held order），让在嘈杂交易池里的经纪商有权为你的账户决定成交价格和时间。只有在交易者认识该经纪商并且信任他的判断时，才可使用"不为市场约束指令"。但是并不建议将此类指令交给大型经纪公司（这些大公司很可

⊖　原书有误，原书是 futures movements，实际应该是 future movements。——译者注

能也不愿意接收这类"无约束"的指令）。其他一些不常见的指令类型，例如**收盘市价指令**（market on close），并不在大部分期权上使用，但可以和经纪商沟通确认。

谈到第 7 个要素[⊖]，如果你不了解"客户"和"机构"的区别，那么你应该是"客户"。明确地说，"机构"交易者是指其交易账户属于交易所会员级别的交易者（这些交易者一般是专业交易者，大多数在交易柜台直接交易，不需要去交易池交易）。"客户"交易者就是除"机构"交易者外的其他交易者，也就是所有不是交易所会员账户直接交易的交易者。两种账户的区别在于，在交易池中，大多数情况下来自"客户"的订单优先于来自"机构"的订单。

典型的期权订单描述如下，"买入 5 手 IBM 7 月 50 认购期权，价格为 3，开仓，客户账户"。通过经纪公司提交的订单通常默认是客户订单，所以只需要明确"买入 5 手 IBM 7 月 50 认购期权，价格为 3，开仓"即可。以上两者都是有具体价格的限价订单，表示愿意接受不高于 3 的买价。如果交易的是非常活跃的期权（最活跃的期权，个股标的是 IBM，指数期权标的是 QQQ，期货期权标的是欧洲美元期货），也可以用市价指令：市价买入开仓 10 手欧洲美元 12 月 98 认购期权。如果你养成准确地描述订单的习惯，并让经纪商（场内交易者）复述订单内容，那就几乎可以避免所有错误，官方说法为"错单"（errors）。可以打赌，超过 75% 的错单都是由于混淆了买入和卖出造成的：描述订单的人说的是买，但在电话另一端记录的人却不知怎的在指令单上圈的是"卖"；有时，即便填单的人复述了订单内容，但听的人不够仔细，也会导致错单报入市场。

历史上最尴尬的一次错单事件却不是发生在期权上。1994 年，贝尔大西洋公司（Bell Atlantic）和大型有线电视运营商电信公司（Telecommunication Inc），宣布企业并购。此信息对电信公司的股价十分有利。电信公司的股票代码为 TCOMA（其 A 级普通股是该股票的主要交易对象），但是技术派交易者一般称该股为 TCI（这种情况就类似于德州仪器，实验室研究人员都称该公司为 TI，但其股票代码却是 TXN）。如你所料，电视台的金融新闻记者（这些记者喜欢装成知情的"圈内人"）不停地报道贝尔大西洋公司在买入 TCI。结果真的有股票代码是 TCI——洲际房地产公司（Transcontinenetal Realty Inc.），这是一家房地产投资者信托公司，或者说是不动产投资信托基

⊖　原书有误，原书是第 6 个要素，联系文意，应该是第 7 个要素。——译者注

金（REIT）。在人们意识到错单前，这家公司的股票被频繁交易，且股价上涨了 3 点。当意识到错误后，股价迅速下跌至原来价格。我还没有碰到交易者承认当天想要买入 TCOMA 结果却买了 TCI。但那天肯定有交易者错单交易了，而且其中可能不乏"专业"套利者（或曾经是"专业"套利者）。

重要的是，交易过程中的每一步骤都应当谨慎处理——准确地描述订单，要求订单可复述，仔细聆听复述。这些是你应该做到的。如果接单员最后还是把订单信息输错或者在场内交易单上圈错信息，你也没有办法控制。如果在处理交易的每一步都正确的情况下仍有错单，你可以要求赔偿损失。大部分经纪公司的业务经理毫无疑问会赔偿由经纪公司过失造成的损失——你肯定不愿出现在没有复述的订单描述争议这类灰色地带中。

1.6　电子化交易

现在，许多交易者利用电子化平台进行（期权）交易。尽管计算机软件可以智能区分开仓还是平仓，建议你仍然要像电话下单那样准确描述期权的其他要素——电脑已经知晓你的账户类型，不会再询问是"机构"还是"客户"账户。在发送给交易池前，电子订单输入界面一般会显示订单信息。这时就应抓住机会检查错误（类似在人工下单时，要求电话接单员或者经纪商复述订单内容）。不要养成不检查直接点击"OK"确认的坏习惯！因为在此交易流程中没有其他人参与，所以任何差错都是由**你**造成的。

下文会谈到，经纪公司电子化平台的故障或者交易池的机器故障，可能导致订单未能如你所想的那样被执行。这不是"订单输入错误"，也可能是可校正的，但是你必须与经纪公司沟通，以协商任何应得的赔偿。

1.7　行权和指派

当股价高于认购期权行权价格，或者低于认沽期权行权价格时，期权具有**内在价值**（intrinsic value）。另一个用来形容期权具有内在价值的术语是**实值**（in-the-money）。如果期权没有内在价值，那么可以说该期权是**虚值**（out-of-money）的。对于认购期权，虚值说明标的价格**低于**行权价格；对于认沽期权，则说明标的的价格**高于**行权价格。

另一重要定义是**平价**（parity）。任一没有时间价值的衍生品交易都可称为平价交易。平价有时作为一种衡量尺度。有人会说，期权以高于平价 0.5 点或者 1/4 点的价格交易。

例： XYA 的价格为 53。

7 月 40 认购期权：12¾   低于平价 1/4 点

7 月 45 认购期权：8   平价

7 月 50 认购期权：3¼   高于平价 1/4 点

最后，期权到期时会发生以下两种情况之一：①执行期权或者②到期无价值。虚值期权的持有者会让期权无价值地到期了结。这些期权是到期时股票、指数或者期货的价格**低于**行权价格的认购期权。同样，如果认沽期权到期时标的价格**高于**行权价格，持有者也会让它无价值到期。例如，持有 IBM 7 月 50 认购期权，期权到期时 IBM 股价为 45。当你可以在股市中以 45 美元的价格买入 100 股 IBM 股票时，为什么会行权，以 50 美元的价格获得 IBM 股票呢？当然交易者不会这么做。但是不管你相信与否，期权交易初期，虚值期权行权时有发生。

在理查德·普莱尔（Richard Pryor）主演的电影《酿酒师的百万横财》（*Brewster's Millions*）中，一位不知名的联盟棒球运动员只要按遗嘱在短时间内花掉 3000 万美元，就可以继承约 3 亿美元的遗产。他想尽所有疯狂的办法，终于在到期前勉强完成任务。这是部有趣的电影，让你思考可以快速花完多少资金。我觉得他可以很简单地买入快要到期的虚值认购期权，即这些期权的行权价格比目前标的价格高出很多，然后行权。这样，他就可以立刻挥霍掉 3000 万美元！

如果期权是实值的（标的价格高于认购期权行权价格），持有者会执行这个有价值的期权。与前例相似，如果持有 IBM 7 月 50 认购期权，而 IBM 股价是 55 美元，那么就可以执行认购期权，相当于以 50 价格买入现价 55 的 IBM。相反，认沽期权持有者可以执行实值期权（标的价格低于认沽期权行权价格），相当于以比现价高的行权价格卖出股票。

期权到期前，实值期权很可能由做市商或其他"机构"账户的交易者持有。大多数持有期权的"客户"账户交易者更愿意卖出期权而非行权。原因有两点：

①买入股票比买入期权需要更多的资金；②期权交易的佣金低于 2 次股票交易的佣金（2 次佣金分别是，认购期权行权后买入股票需要支付佣金，未来卖出股票需要支付佣金）。"机构"账户的交易者不需要支付佣金（这也是席位费如此贵的原因！），因此临近到期时，他们愿意从客户的平仓交易中买入期权。无法评判这种现象的好坏，只是到期日临近时每个交易者最有效的交易方式。接着"机构"交易者在到期时行权，不需要像客户那样考虑资金成本。而且，他们很可能已经"对冲"持仓，因此行权后不会持有股票或期货的多头或空头。

许多人听说过甚至说过："90% 的期权到期时没有价值。"这种说法不知起源何处，有人说是来自 20 世纪 40 年代不活跃的场外市场调研。但对场内期权而言，这种说法明显是不成立的，道理一想就明白了。考虑如下场景：当期权刚挂牌时，其行权价格在标的价格为中心的小范围内（如果 IBM 股价 50，那么期权行权价格是 40、45、50、55 和 60 等）。这些行权价格的认购期权与认沽期权都可以交易，虽然各自的持仓量并不必然相同，但是每个行权价格上的期权都会有一定的持仓。当股价波动时，更靠近当时股价的行权价格对应的期权会变得更活跃，因此多个行权价格上的期权都会有持仓。

期权到期时，如果 IBM 股价上涨，那么几乎所有的认购期权都将是实值的，**不会**到期无价值。如果 IBM 股价下跌，那么几乎所有的认沽期权都将是实值的。期权刚上市时一般距离到期超过 9 个月，因此期权到期前，股票或期货价格可能会有显著的波动。但无论标的价格上涨还是下跌，都可以肯定远少于 90% 的期权到期无价值。

自 1973 年期权上市以来，CBOE 一直保留着相关的交易数据。数据说明，只有 30% 的股票期权到期无价值。该 CBOE 统计数据每年变化不大，比较一致。并非 CBOE 数据需要进一步验证，但我们的麦克米伦分析公司（McMillan Analysis Corp.）也保留了 1998 年以来的数据，与 CBOE 数据基本相同。我们公司做的是观察到期日收盘时的期权买卖报价。如果卖价不低于 60 美分，则认为该期权"有价值"。1998 年以来，平均约 58% 的持仓量对应的到期期权有价值。CBOE 进一步说明 10% 的期权在到期前平仓，即期权买卖双方都是**平仓**交易。将 10% 加到我们观察到的数据 58% 上，结果是 68% 的期权在到期时是有价值的（这里还不包括那些有价值但价值不超过 60 美分的期权）。这些数据，并不意味着只有 30% 的期权买方亏损——他们买入期权的费用比期权到期价值高，也不能说明有多少虚值期权到期无价值。这些数据**可以**证明"80% 或 90% 的期权到期无价值"是错误的无稽之谈。这点对初学者来说很重要：许多人被90%的期权到期无价值的错误设想误导，而裸卖出期权——有时甚至损失惨重。

1973年，我的经纪人罗恩·迪克斯（Ron Dilks）指着《商业周刊》上的一篇文章，跟我谈论克瑞斯吉公司（凯马特超市的前身）场内期权，之后我开始交易期权。从那开始，我先后作为个人交易者、风险套利者以及投资经理付出了很多努力，并在到期前交易过**数十万张**合约。我无法确切知道其中有多少期权到期行权或被指派行权，多少到期无价值。但总体感觉上，比例约为50%和50%。也就是说，约一半期权到期时是实值的，一半不是。根据20多年的期权交易经验，我很确定90%的期权到期无价值是完全不可能的。

行权与指派机制

期权是否行权取决于期权持有者，由他决定何时行权。如果股票期权或者指数期权需要行权，则应在东部时间下午4点前（或者是到期日星期五5点前）通知其经纪人。经纪人通知OCC，即所有场内股票期权的中央清算机构。OCC只与会员公司（例如你的经纪公司）清算，因此它不"清楚"个人投资者和个人账户情况。OCC收集所有当晚的行权通知，并随机指派给持有该期权空头的会员公司。第二天早上，被指派到的会员公司随机选出持有期权空头的客户账户，并向他们发送指派通知。指派通知必须在当天开盘前发送，被指派客户才有时间计划指派通知中要求的交易。交易必须在**行权日**执行。因此直到执行交易的第2天，才知道哪些交易者被指派了。

期货期权行权虽然有所变化，但与股票期权类似。期货期权的清算中心是交易所，不是OCC。

图1-1总结了认购期权或者认沽期权被行权或指派时，产生的标的交易情况。例如，如果期权买方执行认沽期权，将卖出标的；那么被指派的认沽期权卖方则买入标的。但是以上说明不适用于现金结算的期权（见图1-2）。

	认购期权	认沽期权
行权方	买入标的	卖出标的
被指派方	卖出标的	买入标的

图1-1　股票期权或期货期权的行权与指派

大多数交易新手知道，买入证券然后卖出，获得盈利或者亏损。在任何市场赚钱，只需要知道两条法则。

（1）低价买入高价卖出，顺序可以反过来。

（2）如果卖出不是自己拥有的东西，那么要么买回来要么进监狱。

有时，你可能先卖出证券之后再买回才能获得盈利。这适用于股票、期权、期货、债券以及几乎任何东西。第 2 条规则表明，如果是实物证券——股票或者债券，那么要先从证券持有者手中提前借到，再卖出，否则就会产生问题。然而，期货或期权都是合约，不需要实物证券就可以卖空。

此处很适合解释术语**补仓**（cover）。股票交易中，先买入股票之后卖出，称为清仓。先卖空股票之后买回平掉持仓，称为补仓。因此，通常就可以将空头的平仓称为补仓（轧平头寸）。该术语也适用于期权。如果第一次交易是卖出期权，可以说是**卖出开仓**，此时相当于空头持仓。之后如果没有买平期权（也就是补仓），就可能被指派行权。

很重要的一点是，**期权卖方通过观察标的的收盘价是无法确切知道是否会被到期指派的，必须等到星期一早上查收指派通知后才能真正确认**。其中有两个原因。一个原因是当重仓的股票交易者不能在公开股票市场上卖出时，他可能决定执行认沽期权（如果持有认沽期权）以卖出股票。这比持有股票并且试图交易衍生品去对冲股票风险简单得多，也比在公开市场卖出股票简单得多。

当我在管理一家大型经纪公司的套利部门时，1987 年 10 月 16 日星期五，在股市崩盘前一天，我们持有大量的戴顿·赫德森公司（Dayton Hudson）的股票。10 月 15 日股价约为 50 美元。我们同时持有 10 月 45 认沽期权用来对冲。10 月 16 日星期五是 10 月期权的到期日。随着时间的推移，市场下跌超过 100 点（历史上第一次下跌那么剧烈）。戴顿·赫德森公司的股价也崩溃了，收盘价为 45½，但在此价格上几乎没有买入。股票市场如此脆弱，而且很少有人愿意买入，我们根本没有办法在周一卖出期权（当然直到周一，我们才知道股市将崩盘）。此外，该股票期限更长的期权非常贵，而且非常不活跃。于是，我们执行了 10 月 45 认沽期权，即以 45 的价格卖出所有期权对应的股票——45 的价格略低于当天收盘价。即便认沽期权是虚值，但其卖方还是被指派了，在周一以 45 的价格买入股票。周一股票的开盘价约为 42，之后继续下跌。

期权卖方直到周一才清楚是否被指派的另外一个原因是，公司信息可能在星

期五4点收盘后公布，而期权可以在5点之前提出行权，因此收盘后公布的信息可能使得期权持有者4点后才行权。顺便提一下，如果只是在到期日星期五卖出期权，但并未回补深度虚值期权的仓位，那么经纪公司会认为是裸卖出期权。

历史上曾经有多次重要信息的发布是在到期日星期五的下午4点至5点。其中有些是收购和盈利报告，或者公司新闻。著名的一次事件发生在1994年。关于格柏产品公司（Gerber Product）是收购对象的传闻已经有一段时间了。5月20日星期五（期权到期日），股票收盘价为34⅝。股市收盘后，收购信息公布，5月23日星期一的股票开盘价为51。许多5月35认购期权的卖方在周一早上收到指派通知后情绪低落；其中一些人星期五晚上回家后以为他们的5月35认购期权已经到期无价值了。当时甚至有一些法律诉讼，声称行权通知没有及时送达OCC。然而，这种指控难以被证实。

---

1. 到期前行权

除非是深度实值期权，否则期货期权很少在到期前行权。期货期权提前行权，原因通常是期权持有者希望通过行权减少持有昂贵的期权成本。不同的是，股票期权经常提前行权。最常见的提前行权时间是在股票除息前。股票认购期权的持有者无法获得股息，因此没有时间价值的实值认购期权，其价格将会下跌相当于股息的点数。

例：XYZ股票的交易价格为55，但第2天会除息50美分。7月50认购期权的到期日已经接近，其价格为5。第2天股票开盘价为54½（在除息50美分以后），而第2天早上认购期权的价格是4½。认购期权持有者会更愿意行权（或者卖给做市商，由做市商行权），而不是损失半个点。

因此，如果实值认购期权在除息日前没有时间价值，通常持有者会行权以获得期权内在价值。认购期权卖方将被指派，但直到第2天早上才能收到指派通知（除息日的早上）。期权卖方发现实际上是在昨天卖出股票的，因此无法获得股息。因此，当股票将要派发较大数额股息时，期权条款将会调整，用于保护认购期权持有者。

2. 现金行权

前文提到，指数期权交收现金，而不是股票。与行权交收成百上千只股票相

比，现金交收是更为便利的行权安排。例如，标普 500 指数期权的交易价格为
453.47。如果将 1 手标普认购期权行权，期权持有者不是收到 500 只股票（那简
直是后台部门的噩梦），而是收到 45 347 美元（100 "股" 453.47 的指数）减去行
权价格后的现金。如果行权的是 12 月 400 认购期权，该期权持有者将获得 5347
（= 45 347 - 40 000）美元，再扣除佣金。

被指派的期权**卖方**将支付相同金额，同时
加上佣金。图 1-2 说明了现金指数期权的
行权与指派情况。

	认购期权	认沽期权
行权方	收入现金	收入现金
被指派方	支付现金	支付现金

图 1-2　现金指数期权的行权与指派

　　美式期权（American-style options）可以在到期前的任意时间行权。所有
的股票期权、ETF 期权[⊖]、期货期权都是美式期权，比如 OEX 期权。**欧式期权**
（European-style options）只可以在到期日行权。大部分指数期权是欧式期权。第
5 章跨市场价差策略中，将深入谈到欧式期权。

　　由于美式期权的行权指派通知可能在到期前任意时间送出，因此卖方收到后
可能觉得 "惊讶"（当指派发生时，通常有一个明显线索，**即该期权不再有时间价
值**）。欧式期权卖方通常知道只有在到期日才可能被指派，因此他们不用担心期
权被提前了结。指数期权与其他期权的重要差别就在于指数期权是现金行权的，
而且是美式期权，那么被指派后将带来很多麻烦。

　　例：假设持有 OEX 期权的价差组合（现金行权，且为美式）：12 月 410 认
购期权多头以及 12 月 420 认购期权空头，指数价格为 440。价差组合价格很
可能约为最大值 10 点（行权价格间的差值）。某天早上，你发现 12 月 420 认
购期权被指派了。账户负债 20 点（440-420），而且仅持有 12 月 410 认购期权
多头。持仓从非常少市场敞口风险的已对冲持仓变为完全市场风险敞口的多头
持仓。如果 OEX 衡量的股票市场在当天早上实质性下跌，将很快出现亏损。

　　正因如此，大部分指数期权都设计成欧式期权，则不会出现类似问题。然
而，OEX 期权仍然是美式期权。这就像是在不太合法的场所，大无畏的交易者
根本不害怕进来交易。OEX 期权是交易最活跃的指数期权，特别是在临近到期
日时。实际上，持股票重仓及 OEX 持仓的套利者通常会试图影响市场，以便于
提前行权了结持仓。第 3 章将谈到这些诡计。

　　⊖　在中国证券市场，目前上市的 ETF 期权是欧式期权。——译者注

1.8   期货与期货期权

大部分投资者都不太了解期货与期货期权，这里将花些时间阐述它们。首先是期货，其次是期货期权。之前提到，期货是标准化合约，要求在未来某个时期交割确定数量的商品。"商品"可以是实物商品，比如玉米和橙汁，也可以是现金，典型例子是指数期货。期货没有提到"行权价格"，但在期权上会提到。因此期货价格可以无限上涨，也可以下跌到零——期货并不像期权只有有限风险。期货的持仓保证金一般比商品价值要低得多——可能只是商品价值的5%或10%。因此交易期货的杠杆较高，风险较大。

让人觉得迷惑的是，各种各样的商品期货之间并不是真正标准化的。以到期日为例。期货到期日通常是指**最后交易日**。取决于不同的到期月份、不同的期货品种，最后交易日也千差万别。例如3月谷物期货（玉米、小麦、大豆）不一定在3月的同一天到期，3月猪肉期货和3月标普500期货的到期日也不相同。

1.8.1   第一通知日

对期货交易者而言，更为重要的日期是**第一通知日**（first notice day）。实物交割的期货，第一通知日通常是最后交易日的几个星期之前。**在第一通知日后，期货持有者可能被要求交割标的商品**。例如，1手黄金期货要求交割100盎司一定等级的黄金。如果持有1手黄金期货多头，则需要按市场价格接受100盎司黄金。如果黄金价格为1盎司400美元，则需要支付40 000美元。前文提到期货交易需要的保证金较少，因此杠杆较高。但是，在第一通知日后，由于交易者面临交割风险，许多经纪公司都会要求更高的保证金。

通常情况下，期货市场的个人交易者是投机者，他们对实物商品交割不感兴趣。因此在第一通知日之前，他们会平仓。然而还是有可能忘记日期、结果被要求交割商品的交易者。这儿不乏有虚构的不得不接受5000蒲式耳大豆堆在自家前院里的可怕故事。这些故事明显是虚构的，但当然他们很擅长讲故事。实际上，经纪公司会安排仓储机构来接受交易者名下的交割。交易者会被收取仓储费用及其他相关费用。

我认识一位交易者，他会在每份黄金期货合约到期前，逐月滚动持仓（也就是说，卖出快到期的近月期货持仓，再买入下月到期的期货来替代）。他认为以这种方式持有黄金比实际购买黄金存入保险柜更便宜。他非常小心

地在第一通知日之前滚动持仓，但有一次却忘记了，因而收到交割通知。

　　经纪公司告诉他，公司已经收到他名下的黄金，存在费城的某个仓库里，并要求他支付每张合约 190 美元的服务费。他当然不愿意收到黄金，于是经纪公司帮他卖掉黄金，并在他账户中存入期货。这种类型的交换非常普遍，称为**现货转期货**（exchanging physical for futures）。卖出实物黄金又需要一笔手续费，但对他而言最终结果还是可以接受的。他不用持有黄金，只是为交割和卖出实物黄金支付一笔费用。

　　"第一通知日"不适用于现金交割的期货，例如标普 500 指数期货。这种类型的期货没有实物的交割；现金结算发生在合约的最后交易日。没有实实在在的实物交割，也就没有第一通知日。

1.8.2　个股期货

　　2003 年，个股期货挂牌交易。100 股股票对应的期货出现了，比如 IBM、微软和安进公司（Amgen）。这些期货与其他期货的条款一致，保证金较低（20%），可以按比该股票上一卖价更低的价格卖出（sold on downticks），在卖出前无须借入股票。此外，监管机构制定了详细方案，让股票投资者**无须**另外开立单独的期货账户就可以交易个股期货（然而交易指数期货则必须要有对应的账户）。两个市场的要求也是一样的，期货交易者也无须另外开立股票账户，就可以交易这些个股期货。

　　并不是每一只股票都有对应的个股期货。实际上，2004 年只有大概 100 只个股期货。如果个股期货越来越受欢迎，会有更多的股票挂牌对应的个股期货。通过网络搜索很容易找到这些股票，很有可能是在特别为个股期货而设立的 2 个交易所的网站上找到：NQLX [⊖] 和 OneChicago。

　　个股期货在以下几个月份到期：3 月、6 月、9 月、12 月以及最近的 2 个月份。它们在该月的第 3 个星期五到期，正如指数期货和期权。如果持有到期，个股期货要求实物交割股票。不同于其他大部分期货合约，个股期货没有价格限制。

　　尽管此金融产品的宣传力度挺大，但目前情况并没有证明该产品非常受交易者欢迎。极低的保证金（也就是较高的杠杆）使大部分股票交易者对之并不太感兴趣。产品可能的运用是对冲风险。但是如果持有股票并卖出对应的个股期货，那么不仅仅是对冲，而相当于完全卖出股票，如此无论股价如何变化，都无法盈利或亏损。事实上，通过期权**对冲**是最好的办法（第 3 章阐述了期权作为保险的

　　⊖　NQLX 于 2004 年关闭。——译者注

运用）。期权对冲，可以限制亏损，但仍然保留股票的盈利空间。期货**不是**期权，它更像股票。

或许未来个股期货会更加受欢迎，但目前几乎没有追捧者。

1.8.3　波动率指数和期货

2004 年 3 月，CBOE 上市了新的产品——波动率指数期货。波动率指数的具体内容将在第 3 ~ 4 章阐述。作为交易者，应当了解 CBOE 还有 AMEX 发布指数的目的是为了衡量指数期权的隐含波动率。当隐含波动率高时，期权比较贵；当隐含波动率低时，期权比较便宜。第 1 个波动率指数 VIX 于 1993 年创立（尽管其价格的历史可追溯到 1986 年）。

10 余年的时间里，交易者只可以观察 VIX，但无法直接交易。它曾经是，现在也是有效的交易指标（见第 4 章），只是曾经无法买卖。直到 2004 年，CBOE 成立了期货交易所，将期货作为其中一项业务，并开始交易 VIX 期货。

在写这本书的时候[⊖]，VIX 期货是否成功还言之甚早。它有很多的用处，从投机到套保，甚至可以给最保守交易的账户进行套保。因此，我觉得 VIX 期货会是成功的金融产品。

1.8.4　期货期权的术语

1. 到期日

期货**期权**在第一通知日前到期，因此期权不会成为期货对应商品进行交割的障碍。这也是为什么一些期货期权（比如大豆、玉米、橙汁、咖啡等实物商品的期货期权）实际上在期货到期月的**前**一个月到期。因此 3 月大豆期货期权实际上是在 2 月到期。请询问经纪商、每月翻阅《期货》杂志或者到相应期货交易所的网站去查找不同期货期权的具体到期日。附录 B 的表格列出了大多数主要期货期权的到期日。例如，咖啡期权的到期日是期货到期月**前** 1 个月的第 1 个星期五。5 月咖啡期权将在 4 月第 1 个星期五到期。

2. 行权价格

前文提到，不同的期货品种对应不同的期权行权价格系列。例如，大豆期权行权价格间距是 25 点（美分），玉米期权行权价格间距是 10 点，猪腩期权行权价格间距是 2 点，等等。最开始熟悉期货期权时，最好能有实惠的信息资源来帮

⊖　英文书的出版是在 2004 年，距离 VIX 期货上市不到 1 年。——译者注

助你，比如《投资者商业日报》（*Investor's Business Daily*）会列出所有目前交易的期权，阅览后就知道不同期货期权的行权价格如何分布。对于拥有更为精密的报价机器的交易者而言，期权链（option "chain"）会展示特定期货的所有期权。例如，SIGNAL 就是其中一种信息资源。它是比较受欢迎的报价服务软件，可以在任何计算机上运行。

3. 合约单位

每 1 份期货期权对应 **1 张**期货合约。也就是说，如果期货期权行权，将变为 1 张期货合约。概念比较简单。更复杂的是记住期货或者期货期权波动 1 点对应多少美元。股票期权与指数期权，1 点通常代表 100 美元（可能在拆股后会不一样）。期货期权没有那么标准化。例如谷物期权波动 1 点（美分），相当于 50 美元，而 S&P 500 指数期货的 1 点却相当于 250 美元。每种情况下，期货期权和标的期货每点价格波动对应的美元数值相等。

附录 B 列出了大多数期货期权以美元计价的每点价值，也可以在报纸上的期货期权价格列表找到相关信息。报纸一般会列出标的期货实物合约单位。每点美元价值一般可以用实物合约单位除以 100 获得。例如，大豆期货合约单位是 5000 蒲式耳，该信息会与价格一起列在报纸上。该数值除以 100，得出大豆每点（美分）波动价值 50 美元。

4. 报价

股票交易者习惯在股票或期权上进行买卖报价。同时，经纪商可以在自己的报价机器上看到报价信息。但期货合约以及期货期权合约的报价有所不同。你很难在报价机器上看到期货的买卖报价，只能从交易池获得；但除非是与交易池直接交易，否则让你的经纪商获取报价太浪费时间，需要拨打好几个电话。

交易池确实会给主要的报价供应商提供报价，但这些报价都是相对"过时"的，因此大部分时候交易者都不能依赖这些报价。我并不推荐使用市价指令交易期权，因此交易者应多了解一些期权报价。加速报价及下单流程的一个办法是，按可以接受的价格下单，并让经纪商将**真实的**市场报价情况告诉你。如此，订单可以立即生效，同时可以获得市场报价。如果真实报价距离你的报价很远，那么你可以调整自己的订单价格。

5. 电子交易

期货可以电子交易，但只有几个市场是真正的电子交易。最有名的电子交易市场是芝加哥商业交易所的 E- 迷你标普期货（S&P e-mini futures）。那是完全电子化的市场，任何人任何时候都可以在报价机器上看到所有真实的买卖报价（不能看到申报量）。E-迷你标普期货每点波动价值 50 美元——是标准的"大"头寸标普期货的 1/5。日盘期间，标普期货在交易池内连续公开喊叫交易；夜盘，标普期货也在 Globex 系统上进行电子交易。某些其他的期货是完全电子交易，而且越来越多的期货逐渐变为完全电子交易。

与"电子交易的期货经纪商"交易应当小心。有时，电子订单只是在人工柜台打印出来，然后再传到交易池。这种双层下单方式可能花费更多时间。交易者应跟经纪商确认订单如何到达交易池——特别是在那些**没有**电子化的期货交易池。

6. 佣金

期货市场，每张合约的佣金一般是固定的。佣金只在合约平仓时收取。因此，举例而言，如果买入谷物期货，那么开仓交易时不会收取佣金，之后平仓时将收取佣金。描述该过程的术语是**交易回合**（round turn）。如果每张期货合约的佣金是 20 美元，那么通常说法是一个交易回合是 20 美元。

期货期权的佣金一般也是固定金额，但是像股票一样，买入和卖出都需要收取。有些经纪商会收取期权价格的百分比作为佣金，但这种情况不常见。

期货与期货期权的固定金额佣金，意味着不同合约的佣金高低不同。例如，如果交易的是谷物期货（1 点 50 美元），一个交易回合的佣金是 20 美元。该佣金相对于期货价值较大，谷物期货的价格必须波动 0.4 点才能补偿佣金支出。但是，如果交易的是标普 500 期货，1 点 250 美元，那么佣金只相当于 0.08 点，小于期货的最小变动价位（tick 值），可以忽略不计。

7. 系列期权

相同商品的期货合约不一定每个月都有到期。例如，标普 500 的到期月只有 3 月、6 月、9 月和 12 月。有一定经验的交易者知道，大部分期权交易集中在近期合约，特别是离到期日非常近的期权上。

期货交易所意识到，当最近期限的期权还有 2～3 个月的存续期时，交易量会减少。因此他们决定引入在期货实际到期月份之间到期的期权合约。这些期权称为**系列期权**（serial options）。系列期权通常在期货到期月前 1～2 个月到期，标的是下一到期月对应的期货。

例：标普 500 期货的到期月份是 3 月、6 月、9 月和 12 月。这些月份上有对应期权到期。期货与期权都是在到期月的第 3 个星期五现金交割。假设

目前日期是 4 月 1 日，距离最近的期货到期日还有 2.5 个月。

标普 500 期货的交易非常活跃，因此交易短期期权的需求比较大。于是芝加哥商业交易所挂牌了系列期权。例如，4 月标普 500 期货期权将在 4 月第 3 个星期五到期。但是，与现金交割不同，这些期权行权后将获得 6 月标普 500 期货的等价头寸。假设持有标普 500 4 月 460 认购期权，行权后则以 460 的价格获得 6 月标普 500 期货合约的多头持仓。

系列期权存在于标普产品、外汇、谷物、债券与票据、黄金、白银、铂金、活牛、猪腩、白糖和橙汁期货上。值得注意的是，并不是所有期货都有系列期权。有些期货并不需要系列期权。例如，原油及其相关产品、天然气等的期货每个月都有到期，因此不需要系列期权。然而，虽然不是全部期货，但是其他期货几乎都有系列期权。

记住，辨别是否存在系列期权的最简单方法是，是否有期权的到期日与对应期货的到期日**不相同**。如果有，那么这些期权是系列期权。从报纸和报价机器上可以很容易获得。

期货期权与股票期货、指数期权还有其他一些细微差别，会在策略与交易的章节中阐述。

1.9　期权价格的影响因素

6 个影响期权价格的因素如下，排序**不代表**影响的重要性。

（1）标的资产价格。
（2）期权行权价格。
（3）距离到期的时间。
（4）标的波动率。
（5）短期利率，一般是 90 天短期票据利率。
（6）股息（如果有的话）。

每个因素都将对期权价格产生影响。某些因素有着**直接的影响**。例如，距离到期时间**越长**，认购期权以及认沽期权的价格越高。相反，距离到期时间变短，期权价格将下跌。因此，期权价格与期权距离到期时间直接相关。波动率也是直接因素——波动率越高，期权价格也越高。

然而，有些因素对认购期权和认沽期权的影响是不同的。以**利率**为例，当利率提高时，套利者更愿意支付更多去购买认购期权以对冲股票空头，因此认购期权价格上涨。相反，套利者将为购买认沽期权支付更少，因而认沽期权价格下跌。**标的价格**对认购期权和认沽期权也有相反的影响。**标的价格**上涨，认购期权价格也上涨，而认沽期权价格将下跌。**股息**，也对认购期权和认沽期权有相反的影响。如果公司提高股息，那么认购期权价格下跌，认沽期权价格上涨。原因在于，场内期权不能获得股息，期权价格只是反映股价。如果股息提高，股价会在除息后下跌，因此认沽期权价格会由于预期的股价下跌而上涨，而认购期权价格则下跌。

1.9.1 波动率

本书详细论述波动率，希望读者能够清楚地理解它。**波动率是用来衡量标的价格变化速度的**。如果标的股票或期货价格可以在短期内变化很大幅度，那么可以说该标的波动剧烈。例如，场外的生物科技股票是波动剧烈的股票，冬天的橙汁期货或者夏天的大豆期货也波动剧烈。

期权定价涉及两种类型的波动率。一种是**历史波动率**（historical volatility），即标的价格变化速度的统计衡量。历史波动率是可以计量的，即便有些数学家不同意历史波动率计算的最优公式，还是可以通过标准公式计算的。另一种波动率是**隐含波动率**（implied volatility）。这种波动率是"隐含"在**场内期权**价格中的未来波动率水平。

关于隐含波动率最让人吃惊的例子发生在 1987 年股灾期间。当隐含波动率增长时，所有期权价格都上涨了，交易者很是惊喜，这是股灾期间为数不多的惊喜之一。

在股市崩盘前的星期三（1987 年 10 月 14 日），OEX 的交易价格是295。投资者花费 1⅛ 买入 12 月 320 认购期权。这些期权的隐含波动率约为15%，处于相对较低水平。

在接下来的星期一（1987 年 10 月 19 日），股市崩盘了，OEX 交易价格是 230。投资者意识到损失了全部投资。但比起其他人更大亏损而言，投资者应该为 1⅛ 点的亏损而庆幸。由于觉得股市崩盘时可能没有买家，因此在周二前，投资者都没有卖出报价。

他没有意识到的是，股市崩盘期间的 OEX 期权隐含波动率以火箭速度上涨到接近 50%。12 月 320 认购期权虚值 90 点，且距离到期不到 2 个月，价格却是 1 点。如果以此价格平仓，投资者只亏损 1/8 点。由此可知，隐含波动率的力量很强大，有时可以帮助投资者脱离亏损的困境。

当然 1987 年股灾期间大部分故事都不是令人愉快的。实际上，华尔街上流传的说法是，"1987 年股灾实在是太糟糕了，甚至骗子都亏了钱"。

关于隐含波动率与历史波动率差异还可以通过以下诉讼事例说明。该诉讼使得隐含波动率上升，但标的历史波动率维持稳定。

1994 年早期的一个事例生动地说明了历史波动率与隐含波动率的不同。超威半导体公司（Advanced Micro Devices，简称 AMD）是半导体芯片制造商。英特尔（Intel）也是，且是龙头企业。英特尔起诉 AMD 并将案件提交法庭，认为 AMD 违反专利权。该新闻让 AMD 的股价下跌并稳定在略高于 20 美元。

接下来的庭审肯定会对 AMD 的股价影响很大。如果判决支持的是英特尔，那么 AMD 的股价将下跌很多。但是，如果判决不利于英特尔，那么 AMD 的股价将回升到诉讼前的 30 多美元。

当庭审结果越来越接近时，AMD 股票的历史波动率（实际波动率）相当正常：股价在 19 ～ 22 之间波动。股价并没有剧烈波动，原因在于没人知道判决时股价上涨还是下跌的概率。买家和卖家力量均衡。然而，期权是基于未来股价定价的，因此变得非常昂贵。如果股价为 20，下月到期的认购期权价格超过 4 点！对于 20 美元的股价而言，该期权定价是非常高的。认沽期权也同样贵。因此，期权预示着 AMD 未来股价将有大幅变动，或者说期权的隐含波动率很高。最后，法庭判决倾向于 AMD，股价在 1 天内上涨超过 6 点，接着期权价格回落，历史波动率与隐含波动率又重新趋于一致。

历史波动率与隐含波动率通常是非常接近的。即便有区别，也不像上例中那么明显。接下来的章节中，将会讨论如何计算波动率，如何解释波动率以及当它们不一致时运用何种交易策略。

读者可能觉得，既然期权价格只受 6 个因素影响，那么确定期权"公允"价值是很简单的。在特定时间，其中的 5 个因素是能够知道的。**标的价格**、**行权价格**肯定都已知。距离到期的时间也可以知道。短期**利率**也很容易找到。而且，如果有**股息**，那么股息的多少和派发时间也是能够了解到的。只有波动率这个因素很难确切量化，特别是未来一段时间的波动率。因此，波动率是决定期权公允

（或者说理论）价格的难点所在。如果不知道标的波动性——也就是不知道标的价格会变化多少，变化多快，那么如何知道该为期权支付多少呢？这个问题难以回答，本书将花大量时间以阐明该问题。

1.9.2　各因素如何影响期权价格

之前谈到，每个因素对期权价格的影响。接下来的表格展示了每个因素**下降**带来的影响（如果是**上升**的，结果刚好与表格描述相反）：

因素	距离到期时间	标的价格	利率	股息	波动率
认购期权价格	下跌	下跌	下跌	上涨	下跌
认沽期权价格	下跌	上涨	上涨	下跌	下跌

此外，各因素互相关联，因此很难判断哪个因素起主导作用。例如，股票或期货价格回升，很难断定认购期权价格就一定上涨。如果认购期权价格远远高于目前标的价格，那么即便标的价格短期内出现较大幅度上涨，也很难让该认购期权价格变动多少。在距离到期日非常近时这种情况更是明显。

例：假设有一只股票处于长期熊市中，目前股价为 20。接着出现急剧上涨，股价在一两天内上涨 5 点到 25。此外，假设此时距离期权到期非常近，或者只有 1 个星期。以下数据总结了这种情况。

	2 月 7 日	2 月 9 日
股票价格	20	25
2 月 35 认购期权	1/16	1/16
8 月 35 认购期权	1/2	1¼

2 月 35 认购期权距离到期还有 1 个多星期，并没有受到股价大幅上涨的影响。但是更长期的 8 月 35 认购期权剩余时间更长，因而价格受益于股价上升。所以说，当判断股价朝有利方向波动时，期权价值是否上涨，与股价、行权价格和到期时间都相关。

1.10　DELTA

接下来会谈到因素之间的相互依赖性。现在首先定义一些常用的交易术语。

这些术语描述了每个因素对股票价格的影响程度。最为人熟知的是**期权的 delta**。**期权 delta 衡量的是标的价格波动 1 点，对应期权价格的波动幅度。**

例：XYZ 的价格为 80，3 月 80 认购期权的价格为 4。观察到 XYZ 价格上涨 1 点到 81 时，3 月 80 认购期权的价格为 4½。因此，期权价格上涨 1/2 点对应了股价上涨的 1 点。可以说，该期权的 delta 是 50%，或者说是 0.50。

认购期权 delta 是介于 0.00 到 1.00 的数值。为核实此结论，可以注意到深虚值期权的价格不怎么变化，即便股价上涨 1 点，期权几乎没有波动——前例中的 2 月 35 认购期权。因此深度虚值认购期权的 delta 是 0.00。另一方面，如果股价远超过行权价格，即认购期权是深实值的，那么期权与股票同时波动。如果股价上涨 1 点，该期权也上涨 1 点；也就是说，该深度实值认购期权的 delta 是 1.00。认沽期权的 delta 介于 0.00 到 -1.00，反映了认沽期权价格波动与标的价格波动方向相反。

在两个极端期权（深度虚值期权以及深度实值期权）之间，认购期权 delta 的范围是 0 到 1。虚值的认购期权 delta 较小，例如 0.25 或 0.30，表示股价上涨 1 点时，这些期权上涨 1/4 或者 3/10 点[⊖]。与此类似，实值的认购期权 delta 较高，例如 0.70 或 0.80，表示这些期权更像是股票，但不**完全**有股票波动得快。

例：下表显示的是特定股票 XYZ 的不同认购期权上可能观察到的 delta 值。接下来你可能发现，delta 也受其他因素的影响。但现在只是通过 delta 的表现来体现标的价格与期权价格的关系。

认购期权	标的价格：80	日期：2 月 1 日
	认购期权 delta	认沽期权 delta
5 月 70 认购期权	0.94	-0.06
5 月 75 认购期权	0.79	-0.21
5 月 80 认购期权	0.58	-0.42
5 月 90 认购期权	0.36	-0.64
5 月 100 认购期权	0.20	-0.80*
5 月 110 认购期权	0.10	-0.90*

⊖　原文是 3/8，有误，结合上下文，应为 3/10。——译者注

相同行权价格、到期时间的认购期权与认沽期权的 delta 符合以下公式：

$$认沽期权\ delta = 认购期权\ delta - 1$$

当认沽期权深度实值时出现不符合公式的例外情况是（上表中标星部分）。股票和指数认沽期权的 delta（而**非**期货认沽期权的 delta），在距离到期还很远时，可能达到极限值（−1.00），即便相应的认购期权 delta 不为 0。这与转换套利相关。因此，上表中，5 月 100 认沽期权以及 5 月 110 认沽期权的 delta 可能是接近 −1.00，而不是表中显示的 −0.80 或 −0.90。

注意到平值期权的 delta **并不是** 0.50 了吗？实际上，任何平值**认购**期权（股票、指数或期货）的 delta 都稍高于 0.50（平值认沽期权 delta 则稍低于 0.50）。理由是，股票或者期货价格可以上涨得更高（理论上，可以无限上涨），但不能跌得更深（只能下跌到 0）。这意味着一定时间内标的价格上涨的概率高于 50%。平值认购期权 delta 就反映了此点。

一些交易者将 delta 视为判断期权到期是否为实值的简单方法。虽然数学解释并不严谨，有时却很有效。用这种方法解释上表数据，5 月 100 认购期权的 delta 是 0.20，则说明在 5 月期权到期前股价上涨到 100 以上的概率是 20%。如果这样能更清楚地解释 delta，那么就采用此方法。实际上这种解释也没有错。

期权交易者必须理解 delta 的概念，它帮助交易者预期股价波动对应的期权价格波动。大多数交易者在买入股票时对股价都有预期。在对股价有预期基础上，delta 也能帮助他们决定买入哪一个期权。

什么将影响 delta

期权交易者，或者认真研究过期权的交易者，都知道股价小幅上涨时，虚值期权价值上涨很少；平值和实值期权比虚值期权上涨得更快些。认购期权与认沽期权都是如此。Delta 可以衡量这些相关的期权价格波动。

例如，假设交易者想买入前例中的股票，他希望股价能快速地上涨 3 点，从 80 到 83。5 月 100 认购期权将升值多少呢？Delta 说明 XYZ 每上涨 1 点，对应 5 月 100 认购期权上涨 20 美分，那就是 3×0.20，或者说是 60 美分。除去佣金和期权买卖差价，剩余利润可能不多，股价 3 点的上涨不能给该期权带来很多升值。然而，买入平值的 5 月 80 认购期权的盈利应该不错。该期权将升值 3×0.58，或者说是 1.74 点（1¾），升值比较大。因此除去佣金和买卖差价，剩下的盈利较多。

如果交易者期望未来 3 个月内股价上涨 20 点，那么买入虚值期权更可行。

当对股票走势观点有所改变时，交易者需要调整购买的期权，而 delta 可以帮助交易者去调整。

前例说明了 delta 和股价的关系。然而，还有其他因素在影响着 delta。一个重要因素是时间。期权 delta 受时间流逝的影响。**随着时间流逝虚值期权的 delta 逐渐趋近于 0**。这表明，随着距离到期时间越来越近，虚值期权对短期标的价格波动越来越不敏感，期权价格相应的波动越来越小。有时，极端情况能够帮助理解。例如，在最后交易日，任何与平值相差一个行权价格间距及以上的虚值期权 delta 很可能都是 0——这些期权都将到期无价值，而标的价格的 1 点波动不会引起这些期权价格波动。另一方面，如果虚值期权距离到期时间**较长**（例如 3 年），那么期权价格**会**反映标的价格的波动。**虚值期权的时间价值越高，delta 距离 0 就越远。**

实值期权的相反情况也成立：**随着时间流逝，实值期权 delta 趋近于最大值**[注]。同样，考虑极端情况有利于帮助理解。在期权最后交易日，任何稍微实值的期权价格波动幅度与标的波动幅度一致。认购期权 delta 为 1.00，认沽期权 delta 为 −1.00。但如果距离到期时间较长（例如 3 年），那么即便是实值期权，也会有**部分**时间价值。所以，期权波动可以反映**大部分**的标的波动，但没有反映全部，delta 会小于最大值。**因此，实值期权的时间价值越高，delta 会越小。**

期权 delta 可以快速变化，有时甚至明显与数学定义相悖。这些概念将在第 6 章讨论，下面的例子可以帮助解释此点。

　　1995 年 1 月，市场上传闻亨氏（H.J.Heinz）将被收购。当时另一家食品公司已经被收购了，因此这个传闻流传甚广。结果，亨氏的期权隐含波动率上升很多。由于交易者似乎觉得这事件更可能在周末宣布，因此星期五时收购传闻更加"白热化"。在星期五出现隐含波动率达到高点约 50% 是不寻常的。接下来的表格列出了星期五的期权价格，并列出了相同期权在下个星期一时的价格。两天的股票收盘价只相差 3/8 点。

	星期五收盘价	星期一收盘价	变化
股票	39¼	38⅞	−3/8
1 月 40 认购期权	15/16	3/8	−9/16
2 月 40 认购期权	1¾	1⁵⁄₁₆	−7/16
3 月 40 认购期权	2⅜	1¾	−5/8

　　⊖　此处的最大值是指 delta 的绝对数值 1，没有区分认购期权和认沽期权。——译者注

这里发生了什么呢？每一个浅虚值期权价格的下跌都**超过**股价。也就是说，这 3 个期权的 delta 都超过 1.00！一般情况下，浅虚值期权的 delta 约为 0.50 或略低一些。

股价波动后期权的实际 delta 可以通过期权价格波动值除以股价波动值获得。简单计算后获得如下 delta：

期权	实际 delta
1 月 40 认购期权	1.50
2 月 40 认购期权	1.17
3 月 40 认购期权	1.67

实际上发生的事情是周末出现了一篇负面文章。该文章否认了收购传闻，并给出该公司没有"参与"此事的证据。因此，虽然股价本身下跌了 3/8 点，期权却由于隐含波动率从星期五的 50% 下降到约 35% 而价格大跌。隐含波动率的日内变动太大，对认购期权价格的负面影响很大。以上就是关于隐含波动率变化对期权价格及 delta 影响的形象例子。

因此，价格和波动率相关。大家都知道，一个因素的改变会影响期权的价格。但大家忽略的是，当几个因素共同作用时，期权价格的变动可能很大，正如亨氏公司的例子。波动率和股价短期内可能都变化很大。其他 3 个因素——短期利率、行权价格以及股息，在大部分情况下对期权价格的影响不大，原因在于这些因素大部分时间变动不大，短期内变动就更小了。

1.11　技术分析

分析市场有两种主要方法：技术分析与基本面分析。大多数投资者熟悉的是**基本面分析**（fundamental analysis），就是通过分析公司市场份额、定价结构以及公司运营的其他方面来预测公司未来盈利的过程。与基本面分析不同的是，**技术分析**（technical analysis）与公司实际运营毫无关系，它是对于公司**股价**的分析。技术分析员（技术分析的实践者）认为过去的价格模式给未来价格方向提供了有价值的线索。技术分析可以用于任何产品的价格模式——股票、债券、期货等。

尽管两种方法都认为自己比较有效，但其实各有千秋。接下来的典型例子谈到了每种方法都认为自己是正确的，而对方是错误的。

1991 年，海湾战争"胜利"以后，市场开始上涨。许多经纪公司分析员预测美国公司会有较好的前景，比如可口可乐。盈利将一年比一年高。

技术分析员却对可口可乐股票**市场本身**更感兴趣。市场观点当然体现在每天的股价上。此例中，可口可乐公司的股价几次达到 44，但从来没有超过此价。因此，技术分析员会认为，即便基本面分析员预测公司未来盈利很好，他却不会在股价突破 44 前买入。

那可能是个好策略。因为 2 年以后可口可乐股价才真正高于 44——之前尝试几次突破 44，但又回落。技术分析员可以保留资本，直到股价具有上涨动能时买入。

技术分析试图把握买入和卖出的时机，因而更适合短期交易。基本面分析是很好的长期分析工具，但短期来说容易过早（过晚）地预测价格波动，因此时效性不好。基本面分析员试图预测公司实际运营能否盈利，但这些信息与短期股价的关系并不清晰。大部分期权交易策略具有短期的特点，因此基本面分析几乎没用，而技术分析是更好的办法。

然而，基本面报告可以影响短期股票波动（第 4 章将谈到如何利用该现象盈利）。这通常发生在公司发布的季度盈利与分析员预期有显著分歧时。一旦公布比预期更差的盈利报告，将不可避免地引起股价立刻下跌。好于预期的盈利报告一般将引起股价立刻上涨。

请不要将短期股价对基本面报告的反映与基本面分析混为一谈。实际上，如果分析员能够准确地预测盈利，那么股价不会有"出乎意料"的波动。当盈利差的时候更是如此。通常情况下，当华尔街分析员将股票观点从正面转为负面时，对股票持有者而言已经太晚了。很多次都是公司突然发布盈利不好的报告，引起股价马上下跌，**接着**所有的经纪公司降低股票评级。还有很多次，股价从高位下跌，可能下跌 50% 之多，然后经纪公司才将股票从"买入"降级为"持有"。那么对于短期交易者和中期交易者而言，这些分析有什么用处呢？

因此，基本面分析更适用于长期交易，但不适用于短期交易决策。接下来的故事清楚地展示了基本面分析与技术分析的差异。

最近，我读到一篇 1948 年发表的文章，里面提到了可口可乐的价格。文章谈到可口可乐的价格在"二战"后强劲上涨，贴现了可预见未来的所有收入。基本面分析员不同意此观点，认为可口可乐正成为软饮料行业的世界

领先公司（当时，可口可乐主要在美国本土销售）。

　　事实上，1948 年通货膨胀引起的经济萧条确实对可口可乐的价格产生了负面影响，使其下跌 30%；但今天可口可乐的价格已经是 1948 年价格的许多倍了。因此，长期来说，基本面分析是正确的；但短期来说，技术分析是正确的。

　　本书谈到的许多策略是短期或中期的，因此我们更喜欢技术分析。技术分析基于历史价格、移动平均线或交易量，来估算未来价格。在之后的期权策略章节中，将结合策略讨论一些在多数情况下很有价值的估算工具。

　　此章用不多的篇幅讲述了许多基础知识。阐述了定义、价格行为以及影响价格的因素等，为接下来的章节打下基础。下一章将谈到各种各样的期权策略。

期权策略概述

虽然本书主要介绍期权的交易运用，但也会讲解期权策略的基本原理。本章有两个目的：①为本书后面将用到的术语提供定义，作为后续讨论的基础；②本章既可作为学习部分，也可作为参考部分，这完全取决于读者前期积累的期权相关知识。我们对每一个期权策略都做了简要描述，并且附有例子和图表，用来描述该策略潜在的盈利与亏损。

2.1 损益图

有的交易者喜欢看数字列表，有的交易者（包括我自己）则喜欢看图表。一张"损益图"反映了给定头寸下的潜在盈利和损失。就期权而言，损益图可以通过形状来描述绝大部分的主要策略。我们可以用一个简单的例子来说明上述观点。

例：假设普通股 XYZ 的交易价格是 50，XYZ 7 月 50 认购期权的价格是 3 点，即 300 美元。损益表详细列出了在 7 月到期时，不同 XYZ 价格水平下的盈利和亏损。图 2-1 损益图也显示了这些信息，该头寸拥有有限的下跌风险，同时理论上可以获得无限的上涨收益。

	在 7 月到期时	
	认购期权	
股票净价	价格	结果（美元）
40	0	−300
45	0	−300
50	0	−300
53	3	0
55	5	+200
60	10	+700
70	20	+1 700

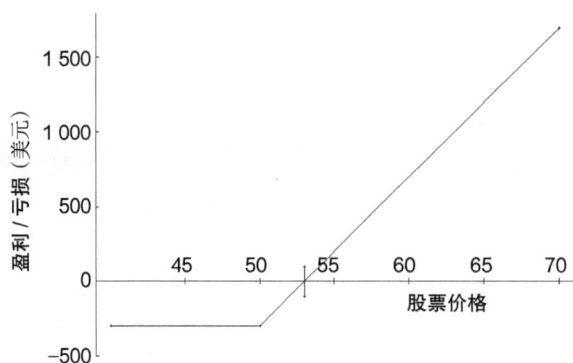

图 2-1   买入认购期权

只要看一下该损益图，就能理解这个策略的本质。当用美元标出亏损、盈利以及盈亏平衡点时，买入认购期权的损益图就呈现出来了。因此，根据坐标轴是否有明确的盈利或亏损值，可以判断损益图是一般化还是具体化的。

2.2   直接买入期权

对大多数交易者来说，最容易理解的期权交易方式是直接买入期权。有的交易者只是买入期权，不做其他类型的交易。当说到"直接"时，指的是买入期权，且没有进行任何对冲，例如卖出类似的期权或者股票以对冲。在前例中，以 3 的价格买入 XYZ 7 月 50 认购期权，该交易具有以下 3 个特点。大部分交易者都了解这些特点。一是，一手期权的成本是 300 美元，这是可能亏损的最大数目；二是，一手认购期权的价值总是至少等于股票价格（53）与行权价（50）之差，因此到期时的盈亏平衡点是 53（还需要加上佣金）；三是，只要标的 XYZ 的价格持续上升，期权的价格就会不断上涨，盈利是无限的。

该策略的杠杆很高，一般认为这是个激进的策略。如果期权到期时无价值，那么就会在很短时间内损失所有资金。在前面的例子中，如果股价在到期时低于 50（买入期权时的股价），那么其价值为零，该交易者就会损失买入期权时支付的 300 美元。当然，杠杆具有两面性，也可能带来高额的收益率。例如，如果股票只上涨 20%（从 50 上涨到 60），那么期权就价值 1000 美元。因此，对于同样的股票波动，股票交易者获利 20%，而期权交易者可以获利 233%（从 300 美元上升至 1000 美元）。

在进一步讨论买入期权之前，让我们先来看一个买入认沽期权的例子。认沽期权赋予了持有者以约定价格（在到期日之前）**卖出**标的的权利，因此是熊市策略。如果股价下跌，认沽期权就会增值，如果股价上涨，它就会减值。

例：假设普通股票 XYZ 的交易价格是 50，XYZ 7 月 50 认沽期权的价格为 2，或者说每手 200 美元。损益图（见图 2-2）和损益表如下。

在 7 月到期时

股票净价	认沽期权价格	净结果（美元）
30	20	+1 800
35	15	+1 300
40	10	+800
45	5	+300
50	0	−200
55	0	−200

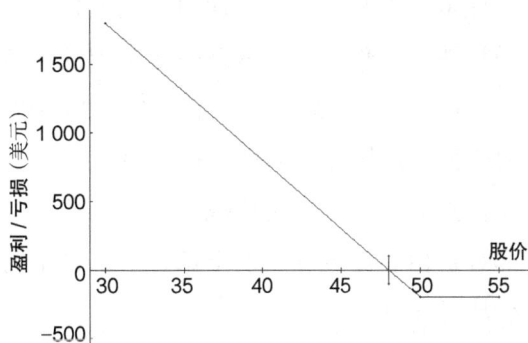

图 2-2　买入认沽期权

图 2-2 显示该头寸在股票上涨时亏损有限，同时在股票下跌时可以获取高额收益。

很多有经验的交易者宁愿购买期权而非股票，这是因为他们觉得，在一定盈利概率下，也许是 30% 或者 40%，盈利交易中使用杠杆带来的收益，超过亏损交易中更频繁但有限的亏损。上述策略的关键在于，盈利时要及时平仓。

买入期权被认为是最投机的交易活动之一。不过常常可以通过不同的方式来构建策略。通过这些不同的方式，可以将策略从投机变为保守，或者至少是稳健。

在讨论应买入何种期权之前，必须说明一点，对股票行情的预期是最重要的。**如果股价下跌，无论买什么样的认购期权，都无法从中盈利。**

对于一般的交易者或新手来说，购买期权的主要吸引力是杠杆。你可以用少量的资金（一两千美元）赚取高达200%～300%的盈利。当然，你也可能在相当短的时间内赔光所有的投资。

因此，许多刚入门的交易者为了降低交易成本会买入虚值期权，然后梦想着获得巨额回报。但是，这些回报通常只有在股价波动很大时才会出现。更糟糕的是，这些投资者会买入即将到期的虚值期权，他们没有给股票足够时间来实现其所期待的大幅波动。

这些年来，我与许多放弃期权交易的股票交易者交流。他们觉得自己可以在股票交易中赚钱，但是只要涉及期权，就会赔钱。他们普遍犯的错误是，买入深度虚值的期权。

专业股票交易者使用期权的目的通常只有一个：降低头寸中所需要的投资。他们并不是为了获取杠杆带来的高额收益，而只是用期权替代股票。**为建立本质上等同于股票头寸的期权头寸，你应当买入几乎要到期的实值期权。**此外，如果专业交易者通常交易2000股股票，那么他可能会买入20手实值认购期权。交易者一般不会在数量上加杠杆，杠杆已经体现在价格中。

通过买入实值期权，能够减少时间价值成本。时间价值是指期权随着时间流逝而被耗费掉的那一部分价值。虚值期权的**全部**价值都是由时间价值组成的。实值期权的时间价值很小甚至没有。

此外，实值期权的逐日表现与标的表现最为接近。如果股价上升1点，实值认购期权的价格至少也会上升0.75点。虚值期权的价格可能根本不会有这么大的变动。当然，如果股价**下跌**，就会对认购期权持有者带来不良影响。这就是为什么我们在一开始就说，股票的选择是最重要的。下面的例子可以帮助理解这点。

例：假设你认为股票 XYZ 在短期内是只值得买的好股票，当前股价是每股19。如果今天是本年度的第一个交易日，你会购买哪一种期权？

认购期权	卖价
1月15	4
1月17½	2
1月20	1/2
3月17½	2½
3月20	1⅛
3月22½	1/2

专业的股票交易者会买入 1 月 15 认购期权（该期权没有任何时间价值成本）或者买入 1 月 17½ 认购期权（时间价值是 1/2 点，实值 1½ 点，如果股票上涨，实值会迅速增加）。

新手则更有可能买入最便宜的期权（1 月 20 或者 3 月 22½ 认购期权，两者的交易价格都是 1/2 ），或者也有可能买入 3 月 20 认购期权。

在上述例子中，假设股价迅速上涨到 21（上涨 10%）。专业交易者如果买入 1 月 15 认购期权，盈利 2 个点，如果买入的是 1 月 17½ 认购期权，盈利 1½ 个点，收益率分别为 50% 或 75%。新手的投资收益率可能会更大，但实际获利金额可能会更少。新手不太可能买入大量虚值期权，从而获得比买入 20 手实值认购期权的交易者更高的盈利。

为了量化这些概念，只要看一看买入认购期权的 delta，就可以判定买入期权的激进程度。**Delta 越小，买入期权越激进**。如果换一种同样正确的视角来看待 delta，将其看作期权到期时实值的概率，那么你就会发现买入虚值期权的投机性有多高。

即便正确预测了股价走势并买入期权获利，你还是必须采取一定的措施，在适当的时候锁定盈利。如果在锁定盈利的同时又不愿失去进一步获利的机会，最简单的办法是，在获得收益之后，卖出部分头寸。这点适用于任何一种投资——股票、期权、期货、债券等。这样做的最大问题是，如果未来股票上涨，那么由于已经减少了持股量或合约数量，上涨带来的盈利就没有原来那么多。

不过，期权有时可以提供一个相对简单的方法，让你拥有蛋糕并可以享用它，也就说既能实现已有收益，又能"保留"股票持仓。要做到这一点，只需要卖掉你持有的期权（那些盈利的期权），同时买入等量下一个行权价的期权。实行该策略的最好时机是股价已达到下一个行权价时，因此，你卖出的是实值期权，而买入的是平值期权。

例：假设当前股价是 21，买入 10 手 XYZ 6 月 20 认购期权，每手价格为 2。不计佣金，成本为 2000 美元。随后 XYZ 股价升至 25，现在认购期权价值 5（至少）。经过研究，发现 7 月 25 认购期权价格为 1½。因此，可以做如下操作：

以 5 的价格卖出 10 手 6 月 20 认购期权：收入 5000 美元

以 1½ 的价格买入 10 手 7 月 25 认购期权：支出 1500 美元

你因此获得了相当不错的 3500 美元收入，再减去佣金，这远远超出你最初投入的 2000 美元成本。而且，如果股票继续上涨，你仍然有 10 手认购期权多头。此时，最糟糕的情况无非是股票大跌，7 月 25 认购期权到期，价值为 0。无论如何，已经锁定了一笔盈利，因此，这对你不会有太大影响。

2.3 通过买入期权来保护股票

持有期权的另一个好处是，将期权与股票或期货结合起来，可以组成一个比只持有股票风险小得多的头寸。买入认沽期权可以用来对持有股票的下行风险进行保护，买入认购期权可以用来对卖空股票的风险进行保护。

2.3.1 买入认沽期权作为持有股票的保险

如果一个交易者希望在市场下行时对持有股票进行保护，他可以买入认沽期权。持有认沽期权可以消除股市下行导致的许多风险，而且保留了上行盈利的空间。

例：假设 XYZ 价格是 51，7 月 50 认沽期权价格是 2。如果你买入 100 股股票，同时买入 7 月 50 认沽期权，到期日时的潜在损益如表 2-1 或者图 2-3 所示。请注意，该头寸的风险是有限的，相当于认沽期权最初的成本（2 点），加上该期权虚值的部分（1 点）。此外，它的潜在盈利是无限的，几乎与仅持有股票带来的盈利一样多。

表 2-1　买入股票 / 买入认沽期权的潜在盈利

股价	买入股票的盈利（美元）	期权价格	买入认沽期权的盈利（美元）	净利润（美元）
30	−2 100	20	+1 800	−300
35	−1 600	15	+1 300	−300
40	−1 100	10	+800	−300
45	−600	5	+300	−300
50	−100	0	−200	−300
55	+400	0	−200	+200
60	+900	0	−200	+700
70	+1 900	0	−200	+1 700

図

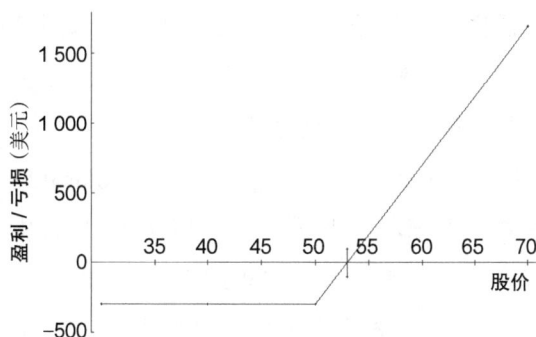

图 2-3　买入股票 / 买入认沽期权

很重要的一点是：该头寸盈利图和持有认购期权的盈利图**形状**相同。如果两个盈利图形状相同（买入认购期权与上述通过买入认沽期权保护股票的策略，两者盈利图形状相同），那么这两个策略是**等价的**，也就是说，它们的潜在盈利与潜在亏损都相同。本章我们会反复讨论这种等价关系。注意，两种策略等价并不意味着它们的收益率相同。比如，买入 1 手认购期权的成本远低于买入 100 股股票和 1 手认沽期权的成本。

当你考虑通过买入 1 手认沽期权来保护持有的股票时，与买入其他形式的"保险"一样，需要思考很多事情：想要多大的保险范围，保险期限是多长以及愿意付出多少成本？由于期权有不同的到期日，如果使用长期期权（LEAPS），期限甚至可以是两年或者两年以上，而且有不同的行权价格，因此通常会有很多选择，你可以把认沽期权的虚值部分看作保险中的"免赔"部分。

一个期限很短、免赔部分很高的保险不会很贵。因此，如果 XYZ 在 4 月的股价是 51，那么买入 1 手 7 月 45 认沽期权就像是一个短期、免赔额很高的保险。此外，1 手行权价格为 50 的 2 年期长期期权（LEAPS）则会是一种昂贵得多的保险。这是因为：①它是长期的；②免赔部分很少（只有 1 点）。

在 1973 年引进场内期权之前的场外期权时期，也有人使用该策略，不过使用的人相当少。最早的场内期权只有认购期权（认沽期权一直要到 1976 年才出现，而且那时也只有 25 只股票有认沽期权）。因此，在场内期权早期，为了减少持有股票面临的市场下行风险，投资者真正可以使用的工具只有备兑认购期权。

　　1973 年引入了场内期权，而在 1973 ～ 1974 年市场正经历熊市，在不到一年的时间里，道琼斯工业指数从 1000 点下跌至 580 点。某些"热

门"股票价格下跌幅度比市场平均跌幅多出 40%。"漂亮 50"股票（"nifty 50"stocks）本该是牛市和熊市的表现都优于市场的。但由于这些股票的价格已被高估，最终在此轮熊市中下跌最惨。

　　某位交易者最初以 150 的价格买入了宝丽来（Polaroid）股票，并且卖出以该股为标的的备兑认购期权，股价一路下跌至 15！该交易员声称，由于使用了备兑认购期权，他避免了将近 75% 的损失。这个数字可能**有些**夸大（随着时间的流逝，任何一个交易故事都是夸大的），但是夸张程度也许并不大。这点表明在那个时代认购期权的价格是有多高（那时还没有场内认沽期权），同时也反映出在 1973 ～ 1974 年，随着时间推移波动率变得有多大。

　　当然，如今市场中，期权的权利金要少得多，而且投资者认为备兑认购期权对市场下行风险只能提供少量的保护。自 1987 年崩盘后，买入认沽期权保护策略越来越流行。主要的问题是，这种保护是静止的，也就是说，如果标的股票在购买保险之后价格大幅上涨，该保险的"免赔"部分就会变得非常大。例如，当 XYZ 股价为 51 时，股票持有者买入行权价为 50 的 LEAPS 认沽期权，他的免赔部分就是 1 个点。如果这只股票在下一年上涨 20 至 71，保险依然存在，只不过因为行权价**仍然**是 50，免赔部分现在是 21 点。"升级"该保险的唯一办法就是卖掉最初的认沽期权，重新头入另 1 手行权价**更**接近当前股价的认沽期权。

　　一些持有大量股票的资金管理者和个人投资者发现，如果买入与股票组合特性差不多的行业指数认沽期权或者宽基指数认沽期权会简单很多。这样，他们可以一次性买入所有的保险，也就是说，不必就投资组合中的每只股票分别买入认沽期权。我们在下一章将会对这个问题做更为细致的讨论。

2.3.2　买入认购期权作为卖空股票的保险

　　卖空股票常常被认为是一种复杂的策略，因为从理论上讲，它的风险可以无限大。股票可能大幅上涨，从而带来巨大风险。交易者常常通过止损指令或者持续不断地监控市场来控制风险。有时候，对卖空者而言，如果能够确定其面临的风险在股票大幅上涨时也有限，那么事情将会变得更简单。他只需要买入以其股票为标的的认购期权（可能是虚值期权）就能控制风险，这样一来，即使有人要高价收购这家公司，他在上行方面的亏损也是有限的。因此，对卖空者来说，买入认购期权是避免大额亏损的保险，这与上一节中认沽期权可以锁定股票持有者的亏损相似。

图 2-4 显示了买入认购期权 / 卖空股票的损益图。该图与单独持有 1 手认沽期权的形状相同。因此，买入认沽期权与买入认购期权 / 卖空股票都是等价的，因此该策略有时也叫作**合成认沽期权**。

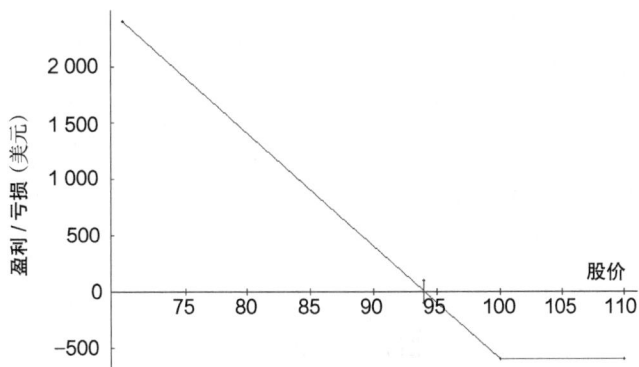

图 2-4　买入认购期权 / 卖空股票

事实上，在场内期权开始交易之初以及随后的 3 年里，挂牌交易的期权只有**认购期权**。因此，如果你既希望在市场下行时获得大额盈利，又希望风险有限，唯一办法就是使用买入认购期权 / 卖空股票的策略。即使是在 1976 年引入场内认沽期权时，也只有 25 只股票的认沽期权在挂牌交易。如果想在这 25 只股票之外构建与认沽期权相似的头寸，你仍然只能是卖空股票，同时买入相应的认购期权。

该策略已经被广泛使用，特别是专业交易者和套利交易者，该策略也被简称为 "合成"。如果你在 "合成"，意味着你在建立一个有相当规模的卖空股票和买入认购期权的头寸，其目的要么是通过卖空获得的利息收入来套利，要么是利用股市大跌获利，或者二者兼得。现在，因为场内交易的股票期权既有认购期权，也有认沽期权，所以该策略不再像以前那样被广泛使用。

2.4　同时买入认沽期权和认购期权

在某些情况下，交易者可能觉得未来标的会有大的行情，但是无法确定行情的方向。此时，他可能会考虑**同时**买入相同行权价格的认沽期权和认购期权，也就是跨式（straddle）。这样一来，如果市场出现大幅波动，无论是上涨还是下跌都可以赚钱。当然它的缺点是，如果市场什么也没有发生，时间推移就会损耗认沽期权和认购期权的价值。图 2-5 显示了该策略的潜在损益。它的最大潜在亏损等于最初支付的权利金，如果股票在期权到期时的价格刚好等于期权的行权价格，会出现最大潜在亏损。但是，如果到期时股票上涨或下跌足够多，潜在盈利会很大。

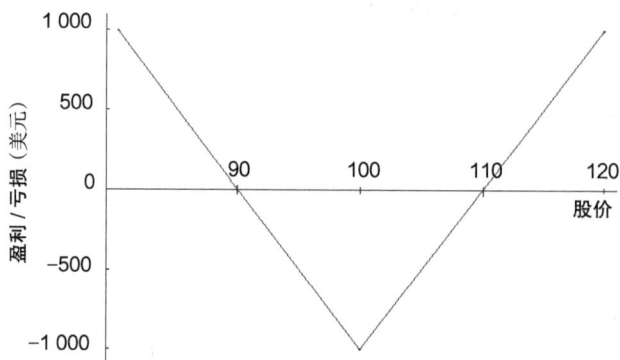

图 2-5　买入跨式

　　一般只有在符合下面两个条件时，才会使用这个策略：①历史数据表明，这些期权是便宜的（在后面章节还会进一步讨论如何判断这一点）；②标的曾经出现过大幅波动，使用跨式可以盈利。

　　市场通常在大部分时间内增长缓慢，然后在一个非常短的时间内迅速上涨。研究表明，90% 的增值是在 10% 的交易日里实现的（其他研究表明市场下跌时的状况也类似）。期权往往在大幅波动之前变得非常便宜。如果一个大幅波动出现前市场无趋势方向时，就更是如此。期权买方出于时间消逝而亏损，因此在提供期权买价时畏首畏尾；而期权卖方会随着盈利的增加而变得更为激进。关于期权价格在市场剧变前夕变得很"便宜"的例子有很多，其中最有名的是在 1987 年股市崩盘前不久，期权价格变得异常"便宜"。股票和期货也有很多类似的例子。事实上，你可能认为，在市场刚要出现大幅下跌之前买入跨式套利的效果最好，因为在市场下跌时（股票和指数），期权价格会上涨得非常迅速。不过，自从指数期权挂牌以来，最快的两次价格回升之前，期权价格都非常便宜，一次是 1983 年 8 月的上涨，另一次是 1995 年上半年的上涨，跨式期权的买方获利颇丰。

　　如果买入的认沽期权和认购期权的行权价格和到期日都相同，持有的是跨式期权。如果行权价格不同，持有的就是宽跨式期权（strangle），或者说组合期权（combination）。在最坏的情况下，买入跨式套利的风险往往更大，不过它的潜在盈利更高。图 2-5 和图 2-6 比较了买入跨式期权和组合期权。我的经验是，如果觉得标的价格将会有一个大幅波动，而且想要在波动之前买入期权，此时，买入跨式期权比买入组合期权（宽跨式期权）更为有利。

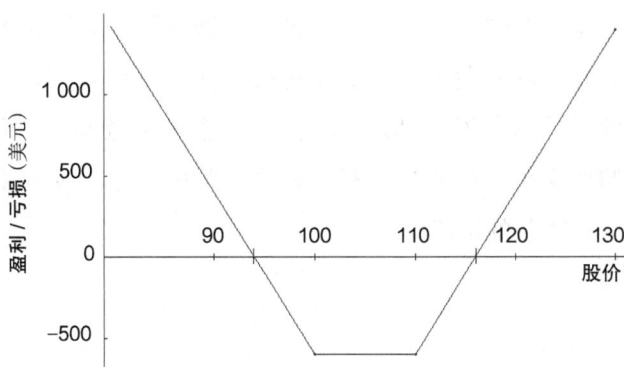

图 2-6 买入宽跨式组合

2.5 卖出期权

与其他类型的证券一样，初始的开仓交易可以是卖出而不是买入。如果你是卖出股票，那么在将它"卖空"前，必须借到这些股票。然而在期权和期货交易中，不必如此。期权交易本身就能创造合约，因此期权的买方**买入**合约，期权的卖方则**卖出**合约。描述卖出期权开仓的通用术语是"期权**被立权**"（written）。该术语来源于过去，卖方签发实体合约，再递送给买方。在当今无纸化的交易世界里，不再存在实体合约，但是术语保留了下来。

2.5.1 卖出备兑认购期权

卖出 1 手**备兑认购期权**，意味着你是持有标的，**同时**就该标的卖出认购期权。

例：假设 XYZ 的股价是 51，1 手 7 月 50 认购期权的价格是 4。如果你买入 100 股 XYZ，同时卖出 1 手 7 月 50 认购期权，这样你就拥有了 1 手备兑认购期权，7 月到期时的潜在损益如下表所示。

股价	股票盈利（美元）	期权价格	期权盈利（美元）	总利润（美元）
40	−1 100	0	+400	−700
45	−600	0	+400	−200
50	−100	0	+400	+300
55	+400	5	−100	+300
60	+900	10	−600	+300

图 2-7 和上表显示的结果一致。卖出备兑认购期权被认为是一种保守的策

略。该策略的潜在盈利有限，下行的风险较大。潜在盈利有限是因为交易者卖出了认购期权，因此一旦认购期权买方要求行权，他必须按照行权价格卖出持有的股票。虽然在股价下跌幅度很大时，卖出备兑风险是相当大的，但是它的风险比仅持有普通股票的风险小。在机构投资者和法院眼中，备兑期权由于降低了风险而被认为是一种"保守"的策略。

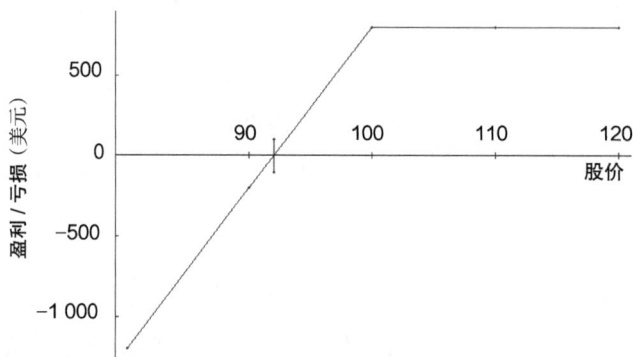

图 2-7 卖出备兑认购期权（持有标的）

备兑认购期权的卖方通常关心 2 个指标：①如果到期日标的股票被交割，收益率是多少（称为**行权收益率**）；②如果到期日标的股票价格没有发生变化，收益率是多少（称为**无变化时的收益率**）。当然，什么样的收益率是可接受的收益率，取决于投资者是为了卖出认购期权而购买股票，还是就已持有股票而**卖出认购期权**。前者可能是将整个头寸作为一个策略，而后者也许并不打算卖出股票，仅仅是为了增加一点额外的收入。

卖出期权本身有一种内在的吸引力，因为期权是一种消耗性资产，卖方享有时间衰减带来的好处。那些因时间衰减而遭受重大损失的期权持有者更是如此。如前所述，由于时间衰减而亏损过多的期权买方，很可能就是因为买入了深度虚值期权。不幸的是，卖出深度虚值期权，很有可能到期无价值，它不是一种真正保守的卖出备兑认购期权的办法。通过这样操作得到的少量权利金对于股市下行保护来说杯水车薪。卖出备兑期权，既可以通过保守的方法来实施，也可以通过激进的方法来实施，卖出深度虚值认购期权就是一种激进的方法。

相对保守的卖出备兑期权的方法是，就买入的股票卖出实值认购期权。这种情况下，只要是不低于期权行权价（与当前股价相差很远），该策略都可以提供下跌保护。当然，在市场上涨时，该策略不会产生高收益率。但是，当你考虑到丰厚的权利金降低了股票购买成本时，收益率有时也可以大到惊人。

总的来说，卖出备兑一般是用来作为小涨策略，如果股价在到期日之前上涨或者保持相对不变，投资者可以盈利。有时候人们会忘记，该策略在熊市中**并不是**一个很好的策略，因为一般来说，卖出认购期权得到的权利金是有限的，股票价格下跌的速度要快于它所能提供的保护。该策略的拥护者会说，即使是熊市，你只需要用更低的行权价不断地卖出认购期权，到最后就可以得到足够的权利金来弥补损失。但是，如果你在股票快速下跌之后，以更低的行权价格卖出认购期权，而股票随后又迅速反弹，无论你收到多少权利金，都一定是亏损的。

整体而言，卖出认购期权在股票价格稳定或者略有上涨时表现最好。如果标的价格波动很大或变得很高，该策略就不是一个吸引人的策略。你不但无法从市场大幅上涨中获取盈利，而且你**将**遭受市场大幅下跌的后果。

2.5.2　裸卖出期权

在没有相应标的对冲头寸，或者类似期权多头头寸的情况下卖出期权，那么就称为**裸卖出期权**。一般来说，由于盈利有限，而且当股票或者期货合约的价格变动很大，不得不高价买回期权时，损失很大，因此裸卖出期权是高风险的。一般情况下，除非客户有大量资产并且存入较高保证金，否则大多数经纪公司不允许客户使用裸卖出期权策略。不过，在后面的几节里我们可以看到，如果合理使用，裸卖出期权的风险不一定非常高。

裸卖出期权需要的"资金"与买入股票或者期权的不同。在经纪人看来，你必须有足够的保证金来覆盖风险。目前，如果要裸卖出**股票**期权，必须拥有相当于股票价格20%的保证金，加上期权权利金，再减去虚值部分。

例：假设股票 XYZ 的价格是100美元，你想要以4点的权利金裸卖出1手7月110认购期权。因此需要以下保证金：

$$2\ 000\ （100\ 股\ XYZ\ 价值的\ 20\%）$$
$$-1\ 000\ （该认购期权的虚值部分）$$
$$+\ \ 400\ （期权权利金）$$
$$\overline{\qquad\qquad\qquad\qquad}$$
$$1\ 400$$

无论最初卖出期权时虚值有多深，标的价格的10%是你必须要满足的最低保证金要求。当你卖出期权时，期权权利金记入你的账户，你可以将它作为初始

保证金。

什么是**保证金**呢？它是你账户中的任何一种未借出资产。它可以是现金或者是任何可以用作保证金的证券，例如股票、债券以及政府发行的债券等。值得注意的是，同融资买入股票不同，因为你**没有**向经纪人借钱，所以不必为裸期权的保证金支付利息。事实上，如果你使用政府债券作为抵押物，你还可以从裸卖出期权产生的收入中赚取利息。因此，在前面的例子中，只要你持有价值1400美元的短期国债，那么400美元的认购期权权利金就可以投资到货币市场基金中赚取利息。

随着标的波动，保证金要求也会发生变化，该变化反映了经纪人对你的头寸风险的预测。例如，如果股票XYZ上涨至120，7月120认购期权的价格就可能会是13，你的保证金要求就会是2400美元（12 000美元的20%）加上期权权利金1300美元，总额为3700美元，这远高于最初卖出期权时的保证金要求。

指数期权的计算方法是相似的，唯一不同的是只需要指数价值的15%，而不是股票期权所要求的20%。原因是指数的波动小于个股。

对期货期权来说，如果你使用SPAN[⊖]来计算保证金，保证金要求根据标的期货合约的波动率来确定。这是一种精密而明智的方法，希望未来会运用到股票期权上。因此，虽然猪腩期权和燃油期权的交易价格可能是相同的，但是SPAN保证金对猪腩期权的保证金要求可能比对燃油的保证金要求高（大多数情况下，猪腩的波动率比燃油高）。如果你**不是**使用SPAN计算保证金，那么裸卖出期货期权的保证金要求通常等于该期货的保证金，加上期权权利金，再减去虚值数量的一半（如果该期权是虚值的话）。

裸卖出指数期权和裸卖出期货期权要求的最低保证金，通常情况下是每手期权200～300美元。因此，即使是极度虚值期权，裸卖出时仍然需要保证金。

2.5.3　裸卖出认沽期权

在没有相应标的头寸的情况下卖出认沽期权就叫作**裸卖出认沽期权**。这是在中级投资者中流行的策略。它的潜在盈利有限。如果标的上涨，卖出的认沽期权到期时无价值，盈利就是最初所得到的权利金。下面的例子和图2-8解释了该策略。

⊖　SPAN是标准投资组合风险分析（standard portfolio analysis of risk）的简称。它是行业内一种标准的风险分析程序，用来根据整个投资组合计算客户所需要的保证金数量。——译者注

例：假设股票 XYZ 的价格为 51，7 月 50 认沽期权的价格是 2。如果裸卖出 7 月 50 认沽期权，到期潜在损益如下表所示。

股票	期权	
价格	价格	盈利（美元）
30	20	−1 800
35	15	−1 300
40	10	−800
45	5	−300
50	0	+200
55	0	+200
60	0	+200

图 2-8 显示了裸卖出认沽期权的盈利和亏损。盈利以收取的权利金为上限。此外，如果标的价格下跌，大的风险就会变为现实，你不得不以高出很多的价格买回该认沽期权，或者被强制行权——在到期时买入股票。这就是说，卖出认沽期权带来了买入股票的义务（如果被指派行权），而买入股票将会需要大量的资金。

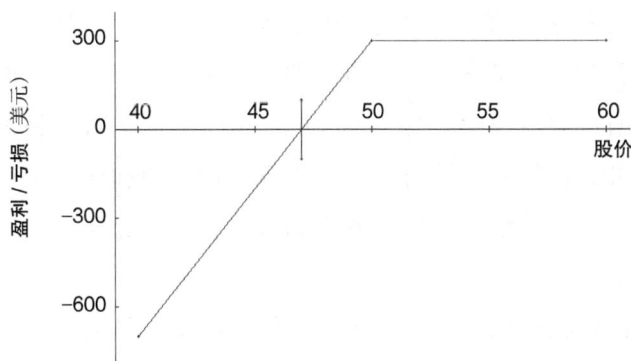

图 2-8　裸卖出认沽期权

1987 年崩盘期间，卖出认沽期权带来的灾难是有史以来最糟糕的情况之一。在崩盘之前的几年，特别是几个月之前，许多投资者就在裸卖出"股票市场"认沽期权。在这个情况下，虽然也有人使用其他的宽基指数，但股票市场一般是由标普 100 指数（OEX）代表。当时，这样做最吸引人的地方之一是，你只需要相当于该指数价值 5% 的保证金！

1986 ～ 1987 年，股票市场持续走高，越来越多的投资者沉浸在投入

3000 美元，然后每月收入 100 美元或 200 美元的盈利状态之中。当然，在崩盘发生时，OEX 在 2 天时间内下跌近 100 点。因此，原来 100 美元卖出的认沽期权突然之间变为价值 8000 ～ 10 000 美元。更糟糕的是，波动率的快速增长使得认沽期权比正常情况下贵很多。

　　毋庸赘言，许多投资者彻底破产了，一些经纪公司也倒闭了，诉讼频繁出现。从那以后，保证金的要求提高了，对想要裸卖出期权的客户，经纪商提高对其交易水平的要求，股票市场增加了涨跌停板的限制。

　　类似这样的故事使得许多交易者对裸卖出期权存有戒心。不过，在介绍下一个策略之前，让我们花一分钟时间看看前面介绍的卖出裸认沽期权的损益图（见图 2-8），并与上一节中的备兑认购期权的损益图（见图 2-7）进行对比。它们的一模一样的！卖出备兑认购期权（被认为是保守策略）的潜在盈亏和卖出裸认沽期权（从前面的例子中看，似乎是一个风险很高的策略）的潜在盈亏是完全相同的。

　　为什么会这样？这里面有什么蹊跷吗？没有。事实上，这两个策略确实有着相同的潜在盈利与亏损。两个策略需要的**投入**略有不同，但是盈亏的美元金额是一样的。你也许会问，要是发生上文所说的那种灾难性行情呢？你应当记得，在大崩盘期间，持有股票的风险也是相当大的。事实上，不管你是否获得认购期权的权利金作为对冲，任何时候持有股票的市场下行风险和裸卖出认沽期权的风险是一样大的。卖出备兑认购期权也许并不如人们想象的那样保守，而裸卖出认沽期权也未必那么危险。

　　卖出备兑认购期权的风险比仅持有股票的风险小，结果人们通常认为卖出备兑认沽期权是最安全的期权交易形式。我对这种说法一直存有疑问，原因是股票的价格下跌很多，即使你在下跌过程中多次卖出以该股票为标的的认购期权，你仍然可能会在熊市遭受重大损失。此外，无论处于什么样的市场行情，卖出认购期权给你带来以行权价格卖出股票的义务，这就剥夺你在市场上涨时获得大额盈利的机会。

　　更为现实的是，卖出备兑认购期权**可以**是一个保守的策略。与所有的期权策略一样，其是否保守取决于如何执行它们。如果卖出的是"昂贵的"认购期权，而标的是一只超卖的（或便宜的）股票，那么我同意，这或许是卖出备兑认购期权的保守方法。但是，如果卖出的是虚值认购期权，标的股票定价过高，波动性很大，下行风险很大，那么这就不保守了。

还记得吗，当两种策略的损益图形状相同时，就像卖出备兑认购期权与裸卖出认沽期权那样，那么它们是**等价的**。

通常我会偏向于裸卖出认沽期权的策略，原因有 2 个：①你只需要考虑 1 个而不是 2 个产品的买卖价差；②保证金的要求要小得多。股票持有者可以获得股息（如果有分派），但是裸认沽期权的卖方可以利用短期国债作为抵押物，并用这种方法来获得利息。此外，认沽期权的价格已经包含了股息的因素（也就是说，在其他因素相同的情况下，高股息股票的认沽期权价格更高）。

1. 卖出认沽期权的理念

裸卖出认沽期权的策略一般通过以下方式实现：如果卖出你喜欢并且愿意买入持有股票的虚值认沽期权，那么你就处于"不败之地"。如果股价上涨，你获得认沽期权权利金收益。另一方面，如果股价下跌至低于卖出认沽期权的行权价，你就以低价买入该只股票。你不介意买入持有股票，因此理论上是有利的。此时，你可以持有该股票，或者甚至卖出以此股票为标的的认购期权。该理念在认沽期权的裸卖方中相当流行。也就是说，他们根据标的的质量来选择卖出的认沽期权，并不太关心统计层面上认沽期权是"便宜"还是"昂贵"。按照这种方法，如果你最终不得不买入认沽期权对应的股票，你对该股票也是有信心的，它在基本面上吸引你。

不幸的是，理论和实践有时是冲突的。可以说如果股价下跌至卖出的认沽期权行权价，你不介意持有股票。但是，如是股价继续下跌呢？那就不那么值得高兴了。

当引入 LEAPS（到期日可以延长至 2 年的期权）时，通常只挂牌以最大及最好股票为标的的期权，而不以高权利金、高波动率的股票为标的。原因是为了吸引那些热衷上述观点的认沽期权卖方。IBM 是这类股票之一。当时，它的价格是 100 到 105 之间。挂牌的有行权价 90 的长期期权。许多投资者裸卖出该认沽期权，他们不介意有机会以 90 的价格持有 IBM。后来，股价意外下跌至 45，这些投资者都获得持有股票的机会。然而，反弹并没有很快出现。当认沽期权深度实值时，虽然它们还有 1 年多到期，但大部分都被指派行权了。在最后的分析中，大部分认沽期权的卖方并没有真正想要买入 IBM 股票，并在市场暴跌的行情下持有。他们中有些人因为没有足够

的钱买入股票，因此移仓至更长期的认沽期权，可是这些更长期的认沽期权也被指派行权了。教训是，即使是最好的股票也会经历它自己的熊市，而当这样的事件发生时，备兑认购期权和裸认沽期权的卖方都会遭受损失。

2. 保护你的头寸

正如前面故事所表明的，无论使用的是卖出备兑认购期权还是裸卖出认沽期权，都面临下行风险。此外，如果基于该策略建立整个投资组合，那么特别容易承担市场回调（或者更糟，熊市）风险。当市场过度扩张时，就应该考虑保护这些卖出的备兑期权和裸认沽期权。

假设你想继续使用该策略，你会问"该怎么做"。可以有以下几种方法。一种是使用波动较低的和或许是"便宜"的标的，使得投资组合变得更为保守。另一种方法是买入一些其他的认沽期权作为保护。最简单的办法是买入虚值的OEX长期认沽期权，不过，从隐含波动率的角度来说，它们可能相当昂贵。

成本更低的办法是买入深度虚值认沽期权，而该期权的标的往往是你持有或卖出裸认沽期权的标的。如果你是备兑认购期权卖方，那么就有专业术语为"**领口**"的策略：买入股票，卖出虚值认购期权，买入虚值认沽期权。如果你是裸卖出认沽期权者，合成头寸就是牛市认沽期权价差。无论哪种情形，你通过损失部分卖出期权的收益，控制下行风险。

如果投资者在盈利有限的策略下遭受了大量亏损，那么他将花很长时间才能恢复。因此，备兑认购期权的卖方或者裸认沽期权的卖方应当尝试控制亏损。

2.5.4   裸卖出认购期权

裸卖出认购期权被认为是风险极大的策略，许多经纪公司在执行该策略之前，都会要求客户证明他们有一定的经验和 / 或技巧。事实上，它并不比裸卖出认沽期权风险高很多，等价来看，卖出备兑认购期权也是如此。如果标的出现了不利运动，所有这些策略都会遭受较大的亏损。股票可以上涨超过 100% 但最多下跌 100% 的这个事实，使得裸卖出认购期权的最大风险要高于裸卖出认沽期权。但无论哪种情况，风险都可能非常大。下面是一个裸卖出认购期权的例子。

例：假设股票 XYZ 的价格是 51，7 月 50 认购期权的价格是 3。如果裸卖出 7 月 50 认购期权，在到期日时的潜在损益就如下表所示。

股票价格	期权价格	裸卖出认购期权盈利（美元）
40	0	300
45	0	300
50	0	300
55	5	−200
60	10	−700
70	20	−1 700

图 2-9 是裸卖出认购期权的损益图：下跌时潜在盈利有限，如果标的价格急剧上升时，就有巨大的风险。绝大部分认购期权的裸卖方，都被持续不断的时间衰减效应所吸引，愿意成为可以从时间衰减中获利的交易方。通常这是该策略的主要驱动力。如果你认为标的价格会下跌，那么这就**不是**盈利的主要方法。熊市情形下，买入认沽期权、合成认沽期权或者熊市价差为合适。

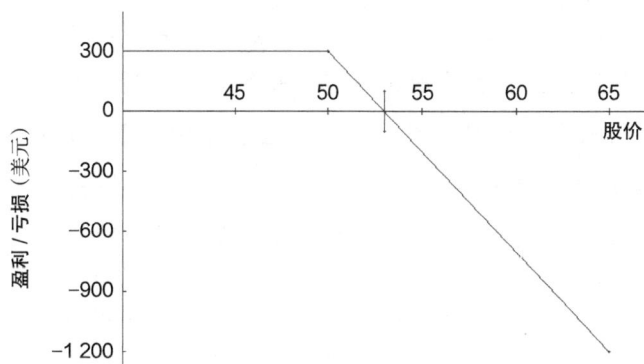

图 2-9　裸卖出认购期权

认购期权的裸卖方一般卖出虚值认购期权，在卖方看来，这些期权价格太过昂贵。卖方通常认为标的在期权到期前没有足够的时间上涨至行权价，或者认购期权价格实在太高。这样的做法言之有理，但即使是按理行事有时也会亏损。

到期无价值的期权在它的存续期内多少具有一定的价值。不过，如果该期权是虚值（也许虚值的部分相对较大），它的价值就会越来越小，直到有一天，该期权会达到最小报价单位：对股票期权来说是 5 美分，对期货期权来说也是与此相似的极低价格。这个买价有时会停留一段时间而不会有交易，原因是那些期权的卖方（裸卖出期权或者备兑的卖方）常常想要回补头寸并进行下一笔交易。因此这些期权的卖方有时会为（从统计上来看）没有

价值的期权提供买价。但是，他们意图在于平仓。

20 世纪 80 年代早中期，市场上的做市商和专业公司倾向于"卖出微值期权"。也就是说，他们会寻找并卖出报价为 1/16 的期权，这些期权在统计意义上价值为零。这种交易通常发生在期权即将到期时（一个星期左右）。因此，专业交易者有很大的概率从中每次获取 6.25 美元。此外，保证金要求很低：公众投资者最多只需要 250 美元，做市商的要求更低。因此，该交易的年化收益率大于 100%（场内交易商的收益率更高）。

唯一的问题是，股价偶尔的上下波动会使得一个"无价值"期权变为有价值。不过这种情况很少出现，而且长期来看上述策略收益很高。与任何有利可图的策略一样，消息会传播出来，从而会有越来越多的人使用该策略。在出售金属行业 Amax 公司的"微值"认购期权时，就出现了上述情形。在距离该期权到期日只有几天时，它交易价格低于 30。此外，该股票经历了大幅下跌，而市场上存在行权价格为 50 及以上的期权。这些认购期权看起来都会在到期时无价值。因为股票曾经在高行权价附近交易过，因此，每档行权价上都有相当数量的持仓量。结果，当行权价高于 50 的期权最终买价为 1/16 时，就有微值期权卖出。接着，意想不到的事情发生了：在期权到期前，股票出现 80 的收购报价。很多小公司因此而倒闭，大公司也遭受了远超预期的巨额亏损。

经历了上述浩劫，"卖出微值期权"不再是广泛使用的策略。不过直到今天，仍然存在类似的操作，偶尔上述事件也会重演。期权卖方经历过太多次以 2 或 3 的价格卖出期权，结果价格跌至 1 以下，之后随着股价反转重新回到原有价格的情形，因此现在期权卖方倾向于以 0.25 的价格回补他们的空头头寸；这是崩盘后市场的真实表现，每个期权卖方对市场波动仍然记忆犹新。当期权卖方回补头寸时，自然有其他人想要使用"出售微值期权"的策略，只不过现在卖出期权的收益为 0.25。即便只剩一个星期到期，这样的策略偶尔会给裸卖期权带来灾难。因此，期权裸卖方不应该在即将到期前卖出极度便宜的期权，因为最后巨人的亏损可能会抹掉所有"微小的"盈利。

许多期货交易者也会在临近到期日时出售价格非常便宜的期权。在期货市场中，至少你不会面临公司收购；不过，如果基本面发生变化，期权持有者仍然可能会行权。

　　1995 年春天，一位大客户买入大量的白银认购期权。行权价为 550，但是白银的价格在期权存续期内持续下跌，到期日结算价为 535。该客户不是一个投机者，他对持有白银期货合约（或许对最终持有白银）非常有兴趣。他持有的认购期权数目非常大，他评估了让认购期权过期，并买入同等数量白银后的期货市场表现。他意识到买压很有可能推高白银期货价格回到 550 以上，而且他买入所有白银期货的平均价格会高于 550。因此，他行权了！到期日当晚，那些卖出 550 认购期权的交易者显然已经回家了，并期待着赚取当晚实现的盈利。结果，他们发现白银的价格在第 2 天开盘时跳涨至 560，而且价格越来越高。对白银认购期权的卖方而言这无疑是一场噩梦。跳涨的价格使得一般的期货交易者慌忙买入回补，而且在指派行权之后，所有的裸卖出期权方都持有期货空头。这加剧了市场的慌乱。这件事表明，即使是期货期权的卖方，也应该在到期前谨慎使用卖出价格极低的期权策略。

2.5.5　跨式期权和组合套利

　　期权裸卖方对冲头寸的方法之一是同时裸卖认沽期权和裸卖认购期权。因为除非波动率上升，否则它们不可能同时亏损，一方的盈利可能比另一方的亏损更大。认购期权和认沽期权的行权价**可以**相同（跨式期权），也可以**不同**（组合套利，有时也称为宽跨式期权）。无论是哪种情况，投资者的风险是无限的——由于同时卖出了认沽期权和认购期权，上涨或者下跌都存在风险，不过如果股票价格相对没有变化时，该策略具有更大的潜在盈利。而在大部分时间里，股票或期货价格在短时期内不会有大的变动。图 2-10 和图 2-11 显示了卖出组合和卖出跨式期权的损益图。

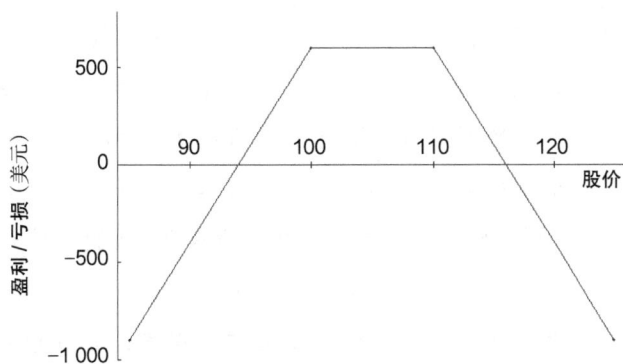

图 2-10　卖出组合期权

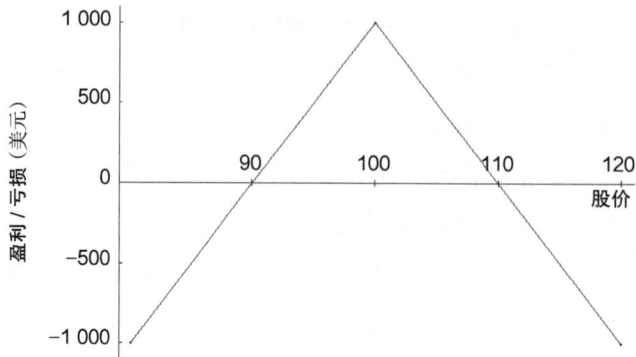

图 2-11　卖出跨式期权

我们在前面提到过裸卖出期权的保证金要求：股票期权的保证金要求是股价的 20%，指数期权的保证金要求是指数的 15%，期货期权的保证金要求是期货合约的保证金。当同时裸卖出认沽和认购期权时，保证金要求是认沽期权要求或认购期权要求的**较高者**；保证金要求较低的期权没有额外要求。对于裸卖出跨式期权，意味着你必须为实值期权支付保证金，而另一个期权则是"免费"的。在组合套利（宽跨式期权）的情况下，哪一个期权更接近平值（如果两者都是虚值），就根据它来制定"较高"保证金要求。一般来说，组合套利中的 2 个期权更有可能到期无价值，所以卖出组合套利似乎比卖出跨式期权更好；此外，如果一个期权变为实值期权，一般情况下，标的价格需要有很大的反转才能使得**另一个**期权变为实值。当然，当你持有无限风险头寸时，你就时刻面临着波动率风险以及股票、指数或期货价格突变的风险。

当认沽期权刚挂牌上市的时候，跨式套利是一个很流行的策略。虽然当时只有 25 只股票有认沽期权交易，但许多人都对使用它们的跨式期权感兴趣。尤其是 1977 年，市场正处于熊市，**卖出**跨式期权比买入跨式期权更为流行。不同于现在，当时市场是缓慢下跌，而不是短时间内暴跌，因此，涉及时间衰减的策略会有较好的效果。盈利逐日积累，人们普遍觉得卖出跨式期权的长期策略是市场中最好的办法。因为大部分股票在绝大多数时间里都在交易范畴内，根据电脑统计，如果你卖出所有 25 只股票的跨式期权，将投资分散化，那么你就会持有一个很好的对冲组合。当然，也设计了相应的止损措施，在发生大幅波动时，可以限制亏损。但是，止损措施一般由以下方法构成：当价格大幅偏离持有的跨式期权行权价时，就以新的行权价建

立跨式期权。到目前为止，IBM 是流动性最好的认沽期权标的，有大量的 IBM 跨式期权卖出。

在 1978 年 4 月的第 2 个星期之前，跨式策略一直运行得不错。在那个星期五，市场刚开市就暴涨了 20 点（道琼斯指数上涨了 3%），交易量达到了前所未见的 5200 万股！原因是国会讨论降低资本利得税，即使在今天，此类新闻也还是会使市场急剧上涨。还有一点更值得跨式期权卖方注意的是，IBM 的股票在一个星期内上涨了 14 点——从 239 上涨至 254。1978 年春天 IBM 不断下跌时，大部分跨式期权卖方早就回补了持有的认沽期权裸空头，或者移仓至更低的行权价上。剩下的是大量到期无价值的认购期权裸空头，至少他们是这么认为的。可是，那天 IBM 股价上涨并超过了好几个行权价，很多跨式期权卖方在那一天破产。其他股票也有类似但幅度较小的价格波动，这使得分散化卖出跨式期权策略不再流行。

既然跨式期权的卖方亏损了，那么一定有人盈利，他们之中的大部分人是认购期权的持有者。下面的故事并不是直接针对卖出跨式期权，但是它涉及上文描述的系列事件，因此放在此处说明也是合适的。

1977 年年底到 1978 年年初的熊市对于许多看多的投资者来说是难熬的，1 名看多的专业交易者即将出局。他只剩下最后一点头寸——相当数量的 IBM 深度虚值认购期权、部分雅芳（Avon）认购期权及其他一些股票。4 月过后，由于缺乏进一步的资金来源，他注定要破产。因此，他只能等待 4 月行权日的到来——他并不希望得到清算公司关于其交易账户毫无价值的消息。就在行权日的前一个星期，市场大幅反弹，IBM 的股价暴涨。最后，该投资者在那一天以及之后一个星期的交易中，挽回了前面所有的亏损。

现在，跨式期权和组合期权的卖方通常会买入虚值期权来防止灾难性事件的发生。我们在后面的章节里将讨论"贷方价差"策略。

卖出备兑跨式期权

1978 年裸卖出跨式期权遭受灾难后，另一种卖出跨式期权方式变得略微流行，但是它从未吸引很多期权交易者，那就是**备兑跨式期权**。投资者买入 100 股标的证券，同时卖出 1 手跨式期权。持有的股票作为卖出认购期权的对冲，因此交易者等价于卖出了 1 份备兑认购期权和裸卖出 1 份认沽期权。这是一个高度看多头寸，因为一旦标的价格下跌，会给投资者买入的股票和卖出的认沽期权带来损失。该策略在上涨行情中利润有限，不过，如果股价保持相对稳定，备兑跨式期权卖方就可以获得相当数量的由时间价值损耗带来的权利金。

如果能回忆起我们对裸卖出认沽期权和卖出备兑认购期权的讨论，你可能还记得我们说过这两个策略是等价的。因此，备兑跨式期权（它是卖出 1 手备兑期权和 1 手裸认沽期权）**等价于**卖出 2 手裸认沽期权。直接卖出 2 手裸认沽期权比卖出备兑跨式期权更有效。其有效性不仅体现在保证金要求上，而且体现在备兑跨式期权涉及 3 种不同的证券（标的、认购期权和认沽期权），而裸认沽期权只涉及 1 种。因此，只卖出 2 手裸认沽期权能降低佣金，同时可避免处理 3 种买卖价差。

2.6　价差

价差是由同时买入和卖出同一标的期权构建的，交易的期权要么都是认购期权，要么都是认沽期权。价差被用来限制风险，同时，尽管并不总是如此，但也会限制潜在盈利。价差更重要的方面也许是限制风险的特性。如果你通常是认购期权的裸卖方，那么可以通过买入比你卖出的认购期权**更为**虚值的认购期权来限制风险。如果标的价格急剧上涨，你持有的认购期权就会限制亏损，因此，你不再会因卖出期权而面临无限的风险。当然，如果所有期权都到期无价值，买入认购期权会消耗掉部分盈利，但是许多交易者觉得，这份花费所带来的心理安稳是值得的。

首先描述下线性价差策略，也就是说，在这些价差中，买入和卖出的期权数量是相等的。

2.6.1　垂直价差

在价差中，如果两手期权的行权日相同但行权价不同，该价差就是**垂直价差**。垂直价差主要有两种：**牛市价差**和**熊市价差**。它们都由认沽期权**或**认购期权构成。事实上，甚至有可能由标的和期权构成。

1. 牛市价差

牛市价差是垂直价差，通常是买入 1 手认购期权同时卖出 1 手行权价更高的认购期权（一般来说，两者到期日相同）。图 2-12 显示了该策略的潜在盈亏。因为潜在盈利出现在上涨时，你需要对未来看多才会使用该策略，所以才叫作牛市价差。尽管该策略的风险是投入资本的 100%，这和持有认购期权的风险（按百分比算）相同，但该策略的风险和潜在盈利都有限。

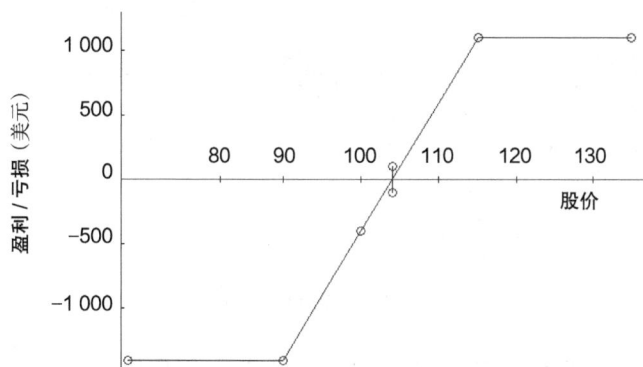

图 2-12　牛市价差

　　当建立价差时标的价格接近或低于价差中较低行权价时，潜在盈利就会比潜在亏损高出好几倍。如果最初标的价格处于两个行权价之间，那么潜在盈利和潜在亏损大致相等。最后，如果最初标的价格等于或高于牛市价差行权价的较高者，这意味着 2 个期权在一开始就是实值的，那么风险就比潜在盈利更大，但是盈利的概率也越大。

　　交易者使用牛市价差替代直接购买认购期权的一个主要原因就是他们希望对冲头寸。如果期权"昂贵"就更是如此；交易者认为自己至少卖出一些昂贵的东西，冲抵买入的昂贵期权成本。但是，他不应该仅仅因为期权时间价值的权利金而总是使用牛市价差策略，这么做会为获得对冲头寸而放弃很多上涨的潜在盈利。如果标的波动很大，考虑到隐含波动率和历史波动率几乎相同，投资者就不应该为持有实值期权付出的时间价值而犹豫，因为这样做是值得的。

　　牛市价差建立之后，它的表现不一定符合预期。图 2-13 显示了一个典型的牛市价差，它的行权价分别为 80 和 90，买入时标的价格 85，正好在两个行权价之间。图 2-13 中显示了价差建立后 15 天、30 天、45 天和 60 天时的潜在损益。请注意，随着时间的流逝，损益之间的差别变得越来越小（当非常接近到期日时，潜在损益就接近牛市价差的最终形状）。该现象有时会令人沮丧：标的在买入牛市价差后不久，就有不错的上涨，那时你可能对收益感到失望。实际上这常常使得牛市价差持有者"继续逗留"，他们认为只要继续持有该头寸，收益会更好，但最终发现标的价格回落，盈利也消失。

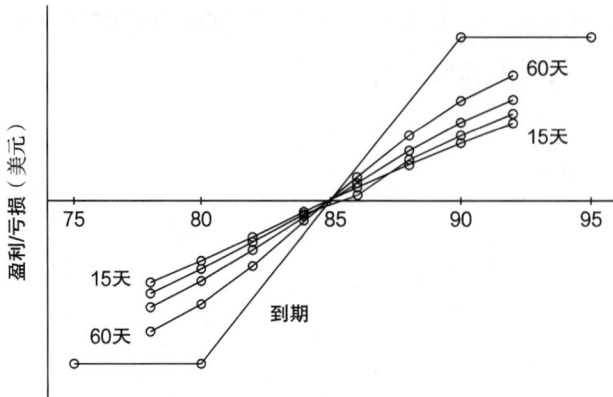

图 2-13   牛市价差比较

因此，牛市价差是低风险、低潜在盈利的策略，特别是当你在到期日之前就平仓时，不过许多投资者在建立牛市价差时并不是这样认为。为获得更高的潜在盈利，投资者需要构建标的价格接近较低行权价的价差，或者直接买入认购期权而不使用牛市价差。

因为买入的低行权价认购期权的费用比卖出的高行权价认购期权费用更高，所以前文所述的认购期权牛市价差始终需要**支出**费用。不过，可以使用认沽期权建立等价头寸，该认沽期权价差就是贷方价差。下面的例子将进行解释。

例：XYZ 股价为 55。

　　7 月 50 认购期权：7　　　　7 月 50 认沽期权：1½

　　7 月 60 认购期权：2　　　　7 月 60 认沽期权：6½

认购期权牛市价差：买入 7 月 50 认购期权，同时卖出 7 月 60 认购期权 =5 点支出。

认沽期权牛市价差：买入 7 月 50 认沽期权，同时卖出 7 月 60 认沽期权 =5 点收入。

如果到期时 XYZ 股价高于 60，2 个价差都可盈利 5 点，如果到期 XYZ 股价低于 50，2 个价差都亏损 5 点。

贷方价差的优势在于：在贷方价差中，经纪公司要求对 2 个行权价之间的价差提供保证金，因此，你可以用策略中产生的收入来冲减保证金要求。我们在前面说过，保证金可以是你持有的任何形式的证券，包括股票和债券。大部分经纪公司允许使用短期债券作为行权价差的保证金，**也允许你将获得的收入放到货币市场基金以获取利息**。这项特征使得贷方价差对许多投资者更具吸引力。

事实上，还有另外的方法来构建一个潜在盈利同牛市价差相同的头寸：买入标的，买入 1 手虚值认沽期权（限制下行风险），同时卖出 1 手虚值认购期权（限制上行潜在盈利）。该头寸叫作**领口**策略，是相当受欢迎的保护股票头寸的策略。我们在第 3 章的投资组合保险部分会详细讨论。上述 3 种构建牛市价差的方法是等价的。

2. 熊市价差

熊市价差（见图 2-14）也是垂直价差，不过，它与牛市价差的操作相反：如果使用认购期权，那么你买入的是行权价**较高**的认购期权，卖出的是行权价**较低**的认购期权，这就创造出下行方向有潜在盈利的价差（**熊市价差**由此而来）。与其他垂直价差一样，它的潜在盈利和风险都是有限的。

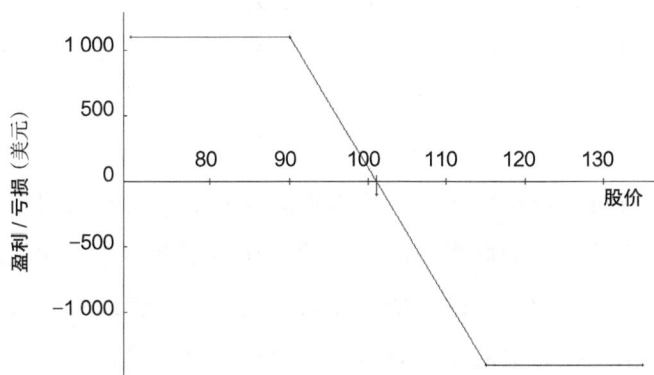

图 2-14　熊市价差

当使用认购期权构建熊市价差时，你会得到一笔收入。因此，如前文所述具备了可以获得利息的优点。熊市价差也可以用认沽期权来构建，此时你持有借方价差（debit spread）：买入行权价**较高**的认沽期权，同时卖出行权价**较低**的认沽期权作为对冲。

与牛市价差一样，你可能因为期权太贵而使用价差。当向不利方向演变时，价差可以帮助降低风险，但是当向有利方向演变时，价差也会严重限制短期的潜在盈利。

1995 年春天，赛贝斯公司（Sybase）的股价是 45。在公司公布盈利报告之前，赛贝斯的期权变得非常昂贵。因为科技股在当时是"被认可的"，当

时的主流看法认为一旦盈利报告"符合预期",股票就会大涨。相反,也有些传闻说公司的利润会很糟糕。上述两个事实使得期权变得非常昂贵。

我认识一位交易员,他认为公司的利润会很差,因此他想要买入认沽期权。交易员的第一反应是买入4月45认沽期权,或者可能是4月40认沽期权,但是它们的价格非常高。赛贝斯的股价是45,4月40认沽期权价格是2½,距离到期只剩一个月。交易员觉得这些期权实在是**太**贵了,决定用4½的价格买入4月45认沽期权,然后再卖出1手虚值认沽期权来对冲这笔费用会更好。于是,他构建了1手熊市套利,买入4月45认沽期权,同时卖出4月35认沽期权,他的净支出为3½。

一个星期不到,华尔街得到消息,赛贝斯的收益不仅仅是不好,而是很糟糕。股价急跌20点,至23点。熊市价差扩大到它的最大潜在盈利,也就是10个点(两个行权价之间的差额,45-35),该交易者以3½点的投资获得6½点。这是一笔不错的交易,但是,如果他当初只买入"定价过高"的4月45认沽期权,盈利就会大很多。4月45认沽期权从4½涨至22,使用价差让他损失了很多钱。

因此,虽然有时候使用价差来对冲昂贵的期权成本很有吸引力,你还是应该评估一下**为什么该期权会如此贵**,以及标的波动幅度有多大。如果期权昂贵的原因是标的短期内存在巨幅波动的可能,那么期权昂贵是**合理的**,价差就不是好的选择。此外,如果期权昂贵的原因只是标的价格一直平稳,或者标的未来波动幅度可能不大,那么价差就是一个可取的策略。

例如,黄金有时候会在一段相当长的时间内窄幅波动,而这段时期内期权并不一定会变得便宜。因为交易者知道黄金在任何时候都可能再次变得波动剧烈,所以这些期权权利金维持在较高水平。所有这些,导致期权表现得相当昂贵(与标的黄金期货的波动相比,确实很贵)。在相似情形中,牛市价差和熊市价差都是可取的策略。无论标的是股票、指数还是期货合约,只要标的价格平稳,而期权价格保持前期权利金水平,就有可能出现此类期权定价。

3. 贷方价差

我们已经描述了两种基本的贷方价差:用认沽期权建立的牛市价差和用认购期权建立的熊市价差。不过,自从1987年的崩盘以及其他股市暴跌,导致许多期权裸卖方破产以来,"贷方价差"有了更广泛的含义。这类交易跳空在期货市场中也很常见，因此，现在看来贷方价差策略在期货期权交易中的运用也相当普遍。

　　结合贷方价差背后的原理和某些历史记录，可以帮助我们解释为什么该策略在当前如此流行。大多数期权交易者"知道"卖出期权是更有利可图的期权交易方法，原因是：①时间衰减对他们有利；②每个人都说期权的买方亏损很多。这些流行的观念并不总是正确的，是错误的想法。大部分新手交易者坚信，专业交易者几乎只卖期权，所以他们想要模仿那些"专业人员"进行交易（但是以**我的**个人经验，大部分专业交易者在可能的情况下都会倾向于构建净多头的头寸）。

　　裸卖出期权的主要问题在于，当标的经历突然波动或者出现开盘跳空时，其风险是无限的——或者至少是巨大风险。1987 年崩盘之后，由于很多认沽期权的裸卖方在崩盘过程中防御无效导致损失惨重。具有有限风险的贷方价差受到了热烈的欢迎。

　　裸卖出期权的另一个问题是：假设你通过了（投资者）适当性评估，而且账户中有足够的股票，经纪人会要求抵押一定股票冲抵保证金才允许你裸卖出期权，股票期权的保证金要求是股票价值的 20%，指数期权的保证金要求是 15%。如果标普 100（OEX）是 600，裸卖出 1 手 600 认购或认沽期权的保证金要求就是 9000（=600×15）美元。经纪公司每天都会重新计算，因此 OEX 上涨得越高，保证金要求越高。然而，贷方价差的保证金要求仅仅是行权价之差减去收入。因此，建立 10 点 OEX 贷方价差的每份保证金要求少于 1000 美元，相对裸卖出期权所需的 9000 美元而言，可以省下一笔不小的数目。

　　当然，由于建立贷方价差需要买入另一个期权，卖出期权的盈利性会有所降低。这对有些交易者而言是不好的，但是，考虑到资本要求的降低以及风险的减小，这个成本还是值得的。

　　贷方价差是否真的可以在 90% 的时间里盈利吗？ 我见过贷方价差的支持者建议使用深虚值的期权来建立价差，这样可以有很大的盈利机会。比如说，当 OEX 在 4 月初是 475 的时候，他们会建议付出 0.5 点（50 美元）来建立 1 手 4 月 450-460 的认沽期权价差。OEX 在两个星期内下跌 15 点的概率很小，因此他们认为盈利的机会很大。事实上，自从 1987 年崩盘以来，在现行的这段牛市里，此类价差几乎一直是盈利的。

　　不过，上述价差的**真正**风险点在哪里呢？真正的风险是 OEX 下跌到 450 或者更低，从而亏损 950 美元。因此，你是以 950 美元的风险来换取 50 美元的盈利，不过，盈利 50 美元的可能性要比亏损 950 美元的可能性大得多。我们可以说，这些期权有95%的概率到期无价值，5%的概率实现最大亏损。这不是实际计算的数值，也没有考虑OEX在到期时处于450到460**之间**的可能性，不过，它们足以说明这个简单的例子。因此，我们有95%的概率盈利50美元，即47.5（＝50×0.95）美元的期望收益，同时有5%的概率亏损950美元——47.5美元的期望亏损！所以，期望值说明，如果使用该策略的时间足够长，那么我们什么都赚不到，而且会损失佣金。

支持该策略的交易者通常会反驳，他们绝不会亏损到最大值，他们会在OEX下跌到一个预设水平，通常是在两个期权中的任一个变为实值期权之前平仓。该策略意味着如果他们在到期前买回，只会亏损1点或更少。

数学分析则告诉我们，因为到期日之前OEX下跌至460的概率要远大于到期时跌破450的概率，所以两个期权到期都无价值的可能性将大大被降低。因此，现在可能只有70%的概率赚取50美元，有30%的概率亏损100美元，再减去佣金，与不赚钱差不多。

为什么数学分析的结果与现实背道而驰呢？数学分析认为"不要在这些价差上浪费时间"，而现实却是这些价差到目前为止都是收益颇丰的。数学与现实不符的原因之一是，数学假设的是一个随机市场，而在过去的几年里，大部分时间都是牛市。不过，这并不是说数学错了。如果你丢了100次硬币，有90次是头像朝上，下次抛硬币时，你会说头像朝上的概率大于50%吗？你也许会，不过是错的，概率仍然是50%。

同样的结论适用于总结贷方价差。尽管许多人认为其具有优势，但是从理论上来讲，它并没有任何优势。不过，如果你需要的是降低风险以及低保证金要求带来的较高杠杆率，那么贷方价差是具有吸引力的，可以作为裸卖出期权的替代方案。但从统计学角度来看并不是更优的。在本节线性价差的最后部分，我们会讨论在什么时候价差在统计学角度具有吸引力。

2.6.2　日历价差

日历价差也叫作**时间价差**，理论上投资者是在**时间**而不是价格**之间**寻找价差（虽然价格仍然是影响价差表现的因素）。股票期权的日历价差包括买入1手在将来某个月份到期的期权，同时卖出1手行权价相同，但到期月份更近的期权。比如，如果现在是4月，那么买入1手IBM 7月80认购期权，同时卖出1手IBM

5 月 80 认购期权，这就是日历价差。随着时间的流逝，5 月到期日临近，5 月 80
认购期权到期时间比 7 月 80 认购期权更近，时间衰减对 5 月 80 认购期权的影响
会变得更大。因此，**如果标的价格接近行权价，该价差就能盈利。**

日历价差有时也被称为**水平价差**，表示该价差是基于不同到期时间的，从而
与基于不同行权价格的垂直价差区分开来。

真正的价差交易者关心价差的自身特性，也就是说，如果标的价格稳定在行
权价附近，价差会变宽；如果标的价格远离行权价，价差就会缩窄。因此，交易
者会在 5 月到期时或之前平仓。图 2-15 显示近期到期的日历价差的盈利性。该
价差的潜在盈利和风险都有限，风险限制在最初价差的支付费用上（该特性与前
文垂直价差相似）。

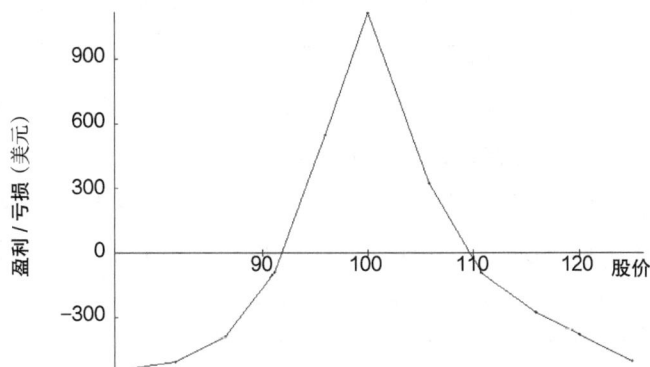

图 2-15　日历价差

一种更为激进的做法是认购期权空头到期后，继续持有认购期权多头。对日
历价差而言，这不值得推荐。

股票（指数）期权与期货期权的最大区别之一是，期货期权的到期月份之间
不一定有直接联系，所以在使用期货期权构建日历价差时，必须格外小心。比
如，3 月和 6 月瑞士法郎期货可能存在相应期权。如果买入 6 月期权、卖出 3 月
期权，你不一定与 IBM 例子中那样拥有日历价差。原因是瑞士法郎期权标的是 2
个不同的期货：6 月合约与 3 月合约。而在 IBM 例子中，日历价差中的 2 个期权
标的都是 IBM 股票。

虽然 3 月瑞士法郎期货与 6 月瑞士法郎期货确实是相关的，但它们的波动并
不一定一致。事实上，在某些期货里，特别是标的为实物商品的期货（例如谷物
和石油期货），2 个合约之间的价差会有很大的不同。价差差异使得相关期权的表

现与通常所见的股票和指数日历价差表现不同。甚至会导致期权价值的反转，使得近期期权的价格要远高于远期期权。下面的例子有助于理解。

例：假设现在是2月，3月瑞士法郎（SF）的期权比6月瑞士法郎贵。因此，你想要建立日历价差。市场价格如下：

3月 SF 期货：77.00　　　　6月 SF 期货：78.00

3月 78 认购期权：1.00　　　6月 78 认购期权：3.00

6月 79 认购期权：2.00

你的最初反应可能是买入6月78认购期权，同时卖出3月78认购期权，来建立日历价差。不过，虽然2个期权的行权价相等，都是78，3月认购期权是1个点的虚值，而6月认购期权是平值。这会增加价差最初的支出，而且实际上成为看多的头寸。如果要建立更为中立的日历价差，可以在开始的时候使用2手同样虚值的认购期权：买入6月79认购期权，同时卖出3月78认购期权。这样，2手期权都是1个点的虚值。

即使在这样的情况中，价差交易者仍然会因为3月和6月SF期货之间变幻莫测的相对变动而受到影响。比如，如果美国和瑞士的利率将发生变化，那么2个期货合约本身的价差也一定会发生变化。

货币期货存在系列期权（serial options）。因此，也存在4月和5月到期的SF期权。此外，系列期权的实际标的期货合约都是6月期货合约。因此，如果买入6月SF认购期权，同时卖出4月或5月SF认购期权，可以构建出真正的日历价差。在这种情况里，由于6月SF期权合约是2个期权的共同标的，期权价差涉及的唯一变量是时间。

2.6.3　对角价差

对角价差是垂直价差和日历价差的组合。对角价差买入和卖出期权的行权价和到期月**都**不同。一般来说，如果你觉得标的在最后波动之前还有一段时间，可以使用对角价差替代垂直套利。

假设你有兴趣构建牛市价差，但是你也注意到，与远期期权相比，近期期权的价格很贵。这类情况常常出现在快速波动的股票里，或者是有小道消息的情况下。因此，与其买入牛市价差，交易者也许会决定使用对角价差，这样不仅仍然拥有看多的可能，还获得短期期权时间衰减带来的好处。

NCR Corp. 是一家电脑公司，在 1990 年 12 月被 AT&T 收购。在收购报价之后，有几个因素影响了当时的股价。首先，由于顾虑反垄断法，股价上涨没有达到其最大潜能。其次，有迹象表明，收购价格可能还会提高，因此，相对而言，近月期权的价格更加昂贵。这对对角价差来说是一个难得的机会。当时的价格如下：

NCR：90

NCR 1 月 90 认购期权：3½　　NCR 3 月 90 认购期权：5

NCR 1 月 95 认购期权：2　　NCR 3 月 95 认购期权：3

许多了解期权的风险套利交易者认为此次收购能成功，但是他们认为在时间上会推后。因此，他们选择对角价差：买入 3 月 90 认购期权，同时卖出 1 月 95 认购期权。确实，收购推后了，而且当 1 月 95 认购期权到期无价值时，NCR 的股价为 88。于是套利者能够卖出 2 月 95 认购期权，进一步降低持有的 3 月 90 认购期权的成本。这些期权也到期无价值。许多套利者此时仅持有买入的认购期权。最后，政府同意了，股票在 3 月初上涨至 100，给牛市价差和多头头寸都带来了丰厚的收益。

收购进一步推迟，对套利者而言事情变得越来越好。套利者重复了整个过程，买入 6 月 100 认购期权，卖出 4 月 105 认购期权（接着，在这些期权过期时，卖出 5 月 105 认购期权）。在整个过程中，对角价差是最好策略。

该例也说明了如果事情进展顺利，对角价差可以采取的第二个步骤：如果标的在短期认购期权到期无价值之前价格保持稳定，那么就可以卖出下月到期的虚值认购期权，以进一步降低持有期权的成本。如果最初价差中 2 个认购期权的到期日之间只相隔 1 个月（和 NCR 的例子一样），那么你就只有一次机会就持有的认购期权多头卖出虚值认购期权。不过，如果最初价差中 2 个期权的到期日间隔有几个月，那么可以多次、不断就持有的认购期权多头卖出期权来获取权利金。当然，一旦股票有大幅波动（上涨或者下跌），价差会或多或少地实现其最大潜在盈利或亏损。于是，也就不再会有卖出短期期权获取权利金的机会。

总的来说，对角价差可以是替代垂直价差颇有吸引力的策略，当近期期权相对远期期权更贵的时候，就更是如此。该策略适用于股票、指数或期货合约等任何标的。

2.6.4　价差具有吸引力的时机判断

在最开始讨论价差的时候，我们说过交易者使用价差的一个主要原因是降低单边头寸风险，这对期权裸卖方来说更是如此，使用贷方价差可以缓解裸卖出期权带来的高风险。

任何价差还需要考虑一点，那就是价差中 2 个期权的相对定价。如果相对于卖出的期权，买入的期权是"被低估的"，该价差就具有统计上的"优势"。从这个角度来看，价差交易自身就是一个策略，而且具有数学优势。

谷物期货认购期权，特别是玉米和大豆认购期权，相对而言虚值程度越深，越具有变得昂贵的自然倾向。因此，如果买入 1 手平值的大豆认购期权，同时卖出 1 手虚值的大豆认购期权，这是一个简单的牛市价差，具备不错的统计优势。买入部分比卖出部分"便宜"。当然，如果大豆价格下跌，最初为价差付出的成本会损失掉，仍然会亏损。因此，"优势"并不能保证盈利，但是它确实意味着在重复多次操作的情况下，盈利的机会将高于 50%。

大豆情况说明了借方价差是如何可能具有优势的。贷方价差也可能具有类似优势，并且在该情形中增加其吸引力。例如，自 1987 年崩盘以来，虚值 OEX 认购期权一直比平值 OEX 期权便宜，因此，认购期权贷方价差（是熊市价差）具有统计上的内在优势。不过，由于市场在之后的 13 年里基本是上涨的，OEX 熊市贷方价差就不是那么有利可图。

事实上，许多统计导向的交易者意识到在价差中运用统计学会遇到价格偏差的问题，比如垂直价差。在垂直价差中，无论期权定价如何有利，标的必须朝有利方向波动才能够盈利。其他价差策略都是从中衍生出来的，很多涉及比率立权或者比率价差。我们在本章最后一节会讨论这个问题。这些策略作为中性价差的应用，将在后面的章节中讨论。

2.7　比率策略

2.7.1　比率立权

"比率"策略最基本的形式是**认购比率立权**。该策略中，买入或持有一定数量的标的，然后卖出认购期权，而期权所对应标的数量**多于**持有标的数量。因此，在该策略你持有的是认购期权裸空头。理论上价格上行时的风险是无限的，因此该策略被认为是相对复杂的策略。

图 2-16 显示了上述策略的损益图。它同时有上行方向的盈亏平衡点和下行方向的盈亏平衡点，只要到期日标的价格在这两个点之间，策略就盈利，在标的价格刚好等于卖出期权的行权价，实现最大盈利。你也许已经看出，下图同裸卖出跨式期权的图形是一样的，两者损益图形状相同，因此它们是等价的。

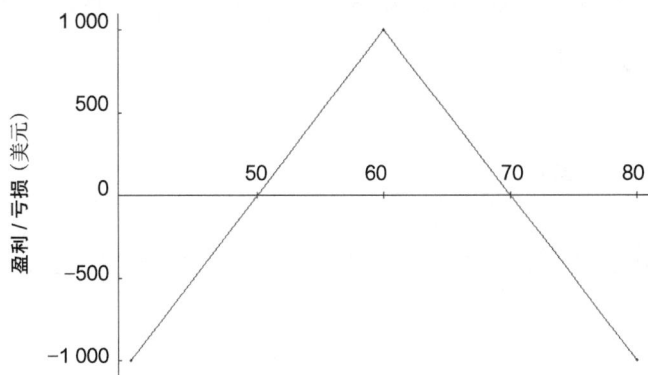

图 2-16　认购比率立权

认购比率立权先于裸卖出跨式出现，至少从场内期权市场的历史来看是这样，原因是场内认沽期权出现之前很多年就已经存在场内认购期权。该策略是"中性"策略，因为只有当股票价格维持在一定交易范围内，才能够盈利。

你也可以通过**卖空**标的、卖出 2 手认沽期权来构建比率立权。实际上很少有人如此构建。但是如果你思考一下它的损益图，会发现与前述比率立权损益图一模一样。对股票期权来说，除非你是一位专业交易者，并且能够从卖空交易的收入中获取利息，否则，认沽比率立权就不如认购比率立权。对期货期权来说，虽然认购期权的流动性常常大于认沽期权，并且在任何市场中投资者更偏好认购期权的立权，但是认购比率立权与认沽比率立权所产生的盈利是相同的。

2.7.2　比率价差

当价差中买入的期权数量与卖出的期权数量不同时，就形成了某种比率的价差。与其他期权策略一样，为便于交易者和策略交易者通过策略名字就能迅速辨别其盈利性，不同种类的比率价差有着不同的名字。

1. 认购比率价差

在认购比率价差中，投资者通常买入行权价较低的认购期权，然后卖出数量更多、行权价更高的认购期权。卖出更多数量认购期权所获得的收入，一般可以抵消买入期权需要的全部或几乎全部的成本。

该策略如果在下行方向存在风险的话，也是很小的——只等于最初的支出和佣金。如果构建价差时存在收入，那么就没有下行方向的风险。与比率立权一样，到期时最大潜在的盈利点出现在标的价格等于行权价时；只要标的价格上涨不超过上行方向的盈亏平衡点，价差是盈利的。一旦超过该点，由于该价差中包含裸卖出认购期权，如果标的价格上涨过多、过快，理论上来说风险无限。图 2-17 标记出了这些平衡点。

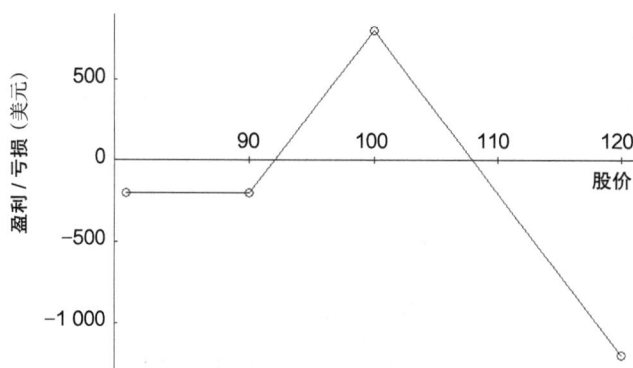

图 2-17　认购比率价差

比率价差只在一个方向（上行方向）上存在风险，比较容易监控，因而相较于比率立权，许多交易者更喜欢使用该策略。此外，如果标的最初价格等于或**低于**价差中较低的行权价，当其向较高行权价波动时，常常可以盈利。这种情况下，许多交易者倾向于在当时兑现盈利，而不是等期权到期。

期货期权的虚值认购期权通常比平值认购期权昂贵（以隐含波动率进行衡量），因此对交易者有很强的吸引力。这给使用认购期权比率价差的策略交易者带来了内在的优势。1993 年春天，黄金期货在 330 美元 / 盎司左右徘徊。不过，专业交易者积累了大量认购期权比率价差，他们买入 6 月黄金 340 认购期权，同时卖出足够多的 6 月 360 认购期权来冲抵成本。交易者基本上是每买入 1 手 6 月 340 认购期权就卖出 2 手 6 月 360 认购期权。因此，除非黄金在 6 月到期前涨到 380，否则持仓没有风险。在这一年的春天和夏天，黄金价格涨势惊人，最终上涨至 400 美元 / 盎司。不过，上涨是循序渐进的，而不是爆发性的，对于比率价差来说是完美的情形。因为当黄金涨至

360 美元 / 盎司时，买入的认购期权实值 20 点，每手认购期权价值就超过 20 美元，而卖出的认购期权价值仅为 5 美元或 6 美元。因此，交易者可以平仓，得到一笔不小的盈利——以 20 的价格卖出持有的期权，再以每手 6 的价格买回之前卖出的 2 手认购期权，从而在每个价差中收入 8。即使黄金最终的交易价格更高，交易者已经获得了盈利，并且交易其他情形去了。

这个故事表明，认购比率价差的真正魅力在于：你可以轻松地躺着，但只面临很小或者几乎没有的下行风险（尽管资本被束缚了，但是这笔资本可以是短期债券，因此至少可以获得短期利息）。如果标的产生波动，你会有很好的机会平仓并盈利。风险在于，如果标的上涨是爆发性的，而你将没有机会在价格超过较高的行权价时平仓。特别是，当标的价格接近目标价位时出现跳涨或者涨跌停。然而，即便在这种不尽人意的情形中，比率价差交易者并没有陷入困境。只要当标的价格上涨突破**盈亏平衡点**时，能够对冲所带来的无限风险，随着时间推移，该策略应该能产生盈利。某种意义上说，期货交易者可以使用 SPAN 计算保证金，相较于股票或指数期权，该策略对期货期权更有利。

2. 认沽比率价差

可以使用认沽期权来构建类似的策略，只是如果使用认沽期权，你要买入行权价**较高**的认沽期权，同时卖出数量更多、行权价**较低**的认沽期权。同样，卖出期权的收入充抵了全部或者几乎全部的买入成本。

如图 2-18 所示，认沽比率价差在**上行**方向上几乎或者根本没有风险。如果在到期日时，标的价格接近卖出期权的行权价，该价差就能实现其最大潜在盈利；如果在到期前标的价格下跌太多，理论上就存在巨大的下行风险。

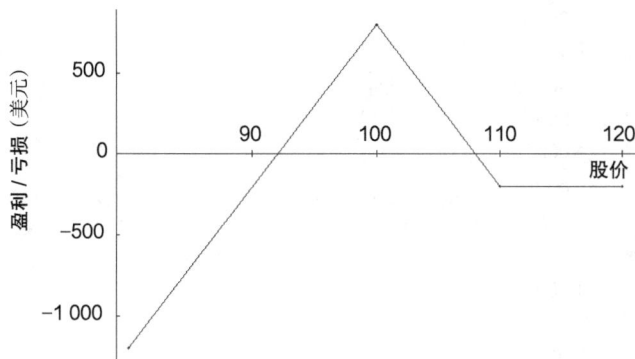

图 2-18　认沽比率价差

认购比率价差的理论同样适用于认沽比率价差。一般来说，建立该价差的最好办法是既不付出也不产生收入，而且通常当标的价格高于价差中较高行权价时，可以启动该价差。之后，如果标的价格下跌，在其穿过较低的行权价时，就有机会在最大潜在盈利点平仓。

认购比率价差和认沽比率价差（特别是对于股票期权和指数期权）的主要差别是，股票的下跌速度通常比上涨速度快，因此，如果股票突然开始下跌，你也许会陷入一个类似"抓住老虎尾巴"的局面。不过，总的来说，这是一个合乎情理的交易方法。

3. 反向价差

如果一个策略中你持有的期权多于卖出的期权，因而理论上存在大额或无限的潜在**盈利**，那么该策略就是所谓的**反向价差**。从本质上说，它们是认购比率价差和认沽比率价差的对立面。不过，从更广泛的意义上来说，有些交易者认为任何有着无限潜在盈利和有限风险的策略都叫作反向价差。在上述定义下，即使是买入跨式期权也可以被看作反向价差。为便于讨论，我们只考虑与比率价差相反的反向价差策略。

让我们从认购反向价差开始。在这种情况下，卖出 1 手行权价较低的认购期权，同时买入更多行权价较高的认购期权。那么，在这个头寸中，持有更多的认购期权多头，这为我们提供了无限的潜在盈利（见图 2-19）。此外，如果构建整个头寸时产生收入，我们在下行方向上也有潜在盈利。如果标的价格大跌，所有的认购期权都会到期无价值，那么我们最初获得的收入就成了盈利。当标的价格等于价差中较高的行权价时将出现最坏的结果。因此，整个损益图看起来与买入跨式期权相似，当标的价格低于价差中较低行权价时，下行方向的盈利是一条水平线。

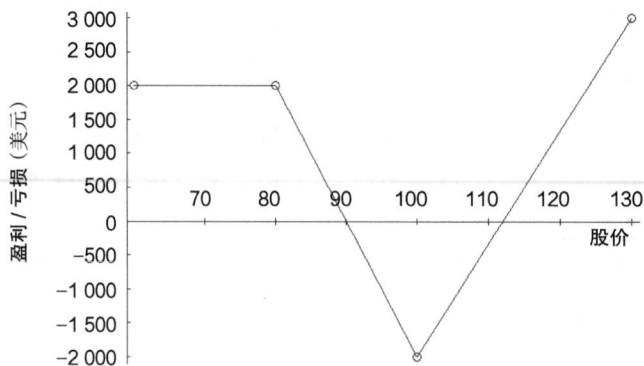

图 2-19   认购反向价差

通常，认购期权反向价差一般是在标的价格接近较高行权价时构建。当策略交易者以该方法建立头寸时，他希望标的会朝某个方向波动，从而获得一定的盈利。在建立此类价差时，经验丰富的反向价差交易者考虑的另一个因素是便宜的期权价格。如果期权在某种意义上"定价偏低"，未来价格上涨的可能性增加，那么价差中期权多头的数量优势会带来盈利。此外，如果运气好的话，反向价差组合中期权空头相对期权多头更贵，那么价差就有了另一个内在优势。

所有这些因素汇合在一起，构成了有史以来最佳的反向价差机会：1994年 12 月到 1995 年年末，市场大幅上涨。1994 年 12 月，上涨开始时，OEX指数在约 420 的水平。2 月，已经达到 450，许多市场观望者预测，经历了如此大幅度的上涨后，市场就要到顶了。但是，许多看多者认为经济在改观，而且没有通货膨胀，价格会继续上涨。两种观点看起来都有道理，因此任一方向上都有可能出现大幅度的运动。这就满足了使用反向价差的第一个标准——也就是标的具有在某一方向上大幅变动的可能性。

其次，OEX 期权变得相当便宜，这是牛市中指数期权的典型表现。由于期权变便宜，如果期权价格在未来上升，反向价差期权多头的数量优势可以得到很多好处，所以反向价差是理想策略。再次，虚值 OEX 认购期权的价格比实值期权便宜很多。因此，1994 年到 1995 年的冬末，构建反向价差需要的 3 个主要标准都符合。

随着 OEX 一路上涨至 600 的水平，那时建立反向价差就变得非常有利可图。即使是那些将反向价差保持中性的交易者，在 OEX 价格上涨的过程中，通过将持有的认购期权移仓至更高的行权价，也获得了丰厚的收益——但是所有这一切的前提是继续持有一个在市场下跌时可以盈利的头寸。我们将在第 6 章中详细说明该策略。

在我看来，最后一点，即反向价差总是可以从意料之外的市场下跌（或者甚至是崩盘）中获利，是反向价差比买入跨式期权更好的原因。在反向价差中，如果市场上涨，你只要不断将买入的认购期权移仓至较高的行权价。卖出的认购期权依然保持不变，并且在市场下跌时提供下行方向的保护。但是，买入跨式期权后，如果在市场上涨后，你仅仅将买入的认购期权向上移仓更高的行权价，这对下端的盈利没有任何帮助。原因是持有的认沽期权此时会变得深度虚值。为获取

下行方向的潜在盈利，你必须把这些认沽期权也移仓至较高的行权价。本质上说，必须将**整个**跨式期权移仓至较高的行权价。在长期上涨行情中，反向价差交易者更容易随时间进行调整并保持中性。

4. 认沽反向价差

认沽反向价差刚好与认购反向价差相反：**卖出** 1 手行权价较高的认沽期权，同时买入数量更多的较低行权价的认沽期权。一般构建该头寸会产生收入，并且在标的价格处于较低行权价附近时建立。

图 2-20 显示了上述价差的盈亏特性。上行方向的潜在盈利有限，等于构建头寸时获得的收入。该价差中买入的认沽期权多于卖出的认沽期权，下行方向的潜在盈利相当大。到期时的最大风险出现在标的价格等于买入的认沽期权行权价时。

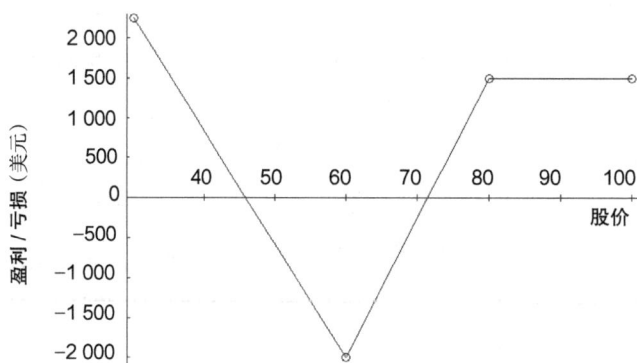

图 2-20　认沽反向价差

对认沽反向价差来说，最理想的情形如下：行权价较高的认沽期权（打算卖出的期权）比行权价较低的认沽期权（打算买入的期权）更贵。在谷物期货期权和金属（黄金和白银）期货期权中，这种情况几乎始终存在。因此，如果你对风险有限的策略感兴趣，并且希望在判断错误而市场上涨时也获利的话，那么在这样的市场中，处理市场下跌最好的方法之一是使用认沽反向价差。

2.7.3　更复杂的策略构建

显然，我们还可以对本章讨论的策略进行组合和调整，来构成新的策略。例如，蝶式价差是 1 手牛市价差和 1 手熊市价差的组合，这 2 手价差都是贷方价差。该策略与如下策略等价：卖出 1 手跨式期权，同时买入 1 手虚值认购期权和

1 手虚值认沽期权（用来防范风险）。图 2-21 显示了蝶式价差的盈利性。事实上，可以用若干不同的方法来建立 1 手蝶式价差。除了我们刚才提到的方法，还可以全部用认购期权或者全部用认沽期权（都是使用 3 个行权价不同的期权）。很多使用虚值期权来保护裸卖出跨式期权的投资者都使用蝶式期权，虽然他们不使用跨式期权这个名字。顺带一提，如果你裸卖出 1 手组合套利或者宽跨式期权（期权的行权价不同），然后再用虚值期权来保护头寸，那么头寸就涉及 4 个行权价，该策略有时被称为**鹰式价差**。

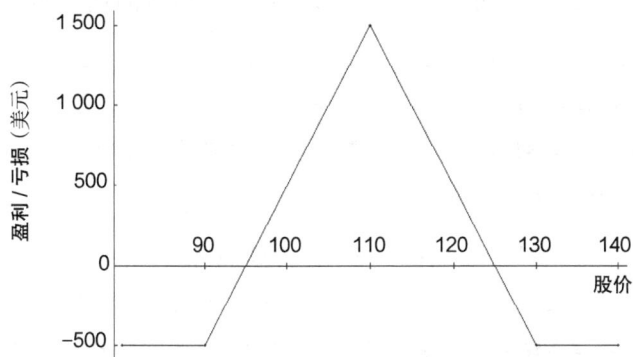

图 2-21　蝶式价差

目前以下做法变得流行起来：发行商和交易所创造出实际上属于上述期权策略的一种证券，然后将该证券作为单独的 1 个产品单元卖给投资者。例如，有的大投行创造出一种叫作可赎回的累积优先股产品 PERCS（preferred equity redemption cumulative stock）。1 股 PERCS 就是 1 股优先股。这些股票都是由一些最大公司发行的（如通用汽车）。PERCS 有固定的生命周期，比如说 3 年。在这段时间里，它会产生比标的高得多的收益。在 3 年周期结束时（或者说在 PERCS 发行时设定的任意周期里），PERCS 就成为标的本身。存在一个例外：如果标的价格上涨太多，PERCS 的价值就会限定在固定价格上。如果标的的价格超过某个特定价格，PERCE 的持有者在 3 年后到期时就会收到现金，而不是标的。

实际上，在上述例子中你所拥有的是一个 3 年期的备兑期权，但它不是以期权的形式卖出的，而且在卖出过程中根本没有提到期权两字。想一想卖出一个 3 年期备兑认购期权所能得到的收益，那会是相当大一笔钱。假设收益在 3 年中按季度分给持股人。那么，在持股人看来他似乎得到了额外的分红。此外，如果期权在 3 年结束时到期无价值，那么剩下的就是普通股票。如果标的的价格上涨并超过卖出的认购期权行权价，那么在 3 年结束的时候，投资者就会被行权而卖出他们的股票，从而得到现金。这正是 PERCS 的特征。

还有其他基于备兑期权和期权策略组合的证券挂牌交易，很多这样的证券一直在交易。绝大部分的产品与 PERCS 相似，但是名字不同，例如产权相关证券 ELKS（equity-linked securities）和牛市股证券 SUNS（stock upside note securities）。

此外，还有被称为结构化产品的证券，这些产品保证一定的收益，并且在股市上涨的情况下有升值的可能。这些证券等价于用一部分钱买入折价证券来保证归还本金，然后再用剩下的钱买入期权。因此，在股市的上行方向拥有实质性的潜在盈利。

最早公开交易的结构化产品之一是股指证券，它的交易代码是 SIS，在美国证券交易所（AMEX）挂牌。其标的是中等资本 400 指数（Midcap 400 Index，代码 MID）。SIS 的到期价值按如下公式计算：

$$现金价值 = 10 + 11.5 \times (MID/166.10 - 1)$$

在 2000 年 6 月 20 日（它是于 1993 年 6 月 20 日发行的）到期时，该证券最少价值 10。如果 MID 到期时的价值高于 166.10 的行权价，那么它的持有者就可以在 10 的基础上额外获得 MID 指数高于 166.10 的百分比的 1.15 倍。

SIS 证券由普惠公司（PaineWebber）发行，实际上它们是普惠公司的债务，所以，如果普惠公司在证券到期前破产了，那么该证券中的"担保"部分就有问题（事实上，普惠公司确实在证券到期前被合并了，因此依然具备相当的偿还能力）。部分原因是因为存在丧失偿还能力的可能性，以及美国国税局（IRS）把这类证券看作折扣债券，所以在很多年内，SIS 股票价格相对现金公式的价值折价很多。这和在净资产价值之下，交易封闭式共同基金有些相似。

例如，MID 在 1995 年早期的交易价格是 185，SIS 的售价是每股 9。当 MID 是 185 的时候，SIS 的现金结算价值是 11.31（=10+11.5×（185/166.10-1））。因此，从本质上说，你可以在它的资产价值是 11.31 的时候以 9 的价格买入这只股票。即使考虑到税收，这个折扣也很吸引人。对许多投资者来说，任何折扣如此大，并且具有与中等资本 400 股票相同质量的封闭式共同基金，都有很强的吸引力。

在 SIS 的生命周期里，市场持续上涨，MID 在 6 月 20 日时上涨至 505.59，因此 SIS 到期时的价值是 33.50。SIS 证券持有者在到期时获得了每股 33.30 的价值。

还有与我们刚才描述证券相似的其他证券。可以通过访问相应的网站来找到它们的条款，例如美国证券交易所、纽约证券交易所和芝加哥期权交易所（CBOE，没错，CBOE 确实交易某些股票，特别是类似这样的结构型产品）。

2.7.4　使用期权模型

即使是最有经验的期权交易者，在进行交易前，也要使用模型检查期权的理论价值。对那些经验不足的期权交易者来说，更有必要这样做。交易者不必知道期权模型的技术细节（我们将在附录 C 里讨论这些细节），但他们应该知道，找到一个期权模型不难而且成本也不高。

计算期权的理论价值，必须要知道六个因素：股票价格、行权价、到期日、短期利率、标的证券的波动率以及股息（如果存在）。这些条件可以由使用者自己输入，也可以由位于其他地方的大型电脑提供。

科学计算器（例如由德州仪器或者惠普生产的较好的计算器）就可以计算期权的理论价值。你可以购买计算程序。显然，如果选择上述方式，就必须自己输入数据。

当然，电脑是计算期权价值的更好选择。花 100 美元或者更少的成本，就可以买到计算隐含波动率或者理论价值的简单程序。一般来说，用户要自己输入标的价格、行权价和到期日等。如果想要计算隐含波动率，那么必须输入期权价格，电脑程序就会反馈隐含波动率的计算结果。

还有一些更贵的计算程序，一般来说，这些程序都连接着某个数据库，这样，你只需要输入标的证券代码即可。这些程序不仅更贵，而且你必须为那些自动输入的数据付费。

以上所有方法都可行，具体用哪种方法取决于需求，我们将在第 7 章对此进行更详细的讨论。你必须保证拥有一个在决策前可供使用的模型。这样，就可以知道交易的期权究竟是贵还是便宜。这并**不**意味着只能买"便宜"的期权，我们是说，你应该知道买入的期权是否便宜。如果期权是贵的，这也没什么不对，但是你至少应该意识到，一旦隐含波动率下跌，即使标的价格略有上升，买入的期权还是有可能减值。

2.8　小结

本章简单介绍了各种策略，这为理解后面的章节奠定必要的基础。正如我们在本书前言中提到的，我们的目的并不在于仔细说明如何计算盈亏平衡点，也没有计划对这些基本策略的后续行动进行解释。

期权的多种用途

第 3 ～ 5 章主要介绍期权的应用，这些应用并不需要很多期权估值的理论知识（我们通常支持期权交易者在买卖前使用模型对期权进行估值）。下文介绍的技巧、策略和交易方法是非常有效的，而且能带来巨大收益。这些方法并不需要太多的数学分析，而是偏重各个方面的实用性，因此适用于大部分的交易者和短期投资者。

3.1 期权作为标的直接替代品

除为策略提供损益参考以外，期权的应用多种多样。部分应用基于对等价头寸的理解。例如，本节会介绍如何利用期权避开期货合约的涨跌停板变动。同时也会介绍一些方法，相比单纯的股票交易，利用这些方法可以提高资本利用效率。

前文提及，当 2 个头寸的盈利，也就是收益率曲线相同时，我们称其为**等价**。其中一个很重要的等价关系如下：**买入标的等价于买入认购期权和卖出到期日相同的认沽期权**。从概念上理解，买入认购期权的潜在收益是无限的（正如买入股票一样），而卖出认沽期权则会带来很大的下跌风险（同样如买入股票一样）。下面这个例子能更好地说明这点。

例：1995 年 7 月，微软公司的股价是 92，8 月 90 认购期权的价格是 6，8 月 90 认沽期权的价格是 4。通过同时买入 8 月 90 认购期权（价格是 6）和卖出 8 月 90 认沽期权（价格是 4）构建出的头寸，等价于持有普通股。我们可以通过下面的盈利表说明此点：

8 月到期时的股价	持有股票的收益 （美元）	买入认购的收益 （美元）	卖出认沽的收益 （美元）	期权总收益 （美元）
70	-2 200	-600	-1 600	-2 200
80	-1 200	-600	-600	-1 200

（续）

8 月到期时的股价	持有股票的收益 （美元）	买入认购的收益 （美元）	卖出认沽的收益 （美元）	期权总收益 （美元）
90	−200	−600	+400	−200
100	+800	+400	+400	+800
110	+1 800	+1 400	+400	+1 800

　　注意，第 2 列（持有股票的收益）和最后一列（期权总收益）是相同的，也就是说期权头寸和股票多头是等价的。

　　以上介绍的是非常重要的概念，所有交易者应该理解并掌握。首先，运用这个概念可以使用期权替代标的。同样以微软公司股票为例，假如选择现金买入100 股股票，总投资是 9200 美元加上股票佣金。然而，期权头寸的**资金要求**是：认购期权的买入成本 600 美元以及裸卖出认沽期权的保证金，保证金又等于股价的 20% 加上认沽期权权利金，然后减去虚值部分的金额。因此裸卖出认沽期权的保证金是 2040 美元，包括 1840 美元（9200 美元的 20%），加上 400 美元（认沽期权的价格），减去 200 美元（每份认沽期权的虚值金额是 2 美元）。最后可以得出期权头寸的资金要求是：

头寸	资金要求（美元）
买入认购期权	600
裸卖出认沽	+2 040
认沽期权权利金	−400
合计	2 240

　　因此，期权交易者以相对较小的资金成本获得几乎与股票交易者等额的收益。在接下来微软公司的例子中，交易者无论是买入股票，还是运用期权策略，所获得的收益是**完全一样**的。虽然买入股票和期权策略的收益非常接近，但是大多数情况下两者并不完全相等。存在细微差别的两个原因是：股息和利息。

　　股票持有者可以获得股息（如果公司有派发），期权交易者却无法获得。但因为期权交易者可以使用美国短期国债（T-bills）作为保证金的抵押物，并从价值约 2000 美元的抵押物中获得其产生的利息，也就部分抵消了无法获得股息的损失。

　　股票交易者占用了很多的资金。在前例中，如果期权交易者将股票成本和期权资金成本的差值——大约 7000 美元，用来投资存单或者短期国债，那么他可以获得可观的利息。我们并不需要详细的计算就可以知道，在到期日前用7000美元投资短期、附息证券获得的收益，可以弥补持有股票和期权的收益之差。

还有一点重要的区别是：期权交易者构建头寸时需要考虑**两个**期权的买卖价差，还需要付出两份佣金。股票交易者只需要考虑该股票的买卖价差和付出 1 份佣金。在当前佣金打折的情况下，买卖价差就成为两个考虑中比较重要的一个。尤其是交易流动性较差、交易量很小的期权时，构建期权头寸的成本会远远高于必要成本。这种情况下，运用期权模型计算出认购和认沽期权的理论价差通常会是个很好的想法。计算出结果之后，你就会对如何下单略有所知。下面例子会详细介绍此概念。

例：如上，假设微软公司的股价是 92，你希望使用 10 月 90 认沽期权和认购期权，构建等价于股票多头的头寸⊖。10 月期权（当前为 7 月）的实际价格如下：

期权	买价－卖价
10 月 90 认购	9.00 ～ 9.50
10 月 90 认沽	6.00 ～ 6.50

因为上面两个期权的买卖价差并不是整数，如果只是以市价买入认购期权和卖出认沽期权，你可能会为持有期权头寸而"超额付出"成本。在市场上买入认购期权，同时卖出认沽期权需付出 3.50 点（9.50 减去 6.00）。

此处需要运用到期权模型。如果将股价 92、行权价 90、10 月到期以及当前美国短期国债利率（波动率的大小并不会对结果产生影响）代入期权模型，可以计算出股价 92 时，认购期权价格应当比认沽期权高 3.27 点。因此，投资者可以以价差的形式下单："以 −3.30 点的价差，买入 10 月 90 认购期权，同时卖出 10 月 90 认沽期权。"利用模型可以避免为头寸超额付出（上文提到的"市价"交易中产生的 3.50 点成本）。

如果标的价格发生改变，那么认沽和认购期权的价格也会相应地发生变化。例如，当微软公司的股价为 91 时，认购期权的价格应当比认沽期权高

⊖ 原文有误。原文此处为"a long put position"，根据上下文，应该是"a long stock position"（股票多头）。——译者注

2.27 点。这个结论也可以从期权模型中得出。因此，如果不需要马上执行交易，那么当微软公司股价变化时，你也要知道如何调整期权订单。

3.1.1　卖空股票的等价策略

同样，买入认沽期权，同时卖出到期日相同的认购期权，等价于卖空标的。 比起在买入股票时使用期权等价头寸，在卖空股票时使用期权等价头寸具备更多的优点。首先，你可以从降低的资金成本中获利，只需要付出略高于 20% 的保证金就可以"等价"于卖空股票，而实际卖空股票则需要付出 50%。此优点与使用期权构建等价于买入股票的头寸类似。

卖空上市公司股票和纳斯达克股票时，建仓需要遵守提价规则[⊖]。然而期权头寸并不受提价规则的限制，因此，当市场下跌，特别是急剧下跌时，使用期权"等价"卖空股票是更容易实现的。市场下跌可能造成某只股票跌破其主要支撑线，也可能导致大量股票同时剧烈下跌。使用期权等价策略，能很快地"卖空（或等价卖空）股票"。在此策略中，虽然可能必须使用市价单，从而失去部分价格优势，但是至少可以满足建仓需求。

最后，相比卖空股票，期权建仓并不需要实际借入股票，因此具备省时、便捷的优势。有时候借入股票可能耗费很长时间，或者你的经纪人根本无法帮你借到股票。除下文提到的情形，使用期权等价策略完全不用担心是否能借到股票。

值得注意的是，等价卖空头寸可能存在一种复杂情形，那就是当股票确实很难借到时，就需要谨慎使用期权策略。你可能无法卖出实值认购期权作为策略的一部分。这个问题可以通过使用高行权价期权（**如果**市场上存在的话）来规避，此时认沽期权处于实值状态，认购期权则不然。在"无法借入"股票的情形下，实值认购期权会非常便宜，以至于你只能以不高于平价的价格卖出它们。如果发生这种情况，可能会提前（很可能是立刻）收到行权指派通知，要求你卖出股票。但此时你无法通过借入股票来完成行权。经纪商只能以市价帮你买入股票，并对你颇有微词。如果经纪商认为在股票明显无法借入时，你仍然有意卖出该股票的实值认购期权，他甚至会限制你的账户。

当公司正在进行部分要约收购时，以该公司股票为标的的所有实值认购

⊖　指令的执行价格必须高于该证券的前交易价格。——译者注

期权很有可能被提前指派行权。场内期权交易以来，这种情况出现过很多次。不过，市场上总会流传一些故事，某些人想不花任何代价赚钱，事实上这是不可能的，最终他会为此付出沉重的代价。

假设某公司正在进行部分要约收购：以 100 美元 / 股的价格收购该公司 50% 的股份。当前股价为 80 美元，预计收购完成后公开市场上公司的股价是 60 美元，因此股价会在收购日之后下跌 20 美元。

任何交易者卖空股票都可以盈利 20 美元。然而，所有股票持有者都希望持有股票，并根据要约以每股 100 美元的收购价格卖出持有股份的一半，因此无法借入该股票，也就是说交易者不能卖空。

以该股票为标的的实值认购期权的卖出价是平价，例如，2 月 60 认购期权的价格是 20 美元（当前股价是 80 美元，因此称为平价）。当某些初级期权交易者知道股价会下跌，但又无法借入任何股票时，他会以 20 的价格开仓卖出 2 月 60 认购期权，认为当股价下跌至 60 美元时，就可以平仓获利。

现实情况是，认购期权的买方会行权（买方以这种方式买入股票，并根据要约，以收购价格将部分股票卖给收购人）。卖出期权的交易新手会被指派行权。通常只有到要约收购结束后，他才会发现这点。也就是说，当他收到行权指派通知时，股价已经跌至 60 美元。因此，他马上成为卖空**股票**的一方。此时股票无法借入，经纪商会为此而感到不满。首先，经纪商会替他买入股票，但是这笔交易是无法在公开市场上以 60 美元的价格正常成交。期权买方已经享有要约，并需要马上获得该股票。经纪商在股票现货市场买入的价格通常会高于 80 美元，因此期权交易新手最终会产生亏损，其账户也很有可能被限制。

重点是任何低于平价的认购期权，其卖方都将被指派行权。这些认购期权交易的产生通常是有原因的，可以是即将发生要约收购、派发股息，也可以是临近到期日。如果以不高于平价的价格卖出期权，你要做好在短时间内（很有可能是第 2 天）被指派行权，从而需要有卖空股票的准备。如果你有理由相信该股票无法借入，那么就不要卖出接近平价的实值认购期权，否则就是自找麻烦。

3.1.2　个股期货

个股期货可以替代上文所述的期权策略。例如，相比买入认沽期权和卖出认购期权，通过卖出个股期货来卖空股票要简单得多。首先，这种做法只存在 1 个买卖价差和 1 份佣金。反过来说，如果你想利用保证金买入股票，或者是为了期权的杠杆作用而买入，那么也许应当选择买入个股期货。

个股期货持有者没有获得股息的权利，因此当股息金额很大时，个股期货交易价格会低于实际股价。相反，考虑短期利率，个股期货价格相对实际股价升水。事实上综合考量后，如上文微软公司的例子中，期货合约的升水程度和使用期权的股票等价头寸的升水程度是一样的。

交易者必须明白一件很重要的事情，个股期货的杠杆非常大。个股期货的初始保证金仅仅是股价的 20%。也就是说，如果 IBM 股价是 90 美元，那么交易者买入 IBM 期货的初始保证金是 1800 美元（9000 美元的 20%）。因为个股期货变动 1 点对应的是 100 美元，所以当 IBM 股价下跌至 72 美元，也就是下跌 18 点或者 20% 时，交易者损失了所有的保证金。此外，如果出现某些异常情形而导致 IBM 股价下跌超过 18 点，交易者的损失将超过初始保证金。如果股价上涨超过 20%，个股期货的卖方会面临同样风险。

即便如此，只要你愿意承担高杠杆带来的风险，就不存在比个股期货更好模拟股价变动的衍生品工具。

3.1.3　规避期货合约的涨跌停

所有的期货合约都有日内价格波动限制。交易所规定涨跌停板大小。天气（暴雨或干旱）、卡特尔联盟（欧佩克）或者超预期的政府谷物报告等因素，可能会造成供给或需求的意外增长，从而出现涨跌停。最令期货交易者害怕的是，当市场不停地向涨停或跌停方向运动时，他可能陷入市场反方向停板变动而无法离开市场。如果出现此类情况，交易者会遭受巨额亏损。

然而，只要存在挂牌期货的期权交易，交易者任何时候都可以从涨跌停中脱身。所有期货交易者**必须**掌握期权作为标的等价物的策略，该策略可以让他摆脱因涨跌停板而锁定的不利头寸，同时可以控制亏损规模，防止亏损扩大以至于账户清零。

1993 年 1 月下旬，木材期货连续几天涨停。在公布房屋开工率明显好转之前，3 月木材期货价格是 279。木材需求增长预期使期货上涨 5 点到达涨停板，涨停板价格是 284。在接下来的 7（！）天，木材期货每天都上涨 5

点至涨停板，成交量几乎为 0。虽然买方在不停地报价，但是随着政府继续发布关于房屋开工率和建筑工程的利好数据，很少有卖方愿意卖出。同很多商品期货一样，如果出现连续停板，那么就会扩大停板大小。因此，在连续 8 天涨停后，涨停板扩大至 10 点。可是木材的需求依然强劲，以至于期货在接下来的 2 天仍然涨停！当时期货价格是 339，而且过去 10 天几乎没有成交量。期货变动 1 点相当于 160 美元，上涨 55 点（从 284 到 339）给卖空者带来 8800 美元 / 手的损失，卖空者几乎被挤出市场。

更糟的是，木材牛市还远没有结束，涨停板已经扩大至 15 点。第 11 天，在交易几小时后，期货合约再次封在涨停板。即使是扩板也阻止不了期货上涨的势头。之后的 9 天里，有 8 天以涨停价收盘，其中 5 天是全天都封在涨停板。此时 3 月木材期货价格是 441。如果卖空者没能够在有限的自由交易时间内回补头寸的话，那么他每手损失已经高达 157 点，也就是 25 120 美元！

这是个用来说明期权可以让卖空者避免巨额损失的典型案例。了解期权的木材期货交易者在第 1 天，也就是期货封死涨停价 284 的那天，就以 288 的价格回补头寸。因此，即使在连续涨停后，他们也只需承担 4 点损失，而不使用期权带来的是 55 点或者是 157 点损失。此外，如果期权交易者没有在第一天回补头寸，他也可选择在之后的任何一天进行，只不过成本会越来越高。

经验丰富的期货交易者可以列举出很多类似例子。其中一个是橙汁期货的例子。1991 年秋天，橙汁期货经历 6 次涨停，价格从 127 点上涨至 168 点。1 点对应的是 150 美元，每手合约相应亏损 7650 美元。同样，1995 年春天，棉花期货经历了连续涨停和跌停！最夸张的是 7 月合约先是连续 5 天**跌停**，在 3 天自由交易后又连续 8 天**涨停**。事实上，棉花期货在整个夏天持续疯狂，出现好几次连续涨跌停。

本章只介绍 2 种等价关系：①买入认购同时卖出认沽等价于买入标的；②卖出认购同时买入认沽等价于卖出标的。对期货交易者来说，这两个概念非常重要。**如果在交易时没有掌握这两个概念，那么应该暂停交易或去学习该概念。**在我看来，你没有别的选择。下面以木材期货和期货期权为例来说明这点。

例：在 11 月木材期货以 285 的价格封在涨停板当天，11 月 285 认购期权结算价是 8，11 月 285 认沽期权结算价是 5。通常，当标的期货结算价正

好等于其期权行权价时，相同合约规格的期货认购和认沽期权的价格应该相等。可是由于期权可以"预测"期货价格以及期货是否可以自由交易，所以当出现涨跌停时，期货认购和认沽期权的价格并不一定相等。

下面我们以交易者的角度来看问题，交易者卖出 11 月木材期货合约，而此时合约已封死涨停板。他能以 8 点的价格买入 11 月 285 认购期权，同时以 5 点的价格卖出 11 月 285 认沽期权，净支出 3 点。交易者通过此交易进一步锁定风险。该交易等价于买入 11 月木材期货，而他的期货头寸是卖出 11 月木材期货，两者正好对冲。此外，回补期货头寸的价格是行权价和买卖期权头寸净支出之和，也就是 285+3=288。

为证实这点，请注意如果期货价格继续上涨，交易者可以在到期时将其买入的认购期权行权（或者在认购期权变为深度实值，从而失去时间价值时行权）。行权意味着不管当前木材期货价格多高，他都能以 285 的价格买入。考虑期权头寸的净支出是 3 点，交易者回补头寸的总成本是 288（=285+3）点。因此，当市场已形成上涨趋势时，288 点的成本可以减轻交易者内心恐慌，对于没有掌握上述概念的卖空交易者，他会因市场上涨而陷入困境。

注意如果在交易者建立期权头寸（买入认购和卖出认沽）之后，木材期货突然急剧下跌，他的退出价格并不受影响。虽然实际上并没有发生，但是假设木材期货下跌至 225 左右，卖出的认沽期权会被指派行权。也就意味着他要以 285 点（行权价）买入期货。同样，要加上 3 点期权头寸的初始净支出，这样回补期货的总成本仍然是 288 点。因此，在建立期权头寸后，不管期货价格如何变动，交易者买入成本锁定在 288 点，不存在进一步的风险或收益。他利用等价关系，以288 点的价格回补了期货头寸。

通常，最初亏损可能是最小的，接受它是最好的办法。在木材期货的例子中，最初亏损是用期权回补卖空头寸的总成本 288 点。实际上接下来的情况很糟糕，当木材期货连续 6 天涨停至 335 点时，期权的价格比市场价格高出很多，当时的报价如下：

> 11 月木材期货：335（涨停买报价）
>
> 11 月 335 认购期权：30
>
> 11 月 335 认沽期权：12

如果卖空者直到此时才想去回补头寸，那么他付出的价格会比结算价高很多。事实上，如果他以 30 点买进认购期权，以 12 点卖出认沽期权，此时净支出是 18 点。那么最后的买入价格是行权价加期权头寸净支出，335+18=353。因此，可以看到，随着涨停天数的增加，期权是越来越贵的。当然，相比等到上涨结束，价格为 460 时才回补头寸，交易者在 353 点回补，成本还算相对较低。

上文提到 1995 年春天，棉花期货先是连续 5 天跌停，不久后又经历连续 8 天**涨停**，这种情况下交易者也会很乐意运用以上的策略。交易者卖空棉花期货，在前几天跌停行情中有笔不错的浮盈，但之后连续几天的涨停消耗了所有浮盈，可以想象这是多么令人沮丧。懂得使用期权的棉花交易者就不用担心这点，他可以在第 1 天涨停时，执行买入认购 – 卖出认沽策略（等价于回补期货空头头寸），从而锁定当时的盈利。

当**多头**交易者陷入连续跌停行情时，他们可以使用类似的期权策略得以脱身。交易者通过买入认沽和卖出认购期权，建立一个等价于期货空头的期权头寸。该头寸可以对冲期货多头，从而锁定亏损，不存在进一步的风险（也不会有进一步的盈利）。

总的来说，期货交易者必须掌握该策略。并不是说该策略可以规避任何风险，但它可以帮助交易者止损，不会因连续涨跌停而"被套牢"，并只能眼睁睁地看着资产缩水。至于**何时**使用期权策略，我建议在期货价格穿破止损价时使用。比如，如果当天卖出木材期货，并设置 289.25 为止损价，然而期货价格直接从 285 上涨至 290 且没有成交（甚至 290 的价格也没有成交），从而导致止损价没有被执行，那么，考虑到当前价格已经超过止损价，应该执行该策略。

3.2　期权作为标的代理

本章第一部分介绍的是如何使用期权直接复制标的头寸。期权另一种使用策略是作为标的**代理**。一般来说，当你希望获得比标的更大杠杆或者更小风险，或者希望两者兼得时，会使用该策略。

3.2.1　买入期权替代短期股票

第 1 章讨论的是用买入认购期权来替代买入股票或期货。实值期权不仅提供杠杆，而且受时间衰减影响较小，因此主要使用实值认购期权。实值期权几乎没有什么初始时间价值。

这个逻辑同样适用于买入短期实值认沽期权代理卖出股票。相比等价头寸，代理卖出具备某些额外的好处：代理卖出不受提价规则限制，如果是普通股，还不需要借入股票。此外，考虑实值认沽期权的时间价值比实值认购期权的小，通常更容易找到合适的认沽期权。不管认购还是认沽，实值期权都能反映标的几乎所有的短期波动，这点对短线交易者非常有吸引力。

3.2.2　买入期权作为长期股票的替代品

持有认购期权的风险小于持有股票，不仅有利于短线交易者，长线交易者同样因此而获利。他们可以买入实值认购期权替代买入股票。随着长期期权日益盛行，经纪商热衷于向投资者介绍卖出手中股票去买入长期期权的好处，或者对于特定的普通股，从一开始就不要买入股票，而是买入长期期权。在长期牛市行情下，该策略越来越受欢迎。

如果投资者卖出股票，并买入认购期权，那么他从市场中获得一笔不小的资金。他应该用这笔资金去买入银行定期存单（CD）或者到期日与期权差不多的短期国债。期权提供了潜在的市场上行盈利，同时定期存单或短期国债可以确保大部分资金安全。即使出现很糟糕的情况，股价崩盘，期权到期价值为 0，投资者在定期存单或短期国债上的资金仍然安全存放在银行，并可以获得利息收益。

股票持有者使用该策略的成本是佣金、认购期权的时间价值和失去的股息。好处就是释放出的大部分闲置资金所获得的利息，以及比持有股票更低的下跌风险。通常这里会有一笔**净转化成本**（net cost of switching），也就是说，获得的利息并不足以弥补失去的股息、时间价值和佣金。投资者要决定是否值得付出这些成本，来换取长期期权存续期内提供的下跌风险保障。

虽然对于规避下跌风险来说，转化成本看起来是一个合理的、低廉的价格，但是可能会出现某种不利的局面，比如标的股息增加或者干脆派发一笔特殊现金股息。长期期权持有者无法以任何形式获得增加的股息，股票持有者却可以。如果公司宣布拆股或派发股票股息（常规），则对该策略不产生影响，认购期权持有者**享有**获得拆股或（常规）股息的权利。

另外还存在一些涉及税收的情形。如果当前股票投资是盈利的，卖出股票会产生资本利得税，而这部分税收可能需要补交。如果当前股票投资是亏损的，买入认购期权构成洗售[⊖]（wash sale），由此实现的亏损在当时是不被（入账）确认的。

　　⊖　指在 30 天之内卖出并再买进同一只证券来制造亏损，实现抵税的目的。——译者注

3.2.3   用长期认沽期权替代认购期权

上一策略中，为了将股票锁定在某个固定价格，达到限定风险的目的，股票持有者付出了一些成本。他可能还能以更低的成本来实现同样的目的。如果买入所持股票对应的长期认沽期权，当前头寸**等价于**持有长期认购期权。投资者仍然享有上涨获利的可能（以持有股票形式存在），同时又获得下跌保护（由买入认沽期权提供），付出佣金也更少（只有认沽期权的佣金），也不会造成税收的变化。

替代认购期权或买入认沽期权的比较相对简单，只需要比较转化成本和认沽期权成本。如果套利交易者是尽职的，那么认沽期权的方法会更好些。此外，该方法也不需要兑现资本利得。出于税收考虑，买入认沽期权可以缩短交易者持有期（如果他并不是一个长期持有者），不过长期认购期权策略在税收方面有其自身的复杂性。此外，投资者仍然持有普通股，他可以获得所有的股息。

如果标的股价上涨，不管交易者使用认沽还是认购期权，他会想卖出持有的长期期权，去买入更高行权价的期权，这样可以保护股价上涨获得的盈利。

我认为，对于保护股票多头而言，买入长期认沽期权是更有效的，然而经纪商更喜欢前一种策略，也就是将股票卖出，并买入认购期权来替代股票。

3.3   股票指数期货对股票市场的影响

买入个股认沽期权以防止个股的下跌亏损，是使用衍生品进行对冲的最简单应用。另一种简单策略是就持有的股票卖出指数期货。这样做最主要的问题是，投资组合不再享有上涨盈利的可能，所有投资者都不会喜欢这点。当然还有些更复杂的策略，大多数与使用衍生品对冲整个投资组合相关。

当20世纪80年代中期，**投资组合保险**开始盛行时，已经出现了使用衍生品作为组合保险的思想。那个时候，该理论涉及的是针对持有的股票组合，以某种特殊方式卖出标普500期货合约。因为存在一些其他与卖出标普500期货合约相关的交易策略，比如指数套利和程序化交易，所以人们（特别是媒体）经常会混淆它们。还有用于保护组合的买入指数**认沽**期权的理论。本节会介绍这些不同的策略。

首先，在介绍如何构建组合保险之前，花些时间分辨清楚这3种涉及期货的策略。这些期货策略通常会影响整体市场运动，因此基本上所有股票交易者需要了解它们的影响。

3.3.1 指数套利

指数套利最容易理解，该策略中套利交易者持有股指期货合约，同时持有与其完全相反的股票头寸。比如，套利交易者卖出标普 500 期货，几乎同时，以相应的权重买入指数中包含的 500 只股票，构建出一个完美对冲。通过利用电子化交易，只要按一个键，就几乎可以同时买入这 500 只股票。

顺便说下，**套利**只不过是**同时以两种不同的形式买入和卖出同种东西**。如果套利交易者想要获利，买卖价差必须为正。本章我们花大量时间介绍的策略就是常见例子，那就是使用期权建立等价于持有标的的头寸。如果买入 1 手认购期权，并卖出 1 手认沽期权，那么当前头寸等价于买入股票。如果接下来卖空股票，那么就拥有 1 手套利，原因是你以一种形式（期权等价形式）买入股票，同时直接卖出股票。大多数情况下，套利交易者盈利不到 1 个点，却可以通过多次的套利来积累盈利。套利方式有很多种，但是，对于一般交易者或者客户来说，佣金会抹平他们的盈利，因此一般只有会员单位能通过套利来获利。

套利是一种古老、广泛应用的交易方法。在提高市场特别是衍生品市场的流动性和深度方面，它非常有用且必要。如果无法在衍生品市场中套利，或者套利非常困难，那么该合约往往在短时间内就被淘汰。

现在，让我们专门回到指数套利上。如果能以有利价格构建一个指数套利，那么套利交易者就能锁定此交易中确定的盈利部分。对于任何一个指数期货，特别是标普 500 指数期货的日内交易者来说，理解**为何**和**何时**进行指数套利是非常必要的，所以在此有必要花点时间介绍这部分内容。交易者可以在任何一天计算标普 500 指数期货的公允价值。公允价值的计算公式涉及 4 个因素：①标普 500 现货指数的价格；②利率；③合约到期日；④标普 500 成分股股息。公式如下：

$$\text{标普期货公允价值} = [\text{SPX} \times (1+r)^t] - \text{股息}$$

其中，SPX 是标普 500 现货指数，r 是无风险利率，t 是距离到期时间，以年为单位。

例：假设标普 500 现货指数的交易价格是 561.00，离到期日还有 51 天，短期美国国债利率是 6%，接下来 51 天标普 500 成分股所有股息合计 3.23 美元。注意 51 天等于 0.1397 年。

$$\text{公允价值} = [561.00 \times (1.06)^{0.1397}] - 3.23$$
$$= [561.00 \times 1.0082] - 3.23 = 562.36$$

有时候公允价值严格地使用期货合约升水来表示，这个例子中的升水就是 562.36 − 561.00 = 1.36。

市场供需关系会造成市场波动，由此期货相对于现货指数的升水也将随之变化。如果期货升水太高（随后我们会对此定义），那么可以说它们是昂贵的。套利交易者会卖出期货买入股票。该行为会在短时间内推动股市上涨，直到期货合约不再拥有过多的升水。因为套利交易者在买入股票的同时**卖出**期货，所以套利机会通常很快就会消失，套利交易者自身的行为导致期货相对于现货指数的升水缩小。

同样，期货也可以在低于公允价值时交易，也就是通常所说的（相对于公允价值）"贴水"交易。如果期货价格太低，套利交易者可以反向交易：买入期货卖出股票。如果套利交易者在建立该头寸前持有头寸为零，那么他必须**卖空**股票。因为卖空股票要遵循提价规则，这种套利方式更难实施。然而，很多套利公司最初会以公允价值买入股票和卖出期货，也就意味着持有的头寸没有盈利，目的是积累"弹药"，可以在期货极度贴水时卖出已持有的股票，买入期货。

几乎每个交易日都可以进行指数套利。套利交易者想要盈利的话，只需要满足期货升水可以覆盖套利交易者交易成本（这个成本很低）的要求。

例：同上个例子，假设标普 500 期货的升水是 1.36。套利交易者的报价机能以至少 3 种方式显示标普 500 指数：最新成交价（使用最广泛的）、买报价和卖报价。比如，如果套利交易者能以现有的卖报价买入一篮子 500 只股票，那么卖报价就是套利交易者买入标普 500 现货指数的价格。

套利交易者发现标普 500 现货指数的价格是 561.00，而指数的卖价是 561.50，也就是说套利交易者要以正确权重（恰当比例的 500 只股票）买入指数的实际成本是 561.50。此外，他注意到期货在上涨，当前价格是 563.75。因此，如果以 563.75 点卖出期货，同时以 561.50 点买入现货指数，那么会建立一个价差为 2.25 点的套利。由于公允价格只有 1.36，意味着他已稳赚 0.89 点（2.25 减 1.36，再减去相当小的交易成本）。

实际上，神秘的套利交易者并不是市场上唯一发现机会的人。事实上，**每个**指数套利交易者都在他的报价机上看到此机会。因此，他们会一拥而上执行该套

利。这样会导致以下两件事发生：①套利机会很快消失；②他们都在推高价格，因此没人能以 561.50 点的价格买入标普 500 现货指数。

所以，指数套利交易者创建 "容差系数"（fudge factor）或者滑点（slippage），来解释可能以高于屏幕显示的价格买入现货指数这个事实。大多数套利交易者在执行套利前，希望看到期货合约至少高估或低估 0.70 ~ 0.90 点。因此，套利交易者买卖行为引起的股票市场波动并不常见。期货价格一般不会与其公允价值相差那么远。但是，如前所述，1 天之内至少**会**出现 1 ~ 2 次这种情况，套利交易者就可从中获利。

我注意到有种非常简单的方法，可以用来区分市场是否存在主动买入或卖出套利：观察 TICKI 指标。主要的报价机都会有该指标，它是道琼斯工业指数 30 只成分股的**净**涨码或者是**净**跌码。因此，它最大值是 +30，最小值是 −30。如果 TICKI 上涨超过 +22，那么你可以肯定已触发程序化买单；如果 TICKI 下跌至低于 −22，那么正在进行程序化卖单。第 5 章会介绍使用该指标的交易系统。

因此，指数套利会造成股票市场的短期波动。不过（理论上）它也会导致套利机会的消失，因此指数套利对市场没有持续性的影响，可能只能维持几分钟，这主要取决于最初引起期货价格偏差的原因。通常造成偏差的原因是，某个对套利不感兴趣的人决定持有一个相对大的期货头寸。下面是历史经典案例之一。

1995 年冬天，巴林银行被一名现在臭名昭著的交易员拖垮，该交易员过度使用了银行资源。很多人至今仍然不明白当时发生了什么，但是我们可以总结此次崩溃的原因：交易员裸卖出日本股票市场的跨式期权，之后，当市场急剧下跌时，该交易员没有回补裸跨式期权头寸，相反他买入指数期货，希望以此推高日本股票市场，从而使持有头寸重回盈利。也许我们应该在第 2 章讨论裸卖出跨式期权时介绍这个故事的第一部分内容，不过考虑到它也与指数套利相关，因此更倾向于在此处介绍。

当市场刚开始下跌时，价格是低于跨式期权盈亏平衡点的。交易员决定买入日本股票指数期货，并只需付出少量的保证金。当买入足够多的期货时，会造成期货的高额升水。这就吸引了指数套利交易者，他们会买入日本股票并卖出期货。因此，在很短时间里，套利交易者事实上在推高日本股市。在每轮套利买入后，指数期货回归至公允价值，巴林银行交易员需要买入更多的指数期货，来开启新一轮套利循环。

等到巴林银行资金不足时，该策略产生一定的后果，日本指数期货的持仓量达到历史最高，意味着很多指数套利交易者的持仓已到极限。不幸的是，由于股票市场本身的波动，股市进一步下跌。巴林银行不仅卖空跨式期权，还持有大量指数期货多头，所以此时已巨额亏损。而且，巴林银行买入期货的价格虚高，亏损也就更大，于是就流传出一家老牌机构如何在短时间内破产的故事。当然**真正的**问题是，当裸跨式期权最开始出现问题时，该交易员或者他的主管就应该回补部分或者全部认沽期权空头。这样的结果是产生亏损，但至少不会破产。

3.3.2　组合保险

上文提到有 3 种就持有股票卖出指数期货的策略，现在我们介绍其中的第 2 种：组合保险。20 世纪 80 年代中期，很多投资组合经理对认沽期权可以保护其持有股票的特质很感兴趣，但是他们不喜欢认沽期权昂贵的成本。如果市场继续上涨，投资组合经理买入的认沽期权在到期时价值为零，与其他没有买入认沽期权的竞争者或者总体市场相比，他的业绩表现较差。

尽管不喜欢付出认沽期权权利金，这些年股票市场快速上涨（道琼斯工业指数在 1982 ～ 1987 年几乎翻了 3 倍），使得股票持有者很紧张。市场上对能提供下跌保护，同时成本低于认沽期权的产品存在一定的需求。此外，如果市场继续上涨，这样的保护仍然存在上涨获利的空间。

为满足这类需求，**组合保险**策略诞生了。本质上来说，它是这样的：股票持有者刚开始并没有对冲其股票头寸，但是，当市场下跌至某个固定数值时，投资组合经理就持有的部分股票卖出指数期货，第一次卖出比例可能是 10% ～ 20%。之后，如果市场进一步下跌，会卖出更多期货以得到更多的保护。最后，如果市场下跌足够多，会卖出足够数量的期货来保护整个投资组合。该策略有几个吸引人的特性。首先，即使在市场下跌前，投资组合经理还没卖出期货时，如果恰当地运用该策略，在最开始就买入认沽期权，组合唯一的亏损差不多等于期权的时间价值权利金。其次，如果市场一开始就反弹，那么因为没有卖出期货，此时不产生任何成本。最后，由于期货相对于现货升水，投资组合经理卖出期货是可以获得少量盈利的。理论上，该策略可以用数学来解释，同时也在实践中吸引了不少大型机构参与。

不幸的是，该策略有个缺陷，这对于将理论运用到市场交易来说是相当常见的：策略的假设前提是市场稳定且理性。该缺陷会导致灾难发生，也正是 1987 年出现了市场崩盘而不仅仅是大幅下跌的主要原因。

　　1987 年 8 月底，股市上涨至超过 2700 的高点（1982 年 8 月道琼斯指数低于 800，此轮上涨正是从这开始）。接着下跌至 2500 点，之后在 10 月第 1 周继续上涨至 2640 点。下跌时有人卖出部分组合保险，而且正如预想的一样，事情发展得很顺利。

　　第一个危险信号出现在 10 月 6 日，当日下跌高达 92 点，然而市场似乎并没受到太大的影响。虽然接下来一周继续下跌，但实际上在 10 月 13 日（星期二）出现了一个不错的反弹，市场在盘中上涨 70 点，并最终上涨 40 点收于 2500 点之上。同样，此次下跌幅度对于大多数卖出组合保险来说还算适中，虽然也有传闻说有些投资组合经理已经变为一般交易者，他们并没有卖出足够数量的期货。他们在等待市场反弹回 2600 点，可是反弹并未出现（至少在好几年内没有出现）。

　　10 月 14～16 日，也就是星期三至星期五，事情开始变得糟糕。这 3 天市场分别下跌 96 点、57 点和 109 点。快速的下跌压得投资组合经理喘不过气来。他们出于以下两个原因没有卖出足够数量的期货：①下跌速度太快，以至于无法在短时间内卖出很多期货；②该策略理论没有考虑到期货相对于其公允价值贴水。因此，部分投资组合经理无计可施（大概只能祈祷而已）。令人失望的是，他们的股票价值严重缩水，同时，因为不能卖出足额的期货，他们也没有得到卖出期货理论上可提供的保护。

　　10 月 19 日，星期一，情况变得更糟。市场在刚开盘时就下跌 200 点，投资组合经理盼望着反弹能带来喘息机会。当中午还没出现反弹时，他们决定加快卖出期货，这样至少可以将亏损维持在现有水平（此时道琼斯指数刚好高于 2000 点）。因此他们蜂拥而上，不断地卖出期货。他们以低于公允价值 15 点卖出期货（把公允价值、理论知识什么的统统抛在脑后，只要能卖出足额期货！）。很多持有股票的专业交易者意识到，卖出持有的股票而买入期货可以锁定 15 点盈利，因此他们也就这么操作。这样造成股市更大的卖出压力，以至于当天市场一路下跌 508 点。

　　当然，在 10 月 19 日之前（包括当天），股票市场存在很多自然的卖出行为。

但是投资组合经理的策略对下跌起到推波助澜的作用，以至于成为灾难。虽然没人能说清楚组合保险在促成此次灾难中的作用有多大，但可以肯定是重大的。不仅如此，由于没能获得应有的保护，运用该策略的机构也备受打击。此外，他们还成为华尔街的笑柄；政府也着手调查此事。总之，情形令人非常不安。

此次惨败基本上结束了使用指数期货的组合保险策略。政府调查带来了两条新规则，一个是指数期货交易限额，另一个是如果道琼斯指数上涨或下跌过多、过快时，交易暂停。投资经理不再相信自己可以在想要卖出期货时如愿以偿，即便他严谨地执行该策略。因此这些规则实际上彻底摧毁了期货组合保险策略。如果期货锁定在跌停板或者无法交易，那么投资经理永远都无法卖出足够的期货。

3.3.3　程序化交易

如今，组合保险是通过认沽期权来实施的，这种做法同样存在问题。我们很快会介绍使用认沽期权的策略。不过，首先略微介绍下期货的第 3 种用法，作为股票组合的对冲策略，也就是程序化交易。该术语用于概括市场上所有电脑生成的程序化买入或卖出。你常常会听到金融媒体将市场下跌归罪于"程序化卖出"，或将市场上涨归功于"程序化买入"，事实上，这里所说的"程序化"指的应该是指数套利，不过媒体对两者并不加以区分。

对于使用期货对冲的专业交易者，**程序化交易**和指数套利的定义是完全不同的。当股票大单或者程序被执行时，大宗服务台可以为自己（或者他们客户）提供对冲服务，最初程序化交易的名称正是来自于此。大客户可能会给其中一家大型交易商打电话，要求在日终前下单买入百万美元的股票。通常，交易商会有特定想要成交的价格。否则，客户可能会为此付出高价。如果交易商需要以更高的价格买股票，他们仍然会以客户的价格作为执行价给到客户，并将价格差作为亏损记入交易商的错误账户。

交易商是不会做赔本生意的，他们经常在买入股票的同时买入期货作为对冲。那么如果股票买方的力量迫使整个市场涨得太高，他们会为满足客户的价格而遭受损失，但至少可以从期货上获利来弥补亏损。

假设某个大客户打电话给一家主要的交易商，说希望买入价值 3000 万美元的股票，该订单包含 200 只股票。为得到这笔订单，交易商可能会告诉客户他可以保证价格，客户得到的是最优执行价。

现在，交易商这么做显然是有风险的，但为了得到这笔订单他们愿意承担一点风险。如果他们认为这 200 只股票本质上和标普 500 差不多，那么交易商会买入标普 500 期货。如果期货价格是 600，那么 3000 万美元差不多对应 200 手期货。

因此交易商买入 200 手期货，之后着手准备买入股票。如果他们必须以高于向客户承诺的价格买入股票，那么这就是经营成本。不过，该成本可由期货的小额盈利弥补。买入股票时，交易商会卖出期货。

注意在这个例子中，交易商**同时**买入期货和股票。当不再需要对冲时，交易商才卖出期货。当执行此类程序时，市场会跳开，期货升水很高，可能伴随着指数套利。同时，我们之前提到过的 TICKI 指标此时很高（超过 22）。

由于分析方法越来越精细，对于任何普通股票的分散组合，所有客户和交易员都可以决定使用多少指数期货，以及**哪种**指数期货来达到最佳模拟结果。这样可以让交易商更具竞争力，拥有更好对冲技巧的经纪商可以为机构客户提供更好的价格（不管买入还是卖出）。因此，大型机构在决定把程序给哪个交易商之前会拍卖程序。机构必须对组合的细节充分保密，否则整个华尔街都会知道。

因此，**程序化交易**是个宽泛的术语，用来描述机构买入或卖出的伎俩。卖出大量股票的操作正好相反。交易商在执行客户卖单时，会卖出期货对冲风险。在一些情况下，交易商可能可以不使用期货就能执行客户订单（可能就是将订单输入电脑，让电脑来执行）。尽管公众和媒体一般把程序化交易和期货关联一起，但没有期货参与的这种做法还是可以称为程序化交易。

总之，这 3 种策略：指数套利、组合保险和程序化交易都是大型交易者使用指数期货对冲股票组合的方式。当策略刚被执行时，会对股票市场产生短期影响，根据策略是买入还是卖出股票，股票市场会加速上涨或下跌。通常这种影响是短期的，市场会很快回到均衡状态。

3.4 指数期货和期权对股票市场产生的到期日效应

只要讨论期货对股票市场的影响，就不可避免会提到一个相关话题：到期日效应。有时候，到期时期权和期货对市场影响相当大。通常这种影响仅限于到期日当天，但是最近几年该影响扩展到到期日前后某些时点。

到期日效应产生的原因与指数期货和期权是**现金**交割，而用于对冲的普通股票是实物交割相关。因此，即使是完全对冲的头寸，只有股票在到期日会交易，期货自动以现金交割而不产生任何交易。

例：标普 500 期货的现金结算价由 500 只成分股到期日当天（到期月第三个星期五）的开盘价决定。假设指数套利交易者持有一个完美对冲头寸，该头寸是持有恰当权重的标普 500 现货指数的所有 500 只成分股，同时卖出足额的标普 500 期货作为对冲。

如果套利交易者到期时决定平仓，他只需要以到期日开盘价卖出每只成分股（使用"开盘市价"卖出订单）。通过定义，如果以开盘价卖出每只成分股，那么套利交易者卖出持有股票的最终价格和标普 500 期货的现金结算价是完全一致的。因此，套利交易者以平价平仓，多头（股票）和空头（期货）的价格一样。

平掉完全对冲套利头寸会带来大量股票的卖出。因此，开盘时股市会下跌，原因只是一个，就是指数套利交易者在平仓。

考虑指数期权，头寸略微有所区别，结果却是一样的。如果你持有恰当权重的标普 100 指数（OEX）的所有 100 只成分股，那么对冲操作是卖出 OEX 认购期权和买入 OEX 认沽期权，且认购和认沽期权的合约规格参数相同（相同的到期日和行权价）。本章开头讨论过卖出认购期权同时买入认沽期权等价于卖出 OEX，因此，事实上，该例子中的 OEX 套利交易者是买入 OEX 实物股票，同时等价卖出 OEX，或者如通常所说的，持有一个"等价期货头寸"（EFP）。

指数到期日对股市"人为的"效应曾经困扰（现在仍然困扰）某些投资者，他们大多数不参与衍生品交易，而且只有在市场因人为因素**下跌**时才会给他们带来困扰。如果套利交易者卖出股票买入期货，那么他们必须**买入**股票来平仓，会导致市场在到期日上涨，那么批评者通常认为没有问题。

注意套利交易者在到期日**不一定**要平仓，他们可以将期货或期权移仓至下个月。如果这样操作，那么由于不存在股票实际的买入或卖出，自然对股市没有影响。套利交易者根据股息、利率和期货或期权价格，决定是否平仓或移仓至下个到期月。

稍微介绍下标普期货到期日的历史演变可能会有帮助。最初，标普 500 期货在第三个星期五，也就是到期日收盘时结算。这样会造成市场大幅波动，原因是纽约证券交易所（NYSE）的做市商（specialist）在流动性差的交易时段（星期五下午晚些时候）受到大额卖单的轰炸。此外，OEX 套利规模大，且会在同一时间，通常同方向释放到市场。

为了减轻到期日效应，标普 500 合约以及其他很多期货和期权合约转换为**开盘价结算**。上个例子描述的就是开盘价结算，也就是使用每只股票的开盘价来确定实际现金结算价。（**注意：**当期货或期权是星期五开盘结算，合约的最后交易则发生在星期四收盘时，星期五上午不交易。）这么做的结果是，做市商可以尝试寻找大型机构和经纪公司帮忙完成交易；如果套利交易者卖出大量股票，做市商可以找到几家愿意买入这部分股票的大型机构。这样可能会延迟开市，但是通常会减少开盘价格跳空，因此，对整体市场的影响也较小。

事实上，人们认为的套利对股市影响始终是大于实际影响。下表列举了 20 世纪 80 年代中后期星期五到星期日的市场波动。可以看出标普 500 期货每季度到期日时，并不存在任何重大影响。

日期	道指变化	变化率（%）	日期	道指变化	变化率（%）
9/83	+10	0.8	9/86	−12	−0.7
12/83	+6	0.5	12/86	+16	0.8
3/84	+17	1.4	3/87	+34	1.5
6/84	−11	−1.0	6/87	+12	0.5
9/84	−21	−1.7	9/87	+27	1.1
12/84	−5	−0.4	12/87	+51	2.6
3/85	−13	−1.0	3/88	+1	0.0
6/85	+25	1.9	6/88	+10	0.5
9/85	−9	−0.7	9/88	+6	0.3
12/85	0	0.0	12/88	+17	0.8
3/86	−36	−2.0	3/89	−48	−2.1
6/86	24	1.3	6/89	+6	0.2

1987 年 12 月到期日开始使用开盘价结算。从上表可以看出，两次最大波动都是出现在开盘价结算**之后**，因此开盘价结算是否有用存在争议。然而，从理论上来说，它是有用的。而且，只要涉及标普 500 期货，肯定会继续使用开盘价结算。顺便说下，如果观察季度到期日之间月份的到期日，而且这些月份的到期日主要受 OEX 影响，会发现其波动性通常更小（当然除 1987 年 10 月外，不过那天发生的事情（下跌 109 点）是远大于任何 OEX 期权的到期日效应的）。

大多数其他指数期货和期权也是使用开盘价结算。主要的例外是 OEX 指数期权，它继续使用收盘价结算。原因是芝加哥期权交易所（CBOE，OEX 指数期权在此交易）不想影响这个非常成功的合约，而这点考虑无疑是合理的。

3.4.1　玩家游戏

如果你可以提前识别套利交易者的意图以及他们买入或卖出股票的数量，那就可以为自己做笔漂亮的小交易。也就是说，如果知道 OEX 套利交易者会在到期日收盘时买入大量股票，那么可以等到东部时间下午 3 点半，再买入当天到期的 OEX 实值或平值认购期权。当套利交易者买入股票平仓，从而使得 OEX 快速上涨时，你会因此而获利。

在华尔街从来没有什么事是唾手可得的，你可能会怀疑，发现套利交易者在任一到期日的计划不是一件容易的事。然而，由于潜在回报很快，许多交易者愿意竭尽全力，预测套利交易者平仓带来的股市波动。我认为 OEX 最适合这类短期交易，因为其波动出现在日终。另外，如果你想利用标普 500 到期日效应，那么就需要从周四晚上至周五早上持仓过夜（前文所述，SPX 是开盘价结算，不过 SPX 期权或标普 500 期货在星期四收盘后是不交易的）。一夜之间可以发生很多事情，特别是很多政府统计数据会在周五开盘前公布。这些非到期因素会影响合约到期时的情况，因此，到期日**交易** OEX 会更好<u>些</u>。

如果想利用合约到期进行交易，但又不是像套利交易者那样交易，那么需要决定 3 件事：①接近到期时，套利交易者是买入还是卖出股票；②他们会平仓还是移仓；③实值 OEX 认购期权的持仓量是多少。对于前两件事，事实证明，好的交易池能提供最好的信息。这是因为，如果可以，套利交易者**往往**会移仓至下个到期月。构建套利头寸需要付出很多（无论是涉及 100 只还是 500 只股票），因此对套利交易者来说，如果移仓就可以保留股票，那么就会容易许多。不过他们只会以有利价格移仓。如果无法得到有利价格，那么套利交易者会平仓并以后再重新构建头寸。

场内经纪人可以提供很大帮助的原因是，OEX 交易池内的价差经纪人可以看到套利交易者是如何为"移仓"报价的。也就是说，他们可以看到套利交易者是要滚动买入认购期权 / 卖出认沽期权的头寸，还是滚动卖出认购期权 / 买入认沽期权的头寸。如果套利交易者想要滚动买入认购期权 / 卖出认沽期权的头寸，那么他们肯定是股票空头。因此，到期时会有潜在买方势力。另外，价差经纪人可以知道"移仓"是实际产生的交易还是仅有报价。如果是在实际交易，那么会减轻潜在的到期日效应。

1995 年 4 月，市场上存在一个大宗套利头寸。市场正处于强劲牛市中期，且 OEX 认购期权的持仓量很大，表示存在很大的 OEX 套利头寸。场内消息称套利交易者计划将认购期权多头移仓至 5 月或者 6 月到期，因此显然套利交易者持有股票空头，并以认购期权多头 / 认沽期权空头对冲。在到期日前一周就有人知道这些事实，而且似乎专业交易者几乎都知道。

此外，随着到期日临近，几乎没有实际的移仓交易。OEX4 月认购期权的持仓量几乎不变，场内交易商也没有看到很多移仓交易被执行。为此交易者胆子更大了。在到期周的星期四下午，事情已经很明朗，套利交易者没有足够时间或市场没有足够申报量以便完成移仓。因此，星期五收盘时会有相当大 OEX 指数成分股的买盘。

市场在星期四由略有下跌转为上涨 23 点收盘时，买盘已经出现（之后会具体讨论该策略）。星期五又涨了 40 点，主要来自于晚些时候执行的程序化买入交易。OEX 上涨 7 点，那些研究过套利交易者头寸的交易者从短期 OEX 认购期权上获得丰厚的盈利。

从上述例子中可以看出，事先了解套利交易者头寸以及他们在到期日临近时的操作，可以进行有利的投机交易。如果不知道场内的信息，也不用感到沮丧。可以从经纪商的衍生品部门获得类似的信息，他们会同场内交易者沟通交流。此外，自从 CNBC 开始全面深入报道逐日交易，你可以从电视上获取某些与场内有更"紧密"联系的交易者观点。

3.4.2　持仓量含义

识别套利头寸相关信息并不容易，认识到这点很重要。某些套利交易者甚至故意透露关于他们头寸的**错误**信息。对局外观察者来说，最好的办法是把足够多的信息整合起来做出合理猜测。如果猜测足够合理，收益颇丰。存在某些无可争议的基本事实，可以帮助判断当前情形。其中一项重要指引是 OEX 期权持仓量。临近到期日，公众客户趋向于卖出实值期权，持有平值或虚值期权。到期时实值期权主要由套利交易者持有。因此，如果观察到期日临近时实值期权持仓量的逐日变化，可以"感觉"到市场存在的买压或卖压。

1995年6月到期日是个很好的例子，展示了持仓量如何提供比一般可获得信息更多的线索。众所周知，套利交易者又一次卖空股票，并以买入认购期权和卖出认沽期权对冲。同时，市场在上个月上涨至历史新高510点，因此到期日临近时，大部分OEX认购期权为实值。

在到期那个星期的星期三，行权价在440（最低行权价）～505认购期权的持仓总量高达130 000手。星期三晚上，收盘时，有40 000手被行权。电视报道了此次提前行权，很多人都知道这件事情。位于芝加哥的期权清算公司可以提供每天的行权数据。星期四傍晚，又有46 000手合约被行权。电视再一次报道了此次提前行权。

此时，许多分析师在目睹两天的提前行权后，觉得到期日那天不会有太多行权，会是无聊的一天。然而，事情并不如所想的那样。大部分期权持仓**没有**移仓至后续月份，因此仍然存在44 000手实值认购期权代表着买压。事实上，这些买压是有益的，OEX在到期日的大部分时间里缓缓上涨，并由于收盘程序化买入订单以快速上涨3点收盘。

虽然具体数字会有所变化，但是我发现40 000～50 000手实值合约持仓量足够在到期日或者前几天收盘时引起OEX或标普至少1点的市场波动。当然，很多到期日的持仓量远大于该数值，也就会出现更大的市场波动。

因此，对于到期日会发生什么，持仓量可以提供有价值的指引。不管你听到什么样的"故事"，不妨还是查看下持仓量这个可靠的指标。可惜的是，每天只公布一次持仓量信息（市场开盘前），因此无法知道其日内变化。比如，如果到期日持仓量在增加，而你了解到的场内信息是套利交易者正在移仓至下个月，那么因为套利交易者对收盘的影响将会减小或消失，你可能就需要调整原有的计划。你可以预期部分头寸在到期日会被移仓。某些套利交易者不管付出多大的成本，都宁愿保留持有的股票头寸。然而，毋庸置疑的是，如果开盘时至少有40 000手实值合约的持仓量，那么你会有很好的机会，在有足够多程序化交易时，达成一笔有利可图的交易。

还有几个要点需要说明。如果持仓量是40 000手实值认沽期权，那么可能出现程序化卖出。因此，应该选取实值认购期权和实值认沽期权的净持仓。过去几年里，程序化买入远比程序化卖出流行得多，不过也要留意出现卖出的可能，为此需要监控实值认沽期权的持仓量。

随着到期日临近，最大持仓量很有可能出现在平值行权价上（如果OEX在两个行权价之间，那么可能出现在两个行权价上）。持仓量很关键，根据市场波动方式，它可能会改变买卖平衡关系；或者提供更大的机会，将持仓量从低于 40 000 手抬升至高于 40 000 手，从而创造出可交易情形。

假设到期日（星期五）开盘时，OEX 的价格是 579，所有实值（行权价低于 575）认购期权的总持仓是 35 000 手。此外，所有实值（行权价高于 585）认沽期权的总持仓是 25 000 手。表面上看来，只有 10 000 手净买入持仓，似乎此次到期日并不能提供交易机会。

然而，当我们观察到期行权价为 580 的认购期权，发现其持仓量为 40 000 手。在这天开始的时候，大部分持仓可能都在客户手中。不过，如果 OEX 在日终时上涨至 580 以上，很大一部分持仓会由客户转移到套利交易者手中。这也就意味着，实值认购期权的净买入持仓为 50 000 手，因此收盘时可能会程序化买入。

3.4.3　对冲策略

我们会花更多的时间来讨论套利交易者行为，不过这里先介绍一下对冲策略，对冲策略在到期日也可以带来不小的收益。当然，如果可以准确估计套利交易者的意图，就可以买入快到期的 OEX 认购期权并获利。不过，即使你做足功课，也会发生某些意想不到的事情。首先，在套利交易者采取行动**之前**，市场可能会出现暂时的反向波动。**例如，仅仅是因为收盘时会有买入，并不意味着市场会上涨**。某些投机者听说收盘时会出现程序化买入，于是一整天都在等待买入机会。这可能意味着你买错了认购期权，或者即使你把所有事情都弄清楚，持有的认购期权还是会亏损。

1995 年 5 月，市场上存在相当大的套利头寸，还是由卖出股票、买入认购期权 / 卖出认沽期权对冲组成。很多人预计套利交易者会提前一天，也就是在星期四晚上买入股票。发现这点的投机者一直等到星期四下午 3:30 才买入 OEX 认购期权，他们预期套利交易者很快会迫使市场上涨。

但是，这个时候，新媒体正在采访某位美联储官员，官员对未来利率的评论是负面的。结果是，债市和股市先后受到冲击。

收盘时出现了小规模的程序化买入，紧接着套利交易者将大量 OEX 认购期权行权，但是对于那些在美联储官员评论**之前**就买入认购期权的人来说，一切都太迟了。

上述例子表明，对于那些不进行对冲，同时又试图猜透套利交易者行为的OEX认购期权买入者，他们会有挫败感。他可能并没有错，可是仍然无法盈利。还存在一种有利于防止亏损，同时又可以获利的策略，就是对冲策略。例如，如果到期日临近时，你是一名**策略交易者**，而不是**投机者**，那么，如果预计套利交易者会在收盘时执行程序化买入，在星期五到期时会持有以下头寸：

> 买入5手实值到期的OEX认购期权；
> 卖出1手标普500近月期货合约作为对冲。

请注意标普500合约从来不会在星期五到期（旧合约可能在星期五上午到期，但是当前交易的标普500合约总是离到期日至少有1个月，有时可以长达3个月）。使用5手OEX认购期权、1手标普500期货的原因是，OEX期权每点价值为100美元，而标普500期权（期货）每点价值为250美元。此外，OEX的交易价格大概是标普500的一半。大体上，可以说是完全对冲，除OEX和SPX（标普500现货指数）波动差异外，其他所有股票波动都已考虑。这正是我们期望的：收盘时OEX的表现优于标普500。

尽管两者之间明显对冲，该策略的**资金或保证金**要求是两者都必须付出全额保证金。在组合保证金成为现实之前，你必须付出认购期权的全额权利金，同时也要为标普期货支付保证金。

例：1992年2月到期日是个典型例子，说明上述策略作为对冲工具是如何很好地发挥作用的。开盘价格稳定后，市场价格如下：

> OEX：386.02
> OEX 2月380认购期权：6½
> 标普3月期货：413.30

对冲策略是买入5手当天傍晚到期的OEX 2月380实值认购期权，同时卖出1手标普3月期货（近月合约）。注意，交易者预期会有程序化买入，OEX认购期权会有略微升水。随着到期日临近，OEX认购期权升水经常可以作为观察做市商如何看待即将到来的到期日的一个"小窍门"。如果如上述例子那样实值认购期权升水，那么做市商预期会有程序化买入。如果实值认沽期权升水，那么做市商预期会有程序化卖出。

星期五，整个市场交易清淡。然后，在当天晚些时候，随着到期临近，由于存在大量"收盘市价"指令，市场出现较大的买方不平衡。在下午 3 点 40 分，纽交所（NYSE）为了通报这些将要达成的交易，公布了买方不平衡的消息。这样做可以（理论上）引入卖家，以帮助做市商（specialist）创建一个公平、合理的市场。

随着到期的临近，紧接着"收盘市价"的程序化买入被启动，市场上相关价格如下所示：

时间（下午）	OEX	SPX	标普 3 月期货
3:59	384.51	410.81	411.80
4:00	384.68	410.90	412.25
4:01	384.95	411.04	412.20
4:03	385.47	411.29	411.90
4:05	385.80	411.42	412.00
结束	385.82	411.43	412.15
从下午 3:59 到结束的涨幅	1.31	0.62	0.35

首先，可以看到 OEX 在下午 4 点之后在程序化买入中价格上涨 1.31——从 384.51[⊖]上涨至 385.82，然而在同样 6 分钟内 SPX 只上涨 0.62。这就证实了我们前面陈述的推论：当市场出现程序化买入时，OEX 的上涨速度比 SPX 的快。此外，注意到标普 3 月期货仅仅上涨 0.35——从 411.80 上涨至 412.15。这意味着随着收盘临近，期货升水在缩减。

通过以下做法可以确保实际策略不受损害，将 2 月 380 认购期权行权，按结算价计，收益为 5.82 点（OEX 以 385.82 点收盘），同时在公开市场买回 3 月期货。盈利和亏损如下所示（**注**：1992 年标普 500 期货每点价值 500 美元）：

头寸	买入价	卖出价	净盈利（美元）
5 手 OEX 2 月 380 认购期权	6.50	5.82	−340
1 手标普 3 月期货	412.00	413.30	+650
总收益			+310

⊖ 原文有误。原文为 384.81，根据前文表格数据，此例应为 384.51。——译者注

当然，上表中的数字要扣除佣金，不过佣金不会超过 100 美元。因此，仍然盈利。这项投资需要 OEX 认购期权的全部成本（3250 美元）以及期货保证金（大概 9000 美元）。

最后强调一点，即使 OEX 当天下跌（上午开仓时 OEX 价格是 386.02 点，收盘价为 385.82），几乎可以肯定，单单买入认购期权会发生亏损。不过因为对冲策略仅仅想要获取 OEX 和 SPX 之间的差值，并不需要预测到期日星期五那天的整体市场方向，所以对冲策略是盈利的。

该策略背后的思想是当"收盘市价"买入指令被执行时，OEX 会在到期日收盘时上涨。程序化买入对宽基的 SPX 影响更小，因此 SPX 和期货的上涨幅度不大。由于预计买入行为集中在 OEX 的成分股，该策略以对冲方式来处理到期日问题是非常合理的。我们推荐的策略并不关注市场最终波动方向，而是试图预测收盘时 OEX 和 SPX 的关系。

该策略仅限于日内交易。交易时长越短（短于 1 个交易日），亏损越小。存在风险是到期日当天 SPX 表现优于 OEX。如果机构卖家进入市场与套利交易者的买单抗衡，或者在你作为策略交易者建立对冲策略之后，套利交易者移仓，又或者是你错误判断了套利交易者头寸，这些都会导致 SPX 表现优于 OEX。

无论如何，作为一名日内交易的策略交易者，你应该等到到期日星期五开盘且稳定之后再建仓。即使在那个时候，也不应该建立整个头寸，可以观察并等待日间是否会出现更优的价格。如果存在程序化买入，那么大概到东部时间下午 4 点 05 分开始执行收盘市价单时，就应该知道程序化买入的规模。期货交易一直到下午 4 点 15 分结束。平仓很简单：只需将持有的 OEX 认购期权行权，同时下午 4 点 15 分之前在公开市场上买回标普期货。（**注**：只有在到期日当天，才可以等到收盘**之后**将 OEX 认购期权行权。）

这样做可能还存在其他好处。有时候，标普期货升水减小，给对冲头寸带来额外盈利。此外，如果到期日市场大幅下跌，而持有认购期权的亏损有限，卖出期货合约获得的下行盈利是无限的，到时会产生大额盈利。最近几年发生过两次这种情形。

1987 年 10 月的到期日，对市场来说是令人伤心的一天。在到期的那个星期，套利交易者**已经**在卖空股票并买入期货。当周的星期三和星期四，组

合保险的参与者将期货推至贴水，套利交易者几乎没有平仓的机会。因此，到了星期五，看起来像是套利的程序化买入会被执行。当市场在当天暴跌 107 点，期货也以 4 点贴水收盘时，买入 10 月实值认购期权、卖出标普 12 月期货的策略表现非常好。

另一个鲜为人知的事实是，1991 年 11 月到期日对市场来说更糟糕。同样，11 月 15 日星期五开盘时，几乎所有人都认为套利交易者在卖空股票、买入认购期权。因此，预计在收盘时会出现程序化买入。然而，在下午 3 点之后市场开始出现卖单，而且越来越多。最终道指下跌 110 点收盘，且收在最低点（OEX 下跌 16 点）。此外，收盘时，套利交易者平仓，实际上出现的是**程序化卖出**！同样，期货收盘时贴水，因此我们的到期日对冲策略获得的盈利高于预期。

该策略的风险是在临近到期日时，标普期货可能由于某些原因升水很大，使得策略交易者不得不买入溢价期货来平仓。最后，关于对冲策略还有一点值得说明的是，如果条件合适，它可以转换为激进策略。如果收盘时买盘很大，在接下来的星期一早上股价往往会跳空低开，回到出现程序化买入之前的价位。这种情况并不常出现，不过曾经发生过很多次。这种情况下，激进的策略交易者可能想在周末保留（部分）标普期货空头，在周一早上开盘后再平仓。显然这并不是对冲策略的一部分，不过往往是有利可图的。星期一上午的市场可能会因为某些新信息而上涨（不仅仅是到期日影响），上面的做法就会给头寸带来额外的风险。

上面所有讨论的假设前提是，套利交易者会在收盘时执行程序化买入。不过事情并不总是这样。有时候，套利交易者进行程序化卖出，这种情况下的对冲策略是买入 5 手 OEX 实值认沽期权和 1 手标普 500 期货合约作为对冲。该对冲策略在概念上是类似的：由两个对冲头寸限制风险。而且在这种情况下，市场大幅反弹（如果存在程序化卖出，一般预期不会出现反弹）会带来可观的盈利。

3.4.4　到期周的提前投机交易

有时，套利活动会出现在到期日**之前**。近年来这种现象越来越普遍，而且主要集中在 OEX 上，原因在于 OEX 期权可以提前行权。事实上，如果到期前的套利行为足够活跃，那会使到期日变得无足轻重。也就是说，套利交易者可以在到期日前一天平仓。因此，即使你做足功课，并为到期日做好了准备，也可能是不够的。你可能必须准备好在到期日前（星期三或星期四）交易，否则就无法完成交易。首先，让我们从套利交易者角度讨论这个问题，然后看看像我们这种感兴趣的局外人，如何从中获利。

上节举例说明了套利交易者如何在到期日平仓。然而，围绕到期日之前，星期三或星期四的价格大幅波动现象却鲜为人知。尽管套利交易者并不能确保可以同到期日那样，在到期日之前完美平仓，但他们往往还是可以获利更多，因此套利交易者会提前平仓。同样，套利交易者会在收盘或接近收盘时平仓。不过这种情况下，他们是提前1天或2天平仓。提前平仓的前提是OEX期权可以在到期日之前行权（它们是美式期权）。

我们假设套利交易者卖空股票，并以买入认购期权/卖出认沽期权对冲。套利交易者可以在到期日以收盘市价单购回所有股票，同时将持有的实值认购期权行权（或者允许其卖出的实值**认沽**期权被指派行权），从而以完全**平价**平仓。无论哪种情况，都不存在平仓风险。然而，**如果套利交易者以相较平价关系折价平仓会怎么样呢**？那么，他可以获得更多盈利。为了折价平仓，套利交易者必须在收盘**前**购回股票，然后在收盘**后**行权。如果套利交易者以低于收盘价的价格购回股票，结果就是以折价于平价关系平仓。

例：假设套利交易者以OEX成分股的权重卖空所有成分股，并买入OEX实值认购期权对冲。另外，假定套利交易者希望以折价于平价关系平仓。在到期日**前**一天下午3点45分左右，套利交易者开始在公开市场上购回股票。该行为造成OEX价格略微上涨，于是他又购回更多的股票。再次，买入操作进一步推高OEX价格。最后，他以收盘市价单购回剩下的所有股票，并将认购期权行权。下表展示了套利交易者的买入价格。

时间（下午）	OEX 价格	操作
3:45	525.00	购回 1/4 股票
3:50	525.50	又购回 1/4 股票
4:00	526.00	以收盘市价单购回剩下的所有股票，并将认购期权行权

因此，套利交易者购回股票的价格是：1/4为525.00、1/4为525.50、剩下为526.00。OEX净购回价格是525.62。与此同时，以收盘价526.00将认购期权行权。因此，套利交易者平仓价格相对于平价关系的折价是0.38点。如果头寸足够大，那会是相当不错的一笔资金。

　　套利交易者天性是规避风险的，他们偏好进行大量交易，且每笔交易几乎是无风险的。然而，如果套利交易者希望提前平仓，那需要承担一定风险。因此，并不是所有套利交易者都会这么做。**套利交易者提前平仓的主要风险是其他人（可能是自然卖家）会在他们平仓时进入市场，并使得市场下跌。**如果发生这种情况，套利交易者最终是以相较平价关系溢价平仓，为此付出大笔资金。不过，**如果条件合适，**仍然会有越来越多的套利交易者想要提前平仓。稍后我们会介绍这点。

　　不过首先，套利交易者还有另外一种通过提前平仓盈利的方法，但是也会带来更大的风险：套利交易者可以等到第 2 天上午再回补股票空头。你应该了解大量 OEX 实值期权行权后会发生什么：它通常会令其他一位交易者对冲头寸中的其中一个持仓消失。第 1 章"现金期权行权"部分，举例说明了这点。本质上是某些其他交易者（**不是**套利交易者）持有 OEX 实值期权价差组合，头寸完全对冲。这时认购期权的行权指派去除了价差组合中空头部分，只剩下多头部分。在行权指派前，价差交易者没有市场风险敞口，而在行权指派后会有很大的市场风险，因此，我们有理由假设该交易者会尝试卖出一些头寸以减少风险敞口。

　　因此，OEX 认购期权的提前指派行权会带来第 2 天上午的市场卖压。与此相似，OEX 认沽期权的提前行权会带来第 2 天上午的市场买压。结果是，对于那些卖空股票，且在星期四将认购期权提前行权的套利交易者，他们知道大量认购期权的行权很有可能会使得市场在星期五上午下跌，因此他们会等到星期五上午再回补股票空头。当然，套利交易者这么做是要承担一定风险的，可能会存在隔夜新闻使得市场上涨，那么他们就要以**更高**的价格回补股票空头。

　　总的来说，套利交易者可以用以下两种方法之一平仓。

　　（1）无风险的方法：在到期日，以收盘市价购回股票，并将持有的认购期权行权获得现金。

　　（2）激进的方法：在到期日前的星期三或星期四，套利交易者在最后半小时交易时间里激进地购回股票，同时在收盘后将认购期权行权获得现金。在第 2 天上午回补剩下的股票空头。

　　前面提过，只有在条件合适的时候，套利交易者才会尝试使用第 2 种方法，激进地提前平仓。这么说的意思是，套利交易者不会推动市场朝悖于其自然趋势的方向运动。因此，如果套利交易者试图在星期四收盘时提前平仓，然而星期四下午晚些时候市场因卖出而大幅下跌，那么他们不会程序化买入来阻碍市场下跌。这种情况下，套利交易者很有可能在星期五以无风险的方法平仓。另一方面，如果市场在星期四下午上涨，套利交易者感觉更确定了，他们可以"火上浇油"，购回部分卖空的股票来提前平仓，从而获得一个**实实在在的大幅上涨**。

1994 年 9 月到期日出现了因提前平仓而引起的最大市场波动。随着到期周的临近，持仓量创历史新高。自从 6 月下旬以来，市场持续上涨，套利交易者因而建立大量对冲头寸——卖空股票和买入认购期权/卖出认沽期权。此外，市场上涨使得几乎所有认购期权为实值，因此，在接近 9 月到期日时，套利活动的潜在盈利很大。

到期当周的星期一至星期三，OEX 收盘价每天都在上涨，尽管只是上涨 1～2 点。星期三，OEX 收盘价为 435.22。星期四交易开始，市场还是逐步上涨。到星期四下午，上涨积聚了一定的能量，在下午 3 点之后不久，OEX 的价格已接近 437。此时，上涨动能更足了，到下午 3 点 50 分，OEX 上涨至 439。紧接着，在当天晚些时候，市场出现大量买单，OEX 一路上涨并以 442.03 收盘。至此，OEX 上涨 6.81 点收盘，道琼斯工业指数也上涨 58 点。

套利交易者在这一天轻轻松松就获得盈利，进入一个正在上涨的市场，并进一步推动市场上行。不过，套利交易者的操作还没有结束：星期四晚上，套利交易者将持有的所有实值认购期权行权。这是（直至当时）OEX 认购期权最大的行权单。因为做市商知道快要行权，所以全部 OEX 实值认购期权，甚至是略微实值的 9 月 440 认购期权，都以平价收盘（顺便说下，9 月 440 认购期权的价格由星期三收盘时的 1/4 上涨至星期四收盘时的 2）。这些认购期权行权代表了 60 亿美元的 OEX 股票。因此，套利交易者在星期四下午买入价值 60 亿美元的股票。

第二天上午（星期五），市场开盘时下跌很多（OEX 在早盘时几乎下跌 3 点），部分原因是市场对提前行权的反应，另一部分则源于债券市场的波动。因此，那些持有隔夜股票空头的套利交易者可以在星期五上午以更优的价格购回股票。更不用说，星期五没有程序化买入行为：OEX 星期五以下跌 3.82 收盘。星期五收盘时交易非常清淡。

因此，1994 年 9 月可能是最为真实的例子，说明提前行权是如何发生的，以

及如何影响市场。事实上，在那之后市场整体下跌了几个星期，10 月 6 日 OEX
下跌至 418。这并不意味着是到期活动导致市场下跌几星期，不过它**确实**说明了
到期周股票市场可以向完全不同于自然趋势的方向波动。

　　对于那些懂得该策略的人来说，1994 年 9 月 15 日星期四发生的事情似乎是非
常符合逻辑的。不过，很快就明显看出，很多人并不真正明白究竟发生了什么。对
于到期日之后发生的事情，某些媒体的评论是可笑的。星期五市场下跌后，CNBC
电视台报道到期日是"卖出"，他们认为星期一上午市场会反弹，作为对到期日程
序化卖出的反向反应。显然，因为星期五是到期日，且市场下跌，电视台评论员
就认为存在程序化卖出（他们似乎已经完全忘记了星期四的程序化买入）。事实上，
根本不存在任何与到期日相关的交易程序，而且星期一市场价格更低。《巴伦周刊》
（*Barron's*）刊登大量文章试图解释究竟发生了什么，而且你可以明显地感觉到某些
套利公司故意向媒体透露混淆视听的消息，目的就是不想让所有人知道事实真相。
《巴伦周刊》的要点是 OEX 交易者和套利交易者买入 OEX 认购期权，然后冲入市
场买入 OEX 股票，试图抬高认购期权价格，最后在收盘时将认购期权行权。如果
事情是这样的话，那么"OEX 交易者"该如何处理持有的股票呢，在星期五承担
大额亏损？毫无疑问，这是不可能的。然而却有很多人相信《巴伦周刊》的报道。
当然也不是所有的评论员都不知道发生了什么。在到期日之后的星期二，市场下
跌了 67 点。保诚集团（Prudential）的拉里·瓦赫特尔（Larry Wachtel）承认说市场
需要调整上星期人为的程序化**买入**，因此至少**他**是判断正确的。

　　套利交易者之所以能在 9 月造成如此大的影响，是因为"条件合适"：市场
正在上涨，且普遍认为存在大量套利头寸。不过，当条件不合适时，套利交易者
会选择旁观。本章前面部分有介绍 1995 年 5 月到期的情形，联储官员负面评价
带来了股票卖家，套利交易者在当天晚些时候就选择观望，倾向于不与市场趋势
对抗。这种就是对套利交易者条件不合适的情况。

3.4.5　利用套利行为交易

　　到此为止，我们都在介绍套利交易者操作，现在来看下个人投资者或者感兴
趣的局外人如何利用这些知识来获利。同样，存在两种方法：①买入认购期权，
并试图针对套利交易者行为进行投机；②建立一个更为对冲的头寸，这样可能获
利不多，不过即使判断错误，损失也不大。

　　如果打算只买入认购期权，当套利交易者确实提前行权时，该策略获利颇

丰。我会建议下面这种做法：以套利交易者思维思考，他们会在当天晚些时候买入，且不会逆市操作。因此，你也应该等到当天晚些再买入实值或平值 OEX 认购期权。**不过，这种做法仅适用于当天市场上涨或者市场从相当低的价位大幅上涨的情形。**

如果上述条件都满足，那么就可以买入认购期权。**不过，在当天下午 4 点时必须卖出（或行权），**也不持有隔夜头寸。如果套利交易者将大量 OEX 认购期权行权，就会造成第 2 天市场下跌。这样是不利于持有认购期权多头。因此，你的操作本质上是非常短线的交易：下午 3 点或者 3 点半买入认购期权，然后在下午 4 点卖出。正如 1994 年 9 月到期的例子，如果套利交易者正在"运作"，市场可能在最后 1 个小时或半小时内剧烈波动。

也可以采用**对冲**头寸，正如之前描述的到期日交易一样。当持有对冲头寸时，你需要再买入 5 手短期 OEX 实值认购期权，同时卖出 1 手标普 500 期货合约作为对冲。

如果你在到期日前的星期三或星期四使用该对冲策略，那么要注意不要使用星期五到期的标普期货合约。相反，应该使用"近月"合约，也就是活跃合约。例如，如果当前是 9 月，那么应该买入 OEX 9 月认购期权，卖出 12 月期货合约。经验丰富的期货交易者知道只有"近月"合约成交最快、最优。同之前一样，应该在收盘时平掉该对冲策略。

不过，上述在星期三或星期四使用的两种策略和到期日策略有细微不同。不同之处在于 OEX 认购期权的行权。到期星期五策略中，你只能在收盘后打电话给经纪商行权（或者如果你持有的期权为实值，经纪商会自动为你行权）。然而，提前将 OEX 认购期权行权就**不**适用于这些规定。在日常交易日，包括到期前的星期三和星期四，你必须在下午 4 点前下达行权指令。因此，虽然你在下午 4 点前（比如下午 3 点 45 左右）可能对是否行权已经有了明确的想法，但你可能更倾向于 4 点后卖出认购期权，而不用为思考是否行权而烦恼。

3.4.6　期货到期后对市场的影响：交易系统

前文，曾经间接提到过，到期后一周，股票市场会有与到期周程序化交易买入和程序化卖出相反的反应。一般而言，确实如此。不过，就像所有这类一般性声明一样，如果要把它作为交易基准，还必须非常谨慎。

对于使用 OEX 作为市场表现的衡量方式，我们对市场在到期后一个星期的表现做了特定的历史分析。结果很有意思，而且历史也证明它是可用于交易的。

为了进行这项研究，我们需要确定到期周是否存在程序化买入或程序化卖出，以及到期后一星期是否有反方向波动。首先，通过观察本月第二个星期五与到期周星期三、四、五的**最高/最低**收盘价之间的价格波动，从而确定最大的**绝对**波动。这就为我们提供了以下信息——到期前一周出现的是程序化买入还是程序化卖出。

然后，观察从到期日收盘价到下个星期的最低（最高）收盘价之间的价格波动。如果市场在到期周上涨，那么观察的是下个星期的最低收盘价，看市场是否存在程序化买入的逆向反应；相反，如果市场在到期周**下跌**的话，那么观察的是下个星期的最高收盘价。

表 3-1 的数据总结了此项研究（不包括到期前没有明显价格波动的月份）。数据显示，市场确实经常会对到期周波动产生逆向反应。部分交易者认为，这种效应在季度到期日，也就是标普期货和 OEX 期权到期日相同时，更为明显。因此，我们分开列出季度到期日数据。在两种情况下，市场在 80% 的时间内（或者说 5 次中会出现 4 次）会产生逆向反应。

表 3-1　期货到期后对股票市场影响的研究汇总

时间	到期次数	逆向反应次数
月度到期		
全部到期日	142	115（81%）
1985/01/01 之后	120	97（81%）
1990/01/01 之后	61	47（77%）
季度到期		
所有季度到期	50	40（80%）
1985/01/01 之后	42	34（81%）
1990/01/01 之后	22	16（73%）

当然，相关问题是：是否可以设计一个系统来交易该现象？为了回答这个问题，我们使用不同的建仓点和止损水平（或者没有止损）分析几组数据。得出第一个结论是，必须使用止损。存在某些到期日，市场到期**后**的波动方向同到期**前**相同。这样会产生亏损，而且在没有止损的情况下，有时亏损会很大（有意思的是，这类亏损常常会出现在 12 月，如果用该系统交易，可能要避开 12 月）。

意外的是，使用绝对止损远比**追踪**止损更优。追踪止损是随着交易朝有利于你的方向波动时，调整止损以锁定盈利的做法。

例：假设以 563.00 的价格买入标普 500 期货，追踪止损是 1.50 点。最初，止损是 561.50 点。然而，假设交易朝有利方向波动，接下来几天期货收盘价如下表所示。每天收盘时会重新计算，产生一个新的追踪止损点。

标普期货收盘价	追踪止损	注解
（1）564.20	562.70	市场上涨，止损提高
（2）566.10	564.60	市场上涨，止损提高
（3）565.50	564.60	市场下跌，止损不变
（4）568.00	566.50	市场上涨，止损提高
（5）566.00		触及止损，平仓

注意，第 3 天期货下跌，收盘价是 565.50，但没有低到止损平仓水平，而追踪止损没有降低。追踪止损只会提高，不会降低。

在 OEX 交易系统内，我们按不同情形运作，但以下两种情形比较具有代表性：使用 2.20 OEX 点止损，或者是 3.10 OEX 点。表 3-2 和表 3-3 列出了总交易次数、盈利次数、OEX 每手盈利和 OEX 总盈利。

表 3-2　止损 = 2.20 OEX 点

时间	交易次数	盈利次数	总盈利	平均盈利
月度到期				
全部到期日	133	61（46%）	139.08	1.05
1985/01/01 之后	115	48（42%）	111.02	0.97
1990/01/01 之后	59	25（42%）	87.71	1.49
季度到期				
所有季度到期	48	25（52%）	88.09	1.84
1985/01/01 之后	40	19（48%）	74.48	1.86
1990/01/01 之后	22	12（55%）	66.24	3.01

表 3-3　止损 = 3.10 OEX 点

时间	交易次数	盈利次数	总盈利	平均盈利
月度到期				
全部到期日	133	69（52%）	135.11	1.02
1985/01/01 之后	115	56（49%）	108.10	0.94
1990/01/01 之后	59	30（51%）	97.59	1.65
季度到期				
所有季度到期	48	27（56%）	84.76	1.77
1985/01/01 之后	40	21（53%）	70.92	1.77
1990/01/01 之后	22	14（64%）	71.25	3.24

　　两个表中，平均盈利最高出现在 1990 年之后的季度到期，高于 3 点。1990年以来，较大的止损（3.10 OEX 点）似乎运作更好，但也有可能与 20 世纪 90 年代 OEX 的交易价高于 80 年代相关。同时应当注意，此项研究包括 1990 年之前的月度到期总结，受 1987 年 10 月到期影响（下跌 27 OEX 点，也就是说如果在星期五晚上（10 月 16 日）买入 OEX，星期一（10 月 19 日）开盘下跌时，就会损失 27 点）。

　　这些研究结果足以用来交易，因此，交易系统应运而生。

　　第 1 步，使用 OEX 在到期周的星期三、四、五的收盘价，来确定与 OEX 前一周星期五收盘价的最大价格变动。

　　例 1：假设 OEX 在到期月第 2 个星期五的收盘价是 530。然后，下个星期的收盘价如下：

时间	OEX 收盘价	相比第 2 个星期五的价格变动
星期三	528.35	−1.65
星期四	533.25	+3.25
星期五	529.50	−0.50

　　在这种情况下，我们用 +3.25 作为最大价格变化，假设星期四的程序化买入将 OEX 收盘价推至 3 天内最高。

　　例 2：同样，假设 OEX 在到期月第 2 个星期五的收盘价是 530。然后，下个星期的收盘价如下：

时间	OEX 收盘价	第 2 个星期五以来的价格变化
星期三	532.05	+2.05
星期四	529.00	−1.00
星期五	527.00	−3.00

　　在这种情况下，我们用 −3.00 作为最大价格变化，意味着星期五的程序化卖出使得 OEX 以下跌收盘。

　　如果最大价格变化的绝对值低于 1.50 OEX 点，那么就不要交易，显然到期周不存在程序化买入或者程序化卖出，至少没有足以引起市场波动的程序化交易。

　　第 2 步，如果最大价格变化是某个方向 1.50 点以上，那么可以进行以下操作。如果最大变化是正值（例1），那么到期周出现程序化买入，**系统提示卖空市场**。如果最大变化是负值（例2），那么到期周出现**程序化卖出**，系统提示**买入市场**。考虑到前面表格中的数据，季度到期头寸应该大于普通月度到期头寸。

第3步，如果市场波动不利于你，那么使用3.10 OEX点的日间止损。否则，保留头寸至下个星期五（到期日之后的星期五）再平仓。系统中的任一星期五如果是节假日，那么用星期四替代。

在使用该策略时，买入OEX认沽或认购期权优于买入或卖出标普500期货。比如，1987年的崩盘，如果持有的是OEX认购期权而不是标普期货，亏损有限。

最后，应该运用某些交易常识。比如，如果在1天或2天内获得大额盈利，那么兑现部分盈利可能是明智的。即使系统提示持仓至星期五，如果因为OEX的反向波动而使得所有盈利消失的话，你也是太大意了。

到期日后似乎不存在任何长期影响，一个月后的市场结果是各不相同的。事实上，到期后一个月市场上涨的概率是60%，接近于牛市中一个月的可预期上涨概率。

总的来说，理解期货和期权对市场在到期日或接近到期日时的影响很重要。此外，如果正确估量套利交易者的头寸和意图，那么可以带来有利可得的交易。通过场内经纪人提供的可靠报告，观察持仓量变化可以帮助确定套利交易者头寸。在到期周，如果决定与套利交易者交易，最保险的方法是使用对冲策略，比如买入OEX认购期权、卖出标普500期货，不过有时单纯买入认购期权也会成功。还有，正如我们看到的，到期日之后的那个星期会在一定程度上出现与到期时方向相反的波动。同样可以使用上述系统利用到期后效应交易获利。

3.4.7 到期对个股产生的影响

期权到期对个股交易也会产生影响。一般来说，如果股价在期权快到期的那两天接近行权价，**而且**该行权价上的认购和认沽期权的持仓量相当大，那么股价会被"拉到"行权价。同指数期权影响到期一样，影响个股的现象同样与套利相关。虽然在很久以前，场外交易者也参与此类套利交易，但在如今⊖这种情况下，套利一般由做市商进行。

例：假设在2月到期前的星期五（最后交易日），XYZ股票交易价格如下：

⊖　此处指原书最初出版时。——译者注

买报价：46.92　　卖报价：46.94

另外，假设 2 月 45 认购期权的持仓量很大。因为是最后交易日，市场上认购期权的买报价可能是 1.90，卖报价是 1.95。

从大额持仓量看出，交易者持有很多认购期权。一般来说，考虑佣金、保证金等因素，交易者会卖出认购期权，而不会行权。当大家观察市场时，会明白自己无法以平价关系卖出持有的认购期权（也就是 1.92，等于股价 46.92 减去行权价 45）。不过，能以 1.90 的价格卖出，价格已经相当接近，因此可能就会这么操作。做市商从交易者手上买入认购期权。

从做市商角度看，为了保持当天账户平衡，他不希望持有认购期权多头。因此，做市商会进行套利操作，以锁定小额盈利。操作如下：

（1）以 1.90 的价格买入 XYZ 2 月 45 认购期权；

（2）发出行权通知：以 45 的价格买入 100 股 XYZ；

（3）以 46.92 的价格卖出 100 股 XYZ（卖空豁免）。

做市商被允许以报跌卖空股票，即使从技术上来说他并未持有该股票（这是卖出"卖空豁免"的含义），原因是做市商已经发出不可撤销的行权通知。

这笔交易中做市商盈利 2 美分：买入认购期权时付出 1.90，不过赚取了股票买价 45.00 和卖价 46.92 之间的差价，也就是 1.92 的盈利，因此，净盈利是 2 美分。

除付出很小的清算成本，做市商没有其他的成本，因此，他会在当天反复进行以上交易。只要交易者愿意以折价（哪怕是低于平价一点点）卖出认购期权，做市商都会进行套利。当持仓量有上千手时，带来的会是数以万计的股票交易。

这样会对股价产生什么影响呢？注意做市商是在公开市场上**卖出**股票（上述例子是以 46.92 卖出 100 股）。交易者卖出越来越多的认购期权，做市商也就不断地买进，那么就会卖出越来越多的股票。所有这些卖出行为最后会产生影响，造成股价下跌。不过，**这样**也会刺激更多的认购期权持有者，卖出更多的认购期权，那么做市商会买入这些认购期权，卖出更多的股票。

这种螺旋式运动什么时候会停止呢？当股价等于行权价时，此时认购期权的买报价可能是 0.05，卖报价是 0.10，股价 45.00。做市商不能再进行套利交易，交易者也不想以 5 美分的价格卖出认购期权，因此当股价等于行权价时，上述过程结束（如果股价反弹，整个交易过程会重新出现）。

值得注意的是，同样存在认沽期权的套利交易。如果上述例子中的股价下跌至行权价以下，然后 2 月 45 **认沽**期权为实值，就会出现类似的套利交易：交易者将 2 月 45 认沽期权卖给做市商。做市商以略微的折价买入认沽期权，然后**买入**标的，并将认沽期权行权来卖出股票。同样，做市商每笔交易的盈利是几美分。同时，他以套利的形式买入股票，这样也就迫使股价**上涨**至行权价。当股价等于行权价时，套利中止。

因此，认购**和**认沽期权套利会使得股价"锁定"在行权价上。这也就是到期时股价锁定在行权价上的原因。这里不存在某些愤世嫉俗者认为的、类似 X 档案那样险恶、为了让可怜的期权买家输钱的阴谋。这只不过是公开市场套利的结果。

应该指出，如果存在重大新闻导致股价波动，就会掩盖套利影响。只有在当天股价几乎不变，或完全不受外部影响时，套利才会产生作用。

3.5　期权的保险策略

我们在讨论衍生品如何用于股票套保时，先了解下期货是如何影响市场的。20 世纪 80 年代的投资组合和程序化交易很好地诠释了**期货**的套保功能。当然期权也可以用来保护股票，有时还更为有效。

之前我们有提到过，买入股票认沽期权是个股最有效的保险策略。该方法（买入个股认沽期权作为投资组合中的个股保险）常常是效率最高、成本最低的股票保险策略。你只需要买入持有股票的浅虚认沽期权。比如，如果你持有 2000 股微软股票，股价是 93，那么可以买入 20 手微软 10 月 80 认沽期权作为保险。或者，如果你想要获得更大的保护，那就买入 20 手 10 月 85 认沽期权，甚至是 10 月 90 认沽期权。

你应该为组合中的每一只股票买入认沽期权（假设该股票有相应的期权）。然后，当操作完成时，就会拥有一个"完美"的对冲，完美是指，如果股票下跌，且下跌幅度足够大时，认沽期权价值会以同比例上涨。因此，不管每只股票发生什么，认沽期权都可以提供行权价以下的保护。

资金管理者有时会调整保险策略，以降低认沽期权作为保险的成本：股票持有者不仅买入虚值期权作为保险，还同时卖出虚值认购期权来支付大部分或者全部认沽期权的买入成本。由此产生的头寸是，买入股票、买入虚值认沽期权和卖出虚值认购期权。图 3-1 显示了该头寸的潜在盈利，该策略称为**领口策略**（collar strategy）。投资者在使用策略时，放弃了部分潜在上行盈利以降低保险策略成本。稍后我们会具体介绍领口策略。

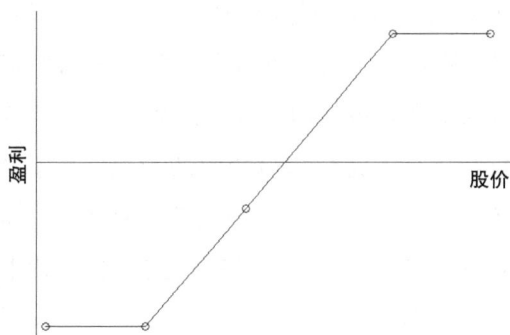

图 3-1　领口策略作为保险

你也可以使用指数或者行业期权来保护整个投资组合。这个方法更简单，只需要下一个指令，付出一份佣金来建立保险策略。使用指数期权的问题有两个方面：①肯定存在跟踪误差（**跟踪误差**用于描述投资组合和宽基指数之间的表现差异）；②指数期权交易通常伴有虚高的隐含波动率，意味着你会为获得的保护付出"过高的价格"。个股认沽期权的隐含波动率通常非常接近历史波动率。也就意味着你不会为获得保护而付出过高的价格。此外，买入个股认沽期权不存在跟踪误差。除以上缺点外，很多组合管理者偏向于使用指数期权作为保护，原因很简单，他们实际上不可能为资产组合中的 300、400 或者 500 只股票都买入相应的期权。

例： 假设股票持有者拥有一个价值 140 万美元、相当分散的投资组合，该持有者觉得市场短期内会大幅度下跌，想要采取临时对冲策略。他可能会决定就投资组合卖出标普 500 期货。标普 500 期货变动 1 点的价值为 500 美元。因此，如果标普 500 期货的价格是 560 美元，那么每手合约能够提供价值 280 000 美元的保护（560 乘以 500 美元 / 点）。因此持有者应卖出 5 手期货合约来对冲价值 140 万美元的投资组合（140 万美元除以 28 万美元等于 5）。

现在，假设市场确实下跌，投资组合损失了大约 15% 的价值，下跌至 120 万美元，亏损 200 000 美元。另外，市场下跌期间，标普 500 期货下跌 30 点。因此，卖出 5 手标普期货获利 75 000 美元。

即使他卖出合适**美元**数额的标普 500 期货，投资组合和标普 500 的表现方式不同。表现不同的原因在于存在跟踪误差。不过，也有可能是因为 Beta（稍后我们会介绍 Beta）。上述例子中这两者可以带来净亏损 125 000 美元。

如果你持有的投资组合完全和标普 500 或者 OEX（标普 100）成分股相同，那么就根本不用担心跟踪误差。只需要简单计算对冲头寸需要的期权或期货数量。不过，个人投资者和大部分机构投资者都做不到这点。此外，持有的投资组合通常和指数相似度很小。为了对冲组合，需要使用挂牌期权或期货，这些期权或期货并不完全和组合中的股票匹配。因此，如果想以指数认沽期权作为保险，必须试着选取与组合中股票表现差不多的指数。如果组合是宽基的，那么 OEX 或 SPX 都可以满足。如果组合比较特别，那么可能使用行业指数认沽期权比较合适。

计算组合的实际净价值非常简单。但是当使用指数认沽期权作为保护时（假设你并不持有与指数成分股**完全**相同的股票），必须先计算投资组合的**修正**的净价值。为做到这点，有必要使用**相对 Beta** 因子。稍后会定义 Beta，不过现在只需了解 Beta 衡量的是投资组合中每只股票和对冲指数的相关性。简单地说，如果相对 Beta 是 2，那么股票波动速度是指数的 2 倍。

例： 为说明上述计算如何运作，假设交易者持有一个小型投资组合，由 1000 股 IBM、2000 股通用汽车（GM）、300 股德州仪器和 200 股 AT&T 组成。该组合分散程度相当高，因此，交易者会考虑使用 OEX 这样的宽基指数作为对冲。为达到此目的，他用实际净价值乘以相对 Beta 来确定**修正净价值**。

股票	数量 (a)	价格 (b)	净价值 (a×b=c)	相对 Beta (d)	修正净价值 (c×d)
IBM	1 000	110	110 000	1.1	121 000
GM	2 000	50	100 000	1.3	130 000
德州仪器	300	160	48 000	2.0	96 000
AT&T	500	50	25 000	1.0	25 000
合计			283 000		372 000

上述组合的修正净价值比实际净价值高，也就是说比 OEX 波动率高。如果比较指数或行业有所区别的组合，相对 Beta 也会随之改变。

假设 OEX 是 525。然后，将 372 000 除以 525 得出用来对冲组合的 OEX "股数"。计算得出需要 708.57 份 OEX 作为对冲。如果买入 OEX 认沽期权（每手代表 100 "股" OEX），那么需要买入 7 手认沽期权作为对冲。

上面例子比较简单，原因是组合和股票市场的表现差不多。然而，这是个大胆的假设，但实际上很多时候 IBM 在下跌，而市场整体在上涨。当投资组合表现与行业指数相似，而与宽基市场比较不相似时，计算会变得更加复杂。下面的例子说明了这个问题。

例：现在假设我们讨论的是波动率更高、技术类股票组合，由 2000 股微软、1000 股英特尔、500 股德州仪器和 500 股 IBM 组成。该组合的市场表现可能和 OEX 完全不同。事实上，某个技术行业指数可以提供更好的对冲。首先，我们看下与 OEX 相关的计算。

使用 OEX 对冲

股票	数量 (a)	价格 (b)	净价值 (a×b＝c)	相对 Beta (d)	修正净价值 (c×d)
微软	2 000	100	200 000	3.1	620 000
英特尔	1 000	67	67 000	4.0	268 000
德州仪器	500	160	80 000	2.0	160 000
IBM	500	110	55 000	1.1	56 500
合计			402 000		1 104 500

该组合波动率近乎是 OEX 的 3 倍（也就是说，修正净价值差不多等于净价值的 3 倍）。当 OEX 为 525 时，需要使用 1 104 500/525（＝2103.81）份 OEX，或者 21 手 OEX 认沽期权。

当修正净价值明显不同于实际净价值时，你需要考虑使用行业指数来替代对冲。实际和修正净价值之间巨大的差异表明，跟踪误差是个很大的问题。对冲高科技组合更好的指数有半导体行业指数（代码：SOX）。当考虑使用 SOX 时，每只股票会有完全不同的相对 Beta。

使用 SOX 对冲

股票	数量 (a)	价格 (b)	净价值 (a×b＝c)	相对 Beta (d)	修正净价值 (c×d)
微软	2 000	100	200 000	1.2	240 000
英特尔	1 000	67	67 000	1.5	100 500
德州仪器	500	160	80 000	1.0	80 000
IBM	500	110	55 000	0.7	38 500
合计			402 000		458 500

使用 SOX 为我们提供了实际和修正净价值之间更紧密的联系。SOX 在 300 点左右交易，因此需要 458 400/300（＝1528）份 SOX，或者买入 15 手

SOX 认沽期权对冲。

　　注：SOX 的相对 Beta 更小的原因是，和股票一样，它本身波动率较大，因此，**相对**来说，指数的波动率就更接近于组合的波动率。

　　现在，我们可以介绍下如何计算相对 Beta。**Beta** 是个统计概念，投资组合经理用它来衡量某只股票"跟踪"整个股票市场的紧密程度。使用 Beta 存在以下两个问题。①公布的 Beta 通常对应的是一个较长的时间段，比如 1 年或者 2 年。对于衡量股票表现来说，时间太长。② Beta 并不算真正的波动率的衡量，它衡量的是方向**和**波动率。因此，对于在市场下跌时上涨的股票，即使它可能是波动率较大的股票，其 Beta 也会较小。

　　因为 IBM 近年来[⊖]与股票市场相关性很弱，它是波动率较大但 Beta 较小的经典例子（至少在 1995 年夏天是这样）。比如，1991 ~ 1992 年，IBM 从 140 下跌至 47，而同期整个股票市场上涨 20%。然后，从 1994 年夏天到 1995 年夏天，IBM 股价翻番，而整体市场上涨 31%。1992 年年底，Beta 已降至 0.86，反映出 IBM 与整体市场的负相关性。不过，1995 年夏天，Beta 又提高至 1.52！因此，到底哪个值是正确的？**两者都对**，只不过时间不同而已。这也就是有时使用 Beta 作为**相对** Beta 困难的原因。

　　期权交易者熟悉的其他测量波动率的方法有历史波动率和股票期权的隐含波动率。你也可以计算出指数或行业及其期权的历史波动率和隐含波动率，也可以**用股票波动率除以指数波动率的方法计算相对 Beta**。比如，1995 年夏天，IBM 的历史波动率接近 24%，OEX 的历史波动率大约是 12%，因此相对 Beta 是 24/12，或者 2。巧合的是，1992 年年底用同种方法计算出的相对 Beta 也差不多等于 2。因此，使用此方法计算相对 Beta 更稳定，原因是即使股票价格可能波动，但其波动率比较稳定。

　　虽然直觉上历史波动率能更好地反映股票的未来表现，也就是，降低了跟踪误差，但其实使用历史或隐含波动率计算相对 Beta 都是可行的。

　　之前也提到过下列事实，在此值得重复一遍：**如果，当根据某个特定指数计算修正净价值时，实际和修正净价值之间存在巨大差异，那么使用该指数会带来**

　　⊖　此处指 1995 年之前。——译者注

较大的跟踪误差。因此，你应该使用行业指数来对冲小型投资组合，或者是那些与整体市场相关性不大的组合。

在对冲股票组合时还有些更深层的细节需要注意，现在就来讨论下这部分内容。上面的例子介绍了计算指数对冲需要的"股"数。"股"数除以 100 可以得出"需要买入的认沽期权数量"。前提是买入实值认沽期权作为保险。事实上，只有当指数下跌，认沽期权的 delta 约等于 1（实际上是 −1）时，该操作才能提供全面的保护。

如果买入虚值认沽期权，只有当指数下跌至行权价以下时，才能发挥保险功能。因此，正确的做法是，你要用以下公式将**修正净价值**直接转化为需要买入的"认沽期权数量"，跟前面的算法比较类似：

$$需要买入的认沽期权数量 = \frac{修正净价值}{100 \times 认沽期权行权价}$$

例：回到第 1 个 OEX 的例子，投资组合由 IBM、通用汽车、德州仪器和 AT&T 组成，相对 OEX 的修正净价值是 372 000 美元。当时 OEX 价格是 525。为了确定需要买入多少认沽期权，通过上面公式可以计算出：

保险认沽期权的行权价	计算结果	买入认沽期权数量
525	7.085 7	7
500	7.440 0	7 或 8
475	7.831 6	8

你可以看出，行权价低的期权，需要买入的数量会略多，原因是只有当指数下跌到更低的水平，期权才能提供"全面"的保护。当然，只有当指数下跌时，虚值期权才能发挥保护功能。比如，OEX 价格是 525，如果你买入 475 认沽期权，那么只有当指数下跌 10%（50/525 = 9.5%）时，才获得真正的保护。

买入虚值期权作为保险的成本较低，就像灾难险一样。对于任何一种险种，无论是火灾险、人身险还是其他险种，赔付的概率越低，保险费用越低。因此，买入虚值认沽期权成本要远低于买入实值认沽期权成本。需要确定以下两件事情：①保险期；②愿意承担的免赔部分。通常是，免赔部分越大，保费越低。比如，很多自营个体会选择高免赔的医疗保险，他们愿意自己支付上千美元的医疗费用，不过如果真的遇到大病大灾，费用超过这个数目时，就由保险来承担。这

种形式的保险成本比一般个人保险低很多。

为股票投资组合选保险也可以按同样的方式来构造。组合保险"免赔"部分指的是当前指数价值和你买入的虚值认沽期权行权价之差。当 OEX 为 585时，你可能买入 12 月 575 认沽期权，免赔部分很小（只有 10 OEX 点，或者说是 2%）。这意味着，如果你的组合和 OEX 表现一致时，当 OEX 下跌至 575 以下时，组合会受到保护。当 OEX 从 585 下跌至 575 的过程中，组合会亏损，不过只有低于 575 的部分才会受到保护。

免赔部分低的保险成本是昂贵的（认沽期权为浅虚值时会相当贵）。另一方面，你可能会选择买入行权价为 550 的期权，免赔部分较大，是 35 OEX 点，或者是 6%。该期权虚值更深，费用也就更低。

因此，购买保险的最终分析是，必须了解其费用和能提供的保护。因此，我建议列出类似下例中的表格。

例： 假设资金经理持有**修正**净价值为 170 万美元的组合。他想使用 OEX 对冲，但是不确定应该选择哪个行权价和到期日。他可以使用类似下面的表格来帮助自己做决定。

第一，使用上文的公式，根据行权价确定买入认沽期权的数量：

买入 OEX 认沽期权的数量

保护性认沽期权的行权价	买入作为保护的认沽期权数量
450	38
475	36
500	34
525	32

第二，假设在这些行权价上，不同到期日的认沽期权价格如下表。表中的价格与 1995 年夏末 OEX 认沽期权实际价格非常接近。期限越长的认沽期权，隐含波动率越高。这点是可预见的，也是保险买家需要接受的。

不同 OEX 认沽期权价格

行权价	到期时间		
	1995 年 12 月	1996 年 12 月	1997 年 12 月
450	1	10	17
475	3	14	21
500	6	20	28
525	13	27	35

第三，使用"买入认沽期权的数量"表和"价格"表，可以计算出不同行权价和到期日保险的**实际成本**。当然，保险期限越长，成本越高。行权价越高，成本越高，原因是它提供更直接的保护（也就是免赔部分更小）。

保险的实际成本

行权价	到期时间		
	1995 年 12 月（美元）	1996 年 12 月（美元）	1997 年 12 月（美元）
450	3 800	38 000	64 600
475	10 800	50 400	75 600
500	20 400	68 000	95 200
525	41 600	86 400	112 000

最后，为观察该保险如何影响交易表现，可以将实际美元成本转化为实际净价值的百分比。

按净价值比例计的保险成本

行权价	到期时间		
	1995 年 12 月（%）	1996 年 12 月（%）	1997 年 12 月（%）
450	0.2	2.2	3.8
475	0.6	3.0	4.4
500	1.2	4.0	5.6
525	2.4	5.1	6.6

现在，投资组合经理可以看出如果买入保护期限最长的实值认购期权（1997 年 12 月到期，行权价是 525），需要付出组合价值的 6.6%。如果市场在那段时间内上涨，他的表现会比没有买入认沽期权的投资组合经理差6.6%（这些认沽期权的期限是 2 年多，因此年化约 3%）。如果他想要获得低成本保护，可以买入虚值或者期限更短的认沽期权。

之前，我们有介绍过**领口**策略，使用该策略的股票持有者不仅买入虚值认沽期权，还卖出虚值认购期权来支付买入认沽的费用。过去几年，在指数期权上使用该策略非常受欢迎，而且从某种程度上来说，这也是 OEX 认沽期权昂贵而认购期权便宜的原因。

3.6　领口策略

对于大部分人来说，使用期权来保护组合与其说是一种实际运用，还不如说是理论实践。我的意思是，大部分人会**想到**使用认沽期权来保护他们的股票，甚至也会从报纸上了解价格来确定对冲成本。但是，当需要实际运用时，他们则认为认沽期权成本太高，不会买入这份保护。

尤其是牛市，投资者可能感觉花钱买入认沽期权就像是把钱扔在海里。然而这种自由放任的态度可能会给你带来麻烦。你对房子的保险也持这种看法吗？这就像是你觉得没有必要买火灾险，因为房子从来（或者最近）没有发生过火灾。必须承认这种对比并不直接，原因是自然灾害可能突然发生，而股价下跌通常不会太突然（除非出现另一次崩盘），因此，你有机会在股价开始下跌之后再买入保险。然而，如果当前你股票盈利很大，那就应当认真考虑买入期权作为保护。

虽然**领口**策略消除了部分或全部上行获利的可能，但它是我喜欢的用于限制保险成本的方法。在该保护策略里，买入虚值认沽期权作为保险，同时卖出虚值认购期权来支付保险成本。因此，类似于在股票上放置领口，你获得有限的下跌风险，但也只拥有有限的上涨获利可能。通常，领口策略的前提假设是卖出认购期权和买入认沽期权的数量相等，不过也可做适当调整，因为没有必要消除所有的上涨盈利可能。

例：1995 年，迪士尼（DIS）上涨势头强劲，但是在 11 月底收入公布后下挫。股价大约是 61，某人持有 1000 股，想要锁定当年上涨获利的 50% 以上。假设他可以承担下跌 10%（下跌至 55）的风险，但是希望在 DIS 下跌至 55 以下时获得保险。价格如下：

DIS：61　　　4 月 55 认沽期权：1⅛　　　4 月 65 认购期权：2¼

认购期权的价格是认沽期权的 2 倍，他可以卖出 5 手 4 月 65 认购期权，买入 10 手 4 月 55 认沽期权，而不付出任何资金。然后，持有的 1000 股股票头寸不但可以在 55 的价格上获得保护，而且在价格上涨至 65 之前所有股票仍然可以获利。甚至当价格上涨至 65 以上时，还有未被认购期权覆盖的 500 股股票，可以提供上涨获利可能。

对很多投资者来说，这种形式的领口策略没有实际成本（以债务的形式），是比较可接受的保险。成本来自上涨获利可能性的降低。使用这种形式的领口策略，不必放弃所有的上涨获利可能，而仅仅是部分可能。该领口策略甚至适用于高波动率的股票。查看下组合中波动最大股票的期权价格，你会发现一个像手套那么合适的领口策略。

长期期权（LEAPS）的价格符合对数正态分布（类似股票价格分布），因此构建领口策略最好的期权是长期期权。

例：2000 年，Advanced Fibrecom（AFCI）想要对冲持有的 500 万股思科股票（CSCO）。当时，CSCO 价格为 130 美元 / 股，波动率较高，为 50%。AFCI 同一家专门从事衍生品的大型经纪公司接洽，想要就其持有的 CSCO 股票构建"无成本"领口策略。**无成本领口策略**指的是认购期权的权利金正好可以支付认沽期权的购买价。此外，AFCI 希望认沽期权行权价为 130，也就是说，不存在任何下跌风险。经纪人问 AFCI 是否介意对冲期限长达 3 年，AFCI 表示"没有问题"，于是达成了这笔交易（**不存在场内交易期权，只有该承销公司构造的场外期权**）。交易的最后条款看起来很有意思，不过也是符合布莱克－斯科尔斯模型下的 3 年期期权的理论价。买入的认沽期权的行权价是 130，卖出认购期权（完成领口策略的构建）的行权价是 200！是的，没有错，CSCO 这样波动率如此之大的股票，使得 AFCI 不仅通过持有认沽期权消除未来 3 年（熊市产生时）的风险，还可以获得股票上涨超过 50% 的盈利可能（如果股票继续上涨）。这实在是一个相当出色的领口策略。

个人投资者不能像上述例子描述的那样与大型经纪商交易 3 年期的期权。不过，长期期权首次在期权交易所上市时，期限大约是 2 年半。因此，当长期期权的剩余生命周期还很长时，你可以为持有的股票构建类似的领口策略。

使用长期期权构建领口策略

上文提及，个人投资者可以使用挂牌长期期权来构建领口策略，可以达到和 CSCO 例子（使用 3 年期的期权构建领口策略，其中认沽期权行权价是 130，认购期权行权价是 200，短期利率约 5%）同样吸引人的效果。该领口策略是无成本的，意味着不需要付出任何资金来构建策略（换句话说，认购和认沽期权的价格相等）。这种吸引人情形产生的因素有两方面：①股票相对高的波动率；②期权期限长。

一般来说，波动率越高、期限越长，相同价格的认购和认沽期权行权价相差越大。相反，如果投资者试图使用短期期权构建领口策略，就不太可能在相同价格的认购和认沽期权行权价上找到很大的差异。原因是股价的分布方式。市场是对数正态分布的（偏向于上涨方向），期限长的虚值认购期权会相当昂贵（平值或虚值认沽期权相对便宜）。

使用布莱克－斯科尔斯期权定价模型，可以建立基本指导原则，了解不同波动率、到期日的认购和认沽期权的行权价之差。表 3-4 显示了 2 种可能的长期期权到期时限（1 年半和 2 年半）和 6 种不同的波动率（15% ~ 100%），假设利率（90 天，短期国债利率）是 5%。利率越低，表 3-4 所有行权价也会越低；反之，利率越高，行权价越高。

之前提到的 CSCO 例子或许可以很好阐释表 3-4。在那个例子中，股票和认沽期权行权价相等，为 130。用来支付认沽期权费用的认购期权行权价为 200，比认沽期权行权价高出 54%。表 3-4 中，假设认沽期权行权价和股价均为 100，如此可以度量认购期权行权价相对于认沽期权行权价的百分比。若 CSCO 在此表，应该位于第 4 行，即波动率为 50% 的位置，期权剩余时间为 3 年，认购期权行权价为 154（比认沽期权行权价高出 54%）。现在我们来看一下表 3-4 中波动率为 50% 的所在行，可以看到，2.5 年长期认购期权行权价为 141（再次强调，对应认沽期权行权价为 100），剩余期限从 3 年降至 2.5 年使得认购期权潜在行权价从 154 降至 141（如表 3-4 所示）。

很容易发现，剩余时间越长，波动率越大，认购期权行权价越高。在某些情况下，如果没有办法获得想要的上涨空间，也可以不选择领口策略。比如，假设你正在考虑用剩余时间为 1.5 年且股票波动率为 30% 的长期期权构建领口策略，认购期权行权价仅仅比认沽期权行权价高出 20%。可能你并不愿意在 1.5 年内，获利空间仅为股价的 20%，那么领口策略将不是最优选择。

表 3-4　支付认沽期权成本对应的认购期权最高行权价

波动率（%）	认购期权行权价	
	1.5 年 LEAPS	2.5 年 LEAPS
15	117	130
30	119	134
40	120	137
50	121	141
70	124	150
100	130	170

股价 = 认沽期权行权价 =100 利率 =5%

表 3-4 假设标的不派息。如果实际有股息，那么因为股价会因连续股息（比如，期权到期前，所有股息折现的总价值）而打折扣，所以认购期权行权价会更低。因此，如果你试图为奥驰亚（Altria，菲利普·莫里斯公司的母公司）构建领口策略，奥驰亚的股息很高，那么会发现很难在行权价间找到 10 点的差距。调整的方式是，首先从当前股价中扣除所有股息的净现值，**然后**再寻找合适的期

权。这个简单的技巧可以形象化认沽期权行权价，该价格能够覆盖认沽期权成本（虽然在扣除股息之前，认沽期权的行权价是虚值）。下面的例子可以帮助理解。

例：假设 MO 价格是 55，每季度的股息是 60 美分。考虑使用 2 年期长期期权构建领口策略。不过，检查价格时发现：

　　MO 价格：2004 年年初是 55

　　（2006）1 月 55 认沽期权：9

　　（2006）1 月 60 认购期权：3.50

因此，无法构建一个无成本，甚至是接近无成本的领口策略。发生了什么？股息是造成这个结果的原因，再加上低利率（当时，短期国债的利率低于 2%）。MO 在接下来 2 年里要支付 8 次股息，每次股息是 60 美分，合计 4.80 美元。当时利率非常低，因此所有股息的净现值是 4.65 美元。

为了更合理地看待问题，从当前股价中扣除 4.65，得到的修正股价为 50.35（= 55 – 4.65）。**现在**，再试着寻找领口策略。价格如下：

　　2004 年年初 MO 修正价格（扣除股息现值）：50.35 [⊖]

　　1 月（2006）50 认沽期权：6

　　1 月（2006）55 认购期权：5.5

构建该领口策略支出 0.50。即使**这**看起来并不吸引人，但是你必须记住 MO 是波动率低的股票，波动率刚刚低于 30%。参照表 3-4，理论计算显示，2 年间低波动率认购期权行权价比认沽期权行权价高约 25%。不过在现实生活里，这个例子中认购期权的行权价是 55，比认沽期权行权价 50 高 10%，而且需要有小额支出。区别就在于利率降低。当利率低至 2% 时，该例子中认购期权行权价比认沽期权行权价只高出 9%，正如我们所看到的。

上述例子中，你可能也会决定**不**使用领口策略，但至少正确评估了你的选择，并在股价中扣除领口策略期限内所有股息后做出的理性决定。

最近几年利率远远低于 5%，如表 3-5 所示，除无风险利率（90 天，短期国债利率）是 2% 外，表 3-4 和表 3-5 相同。表 3-5 显示，当利率很低时，领口策略

⊖　此处有误，原文为 50.65，根据上文应为 50.35。——译者注

就不那么吸引人。认购期权行权价并不比认沽期权行权价高多少。讽刺的是，当利率较低时，股票市场通常表现不错，因此，股价上涨概率增加，这也是不应该使用领口策略的原因。

表 3-5 支付认沽期权成本对应的认购期权最高行权价

股价 = 认沽期权行权价 =100 利率 =2%		
波动率（%）	认购期权行权价	
	1.5 年 LEAPS	2.5 年 LEAPS
15	107	112
30	108	113
40	108	114
50	109	116
70	110	119
100	112	126

当然，另一种选择是，股票持有者可以只买入认沽期权作为保险。低利率同样会使得长期认沽期权价格下降。即便如此，买入认沽期权需要付出成本，这点对于股票持有者来说，就不如无成本领口策略那么吸引人。

无论如何，股票持有者必须了解股息、波动率和利率对领口策略的影响。只有如此，他才能够准确评价，然后决定是否在当前使用领口策略。

3.7 利用场外期权对冲

场外期权是很多大型持股机构用来对冲组合的另一种渠道。如第 1 章所述，**场外期权**是不通过交易所，由交易双方直接交易的。典型地说，场外交易可以根据投资组合经理的需求定制，因此可以根据持有的股票组合买入认沽和卖出认购，如需要也可使用非标准行权价。这种方式完全消除了跟踪误差，构建出的场外认沽期权和当前持有组合中股票的认沽期权**完全一致**。

能够使用非标准行权价是具有优势的。假设股票持有者说"我想在股票下跌超过 8% 时使用保护组合，那么卖出认购期权的行权价应该是多少，才能达到覆盖买入认沽期权的成本"。场外期权经纪商（通常是大型交易公司，比如高盛或者摩根士丹利）会提供下面这样的交易"你可以卖出 10% 虚值的认购期权，买入 8% 虚值的认沽期权，两者价格相等"。该策略适用于单只股票或者整个组合。交易公司将构建期权来满足投资组合经理的需求。

为了对冲组合，当前市场上存在更"复杂"的期权，它们被称为**奇异期权**。奇异期权的价值由很多条件参数决定。

一种简单的奇异期权是**下降出局期权**（down-and-out option）。该期权和普通期权表现一样，不同的是具备一项额外特性：**在到期前任何时候，如果股价下跌至预设价格，期权自动作废**。比如，当前 IBM 价格是 110，某人买入 12 月 110 认购期权，下降出局的价格是 100。如果在 12 月期权到期前的任何时候，IBM 下跌至 100，认购期权作废。否则，如果 IBM 从未下跌这么多，那么该期权和普通期权一样，到期时 IBM 股价在 110 以上，期权具有价值。

你可能感到奇怪，为什么会有人买入这种会"消失"的期权。主要原因是，其价格比普通挂牌的 IBM12 月 110 认购期权低。价格低的原因是，下降出局期权存在作废的可能。因此，如果认购期权买入者认为 IBM 在期权期限内**不会**达到 100，就可以先买入便宜的奇异期权，而不是场内期权。

奇异期权能以多种多样、富有想象力的方法构建。光是描述奇异期权，就可以写一本书。这已超出我们讨论的范围。不过，存在一种有趣的奇异期权，现在有人将它作为组合保险的方式，它就是**迟付期权**（pay-later option）。该期权的初始成本为零，只有当期权到期为实值时才需要支付。因此，需要下跌保护的投资经理可能会联系场外公司，买入迟付认沽期权。如果市场上涨，资金管理者不用付出资金，他的业绩表现也同其他没有获得保险的竞争者一样。只有当市场真正大跌时，他才需要为认沽期权付钱。当然资金经理并不是完全免费搭车的，当市场下跌需要支付时，价格是比正常挂牌的认沽期权昂贵很多。这是经验丰富的投资经理运用奇异期权的又一例子。

任何时候讨论场外期权，都**不涉及**期权清算公司，在未来这可能会是个问题。大多数这类期权代表的是客户（机构）和大型经纪公司之间的交易。因此，大型公司最终获得了需要对冲的头寸。比如，如果投资经理不断买入认沽期权作为保护，不管是哪种形式的奇异期权，那么经纪公司就要卖出认沽期权。于是存在一种可能，经纪公司最终头寸会相当大，可能持有巨额的认沽期权空头。

很多监管者意识到这些大型公司必须对冲头寸，担心上述事情可能会发生。如果市场下跌，且公司卖出很多认沽期权，那么他们必须卖出股票或者卖出期货来对冲认沽期权空头。听起来是不是很耳熟？正是 1987 年崩盘时发生的，组合保险投资者冲入市场卖出期货。另外一次类似但没有这么严重的事件发生在 1998 年 10 月，市场在短时间内下跌很多。虽然算不上真正的"崩盘"，但确定是恐慌抛售。下跌的部分原因是，做市商卖出认沽期权和期货作为对冲。最后，某大型公司以极高的价格平仓，才止住了下跌。然而，如果下跌再持续长一点，那么结果会更惨烈，需要对冲更多的认沽期权裸空头。当然，没有人想看到历史重演，大型公司尽力寻找场外认沽期权卖家，来完成头寸对冲。令人担心的一方面是，没人知道头寸的风险敞口有多大。持仓数据不需要报告，报告也不需要提交。因此，总是存在这样的可能性，如果投资者涌入场内市场以对冲场外头寸，急剧下跌就可能转变为再次崩盘。

3.8   使用波动率期货构建组合保险

2004 年 3 月 26 日，CBOE 推出新的波动率合约（期货代码：VX）。这些新合约是**动态**的，**不管何时发生下跌，也不管下跌开始时市场价格是多少**，都可以提供市场下跌的对冲。这对于买入认购期权作为保险来说是个很大的进步。之后会介绍诸如对冲策略的运作原理以及可能产生的问题。

我们认为波动率期货是非常成功的产品，可能是自 1983 年引入指数期权以来最成功的新衍生品。

CBOE 波动率交易工具是期货合约，在刚成立的 CBOE 期货交易所（CFE）交易。因此，投资者必须开立**期货**账户，才可以交易新合约。这对于很多股票持有者来说，可能会是很大的阻力，事实却不应该如此。你不需要交易玉米、猪腩和活牛期货。只需要在新账户内存入部分现金，填写新账户表格，这样就可以交易 VX 期货。所有股票持有者都应该考虑使用这些期货对冲下跌市场。在刚出现熊市趋势或者熊市已经形成的市场，对于市场的外行人，我相信这种做法是当前保护资产最有效的方法。对冲的好处远大于在你最喜欢的经纪公司开立额外账户（**期货**账户）造成的不便利。

3.8.1   合约信息

波动率指数（VIX）编制于 1993 年，用于衡量 OEX 期权的隐含波动率。2003 年，CBOE 将 VIX 更改为衡量标普 500 指数（SPX）期权的隐含波动率。"旧" VIX 变为 VXO，仍然用于衡量 OEX 期权的隐含波动率。

CFE 是最初唯一基于 VIX 期货的产品。为实现该合约，创建了新的波动率指数，叫作大型 CBOE 波动率指数（代码：VXB）。VXB 等于 VIX 的 10 倍。大型 VIX 期货每点价值 100 美元。**因此，当 VIX 波动 1 点（比如，从 15.00 到 16.00），1 手期货合约将盈利或亏损 1000 美元。**

期货交易的代码是 VX，到期日为 2 月、5 月、8 月和 11 月。此外还有除 2、5、8、11 月外的 2 个近月合约。任何时候都有 4 个月的合约可以交易。因此，如果今天是 6 月 1 日，那么会有 6 月、7 月、8 月和 11 月到期的合约。（如果合约是成功的，那么可能会增加额外月份合约。）波动率期货的最小变动单位 0.10（等同于 VIX 的 0.01），价值 10 美元。

VX 期货的到期日和 CBOE 挂牌的指数期权不同。最后交易日是到期月第三个星期五的上一个星期二。不过实际结算价在星期二之后的星期三确定。确定程序类似于大多数现金指数期权采用的"上午结算"（A.M. settlement），通过期权（该期权用结算日当天的指数计算，也就是星期三早上）结算日开盘价计算出 VIX 的"特别开盘报价"（代码：SOQ）。如果没有交易，开盘价就是开盘时期权买报价和卖报价的平均值。最终结算价以 0.10 为单位取近似值。然后期货以 10 倍于"特别开盘价"的价格现金结算。

期货必须交纳保证金。交易所确定保证金要求，你应该查看 CBOE 网站上交易所最低保证金要求（当前为 3750 美元 / 手[⊖]）。CBOE 使用 SPAN 保证金，这是一种波动的保证金计算方法，该方法有利于客户。

例： 4 月 1 日，假设 VIX 为 16.48，5 月 VX 期货交易价为 174.301（大多数情况下存在升水）。以 174.30 的价格买入 5 月 VX 期货合约。

因为期货合约每点价值 100 美元，而你为该合约付出 174.30，因此最初"持有"的是价值 17 430 美元的 VIX。假设该交易的保证金是 3750 美元，可以由账户中的股票冲抵。

假设在购买期货后不久，股市反弹，VIX 迅速下跌至 16.05，下跌 0.43 点。期货随之下跌，不过下跌点数不一定完全相同，也就是 4.30。如果出现恐慌抛售，期货可能失去部分升水。假设期货下跌至 169.00 收盘。当前期货亏损是 5.30 点。每点价值 100 美元，因此当前亏损（浮亏）是 530 美元。你的账户计了一笔支出，将重新计算保证金以确认是否充足。如果低于最低保证金要求，经纪商会要求你追加保证金（如果没有追加，经纪商会强平，同保证金购买股票一样）。

假如你坚持持仓。VIX 在接下来几个星期反弹，且即将到期。你决定不在公开市场卖出持有的期货，宁愿在到期日以现金交割。记住，任何一天，每日盈利或亏损都会在账户记一笔收入或支出。最后一天，假设 VIX 的 SOQ 是 21.40。持有的期货结算价为 214。对比最初的买入价 174.30，获利

⊖　"当前"为原著撰写时间。——译者注

29.70 点。扣除佣金，该交易获利 2970 美元。因为持有期货至交割，最后一天的盈利或亏损会记入账户，账户中的期货会注销。所有每日收入或支出合计 2970 美元。因此，账户累计的现金为 2970 美元，不再持有期货。

3.8.2　使用波动率期货作为投资组合保险

VX 期货作为下跌市场很好的对冲的原因是，市场下跌尤其是剧烈下跌时，隐含波动率（VIX 等）上升。图 4-19VIX 长期曲线清晰地显示这点。任何 VIX 长期曲线都可以证明下跌市场中 VIX 明显上升。

因此，买入股票组合的简单对冲是买入波动率期货。此外，此类对冲是**动态**的，无论市场何时下跌（只要在你持有 VX 期货的到期日之前）或者从哪个价格水平下跌，都是有效的。这点与买入认沽期权作为保险非常不同。对于买入认沽期权作为保险，如果市场在一段时间内反弹强劲，持有的认沽期权就会极度深虚，在市场突然出现大幅下跌的情况下，其保险功能完全失效。VX 期货**不会**出现这种情况。无论市场什么时候从什么价格水平开始下跌，VX 期货都会上涨。

例：假设持有价值 100 000 美元的宽基股票组合。此外，你愿意买入 VX 期货对冲。假设你对期货对冲的观点持谨慎态度，只买入 1 手期货合约，如下文所示。

4 月 VIX 接近 15，你以 159 的价格买入 1 手 8 月 VX 期货。注意，这意味着期货存在升水（平价是 150，因此高于平价 9 点，也就是 900 美元买入期货）。升水往往会体现在期货上，特别是当价格很低时。因此，该对冲策略**是**有成本的，成本是期货升水。

另外，假设股票组合和市场波动方向基本一致。

在买入期货后不久，市场开始下跌并形成规模。当市场下跌 10% 时，VIX 上涨至 20，期货合约价格为 205。此时，股票账户（账面）亏损为 10 000 美元，期货合约盈利为 46 点（4600 美元）。现在，1 手合约没有完全对冲股票账户的亏损，但肯定是有帮助的。

不过，假设市场继续下跌，并出现些许恐慌。当前市场已经从最高点下跌 20%，并迅速下跌，VIX 上涨至 30。期货应该接近 300，相比买价获利 141 点。因此，股票账户的账面亏损为 20 000 美元，期货账户盈利 14 100 美元。

因此，上述例子中期货提供了下跌市场很好的对冲。当然可以买入多于 1 手的期货合约来构建完美对冲。一旦 VIX 不再波动，意识到如果市场反弹会失去期货的部分盈利，那么就可以平仓或者保留。当然，如果市场继续快速下跌，VX 期货会一路高涨。

举个例子说，2000 年 3 月开始的熊市中，VIX 初期接近 20。2002 年 7 月或 10 月，熊市触底，VIX 上涨至 40 以上。因此，1 手 VX 期货合约（期间）升值 20 000 美元。

不过，这些随机或者精心选取的数据不能代表长期研究。因此，让我们来构建一个更严谨的研究。表 3-6 比较了 VIX 和 SPX 半年度的比例变化。最后一列显示的是，交易者将 90% 的资产投资于 SPX，并买入 0.1 头寸的 VX 期货时的组合表现，也就是说，最右列显示的是 90%（0.9）SPX 比例变化加上 0.1VIX 变化。

表 3-6　使用 VIX 期货的半年度对冲

时间	VIX	SPX	VIX%	SPX%	0.9 × SPX% + 0.1 × VIX
1993020	12.33	442.5			
1993080	11.47	450.2	−7.0	1.7	0.9
1994020	10.64	479.6	−7.2	6.5	5.2
1994080	11.16	461.0	4.9	−3.9	−3.0
1995020	11.72	470.4	5.0	2.0	2.3
1995080	13.55	559.6	15.6	19.0	18.6
1996020	12.64	638.5	−6.7	14.1	12.0
1996080	18.76	650.0	48.4	1.8	6.5
1997020	19.57	786.7	4.3	21.0	19.4
1997080	22.29	947.1	13.9	20.4	19.7
1998020	21.35	1 001.2	−4.2	5.7	4.7
1998080	25.58	1 112.4	21.7	11.1	12.2
1999020	27.67	1 273.0	6.5	14.4	13.6
1999080	25.58	1 328.0	−7.6	4.3	13.6
2000020	23.45	1 409.2	−8.3	6.1	4.7
2000080	20.54	1 438.1	−12.4	2.1	0.6
2001020	21.66	1 373.4	5.5	−4.5	−3.5
2001080	20.55	1 215.9	−5.1	−11.5	−10.8
2002020	21.11	1 122.2	2.7	−7.7	−6.7
2002080	36.95	884.6	75.0	−21.2	−11.6
2003020	31.01	860.3	−16.1	−2.7	−4.1
2003080	20.75	980.5	−33.1	14.0	9.3
2004020	17.11	1 135.2	−17.5	15.8	12.4
总计				108.6	105.6
标准差				10.9%	9.2%

从上述简单的模型（买入 90%SPX 和 10%VX 期货）可以看出对冲的优点。总盈利几乎相等，"SPX%"列的总盈利是 108.6，对冲头寸总盈利（最右列）是 105.6。不过，组合的**波动率**大幅下降。熊市时，SPX 总共有 5 个时间段在下跌，但是其中 4 个时间段里对冲组合亏损更少（源于 VIX 在这几个季度的上升）。以统计术语表示，SPX 半年度收益的标准差约为 11%，而对冲组合的只略高于 9%。因此，对冲不仅能降低熊市亏损，还可以在不严重损害整体收益的同时降低组合回报的波动率。

上面的研究实在是有些简单。美林银行进行了一项名为"波动率——完美资产？"的复杂研究，研究本质比较数学化，得出几点观点：买入 10%VIX 和 90%SPX 的组合，组合每周调整，1986 年以来业绩比标普 500 每年高 5%，风险低 25%。（**注**：该策略理论上在 1987 年崩盘时获得大额盈利，原因是 VIX 在崩盘当天上涨 7 倍。这个事实提高了 1986 年以来的整体收益。不考虑 1987 年，每年的超额业绩是 2%，考虑组合的低波动率，2% 仍然很可观。）

3.8.3　潜在的风险

上述理论研究没有考虑到原始例子中的一点，就是期货合约可能存在升水。如果必须持续付出升水，那么对冲策略的收益会减少。

什么时候可以预期期货存在升水？当它们价格很低的时候。原因我很确定：VIX 是在一定范围内交易的。它的最低点大约是 10，最高点（不包括 1987 年崩盘）约为 60。因此，当 VIX 接近 10 时，投机者是除对冲者之外的买家。因此 VIX 升水交易。当 VIX 变贵时，比如等于或高于 40，由于卖家觉得它会下跌，VIX 可能是贴水交易。因为 VIX **可以**短期内上涨至很高，如 1987 年崩盘时一样，因此后一种情况（贴水）比前者（升水）更不确定。

然而，可以确定的是 VIX 不会低于 0，也不会一直上涨。因此，它越接近 0，投机性的买家会越多；VIX 越高，卖家越多。投机行为会在它们低点时带来升水，在高点时带来贴水。

因此，假设当 VIX 为 15 时，作为对冲者，我们付出 160 买入期货。不过，这个季度什么都没有发生，季度末 VIX 几乎没变。因此，期货以 150 的价格到期，每手合约亏损 1000 美元。现在，对冲者必须买入**下一个**期货合约，可能存在升水。整个程序重复进行。只要 VIX 保持低价，期货升水很有可能继续存在，对冲成本会因升水而增加。

我认为这点是对冲策略最大的问题。升水可以达到多高？现在要回答这个问题还很困难。但是因为 VIX 不能套利⊖（不存在标的或者等价物），它不一定要保持"公允价值"，所以升水可能比预期的要高。即便如此，对冲策略还是值得股票持有者考虑的。

3.8.4　波动率期货期权

最终，CBOE 计划挂牌 VX 期货期权。可能将来某天甚至会有个股波动率期权，比如 IBM。不过即使只有 VX 期货期权，股票投资者也可以进行对冲。投资者持有买入股票组合时，可以不买入 VX 期货，而仅买入虚值 VX 认购期权。然而，如果 VX 保持在一定交易范围内，认购期权的风险远低于期货风险。因此，在上涨或平稳的市场中，认购期权对业绩的负面影响可能会更小。

例如，如果 VIX 交易价为 15，投资者宁愿买入行权价为 30 的 VX 期货期权，而不买入 VX 期货。如果 VIX 在认购期权到期前上涨至 30 以上，那么认购期权盈利，而这种情况在急剧下跌的市场是很有可能发生的。由于买入认购期权提供的保护仍然是动态的，因此远优于买入 SPX 认沽期权。不管 SPX 的价位是多少，当它急剧下跌时，VIX 会上涨，认购期权将会提供组合保护。VIX 在差不多固定的范围内波动，持有行权价为 40 的 VIX 认购期权通常会在急剧下跌的市场提供有效对冲。但对于 SPX 认沽期权来说并不是这样。如果在买入 SPX 认沽期权之后，市场强劲**反弹**，随后崩盘，认沽期权的行权价可能不足以接近 SPX价格，来为股票组合提供保护。

当 VX 期权开始交易时，投资者需要使用"波动率的波动率"来定价。换句话说，为了定价该期权，VIX 的实际（历史）波动率将作为布莱克－斯科尔斯期权定价模型的其中一个自变量。VIX 波动率会出奇得高。你可能认为波动率会很小，原因是 VIX 在 15 ～ 35 固定范围内交易，但是它在范围内的交易是毫无规律的。因此，波动率的波动率（VIX）比想象高，一般在 50% ～ 120%。图 3-2 显示的是 VIX 图表，上半部分是 20 天、50 天和 100 天的历史波动率曲线。仅在

⊖　为了针对 VX 期货套利，必须可以把 VIX 作为现金指数进行交易，或者交易等价物。你可能认为可以，比如，卖出 CBOE 的 SPX 期权代表性的组合，并买入 VIX 期货做对冲。这样不是套利。问题是 SPX 期权的波动率最终在到期时回归 VIX 的**实际**波动率，但是 VIX 交易不用与实际的 SPX 波动率相同。此外，卖出 SPX 期权带来波动率以外的其他风险——价格、时间、delta和 gamma。因此，不存在套利。但是，如果 VX 期货升水极端异常，套利交易者和做市商会采用 SPX 期权以及 VX 期货的对冲，试图捕捉到与期货可能交易的公允价值之间的**部分**差异。以上风险对冲行为会**帮助**维持 VX 期货"秩序"，但不能以任何形式保证 VX 期货会以"公允价值"交易。

2001 ～ 2003 年这两年时间里，20 天的波动率范围是 42% ～ 140%。

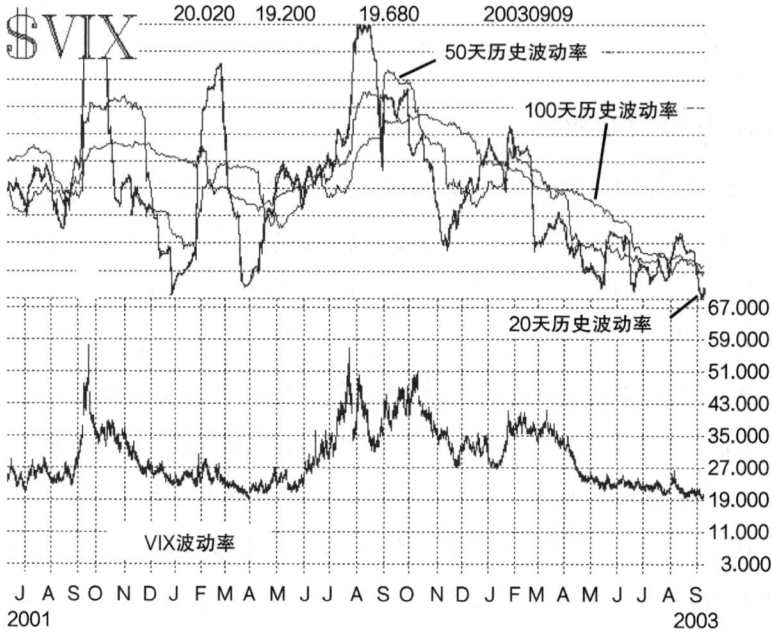

图 3-2　VIX 波动率

3.9　小结

本章介绍的是一些基本的期权方法论，这在很多情况下都是有助于盈利的。理解期权头寸等价于买入或卖出标的很有用，也是期货交易者必须了解的。此外，我们花了大量的时间解释标普期货对股票市场的影响，之后利用这点设计出很多策略，特别是期权和期货到期时的策略。最后，介绍了用期权保护股票组合的技巧。

期权的预测力

期权有时是预测标的价格走势的有力工具。在特定情况下，期权统计数据是市场情绪的反映，能显示出"公众"在做什么。其他时候，观察期权的交易量和价格水平是有价值的，因为聪明的交易者可能会买入期权，为标的未来可能的价格变动做好准备。本章，我们将探索如何使用和解读期权统计数据。

4.1 将股票期权交易量作为指标

大部分交易者已经注意到，或者至少听金融评论家说过，在收购或其他意想不到的公司公告实际发布之前，大量的期权交易已经"泄露"了这些信息。很明显，某些人提前获知消息，或至少传闻已经在人群中广泛流传。当然，大多数人只能在**事后**注意到这些巨额的期权交易量。

股票期权显著增加的交易量通常是标的价格变动的先兆。不过该说法只适用于投机交易。如果由于一些不相关的因素而导致交易量增加（例如套利或价差交易），则对预测股价波动是没用的。稍后我们会谈到剔除这些不相关因素的方法。

上述结论之所以正确，是因为期权的杠杆性。有内幕消息的人会选择购买期权，一旦内幕消息被证实，他们就能获得高杠杆所带来的利润。因此，内幕交易者会更喜欢购买期权而不是股票。他们的"行动"会因为期权交易量的增加而暴露在整个投资界。这些内幕交易者的行为是否合法并不重要，毕竟通过监控期权交易量来进行交易是完全合法的。

在内幕交易者买入期权而不是股票这点上，我与一些交易者有过争论，我通常会问他们：如果你能在今天就看到明天的报纸，你会做什么？买股票还是买期权？实际上，正确的答案是买彩票。但你应该明白其中的关键点：如果你知道了一件几乎确定的事情，就会尽可能地寻求最大化收益率。顺便说一句，如果你真的得到一份明天的报纸，但明天没有彩票，那么应当去跑马场。

在大公司发布公告之前股票的交易量也会增加。一些股票的交易量来源于做市商，他们会竞相购买股票以回补在做市过程中卖出的期权。此外，股票市场流动性一般会比期权市场高，因此内幕交易者可能会被迫买入股票来积累更大的头寸。但是，期权交易量提供了大公司公告的最可靠线索，这些公告会使得股价波动，可能的公告包括：盈利报告、收购或者兼并、重大诉讼的提起或和解。

4.1.1   多少才算过多

在考量"期权交易量增加"时，不是考量那些最活跃的期权。这是两件完全不同的事情：**期权交易量增加是指该股票期权交易量相对于其平均交易量的增加。**期权交易量最高的大概要算 IBM 和菲力普·莫里斯公司。但是，与正常水平相比，**任何**股票对应的期权交易量都会猛增到很高的水平。

下表所示 1995 年夏天一个普通的交易日中，最活跃的几个股票期权总交易量和平均交易量：

股票名称	期权总交易量	期权平均交易量
IBM	37 705	33 743
英特尔	36 984	30 688
镁光	25 539	21 569
微软	22 455	21 371
康柏电脑	18 409	11 973

从表中可以看到，高科技股占领了交易量的前几位。如果把这一天的交易量与它们的平均交易量进行比较，几乎没有不正常的地方。但是，当天也有另外一些交易量数据：

股票名称	期权总交易量	期权平均交易量
网威	24 410	8 489
家庭购物网络	1 430	148
芯成半导体	1 158	368
迈拓	1 670	557

可以看到，这 4 只股票期权的总交易量与平均交易量比值至少是 3:1，对家庭购物网络来说该比例则更大一些。那天，网威期权交易量的增加是由于已经公告的消息（收益欠佳）。但其他 3 种情况绝对值得考量一下，其期权交易量可能提前反映出一些重大的公司事项。经证实，虽然家庭购物网络

和迈拓都没有发生多大事情，但芯片半导体则是另一种情况。表中所示的期权交易量中，大部分是认沽期权。这是由期权发出的看空信号。结果这只股票在一星期内下跌 14%，这是以期权交易量作为指标的一次非常出色的交易。

后表所示的差异需要引起警惕，股价可能会发生大幅的变动。如果认购期权交易量过多，就可以预期很快会有正面新闻公布，可以买入标的。如果认沽期权交易量过多，那么坏消息可能即将出现，卖空是可行的。如果认沽期权和认购期权都交易量过多，我的经验是股票多半会朝正面方向波动，但并不总是如此；这种情况下，要做好股票向任一方向突破的准备。

4.1.2　分析

先从理论上探讨，首先观察到潜在的真实高交易量时，应当做些什么。然后再讨论应用该理论时应注意的细节（和问题）。经验告诉我们，只有在**当天的期权总交易量超过平均期权交易量两倍时**才值得行动。如果是交易很活跃的期权，就需要更大的比率。发现了这样的高交易量情形之后，还有一些工作必须完成。

首先，必须先排除掉那些涉及非投机性活动的期权交易量，例如套利。在特定日子里，你可以发现 40 ～ 60 种不同的股票期权交易量比平均期权交易量高出两倍。随着每月到期日的接近，符合条件的期权标的能够达到 100 种。在现实中，只有小部分的股票期权的交易是投机性的。其余的那些在谨慎分析后可忽视。这样的分析相当耗费时间，不过计算机可以在某种程度上提供帮助。虽然在过去的几年里，我们发现让计算机进行过多的筛选可能是错误的。如果只为了每天节省几分钟的分析时间而失去了 20 点的获利机会，你一定会后悔。

其中一个排除方法是观察期权交易量是否集中于极少数的合约。**如果绝大部分期权交易量集中在一个期权合约里（即仅仅是一个认购期权合约或一个认沽期权合约），则这只股票很可能不会有什么特别的事情发生。**例如，如果大部分的交易量集中在一个认购期权合约里，则很可能是机构投资者因持有股票而卖出认购期权。这些期权通常会在一个时点内通过大宗交易卖出（如果能看到期权的交易时间和交易量，你很容易就能识别这类交易）。另一方面，如果绝大部分的交易量集中在一个认沽期权合约，则可能是机构为保护其持有标的而买入认沽期权。这两种情况下，不管交易量有多大，不管总交易量超过了平均交易量多少倍，都与公司的发展情况没有关系。因此，这种情况对交易没有任何价值，应该排除。

例： 这样的情况几乎每天都出现，相当常见。假设 XYZ 期权的总交易量是 1385 手，而当时的期权每日平均交易量只有 250 手，因此这个情况会在最初扫描中显示出来。假设该股票当天的收盘价是 35。经过进一步的检查，可以看到期权交易量如何分解。

期权	交易量
9 月 35 认购期权	1 350 手
9 月 30 认沽期权	23 手
10 月 40 认购期权	12 手

因此，虽然就日均交易量只有 250 手的事实来看，1385 手的总交易量非常多，但从数据上看是发生了一单超过 1300 手的大宗交易。因为这里只有一个期权合约出现了巨额交易量，我们判断这是一单大宗交易，即 9 月 35 认购期权。事实上，通常把这些大宗交易排除，就会发现当日期权交易量比平均交易量**更低**。

如果交易量压倒性地集中在一个期权合约里，但从时间和交易量上无法判断为大宗交易，它或许依然没有什么价值。我们认为，如果公众（包括那些我们不知道的内幕交易者）进入市场并重复地买入某个期权合约，做市商会向公众卖出绝大多数的期权。做市商理论上是厌恶风险的。如果可以的话，他们希望通过以买价买入，以卖价卖出，从而赚取差价。如果能重复操作，并且平仓过夜，他们会相当满意。但当某个期权合约的需求很大时，做市商就不能平仓过夜，因此他们必须通过买入其他期权去部分抵消他们向公众出售的期权，达到对冲的目的。当他们这样做时，巨额的期权交易量就会从投资者追捧的期权合约扩散到其他月份和行权价的期权合约。这才是我们寻找的真正投机性交易情形。因此我们可以判断：当所有的期权交易量几乎都集中在一个期权合约时，这种情况几乎不可能（注意，不是说绝对不可能）是投机性的。

所有规则都有例外情形，排除掉期权交易量过分集中的方法可能对那些价格偏低的股票不适用。如果某股票以低于 5 美元的价格出售，那么对应期权可能只有唯一的行权价 5 美元。而且，股票价格这么低，可以合理假设它多半已经下跌了好一段时间了，期权市场可能也没什么交易。这种情况下，可能连中期或长期的期权合约都没有。因此，如果内幕交易者从做市商手中购买期权，做市商可能没法买入其他期权进行对冲（当然他们总能买入股票，但会零零碎碎地买，因此不容易被发现）。由于只有一个期权合约，在收盘时几乎所有期权交易量都集中在这个期权合约上。

例：假设 XYZ 的股价是 4 美元，而且它被压在这个水平上有一段时间了。期权交易所甚至考虑要把它的期权摘牌。这只股票曾有过行权价为 15、12½、10 和 7½ 的期权，但是因为没有持仓量，现在都摘牌了。假设现在是 6 月，唯一可以交易的期权合约是 7 月、8 月和 10 月的期权，行权价都为 5 美元。

一位内幕交易者知道公司不久要宣布签订一笔大合同，该消息会推动股价上涨，因此想买入 XYZ 的期权。他首先试图买入 7 月 5 认购期权。做市商在意识到这是一个大买家前卖给他几百手。因为市场流动性相当不好，8 月 5 认购期权和 10 月 5 认购期权都没有报价。事实上，这些做市商也不会卖这些期权。最终，做市商被迫买入股票进行对冲。因为做市商不会再卖给他更多的期权，内幕交易者此时也可能在买入股票。

最终结果就是，虽然这是一个投机性的情况，但交易日结束时，几乎所有的期权交易量都集中在一个期权合约上——7 月 5 认购期权。尽管这只股票是那些关注期权交易量的人希望买入的，但如果他们盲目地使用筛选规则，就把绝佳的盈利机会"排除"掉了。

交易量大幅增加的另一个原因是执行了价差交易。那些控制着大量资金的期权策略专家，他们有时会执行大笔的比率价差、垂直价差和组合交易。同样，这类交易不能预测公司公告，所以也应该把它们排除出去。**因此，如果几乎所有的期权交易量只集中在 2 个期权合约上，并且 2 个期权合约的交易量还大致相同时，这也不太可能是真正的投机性交易。**

例：假设 XYZ 的交易价格是 50，而且在交易日结束的时候，其期权的交易情况如下：

平均交易量：100 手合约
今日交易量：

期权	交易量
2 月 50 认购期权	400 手合约
2 月 55 认购期权	425 手合约
3 月 50 认购期权	40 手合约
总交易量：	865 手合约

从表面上看，期权交易量看起来很大，有 865 手期权合约成交，而日均交易量仅有 100 手。然而，绝大多数交易量都集中在两种期权合约——2 月 50 和 2 月 55 认购期权。所以这似乎是一个非投机性交易者操作的一笔价差交易。因此，这只股票就不在我们当日交易的候选范围内。

还有一个排除"规则"能帮助我们排除套利交易。在转换套利或者反向套利中，套利者会持有等价于标的的头寸。第 3 章从其他角度详细讨论过这类交易：买入认购期权并卖出相同条款的认沽期权，与买入股票是等价的。如果有一笔大额套利交易，那么期权交易增量只会集中在两个期权合约，即相同条款的认购期权和认沽期权合约。如果发现期权交易量大部分由这种期权组合构成，那么就可以排除掉，它对预测毫无益处。

例： 假设 XYZ 交易价格为 40，其期权的交易情况如下：

平均交易量：300 手合约
今日交易量：

期权	交易量
3 月 45 认购期权	700 手合约
3 月 45 认沽期权	700 手合约
3 月 40 认购期权	250 手合约
总交易量：	1 450 手合约

同样，我们也会排除这种情况，因为 3 月 45 认购期权和认沽期权的交易量看起来是套利交易的一部分（或者像第 2 章所描述的那样，是个股票等价头寸）。

还可以运用其他筛选方法。例如，如果内幕交易者在买入期权，那么期权交易量中会有相当大部分是平值或者虚值期权。记住，他们想使用杠杆，所以一般会买入最便宜的期权。因此，**如果看到当日交易量的大部分来自深度实值的期**

权，那么可以相当有把握地认为，可以排除掉这样的情况。

例：XYZ 的交易价格是 48，期权的交易量相当大，有 1000 手，而且它们的日均交易量是 250 手。不过，这个期权的交易量分布如下表所示：

期权	价格	交易量
10 月 40 认购期权	8½	400 手合约
9 月 35 认购期权	13	400 手合约
9 月 45 认购期权	4	150 手合约
9 月 50 认购期权	1½	50 手合约

这里，80% 的期权交易量集中在实值为 8 点以及 13 点的期权上。如果买入认购期权的是某些内幕交易者的话，他们更倾向于使用杠杆。他们会买入 9 月 50 认购期权和 9 月 45 认购期权，然后才会考虑买入更贵的实值期权。

不得不承认，相比以 48 买入股票，买入 8½ 或 13 的认购期权也能获得一定的杠杆。但这不会是内幕交易者的第一选择。因此，该期权交易量的分布不能预测出任何公司发展的信息。这种期权交易量分布，更可能是机构或者套利交易者建立的类似于套利、深度实值价差或者备兑组合所致。

这种排除方法也存在例外情况，与认沽期权相关。一些大交易者为了更容易地卖空股票会使用下面策略：假设现在有一大笔资金，并且知道股票将会受到一些坏消息影响，又或者股票已经下跌了一些，你受制于"提升规则"而难以实施卖空股票的操作。如果可以买入一定量股票的同时按平价买入一些实值认沽期权，问题就可以解决了。为什么？因为你可以随后在市场上很随意地卖掉买来的股票。这样，你就只留下认沽期权的多头头寸。因为你大幅抛售了股票，这自然会增加认沽期权的价值。当你抛售股票后，会对其他股票持有者造成恐慌，所以他们也会抛售股票并继续打压股价，因而继续增加认沽期权价值。最后，你可以将认沽期权行权来实现卖空。不过，你也没有必要这么做。

你可能会说这听起来很好，但交易者一开始是如何能够大规模地买入股票和认沽期权呢？答案是，套利者会充当该交易的对手，目的是通过卖出股票和认沽期权来赚取利息。最后，当投机交易者将认沽期权行权时，套利者就会被指派行权，头寸也就会因此消失。

下面的例子有 2 个部分。第一部分展示了该套利；第二部分展示了对监视期权交易量的交易者来说，这个头寸看上去会是什么样子。

例： 7 月上旬，XYZ 的价格是 22 美元，内幕交易者知道业绩不好的消息即将公布，他买入了虚值认沽期权，然后该负面的传闻在华尔街流传开来。激进的大交易者听到传闻后，决定也利用这种情况来赚钱。

大交易者找到了一个套利者，问他是否可以卖出股票（卖空）和 7 月 30 认沽期权。套利者说只要他能借到股票就没问题。他到股票借贷部门查过以后，发现有 6 万股可以借出。因此，下面将会发生 2 笔大宗交易：①股票在某个区域性股票交易所里被交易；②期权在期权交易所被交易。

大交易者	套利者
买入 60 000 股 XYZ，价格为 22⅛（高于前成交价）	卖空 60 000 股 XYZ，价格为 22⅛（高于前成交价）
买入 600 股 7 月 30 认沽期权，价格为 7⅞	卖出 600 股 7 月 30 认沽期权，价格为 7⅞
净资金：支付 180 万美元	收入 180 万美元

只要头寸还存在，套利者就能赚取 180 万美元的利息。套利者的风险点在于股票价格超过 30 美元。在这种情况里，他若要买回他的空头头寸，花费就会大于 180 万美元。不过，大交易者会私下向套利者担保，在这样的情况发生之前，他会将认沽期权行权。注意，当认沽期权被行权时，套利者的头寸会被完全平掉：认沽期权的行权使得他被行权指派，套利者可以按 30 美元的价格买回 6 万股股票。

与此同时，大交易者开始卖出他买入的 6 万股股票。如此可以通过抛售股票打压市场并引出其他的大卖家。这时候，他就能以较便宜的价格买回股票，赚取可观的利润，将认沽期权行权，并将他与套利者的头寸平仓。这可能发生在短短的一天内，或者稍长一些时间。大交易者在套利头寸建立之后的交易次序可能会略有不同，但是最终结果是一样的：股票价格下跌。

现在，假设你在第 1 天对 XYZ 期权交易量进行观察，而且你注意到有 850 手期权合约交易，而日均交易量只有 250 手。此外，这些合约大部分是认沽期权，且如下表的分布：

期权	交易量
9 月 20 认沽期权	200 手合约（由内幕交易者买入）
9 月 20 认购期权	50 手合约（来源不明）
9 月 30 认沽期权	600 手合约（如上所述）

如果盲目地使用上面方法排除掉实值期权，你就会忽视这个情况。但是由于涉及认沽期权，你需要更进一步的观察。如果此时股票也开始"囤积"，你可以相当肯定买入这 600 手实值认沽期权的人准备通过抛售来压低股票的价格，那你自己也应该买一些认沽期权，通过搭他们的便车来获得一些利润。

最后一个主要的排除方法通常应用于临近到期日交易活跃的期权。一般来说，最活跃的就是近期期权，或者是远期期权。原理也是杠杆，近期的期权价格相对便宜，而且是交易最活跃的，内幕交易者会买这些期权（只要不是太近期的期权）。例外的是，如果最近期的期权合约没几天就要到期了，大部分交易会转移到下一月的合约。但是，如果大部分交易量集中在远期合约，那么可能是机构在进行备兑开仓。他们一般喜欢卖出还有几个月到期的认购期权，或者买入中期的认沽期权来进行对冲。

如前所述，在星期五到期日当天会出现多方面的期权交易量上涨。这是因为许多期权交易者要么将他们的头寸平仓，要么移仓至下一个月份的合约。这种交易量增长同样也**不是**投机性交易的标志，而只是日常操作的一部分。当然，当你筛选出期权日交易量高于平均日交易量至少两倍的股票时，这些行为都会出现在初始测试中。

虽然一些与到期相关的交易会在星期三发生并在星期四有所增加，但是大多数持有快到期期权的交易者，往往会等到接近最后一个交易日（也就是每月的第三个星期五）才平仓。所以，期权交易量的观察者在筛选时，必须允许这些交易量拥有潜在的增长空间。星期五到期日，可以忽略所有将要到期的期权，它们和投机无关。另外，次月期权中的一些交易量，如果是由于从当月期权滚动到次月造成的，也与投机无关。

在接近到期的那个星期四，上述的结论也**大致**正确。但历史上，也有过收购事件在星期五到期日发生的情形。其中一个案例的主角是美国格柏公司（Gerber），在第 1 章有所提及。另一个发生在 1987 年。

在到期日之前的星期四，农夫保险集团（Farmer's Group）的股票期权全天交易都相当活跃。而且，期权交易量里有相当一部分是次日到期的期权。在到期日当天，期权交易量仍然很大。保险公司马上就要被收购的传闻已经传得沸沸扬扬。但是到股市收盘时仍然没有公告发布。不仅如此，发布行权通知时也还是没有消息公布。然而不久之后，大型收购的公告公布。因此，如果要抓住这个机会，在星期四观察那些快到期的期权交易量还是有必要的。

所以，尽管你可以忽略**大多数**在 2 ～ 3 天内到期的期权交易量，但是如果你过于死板地执行，认为所有这样的交易量都可以忽略不计，就会犯错。因此，越接近到期日，筛选的工作量就越大。筛选的过程变得更像一门艺术而不是科学。总体原则是：除非期权的交易量确实是非常大，至少是平均交易量的 3 ～ 4 倍，才考虑这可能是个投机性交易。否则，我倾向于排除接近到期日的交易增长量。当然，交易量仍必须通过前面所提到过的那些筛选方法。

股票期权到期时，还能透露一个"信息"：它们通常会告诉你那些**"过往"的传闻是否还有生命力**。到期日前一个月，可以看看最近出现收购传闻的公司股票，观察其期权交易量，并搜集信息。在刚开始有传闻时，交易者会买入认购期权。如果传闻被证伪，他们仍会继续持有这些认购期权直至到期，并希望有好的事情发生。到期日，他们会卖出期权，尽可能地收回成本。如果传闻继续传播，他们会买入下一个到期月份的认购期权。所以，作为期权交易活动的观察者，如果看到公司的股票期权交易量全部集中在快要到期的期权上时，你可以推定传闻已要灭亡。然而，如果你看到到期期权的交易量和下一月份期权的交易量大致相等时，可以推定传闻仍然具有生命力。看清这一切后，你可以继续观察这只股票，寻找突破的迹象。

至此，我们已经花了许多时间来描述需要排除哪些交易量。接下来是一个真实的例子，关于受真实收购（或传闻）影响的期权交易量。这也是我们在为客户提供日常业务过程中发现的例子。

1995 年 7 月 26 日，南太平洋铁路（Southern Pacific Railroad，代码 RSP）突然在 1 天内跳涨 1 点，从 19 跳到了 20。那天的期权交易量很大。该期权的日均交易量还不到 900 手，而那天有将近 2600 手期权合约成交，而且几乎所有都是认购期权。当时距离 8 月到期日还有 3 个多星期，因此有

很多 8 月到期的期权在交易。认购期权的交易量如下表所示。

RSP：20；7 月 26 日

行权价	到期时间		
	8 月	9 月	11 月
12½ 认购期权			30
15 认购期权	25	50	
17½ 认购期权	220	88	
20 认购期权	1 100	580	120

只有少数认沽期权在交易：140 手 8 月 17½ 认沽期权和 230 手 11 月 20[⊖] 认沽期权。

20 是当时最高的行权价。注意，在该行权价上有大量的认购期权。这是一个好的现象。8 月认购期权中最活跃的正是行权价最高的 2 个期权，这也是一个好的现象。而且，相同条款的认沽期权和认购期权在交易量上也不太匹配，看上去不太可能是套利操作（即使有，规模也很有限）。最后，价差交易似乎也很少，即使所有的实值认购期权与行权价为 20 的认购期权构成价差组合（而且它们肯定不会全部用于价差交易），8 月 20 认购期权和 9 月 20 认购期权上仍然留有大量的投机性交易量。实际上，更合理的推测是，做市商买入了 11 月 20 认购期权和众多的实值期权，以对冲向公众卖出的 8 月 20 和 9 月 20 认购期权。

总的来说，这是一个"经典"的交易量模式，而且后来得到了证实。股票价格在后来的 5 天里在 20 左右上下震荡，期权保持很高的交易量。第 6 天，这只股票就收到来自联合太平洋铁路公司的收购要约。

4.1.3 实时分析

你肯定已经注意到，所有这些分析都是基于收盘后的期权交易量和收盘价。大多数时候这已经足够了。期权交易量一般会在公司新闻发布之前至少 2 天出现实质性的增长。实际上，如果期权交易量的大幅增加与收益报告之类的公告发布的时间只差 1 天，我通常对这样的交易量持怀疑的态度。不过，也有期权交易量与第 2 天发生的收购相关的情况。那时等到市场收盘再来进行分析，就有可能会失去一些盈利的机会。

1994 年 12 月 16 日，恺撒世界（Caesar's World）的期权交易量几乎达

⊖ 原文有误。行权价应该是 20，不是 230。——译者注

到了 2500 手，股票上涨了 2 点。期权的日均交易量只不过是 400 手多一点，因此这个增长是非常大的。这只股票先前相当平稳，价格在 40 至 46 的范围内，而期权的交易量在一段时间内相当低。不过在第 2 天市场开盘之前，国际电话电报公司（ITT）宣布兼并恺撒，紧接着恺撒高开 20 点之多。

另一个显著的类似情况发生在 1995 年 6 月 2 日。这天是星期五，莲花公司（Lotus Corporation）上涨了 3½ 点到达 32½ 的价位，同时期权交易量接近 8200 手。平均的日交易量为 2500 手。几个星期之前莲花公司发布了一份较差的收益报告，股价一直低迷，股票承受着抛售的压力。星期一早上市场开盘之前，IBM 宣布了每股 65 美元的收购计划，于是莲花公司早盘高开 29 点至 61½！

只考察收盘后期权交易量的观察者无法利用这些情况赚钱。即使期权交易量在那天有重要的投机特征，但收购报价是在第 2 天开盘之前收到的。虽然每年这样的情况不多，但如果能抓住，获利会非常大。

为了在上述情况下进行交易，必须在交易日中对期权交易量进行实时分析。然后分析发现真正的投机性交易，可以在同一天买入股票或期权。在交易日对期权交易量进行实时分析时，需要进行一些小调整。总交易量超过日均交易量的数量需要减少。例如，如果你是在中午进行分析，也许需要寻找那些总交易量等于或者大于平均交易量的情况（而非在收盘后寻找大于平均日交易量的**两倍**）。

经验证明，在收盘前 1 小时或者 1.5 小时进行实时分析是合适的，有足够的时间分析。而且，如果有把握，还可以建立头寸。实时分析的主要问题是，当传闻传得非常快时，特别是星期五，实时分析会导致在市场过热时进入市场并买进。因此，我的建议是，基于实时分析而建立头寸的标准要定得严格一些。记住，**大多数**收购传闻并不会在第 2 天就实现，因此一般会有足够的时间去建仓。

4.1.4　一些例子

上文讨论了如何挑选这类股票，现在我们来看一些实际的例子。下面这些例子都来自实际的交易，是我们在 1994 ～ 1995 年间为顾客进行日常传真服务时发现的。

我们以前面讨论过的南太平洋铁路的期权作为出发点。回顾一下前面的关于

RSP 的数据，展示了 1995 年 7 月 26 日的交易量。图 4-1 是 RSP 股票当时的价格走势。期权的交易量在图像底部。因为有很多天 RSP 的期权都没有交易，所以交易量曲线看上去并不连贯。

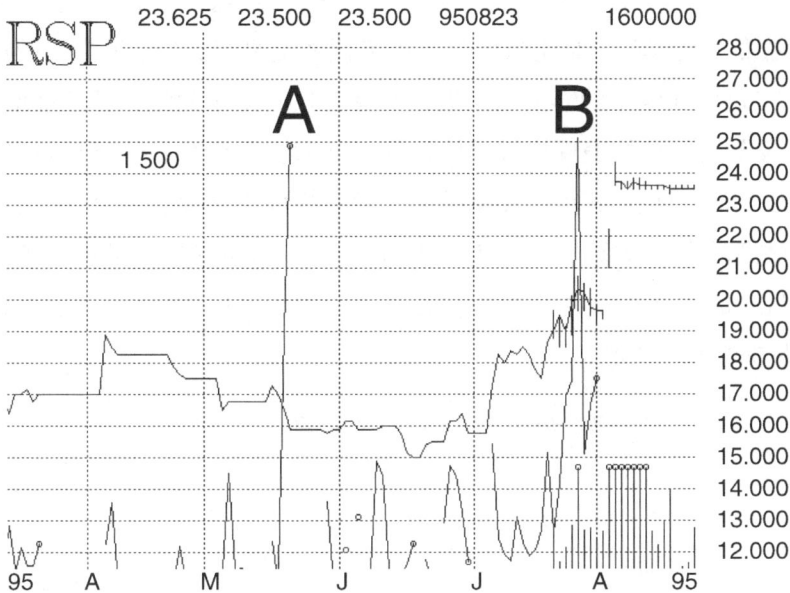

RSP　23.625　23.500　23.500　950823　1600000

图 4-1　南太平洋铁路

期权交易量曲线只说明了**总**交易量，没有更为细节的信息，而这些细节对我们本章所提到的各种筛选活动是必不可少的。从 1995 年 5 月的期权交易量中，可以看到大量交易量突然出现在 A 点。这显然是同投机活动没有关系的，因为不但股票在此之后的交易偏离了方向，而且在后面的几天里根本就没有期权的交易量。而从图中 1995 年 7 月下旬的期权交易量（B 点）中，可以发现这一次期权的交易量突然出现是与投机交易有关的，真正的顶部出现在 1995 年 7 月 27 日（B 点后的第 2 天）。不仅如此，在以后的几天里，都保持了很高的交易量。

当高交易量出现时，股价在几天内都在 19 和 20 之间徘徊。然后在 1995 年 8 月 3 日，联合太平洋铁路宣布了它要收购 RSP，股价在第 2 天跳涨至 24 点（此图只展示了在宣布收购**之前**的期权交易量；在公司新闻宣布的第 2 天总是有相当大的期权交易量）。因此，这是在收购没有发生之前就通过期权交易量来发现收购的经典例子。在实际宣布之前的整个星期里，期权交易量看上去都呈投机的性质。因此，交易者有足够的时间买入股票。

1994 年最有利可图的兼并之一是美国家用产品公司对美国氰胺公司（代码

ACY）的收购。期权交易量的观察者也可以发现该收购。图 4-2 展示了那段时间
ACY 的走势。

1994 年 1 月和 2 月，该股票的价格略为下跌，期权交易量很小。事实上，
在 3 月里它达到了 43 的低位，然后股票从这一点（A 点）开始第 1 次反弹，期权
交易量随之第 1 次暴涨。对比前段日子里极低的交易量，3 月下半月的期权交易
量都很大。过完 1994 年的春天和夏天，所有期权交易量的统计数字都增加了。

ACY 股票在 4 月的表现比较平淡，同时期权交易量再一次下降到几乎为零。
然后在 5 月 1 日，期权交易量大幅增加，股价也向上滚动。在当时，这是 ACY
有史以来最高的期权交易量（B 点）。后来证明，此期权交易量迅速增加的时间
较短。不过，股价在 5 月持续上涨，在月底上涨至 53。之后，又记录到了一个
期权交易量的高点（C 点）。

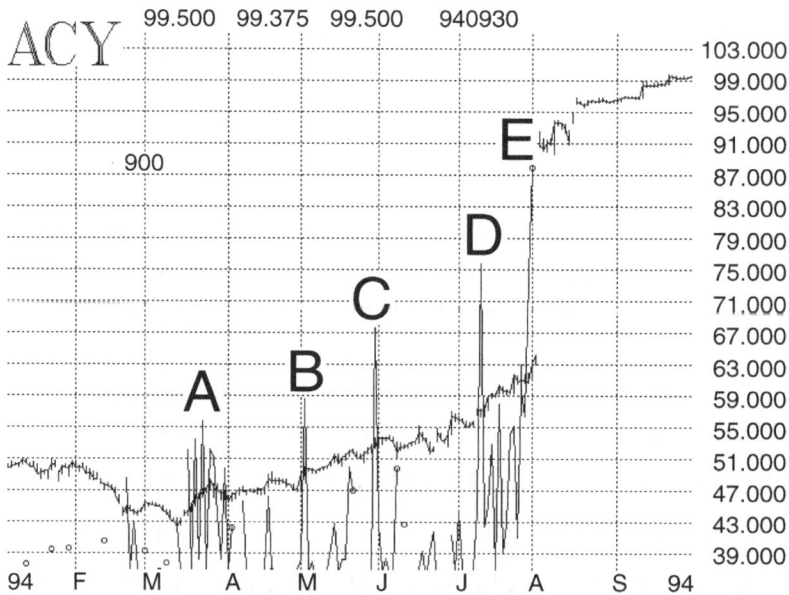

图 4-2　美国氰胺公司 American Cyanamid（ACY）

在期权交易量再次增长后，股价上下波动了一段时间，然后在 6 月下旬和 7
月上旬又继续向上运动。7 月 11 日，股票高开 2 点，期权交易量也随之达到它的
最高点（D 点）。此时，收购传闻开始流传。股价在 7 月中旬上涨得更高。不过，
这里有一个很大区别：虽然期权交易量从 D 点高位下跌，但期权交易仍然保持活
跃，交易量大约和 3 月的 A 点差不多。

7 月下旬，股价在 60 左右，期权交易量于此时继续增加到达了最高点（E

点）。在 7 月 29 日（星期五）和 8 月 1 日（接下来的星期一），期权交易量加速增加并达到极高的水平。表 4-1 展示了 7 月 29 日的期权交易数据，和 8 月 1 日的情况类似。

表 4-1　ACY：63；7 月 29 日

行权价	到期时间			
	8 月	9 月	10 月	1 月
55 认购期权	100	33		
60 认购期权	542	315		
65 认购期权	1 189	369	45	29

　　认购期权的总交易量是 2622 手。认沽期权的总交易量是 297 手，分布在 5 个不同的期权合约里。当时的平均交易量是 697 手。因此，当天的期权交易量是平均交易量的 4 倍。从认购期权交易量分布里可以看出前面谈到过的"投机性"特点：大部分认购期权的交易量在近期，也就是 8 月的期权里，而且其中大部分集中在最高行权价（65）的合约里。

　　最终，8 月 1 日下午，美国家用产品公司提出了收购报价。纽交所（NYSE）交易的 ACY 停牌，价格为 63，在场外市场以 91 的价格重新开盘。对期权交易量的观察者来说，这是整个故事的高潮部分。观察期权交易量是短期的交易活动，因此这些交易者在 1994 年的春天和夏天或许已经进出股票市场好几回了，每一次都赚取小额盈利，直到 8 月上旬那次获得巨额盈利。

　　另一个例子发生在 1994 年，期权交易量的增长预示了格伯公司（Gerber，简称 GEB）的收购事件。事实上，GEB 第一个投机活动的信号是期权价格的增长。不过，这是本章后面要讨论的现象。图 4-3 展示了 1994 年 GEB 的历史价格和期权交易量。

　　1994 年 3 月上旬以前，GEB 的股价一直在 27 至 29 之间窄幅波动，大部分时间没有期权交易量。然后在 3 月份，股价突破至 33，认购期权的交易量也随之增加（A 点）。几个星期之后，股价上涨至 35，期权交易量在大部分时间里都保持较高的水平。关于收购的传闻四处蔓延，却没有任何事发生，交易者开始退出这只股票。因此，GEB 股价一直下跌，4 月中旬跌至 29。

　　然后在 5 月 6 日，这只股票从 31 上涨 2 至 33 之上，期权交易量也到了有史以来最高的水平。这是个非常清楚的信号，表明这只股票再次被炒作。表 4-2 展示了这天期权交易量的分布。这是另一个经典例子，描述了在公司新闻发布前，投机性期权交易量是如何表现的。这天有近 8800 手认购期权交易，也有约 400 手认沽期权交易，是平均日交易量 2770 手的 3 倍。这是令人印象深刻的信号，显然 GEB 有事情要发生了。

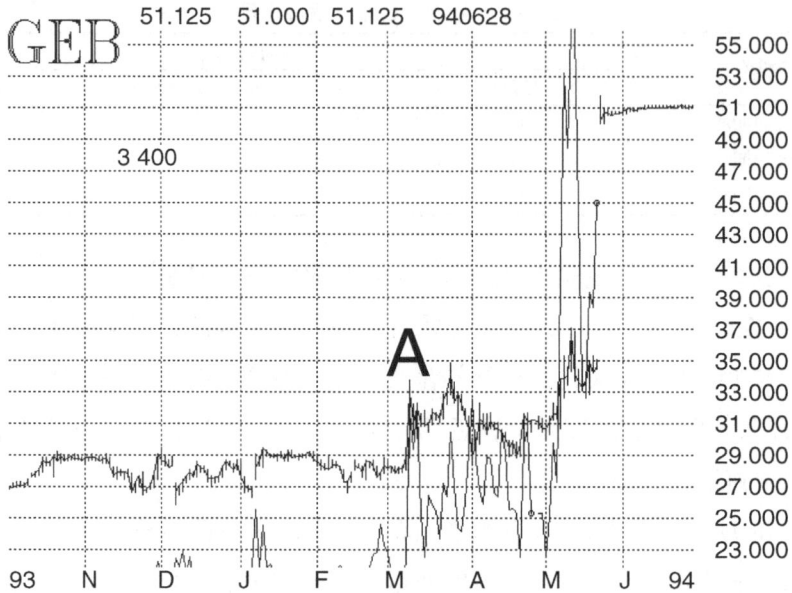

图 4-3　GEB：期权交易量

表 4-2　GEB：33⅝；5 月 6 日

行权价	到期时间			
	5 月	6 月	7 月	10 月
25 认购期权	78	15	40	2
30 认购期权	1 909	414	268	29
35 认购期权	4 112	1 079	584	252

这只股票在以后的 2 个星期里持续上涨，而期权交易量升到了更高的水平，星期五时价格达到了 37 的顶部。5 月 20 日（5 月期权的到期日），GEB 略微下跌，收盘报 34⅝。正如第 1 章所述，该收购是在当天晚上公布的。星期一 GEB 开盘价 51。一些 5 月 35 认购期权（虚值期权）的出售者很委屈地被指派行权了。

1995 年，Chipcom（CHPM）是一只大部分时间处于守势的股票。不过随后它几乎在一瞬间发生了变化，期权交易量的观察者于是发现了另一起收购。从图 4-4 可以看出在 1995 年 4 月，当股价从 46 下跌至 28 时，期权交易量比较大。然后在 5 月，股价停留在 32 至 34 之间，期权几乎没有交易量。5 月 26 日，公司发布了较差的收益报告，股价 1 天内下跌 12 点，并导致期权交易量在短期内大幅增加（A 点）。

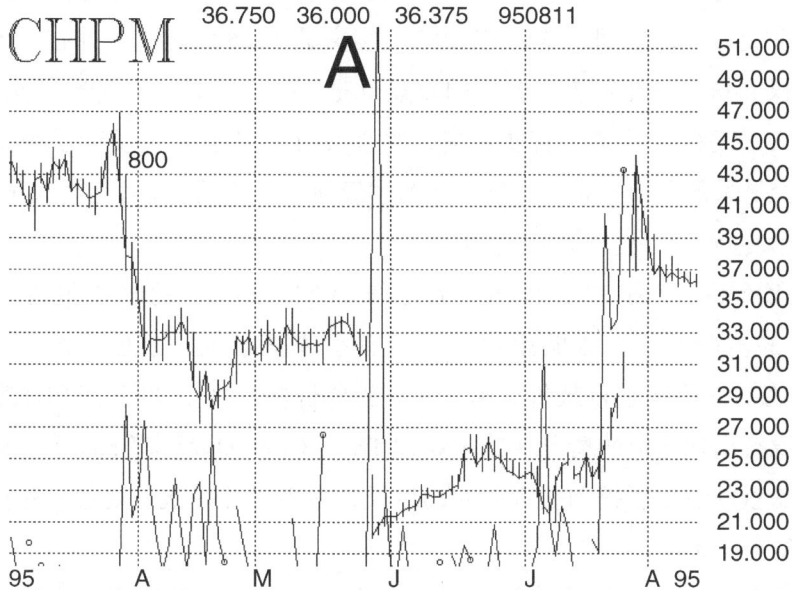

图 4-4　Chipcom

但是，股票几乎马上就开始回弹，在 6 月回到了 26，随后又有所回调。7 月 21 日星期五，收盘价为 26，期权交易量大幅增加。表 4-3 显示这天的期权交易量虽然不像某些前面描写的例子那么经典，但依然呈现出投机性质。总共有 2014 手认购期权交易（也有 562 手认沽期权交易），2576 手的总交易量是日平均量 280 手的 9 倍多。

表 4-3　CHPM：26；7 月 21 日

行权价	到期时间		
	8 月	9 月	10 月
22½ 认购期权	77	31	28
25 认购期权	388	1 482	59
30 认购期权	n/a	69	66

但这里的交易量分布有些反常。第一，虽然 8 月期权还有 4 个星期到期，但最大的交易量发生在 9 月期权。第二，大部分交易的期权都是**实值**（25）而非虚值期权（30）。这两个事实都不是你希望观察到的理想情况。另外要注意的是 8 月 30 认购期权在交易所里没有挂牌交易。

虽然交易量分布并不完美，但它给人以信心。因此，你在做决定的时候，也许应当考虑其他因素。当时我觉得既然股价已经在 6 月达到了最高点 26，为了进一步确定期权交易量模式是有价值的，我需要看到股价在 7 月有一个突破。

下一个交易日，星期一这天 CHPM 确实突破了 26 的阻力，并有一个小幅的跳跃。期权交易量仍然很大，股票的收盘价是 27½，这是一个清晰的买入信号。在之后 3 天，期权交易量一直非常高，并且股价超过了 31¾ 美元。令人惊讶的是，期权交易量的分布一直没有发展成为"经典的"格局，9 月合约和 10 月合约的交易量始终高于 8 月合约的交易量。

不管怎么说，7 月 27 日公司收到了来自 Three Com 的收购报价，股票因此高开至 37。此外，在收购报价之后，有小道消息说，凯创系统（Cabletron Systems）将对该收购进行报价。第 2 天，股票价格达到了 44！虽然 2 家公司的收购报价没有出现竞争的情况，CHPM 和 Three Com 的股价都上涨了。这是又一个期权交易量的观察者提前发现收购的例子，只不过这一次需要做一些技术上的分析来了解整个情况。

CHPM 还有一个有趣的特征，这个特征常常会出现在收购的情景里：股价在下跌的时候成了收购的对象，而收购的理由正是它较低的价格。这是两难的情景。作为收购目标的公司经营不好，收益不好，因此股价下跌。但是，如果它的基本业务和产品以及其他条件都不错，则这样低的价格就有可能吸引同一个行业里现金充裕公司的注意，并用其觉得合理的价格买入相对低廉的股票。在 CHPM 的例子中，股价在 1994 年后期高达 51（图 4-4 没有显示出来），在 1995 年 5 月跌到 20。股价的大幅下跌显然吸引了 Three Com 的关注，它显然看到了用比去年低得多的价格买入一家（管理不善？）公司的机会。当公司股价下跌至新低时，它可能会成为收购的目标，这一现象会反复出现在下面的几个例子中，包括接下来美国鞋业公司（U.S. Shoe，代码 USR）的例子，在一定程度上也是这样。

1994 年夏天 USR 的价格曾高达 24，然后就开始了 8 个月的下滑，跌到 18 ~ 19 的范围之内。从百分比来说，这个下跌并不算大，不过这程度足以吸引一个买主。

图 4-5 是 USR 的股票价格和期权交易量。当存在传闻说公司要把它的制鞋业务卖掉时，股价上涨至 20½（A 点），这天的期权交易量很大。第 2 天，公司宣布谈判破裂，股价一度跌到 16，然后有所反弹并以 17¼ 收盘。下一日是 2 月

21 日，在收购的传闻出现时，股价跳涨了 2 点至 19¼。表 4-4 显示了 2 月 21 日这一天的期权交易量分布。这天交易了 2428 手认购期权，以及 168 手认沽期权。当时的日均交易量只有 876 手，因此，这天的期权交易量是正常的 3 倍。对期权交易量的观察者来说，这是一个警报。

在 2 月剩下的时间里，股价在 19 上下徘徊，期权交易量一直很高。很讽刺的是，到 3 月 1 日，交易量下降到 970 手。3 月 2 日，交易量到了 209 手的**低点**，股价也跌至 18¾，而传闻看上去已经有所降温了。接着的 3 月 3 日，公司收到了每股 25 的收购报价，股价上跳了 6。该报价来自另外一家公司，而非原先参与讨论卖掉制鞋部门的那家公司。

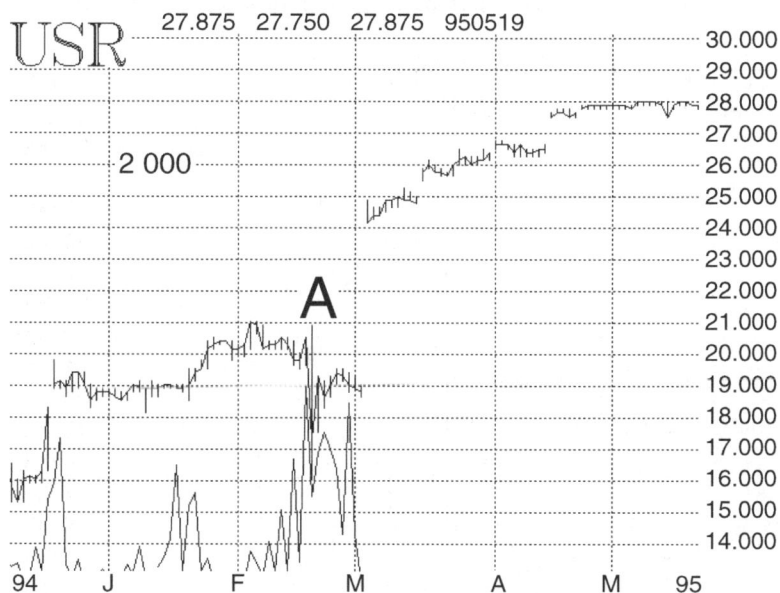

图 4-5　USR

表 4-4　USR: 19¼; 2 月 21 日

行权价	到期时间			
	3 月	4 月	7 月	10 月
17½ 认购期权	285	130	31	40
20 认购期权	654	603	105	
22½ 认购期权	60	406	66	

一般来说，当根据增加的期权交易量交易时，一旦消息公布，就应该马上拿走盈利的部分。建立头寸的基础是"某些人"知道这家公司将要发生某些事情。如果你运气好，能够建立头寸，然后看到消息真的公布了，你应该说上一句"谢

谢你",然后拿走盈利,这是一般的原则。

不过,每个一般的规则都可能有例外。USR 就是一个例外。USR 的故事有一个后续。让我们来看一下图 4-6,它与图 4-5 唯一的不同是展示了 USR 股票剩下的生命期内的期权交易量。在股价上涨 6 的那天,期权交易量大幅上涨,这自然是可以预见到的。不过一般说来,在此之后,期权的交易量会锐减,特别是如果收购已经是确定无疑时。然而,在 USR 的情况里,期权的交易量仍保持较高的位置(从技术分析的角度来看,它没有超过正常交易量的两倍,在消息公布那一天的高交易量把平均交易量拉高了)。不用说,最初想要收购制鞋部门的那家公司又回来了,对 USR 提出了更高的收购报价。从图中可以看出,这只股票最终在 5月以 28 被收购,相对于 3 月份的每股 25 的收购报价来说,是不错的升水。

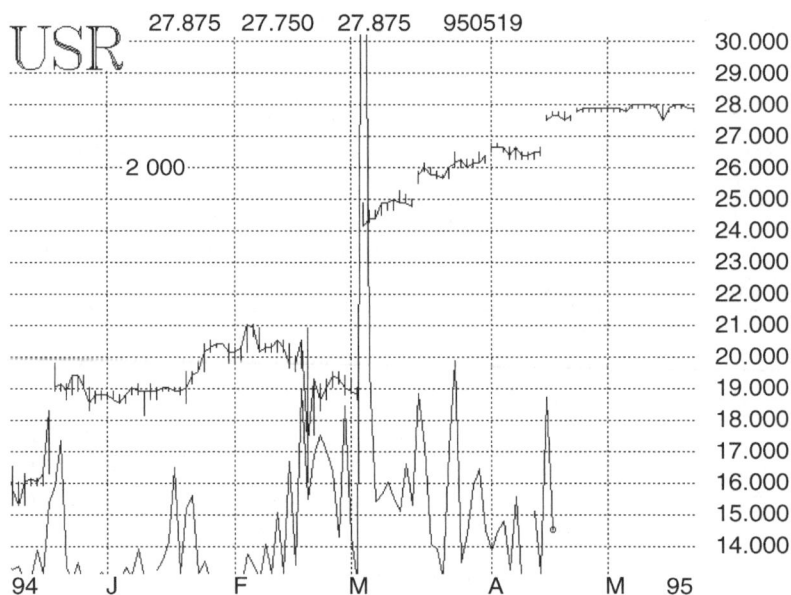

图 4-6　USR——期权交易量

期权的交易量并不仅仅可以用来观察收购的情况。在抓住公司盈利惊喜上,它也是有用的。我的经验是,在公司公布它的季度盈利的前一天,期权的交易活动往往会增加。这种现象出现得太频繁,以至期权的观察者或许**不应**在这样的情况下进行交易。不过,如果在盈利报告公布前的好几天里期权的交易量都有所增加,或者始终保持高交易量,那么这时值得交易的机会可能性就要大得多。下面两个例子可以说明这一点。

摩托罗拉(Motorola,代码"MOT")计划在 1994 年 7 月 12 日星期二公布盈利报告。摩托罗拉的期权交易一般都比较活跃，但是在 7 月 6 日星期三以及之后的 4 个交易日里，期权的交易量巨幅增长。另外，因为这些交易中的大多数交易量都在认购期权里，所以这可能是有人得到内幕消息，知道它的季度报告要好于预期。

　　图 4-7 显示了摩托罗拉当时的股价和期权交易量。在 1994 年 5 月的大部分时间和 6 月里，股价在 43 ～ 48。在这段时间，期权的交易量相当活跃，但是在正常的水平上。然而，当股票在 7 月的第一个星期接近这个价格范围下限时，期权的交易量开始大幅增长（A 点）。下面的数据表 4-5 是从期权交易量大幅增加的第一天（7 月 6 日）开始的，代表了实际公布盈利报告前 4 天里每一天的情况。因为在那天有大量的认购期权和认沽期权在交易，表 4-5 列举了所有期权的交易细节。在这一天，认购期权的交易量是 7500 手以上，认沽期权有接近 5400 手的交易。当时的日均交易量是 5624 手，因此当天的交易量（12 900 手）高出平均交易量的两倍。

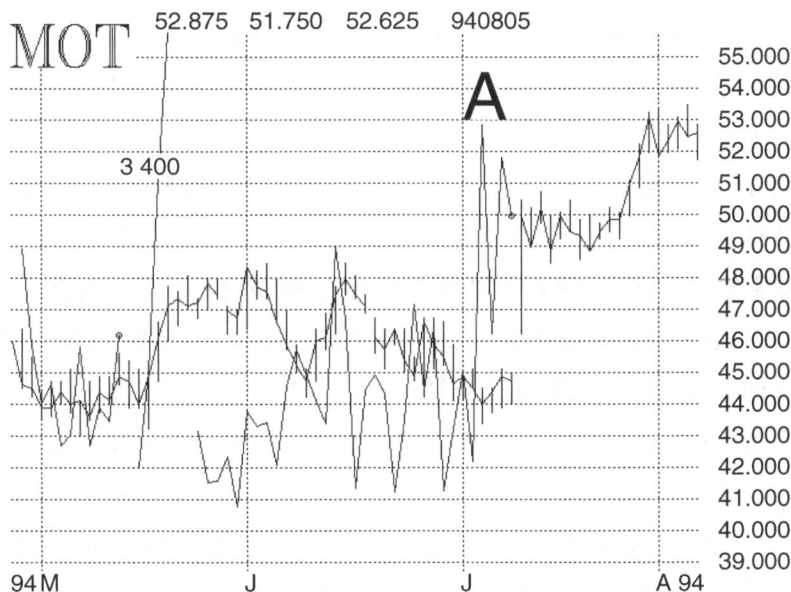

图 4-7　摩托罗拉

　　表 4-5 的情况并非想象得那么清楚。不过，因为期权交易较活跃，值得我们来分析一下。首先，摩托罗拉的期权在某种程度上就比较活跃，因此，影响期权交易量大幅增加的因素可能仅仅是一些普通的事件。除了普通事件引起的交易量，在盈利报告公布的前一天可能还有一些投机的活动。如果只看行权价 45 以上的认购期权合约，投机的模式就相当明显。这些行权价上也有一些认沽期权的交易，但是与认购期权相比，没有什么异常的。因此，从观察这 3 个较高价权价

的期权交易量来看，由于是大量的认购期权交易，预示超预期的盈利报告。

表 4-5　MOT：44½；7 月 6 日

行权价	到期时间			
	7 月	8 月	10 月	1 月
40 认购期权	1 980	52	30	50
40 认沽期权	998	167	1 451	42
42½ 认购期权	122	0	19	
42½ 认沽期权	1 113		46	
45 认购期权	1 152	746	103	22
45 认沽期权	399	220	125	49
47½ 认购期权	1 363	504	244	
47½ 认沽期权	322		125	
50 认购期权	804	299	122	
50 认沽期权	0	290	31	

　　但是，在 2 个较低的行权价档位上，事情就变得不那么清晰了。在这些行权价上有许多认沽期权在交易，你可能会认为这预示着会出现不好的盈利报告。7 月 42½ 认沽期权有 1113 手的交易，这看上去确实像是投机交易。但是，10 月 45 认沽期权有 1451 手交易，它们则不像是投机交易，因为投机者一般会买入 7 月或 8 月的认沽期权。最后，因为 7 月 40 认购期权的交易量也很大，7 月 40 认沽期权（998 手合约的交易）很可能是与 7 月 40 认购期权构成套利组合。

　　有时，当认购期权和认沽期权的交易量都很大时，这只股票在两个方向上都可能有较大的波动。由于认购期权交易量同认沽期权交易量相差不大，光凭观察期权的交易量，很难判定方向。之所以发生这样的现象，部分原因是做市商为了对冲认购期权而交易认沽期权，反之亦然。因此，这扭曲了由投机者创造的期权交易量模式。投机者大量地买入，致使摩托罗拉的认购期权相当贵。因此，卖出认购期权的做市商就有可能卖出股票或买入认沽期权进行对冲。

　　摩托罗拉期权交易量的数据中，从以上 10 月 40 认沽期权和 7 月 40 认沽期权的交易量信息来看，认购期权的交易量比认沽期权的交易量更像投机一些。不过，与其深入分析**为什么**某个特定的期权合约交易量很高，我宁愿观察股票的价格，看看它在哪个方向上会有小的突破，从而决定运动的方向。7 月 6 日，摩托罗拉的最高价是 44½，收盘价是 44。接下来 2 天股价均上涨。在我看来，这就肯定了正在酝酿的波动将是向上的。

　　在后面的 3 天里，交易量大致保持了同样的模式。总的交易量超过正常交易

量的两倍，认购期权的交易量占主导地位，认沽期权交易量也不小。最后，7 月
12 日，盈利报告公布了，远好于预计。这天股票跳空高开，收盘时上涨超过 5。

　　总的来说，该例子显示了几件典型的事。首先，如果要使用期权交易量来预测
盈利惊喜，应当看一看期权交易量是否在实际公布报告的前几天内都达到了较高的水
平。其次，当期权活动的增加发生在平时期权交易就相当活跃的股票上时，会存在不
相关的交易量。因此必须做一些分析，来解释期权交易量究竟预示着什么。最后，当
认购期权和认沽期权都很活跃时，你可以使用股票价格来帮助决定最终的波动方向。

　　另一个能通过期权交易量来预示盈利惊喜的例子发生在 1995 年春天的赛贝斯
公司（Sybase，代码 "SYBS"）股票上。不过，这个例子与股票价格向下运动有关。
起到预示作用的是在相当长一段时间内维持着较高交易量水平的 SYBS 认沽期权。

　　图 4-8 展示了 SYBS 的股价和期权交易量。从 1994 年秋天起，股票就一直
受到一定的压力，然后，1995 年 1 月，公司公布了低于预期的盈利报告。股票
当天就下跌 6，期权交易量迅速上涨（见图 4-8 中的 A 点）。不过，由于交易量是
在新闻公布**之后**出现，是反应型的，所以它没有什么预测作用。

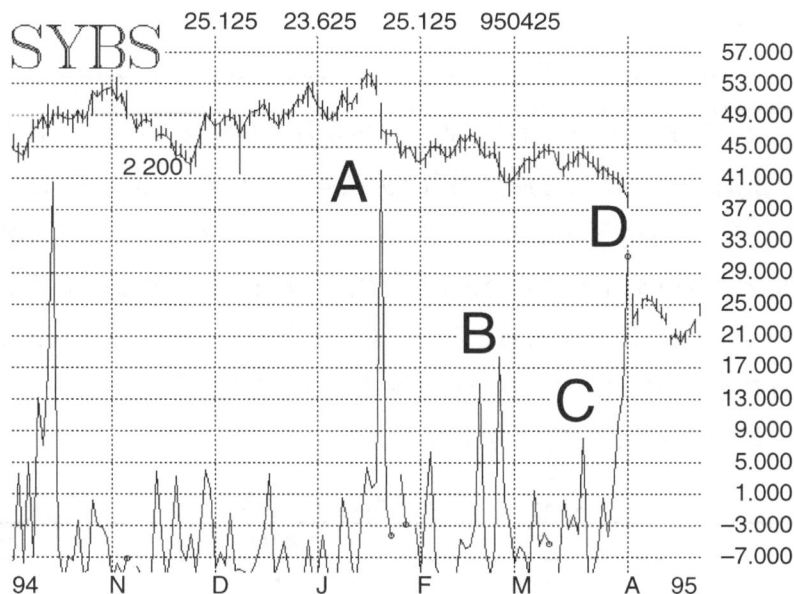

图 4-8　SYBS

　　直到 2 月下旬，有传闻说，下一个盈利报告仍然会不好，SYBS 继续在
42 ～ 46 的低位徘徊。这导致了期权交易量的再一次迅速上涨（B 点），其中许多
是认沽期权的交易量。不过，1995 年 2 月的最后交易日曾短暂地下跌至 40 以下

之后，股票又上涨至之前的价格范围。

3月21日，期权交易量再一次上涨（C点），股价是44¼美元，交易量分布还是一样，认沽期权的交易量大于认购期权的交易量。从这时起，股价基本是在往下走。3月21日是最好的买入认沽期权的日子，表4-6展示了这天的交易细节。当天共有3670手期权交易，其中2450手是认沽期权，占比高达67%。请注意这些交易量主要是深度实值认沽期权，是个重要看空的信号。当时的日平均交易量是1256手，因此3670手合约大约是正常交易量的3倍，这个情况足以引起期权交易量观察者的注意。

表4-6   SYBS：44¼；3月21日

行权价	到期时间		
	3月	4月	6月
40 认购期权	150	0	
40 认沽期权	0	280	
45 认购期权	180	270	
45 认沽期权	420	450	
50 认购期权	0	620	0
50 认沽期权	0	1 100	100
55 认购期权	0		
55 认沽期权	100		

从那天起，SYBS的价格越来越低，并在4月3日跌破40。3月31日星期五和4月3日星期一，期权交易量都很高（见图4-8中D点）。3月31日，有3638手合约交易，其中1830手（即50%）是认沽期权。这没有表4-6中的期权交易量那么令人惊讶。然而4月3日的交易几乎肯定了期权交易量想要告诉我们些什么（见表4-7）。这一天，期权交易量上涨到5800手合约，其中认沽期权占了惊人的4120手（占总交易量的71%）。从行权价为35美元的虚值认沽期权的巨大交易量可以看出，看空的投机者对他们自己很有信心。

表4-7   SYBS：38½；4月3日

行权价	到期时间		
	4月	5月	6月
35 认购期权	0	0	0
35 认沽期权	960	750	110
40 认购期权	890	220	
40 认沽期权	940	630	150
45 认购期权	410	78	
45 认沽期权	200		

（续）

行权价	到期时间		
	4 月	5 月	6 月
50 认购期权	0	180	
50 认沽期权	280		
55 认购期权	0		
55 认沽期权	100		

第 2 天，4 月 4 日，这家公司发布了盈利预期公告，指出盈利报告（4 月下旬才会发布）会低于人们的期望。股票下跌 14 开盘。对期权交易量的观察者来说，这是大师级的成功。

同前面展示的若干例子相比，下面例子并不一目了然。这个例子是关于日本先达公司（Syntex，代码"SYN"）。很久以来就有传闻这只股票要被收购。对过去几年来买入 SYN 的大部分人来说，不幸的是收购从未兑现。而且股票不断地从低位跌到另一个低位。正如前面所提到，如果公司的业务有生命力，低廉的股价会吸引感兴趣的买家。华尔街当然明白这个事实。因此，只要有一点点关于传闻的线索，就会使得 SYN 股票和它的期权交易活跃起来。我们稍微仔细地讨论一下这个例子，来说明事情有时候并不一定按人们计划的那样发展。

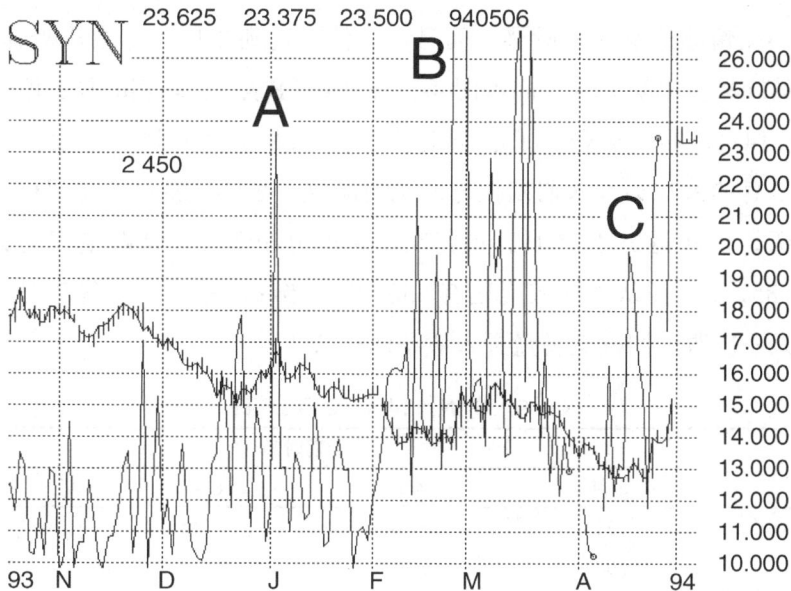

图 4-9　SYN

图 4-9 展示的是 SYN 和它的期权交易量。时间范围是从 1993 年年末到 1994

年前 3 个季度。1991 年 SYN 股价曾高达 54，但在 1993 年下半年已跌至 15。1993 年 12 月中旬，期权的交易量增加了一些，而股价触底，并在年终时反弹至 17。不过大规模的交易量出现在 1994 年的第 1 个交易日（见图 4-9 中的 A 点）。1 月 4 日那天的期权交易量见表 4-8。

表 4-8   SYN：16⅞；1 月 4 日

行权价	到期时间			
	1 月	2 月	3 月	6 月
15 认购期权	350	544	214	185
17½ 认购期权	2 924	529	993	83
20 认购期权	302		1 229	579

这一天，认购期权的交易量猛增到 7931 手，同时还有 479 手零星分布的认沽期权。因为当时的日均交易量只有 2377 手，交易量确实有了实质性的增长。此外，它看上去投机性很强，虽然更理想的情形是，1 月和 2 月的合约交易更多，而 3 月合约少一些。

尽管 1 月 4 日的期权交易量看上去不错，但它只维持了一天。更糟的是，它标志着这只股票到达了中期的顶部，同"应当"发生的完全相反。股价在 2 月上旬下跌至 14，期权交易量也大幅下跌。

这只股票在 2 月的中下旬稳定下来，期权的交易量又开始上升。不过，这一次交易者不太情愿追涨这只股票。而且，股价一直到 2 月下旬才开始真正上涨，这时期权的交易量大幅上升，冲到图 4-9 的顶点（B 点）。讽刺的是，股价只上涨了 5/8，至 14⅝，再一次表明了股票交易者对 SYN 上持有怀疑态度。然而，那些有内幕消息的人在买入认购期权方面则更激进。表 4-9 展示了在期权交易量最高的那一天，也就是 2 月 25 日，期权交易量的分布情况。认购期权的交易量是巨额的 12 851 手，而认沽期权上还有 6500 手。当时的平均日交易量是 3383 手，因此这又是一次跟随期权交易量买入股票的机会。

表 4-9   SYN：14⅝；2 月 25 日

行权价	到期时间			
	3 月	4 月	6 月	9 月
12½ 认购期权	514	33	265	188
15 认购期权	8 081	1 154	3 964	379
17½ 认购期权	1 168	177	2 744	253
20 认购期权	172		535	
22 ½ 认购期权	30		414	

在 2 月剩下的时间里以及 3 月上半个月，期权交易量一直很高（见图 4-9）。不幸的是，股票上涨幅度不大。在 3 月早期股价**确实**达到过 16，然后它又开始了另一次暴跌，最终于在 4 月中旬跌到 12½。随着股价的下跌，期权交易量在 4 月中旬几乎完全枯竭。不过，期权交易量又一次出现回升（见图 4-9 中的 C 点）。正如 2 月发生的那样，股价并没有真的上涨，再一次显示了交易者所持的怀疑态度。

接着，4 月下旬（4 月 23 日），股票和期权又都活跃起来。首先，股票在一天之内从 12 跳涨到 13，与此同时，期权的交易量达到了自 3 月以来的最高水平。然后在 4 月 29 日，SYN 的交易价超过了 15，期权交易量又一次展现出极度投机（见表 4-10）。有将近 13 000 手认购期权的交易，同时也有 3000 手认沽期权的交易，这是传闻又回来了的信号。

表 4-10　SYN：15⅛；4 月 29 日

行权价	到期时间			
	5 月	6 月	9 月	12 月
12½ 认购期权	56	85	71	
15 认购期权	2 453	3 922	693	34
17½ 认购期权	436	3 596	370	32
20 认购期权	24	741	164	

第 2 天，这家公司收到了收购报价，开盘时价格达到 23½ 美元，那些以前敢于买入 SYN 的交易者得到了回报，该回报按百分比计算是巨大的。在许多交易者的脑海里，SYN 是那种想避开的股票。对短期交易者来说，这是真的，这些交易者在过去多次被虚假收购传闻所害；长期持有者也是一样，这只股票的收购价格低于在过去几年里日收盘价的 90%。只有期权交易量的观察者觉得有一定的弥补，即使是他们也在最后收购发生之前亏损了若干次。

这个例子不但表明了期权交易量的迅速增长不一定都与收购或盈利惊喜有关。而且强调了资金管理的必要性。因这些都是短期交易的情况，我强烈地建议只要是用期权交易量作为建立头寸的指标，每次买入时都要使用严格的止损指令。在我看来，**对任何头寸，只承担不高于 1 点的亏损**（除了股票跳空开盘的情况）。因此，如果 1 月初没有用 16⅞买入股票，你就会在两天内止损出场。然后 2 月下旬，你会再一次在 3 月下旬或 4 月上旬被止损出场（不过，大部分短期交易者在股票没有上涨的情况下也不会持有股票 1 个月）。虽然这些会导致亏损，但亏损都比较小。这很重要，你需要尽量完整地保留资本，下一次（4 月下旬）是一个真正的机会。因此，如果你在头 2 次交易中限制了亏损，那么在第 3 次交易中就能获得一笔丰厚盈利，由此最终能以丰厚利润收尾。

在这些例子的结尾部分，应当指出**不是每一个主要公司事项在事前都会有人走漏消息的**，事先很少或者没有迹象就发生的收购很常见。大部分未知收购发生在小盘股上。但是有时候它们也会出现在大盘股上。在毫无迹象而发生的大规模的收购中，20 世纪 90 年代初的松下（Matsushita）对 MCA/United Artists 的收购就是如此。那一年市场处于熊市，MCA 正在非常剧烈的下跌之中，股价从年初的 71 美元跌至 34 美元。突然，在没有任何预警的情况下，松下对该公司提出了每股 71 美元的收购，第 2 天，股价跳空高开至每股 60 美元。

与此相似的是，按购买股票的美元数额计算，有史以来最大的并购事件之一的发生也是无声无息的。因为这 2 家公司的并购被认为是不可能的，分析家们也没有传播流言。该并购事件就是 1995 年夏天迪士尼（Disney）对 Cap Cities ABC 的收购。7 月的一个星期五，Cap Cities 的股票以 96 美元的价格平稳交易。当日总期权交易量仅有 100 手，与日均 272 手的交易量比起来，似乎没有什么不寻常的。此外，Cap Cities 还处于下跌趋势中，伴随着较低的交易量。此时迪士尼宣布了让人大吃一惊的收购报价，每股 65 美元，再加上 1 股迪士尼股票。迪士尼当时的交易价是 65 美元，因此这就相当于对 Cap Cities 的收购报价是每股 130 美元。

这只是说明，收购有时会悄然无声地发生。不过如果有太多的人知道这件事的话，通常情况就不是这样了。在迪士尼例子中，最初建议是迪士尼的董事长对 Cap Cities 的董事长亲口提出的。然后，他们把该建议交给一些可信赖的人以设计出细节。不过，只要涉及投资银行家、印刷厂等，泄密的可能性就会大大增加。一旦信息到了无相关利益方的手里，这些人可能就会开始买入期权，这就是我们可能盈利的地方。

4.1.5 盈利性

前例足以说明根据期权交易量的增长来进行股票交易的价值。这中间可能会有很大的盈利。如果你使用相当严格的（心理上的）止损措施，就有可能得到很好的回报率。为帮助你估算预期回报，我们可以提供一些通用的统计数据。

第一，不管你在筛选期权活动时有多么小心，**交易中会导致亏损的概率略高**

于 50%。其中部分原因是你选出的股票期权交易量可能不是来自内幕消息，而是来自其他外在的原因。其次，在使用严格止损规则时，你也许会发现，卖出止损是因为有大卖家大量卖出而导致股价下跌（大卖家卖出是出于价格的考虑而不是公司事项），或者是由于广为传播的传闻逐渐降温。后来，如果这些传闻又回来了，你也许又会重新进入市场（就像前面 SYN 的例子里那样）。就我自己而言，我宁愿承担小笔的亏损，如果它重新变得活跃，再重新建仓。

至于提取利润，或者是至少是保护利润，这里至少有 3 个方面需要考虑的。第一，正如前面提到过的，当公司消息公布于众时，你可以将头寸平仓。这是件最让人开心的事，消息的公布会导致股票朝着有利的方向运动。不过，有时候公司消息的公布意味着你要承受亏损，而且这些亏损会是最大和最痛苦的。例如，在一只股票的盈利报告发布以前的好几天内认购期权的交易量都很高。然后，实际发布盈利同预期的一样；或者是盈利很好，但是下一季度的销售预测看上去不怎么样；又或是公司在公布报告的同时提到了其他不利因素。在敏感的市场里，这样的股票会迅速下跌，或者是开盘价低于止损价，从而导致亏损。

第二，你可以使用追踪止损（trailing stop）。如果股票开始沿着有利的方向运动，但是不会马上就有实际的公司公告，那么建议提高止损价格。随着这些未兑现的盈利开始积累，你也许应当把（心理）止损价格设定在低于股票价格 1 个多点，从而给予该股票更多的空间。（短期）交易的目的就是积累盈利，就用这样的方法来处理盈利。

事实上，我在几乎所有的交易里都用追踪止损方法来作为**心理平仓止损点**。你可以使用某些简单的标准，比如 20 天的移动平均数；也可以使用较为复杂的止损，例如吊灯止损（chandelier stop）或抛物线止损（parabolic stop）。它们在股票朝你有利方向有强劲的甚至是抛物线式的运动时，同股价"捆绑"得更紧。备受媒体推崇的华尔街古老格言是：很难做到减少亏损同时又积累盈利。其实并不是那么难。如果在一开始就设定合理的止损点，同时训练有素地坚持使用它们，你就可以减少亏损。此外，如果使用**追踪止损**，就可以让盈利积累起来。使用这种方式，你可以成为一个聪明的交易者。

需要注意的是，通过使用心理平仓止损，并不是实际在交易中下达止损指令，所做的是在接近收盘时检查市场，如果股票价格低于止损价格（当你持有多头时），那么就卖掉股票或者之前买入的认购期权。如果太忙而没有机会在收盘前看一看市场，而收盘时跌破了止损价，那么在第 2 天早上就卖掉头寸。最后，要注意的是止损是基于**股票**收盘价，而不是期权价格（我认为这是最有效的方法，原因是基于期权的止损指令是相当不容易的）。本章后面"使用止损指令"的一节里会进一步讨论这些概念。

第三，如果股票朝有利方向进行迅速、实质性的运动，但没有公司事项公布，我建议先拿走部分的盈利。使用该策略可以用范围略宽的止损价，能更自由地持有剩余头寸。这样做的话，一旦意料之外的新闻发布，也不会太痛苦。

1995 年 7 月 U.S.Surgical 的交易，说明了资金管理的实用性。过去，这只股票是收购传闻的对象，它的期权交易量偶尔会很大。这一次，当期权交易量暴涨时，股票在 24½ 美元左右交易。期权观察者在这个价格范围买入股票。2 天之后公布的盈利报告好于预期，某家主要的经纪公司因为预估的盈利改善而提高了股票评级。在仅仅 3 天内这只股票上涨至 27 美元。当时，我们建议客户提走部分盈利，将止损价从最初的 23 ⅜ 美元提高至 25½ 美元。

第 2 天，开盘价是 27 美元，之后**同一位**分析师撤回了他的积极预测。他的推理是什么并不重要（虽然很值得怀疑）。但是股票在当天就下跌了 2 美元，使得我们止损平仓。幸运的是，由于使用了追踪止损，而且我们事实上提取了部分盈利，所以仍然在一个非常短的时间里获得了将近 2 美元的收益。

甚至可以在日内交易中使用提取部分盈利的策略。有时候，当市场出现传闻后，推动股价到了极端的水平时你已经持有头寸。极端情形下，仅仅是因为价格的因素，卖家自然会出现（或者是买家，如果你是卖空的话）。例如，前例里提到的芯成半导体（Integrated Silicon）股票，其认沽期权交易量很大。我们让客户卖空这只股票，在接下来 3 天它下跌了 7 个点。然后，在第 3 天它又下跌 6 个点。最后在将近收盘时反弹 4 个点。买家出现了，他们觉得这只股票已经很便宜，不管再有什么坏消息，都值得买入。第 2 天，股票上涨了 5 点。那些能够实时观察股票的交易者看到买家出现、股价出现反转后，就能够及时做出反应。此时进行回补，要优于等到收盘才回补，也优于之后的买入止损指令。

4.1.6 进一步的考虑

你可以很容易看出，对期权交易量的这种分析需要掌握"期权平均交易量"。

我们在计算中使用 20 天移动平均交易量。我们也将分开保存认购期权和认沽期权的 20 天移动平均交易量。提供这类信息的软件非常少，也没有一款软件可以为你进行必要的筛选，原因是筛选应该主要由人来完成。Option Vue 是提供这样信息的软件商，通过他们的 Opscan 服务，可以大幅地定制分析，不过你还是得面临许多的选择。平均说来，每天你都会发现有 40 只或者更多的股票，它们的期权交易量超出日均交易量两倍。不过，经过筛选之后，实际的投机性期权交易量并不多，其他的则是由备兑开仓、价差交易和套利产生。这就意味着，最好的也是唯一的精确筛选交易量的途径，是让了解自身需求的交易者来分析数据。实践中，如果你能获取数据，那么该交易者可能就是你。另一种方式是通过我们的"日交易量警报"服务，在这项服务中，我们每天都为客户筛选和报告少数真正的投机交易量情况。

常常有人问我："你自己买股票或者期权吗？如果买的话，都是哪些期权？"很多时候，因为不仅有内幕消息的人在买入，其他的交易者和做市商也买入，因此这些处于传闻中股票对应期权相当昂贵。在大部分情况里，这就使得平值和虚值期权贵得让人买不起。一般来说，**我倾向于买入短期、实值期权**，因为它们没有或者只有很少的时间价值，因此，其表现与股票几乎完全相同。

尽管实值期权不具有虚值期权那样高的杠杆能力，它仍然有杠杆作用。而且，只要股票朝有利方向波动，无论波动时间多长或者波动幅度多大，它都能产生盈利。持有虚值期权就不一样了。最坏的情况莫过于，持有昂贵的期权，如果这家公司否认了支持该股票的传闻，该期权变为虚值。股价下跌，隐含波动率下降，期权绝对崩盘。因此，你可能面临这样的情况：平值期权价格下跌得与标的一样快，甚至更快。

尽管我倾向于使用实值期权，**但我决不会与那些想要买入股票的人争论**。交易股票往往比交易期权更为可取。股票流动性更强，买卖价差往往更小，而且可以使用止损指令。我不建议在期权中使用止损指令。如果使用，长期来看，你一定会对结果感到失望。交易时你会发现，当股票朝着有利的方向波动 1 点或 2 点时，你会相当频繁地获取小额的盈利。当然，当股票在朝你有利方向波动时，期权也会同样波动，但是股票的流动性往往使得它们成为更好的交易工具。

在这样的投机情形里，使用虚值期权会有意义吗？是的，会有。当期权价格较昂贵时，我会使用牛市价差策略，甚至是虚值期权牛市价差策略。

1995 年 11 月初，联邦纸板（Federal Paperboard，FBO）的价格在 41 左右，期权的交易量很高。因此，这是一个买入机会。不过，它的期权非常贵：

FBO：41
11 月 40 认购期权：4
11 月 45 认购期权：2
11 月 50 认购期权：1

这些期权只有 2 个星期就到期了，因此你可以看出它们的投机性有多强。我建议客户买入 11 月 45 认购期权和 11 月 50 认购期权组成的牛市价差组合，成本是 1，或者第 2 天买入的话是 1¼。

1 个星期之内，这家公司被收购了，股价是 53，价差组合以 4⅞ 的价格平仓。这是个经典例子，表明牛市价差组合有时候为什么如此有用。

作为比较，我们假设价差组合以 5 的价格卖出，而且任何其他期权都可以按照价格为 53 股票所对应的价格卖掉。下面的表格比较了购买不同期权或股票所得的收益率：

买入	成本	卖出价格	收益率（%）
牛市价差	1	5	400
11 月 40 认购期权	4	13	225
11 月 45 认购期权	2	8	300
11 月 50 认购期权	1	3	200
普通股股票	41	53	29

因此，到目前为止，就已实现的收益率来看，该价差组合是最好的选择，它的表现优于其他选择的原因是：在开始时每个认购期权都很贵，这就影响到总的收益率。而在价差组合的情况里，我们同时买入和卖出昂贵的期权；某种程度上，它们相互抵消了一部分。当然，如果收购的价格要高得多，该组合就不会是最好的选择。但是，它仍然会表现得非常不错，而且它的初始成本很低，只有 1 美元。

4.1.7　使用止损

前文提到，在使用短期交易策略时，你应当使用保护性的止损，而且是比较严格的止损。这个概念不只是与股票交易相关（不管是基于期权交易量还是基于其他指标），而且也适用于期货的交易。如果使用止损（而且不断积累盈利），那么即使只有 40% ～ 50% 盈利概率，最终的盈利仍然会非常高。你同时应当选择使用追踪止损：如果运气好，股票朝有利的方向运动，就可以调整止损，以锁住盈利。你不一定非要把追踪止损设定的像最初的止损那样严格。如果股票已经向有利的方向运动，需要给它更多一点的空间。

　　如果你能够接触得到实时数据，或者是有人在为你查看账户，那么我通常推荐的一个概念就是**心理止损**而不是实际止损。实际止损是一个止损指令，它会下达给你的经纪人，因此是已经进入交易所的指令。实际止损的好处是，你不必一直查看它，即使是在做其他事情，它也能为你工作。实际止损的**不利**之处是，当股价触及止损价时，你还没有机会搞清状况，就会自动离场。此外，你未必能得到有利的止损价。尽管这听上去有些偏执，但确实发生过类似事件。有时候，机构投资者和做市商会驱使股票价格下跌并以你的止损价格买回股票，而股票在此之后马上又反转向上。

　　心理止损在股价触及止损价时，给你提供了一定程度的灵活性。通常实施心理止损的步骤是，在报价软件上就你关心的股票设定限价警报。这样，当股价触及止损价时，报价软件就会发出"蜂鸣"的声音，或者用其他办法通知你，已经触及限价了。于是，你可以看一下这只股票，或者是花几分钟观察一下这只股票的交易活动，看一看现在是否真的到了应当卖出这只股票的时候。例如，如果股价触及了心理止损价，但是，当看到在这只股票上有很大的买单，卖出的报价并不多，你也许会认为现在还没到卖出这只股票的时候，因此继续持有该股票。另外，如果看到卖盘非常凶猛，而买单并不大，你也许会决定卖出该股票，因为它的价格可能会进一步下跌。心理止损给了你这样的灵活性。与实际止损相比，有时候它会使你额外花费 1/8 美元，但是在股票明显会反弹的那些情况里，它可以为你省钱。当然，心理止损只有当股价触及止损价格时，而且你也在场的情况下才适用。如果你另有一份工作，或者常常远离报价软件，那么就必须使用实际止损。

　　另一类我觉得有用的心理止损是**收盘止损**：除非是股票实际收盘的价格低于卖出止损价时（或者高于**买入**止损价），否则不进行止损操作。在期货市场里可以直接下达这样的指令（即"止损，只有收盘有效"），但在股票市场里不行。我发现，特别是在有传闻的股票和其他短线交易的情况里，股票有可能在日内下跌突破支撑位，但是在收盘时又反弹回来。如果你在日内使用止损指令，就会被止损出场。然而，如果你使用收盘止损，就保留了头寸。这种方法相对容易，即使你没有使用报价软件，只需要在快收盘时打电话给经纪人，告诉他如果看上去股票收盘价低于止损价时，就卖出股票。当然，这样做的缺点是，股价有可能不但在日内跌破了止损价，而且继续下跌，最后以低**得多**的价位收盘。这就是为什么即使使用这一类的止损，你还是要注意实时情况。如果看到出现险恶情况的可能，也许应该在收盘**之前**平仓。

无论如何，止损与其说是一门科学，不如说是一门艺术。有的交易者倾向于使用资金管理式的止损，也就是说，他们在每手交易上只会冒一定的风险。因此，会根据美元计价的风险大小来决定止损价格，我们将在第 7 章里讨论这个概念。其他的交易者偏向于依靠技术分析来帮助止损。我认为可以把这 2 种概念结合起来进行短线交易。对于使用期权交易量来选择股票的策略，我们想要将初始亏损保持在较低的水平上，大约从 3/4 美元到 1 美元。这是止损中资金管理的部分。然后，如果我们能在这个范围内找到技术分析的支撑点，就可以将 2 种理念结合起来了。

例如，如果股票每日最低价多次出现在同一个价位上，就代表了技术支撑。如果该支撑差不多就在我们想要设定止损的价位上，就可以在这 2 个每日低点**之下**设定实际或者心理止损点。图 4-10 是伯利恒钢铁公司（Bethlehem Steel，代码 BS）的图表，它说明了此概念。如果用 14¼ 美元买入 BS（图中右侧），我们也许会将止损价设在 13¾ 美元，这是根据在上个星期里有 2 个底部都在 14 美元的事实而确定的。

图 4-10　伯利恒钢铁公司

当然，你不会总能够发现诸如双底这样方便的情况。不过，你常常可以找到一个支撑区域，该区域如果被打破，就会有负面的情形出现，这就是你的止损点。

图 4-11 说明了此概念。如果按最新的卖价买入 ADM（图像右侧），你会觉得该价格代表了一个漂亮的突破。不过，如果它跌回到上个月的连续每日顶部 17½ 美元之下，该突破就不复存在了。因此，你可以将止损价设在 17 美元，在连续每日顶部之下。

ADM　18.000　17.750　18.000　951227　2400000

図 4-11　ADM（1995 年 12 月 27 日）

最后，如果没有可见的技术支撑区域，那么就不得不依靠资金管理式的止损。止损选择过程中资金管理部分是最重要的，应当成为首要的考虑因素。例如，技术支撑点是在入场点的 2½ 美元之下，但由于资金管理，你要在入场点之下 1 美元的地方设定止损价，这是必须考虑的因素。如果正常的资金管理式止损是 1 美元，那么使用一个低于入场点 2½ 美元的价位作为止损点就离得太远，风险太大。只有在符合资金管理止损前提下，才在止损选择中考虑技术分析。

前面讨论的是从保护股票多头头寸的角度出发。显然，如果是空头头寸，情况也类似。在柱状图中，保护性买入的止损价会设定在刚好高于一些日内顶部的地方。或者，如果股票向下跌破了密集区，那么买入止损点应该设定在刚好高于该密集区日内最低价的地方。

有时候，像限价指令一样，你也可以用止损指令来建立头寸。我们花了不少时间来讨论从期权交易量中筛选掉不是投机性交易量的理由和方法。不过，即使是这样，你还是有可能抓住一只股票，它的期权交易量的增加并非是因为内幕交易者在公司新闻公布之前买入期权，而是其他原因。为进一步筛选，在实际买入股票之前，我常常要等到这只股票的价格高于它在期权交易量很高那一天的价格。原因是，如果这只股票的价格无法穿越前一日的高点，那么期权的交易量也许并不如想象得那么好。

如果在等待这只股票达到稍微高一点的价格（也就是说，高出前一天的高位），那么就可以使用**买入止损**指令来买入这只股票。你只需要在前一天高位之上 1/8 美元的价位设定买入止损。如果指令被执行了，你就知道这只股票延续了昨天的趋势，而你得到了一只处于涨势的股票。如果它没有被选上，那么你也许应当避开该股票，因为它的期权交易量可能是由不相关的因素引起的。当然，如果你还是对期权交易量感兴趣，你可以把止损指令留到第 2 天。

图 4-12 是 Grupo Tribasa（GTR）的图表，它是上述理念的很好例子。当股票在 8（图中 A 点）附近交易的时候，期权交易量第一次开始增长，当天高位是 8 ⅜。在此以前，股价有几次冲击 8½ 失败。因此，尽管期权交易量相当高，我们在实际买入之前，想看到这只股票突破 8 ⅝。在将近一个月里，它都没有能够达到这一点。然后，又出现大量的期权交易（B 点）。同样，第 2 天股价没有跟进这个期权交易量。不过，3 天之后它终于有了突破。

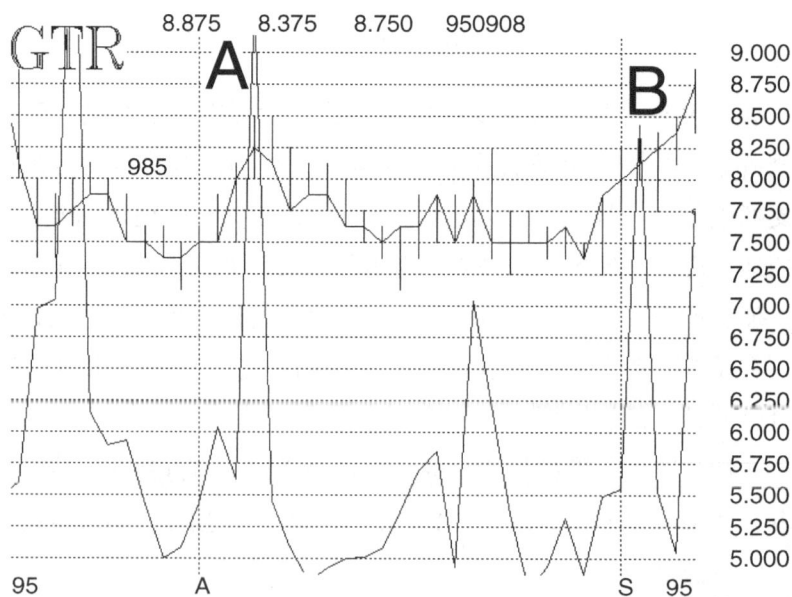

图 4-12　Grupo Tribasa

限价指令也可以用来建立头寸。许多交易者不喜欢在突破点上买卖股票，我同意这种理念，特别是如果你错过了一个实际的突破口。在 Grupo Tribasa 的例子里，我们能够在该突破出现时就抓住它。不过，有时候会发现，一直要到突破出现那一天才会有大量的期权成交。这不一定是说你应该避开这只股票，但是也许应该等到价格回落后再买，这取决于新闻究竟怎么说。

图 4-13 是 U.S. Surgical（USS）的图表，说明了此概念。1995 年 7 月下旬，股票在刚刚超过 23 的价位交易。在此之前，在 24 的价位上遭遇过阻力。那一天，USS 跳涨了 1½ 点，期权的交易量很大，以最高价 24¾ 收盘。这个情形看上去相当吸引人，但并没有达到在它突破后就按当日的高位买入的地步。事实上，我们使用了限价指令，在 24¼ 的价位上买入这只股票，该价位刚好在支撑区域之上。在后面的几天里，它的价格有几次下跌到这个水平，然后就一直冲高到 28。

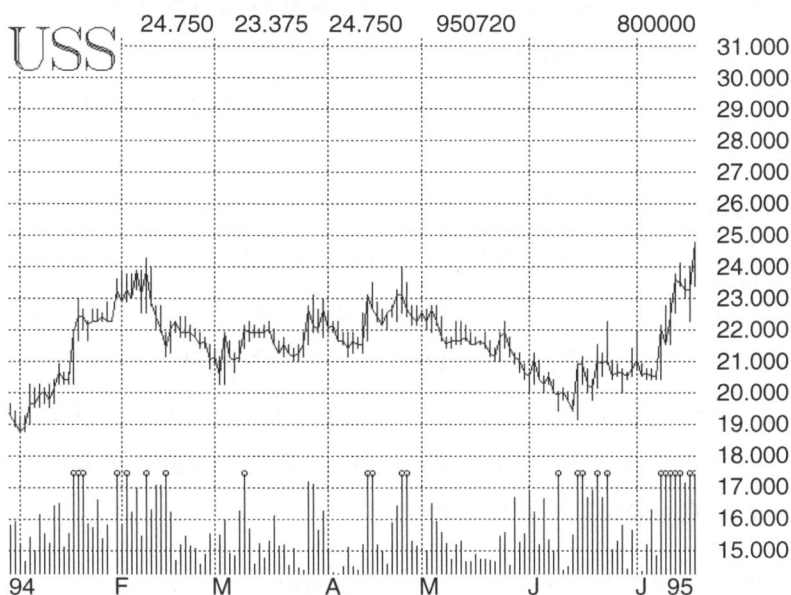

图 4-13　U.S. Surgical（1995 年 7 月 20 日）

4.1.8　期权交易量并非好指标的时机判断

在总结本节之前，需要指出哪种情况下，股票期权交易量**不能**作为标的波动的指标。期权交易量看起来似乎对所有股票都有指示作用，但实际上对黄金概念股和海外股票无效。我的经验是，黄金概念股中的高期权交易量只是股票自身投机性的反映，而不能作为即将出现的公司新闻的指标。对有期权交易的海外股票的美国存托凭证（ADR）也基本如此。如果有人知道了这家公司的内幕消息，可能就会在海外市场上买入这只股票，而不冒险在美国交易，以避开美国证券交易委员会（SEC）的惩罚。

你也许在想，同样的概念是否可以用到指数期权或者期货期权上。在经过充分研究之后，我的结论是：同股票不一样的是，期权交易量**不能**作为预测指数和期货波动方向的指标。刚开始的时候，我以为使用期权交易量来预测指数波动，特别是行业指数波动，是有一定的逻辑性的。比如，如果一家大经纪公司正在进行一项对石油股票持正面看法的研究，那么该报告有可能在公布之前就被泄露，而泄露的内容就有可能以买入油气指数（Oil & Gas Index，代号：$XOI）的认购期权表现出来。这类事情从来没有发生过，要么是因为经纪公司对他们的研究绝对保密（这不太可能），要么是行业指数期权本身不活跃，因而知道内幕的人没有使用它们（很可能）。历史证明，指数期权的交易量同指数随后的波动之间几乎没有什么互动的关系。我们不得不得出结论，指数期权的交易量不是一个指数波动的好指标。

至于期货期权，期权交易量的增长同标的期货波动之间似乎也不存在相互关系，在期货的情况中这似乎合乎逻辑。比如，你无法兼并大豆和玉米。唯一会实际影响到商品价格的新闻是政府的供需报告。这些报告保护得很严密，虽然有许多分析家想要预测政府报告的数字，实际的报告从来没有被泄露过，它们唯一被泄露的一次是在电影《交易场》（*Trading Places*）里，当埃迪·墨菲（Eddie Murphy）和丹·艾克罗伊德（Dan Aykroyd）击败杜克兄弟（Duke Brothers）的时候。在现实生活里，这样的事从来没有发生过。因此，由于期货市场里没有"内幕交易者"可以事先得到新闻事件，期货期权的交易量不能被用来预测标的期货的价格，不能像使用股票期权预测股价那样。

这样，我们就结束了相当长的、论述使用期权交易量来预测股票波动的这一节。对短线交易来说，从上面例子可以看到，这是一个有效的方法。

4.2　将期权价格用作指标

股票、指数和期货对应期权的实际价格有时也可以用来预测标的将要出现的波动。期权的权利金有时和期权的交易量一样，不但在发现公司相关事项上有用，在其他场合也有用。我们将考察若干种方法，使得昂贵的期权或者廉价的期权发挥预测作用。

正如有必要将期权的**交易量**与某种有意义的数值（交易量的 20 天移动平均值）相比较一样，在期权价格上有一个严格的衡量标准也是有必要的。这样，我们可以判断期权是贵的还是便宜的。为判断期权是贵的还是便宜的，我们使用**隐含波动率**（implied volatility）。在第 1 章里通过例子定义了隐含波动率。对那些已经熟悉这个概念的读者，这里给出一个更能说明问题的定义。

　　例：如上所述，期权的价格是下列因素的函数：

> 股票价格
>
> 行权价
>
> 到期时间
>
> 利率
>
> 波动率

（暂时不考虑股息。）现在，假设 IBM 的交易价是 99，我们想要决定一个交易价为 7 的 IBM 10 月 100 认购期权的隐含波动率。

　　在构成该期权价格的因素里，有 4 个是已知和固定的：股票价格（99），行权价（100），到期时间（10 月的第 3 个星期五以前所剩下的时间）以及短期的利率，我们所不知道的是波动率。

　　不过，我们确实知道 10 月 100 认购期权的价格是 7。因此，在给定其他 4 个因素价值的情况下，我们需要在期权定价公式中输入怎样的波动率，才会得出该认购期权价值为 7 的结论呢？该波动率就是**隐含波动率**。

同一标的的每个不同的期权有不同的隐含波动率，因此需要按某种方式将它们加以平均，从而得到这只股票、指数或期货的隐含波动率的单一数值。我倾向于使用期权交易量和行权价差值（当前最接近标的价格的行权价与期权行权价之间的差值）这 2 个因素来加权每个隐含波动率。期权交易量越大，权重越大。平值的或者接近平值的期权的权重最大。

　　确定了隐含波动率的计算方式后，每日的隐含波动率可能变化很大。因此，我倾向于使用隐含波动率的移动平均数，从而使得数据更平稳一些。10 天或 20 天的平均移动数似乎效果最好。如果你使用的移动平均数天数"过长"，那么就可能包括了过多无关和"陈旧的"数据。我们想要在隐含波动率中抓住突发的变化，但是这些变化应该是有意义的。隐含波动率在 50 天内常常可以有相当大的变化，但是在 10 天或者 20 天这样的时间里发生重大变化的情况就不多见。

4.2.1 昂贵的期权可能预示公司新闻的出现

正如期权的高交易量有可能是公司新闻事件的指标一样，昂贵的期权也一样，只是局限在一定的特殊情况里。事实上，在有收购传闻或其他重要公司新闻发布以前，期权的交易量和隐含波动率常常是**一起**增长的。之所以出现这个现象，也是因为那些有内幕消息的交易者想要使用最大限度的杠杆来建仓。当交易量和波动率都上升的时候，最好是使用本章前面所讨论的方法是对期权交易量进行分析。

不过，有时候也许发现隐含波动率增加，而期权交易量没有相应增长。在许多情况里，这会是第一个提醒信号，说明有人在用内幕消息交易。这种**没有**期权交易量支撑的波动率增长，通常发生在流动性差的期权里。

考虑这样一个情况，看一看为什么期权会在变得活跃之前就变得昂贵起来：激进型的交易者想要买入期权，是因为他们觉得掌握了会使股票大幅上涨的信息。不过，这些期权的流动性不大。因此，做市商在提高卖价之前，仅卖给这些交易者不多的期权。这些交易者于是按更高的价格再买入一些，而做市商又一次提高了卖价。这可能会持续一段时间。但到最后，期权会贵得使交易者不再愿意用更高的价格买入。交易者可能会决定去购买股票，或者他们也许只是就期权报价。无论哪种情况，最终期权变得相当贵，而实际交易的期权量却非常小。

在本章前面提到过，美国格伯公司（Gerber，代码 GEB）期权的交易量发出了 GEB 的最终收购信号。不过，当时我们也提到，期权价格的上涨是第一个警告信号。你也许会想把这个讨论与前面的讨论加以比较。

图 4-14 展示了 GEB 的历史股价，图形底部匍匐起伏的曲线是期权的**日**隐含波动率（按前面所说的方法加权）。

在图像底部左侧，一般几乎没有什么期权交易。因此，在许多这样的日子里，没有显示隐含波动率。事实上，GEB 期权是流动性最差的期权之一。它的股价表现得非常迟钝。因此，交易者对 GEB 期权几乎没有兴趣。例如，GEB 从 1993 年 9 月到 1994 年 3 月被锁定在 27 ～ 29 美元的交易范围内。在 7 个月里保持如此狭窄的价格范围是令人吃惊的。

不过需要注意的是，12 月和 1 月，隐含波动率开始增长（A 点）。这是有人在期权交易量开始增长之前就想要买入期权的证据。一直到 3 月都没有什么真正的期权交易量。3 月，该股票突破了之前的交易范围并开始上涨。此时，从图 4-14 中可以看到，**隐含波动率**在 3 月也创了新高。

图 4-14　Gerber——隐含波动率

在后面的 2 个月里，从 4 月到 5 月，股票上涨，期权交易量相当高，同时隐含波动率也增长了。刚好在收购之前，达到了高峰（B 点）。这样的"双组合"是收购即将出现的一个重要预兆。另一方面，期权**交易量**的观察者在股票已经突破到 32 或者 33 之前，从来没有真正被"通知"过。即使是突破时，股票在最终上涨之前又曾回调到 29。然而，那些注意隐含波动率的交易者则很容易在 1994 年1 月或 2 月价格为 27 ～ 29 美元时就买入了股票。

即使不是经常观察期权权利金水平的人也知道，期权常常在收购或是其他重要的公司新闻公告之前变得昂贵起来。在这些不经常观察的人群里，有些就是进行备兑开仓的。这些进行备兑开仓的交易者有时会得到类似"进行备兑开仓的最优股票"的名单，上面一般罗列了卖出备兑认购期权的最高回报。收购和有传闻的股票总是出现在这样的名单里。这只是一种观察，并不是说应该就这类股票卖出备兑认购期权。它说明的是这些认购期权在收购实际出现以前往往变得昂贵起来。

我有一个朋友，是位专业交易者。他常常说："只有定价过高的期权才是值得买的期权。"虽然从数学上来说这是个谬论，但这个说法还是有那么一点道理。显然，从长期来看，如果你不断地买入定价过高的期权，从统计学的角度会损害你赚钱的机会。但是，在某些情况里，正如这位交易者所指的，这些定价过高的期权预示了可盈利的标的波动。

数学家会告诉你，不断地为期权付出过高的价格最终会毁了你。如果不断地买入所有带有传闻的股票和每一个昂贵的期权，长久下去，你会是个失败者。不过，在标识出潜在的股票盈利运动时，昂贵的期权**是**有用的。你可以利用期权变得昂贵的事实，买入股票而不是期权。

4.2.2 为投机交易而分析隐含波动率

要想使用定量方法准确地决定一个期权是否昂贵是困难的。我会使用一些准则进行判断。比较**每日**的隐含波动率（也就是当日交易的各种期权的隐含波动率的加权平均）是检验期权价格是否昂贵的最新方法。与其他波动率数据进行比较，这种隐含波动率是最有用的。因此，每日隐含波动率可以用来与其他形式的隐含波动率进行比较：隐含波动率的 20 天移动平均数和**历史**波动率的各种移动平均数。

似乎最好是将每日隐含波动率与各类历史波动率进行比较。如果在它们之间有重大区别，那么就值得深入调查。将每日隐含波动率与隐含波动率的移动平均数进行比较不如前者重要，原因是这样的比较难以发掘出感兴趣的情况，特别是如果隐含波动率已经升高一段时间。顺便说说，这种方法与我们在第 6 章使用的分析是不同的。在那里，我们是**交易**波动率。

下面 3 个例子说明了上述说法。头 2 个例子是关于图 4-14 描绘的 GEB 期权。

例 1：1994 年 1 月，在 GEB 的隐含波动率刚开始增长的一天（见图 4-14 中的 A 点），GEB 股票的价格接近 29。不同的波动率水平如下所示：

每日隐含波动率：51%

10 天历史波动率：23%

20 天历史波动率：20%

50 天历史波动率：28%

100 天历史波动率：26%

20 天隐含波动率平均值：28%

可以看到，与其他波动率相比，每日隐含波动率是大为不同的。历史波动率的水平在 20%～30%，这意味着这只股票没有什么趋势性的运动方向，没有大事情发生。此外，最近的隐含波动率的移动平均值也较低，这意味着在期权中也没有多大的事发生。

显然，这是需要注意的情况（也许不需要立刻注意，因为常常只是一天的偶然情况）。如果隐含波动率持续达到这样的高水平，就需要注意了。它**确实**维持住了（见图 4-14），使得有可能在低水平上买入股票。（**注意**：在这一点上买入期权可能不会盈利，因此你不太可能买入 6 月或者更晚月份到期的期权。但是，可以在接近低价时买入股票，而且可以将这个头寸一直保持到收购发生的时候，从中获利。）

下例涉及的也是 GEB，不过是在很久以后的事：5 月，就在实际发生收购之前。同样，隐含波动率突然上涨，不过是从很不同的水平上开始的。

例 2：5 月中旬，在收购（见图 4-14 中的 B 点）之前的 1 个星期左右，GEB 股票上涨至 35 的水平，期权的隐含波动率又一次跳涨（见表 4-23）。

每日隐含波动率：84%

10 天历史波动率：67%

20 天历史波动率：55%

50 天历史波动率：57%

100 天历史波动率：44%

20 天隐含波动率平均值：78%

与例 1 相比，所有波动率水平大幅增长。每日隐含波动率仍然大大高于第 1 个历史波动率。

历史波动率自身也告诉我们一个有趣的故事。与长期历史波动率相比，短期历史波动率更高。这是因为股票向上突破，然后下跌，然后再反弹（见图 4-14）。100 天历史波动率仍然包括了一些较陈旧无意义的信息，而 10 天和 20 天的历史波动率只包括了最近的高波动的运动。无论如何，每日隐含波动率仍然比任何历史波动率都要高。

最后，每日隐含波动率比 20 天隐含波动率的平均值没有高出多少。显然，隐含波动率的增长已经持续了一段时间了。

此例要认识到的重要一点是，收购将在 1 周内发生，因此，我们应当更重视上述的数据。这意味**每日**隐含波动率与隐含波动率的 20 日**平均值**没有显示出重大的区别。更重要的是各种历史波动率与每日波动率有所不同。当这样的情况发生时，我们就有了一个值得注意的情况。

例 2 显示了当一只股票从开始变得越来越热一直到收购出现之前，隐含波动率和历史波动率看上去是怎样的。下例展示一个稍微不同的情况：一只股票**曾经**是相当热并且是广为传播的收购流言的对象，但是流言慢慢地冷了下去。突然，小道消息又出现了，在此之后，收购很快就发生了。

例 3：1995 年 5 月，有传言说 Banksouth（BKSO）会被收购。当时，期权的隐含波动率增长了，期权的交易量也增加了。另外，股票自身的波动率也变得相当大。可是，什么事也没有发生。到夏天时，股票从 5 月的价位下跌了许多。

然后，1995 年 8 月下旬，传闻又出现了，隐含波动率迅速跳涨。在 9 月 1 日，波动率呈现出这样的情况：

> 每日隐含波动率：46%
> 10 天历史波动率：15%
> 20 天历史波动率：22%
> 50 天历史波动率：26%
> 100 天历史波动率：32%
> 20 天隐含波动率平均值：34%

该例的历史波动率走向与前面例子的刚好相反。BKSO 的实际（历史）波动率处于下降的趋势中。在夏天的时候，它的波动性很大。但是，到 9 月 1 日，它已经变成了一只非常温顺的股票。唯一能够使人想起早期波动率的是较长的 50 天和 100 天的历史波动率。

注意，20 天隐含波动率移动平均值也比所有的历史波动率都要高。但是，它比每日隐含波动率要低不少。同样，隐含波动率的移动平均值在这里看起来也并不那么重要。

收购在第 2 天出现，虽然这不是一个影响很大的收购（股票只涨了 3 点），但毕竟还是一个收购。

这些例子显示出，隐含波动率可以是一个重要的考虑因素。如果它超出历史波动率相当多，你就应该仔细研究一下这只股票发生了什么。

为了找出类似上面所描写的那些情况，需要采取若干步骤。最先的 2 个步骤可以通过计算机执行：①将每日隐含波动率与隐含波动率 20 天移动平均数进行比较，如果每日隐含波动率低于波动率 20 天移动平均数，那么就放弃这只股票；②将每日隐含波动率与 10 天、20 天、50 天、和 100 天历史波动率进行比较，如果它至少比这 4 种历史波动率中的 3 种高出 20%，那么对就应当做进一步的调查研究。

要做进一步的调查研究，就必须看一看构成这只股票的每日隐含波动率中每一个期权的隐含波动率。总是有这样的可能出现：一个"异常"现象扭曲了每日隐含波动率，特别是分析中使用的是收盘价格。在这样的情况里，这只股票没有投机价值，并应该从可选对象中去掉。

下面是单个期权如何扭曲每日隐含波动率的例子。部分相关数据如下（9 月收集的数据）：

XYZ: 25	每日加权隐含波动率：33%		
期权	价格	交易量	隐含波动率（%）
1 月 20 认购期权	5.75	1 800	40
10 月 25 认购期权	0.75	300	23
12 月 25 认购期权	1.00	100	19
1 月 25 认购期权	1.50	100	25
10 月 27½ 认购期权	0.13	150	26
12 月 27½ 认购期权	0.38	250	23

除了 1 月 20 认购期权，所有其他期权的隐含波动率都远低于每日隐含波动率 33%。因此，1 月 20 认购期权是占主导地位的，但是它有可能是备兑开仓组合造成的。当 9 月股价为 25 时，投机者是不会买入 1 月实值认购期权的。所以，可以排除掉 XYZ，该股票增长的隐含波动率不是公司发展的潜在征兆，至少在那一天它不是。

因此，必须检查单个期权的隐含波动率，而且在这样做的时候，也应该观察一下期权的交易量。虽然这个期权的交易量不一定非要高到足以使得这只股票出现在"高交易量"的筛选条件中，但在现有的交易量中，至少应当呈现出投机格局。显然，在前面的这个例子里，期权的交易量**没有**呈现投机性的特点。下面的例子描绘了在低交易量、高隐含波动率的情况下会看到的情景。

艾克飞公司（Equifax，代码 EFX）是一家小公司，它的期权一般不活跃，平均每天交易 400 手合约左右。另外，20 天隐含波动率移动平均值是 29%。

不过，在 9 月的一天，每日隐含波动率迅速上涨至 44%，这就使得我们警惕起来，去检查单个的期权。EFX 这天的收盘价是 40。

期权	价格	交易量	隐含波动率（%）
10 月 40 认购期权	2.000	110	42
11 月 40 认购期权	2.875	120	44
10 月 45 认购期权	0.750	160	50

在这个情况里，虽然**交易量**不大，但它确实呈现出潜在的投机性特点。另外，与 20 天隐含波动率移动平均值（29%）相比，每个期权都很贵。因此，该股票是我们的潜在买入对象。

在结束这些例子之前，还有另一种比较常见的与隐含波动率增长相关的现象。当一只股票在一段时间内成为收购传闻的话题之后，期权常常变得相当活跃，因而使得 20 天交易量的平均值也增长起来。因此，这只股票就越来越不容易出现在高交易量的名单上（因为它无法达到现在已经膨胀的交易量的 2 倍）。在这样的情况里，唯一能知道这只股票仍然值得关注的线索就是高隐含波动率。下例就详细说明了这种情况。

1995 年，交互数字通信有限公司（Interdigital Communications，代码 IDC）股票热门了好几次。年初，由于业务的增长，再加上它将要从摩托罗拉那里赢得一场大诉讼的传闻，股价从 3 一直上涨至 13。可是，IDC 最后在诉讼中输给了摩托罗拉，股票暴跌至 5。这些事件使得期权交易量和波动率大幅增加。

不过，经过几个月冷却，期权交易量又开始变化。股价又开始上涨，在

9 左右，这就又一次造成了期权交易量的增加。不过，此次波动没有产生什么，股票慢慢地开始稳定在 8 之下，投机者纷纷退出该股票，到其他地方去寻找更多机会。

然后，1995 年 9 月，IDC 的期权变得昂贵起来，而且在某种程度上活跃起来。不过，因为平均**交易量**已经由于前面的活动而扩大，对交易者来说，唯一的线索就是增长的波动率。

IDC：7¾　隐含波动率　20 天移动平均数：60%

平均日交易量：2444 手合约

每日加权隐含波动率：77%

10 天历史波动率：36%

20 天历史波动率：42%

50 天历史波动率：46%

100 天历史波动率：49%

期权	价格	交易量	隐含波动率（%）
10 月 7½ 认购期权	0.81	700	76
12 月 7½ 认购期权	1.31	200	76
3 月 7½ 认购期权	1.81	200	78
10 月 10 认购期权	0.19	500	85
11 月 10 认购期权	0.38	200	81
12 月 10 认购期权	0.50	200	75
3 月 10 认购期权	1.00	200	76

总交易量是正常的，有 2200 手。由于**平均**交易量是增长后的 2444 手合约，这只股票没有出现在交易量的筛选名单中。不过，每日隐含波动率达到了 77%[⊖]，远远高于 20 天移动平均值，而且也远远超出历史波动率。单个期权看上去也是投机性的，我们应当将该股票看作交易对象而做一番考察。它很快就向上波动了 2 点。

因此，即使我们有相对较活跃的期权，隐含波动率也是有用的。在期权交易量筛选不到的地方，它可以帮助发现潜在的交易对象。

在使用隐含波动率来挑选投机的股票交易对象上，我最后还想说一句，**交易量仍然是很重要的**。如果最终没有期权交易量的出现，我对买入这只股票就不会太有

⊖　原文有误。根据图表，该数值应该是 77%，而不是 78%。——译者注

热情。因此，在前面的例子里，隐含波动率是用来**发现**潜在的交易情形可能的。不过，如果要在这只股票上建立大的头寸，我通常要从交易量中得到某种确认（这可能要晚几天）。需要交易量来确认的原因是想避免买入一只会大幅度低开的股票（因为期权的隐含波动率也可能作为这种缺口的预兆），就像我们在下面一节里将看到的。

4.2.3 隐含波动率可以预示跳空缺口

当一件会大幅改变股票价值的公司事项（有可能是公开事件）实际出现之前，期权会变得非常昂贵。这样的例子可以是一家小型生物科技公司，它必须得到美国食物药品管理局（FDA）对这家公司唯一可行药品的批准。另一个这样的例子可以是诉讼判决，判决的结果可能导致 1 只（或者甚至是 2 只）公司股票价格的剧烈变化。

我们这里说的基本上是一件会大大改变公司基本面因素的事件。在这样的事件公布之后，这家公司的命运会有戏剧性的改变，股价会显著地不同。股票期权中的隐含波动率也可以对这种类型的事件发出预警。不过，在这样的情形下，事前可以知道这只股票**会**波动，但是**无法**知道该股票会朝哪个**方向**运动。

这样的信息依然有用处，特别是持有该股票，或者正在考虑要买入该股票时。如果期权预示出该股票会有重大的价格变化（方向不明），你也许应当考虑在新闻事件公布之前不要持有这只股票。

在这些情况里，我们说的不是那些提前被泄露出来的新闻事件。一般来说，没有人知道事情的结果会是什么。法院事先不会对任何人透露他们的判断是什么（事实上，如果是陪审团审判的话，除非在法庭上宣布判决，否则没人知道判决会是什么）。FDA 也不会事先透露他们的任何决定。

用若干历史案例可以更好地说明这一现象。在前面的章节里，已经间接地提到了这样的例子，其中一个是英特尔公司（Intel Corporation）就侵犯专利权起诉超微半导体公司（Advanced Micro Devices，代码 AMD）的例子。

1994 年 3 月，离法庭做出判决的日子越来越近，2 只股票的期权隐含波动率都上升。不过对规模小一点的 AMD 公司来说，变化更显著。英特尔正常的每日隐含波动率大约是 30%。但是在快要宣布判决之前，它上升到将近 40%。隐含波动率的确增长了，但不像在这类例子里通常看到的那么大。另外，AMD 正常的每日隐含波动率在 50% ~ 60% 的范围内，但在 1994 年 2 月和 3 月上旬，它的隐含波动率上涨至 120%，然后超过了 130%！这**确实**

是隐含波动率的增长。

隐含波动率增长并没有伴随股票价格的大幅上涨，没有人知道判决会对谁有利。不过，人们确实知道，当判决最后公布的时候，股票会有强烈的反应。

判决最后公布 AMD 赢了。这只股票跳涨了 6 点，期权隐含波动率立即下跌，在判决之后下跌至 58%。英特尔在判决后的两天里下跌了 3 点。

有的法庭判绝不是那么难预测，显然，AMD/Intel 的审判是一个"势均力敌"的例子。大公司有自己的律师就审判的结果提供参谋意见，它们有时甚至派律师到法庭上去观察案子的进展。如果公司能够抓住迹象，了解到审判结果可能会是什么，就可以比大部分投资者先做出反应。不过，一般说来，这样的结果是没有或者很少有线索可寻的。正如我在法庭公布判决结果之前在每日报告中所写的，"想要预测这些结果就像预测总统大选一样困难（如果你认为有可能预见总统大选的结果，翻开百科全书，查一查克莱门特·艾德礼（Clement Attlee）、哈里·杜鲁门（Harry Truman），或者乔治·保陶基（George Pataki）这些条目），这就是权利金如此高的原因"。

还有个专利权诉讼也是很好的例子，是关于 IDC 和摩托罗拉的，在上一节末尾的 IDC 的例子里提到过。

正如前面所提，由于大量新签的合同，使得 IDC 股价从 3 上涨至 13。另外，这只股票的上涨，一部分原因显然是有的投资者预计 IDC 会赢。

IDC 一开始就是低价股，它的每日隐含波动率非常高，在 100% ～ 110% 之间。不过随着判决的来临，1995 年 3 月，IDC 的隐含波动率开始直线上升；当时，它几乎每天都达到 150% ～ 170%。

当法庭的判决对摩托罗拉有利的时候，IDC 股票的价格是 12。第 2 天开盘时这只股票跌了 7 点。隐含波动率接着下降至 85%，回到了它正常的水平。等到新闻公开之后，隐含波动率回到低得多的水平。

IDC 的例子很好地阐释了隐含波动率如何能够成为对投资者有用的信号。如果你用较低的价格买入 IDC，就获得了 3 ～ 13 点的利润。在这段时间里，这家公司频繁地宣布签订了新的合同。如果只对基本面因素感兴趣（或者是技术因素），似乎相当有利。但是，如果你注意到期权权利金在猛涨，就等于事先被通

知，这只股票现在的风险很高。可能向上或向下出现跳空缺口，但显然**有事情**要发生。因此，如果你不想把积累起来的盈利拿去冒险，就应该卖掉持有的股票，在法庭判决之前就离场。

对有的股票来说，诉讼结果很重要，对另一些股票来说，监管部门的听证会很重要。对于小型生物科技公司和药物公司来说尤其如此。这不仅是因为 FDA 的决定不会事先泄露出来，而且因为判决常常是没有一定规律的，所以谁都无法预测到结果会是什么。因此，在 FDA 快公布决定之前，一家小型生物科技公司或药物公司的期权会变得非常昂贵。读者应当还记得第 1 章里提到的 Gensia Pharmaceuticals。图 4-15 显示的是 Gensia 的价格和它的期权隐含波动率。即使这只股票在 FDA 的公布之前涨了 1 美元，至 10 美元，但后来出来的决定对它不利，股价跌了 50%，跌至 5 美元。因此，这只股票的交易者（至少是那些一天前将股票价格抬高 1 美元的交易者）根本不知道该股票在 FDA 的决定之后会朝哪个方向波动。期权交易者也不知道，但至少从期权的权利金里可以看出一点。下面的例子也同样与此有关。

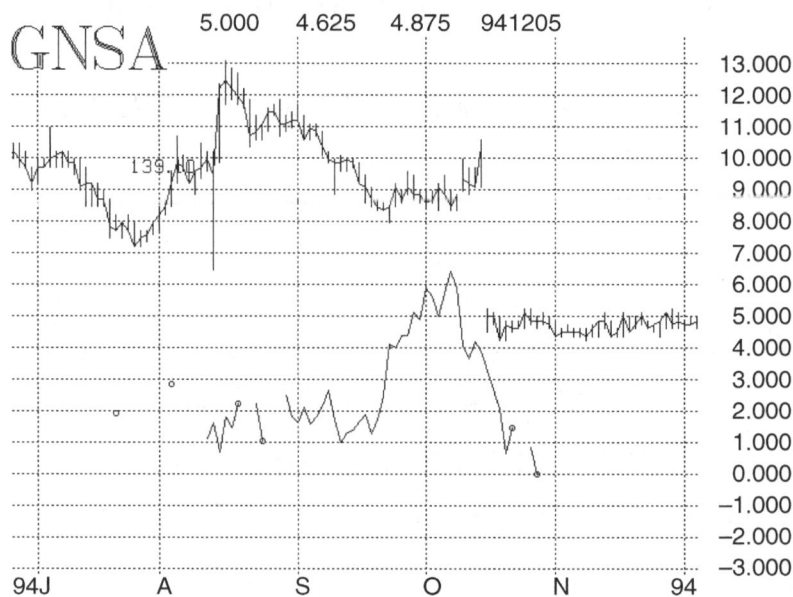

图 4-15   Gensia Pharmaceuticals

美国生物科学公司（United Bioscience，代码 UBS）是一家成长型生物科技公司，1994 年下半年，股价在 7 美元左右（这只股票在大约 1 年前的价格几乎是当时的两倍，可是它的药品迟迟没有得到 FDA 的批准，使得股票价格一路朝下)。在正常的交易日，UBS 期权的隐含波动率在 50% ～ 60%。

11 月，当交易者知道 FDA 的听证会计划在 12 月上旬举行，而且这次听证会有可能决定这家公司的命运时，期权隐含波动率上涨至 135%，到 12 月上旬，它达到了惊人的 185%。

12 月 12 日，FDA 拒绝批准该药物，股票下跌 2½ 美元。最近的行权价是 5 美元，比股价高出了 100%，因此该期权的隐含波动率基本下降至 0。事实上，几个月后，在股票价格还没有反弹的情况下，期权被摘牌了。如果股价重新回涨，期权或许会重新挂牌。

还有其他各种各样的情况会对股票期权产生相似的效果。例如 1995 年基因泰克公司（Genetech）和瑞士罗氏公司（Roche）的一件事，后者是欧洲一家大型制药公司，它拥有购买所有基因泰克公司股票的权证。因为如果瑞士罗氏公司确实将其权证行权，基因泰克的价格就会跳涨。随着这些权证就要到期，基因泰克的期权隐含波动率翻了一倍。但是，如果瑞士罗氏公司决定不买入基因泰克，这只股票价格就会大幅下跌。后来出现了一个折中方案，基因泰克允许瑞士罗氏公司将权证的到期日延长 4 年。作为交换，瑞士罗氏公司同意提高权证的行权价。无论哪种情况，期权的隐含波动率的增长使基因泰克的持有者对权证到期可能发生的爆炸性事件有所警觉（股票持有者可能不会意识到这一点）。

有时候，结果不会这么严重，但同样非常重要。1995 年早秋，几年来 IBM 第一次突破 100 美元，并快速上涨至 115 美元。然后突然有一天，IBM 开始持续且迅速地下跌至 103 美元。IBM 期权隐含波动率剧烈上升，从大约 30% 上升至 40%。这是一个警告信号，预示会有比技术性回调更严重的事情发生。几天之后，公司告诉分析家说，销售收入（也就是收益）会比先前所说的要差。股票一路跌到 92 美元，才重新稳定下来。在这个例子里，波动率和价格波动幅度都不大，但应该留心隐含波动率中的突然增长，因为这可能是重要公司事项的征兆。

如果隐含波动率突然增长，而标的没有相应波动，就可能是个警报，预示将出现价格缺口。这提醒我们在建立股票头寸之前，甚至是买入这只股票之后，都要关注期权的权利金水平。不管是否是期权交易者，期权都可以对即将出现的灾难性事件提供相当有效的预警信号。股票持有者从观察股票交易中可能看不到任何反常的现象，但是如果期权变得过激，那么最好是做一些额外研究，看一看究竟是为什么。

4.2.4　交易波动率缺口的若干策略

本节来谈谈两种策略，它们是用来交易上一节描述的波动率缺口的。第 1 种是我们所说的**买入事件驱动跨式价差**（event-driven straddle buy）。第 2 种是仅仅试图交易波动率增长的一种策略。

使用买入事件驱动跨式价差，最好是在事件发生的时间已知时。比如，如果 1 家公司在 FDA 有场重要的听证，这个日子就是已知的。事实上，这些 FDA 听证通常造成相当大的波动，特别是当 FDA 拒绝这家公司的申请时，通常会导致非常大的价格下跌，常常大于期权市场所预期。FDA 的一个有利决定通常会引起股票大幅上涨。但一般不会很快，也许会要几个星期。无论哪种情况，都会诱导激进型的交易者在事件刚出现时，就这只股票买入 1 手跨式期权组合。

1999 年 7 月，Liposome Technology（LIPO）宣布将在 9 月 16 日举行一次重要的 FDA 听证会。当时，这家公司的股价在 21 美元左右。隐含波动率立刻开始上升，从最初宣告时的约 70%，升至 FDA 听证前一天的 160%。看一下关于该信息的图 4-16。图中，A 点是最初宣布的那一天，B 点是听证会前的那一天。

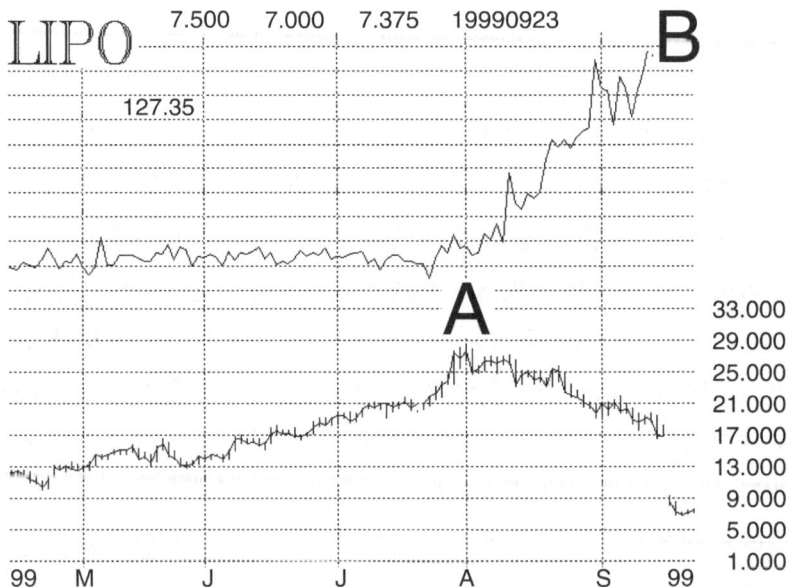

图 4-16　Liposome Technology（LIPO）

可以看到，股票开始短暂地上涨了一下，然后开始下跌，在 FDA 听证会的前一天，收盘价几乎刚好是 17½ 美元。FDA 没有事前泄露决定，股票交易者不可能确切知道 FDA 会怎样决定。因此，在听证会的前一天（也就是 9 月 15 日），我们买入 1 手近月的跨式期权组合。在这个例子里，9 月 17.5 跨式组合的成本是 4.75 美元，在 **3 天内**就要过期。FDA 听证会只是 1 天的时间，因此不会出现因为 FDA 磨蹭而使我们陷在跨式期权组合里的情况。事实上，9 月 17 日，决定就传了出来，答案是"不行"。这只股票立刻下跌 10 点，而该跨式期权组合则因此获得了相当好的盈利。

在过去的几年里，类似的 FDA 的听证会引发过小型生物科技公司的大幅波动。一年之内或许可以用上五六次该策略。不过，像前面所说的，至少在一开始的时候，FDA 委员会的**正面**决定或许会使跨式期权组合的持有者蒙受损失。

前面提到也有可能用第 2 种策略。看着图 4-16，你也许会想："为什么不在这家公司刚宣布有 FDA 听证会时就买入跨式期权组合呢？"这当然也是一种可以接受的策略。这样，在隐含波动率增长的时候（图像上的 A 点与 B 点之间）就已经持有 1 手跨式期权组合。不过，如果选择使用**该**策略，就必须保证会在 FDA 宣布决定**之前**卖掉这个跨式组合，否则股票有可能立刻调转回来，回到你的行权价，从而产生亏损。比如，在 LIPO 的例子里，如果你最初买入了 9 月 25 跨式期权组合，当时股价接近 A 点，那么当股票跌到 17½ 美元的时候，策略的效果会相当好。但是，FDA 有可能会**批准**这个产品，股价有可能马上就交易回到 25 美元，这对持有的跨式期权组合来说会是一场灾难，因此必须在那之前卖掉。

一般来说，不管使用什么策略，应该意识到在 FDA 听证的那一天，这只股票有可能会暂停交易。因此，要不建立事件驱动跨式组合买入，要不提早买入跨式组合，并在 FDA 听证的前一天将它们卖掉。尽量避免被卷入暂停交易之中。

有时候，并不容易发现股票期权的波动率会增长的**原因**。即使 FDA 的听证日期有时也会混杂在新闻的细节里，不容易找到。如果你使用的是最初的那个策略，这不会成为问题。事实上，我们的研究表明，如果一个股票期权的隐含波动率突然变得很高，并且连续保持至少 4 天，那么有很大可能高波动率事件即将出现。因此，在这里可以买入跨式期权组合。在有人清楚地宣布某事件或者事件实际发生之前，从波动率的增长中获利。

由于买入的是昂贵的、短期的期权，交易波动率的投机性相当强。不过，标的波动往往大于期权市场所预期的，这就给予了盈利空间。我不会在指数或者期货期权上使用该策略，只会把它用在股票期权上，理由是股票比指数或期货的随机性更强。

4.3 隐含波动率可以用来预测趋势变动

在前面几节里，当标的没有什么变动时，隐含波动率增长了。本节，我们来看一看，观察极端波动率水平（无论高点还是低点）如何帮助我们预测标的价格趋势的结束。在某些情况里，这不但适用于股票期权，也适用于指数和期货期权。

一般来说，对于股票和指数期权，下跌的市场（熊市）意味着波动率的增长，而牛市则意味着波动率的降低。这是指历史波动率，也是指隐含波动率。有时候，对一些极端情况进行思考，可以帮助我们将这些抽象说法加以形象化（用数学的语言来说，就是"边界条件评估"）。在这种情况里，最极端的熊市例子就是 1987 年的崩盘了。当时，隐含波动率突然飙升。其他可以说明熊市中波动率增长的相似事件是 1989 年的崩盘（阿拉伯联盟谈判中断的那一天）、1990 年的暴跌（伊拉克入侵科威特）、1998 年 9 月和 10 月的双重下跌（俄罗斯的债务危机和长期资本管理对冲基金的危机）以及 2002 年市场的最后一幕。至于牛市的极端例子，2003 年牛市是一个很好的例子：随着市场不断向上，宽基市场指数的隐含波动率稳步下降。

有若干因素造成这些波动率变化。其中之一是股票一般下跌比上涨快。牛市一般持续许多年，而熊市也许只有几个月。而 2000 ～ 2002 年的熊市拖延了将近 3 年，这是我们所记得的最长的熊市之一。甚至像 1969 ～ 1970 年和 1973 ～ 1974 年的大规模熊市，都只经历了比 1 年多一点的时间，造成这种波动率差异的还有这样的事实：比起高价股，低价股更容易有大幅波动。比如，5 美元的股票 1 天波动半点的情况并不少见；对任何 1 只股票来说，要波动半点并不需要太大的买入或者卖出压力。然而，这已经是一个 10% 的运动。而你很少看到 1 只 100 美元的股票 1 天波动 10%（10 点），或者甚至是 5%。因此，我们可以**预期**在价格下跌时看到波动率上升，在价格上涨时看到波动率下降。最后，指数由股票构成，它们应当也确实展现了相同的特征。

不过，期货有所不同，对期货的价格和波动率很难做出这样概括的结论。有的期货和期货期权表现与股票相同，但许多却表现相反：价格下跌，波动率随之下降，如果价格上涨，波动率则会爆发。同样，考虑期货价格如何运动，可以帮助我们解释这个现象。大部分商品都存在内在需求，所以价格不会跌得太低（事实上，有的商品，如玉米，甚至有政府保护价格在支撑它们）。但是，考虑到难以说通的干旱、洪水以及其他相似事件的变幻莫测，商品价格可以而且经常会迅速上涨。因此，即使商品市场在两个方向上都可能运动得一样迅速，往往在上行方向上比下行方向运动得要快。

现实中期货期权的波动率更经常地反映出趋势和运动速度。粮食期货下跌得相对较慢，但是它们会上涨得很快（许多粮食交易者依然记得 1973 年和 1974 年的巨大牛市。因此，每一次价格开始上涨后，就有可能会重复这样的牛市运动）。你会发现，粮食期权隐含波动率在牛市运动中大幅增长，而在熊市运动中则下降。不过，别的商品很可能有不同的反应。比如，在过去几年里，石油有着大幅上涨和大幅下跌的潜力。因此，每当石油价格趋势开始加速时，石油期权的隐含波动率也会增长。

在这些一般背景的基础上，我们来看一看如何使用这些结论来建立有可能盈利的头寸。

4.3.1 当波动率上升时卖出备兑认购期权

第 2 章里讨论过卖出备兑认购期权的策略。我们的结论是，使用该策略的最好时机是当价格稳定或者轻微上升时。这不是高波动市场中的出色策略。因此，使卖出备兑认购期权成为一个出色策略的，不仅是稳定的股票价格，而且是可以就价格相对稳定的股票而出售昂贵的期权。

我们刚才说过，股票价格下跌，隐含波动率上升。因此，如果能够在股票即将结束下行运动时"抓住"它，或许会发现这些期权是处于价格高位上。而且，虽然股票也许不会马上就转入牛市的趋势，但它至少会在构造底部并稳定下来。如果能够发现这样的情况，那么使用卖出备兑认购期权策略是最合适的。

最后，在该策略中可以加进一点反向理论。如果股票已经下跌了一段时间（或者是下跌速度很快），最终认沽期权买方变得慌乱起来，并开始为认沽期权付出高得荒唐的价格，这就使得这些期权的隐含波动率膨胀起来。当然，持反向观点的人会把每个人都想持有认沽期权看作股票到达底部的一个信号（如果每个人都想拥有认沽期权，那就一定不应该这么做，因为大多数人通常是错的。所以，股价已经接近应当买入的区域了，或者至少会停止下跌，而且大部分认沽期权买家会亏损）。

　　所有这些想法可以总结为这样一句话：**当隐含波动率在股票下跌过程中达到极点，那么股票至少是要稳定下来，也可能甚至会回弹。**同样的想法也适用于指数期权。

　　关于这种情况的一个经典例子是 IBM 在 1993 年年初发生的故事。IBM 股票价格在 1987 年达到了顶峰 180 美元。然后，在崩盘之后，它的反弹并不如市场整体那么好。在 1991 年的牛市里，IBM 股价反弹到 140 美元。但是在此之后，这家公司显然没有为当时的计算机繁荣做好准备，股价下跌得很惨。一开始，它缓慢且持续地下跌，到了 1992 年年初，终于在下行趋势中跌破了 100 美元。此后，下跌开始猛地加速。图 4-17 展示了 IBM 的价格和期权隐含波动率（包括了 1992 年 8 月到 1994 年 10 月这段时间）。在图 4-17 的左侧，1992 年下半年价格的急剧下跌清晰可见（在第 2 章使用 IBM 作为裸卖出认沽期权的一个例子时，提到过同一个时段）。

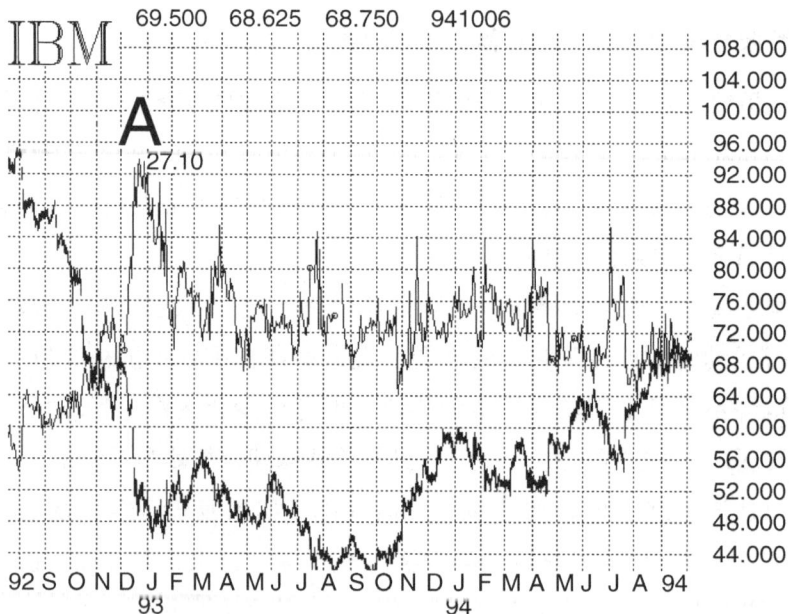

图 4-17　IBM（1992 年 8 月至 1994 年 10 月）

　　当它还在缓慢且持续地下跌时（1991 年 3 月到 1992 年 7 月），IBM 的隐含波动率只是从 20% 增长至大约 25% 的范围。不过，当 1992 年 6 月更迅速的下跌开始出现时，隐含波动率开始飙升。从图 4-17 中可以看出，隐含波动率从 1992 年 8 月一直上涨到 1992 年 11 月，然后在 1992 年 12 月爆发（图中 A 点），上涨了几乎 50%！这发生在股票价格接近 50 美元的时候。

到 1 月上旬，隐含波动率仍然很高，将近 40%，但是看上去波动率的最高峰已经过去，这是股票将要停止下跌的一个信号，同时也是建立 IBM 备兑组合的一个信号。无论策略是实行了 2 个月还是更长时间，这些备兑组合的盈利都非常高。再看一下图 4-17，一直到 1993 年 6 月，IBM 股价稳定在 50 美元左右。因此，任何一个（昂贵的）行权价为 50 美元的认购期权备兑组合，都会带来丰厚的盈利。

如果持有长期交易观点，这样做的效果可能会更好。从图中可以看到，虽然 IBM 在 1993 年夏季又跌了一些，但在整个 1993 年甚至是 1994 年年初，它一般是在上下波动，而隐含波动率恰恰在这段时间保持相对较高的水平。从图 4-17 可以看出，1993 年整年中的隐含波动率都比最左面区域（1992 年 8 月）的隐含波动率要高。因此，可以反复地出售认购期权，收取昂贵的权利金，与此同时，股价的变化则很小。最后，**IBM 确实**开始反弹，而认购期权最后会被指派。但是在此之前，你已经得到了可观的盈利，到 1994 年年底，隐含波动率又降回到略高于 20% 的区域。

在 1993 年进行备兑开仓的另一个好处当然是出售昂贵的期权。由于这些期权较为昂贵，自然也就提供了比理论上应得的更大的下跌保护，这是使用备兑卖出认购期权策略最好的时机。

另一个相似的例子是交易 Telefonos de Meico（TMX），或者叫作 Telmex，就像人们通常称呼它的那样。

1994 年下半年，当墨西哥货币比索突然贬值的时候，墨西哥金融投资的价值骤降。因为 Telmex 是墨西哥的最大股票（墨西哥的电话公司），它就成了关注的中心。

图 4-18 是 Telmex 图表，其中包括了其期权的隐含波动率。在图 4-18 所展示的情况出现之前，Telmex 的价格达到过 75 美元的高位，随后下跌至 50 ～ 60 美元，然后又反弹到 65 ～ 79 美元（图中 A 点）。与 IBM 最初下跌的情况一样，Telmex 期权的隐含波动率并没有变化多少，它在整个时间内都接近 30%。

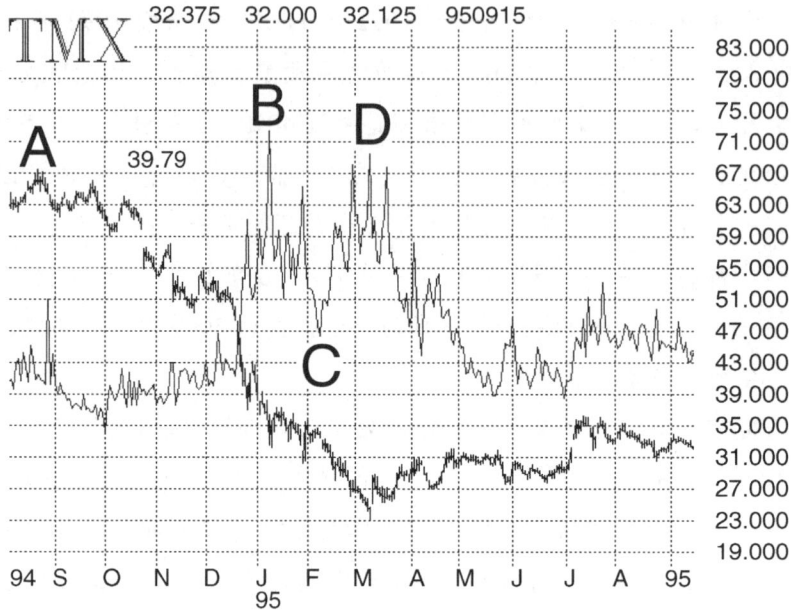

图 4-18　Telefonos de Meico（Telmex）

　　事实上，除 1994 年 8 月下旬波动率有一个小小的上跳之外，即使在股价下跌期间，隐含波动率也保持相当稳定。11 月和 12 月，这只股票下跌至 50 美元，隐含波动率逐步上升。接着，比索贬值，股价开始迅速下跌。隐含波动率也上弹，在 1995 年 1 月达到了区间高峰，超过了 70%（图中 B 点）。当时，股价在 33 ~ 35 美元的区域交易。

　　2 月，隐含波动率看上去已经到了高位（图中 C 点），此时可能已经卖出备兑认购期权。后来的事态发展证明，这样的看法为时过早。3 月，股价跌到将近 25 美元，隐含波动率又向上涨（图中 D 点）。3 月下旬，隐含波动率看上去又到了顶部。因此，备兑组合似乎又是有保障的。当时，股价刚好是 30 美元，或者是略低于 30 美元。因此，无论是 2 月在股价接近 35 美元的位置建立备兑组合，还是 3 月在股价接近 30 美元时建立备兑组合，都有不错的头寸。从图 4-18 中可以看出，股价平稳了几个月，在 1995 年的整个夏天波动有限。最后，隐含波动率降了回来，回到 35% 的范围，这场风波也就结束了。

　　Telmex 的例子再一次证明，如果隐含波动率上升得很高，而股价却在下降，则有必要去调查这样的情况。一旦波动率达到顶部，卖出备兑认购期权就是一个应当选择的策略。该例子同时也说明了使用该策略的一个问题，就是波动率看上去已经到了顶部，然而又一次增长。部分解决该问题的方法之一是，在波动率第一次下跌时，构建一半的头寸，同时计划过些时候再增加头寸。

你也许会认为，如果在**高**隐含波动率的情况下能获得明显的成功，那么在**低**隐含波动率方面也许也会有一个相应的策略。如果有这样的策略，对股票期权来说，它也远没有那么明显（我们稍后会看到，它可以更好地运用在指数期权上）。显然，如果你觉得隐含波动率太低，期权的价格因此非常便宜，那么可以考虑买入期权的策略。该策略主要是买入跨式期权组合。但是，股票期权有可能会变得很便宜，且在长时间内保持相当便宜，因而给跨式期权组合持有者造成麻烦。因此，观察股票期权中极低的隐含波动率有时是值得的，但必须有选择性地使用。第 6 章会深入讨论该策略。

4.3.2 指数期权的隐含波动率

使用隐含波动率预测股票的原理也同样适用于指数期权。应用在指数期权中的效果常常比在股票期权中更好。对标普 100 或者标普 500 这样的宽基指数来说，就更是如此。当市场暴跌，隐含波动率猛升时，市场是在接近底部。当隐含波动率最后达到顶部并且开始下降时，市场常常已经触及底部。反过来，如果隐含波动率变得太低，我们就可以预见到市场会有波动（并不一定是市场下跌），这个波动可能发生在任一方向上。

芝加哥期权交易所（CBOE）发布了两个非常重要的波动率指数。一个是 VIX，它是标普 500 指数期权的隐含波动率。另一个是 VXO，它是标普 100 指数期权的隐含波动率。还有另外两个次要的指数，它们均与纳斯达克指数相关，分别是 QQV 和 VXN。QQV 是纳斯达克 100 指数跟踪股期权的隐含波动率。VXN 是纳斯达克 100 指数期权的隐含波动率。

VIX 于 1993 年首先推出。当时，CBOE 在计算中使用从 1986 年 1 月 1 日开始的数据。因此，1987 年崩盘也包括在内。初始的 VIX 使用 OEX 期权来计算隐含波动率。VIX 并没有使用所有期权，而是只使用了其中的 8 个：2 个近月和 2 个最接近当前 OEX 价格的行权价对应认购期权和认沽期权。这是一种可靠的衡量方法，许多人都依靠该指数估计隐含波动率水平。

不过，2003 年年底，CBOE 改变了 VIX 的构成。"最初的" VIX 被重新命名为 VXO，并推出了新的 VIX 指数。新的 VIX 是以在 CBOE 交易的 SPX 期权为基础的。此外，新的 VIX 使用所有期权，而且用一种全新的公式进行计算。当新的 VIX 推出时，CBOE 使用了从 1990 年年初开始的数据来计算。不幸的是，这就意味着 1987 年的崩盘没有被包括在计算之中。新的 VIX 走势与 VXO 的走势相似：顶部出现在相似的时间点，虽然不一定刚好在同一水平上。

在我写这本书的时候，"波动率观察者"同时关注 VIX 和 VXO。在下面的讨论里，出于 2 个主要的原因，我们将主要使用 VXO 来描述波动率的行为：①它的历史比较长；②自从 1993 年以来，在所有市场的运动中持续使用 VXO，因此它的历史是真实的（而不是理论的）。（读者应当明白，我们就 VXO 所说的，都适用于 VIX，它们是非常相似的。）

图 4-19 展示了 VXO 的全部历史。下图展示了多年来隐含波动率中的各个顶部，而且那些顶部最终都是重要的买入信号。从图 4-19 中可以看到 VXO 中最大的几次恐慌：1987 年的崩盘、海湾战争、1997 年 10 月和 1998 年的恐慌以及 2001 年 9 月 11 日的恐怖分子袭击、2002 年和 2003 年的熊市底部。

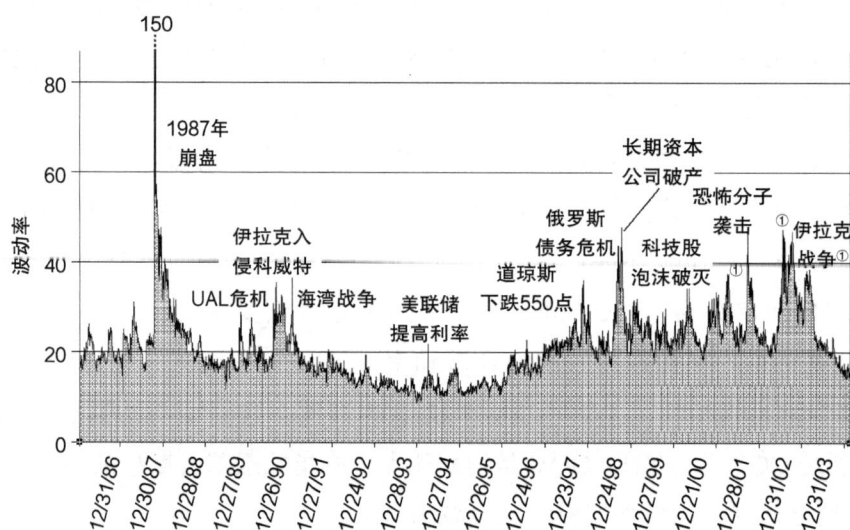

①熊市恐慌底部。

图 4-19　CBOE 波动率指数（$VXO）：整个历史

虽然图 4-19 中没有显示 OEX，但可以很容易地证实波动率中的每一次顶部都是一次出色的中期买入点。所有人都慌乱起来并冲入市场以高得荒唐的价格买入认沽期权。这是经典的反向交易情景，此时市场正在见底。

在图 4-19 长期图形中，还有其他的事情也相当明显。其中之一是，VXO 在各种水平上交易，在 10 ～ 60 或者更高的水平上。因此，如果说 VXO 的一个固定水平是买入信号（或者是卖出信号），是**不正确**的。一方面，有的顶部出现在 VXO 在 20 ～ 25（海湾战争以及 1994 年美联储提高利率的时候）。另一方面，1996 ～ 2002 年，VXO **极少有低于** 20 的情况。因此，就像对大部分市场指标一样，对 VXO 也必须要有**动态的**阐释。只要是伴随着 OEX 快速下跌的顶部，都是应当抓住的。

图 4-19 中，VXO 的长期历史展示了若干清晰可分的阶段和交易范围。首先，这里有 1986 ～ 1990 年的时段，在这个时段里，VXO 常常在 20 之上。顶部出现在 30 或者更高的水平上（更不用提在 1987 年崩盘时达到 150 的水平，这个水平甚至再也没有被接近过）。但是在接下来的 1991 ～ 1995 年，市场变得平静起来，VXO 处在从未有过的 10 以下的水平，几乎没有超过 20。不过，到 1996 年，一切都改变了，这一年 VXO 都在增长。然后，从 1997 年一直到 2003 年的上半年，VXO 的波动率始终很高，平均接近 30。2003 年出现了牛市，导致整个时间段的波动率陡然下降，VXO 到达 8 年未见的低水平。因此，VXO 始终在改变，策略交易者的工作就是注意这些变化并且追随它们。策略交易者不应当只是根据 VXO 的一些固定的范围来判定它是“贵的”还是“便宜的”，不应该在即使 VXO 达到了一个新的极高或极低的情况下，仍然固执地拒绝让步。

如果 VXO“太低”，会发生什么呢？这是卖出信号吗？实际上并不总是这样，有时它是，有时它不是。事实上，当 VXO“太低”时，就意味着市场就要在某个方向上有爆发性的发展，但是常常不能肯定是哪个方向。不过，我们可以在这方向提供一些指南。

首先来考察一下**为什么 VIX 或者 VXO 的低水平意味着市场在某个方向会有爆发性的发展**。请记住，当波动率指数在极端水平时，是交易者情绪导致的。当 VXO 指数非常高的时候，期权交易者就开始恐慌，会不计成本地买入认沽期权，然而此时市场却正接近底部。反过来，当 VXO 非常低时，发生了什么呢？期权的卖家变得很激进，而买家则较谨慎和胆怯，因而导致了权利金下降。他们真正的想法是市场不会有任何大的变化，这就是为什么他们愿意以这么低的价格卖出期权。当然，当每个人都认为市场将维持**稳定**时，根据反向理论，就是注定市场会**有所为**的时候，而且这会发生得很快。因此，无论是指数、股票还是期货，最终都会爆发。

为说明这点，在图 4-19 上标出波动率的低点，然后看一看在每个波动率的低谷之后，OEX 或者 SPX 发生了什么。事实上，我们构建过一个这样的研究。图 4-20 是 10 年期 OEX 对数正态图。这样，可以更清楚地看出早些年间的价格变化。图上有若干方框。带阴影的方框标志着市场下跌，没有阴影标志的是短期的上涨。这些方框的左边与波动率的低点出现的时间相一致。VXO 低点的定义是这样的：在它之前的 60 天内以及在它之后的 30 天内没有比它更低的 VXO 读数。因此，用这种方式定义的低位确实是一个低位，它不是某种临时的现象，而是在 3 个月的时段里一个真正的低点。这样的低点是不常出现的，一年之中只是 1 次或 2 次而已。每当有这样的低点出现的时候，我们就在图 4-20 上开始画一个方框然后观察市场上出现些什么。

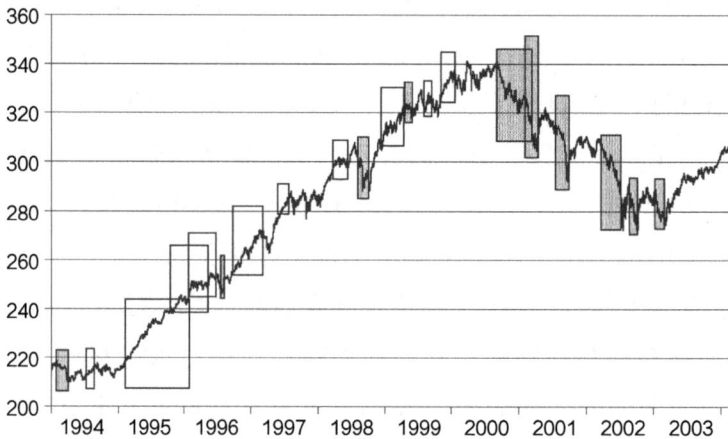

图 4-20　$OEX 在 $VIX 的低点之后的运动

可以看出，有阴影的方框（市场下跌）和无阴影的方框（市场上涨）的数目将近相等。更有趣的是，大部分无阴影的方框出现在 20 世纪 90 年代的大牛市里，而大部分有阴影的方框出现在 2000 年熊市开始之后。因此，我们可以得出更进一步的结论：在 VXO 的真正低点之后，市场会有爆发性的运动，通常与当时市场的主要走势是同一个方向。

许多交易者觉得，波动率中的低点通常先于市场下跌，这在 2000 年至 2003 年年初确实如此。但是回到 1995 年，显然就**不是**这样。市场出现过最大一次上涨（一路上涨 10 个月之久），就产生于 VXO 的一个历史最低水平（1995 年 2 月）之后。因此，这里又一次可以看出**动态**分析的重要性。重要的是不要受这样的格言所限制，诸如"市场在 VIX 见底之后总归是下跌的"这样的说法，根本就不是事实。

有些读者也许想更多地了解**为什么**是这样。人们常常说，股价上升，波动率最终会下降。一般来说这没有错。如前所述，当我们对比 5 美元股票和 100 美元股票的表现时，也谈到过这一点。但是，只要市场按不规则方式进展，那么在一定时间里，波动率就会增长。许多交易者没有意识到的是，波动率是当作一种统计的衡量标准而计算出来的，它事实上是**标的每日价格变化百分比的标准差**。使用**百分比变化**就使得分析是对数正态的，从而与实际的股票市场行为相符。现在，如果市场每天上升的百分比完全相同，那么根据数学公式，它的波动率就会是零！任何一个交易者都会告诉你，如果股票每天都在迅速上涨，即使每天上涨的百分比是相同的，几乎可以肯定这是一只高波动的股票，这几乎是与（数学）逻辑相悖的。但是计算波动率用的就是这样的方法。

把上面这点与股市波动结合起来，也许可以解释若干我们在波动率中看到的行为。在熊市中，股价下跌的日子通常是凶猛的，下跌也迅速。不过，市场很快就变得"超卖"。然后通常会有一个强劲的反弹（只有 1 天或者 2 天），然后下跌又重新开始。通过波动率公式来计算，这个大幅下跌和大幅上涨的结合，产生了高波动率的数值。不过，在上涨的市场里，通常的情况是，市场慢慢上涨，但并不是完全沿着均线上涨，而是创出一系列的新高，还有非常不起眼的下跌。事实上，这正是市场从 2003 年 3 月到 2004 年 2 月发生的情况。从图 4-19 中可以看到 VXO 在这段时间的情况：它从相对高位暴跌到 8 年中的最低点。

不过，正如前面所说，如果上涨发展出某些不规则的运动，比如说在市场超买之后出现了暂时的回落，在几个大幅上涨之后，紧接着就是急剧的下跌，那么在市场上涨的情况里，波动率会实际上升。举例来说，1995 年的上涨是持久的，但也有短暂、偶尔的回落，它们产生了高波动率的运动，从而造成了 VXO 在上涨阶段里上升的情况。

知道怎么计算波动率并不重要。前面的讨论是为了那些想要对怎样计算波动率有所了解的人提供的。你当然可以观察 VXO 的走向，决定它是否出现了一个持续 1 个月的低点，然后为预期的市场爆发性波动采取适当的行动。当想对这样的情况进行交易时，如果不能肯定市场主要走向，最好方法是买入跨式期权组合。在 VXO 和 VIX 的低点时，组合就会很便宜。然后，等待市场的爆发，情况理想的话波动率会增长。当然，如果对市场发展的方向有相当把握，你可以就市场走向制定自己的策略，而不是仅仅采取买入跨式期权组合这种比较中性的做法。

4.3.3　案例研究：1994 年和 1995 年的市场

正如前面所述，1994 年和 1995 年，波动率相对较低。但是，VIX 还是存在一定的变化（当时它是同 OEX 期权相关的），因而可以在这段时间进行一些不错的交易。考虑一下图 4-21，展示了 1993 年最后的几个月，当时波动率已经开始往下走。事实上，它降到了一年内的最低点，一直下跌到 1993 年 12 月的 9%（图中 A 点）。这是 VIX 有史以来的最低点，即使 10 年后，它仍然是历史最低点。

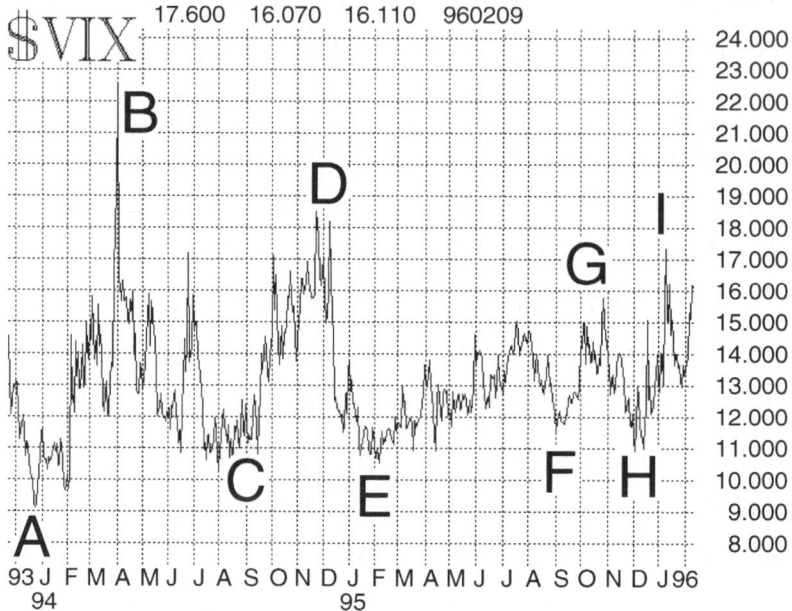

图 4-21 波动率指数——VIX

图 4-22 展示了同一时段（1994 年和 1995 年）的 OEX。市场缓缓地上升，从 1994 年 1 月到 2 月初不断创出新高。这时，美联储几年以来首次提高了利率，OEX 在 2 个月里迅速下跌将近 50 点，这是约 11% 的较大跌幅。因此，VIX 的图中，12 月的低波动率（A 点），是即将到来的市场大幅下跌的很好警报。

在市场下跌的过程中，OEX 的隐含波动率在上升。随着 3 月下旬，特别是 4 月的第一个交易日的加速下跌，VIX 向上飙升到近 22%（见图 4-21 的 B 点）。隐含波动率很快从这个极高的水平上回调，使得顶部突显。**一个极高的隐含波动率，特别是作为顶部时，一般标志着宽基市场已经到了短期的底部**。在隐含波动率的顶部之后，OEX 马上就反弹，增长一直持续到 1994 年 6 月中旬。因此，4 月刚开始的隐含波动率顶部是买入"市场"（具体地说，OEX）的好时机。

回头看一下 VIX，当市场反弹时，VIX 的反应是一直跌回到 11%。市场上涨从 4 月开始，一直持续到 6 月。6 月，出现了短暂而急剧的下跌。6 月下旬，该下跌使得 VIX 又出现了一个 17% 的顶部。这是个非常短的运动，所以许多交易者都没能抓住它。不过，借助于 VIX 的帮助，至少可以知道交易有可能走高或者走低。

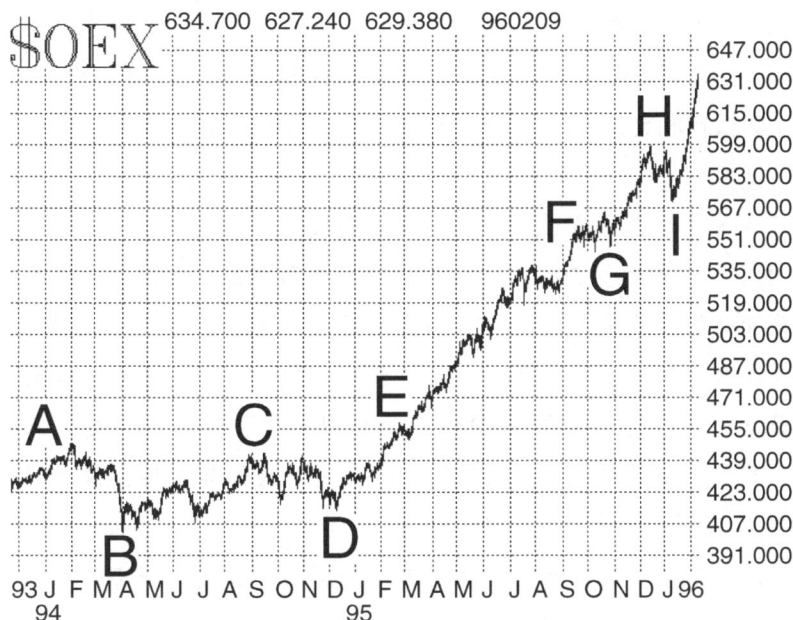

图 4-22 OEX

1994 年夏末，整个市场又一次上涨。隐含波动率惯例地停留在 11% ～ 12% 的低水平上（图 4-21 中的 C 点）。大约同时，VIX 向上突破并超过了 12%，另一个相对迅速和急剧的市场下跌又开始了（9 月）。这一次，低波动率又一次做了市场下跌的先导。无论上涨还是下跌，常常可以通过观察波动率何时增长而获知。

虽然整个市场在 1994 年 10 月略有上涨，在 12 月上旬，它又一路跌到了新低。由 VIX 衡量的隐含波动率在整个时期则稳定上升，再一次达到 18% 的水平之上（图 4-21 的 D 点）。从那点开始下滑，这是买入信号。后来的事实证明 D 点是一个非常大的买入信号，OEX 和宽基市场开始了一个近期记忆中的最大反弹之一。因此，1994 年，使用 VIX 作为短期市场运动的指引是非常有利可图的。

1994 年 12 月开始的大幅上涨在之后的几个月里涨得更高。VIX 在 1995 年 2 月又一次跌到了 11%（1995 年 2 月，图 4-21 中的 E 点）。正如后来事实证明的，市场猛涨到更高的水平。这是一个低波动率先于市场**上涨**的例子。在此之后，隐含波动率稳定在 12% ～ 15%，既没有涨得太高，也没有降到新低。

为了从 1994 ～ 1995 年每一次低波动率中获利，由于你不知道市场要运动得更高还是更低，因此每次都需要买入跨式期权组合。这些运动的幅度很大，因此会产生盈利。反向价差（backspread）也会有很好的效果，正如将在第 6 章里看到的那样。

在 CBOE 启用 VIX 之前，还有其他值得注意的阶段。其中，在发生重要市场转折之前，OEX 的隐含波动率变得极高或者极低。这些低波动率的例子包括

1983 年 8 月和 1984 年 8 月。这两次中，市场在此之后都向上爆发。然后，1987
年 OEX 隐含波动率在市场刚到顶部之后、大崩盘之前，达到了非常低的水平。
因此，跟踪期权权利金的交易者会在崩盘之前买入跨式期权组合。

1987 年 9 月，市场曾试图冲击一下 8 月高点，但都失败了。大约在这个
时候，OEX 期权和标普 500 期货期权的隐含波动率都以极低的水平在交易。

标普 500 的跨式期权组合能以 15 点买到，当时的指数大约在 320。考
虑到市场在这一年里一路上涨、波动性相当高的事实，这个隐含波动率相对
来说是极低的。事实上，自从 1985 年中期以来（即 2 年多以来），还没有出
现过 3 个月的交易范围局限在 15 点的范围里。从数学上讲，统计显示，市
场有 93% 的可能在 3 个月之内至少波动 15 点。

当然，正如后来事实所证明的，市场的运动比这要大得多，在崩盘中下
跌超过 100 点。

4.3.4　另一个案例研究：1997 ～ 1999 年

我们用另一个 VIX 交易机会的例子来结束这一节。图 4-23 展示了 2 年期的
VIX 和 OEX：从 1997 年秋天到 1999 年秋天。市场在这个时候仍然处于牛市的
震荡期，出现了不少 VIX 交易机会。图 4-23 中，VIX 的顶部（如果伴随着急剧
下跌的市场，这就是一个买入的信号）用 "B" 标出，意味着买入。VIX 的低水
平则是用 "X" 标志，意味着有大幅波动（当这些低点出现的时候，我们不知道
它们代表的是市场买入还是卖出的机会）。

首先，让我们考虑一下买入信号。第一个这样的信号出现在 1997 年 11 月
（下一个交易故事将讲述它的原因）。在 10 月 27 日，星期一，道琼斯工业平均指
数有史以来第一次，也是唯一一次被封在了跌停板上。在 1987 年崩盘之后，交易
所制定了涨跌停制度。但是，这个制度在这致命的一天之前从来没有被启动过[⊖]。

⊖　许多交易者和投资者对纽约证券交易所在交易日当中不得不关闭而感到不满，因为他们感到这
只会造成史大的卖出压力，而这个压力会在第 2 天早上释放出来。不过，从 1987 年崩盘中可以
清楚地看出，允许卖出继续进行下去不是一个好主意，在这种情况下，市场得不到一个喘息的机
会，交易者不能真正估量局势。在 1997 年 "跌停板" 的事件之后，每天跌幅幅度显著提高，并
且根据市场的波动性进行调整。如果它们现在发生的话，就会分阶段进行。先是暂停交易半小
时。然后，如果卖出活动增加，暂停交易 2 小时。如果这还挡不住抛售潮，那就停止当天的交
易。目前为止，第 1 个暂停（半小时）出现在道琼斯在交易日间下跌 1000 点，而全天停止交易
只有在道琼斯在交易日间下跌 2800 点时才会实行（设定这些幅度时，道琼斯指数大约在 10 400
点）。该幅度每 3 个月重新设定一次，以保持它们同现有的价格和波动率一致。

当时的跌停幅度是 550 点。当市场在下午中间跌到数值时，市场停止交易了，因此再没有机会反弹并就此收市了。不过，在现实中，交易者知道市场还会跌得更深，因此认沽期权的价格就被抬到了几乎是天文数字（认购期权则跌得很惨），隐含波动率迅速上升，达到了 40%。

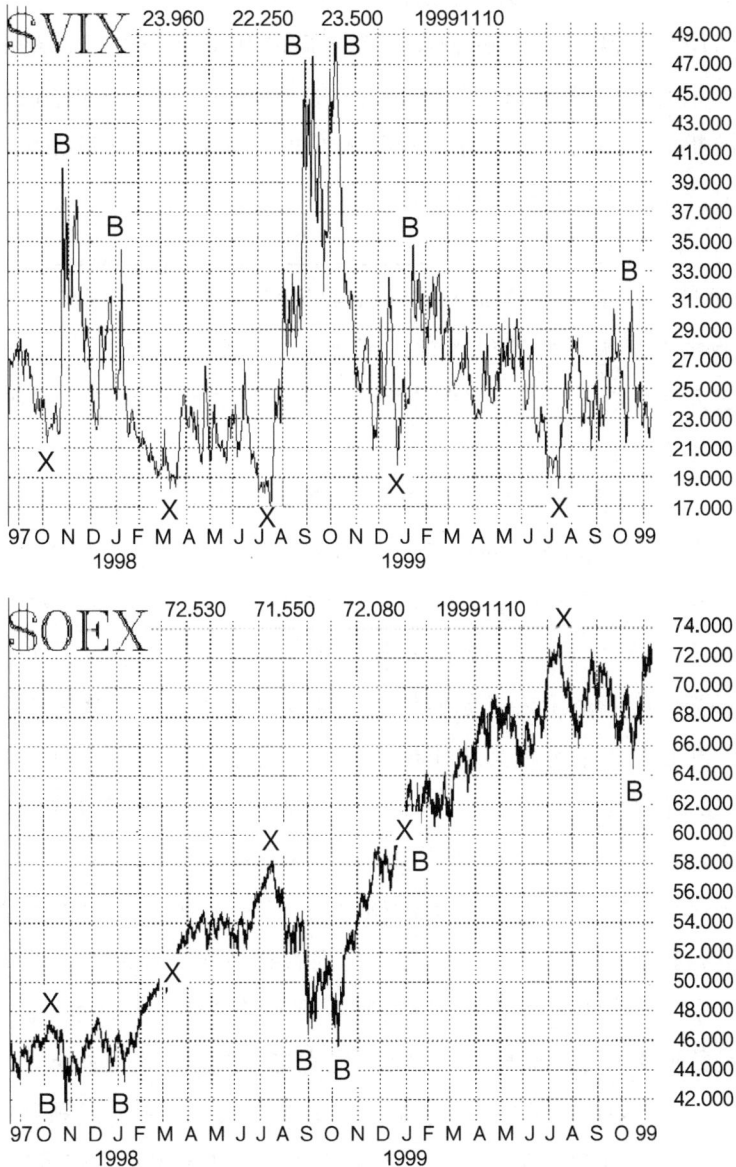

图 4-23　$VIX 和 $OEX（1997～1999 年）

第 2 天早上，也就是 10 月 28 日星期二，市场开盘跌了 200 点。不过接着就出现强劲的反弹，道琼斯收盘时**涨了** 300 点，而从最低点到最高点共上涨了 550

点。一开始日间 VIX 高到 55，在收盘时猛跌回 30，这显然是波动率的顶部。如果只是在观察市场，这一刻，也就是在清楚地看到 VIX 筑顶之后，他仍然可以买入。在之后的几个星期里，道琼斯又上涨了 600 点。图 4-23 可以明显地看到 VIX 的顶部（这里只显示了收盘价）以及 OEX 的上涨（星期二发生了重大的逆转，从 407 到 441。在以后的几个星期里，再到 475）。

因此，即使只是观察 VIX 的收盘，在之后的几个星期也可以获得很好的盈利。另外，如果是观察交易**日间**行情，当 VIX 从它的高位 55 跌到如 40 的水平时，无疑会推断出顶部已形成。在这时买入，当天结束时会有很好的盈利，而且如果上涨继续，还可以继续持有头寸。

1997 年整年，有人在大量裸卖出指数期权。在场内，人们只知道他叫"酋长"。他的身份被保护得很严密，可他的交易则不一样。人们普遍知道，他会裸卖出几百手甚至几千手 OEX 的虚值认沽期权和认购期权。1997 年 10 月之后，就再没有听说过他。

1997 年道琼斯由于指数跌停而不能平仓的后果之一，就是导致维克托·尼德霍费尔（Victor Niederhoffer）管理的一家大型对冲基金清盘。尼德霍费尔是经验丰富的交易员，他曾经成功成为超级交易者乔治·索罗斯（George Soros）的助手。总之，10 月 27 日星期一道琼斯被封跌停板时，市场停止交易，尼德霍费尔的基金无法将他们的认沽期权空头移仓到其他月份或其他行权价（当纽约证券交易所触及跌停板时，不只是纽约证券交易所，其他交易所，像 CBOE 也都停止交易）。结果，尼德霍费尔的基金被要求追加巨额的保证金。于是，大部分的头寸在 10 月 28 日开盘时被迫平仓。这是造成 VIX 那天早上形成顶部的主要原因，此时 VIX 到达 55 的水平。负责保证金的工作人员并不进行**报价**，他们只是去市场上把期权买回来。如果客户的保证金完全用光了，保管其头寸的经纪公司就有可能要为任何进一步的亏损负责。

尼德霍费尔是不是"酋长"？没有人能肯定。但是，人们知道了尼德霍费尔的对冲基金持有如此大量的裸卖空指数认沽期权的头寸并且被强制平仓。与此同时，"酋长"在此以后又消失了，交易圈内就有传闻说，他们是同一个人。

事态的发展证明，该市场行为只是 1 年之后（1998 年）高波动市场的热身而已。图 4-23 上可以看到 2 个买入的信号：一个在 1998 年 9 月 1 日，另一个相隔

只有 1 个月，在 1998 年 10 月。第 1 个顶部由俄罗斯债务危机引起，波动率上升得很快，几乎到了失控的地步。第 2 个是一场全面的市场恐慌，导火线主要是巨型对冲基金公司长期资本管理公司几乎彻底崩溃（它的问题有一小部分是与 1 个月前发生的俄罗斯债务危机有关）。这些事件导致整个市场出现了再次大幅下跌，每一次 VIX 都上涨得很高。在这两次危机中，波动率顶部都是很好的买入信号：第一次只持续了 2 个星期，空头随后又占了上风，第二次是一个真正的中期买入信号，在之后的仅仅 3 个月里，它将 OEX 带高了 180 点！

在这两次 VIX 的顶部之后，图 4-23 中展示出的其他 3 个顶部就不那么起眼了，这 3 个顶部分别出现在 1998 年 1 月、1999 年 1 月和 10 月。不过，它们也是很好的买入信号。造成这些波动率变动的不是任何重要的新闻事件，而只是某种程度上的恐慌卖出活动。造成最后一次的原因，恐怕仅仅是因为经历了前两年的 10 月，交易者在 1999 年 10 月的时候非常紧张。图 4-23 中的 OEX 图像展示出这 3 次都是非常好的买点，每一次之后，OEX 都有大幅上涨。

图 4-23 中波动率的**底部**有 5 个，每个都出现在 VIX 在 17 ～ 21。在现实中，投资者也许不能肯定 VIX **什么时候**会到达底部，但如果使用这样一种衡量标准，比如说，VIX 从它的底部上升了 3 点（如从 17 上升至 20）作为"VIX 底部"的定义，那么他就有可能从买入跨式期权组合中盈利。

这 5 次波动率的底部中有 3 次对应的是市场下跌。第一个底部出现在 1997 年 10 月上旬，它导致了当月底的大幅下跌。1998 年 7 月出现的下跌更大，导致市场的顶部位置维持了几个月不变（有人甚至把 1998 年 7 ～ 10 月称作"小型的熊市"，主要指数在这段时间下跌了 20%）。另外一次短期的卖出风潮出现在 1999 年 7 月的另一个 VIX 的底部之后。

其他两个 VIX 的底部出现在强劲市场上涨的中间，分别在 1998 年的 3 月和 12 月。在上述两者里，市场都继续上涨（尽管 VIX 开始增长）。

因此指数期权的隐含波动率不仅在作为市场指标方面是有用的，而且作为**策略**指标上也是有用的。也就是说，当隐含波动率过低的时候，期权买入策略就更好，因为市场有可能要出现爆发性运动。但是，当隐含波动率很高的时候，卖出策略对策略交易者来说是合适的，而买入市场对投机者来说则是合适的。

4.3.5 波动率的季节性

季节性，这是可用于市场许多方面的分析方法，它所描述的是市场在固定的日期内有规律地出现一些倾向。比如，市场在每个月的最后几个交易日里通常是上涨的，因为有的机构想要"作秀"。更长的季节性模式是市场倾向于 4 年一个周期，其中的低谷是在总统任职周期中间那年（2002 年、1998 年、1994 年，等等）。

季节性模式只是市场研究时段内的**一般**运动规律。在任何**一年**里，市场都有可能按照与年度季节图像所指出的完全相反的方向运动。季节性常常只有在投资者能够连续若干次交易同一头寸或策略时才会有用；这样的话，一般性规律才有用，并且消除某个特殊的、糟糕的年份的任何影响（就这一点来说，也可以是某个特殊、**好的**年份）。当季节性模式是个**年度化**的模式时，要显示这个"规律"需要一定的时间。更高频的季节性模式（类似"市场在每个月快结束时会上升"）为交易提供更多的机会。

在前面 VIX 在 1997 ～ 1999 年交易的例子里，可以很清楚地看到 VIX 的顶部出现在 10 月，底部出现在 7 月。这是偶然的，还是 VIX 有这样的季节性？

大多数期权交易者都有一种感觉，觉得波动率在每年的夏天低，在秋天会有爆发性的运动。事实证明，这种观察没有错。不过，如果我们研究一下波动率在**整年交易中**的模式，我们会得到更多的信息。另外，并不是每年都是一样的。因此，波动率显示出**恒定**的季节性，它包括了整年的活动。不过，在许多时候，看清事情并不很难，每年只有那么几次，波动率的图会变得特别有趣。

这个信息有很大的用处，因为它不但可以帮助抓住时机，而且可以帮助决定在实施策略时的激进程度。例如，如果一个投资者知道将进入波动率下降的阶段，那么从概率的角度而言，他就会对买入跨式期权组合的策略特别**谨慎**。但这并不是说，因为季节性指出将来几个月里波动率会下降，他就应当完全避免买入波动率。

在这个例子里，为研究季节性，我们采用的是 CBOE 的波动率指数（VXO），因为它的历史最长，可以追溯到 1986 年。该研究是根据**一年的交易**日而不是日历日而安排的。每年有大约 250 个交易日（有的年份要多几天），这就使得结果可以更好地统一起来。也就是说，如果该研究包括 15 年，每个交易日都有 15 个不同的波动率可以用于计算获得均值。如果使用的是日历天，那么每一天偶尔会是一个周末或者假日，这里会有 365 个数据点，但每个数据点只能有 10 或者 11 个波动率可以用于计算获得均值。

图 4-24 展示了从 1989 年 1 月 1 日到 2003 年 12 月 31 日的所有可以找到数据的综合隐含波动率。虽然 VXO 的数据可以追溯到 1986 年 1 月 1 日，由于

1987 年 10 月到 1988 年年中的波动率被 1987 年的崩盘严重扭曲，所以我们研究的起始点设定在崩盘事件对市场的影响消退**之后**。

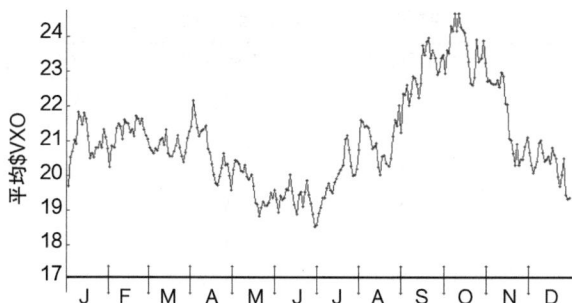

图 4-24　$VXO 的综合价格（1989 ～ 2003 年）(根据每年的交易日）

图 4-24 展示了每个交易日的平均 VXO。Y 轴显示的是这些波动率的大小。实际上，幅度并不重要，最有意义的是图的形状（这同样也是一种动态解读）。换句话说，我们想要观察的是顶部和低谷出现在哪里。X 轴从技术上说，是从一年开始的第一个交易日开始（如前面解释）。但是，为了能以日历的方式说明问题，在 X 轴上标出了这年的月份。这些月份按一定的间隙排列，以代表它们就交易日而言在这一年中的位置。

通过该图可以看出一些现象。年初，波动率一般会急剧向上，在 1 月中旬形成顶部。然后，进入稳定的状态，3 月下旬又开始上升，在 4 月上旬形成顶部。在此之后，波动率开始相当明显地下跌，一直到每年最低点。平均来说，年度波动率的**最低点**出现在 7 月 1 日左右。从 7 月到 10 月的顶部，波动率出现缓慢的、逐步加快的增长。在此之后，波动率的下跌非常急速，在 12 月下旬达到底部。

你也许会问：“这个模式有多可靠？”我们确切地知道，许多年份的 10 月波动率都上涨得很厉害，特别是某些年份的 10 月市场都跌得很惨（1989 年、1990 年、1994 年、1997 年、1998 年、1999 年、2001 年和 2002 年）。可是，这个模式的其他部分呢？它确实能够经得住考验吗？

显然，模式在一些年份比在其他年份更能经得住考验。比如，2003 年，波动率在 3 月到达顶部，然后在剩下一年里都稳步下降。但是，在 2002 年熊市的底部，整个一年的波动率普遍都很高，其中有 2 个特别明显的顶部：7 月和 10 月的股市底部。因此，2002 年，和通常的情况不一样，7 月是**高波动率**，而通常情况下 7 月是年度的低点。所以在有的年份，波动率的行为并不完全同这个模式相符。为了说明研究中的数据同这个综合模式的相符程度如何，我们考察了每一年的情况，来看一看这 5 个季节性特点是否都出现在这一年中，表 4-11 显示了这些数据（Y 表示相符，N 表示不相符）。

表 4-11　VXO 的年度模式

年份	1 月顶部	4 月顶部	7 月底部	10 月顶部	11 ～ 12 月下跌
1986	Y	Y	Y	Y	Y
1987	N	Y	Y	Y!	Y
1988	Y	N	N	（11 月）	Y
1989	N	N	Y	Y	Y
1990	Y	N	Y	Y	Y
1991	Y	N	Y	N	N
1992	N	N	Y	Y	Y
1993	Y	Y	Y	Y	Y
1994	N	Y	Y	N	Y
1995	N	Y	N	Y	Y
1996	Y	Y	Y	Y	N
1997	N	N	Y	Y	Y
1998	Y	Y	Y	Y	Y
1999	Y	N	Y	Y	Y
2000	Y	Y	Y	Y	N
2001	Y	Y	Y	Y	Y
2002	N	N	N	Y	Y
2003	Y	Y	Y	N	Y
在 18 年之中	11	10	15	14	15

最后一行显示的是对于每个模式，18 年中有多少年是相符合的。波动率中的 7 月底部、10 月顶部和 11 ～ 12 月的下跌是最可靠的，在 18 年中有 14 年或 15 年与该模式相符。可靠性最差的是 4 月的顶部（18 年中的 10 年）。

正如前面提到的，这些季节性模式只是指引而已。单个股票在多数时间是按自己的方式波动。因此，即使 10 月构建跨式期权组合，也有可能发现是有效的，只不过在 7 月，这样的可能性要大得多罢了。

最好是在 12 月、1 月下旬、6 月或者 7 月买入跨式期权组合。反过来，如果使用这个综合模式的波动率，波动率卖方就应当在 1 月刚开始、4 月（有的年份是 3 月）和 11 月上旬寻找机会。

虽然这样简单的方法不会在每一年都产生盈利（如 "4 月底卖股票，10 月底买回来" 这样的格言也不是每次都有效一样——该策略在 2003 年特别糟），对波动率交易者来说，它仍然是很好的指引。除此之外，综合图形可以给所有期权交易者（也许也包括股票交易者）应该如何看待整年波动率的变动提供思路。不过，要记住的是，交易者更应当依赖具体头寸的预期回报，而不是综合波动率的图表。

4.3.6 直接交易波动率

前面几节所说的是使用波动率作为交易宽基市场指数的指引。不过，现在可以直接交易波动率了。2004 年 3 月，CBOE 开始挂牌波动率**期货**。这些合约的投机者可以依靠综合波动率图来进行中期交易：7 月买入，10 月平仓并卖空，12 月下旬平仓。

另一个策略可以是在 VIX 较低（10～15 的区域）的时候买入 VIX，然后在较高（高于 40）时卖掉。图 4-19 显示了 $VIX 何时为低、何时为高的一般范围。

我对在 $VIX 图中使用振幅指标或其他花哨的指标没有信心。实在找不出它们有用的理由，这不但是因为 $VIX 是个情绪指标，而且因为它在某种程度上与 $SPX 期权的实际波动率连在一起。例如，如果 20 天实际（历史）波动率是 10%，$VIX 在 15% 上交易，那么 $VIX 期货是便宜还是贵呢？要是我们同时也知道 $VIX 期货多年来很少在 15% 以下交易呢？在这样的情况下，技术指标会有什么真正的价值呢？如果你只是把 $VIX 当作图像来看，而且用技术指标来衡量它，那么你也许会认为它快要反弹了，特别是当它在 15% 的底部区域里已经盘整了一段时间。

可是，如果实际波动率保持在如此疲软的状态，它怎么可能反弹得很高呢？事实上不太可能。因此，如果你想要预测 $VIX 图像走向，实际波动率与隐含波动率之间的差别也是重要的考虑因素。

CBOE 最终计划上市标的为 VIX 期货的期权[⊖]。当上市时，我们就可以使用一些非常有趣的策略。当然，这些策略仍然会具有任何价差策略、跨式期权策略或者是直接的期权头寸始终具有的那些特征。当波动率期权可用时，交易者必须懂得"波动率的波动率"，从而对它们进行定价。波动率请参见图 3-2（第 3 章末尾）。

4.3.7 对指数波动率的进一步观察

除了 VIX 和 VXO，还有其他的波动率衡量标准。正如前面所提到的，有另外两种衡量标准：QQV 和 VXN，它们分别跟踪 QQQ 跟踪股票和纳斯达克 100

⊖ VIX 期权已经于 2006 年上市。——译者注

指数。对它们也可进行相应的分析，分析的结果同我们研究 VIX 和 VXO 所得到的结果没有什么真正的区别。

另外，我们也可以创造或者找出其他的综合隐含波动率。有时我们会观察那些 OEX 成分股**股票期权**的综合隐含波动率，由于股票期权的隐含波动率不一定完全与 VIX 所衡量的指数期权的隐含波动率相符，有时会提供略为不同的图。不过，它们常常是很相近的。因此，我们只是使用股票期权的综合隐含波动率作为次要的参考。即使是这样，也只是偶然使用而已。

另外一个常常出现的问题是："**历史**波动率在这里面起了什么作用？"说到底，VIX 一定要在某种程度上与**历史**波动率相关吗？答案是：是的，它们确实相关，只是不如想象中那么直接。事实上，经常的情况是 VXO 在比 OEX 的实际波动率更高的水平上交易。这似乎主要是因为交易者在买入 OEX 期权时有相当高的预期，他倾向于为期权稍微多付一些。也许这是因为比起买入 100 个个股期权，用 1 手交易来建立"市场"的头寸要更为容易。因此，为了只用 1 手简单的交易就完成整个指令，交易者愿意略微多付一些。如果投资者是在为投资组合买入保护性期权组合时，那就尤其如此。买入 1 手 OEX 虚值认沽期权的价格，比买入每只股票的虚值认沽期权的相应价格要高得多（事实上，有的套利者真的买入 100 个个股认沽期权，然后出售 OEX 认沽期权，建立所谓的**离散交易**（dispersion trade））。

VIX 在一定程度上与历史波动性相关，因此策略交易者就不得不对两者都加以注意。例如，市场于 2003 年 3 月开始反弹以后（一个持续到年底的上涨），VIX 开始下降。到 5 月时，VIX 到了非常低的水平。有的市场观察者认为 VIX "太低了"，市场将会自我矫正。不过，**实际**（**历史**）波动率下降得甚至更快。因此，尽管 VIX 相当低，当时在 22% ～ 23%，OEX 的 20 天**历史**波动率已经下跌至 16%。因此，在**这样**的背景里，VIX 并不便宜，交易者**不**应当指望在实际波动率没有实质上升的情况下，VIX 会上升。后来事实证明，实际波动率并**没有**增长。

反过来说，VXO 比 OEX 的 20 天历史波动率低很多的情况也不多见（或者是 VIX 比 SPX 的历史波动率低很多）。VXO 低于 OEX 历史波动率的情况 70% 概率只出现在市场的波动率较为极端的时候，如 1987 年的崩盘、1997 年道琼斯跌停潮、1998 年长期资本对冲基金的危机，等等。正如你所知道的，每次出现这样的情况，都是很好的买入信号。因此，可以把这类情况看作额外的波动率指标。

4.4　期权认沽认购比

期权认沽认购比（put-call ratio）是认沽期权日交易量与认购期权日交易量的比率。通常，我们会计算相似种类期权的认沽认购比，比如，**指数**期权的认沽认购比、**黄金类**期权的认沽认购比。另外，为了平滑每日数据的波动，会记录期权认沽认购比的移动平均数。还可以记录**美元加权**的期权认沽认购比，相比最基本的期权认沽认购比，它常常是更好的反向指标。因此，为了区分这两者，我们将典型的、仅计算交易量的比率称为"标准"认沽认购比，而将美元加权的比率称为"加权"认沽认购比。

投资专家早在场内期权诞生以前就开始计算期权认沽认购比了，普遍认为它是有价值的**反向**指标。当大多数人看多市场（而大量买入认购期权）的时候，反向投资者就会反向卖空市场。他们认为多数人的意见往往是错误的。同样，当大多数人都看空市场而大量买入认沽期权的时候，他们就会找机会买入市场。由于期权认沽认购比反映了认沽期权相对于认购期权的交易规模，反向投资者能用它对市场做定量评估。

图 4-25 显示了标的期权认沽认购比与标的市场之间的关系：期权认沽认购比高，就说明有很多人持有认沽期权，这也就暗示了一个买入点。接着，市场回调上涨，期权认沽认购比随之下降。直到看涨的情绪占据上风，市场接近顶点的时候，期权认沽认购比就触底。然后，市场逐渐低迷，而期权认沽认购比又回升，新一轮循环开始。在理想的状态下，期权认沽认购比的走势以及标的价格的走势成镜像关系。现实情况下当然不会这么完美，但越接近理想状态，越是大家喜闻乐见的。

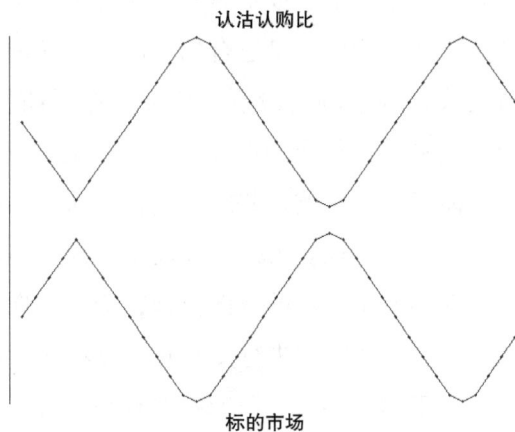

图 4-25　认沽认购比

我们可以计算出任何一种标的（诸如股票、股指或期货合约）对应期权的认沽认购比。期权认沽认购比作为反向指标，能有效地判断几乎所有标的走势，但也存在例外。在此我们会提供一些指导，帮助读者了解哪种期权认沽认购比最可靠。不同标的对应的期权认沽认购比都有其独特的适用方法。**股票期权认沽认购比**（equity-only put-call ratios）同样是一个非常重要的工具。

指数期权认沽认购比也是常用的反向指标，但它的有效性也不是绝对的。当一个指数期权被大量用于对冲或套利时，它的指示作用就被削弱了。因此，很多行业指数的期权认沽认购比，比如说半导体行业指数（semiconductor sector index，代码 \$SOX）或是黄金白银指数（gold and silver index，代码 \$XAU）都很有用。相反，纳斯达克 100 跟踪股票（QQQ）、标普 500 指数（Standard & Poor's 500 index，代码 SPX）和标普 100 指数（Standard & Poor's 100 index，代码 OEX）的认沽期权经常被机构投资者用来对冲，其认沽认购比不太能用作反向指标。稍后会更深入探讨这个问题，在此大概了解即可。但请注意，这些指数的期权认沽认购比虽然不具备可用性，它们的**加权**期权认沽认购比却能够用作市场的反向指标。这也是我们更倾向于使用加权期权认沽认购比的理由之一。

股票期权认沽认购比是最常用的比率之一。顾名思义，就是计算**整个**股票期权市场的认沽认购比。该期权认沽认购比能被用于预测股票"市场"整体走势。根据它发出的市场信号，投资者可以选择标普 500 指数（SPX）、标普 100（OEX）或道琼斯指数（DJX）进行交易。股票期权认沽认购比，不论是"标准"比率还是"加权"比率，都是可用的指标。

有时候，个股期权认沽认购比也能发挥作用。在本书第 1 版中，我对此表示质疑。但通过不少成功案例，我得出以下结论：合理使用的情况下，认沽认购比适用于单只股票。最适合的是流动性高的股票，即交易量较大，或不太可能受到收购或传闻影响的股票。相反，那些期权平均交易规模偏小的股票就没那么适合。交易规模偏小的期权一旦出现大宗交易（哪怕只是备兑开仓或价差组合）都有可能极大地影响这些股票期权的认沽认购比。结论同样适用于那些流动性较差的行业指数期权。另外，如前文所提，当市场受到内幕消息影响时，股票期权的活动就不再是市场的反向指标，而是正向指标。因此，我们提醒投资者在运用个股期权认沽认购比进行交易时，对不同情形要有所留意。

至于期货期权，只有在其流动性很高的情况下，才能充分利用认沽认购比。加总同一品种下所有月份合约的总交易量（2 月黄金加上 4 月黄金、6 月黄金等）。然而，计算所有期货品种对应期权的认沽认购比（像**股票期权**一样）并不能得出有意义的结论，毕竟不同品种并没有关联，比方说谷物期货期权和石油期货期权之间没有关联。

总的来说，我们只关注具有流动性的期权。而且，当期权认沽认购比出现极端数值时，理论上将其视为交易时机的前兆。这些观点都将在接下来的章节有进一步阐释。

还有一个曾经非常重要，但近年来重要性有所下降的比率，即**指数期权**的认沽认购比。原则上，该比率的计算应包括所有交易的指数期权，但实际操作中我们通常只考虑标普 100（OEX）指数期权，毕竟多年来它一直占据指数期权市场的主导地位。但是，由于机构投资者利用指数期权进行对冲的现象愈发普遍，指数期权认沽认购比这一概念就不再那么重要。所以，我只倾向于观察某些特定指数的加权认沽认购比，而不去关注指数期权整体的情况。

4.4.1　数据

标准的认沽期权和认购期权的交易量都会刊登在每天的报纸和一些网站上，例如 www.tbsp.com 或 www.gfds.com，通过收取低廉的费用向用户提供每日原始数据。而专门的股票期权数据比较难收集。投资者**可以**下载所有单个股票数据，然后汇总获得股票期权的数据。我们麦克米伦分析公司就采取这种做法，但是这对大多数投资者而言是一项浩大的工程。一个更简便的做法是，利用芝加哥期权交易所的网站（www.cboe.com）上的信息资源。你还可以在官网上免费订阅每日统计数据的邮件。感兴趣的读者不妨亲自试试。交易所官网提供的统计数据中，就有股票期权交易量的数据。当然，在芝加哥期权交易所交易的股票期权，不代表市场上所有的股票期权（虽然也占了总量的一大部分），不过这并不影响最终结果。CBOE 的股票认沽认购期权的**图形**，与真实的股票认沽认购期权的图形是一样的。而且很快会发现，反向指标重要的是图形，而不是具体数据。

也许你会认为，区区一个股票期权认沽认购比，不值得如此大费周章。可是，根据多年观察，它所提供的重要市场信号，比其他任何比率，包括指数期权认沽认购比提供的信号，都要更及时。实际上，有证据显示股票期权认沽认购比是最"理想"的比率。其原因是，目前在股票期权市场只存在极少量的套利行为，而且绝大多数人不再通过购买股票认沽期权来规避风险，而是通过指数认沽期权。少了这些因素的干扰，股票期权认沽认购比能为反向投资者提供更好的全局画面。

最基本的期权认沽认购比的计算公式如下：

"标准"期权认沽认购比 = 认沽期权交易量/认购期权交易量

例如，如果计算 IBM 期权的认沽认购比，应在交易日结束后，分别统计出认沽期权以及认购期权的交易量，然后求出二者的比率，得到当天 IBM 的"标准"期权认沽认购比。有的交易者还会用到日内的期权认沽认购比。我不认为日内比率有特殊作用，除非是碰到巨额交易时，日内数据也许有一定的作用。但是，大额交易往往由某些新闻事件引起，此时新闻事件更可能影响股票走势，期权认沽认购比的预示作用就不明显了。

另外，美元加权期权认沽认购比的计算公式如下：

$$\text{“加权”期权认沽认购比} = \frac{\sum(\text{认沽期权交易量} \times \text{认沽期权价格})}{\sum(\text{认购期权交易量} \times \text{认购期权价格})}$$

首先用股票认沽期权交易量乘以认沽期权价格，得出加权数值，然后求和得出认沽期权的加权总值。同样方法，求得认购期权的加权总值之后，用认沽期权总值除以认购期权总值，得出最终结果。其实，计算总值还有一种更简单的算法，即直接用期权收盘时的交易量乘以其收盘价。当然，如果有多余的精力，可以计算全天加权比率，使其精确到每一成交价。

加权比率以美元为单位测量，并比较了认沽期权以及认购期权的**资金**规模，相对于单纯的交易量比较来说，更具现实意义。举个例子就能说明问题：假设某笔交易以 10 美分的价格买入 1000 份认沽期权，尽管它的交易量很大（有 1000 份），但涉及的资金仅 1 万美元。假设另一笔交易的是浅实值期权（专业投机者更常使用的期权），总共 100 份，定价 5 美元，该交易就价值 5 万美元！可是，如果按照**标准**期权认沽认购比，第 1 笔交易的重量级是第 2 笔的 10 倍。但根据**加权**比率，第 2 笔交易反而是第 1 笔交易的 5 倍。加权比率关心的是投资者的钱都花在哪里，这就是为什么加权比率往往是更具有使用价值的反向指标。

这些数据，除了亲自计算，很难从其他途径获得。不过，在麦克米伦分析公司，我们每天都会测算众多股票、期货和股指的数据，包括股票期权认沽认购比。如果在我们的网站 www.optionstrategist.com 的“策略专区”（The Strategy Zone）上订阅了期权认沽认购比的制图服务，或订阅了每周“认沽认购图表”的邮件推送服务，都能获得这些数据。

加权比率相比标准比率能提供更多显著的数据以及更及时的市场信号，因此更受投资者欢迎。当然，不否认标准比率也能提供很多不错的信号。

值得注意的一点是，由于认沽期权作为分子，认购期权作为分母，因此看空的投资行为会导致期权认沽认购比上升（标的价格可能在下跌）。相反，期权认沽认购比值低，说明看涨的投资行为占主流（标的价格上涨）。

期权认沽认购比还能够表示为百分比值或者绝对数值两种形式。比方说，当认沽期权和认购期权的交易量相同时，标准期权认沽认购比可以表示为 1.00（绝对数值），或者 100（百分比值）。我个人更喜欢用"百分比值"，它也是较为广泛接受的形式。

按照惯例，我们还会利用移动平均数的方法来平滑数据。我几乎只用 21 日移动平均数，偶尔也会根据需要使用周期稍长一些的均线，比如 55 日移动平均数。21 日移动平均数能每年为每个标的提供 6～8 个市场信号。鉴于我是长线投资者，21 日移动平均数指标足以满足我的需求。但如果你想做更多交易，你完全可以使用更短周期的均线，不过这样的做法可能导致很多双重损失的风险。

4.4.2　解读期权认沽认购比

期权认沽认购比的原理很简单，但在实际操作中就会有些复杂。其原理就是：当比率"过高"时应买入，相反，当比率"过低"时应卖出。真正棘手的，是如何量化"过高"和"过低"。以往经验表明，由于交易者会不断改变他们的投资策略，对期权认沽认购比采用静态解读的方法是错误的。最好的方法应该是动态解读。动态解读的核心，就是无论期权认沽认购比的绝对水平如何，找到其峰值和谷值，对应则是买入点和卖出点。

如前所述，20 世纪 90 年代的牛市期间，认为标准股票期权认沽认购比在 30～55 的区间内。这使得许多观察者采用静态解读法，当期权认沽认购比率达到 53 或 55 时，应视其为买入信号。诚然，牛市期间很多买入信号**的确**发生在这个区间，但静态解读最终会带来大麻烦。熊市期间（2000 年），股票期权认沽认购比突破 55，最后一口气涨到近 90 的高位。如果当初在比值 55 的时候买入股票，那么将随着牛市到熊市的转变而被掩埋在雪崩式的卖单中。

综上所述，解读期权认沽认购比更合理的方法，就是找准图形的峰值和谷值。峰值是买入认沽期权交易的极值，标志着标的最佳买入点。谷值是买入认购期权的极值，标志着最佳卖出点。图 4-26 清晰地阐释了这个规律。数学家们称峰值为"局部最大值"，而谷值为"局部最小值"。这只是术语上的不同。只要掌握正确使用比率的方法，不必在乎术语上的不同。本章对所有的期权认沽认购比都采取了动态解读的方法。在理想状态下，峰值和谷值应出现在图形的极端点上，但实际情况并不总是这样。从个人经验来看，通过极端走势读出的市场信号，不一定比那些相对缓和的走势中读出的市场信号要好很多。

典型交易日中，认购期权的交易量总是要比认沽期权多，因此股票期权认沽认购比通常都小于 100，而且会远低于 100（多数都在 50 左右）。但是，**指数**期权认沽认购比的情况就不同了。如果指数期权经常被用于对冲交易，正如大多数的宽基指数期权，其认沽认购比就会很高。例如，OEX 指数的"标准"期权认沽认购比一般能达到 150。而且，**加权期权认沽认购比的波动范围**，相比**标准期权认沽认购比**的范围更广。虽然该特性导致**加权**比率更难找准交易点，但也是**加权**比率的优势之一：因为它能记录到极端异常的交易，使我们更容易判断公众何时达成了极度看多或看空的观点。

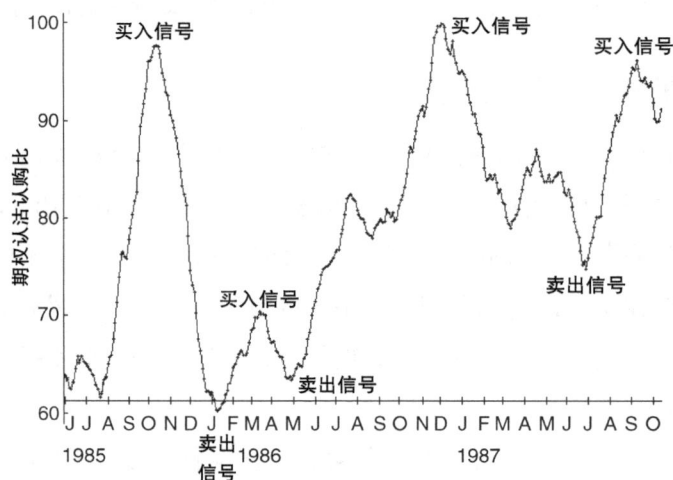

图 4-26　指数期权认沽认购比 55 日均线

　　不论你如何表达期权认沽认购比，它的实际水平并不重要，重要的是它的**相对水平**。看图就能一目了然，但不妨先举个例子：20 世纪 90 年代牛市期间，股票期权认沽认购比一般在 30 ～ 50。在市场极端乐观的阶段，该比率曾达到 30 的低点。在市场因恐慌开始大量卖出的阶段（从 1997 年 10 月到 1998 年 10 月），该比率达到 55 的高位。因此，卖出信号发生在市场过度乐观（期权认沽认购比达到 30）时，而买入信号则发生在市场过度消极（期权认沽认购比达到 55）时。然而，在世纪之交我们遭遇了熊市。那时，市场上认沽期权的交易量远远超出了以往的正常水平。2000 ～ 2002 年两年间，股票期权认沽认购比一直保持在 55 ～ 90 区间。因此，2000 ～ 2002 年熊市时期的**卖出**信号产生于期权认沽认购比达到 55 时，而这个比率在那些年曾被视为乐观的数值。换句话说，尽管 55 的比率在早前的牛市中标志着头入信号，但对于后来的熊市则标志着卖出信号。通过此例说明，**不要使用某个固定数值水平来解释期权认沽认购比**，也不要轻信其他人类似的观点。

　　再来看一些历史经验：直到 1977 年才出现认沽期权，指数期权更晚，1983 年才出现。也就是说,交易者是在 1983 年之后才开始使用指数期权认沽认购比以及汇总的期权认沽认购比的。由于当时几乎很少人会利用指数认沽期权来规避风险,指数期权认沽认购比是市场投机操作最常用的反向指标。相反,当时在股票期权市场存在大量的套利行为,这些行为或多或少扭曲了股票期权认沽认购比的数据。

当时,指数期权认沽认购比保持在 60 ～ 100 区间。和现在的平均水平相比,这个比率明显偏低。但如果当时比率达到 100,就应当买入;比率跌到 60,就应当卖出。

1985 年 10 月,指数期权认沽认购比达到 100。紧接着,市场经历了长达 8 个月的大幅上涨。OEX 指数从 175 点上涨,1986 年 7 月达到 239 点。1986 年的 12 月,指数期权认沽认购比再次达到 100。然后又是一轮长达 8 个月的上涨,期间指数刷新历史新高,OEX 指数上升幅度超过 100 点。指数期权认沽认购比曾在 1985 年的 3 月以及 1986 年的 4 月降到很低的水平,两次低点都不是一个极佳的卖点。该比率两次触底后市场都趋于稳定,并且这种趋势还持续了数月。

图 4-26 是指数期权认沽认购比的 55 日均线,标记了买入信号(B)和卖出信号(S)。图 4-27 则是同一时期的 OEX 指数的走势图形。

图 4-27　1987 年内 OEX 指数的走势图

之后发生的一件事，让很多专家都放弃使用期权认沽认购比作为有效的反向指标。当时，指数期权认沽认购比，是继 1986 年 12 月的买入信号后，在 1987 年 7 月给出卖出信号（见图 4-26）。你也许觉得这没什么，毕竟市场确实在 1987 年 8 月达到了一个峰值。紧接着指数期权认沽认购比开始攀升，9 月比率达到了 100，预示着又一个买入点。但是，如果你仅依赖**指数**期权认沽认购比的指示就大量买入的话，之后就深陷 1987 年股市崩盘中。

值得庆幸的一点是，股票期权认沽认购比同样在 1987 年 7 月出现卖出信号，但该信号一直持续到崩盘发生之后，于 1988 年年初才结束。尽管其卖出信号比最佳的卖出点稍早了一点，但也是正确的指示。而且，它也不像指数期权认沽认购比那样，在崩盘前突然攀升，从而误导投资者（见图 4-28）。

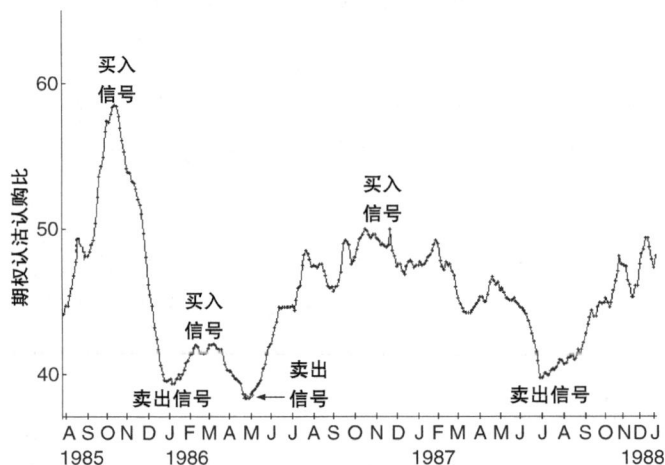

图 4-28　股票期权认沽认购比 55 日均线[⊖]

尽管如此，指数期权认沽认购比给出的买入信号是灾难性的。到底是错在哪里？难道公众真的是对的吗？难道多数人罕见地做出正确的判断？他们真的预测到股市崩盘的来临，因此在 1987 年 7 ～ 9 月期间大量地买入认沽期权吗？我认为，任何一个经历了那场崩盘或者了解过相关细节的人都会认同一点，即公众显然没有预料到这场崩盘。公众并不是因为预测到崩盘而大量买入认沽期权（事实上，在第 2 章也提到了，有很多人在崩盘发生之前还在**裸卖空**认沽期权）。

按照正常逻辑，大量买入认购期权常常会使得上涨市场达到最高点。大多数人都会随大流，而不是反着来。正因为如此，反向指标才有意义。市场涨到最高

　　⊖　原图 X 轴最左边的年份"1995"，有误，应为"1985"。——译者注

点时，往往是公众对市场最乐观的时候。这种乐观情绪反映在期权市场就是：在牛市顶点会有大量认购期权的买入。依此类推，当市场行情处于上升趋势时，不应该出现大量买入**认沽**期权的情况。认沽期权交易量的增长，应当在行情下跌时出现。因此，如果在行情上涨的时候，反而观察到认沽期权交易量的增长，就要当心有可能存在市场投机行为以外的其他特殊因素，导致了这种反常现象。

那么，1987 年夏天，是什么原因致使期权认沽认购比突然增长呢？我们得出的合理解释只能是：机构投资者在大量买入认沽期权以保护他们持有的股票。[⊖]我们在第 3 章也提到投资组合保险在市场崩盘中扮演了怎样的角色。当时，一部分投资经理（理论上）在用期货来对冲他们的股票头寸，但其他投资经理则买入指数认沽期权以保护股票头寸。因此在 1987 年夏天，当市场呈现出泡沫式的繁荣时，一些机构投资者开始采取保护措施，买入指数认沽期权。**这**导致指数期权认沽认购比加速上升。显然，到了 9 月底，机构投资者放慢了购买认沽期权的行为，于是指数期权认沽认购比开始回落。这一起一落，似乎暗示着一个买入点。

机构投资者比个人投资者更经常买入指数认沽期权。他们只需要大额买入 OEX 指数认沽期权，就能实现全面的投资保护。如果需要分别购买股票相应的认沽期权，工作量要比直接购买指数认沽期权大得多。更别提有些股票认沽期权的流动性很差。就算机构投资者有能力买，他们也未必能买到足够多的认沽期权。

当时买入的指数认沽期权发生了什么，我们无从知晓。但我们也不会对它们都在 1987 年 10 月或更早之前到期觉得意外。当然，这些认沽期权尽管发挥了一定作用，但如果在 10 月 16 日到期，恰好没赶上 10 月 19 日的市场崩盘。稍微好一点的情况是那些到期日在 11 月或 12 月的认沽期权。

还有一个关于期权认沽认购比给予没经验的观察者误导信号的例子：2000 年 2 月，也是史上规模最大的"科技股泡沫"的鼎盛时期，在 QQQ 指数期权市场所发生的一切。与 QQQ 和 QQQ 期权相比，没有任何其他证券更能代表这场经济泡沫。当时，所有的投机者都紧盯着 QQQ 以及 QQQ 期权。图 4-29 就是期权认沽认购比和 QQQ 走势的比对，可以结合该图理解此例。

⊖ 部分分析师也给出不同的解释：他们认为，当时大多数人在裸卖空指数认沽期权，导致了认沽期权交易量的增长。当时确有部分交易者这么做了，他们也因此在市场崩盘中蒙受了巨大损失，登上了报纸金融板块的头条。但是事实上，这种规模的裸卖行为不足以造成总交易量上的巨大变化。而机构投资者购买认沽期权的行为，足以产生显著的影响。

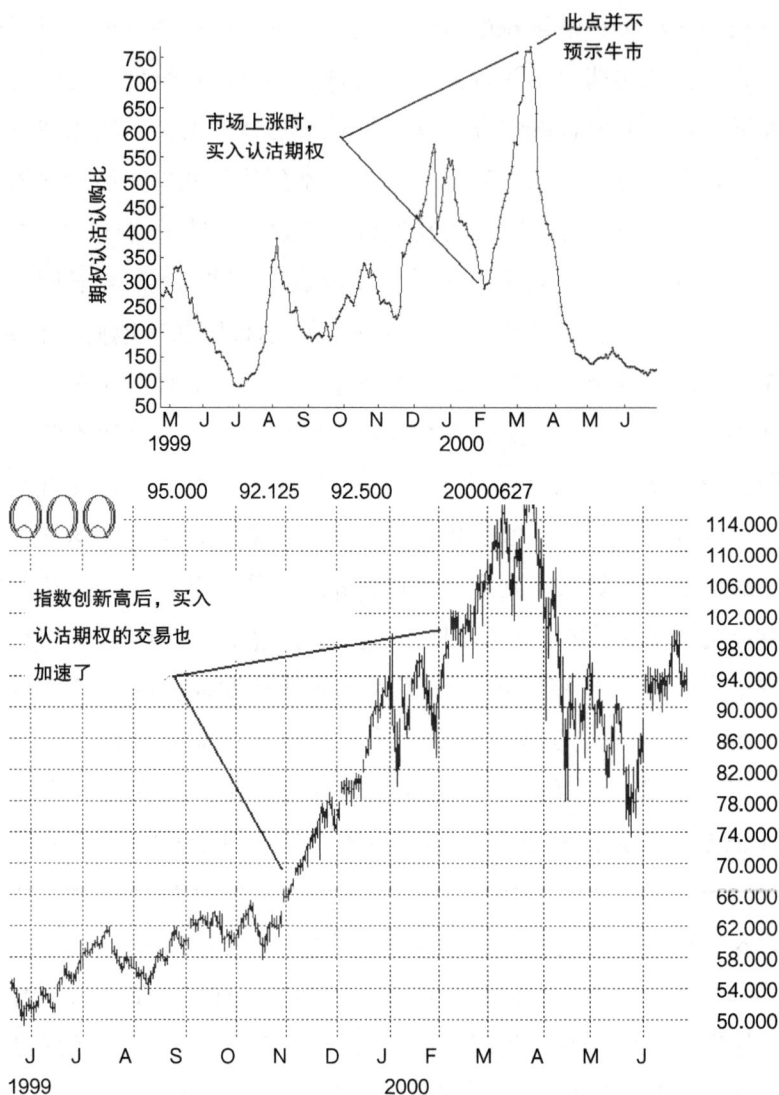

图 4-29　QQQ 期权认沽认购比 21 日均线与 QQQ 趋势图的比较

2000 年的头两个月，QQQ 的价格被迅速拉高，到 3 月初已经达到 114 美元。与此同时，QQQ **标准**期权认沽认购比涨到令人震惊的高位：750。也就是说，每交易 100 手认购期权，就有 750 手认沽期权。对一部分观察者来说，认沽期权交易量远超认购期权交易量，是预示牛市的信号。然而，对于资深分析师来说，这个信号并**不**可信。期权认沽认购比与股价**同时**迅速上升，是非常可疑的现象。造成该现象的原因是，当时的机构投资者对纳斯达克股票的天价感到担忧，于是**大量购买 QQQ 认沽期权以对冲风险**。

但是问题是：如果机构投资者在购买认沽期权以及股票，这意味着牛市还是熊市？这个问题没人能回答，但我们都清楚，这些机构投资者的对冲行为，会扭曲反向投资者能识别到的所有市场信号。因此这种情况下，我们要无视被扭曲了的期权认沽认购比。

直至今天，QQQ 仍是一个受欢迎的对冲工具，因此 QQQ 期权的标准认沽认购比就不适合用作市场的反向指标。不过，它的加权期权认沽认购比仍然是有用的。

前文提到，在指数期权的发展初期，由于指数认沽期权还未被用于对冲操作，指数期权认沽认购比是市场投机操作最常用的反向指标。很显然，这个局面在 1987 年夏天发生了变化。当一部分机构投资者开始注意到指数认沽期权后，机构投资者间的羊群效应使得指数认沽期权迅速成为大家竞相购买的产品。一开始，只有部分投资经理接受了理论家对使用认沽期权投资策略的可行性论证。但这个消息很快就传开了，于是更多投资经理蜂拥而至。之后数年内，越来越多投资经理把指数认沽期权用于常规的投资保护中。这导致指数期权认沽认购比从 20 世纪 80 年代 60～100 的水平上升到 90 年代之后的 100～130 的水平。

利用期权认沽认购比作为反向指标，这种逆向思维理论的前提是：大多数的期权交易都是投机的。但现实中，除了投机以外还有别的动机。起初，指数期权交易纯属投机交易，但随后逐渐加入了保护性认沽期权的交易。有趣的是，20 世纪 80 年代初曾在**股票**期权市场存在着大量的套利行为。那些套利行为相当盛行，甚至影响到了当时纽约证券交易所短期利率的数值，使得理论家们不得不放弃继续使用短期利率作为衡量市场情绪的工具。然而 80 年代初的套利狂潮已经过去（出于竞争压力）。现在股票期权认沽认购比无疑是非常好的衡量市场情绪的工具。相比之下，由于大量的机构性对冲交易，指数（如 OEX 指数）期权市场的认沽认购比就不再可靠了。

若把对冲交易纳入考虑，会出现两难处境。在市场上涨阶段，若出现大量指数认沽期权交易，是因为公众普遍认为牛市已达到顶点了，还是因为有机构投资者买入认沽期权？几乎可以肯定，后者才是实际情况，具体依据已经阐述，即公众在牛市顶峰时不会看空，而会看多。但是，即使反向投资者明白认沽期权交易量的上升是由机构投资者交易行为引起的，他仍面临棘手的问题：机构投资经理真实的想法是什么呢？他们是因为持有股票而看多还是因为购买认沽期权而看空？反向分析本来是为了更准确地解读数据，这种双重解释是反向分析的克星。

在介绍比较新的案例之前，再补充说明一些历史背景。20 世纪 80 年代，期权认沽认购比基本上是稳定的。随后几年内，随着将认沽期权用于投资保护的做法愈发普遍，期权认沽认购比持续上涨。过去那种"比率涨到 100 时就买入，跌到 60 时就卖出"的静态解读就不适用了。直到 80 年代末 90 年代初，仍有些理论家在用这种过时的、静态的测量方法，以至于他们在 1990 年的小熊市中遭遇重创。那年，期权认沽认购比持续走高，而采用静态解读的投资者仍然固守以往的、不可靠的买入区间方法，导致过早地进入市场。而且，由于他们的错误解读，还损坏了期权认沽认购比作为技术指标的名声。当时的专题文章认为，期权认沽认购比已失效。

期权认沽认购比还是有效的，前提是要动态地解读：关注局部最大值与最小值作为买入和卖出的时机，而不是依赖固定数值。事实上，专业的反向投资者更愿意看到有人时不时谣传错误的信号。因为越少人真正地理解反向分析，他就获利更多。否则，当每个人都成为反向投资者，反向分析就失效了。市场的本质就是：大多数人在极端状况下的行为都是错误的。如果多数人都变成反向投资者，那么市场会发生变化，最终**他们**还是错的。因此，当有人试图指出反向分析没作用的时候，我内心是"窃喜"的（反向分析当然是有效的，但别让太多人知道）。

就算市场行情涨上天，也再难见到指数期权认沽认购比（50 日均线）降到 60 的低点。下面几张图包括了几组在不同水平上的买入／卖出点，每个买入／卖出点都是比率走势的拐点（即最高点或最低点）。找准这些点才是**正确**解读期权认沽认购比的方法。

接下来的两个具体案例说明如何用"标准"以及"加权"期权认沽认购比来预测市场的中期趋势。第 1 个发生在 1999 年夏天。图 4-31 是该时期 OEX 指数的期权认沽认购比走势。那时，市场上涨并在 7 月创新高，10 月经历了一次迅速下跌之后回升，经过 2 波上涨后，于 2000 年 3 月达到历史新高。紧接着在 4 月的一波凶猛的抛售后，于 2000 年 5 月市场触底。

观察下图，能看到该阶段的股票期权认沽认购比如何预测宽基市场走势。在以下每一张图中，我们用字母"a"到"e"代表所有的买入信号，用数字"1"到"4"代表卖出信号。

首先，考虑**标准**期权认沽认购比，如图 4-30 所示。第 1 个标记的信号"a"对应的时间点是 1999 年 6 月中旬。期权认沽认购比在该点达到局部**峰值**，因此是一个买入信号。尽管相对整幅图来说，这个比率并不算高，约 44（意味着每成交 100 张认购期权，同时成交 44 张认沽期权），但仍然是一个正确的信号。在此

之前，期权认沽认购比上升，然后转为下跌。这就是买入信号的动态定义。本章
最后部分将讨论如何识别比率走势的变动。从图 4-31 OEX 指数的走势能看到，
"a"产生在 OEX 指数约 660 点的位置。紧接着指数攀升至 730 点，涨幅达 70
点。可见，即使 a 点并不在一个极端的水平上，它的指示意义依然很有说服力。

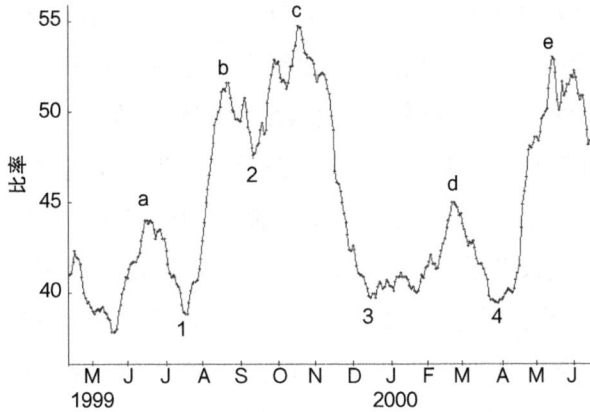

图 4-30　标准期权认沽认购比

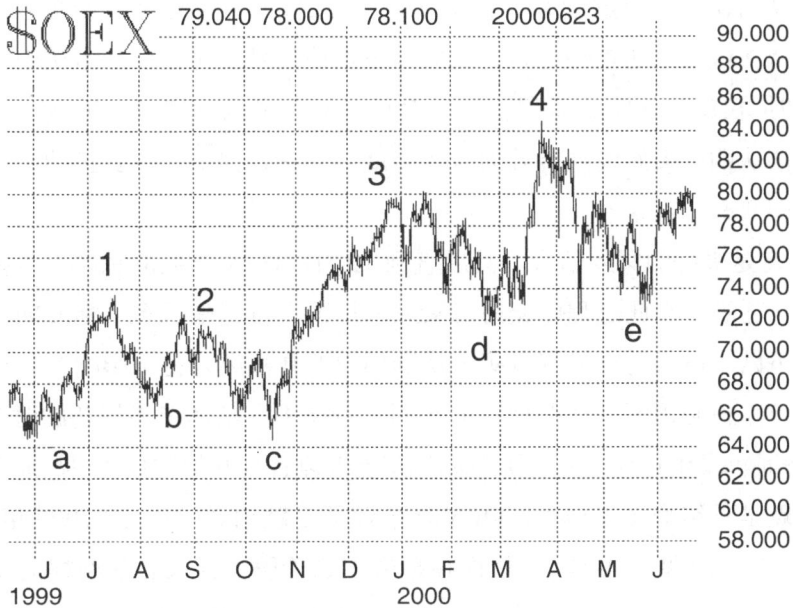

图 4-31　1999 ～ 2000 年 OEX 指数（1999 ～ 2000 年）

随着市场的上涨，认购期权的交易量不断增加，让标准期权认沽认购比在
1999 年 7 月下跌到"1"的低位（见图 4-30）。那时，认购期权买方已经"筋疲

力尽"了，期权认沽认购比转而上升。这个走势的拐点就是卖出信号。图 4-31 中能看到，在标记"1"卖出信号发生后，指数从 730 点直落到 670 点。期权认沽认购比在正确的时机指示出股票的下跌，又协助了一次成功的交易。

在股票下跌过程中，认沽期权的交易量加速增长，标准期权认沽认购比一口气上涨到 52，1999 年 8 月抵达又一个顶峰——买入信号"b"。虽然这次买入信号稍微晚了一点，但 OEX 指数的上涨趋势比较平缓，仍然有利可图。

继"b"买入点后，期权认沽认购比符合规律地开始下滑。不过，这次下滑没有持续很长时间就又开始反弹了，出现卖出信号（图中点"2"）。尽管该信号**没有**产生在**极端水平上**（极端水平的卖出信号应发生在走势图**最低**的水平线上），但它仍是出色的信号：如其所预示的那样，随后 OEX 指数一路下跌到 650 点。

这次更陡的下跌发生在 1999 年 10 月，让不少交易者回忆起 2 年前（1997 年）10 月发生的灾难性下跌。恐慌让他们开始买入各种认沽期权，标准期权认沽认购比受此影响一路上升到 55 的水平，即图 4-30 中的"c"点。细心的人会观察到在 10 月初，期权认沽认购比有一次小规模的起伏。这看似发出了一个买入信号，尽管认沽认购比的走势很快又扭转了。说到这，我们可以讨论在什么情况下，期权认沽认购比应解读为"止损点"。如果根据一个信号入场交易，但随后发现期权认沽认购比的走势逆转，就应当根据该信号及时止损。本例中，如果你在 10 月初期权认沽认购比看似下跌的时候，买入了认购期权。那么 10 月中旬，当期权认沽认购比突然由跌转升的时候，就要赶紧止损平仓。真正的买入点发生在后面，即"c"点。

"c"点是极好的买入信号。其后直到 12 月，OEX 指数的总体上涨幅度高达近 150 点。注意，在此过程中交易者买入的认购期权越来越多，**标准**期权认沽认购比迅速下跌。虽然此时投资者买入认购期权非常极端，也不影响对期权认沽认购比的解读。你必须等到认购期权的热潮自行退去，整体走势扭转的时候（再行动）。这一时机发生在点"3"，那时的比率已戏剧性地从原先的 55 降到了 38。

"3"点是不错的卖出信号。OEX 指数随即下跌约 80 点，到 2000 年 1、2 月份时达到 720 点（见图 4-31）。然而在指数下跌阶段，买入认沽期权的交易量并没有明显的增长。期权认沽认购比仅仅上升到 45，达到峰值"d"点（又是一个买入信号）后再一次下跌。

尽管该信号并非处于极端水平，但根据该信号来交易仍非常重要。在"d"点买入信号后发生了最后一次爆发性的上涨，OEX 指数在 3 月份突破 840 点。

在此期间，期权认沽认购比下跌至 39 后反转上升，产生卖出信号点"4"。

当时没人能估计到那竟然是几年内股市的最高点。值得一提的是，即使在这样重要的高位，期权认沽认购比也没有巨幅下降，达到比如 10 的极低水平。但期权认沽认购比的确指示了卖出信号。毕竟重要的是比率走势，而不是比率的绝对水平。

虽然之前没有人知道，但确实在那之后市场逐渐进入熊市。OEX 指数先是缓慢下跌，随后到 4 月中旬市场突然遭重创，当日道琼斯指数下跌 700 点，纳斯达克指数也跌了近 500 点。后来我们知道，是索罗斯抛售科技股的行为酿成了这场股灾。索罗斯的抛售是计划好的，意在改变整个市场的格局。在那次引起恐慌的抛售之后，市场虽稍有反弹，但交易者们仍不断买入认沽期权。由此产生的巨大的认沽期权交易量，使期权认沽认购比回升到 54 的水平，5 月底出现另一个买入点"e"。

由于接下来遭遇了更严峻的熊市，大多数交易者都忘记了在 2000 年夏天，市场还有一次可观的上涨。那次上涨始于 5 月，OEX 指数上涨到 830 点，几乎回到它的历史最高位。

可见，标准期权认沽认购比在这段时间所产生的 9 个信号都及时、准确地预告了 OEX 的几次重大波动。即便在信号发生时可能没有第一时间采取行动，但由于观察的是 OEX 指数的中期走势，变动的时间跨度够长，所以稍微滞后行动，也还是足以获得可观的利润。

图 4-32 显示的是加权股票期权认沽认购比。让我们来分析**这个**比率在相同时间段内的表现如何。长话短说，图中的"a""b""1"以及"2"这 4 个信号对应的时间点，和标准期权认沽认购比中的信号完全一致。在使用期权认沽认购比作为指标的时候，确认"标准"比率和"加权"比率大体一致，是非常重要的。

如图 4-32 所示，加权期权认沽认购比在 10 月初出现信号"c"。这个信号稍早一些，但终究是有效的。接下来的信号"3"，其时机比标准比率对应的信号点更好。信号"3"直到年尾才出现，刚好和 OEX 指数涨到最高点的时间吻合。而信号"d"和"4"的发生时间，和标准比率对应的信号大体一致。

然而，最后一个信号"e"真正体现出"加权"比率相对于"标准"比率的优越性。如前所述，加权比率能更好地记录到极端交易的发生，例如 2000 年 4～5 月发生的情形。索罗斯抛售股票引起市场恐慌后，交易者不仅买入大量认沽期权，而且不惜花重金去买。他们显然不仅买入深度虚值的认沽期权作为保护措施，而且开始买入平值认沽期权来进行下行市场的投机交易。他们在认沽期权市场的大量买入，将**加权**比率拉升到超过 100 的高位（见图 4-32）：这意味着购买认沽期权的资金总额已经超过了购买认购期权的总额。如果在加权认沽认购比出现这样极端点，绝对是唤醒交易的时机。

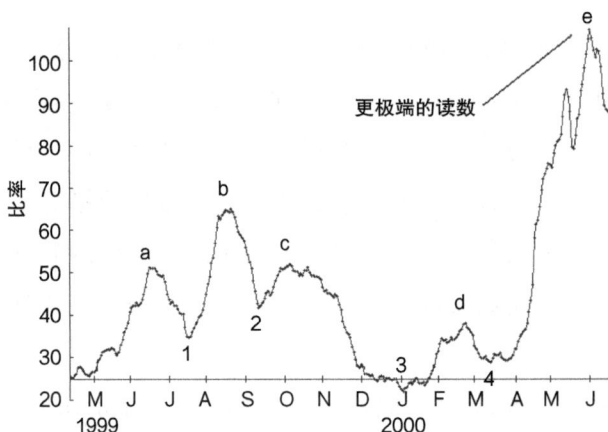

图 4-32   1999 ～ 2000 年加权股票期权认沽认购比

除此以外，通过比较图 4-30 和图 4-32 会发现，加权期权认沽认购比在" e"点的买入信号发生在 5 月下旬，而标准期权认沽认购比对应的信号发生在 5 月上旬。显然，加权比率出现信号的时点更准确。这是典型的加权比率信号：多产生于极端交易，且时机更好。

前文简单提到，如果根据信号交易，最好的投资选择可能是平值期权。此说法当然有许多方面可以改善，但实质上是对的。期权认沽认购比提供的市场信号受市场情绪控制，也就是说它们可能出错（其实任何市场指标都如此）。即使不出错，信号出现的时机也不总是完美无误。上述例子也提到，有时信号发出的时间比相应的市场波动提早数星期。因此，当利用股票期权认沽认购比进行交易时，最好购买平值，或者浅实值的宽基指数期权。它可以是 OEX 指数、SPX指数或 DJX 指数的认购期权。对于其他的指数期权，我个人不太建议。当然，现在又出现了交易型开放式指数基金（ETFs）[⊖]，投资者也可以考虑 SPY（S&P SPDRS）、OEF(跟踪 OEX 指数的 ETF)、DIA(DIAMONDS，跟踪道琼斯工业指数)，甚至是 S&P 期货或 e- 迷你期货。关键在于跟踪主要指数。

⊖　交易型开放式指数基金（Exchange Traded Funds）是由信托或基金公司持有股票的实际股份而创建的指数或行业指数，形成"基金"。该基金的份额在交易所交易——在美国，通常是纽约证券交易所或者美国股票交易所，指数份额可以像股票股份一样交易。

我再举一个例子，来说明期权认沽认购比在遭遇大规模熊市时如何反应。图 4-33 及图 4-34 分别是从 2001 年年中至 2002 年年中的标准股票期权认沽认购比以及加权股票期权认沽认购比走势图。每个走势图中认沽认购比的**上方**还附有无刻度的 OEX 指数图形，以方便我们更好地观察期权认沽认购比出现买入 / 卖出信号时对应的市场情况。

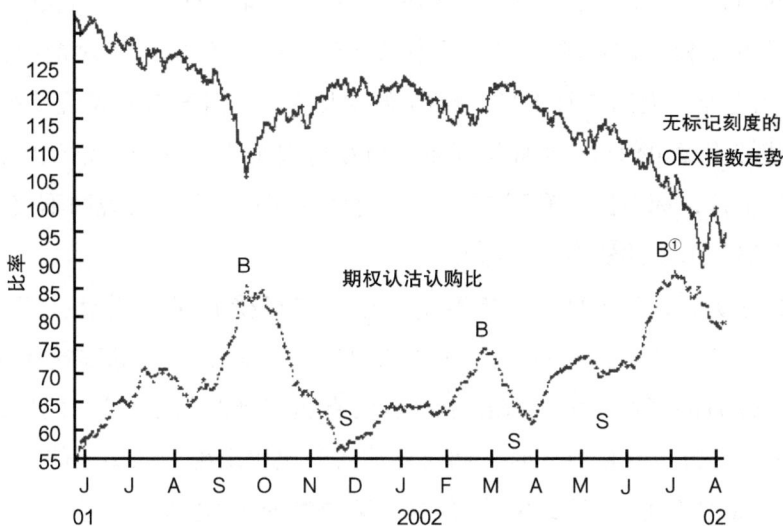

①认沽期权交易量仍在增长。

图 4-33　标准股票期权认沽认购比

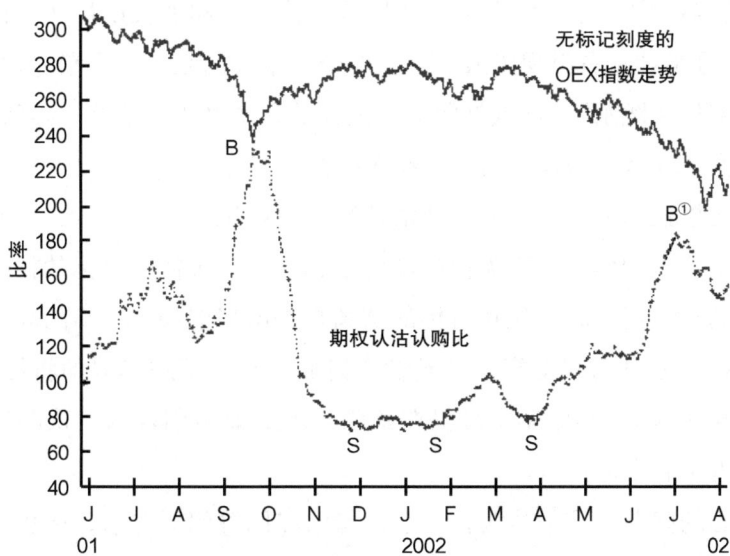

①认沽期权交易量仍在增长。

图 4-34　加权股票期权认沽认购比

虽然不会很详细地展开，但我想用它来说明两点非常重要的内容：第一，期权认沽认购比在熊市时可以上升到极端的高位；第二，交易者有时候需要运用逻辑思维来解读比率。

两张图的起点都是 2001 年夏天。市场（OEX 指数）在 6 月时缓慢下跌，7 月趋于平稳。当时很多持看多观点的分析师认为，这段短暂的停滞期是市场很快重新上涨的前兆。然而，正如你所看到的，这段时间内的期权认沽认购比还是不停上涨。标准期权认沽认购比在 7 月中旬涨到 70，一举突破了之前牛市的最高点 55。在此之前，大约 7 月 1 日，曾出现买入信号，但该信号仅维持很短时间，在 8 月初就转为卖出信号。8 月初开始，市场每况愈下。期权认沽认购比随之攀升。到 9 月 1 日，标准比率升至 75，加权比率的涨幅也很大（说明不仅是认沽期权交易量上涨，涉及的资金也上涨）。

1 个多星期后，"9·11"恐怖袭击发生，市场受其影响崩盘。期权认沽认购比跳涨到当时的历史最高点（后来在 2002 年及 2003 年，标准比率都超出了"9·11"事件后的高位；但加权比率再也没有达到当时的水平）。然后，在这场充满恐慌的历史性下跌快触底时，期权认沽认购比发出精确的买入信号。

之后从 2001 年秋季至 2002 年春季，又陆续有几次卖出信号。不妨先跳过这些点，快进到 2002 年 7 月。当时发生了一件非常不同寻常的事情（尽管不同寻常，我们仍有办法在它发生时准确识别，而且这种事情以后还可能发生）。从图 4-33 及图 4-34 中，你会发现标准期权认沽认购比和加权期权认沽认购比，均在 2002 年 7 月 1 日左右出现买入信号。但令人遗憾的是，这个信号过早地发出。市场在当月突然"跳水"，这也是印象中最大的几次抛售浪潮之一。我们不禁想，其中到底发生了什么？为什么信号是错误的？

首先，我想强调一条解读期权认沽认购比时屡试不爽的规律：千万不要因为期权认沽认购比中的信号，而无视市场价格趋势。应等待来自标的的技术面上的确认：在观察到买入信号时，先找找标的市场是否出现诸如"更高的高位、更低的低位"，或者是 20 日均线上穿，又或者任何能够暗示下跌趋势即将结束的证据。**本例**中，由于市场在 2002 年 7 月仍在暴跌，因此即使期权认沽认购比发出买入信号，我们也没有盲从买入。

但更核心的问题是：信号为什么会出错？在回答问题之前，回想一下什么因素会导致期权认沽认购比下跌而出现买入信号。通常，比率上涨是因为出现大量认沽期权的买入，所以当认沽期权的买入潮减退时，期权认沽认购比顺应下跌，出现买入信号。不过，还有一个因素会导致期权认沽认购比下跌，即大量认购期权买入。由于认购期权的交易量是该比率的分母，当认购期权增多，比率下跌。但这种情况并不多见，公众不会在市场仍处于暴跌的风口就开始考虑买入认购期权，正如 2002 年 7 月。

那么究竟发生了什么？其实，当时期权权利金已经涨到天价。这种情况一般在市场迅速下跌的时候出现，这在前面内容中也讨论过了。经历了超过 2 年的熊市之后，2002 年夏天的这次下跌促使投资者们改变策略。由于认购期权的权利金很高，部分大机构投资者开始建议他们客户采用备兑开仓策略（卖出认购期权）。客户照做了，促使认购期权交易量增多，期权认沽认购比下跌，发出了时机未成熟的买入信号。

我们在一星期之内弄清楚了背后原因。线索就是，通过仔细观察，发现2002 年 7 月初，认沽期权和认购期权的交易量都在增长。认沽期权交易量增多是因为恐慌的交易者在大量买入，认购期权的增多则是因为持有股票的人在卖出价格高昂的认购期权。有了这个信息，我们决定放弃期权认沽认购比，而仅仅根据认沽期权交易量的变化来判断市场买入点。果然，认沽期权的交易量在 7 月末达到峰值，与市场的最低点吻合。因此，以后再碰到类似情形，即在市场仍处于下跌而期权认沽认购比却反常地出现买入信号时，应该用认沽期权交易量来辅助确定真正的买入点。只有当认沽期权交易量开始回落时，才是市场的最低点。

在结束本节内容之前再补充一点：除了这里提到的指数，还有其他的宽基指数期权的认沽认购比也可用于指导交易操作，但它们的可靠性和重要性比不上股票期权认沽认购比。这些宽基指数包括：加权 OEX 指数期权认沽认购比，加权QQQ 指数期权认沽认购比（强调一下，**不是**"标准"）以及 S&P500 期货期权认沽认购比（"标准"和"加权"**都**适用）。偶尔我也会参考加权 NDX 指数期权认沽认购比、SPX 指数期权认沽认购比、DJX 指数期权认沽认购比、DIA 指数期权认沽认购比等。这几个都是很小众的比率，不是常用反向指标。

4.4.3　行业指数期权认沽认购比

流动性较高的行业指数期权认沽认购比也可以用于对市场的反向指示。不过由于行业指数期权的流动性一般不如 OEX 指数期权，其市场信号也就没那么准确。但大多数情况下，行业指数期权认沽认购比还是非常实用的。在我撰写这本书时，以下行业指数期权认沽认购比对市场的指示作用比较好（$ 代表指数）：

银行业（$BKX）

日经（$JPN）

摩根士丹利高科技行业（$MSH）

纳斯达克 100（$NDX）

石油服务（$OSX）

制药业（$DRG）

罗素 2000（$RUT）

半导体（$SOX）

公用事业（$UTY）

金 & 银（$XAU）

天然气（$XNG）

石油 & 燃气（$XOI）

这些指数所代表的行业一目了然。每个行业指数具体的构成要素，可以在所属交易所的网站上了解。一般都是芝加哥期权交易所的网站（www.cboe.com）或者美国证券交易所的网站（www.amex.com）。这些行业指数和那些宽基指数一样，投资者无法购买 SPX 指数，SOX 指数也是同理。但投资者可以购买这些指数的期权。投资者还可以购买 ETFs，而 ETFs 也真实地反映了指数的表现。

实际上，ETFs 可能也有对应的期权。比如 HOLDERS（AMEX 上交易的信托基金，选取相近行业的股票组成），还有 iShares（安硕，即由巴克莱全球投资者推出的 ETFs，www.ishares.com），大多数的指数和行业指数中都能找到。例如，罗素指数或者威尔逊指数中就有一部分（比如罗素 2000 成长型和价值型基金）是以 iShares（安硕）的形式在交易所挂牌交易的，且大部分有对应期权。虽然大部分以 ETFs 为标的的期权流动性较差，但是其跟踪指数的期权还是能提供很好的指示信号。

打个比方，当发现摩根士丹利高科技指数（$MSH）期权认沽认购比，在某一时刻出现买入信号。当时指数可能在 500 点，1 手平值期权可能花费 20 点（2000 美元）甚至更高。而对于波动性更大的指数，例如 $SOX 指数，在大幅波动时平值期权价格可能高达 50 或 60 点。对于大多数普通投资者来说，把这些期权用作交易工具太昂贵了（但价格高，不一定意味着隐含波动率高）。这些期权的买卖价差很大，想要大量买入来管理头寸（比如通过获得部分利润）是很困难的。

即使如此，行业期权认沽认购比确实**能**给出好的市场信号。请参考图 4-35，$MSH 指数期权认沽认购比的图形和未标记刻度的 $MSH 指数走势图。解释该期权认沽认购比图形的方法和之前一样，即峰值意味着买入 $MSH 指数的信号，谷值意味着卖出 $MSH 指数的信号。买入 / 卖出点已在图 4-35 中标出。

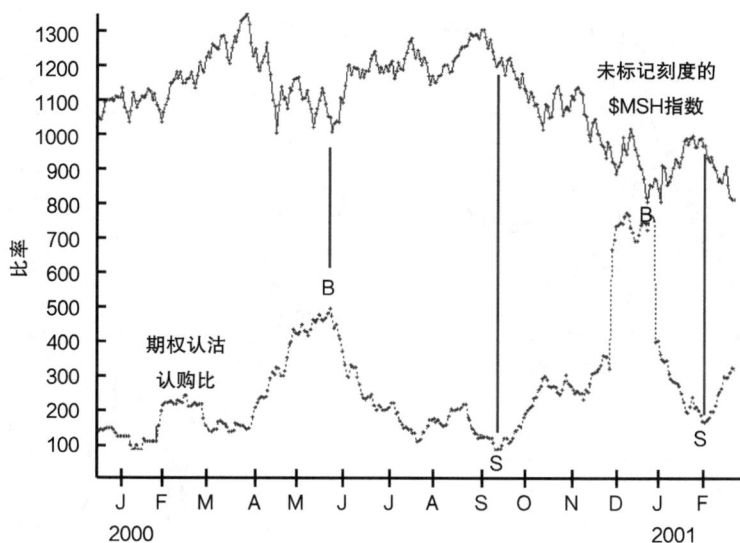

图 4-35 $MSH 指数期权认沽认购比

但如果我们没有足够资金来交易如此昂贵的指数平值期权，该怎么办？通常，每个指数都会有对应的 ETF，ETF 不仅走势和指数几乎一致，价格还低廉许多。而且 ETF 或许有其对应的期权。比如，和 $MSH 指数大体一致的 ETF 是纳斯达克 100 跟踪股票（QQQ）。比较图 4-36 和图 4-37，它们的走势几乎相同。

其实，很多指数，包括之前提到的所有指数，都有其对应的 ETF。下表是我们之前列出指数对应的 ETF，用这些行业指数期权认沽认购比来交易是"最好"的。虽然在计算时我们更倾向于使用加权期权认沽认购比，但这些指数的标准期权认沽认购比也表现不错。

行业 / 指数	对应的 ETF
银行业（$BKX）	区域银行 HOLDRS（RKH）
日经（$JPN）	无
摩根士丹利高科技（$MSH）	纳斯达克 100 指数跟踪股（QQQ）
纳斯达克 100（$NDX）	纳斯达克 100 指数跟踪股（QQQ）
石油服务（$OSX）	石油服务 HOLDRS（OIH）
制药业（$DRG）	制药业 HOLDERS（PPH）
罗素 2000（$RUT）	安硕罗素 2000（IWM）
半导体（$SOX）	半导体 HOLDRS（SMH）
公用事业（$UTY）	公用事业 HOLDRS（UTH）
金 & 银（$XAU）	不需要，$XAU 本身很便宜
天然气（$XNG）	无
石油 & 燃气（$XOI）	安硕石油（IYE）

图 4-36　$MSH 加权期权认沽认购比

图 4-37　纳斯达克 100 跟踪股票（QQQ）

4.4.4　利用认沽认购比交易个股

认沽认购比可以用于个股。本书第 1 版出版后，我改变了对这个问题的看法；

我认为，只要股票是高度流动的，而且没有收购（或者其他影响期权交易量的原因），那么该比率就可以用于有利可图、基于情绪的交易。如果有加权比率，那就更好。

让我们先来看看流动性最高的股票之一，微软（MSFT）。2000 年春季，当时司法部反垄断诉讼正在庭审，高科技股票正处在索罗斯和其他人抛售所造成的压力下。这引发了某些基于认沽认购比的不错的交易。

图 4-38 显示了从 1999 年夏季到 2000 年夏季 MSFT 股票的走势图。图 4-39 显示的是同一时期的标准认沽认购比。在这两幅图上有一些买入和卖出信号。1999 年 6 月的买入信号和 1 个月后的卖出信号并不特别好。运用股票期权认沽认购比时需要注意：股票认沽认购比本身在预测股票时的成功率要低于预测宽基市场。不过，1999 年 10 ～ 12 月，在大约 80 的位置出现了双重或者三重买入信号。股票经过一段时间盘整后最终在 12 月有了爆发性的上涨，MSFT 从 90 涨至 118，使得那些最新出现的买入信号有了丰厚的盈利机会。

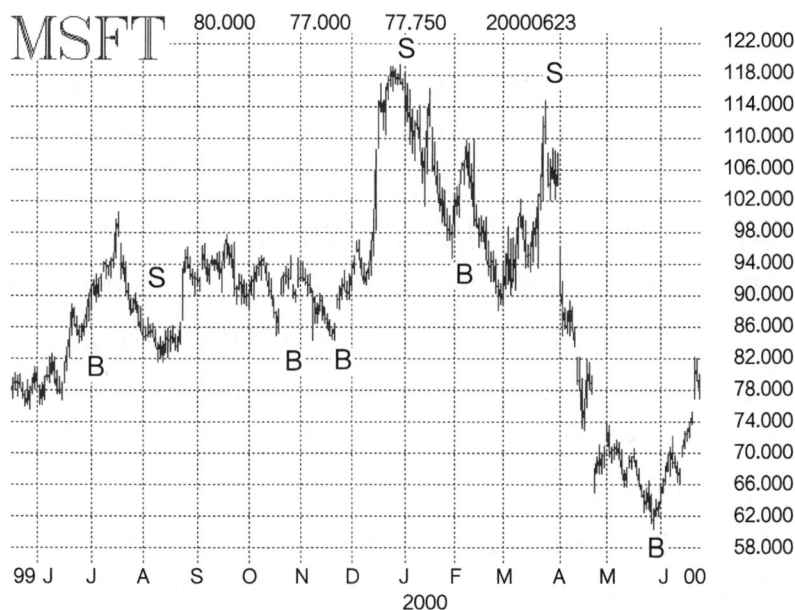

图 4-38　MSFT（1999 ～ 2000 年）

1999 年 12 月的上涨将投机者带回市场。随着他们买进认购期权，认沽认购比大幅度下跌。最后在新年刚开始的时候，认沽认购比到达底部，产生卖出信号。这也是一个可以盈利的信号：MSFT 从 118 点跌回到了低点 90。交易者也许会因为追踪止损或是因为在 2000 年 2 月 1 日出现的下一个买入信号而止损出场。这个买入信号出现在走势图的低位（大约 50）。它也是一个不错的信号，MSFT

接着又一次上涨，从 90 多点回到了 114。请注意，该买入信号有点早，而股票一直到 3 月 1 日才真正开始上涨。

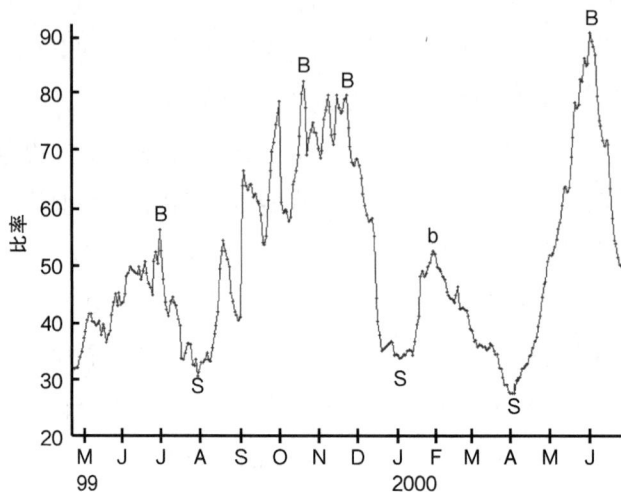

图 4-39　标准 MSFT 认沽认购比

无论如何，最重要的信号就要出现了。3 月的上涨（纳斯达克指数这时达到历史高位）吸引了大量认购期权买单；3 月下旬，认沽认购比跌到了 30 以下，然后产生了一个卖出信号。虽然该卖出信号离实际顶部稍稍差了一点，但它确实是当股票还在大约 104 的时候就出现了。这时股价自由落体般的下跌开始了，一路跌到 62。

此时出现大量认沽期权买单。2000 年 6 月上旬，认沽认购比处于最高点 90。在只有 2 个月的时间里，公众对 MSFT 从有史以来最大的看多转化为有史以来最大的看空。对反向交易者来说这是理想操作，认沽认购比准确地反映了这点。此时（2000 年 6 月）认沽认购比突然见顶，看错方向的投机者手里都是认沽期权，一个买入信号随之产生了，接着该股票从 62 跳涨到 82。

因此，标准认沽认购比发出了 4 个出色的信号，1 个可以擦边盈利的信号和 2 个或许没有多大意义的信号（前 2 个）。对某只股票的认沽认购比来说，这是一个出色的记录。现在，我们来看一看同一时期的加权认沽认购比（见图 4-39A）。

图 4-39A 的一个突出特征是 2000 年 6 月 1 日附近的买入信号。此时弥漫着看空的情绪，以美元加权的比率上升到了 320。这意味着在认购期权上有人花 100 美元，就有人在认沽期权上花 320 美元。对跟踪这些情绪指标的交易者来说，这是在提醒他们应当注意下一个买入信号。接下来的事情我们已经知道了，MSFT 从 62 涨到 82。

加权比率中的超高峰值把在它之前的信号都比下去了，使得它们都被压到了图像底部，几乎毫无意义。其实它们之中的一些信号也很出色，只是不如最后的买入信号那么明显罢了。而且，这是又一个加权比率如何能够给出极端数值，从而使得可交易情景更明显的例子。

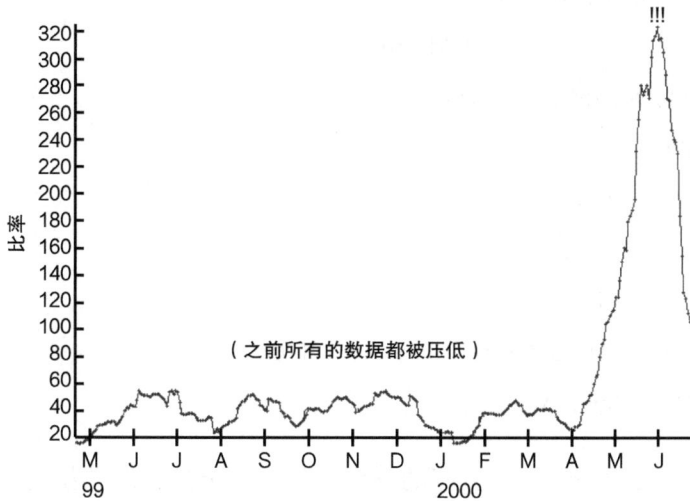

图 4-39A　加权 MSFT 认沽认购比

下面的股票，是写作本书时，使用认沽认购比进行交易的最好股票：

美国在线（America Online，AOL）

Alliant Technology（ATK）

美国运通（American Express，AXP）

波音公司（Boeing，BA）

花旗集团（Citigroup，C）

信诺（Cigna，CI）

雪佛龙－德士古（石油）公司（Chevron-Texaco，CVX）

思科（Cisco，CSCO）

戴尔电脑（Dell Computer，DELL）

迪士尼（Walt Disney，DIS）

伊士曼－柯达（Eastman Kodak，EK）

通用电气（General Electric，GE）

通用汽车（General Motors，GM）

惠普（Hewlett-Packard，HPQ）

IBM（IBM）

英特尔（Inte1，INTC）

强生（Johnson & Johnson，JNJ）

可口可乐（Coca-Cola，KO）

洛克希德－马丁（Lockheed-Martin，LMT）

麦当劳（McDonald's，MCD）

3M（MMM）

默克（Merck，MRK）

微软（Microsoft，MSFT）

辉瑞（Pfizer，PFE）

联合技术公司（United Technologies，UTX）

沃尔玛（Wal-Mart，WMT）

其他股票有时对信号也有较好的反应，但是以上这些股票始终有相当好的信号跟踪记录，特别是加权比率。

有条原则是在进行任何认沽认购比交易时都应当遵守的：查看过去 1 年的信号，看一看有多少是可以盈利的。如果大部分都很好，那么就可以交易下一个信号。不过，有时可能出现大部分信号都不管用的情况。这时我会避免交易。不起作用的信号往往来自套保或者套利，也有可能是由原本交易不活跃的期权突然活跃引起的。从往年情况来看，这些情况都会产生糟糕的信号。

接下来的一幅图说明加权比率是如何通过清除大量"噪声"（也就是不好的信号），从而使得本来模糊的画面变得清楚起来的。先来看一看英特尔（INTC）在 1999 ～ 2000 年间的情况。图 4-40 显示的是标准 INTC 认沽认购比。注意一下有多少信号出现，多得根本无法交易，因为你在每一个信号上都会稍微落后一些。而且，当信号出现得太多并且组合得太紧的时候，显然就会出现双重损失或其他亏损。

图 4-41 是 INTC 在完全相同时段里的加权认沽认购比图。该图比标准比率清楚得多。同标准比率挤成一团的情况相反，这里只有几个信号。这些信号更为清晰，交易效果更明显。

总之，在股票市场使用认沽认购比可以盈利。但要记住，在股票期权里，外部因素可以造成大量交易，而这种交易量一般对反向分析者没有用处。它往往是由套保或者套利引起，而不是由市场情绪引起。理想情况下，最好是能够把小投机者的交易活动给剥离开，但是找不到这样的数据。因此要做一些调整，在使用这些信号前，仔细观察这些信号之前的表现。

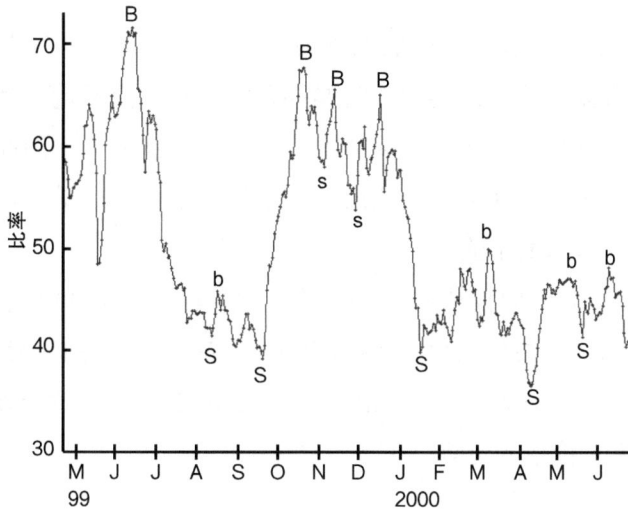

图 4-40　标准 INTC 认沽认购比

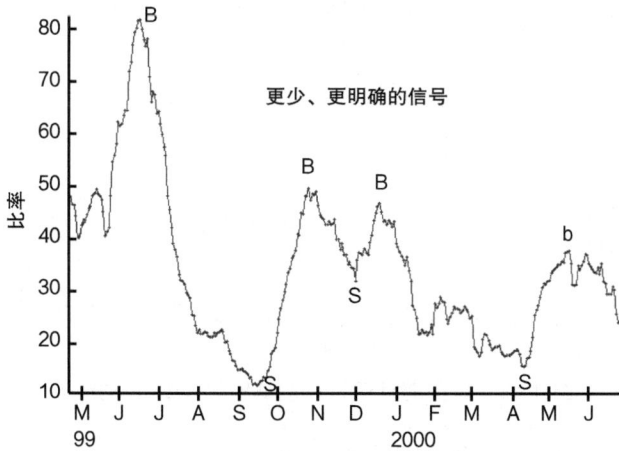

图 4-41　加权 INTC 认沽认购比

4.4.5　期货期权认沽认购比

期货期权的认沽认购比也可以计算。不过如前所述，只有特定商品或者一系列期货合约的期权认沽认购比才有计算价值。比如，计算黄金期货期权认沽认购比的方法是，把所有黄金期货合约（例如：2月、4月、6月、8月、10月和12月黄金期货）的期权汇总，分别计算出认购期权以及认沽期权的交易量后，用认沽期权交易量除以认购期权交易量，就得出当日黄金期货期权认沽认购比。各种商品期货期权的交易量（认购及认沽），都会登在每日报纸的期货期权价格列表中。

相比OEX指数期权或者总体股票期权的交易量，黄金期货期权的交易量要少得多，因此在解读其认沽认购比的时候要稍加注意。交易量小就意味着，一两宗稍大的期权交易就可以影响当日黄金期货期权认沽认购比。因此，如果想得到好的信号，不能通过解读认沽认购比的每一个局部最大值或最小值，而可能是通过那些**极端的**最大值和最小值。

图4-42是黄金期货期权认沽认购比在1994年1月至1995年8月期间的走势图。你可以看到，认沽认购比在1994年8月有一个显著的高峰（A点），接近100。那就是一个不错的买入信号，因为在之后的2个月，黄金期货价格从385涨到410。黄金期货价格的走势，可参见图4-43。

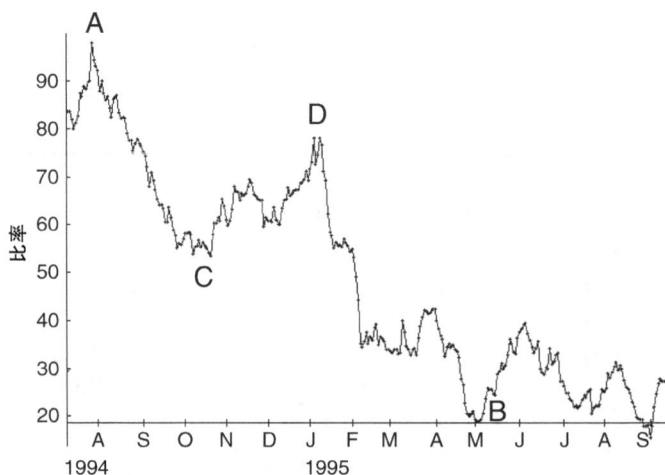

图4-42　黄金期货期权认沽认购比（21日均线）

本章中连续的期货价格走势图，都是通过连接期货合约并且消除不同合约之间的价格差值绘制而成。以该黄金期货价格走势图为例，4、5月的合约价格就是选取距离最近的6月期货价格；6、7月的价格则是选取8月期货价格，依此类推。不过，还要对相邻合约的价格进行调整以消除差值（比方说6月和8月期货价格差值）。如果交易者在1993年8月买入黄金期货并且持续在到期前1个月移仓到下一最近月份合约，那么图4-43基本上就概括了他所经历的真实情况。1995年

10 月的价格（见图的右侧）比实际的 1995 年 12 月黄金期货的价格**低**。这就说明交易者每次滚动操作都有所**损失**，原因在于远期期货合约价格高于当前期货合约。如果远期期货合约价格低于当前期货合约时（例如美国长期国债 T-bonds），连续价格走势图中，1995 年 10 月的价格应当**高于**实际的 1995 年 12 月期货价格。使用这种连续的价格走势图来评估信号的原因在于，它能体现交易者在这一段时间内交易最活跃合约的真实情况，排除人为的价格差值。

图 4-43　黄金期货连续价格图

回到刚才的例子：1995 年 5 月，黄金期货期权认沽认购比降到 20（B 点）。这意味着平均每 5 份认购期权成交时只有 1 份认沽期权成交。如此低水平的比率明显反映出市场对黄金抱有极端的看多观点。因此，根据反向理论，这相当于卖出信号。虽然那时候黄金期货价格的振荡幅度不太大，但当时也足足下跌了 20 美元。

由此看来，利用极端数值似乎非常奏效。但图中另外 2 个显著的拐点（图 4-42 的 C 点和 D 点）又该如何解释呢？事实证明这 2 个也是很好的信号。C 点是在 1994 年 10 月的卖出信号。参考图 4-43，当时黄金期货价格从 390 下跌到 1 月的 355。

图 4-42 的 D 点是一个局部最大值，即买入信号。它的表现也不错，黄金期货价格从 1 月该信号出现后上涨并在 4 月达到高位（大概从 355 到 378）。不久

之后，就出现 1995 年 5 月那个极端的卖出信号。

一般来说，单日内的黄金期货期权合约的交易量大约在 5000 到 20 000 张之间，但偶尔也会出现超出该范围。对于期权整体来说，这规模不算大。实际上，一位大额交易者或者机构投资者就有可能主导当日的交易量。当然，连续 21 天控制交易量（即我们选择的移动平均线周期）的情况不太常见，但也不是绝无可能。这就是为什么我们倾向于仅把极值作为交易信号。但是，从上图你也看到，即使是中间水平的数值（如 C 点和 D 点）也蕴含了不错的交易机会。

各种期货或多或少是相互独立的个体，因此我们花了相当长的时间去观察每个期货，判断其期权认沽认购比能否作为有效的反向指标。那些交易量小的期货可以首先排除在外，包括可可豆、美元指数、铜、橙汁、CRB 指数以及美国短期国债 T-bills。**凡是用认沽认购比作指标，应该避免这些期货，它们的交易量实在是太少以至于无法给出有意义的信号。**除非几年后这些合约的交易量出现增长，这个结论才会改变。

还有一些期货期权认沽认购比似乎和对应期货的价格变动没什么联系。这些期货也要排除，比如玉米、大豆、小麦、原油、取暖油以及无铅汽油。出于某种原因，这些期货期权的认沽认购比的最大值及最小值（哪怕是极值）和买入点及卖出点的联系并不紧密。也许是因为这些期货交易被真正做对冲的人所控制，通常都是他们扭曲了认沽认购比。不管怎样，**不建议**使用这些期货的期权认沽认购比来指导交易。

排除掉这些期货以后，我们来讨论更能获利的例子。前面也提到了，利用黄金期货期权认沽认购比进行交易是有利可图的。另外一个最好的例子就是活牛期货。图 4-44 和图 4-45 分别显示了过去几年内活牛期货价格以及同时期的期权认沽认购比走势。

可以看到认沽认购比的局部最大值与最小值（标记为买入点（B）和卖出点（S））和期货价格走势图中对应的买入点和卖出点十分吻合。认沽认购比至少在那段时间内看上去还算稳定。买入点普遍发生在比率为 110 ～ 130 区间，卖出点则发生在比率为 75 ～ 85 区间。

长期国债期货期权认沽认购比是另一个不错的例子，也值得留意。长期国债期货的价格走势图及其期权认沽认购比的变化，参见图 4-46 和图 4-47。两图都标记了买入点及卖出点，可以看到它们相互对应。注意，这又是一个**所有**的局部最高点和最低点都能用作买入信号及卖出信号的例子。

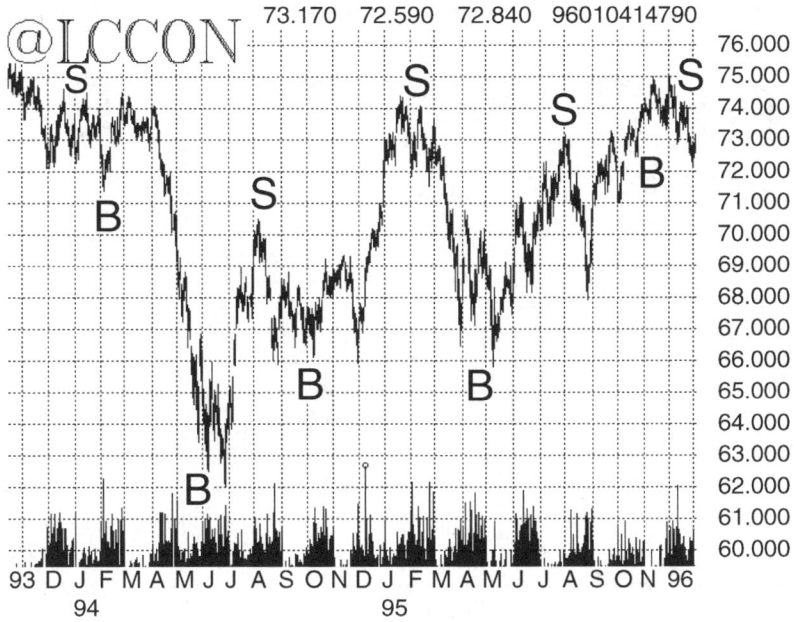

图 4-44 活牛期货连续价格图

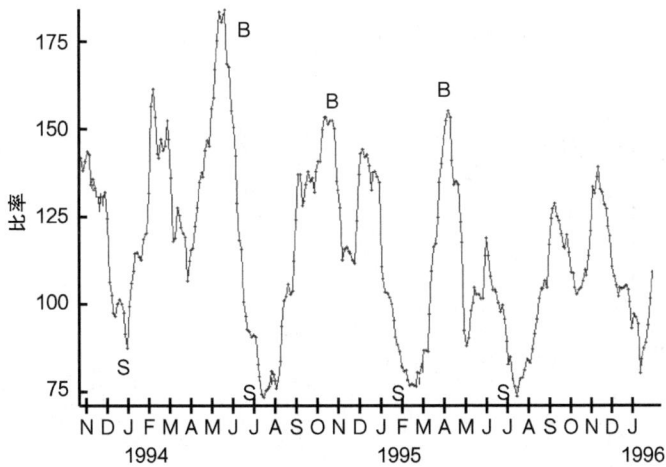

图 4-45 活牛期货期权认沽认购比（21 日均线）

该期间内，卖出信号一般发生在认沽认购比为 110 ～ 130 的区间，买入信号则发生在 70 ～ 80 区间。虽然并不是每个信号都是获利机会，但绝大多数都是成功的。

还有一个适合使用期权认沽认购比进行交易的是标普 500 指数期货（见图 4-48）。这相当于是 OEX 指数期权认沽认购比的复制品，二者可以相互验证。标普 500 指数期货期权认沽认购比的数值，比 OEX 指数期权的要高许多，这意味着该市场内认沽期权的交易量普遍更大。即便如此，它的信号还是很可靠的。

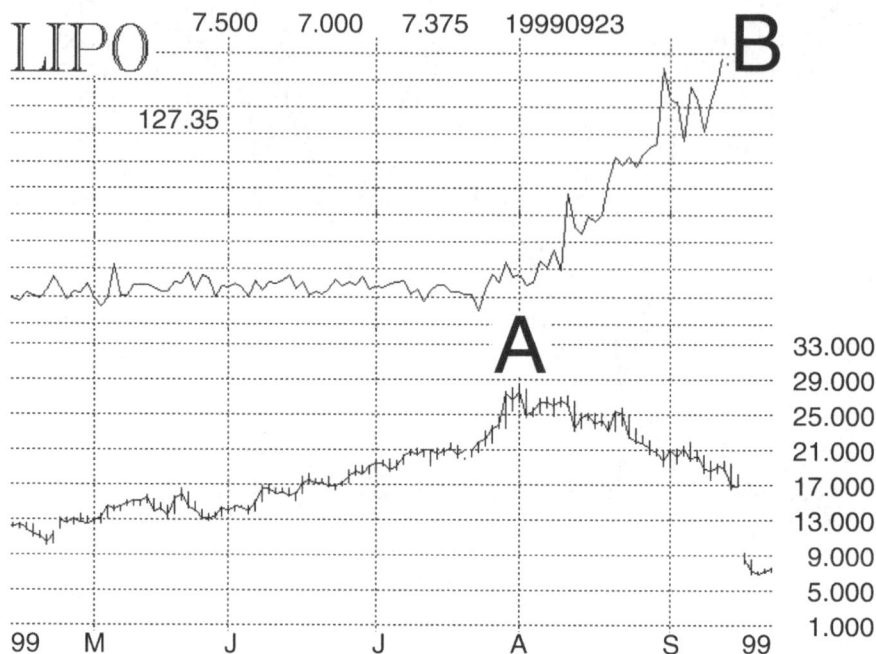

图 4-46　长期国债期货连续价格图

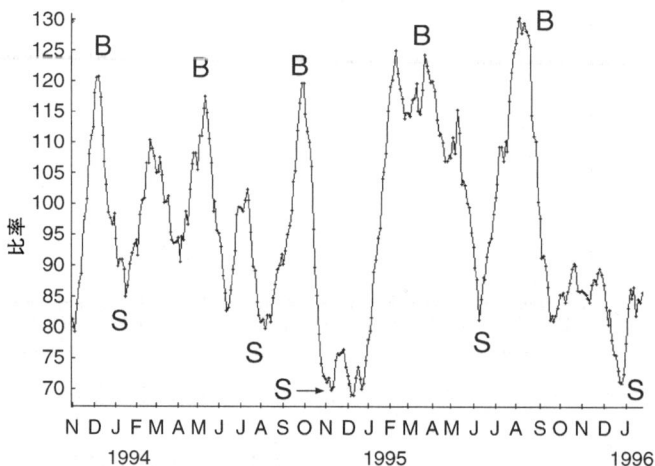

图 4-47　长期国债期货期权认沽认购比（21 日均线）

　　接下来这一组期货，其期权认沽认购比就没之前提到的那些可靠，包括白糖、咖啡、棉花、生猪以及天然气。总体来说，这 5 种期货的期权认沽认购比也能给出可靠的信号，只不过其胜算率比不上黄金、活牛、标普 500 指数或长期国债期货的期权认沽认购比。

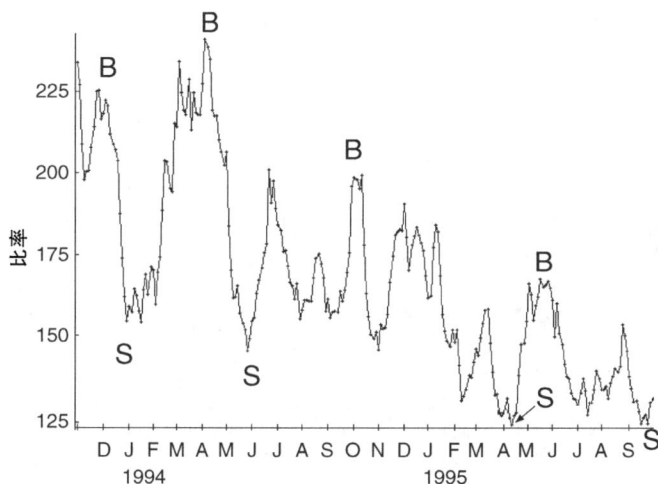

图 4-48　标普 500 指数期货期权认沽认购比（21 日均线）

白糖期货期权认沽认购比只能考虑那些极端的比率：比率在 100 以上的买入点以及 50 以下的卖出点。经过一段时间的考察（见图 4-49 及图 4-50 所示期间），中间水平的局部最大值和最小值被证实并不可靠。最好的信号是 1994 年 10 月的买入信号。当时，白糖期货期权认沽认购比上升至图中的最高点 110。在这段时间内，只要认沽认购比超过 100，就抓住走势下拐并发出买入信号的时机进行交易。至于卖出信号，普遍处于较低水平的比率区间，但每个都能盈利。

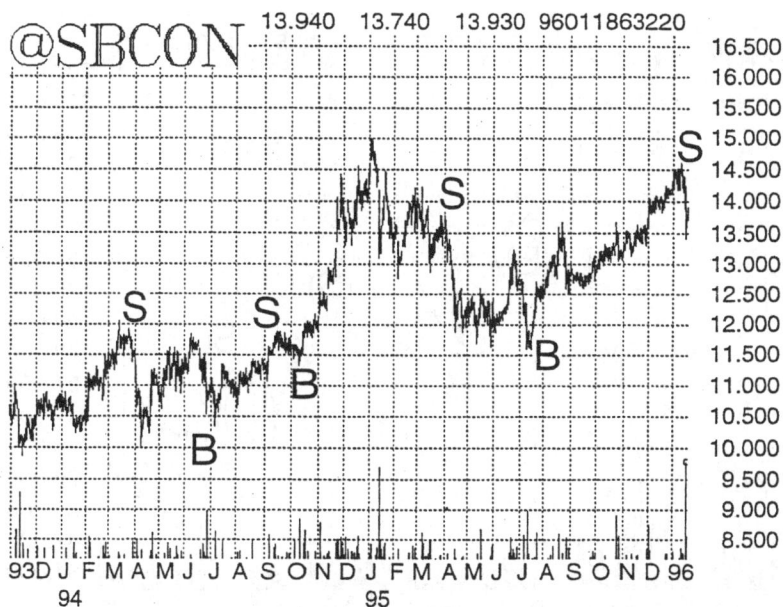

图 4-49　白糖期货连续价格图

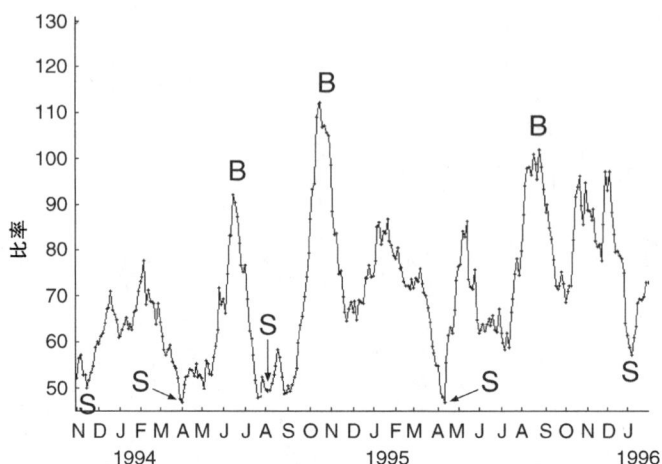

图 4-50 白糖期货期权认沽认购比（21 日均线）

　　咖啡期货是另一个根据期权认沽认购比就能有一些盈利机会的商品期货。其认沽认购比在 1994 年 3 月达到一个峰值，那是极好的买入点，在那之后的数月内咖啡期货价格呈爆发式上涨（见图 4-51 及图 4-52）。接着认沽认购比在 1994 年 7 月出现不错的卖出信号。下一个买入信号（1994 年 11 月 1 日左右）就没那么成功。还有一个极端数值则发生在 1995 年 9 月 1 日左右，那是非常有利可图的卖出信号。但很显然，并不是所有咖啡期货价格的变动都被其期权认沽认购比捕捉到。不过，那些不错的信号带来的收益也值得你去花时间留意比率的动向。

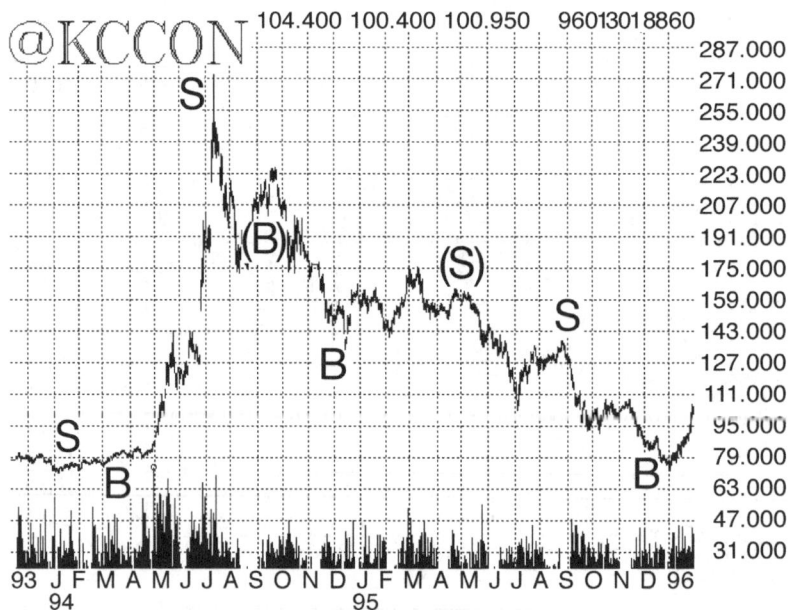

图 4-51 咖啡期货连续价格图

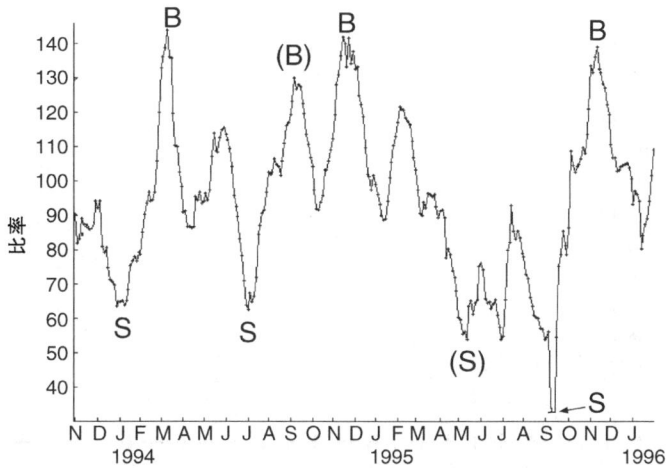

图 4-52　咖啡期货期权认沽认购比（21 日均线）

至于棉花期货，也很适合根据认沽认购比进行交易。图 4-53 以及图 4-54 中的第 1 个信号（1994 年 2 月中旬的卖出信号）并不是很理想。然而，紧接的下一个信号：1994 年 10 月（见图 4-54），认沽认购比接近 200 时发出的买入信号，是一个非比寻常的买入点，正好抓住了大牛市的开头。该买入点值得一提的另一个原因是：它明显地展示了动态解读法的优势。（哪怕认沽认购比已经很高）投资者仍应等到比率达到拐点转而向下时再行动，避免过早进入市场。认沽认购比在那之后的 2 年再没有达到如此极端的高位，而且该局面可能在长期内不会改变。

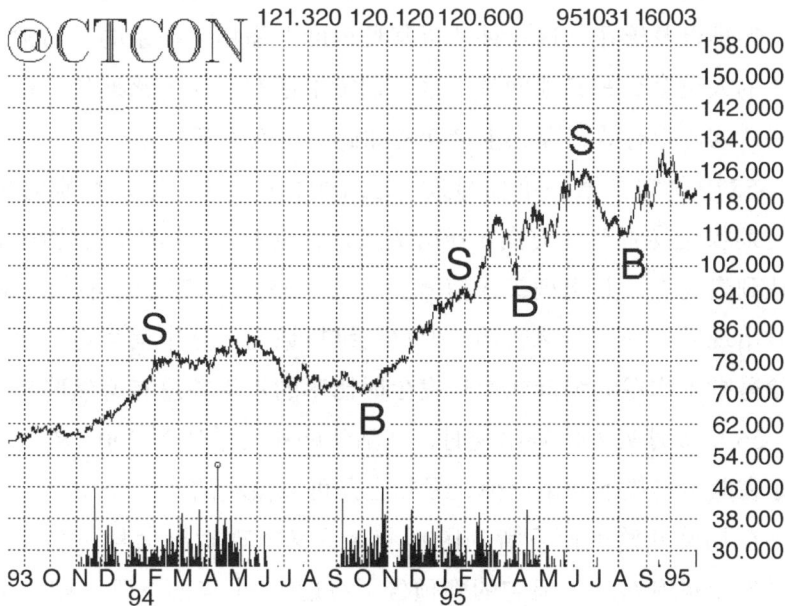

图 4-53　棉花期货连续价格图

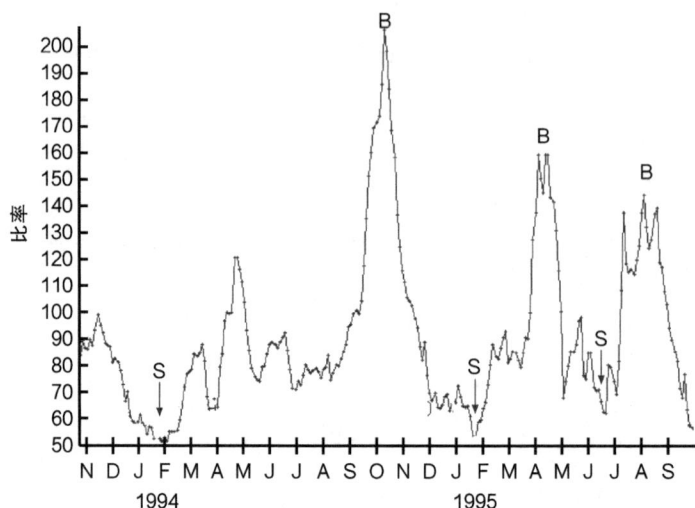

图 4-54　棉花期货期权认沽认购比（21 日均线）

虽然 1995 年 2 月的卖出信号表现不佳，但紧接着 1995 年 4 月的买入信号又是一个绝佳信号。不过那时的认沽认购比相对之前要低得多，只有 160。之后 1995 年 6 月的卖出信号也很好，再次证明棉花期货期权认沽认购比也能给出好的市场信号。最后一个买入信号大约发生在 1995 年 9 月 1 日。该信号的位置相比其他两次买入信号还要更低，也是一个好信号。请注意，这张图中的卖出点普遍发生在 50 ～ 60 区间，但是买入点的位置各不相同。因此，卖出点或许可以使用静态解读的方法，而买入点的动态解读才是抓住最佳交易时机的唯一方法。

白糖、咖啡以及棉花，这 3 种期货某种程度上是相互联系的。通常，交易其中一种期货的人也会交易其他两种。这组期货中还有一个生猪期货，由于活牛期货期权认沽认购比很有效，那么生猪期货如此，也就不意外了。

从图 4-55 中得知，第一个信号发生在 1994 年 2 月，那是特别好的卖出信号。接着，期权交易者改变方向（开始买入认沽期权），认沽认购比随即在 1994 年 6 月时达到最高点，并出现买入信号。从图 4-55 生猪期货的价格走势能看到，在买入信号出现后有一个迅速回调，但仅仅维持数周。这个信号再一次证实了这个要点：**信号指示作用的强度和信号发生时比率的水平并没有必然联系**。如你所见（见图 4-56），6 月买入信号出现时，认沽认购比几乎快到 200。然而，期货价格也仅仅是在熊市趋势下稍微反弹，尽管也是可以盈利的。

之后，市场又开始迅速下滑。1994 年 8 月又出现卖出信号。尽管该信号相对整个下跌发出得有些迟，但它的确预告了将近 10 个点的下跌。期货价格从 39 美分跌到 29 美分，算是一次不错的交易。从那之后，认沽认购比持续多月保持在低位波动，出现多个卖出信号。这些卖出信号并没有奏效，期货价格也没有上涨多少。在此期间，即从 1994 年 11 月到 1995 年 2 月，似乎有大量看多的投机者尝试抄底。至少在一段时间内，他们的判断是对的。可在 1995 年 4 月，市场再度崩盘达到新低，触发了大量认沽期权的买入。最终，认沽认购比在 1995 年 6 月达到顶点并出现买入信号（见图 4-56）。接着市场回调，10 月初认沽认购比出现卖出信号，也是一个成功预测的信号。

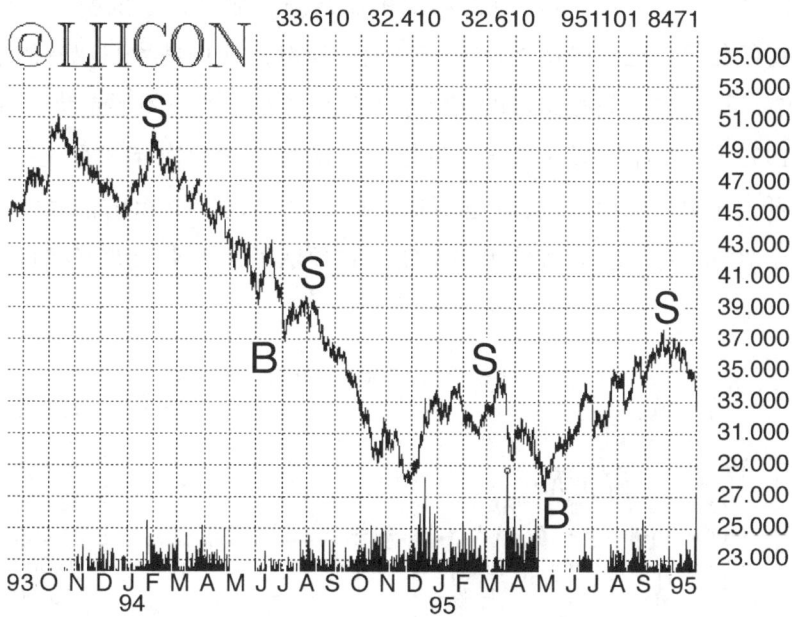

图 4-55　生猪期货连续价格图

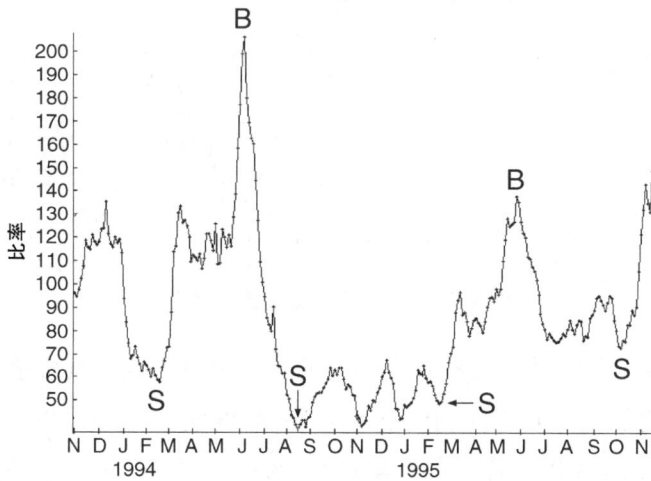

图 4-56　生猪期货期权认沽认购比（21 日均线）

　　总的来说，生猪期货绝大多数的卖出信号都集中在期权认沽认购比为 40 ～ 50 区间，除 1994 年 6 月的极高值外，买入信号大部分发生在比率为 130 ～ 150 区间。

　　这组"表现不错"的认沽认购比中，第 5 个例子是天然气期货期权认沽认购比。天然气期货一般被认为与石油以及成品油期货相关，但其期权认沽认购比的信号往往比石油及成品油的信号更好。

　　图 4-57 和图 4-58 是天然气期货价格以及它的期权认沽认购比。从认沽认购比图中（见图 4-58），能立刻注意到其比率非常高。显然，这说明天然气期货期权市场一直存在相当规模的认沽期权交易量。当然，这只是我们观察的结论。在动态解读中，我们并不关心比率的实际水平如何（而只关心图形走势）。图中第 1 个信号（1993 年 12 月的买入信号）是很好的信号。然后次年 3 月比率跌到 60，是局部最低点（卖出信号），表现也不错。接下来又是一个卖出信号（1994 年 8 月，比率在 70 左右），这个信号相当不错，它预示了接下来天然气期货市场的长期下跌。

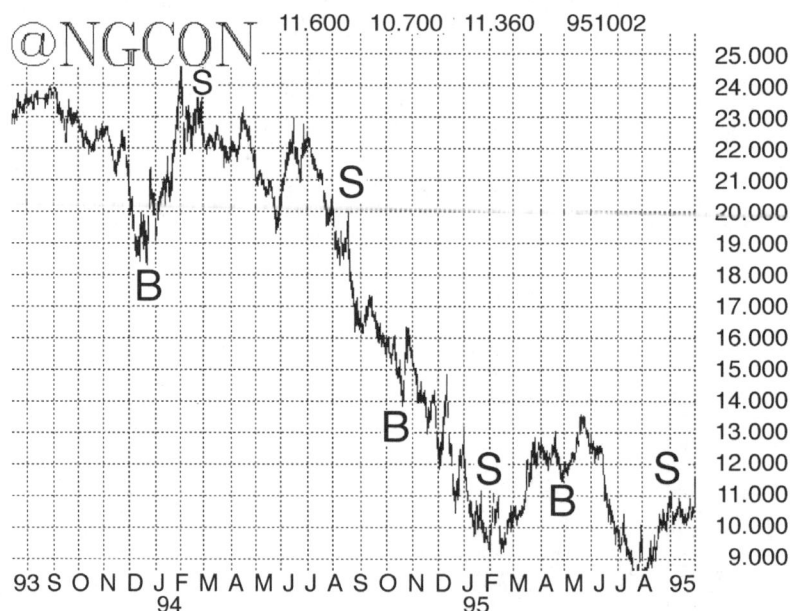

图 4-57　天然气期货连续价格图

　　然而，后面几个信号的表现就大不如前。如果只是依据其极值来交易，恐怕会大失所望。比如，1995 年 1 月，比率在 80 时的卖出信号，以及 1994 年 10 月（比率为 160）和 1995 年 4 月（比率为 180）的买入信号，要么没作用，要么获利甚微。然而，1995 年 5 月的卖出信号，虽然比率同样在 80 的水平，却表现良好。

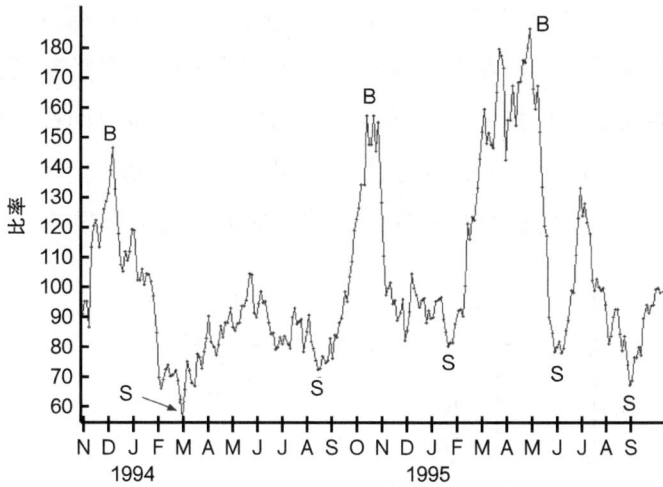

图 4-58 天然气期货期权认沽认购比（21 日均线）

所以，天然气期货期权认沽认购比极值可以用于期货交易。过去，这意味着比率在 60 ～ 80 区间发出的信号为卖出点，在 150 ～ 180 区间的则为买入点。但不要依赖这些固定的数值，应采用动态解读的方法。

本章接下来的期货期权认沽认购比走势图，其信号有好有坏。不过，考虑到期货价格变动趋势比较剧烈，而且其中还是有不少出色信号，仍然值得跟踪这些信号。但要记得，在解读这些比率时，最好只看在极端水平发出的信号，并且借助技术分析工具。另外，引入加权比率有利于期货或期货期权的交易。

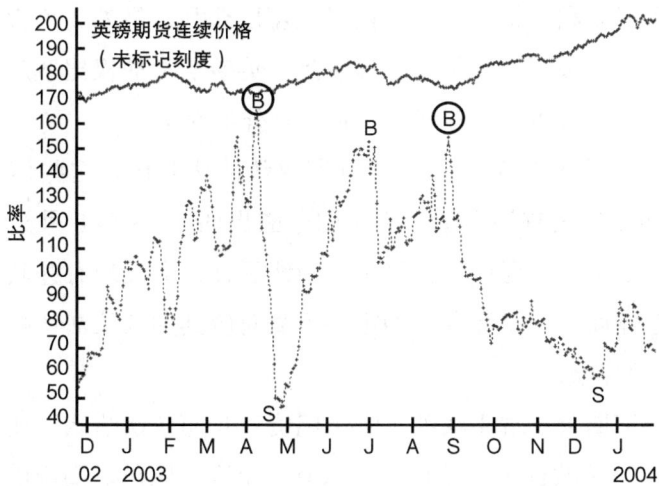

图 4-59 标准英镑期货期权认沽认购比（21 日均线）

图 4-59 和图 4-60 显示的是英镑期货期权认沽认购比。其中，图 4-59 是标准

期权认沽认购比，图 4-60 是加权期权认沽认购比。首先看标准比率，这里有 2 个非常好的买入信号，已经在图中圈出。因为有卖出信号紧随其后，你可能会过早地对第 1 个买入信号止损平仓。不过，假如你认为，只要期权价格还有上行趋势就继续持有头寸的话（合乎逻辑的思路），就可以忽略其他信号，只交易那 2 个买入信号。这样做的收益也相当可观，即使有损失，也是有限的。

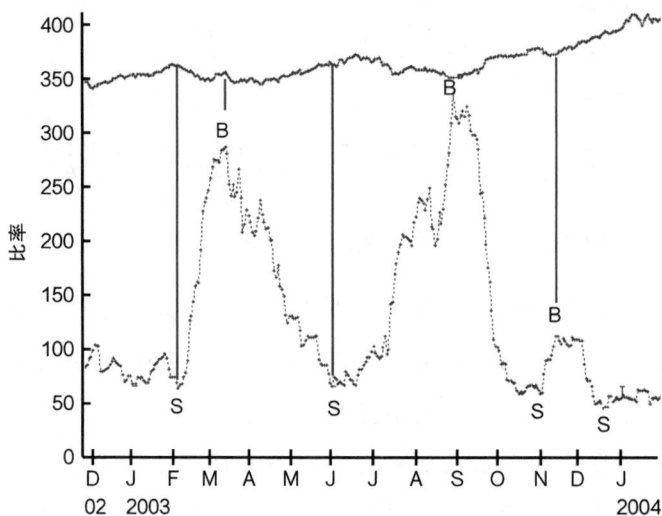

图 4-60　加权英镑期货期权认沽认购比（21 日均线）

相反，看看图 4-60 加权比率的情况。买入信号和卖出信号各 3 个。交易这 3 个买入信号都可以获利。第 1 个卖出信号也可以获利，另外 2 个卖出信号或许能有少量盈利。对比两张图，能很清楚地看到，英镑期货加权比率产生的信号优于标准比率。这个规律适用于很多期货，特别是外汇期货。

图 4-61 显示的是日元期货价格及其期权认沽认购比。这些信号没有英镑期货期权认沽认购比那么有利可图，不过图中圈出的 2003 年 8 月买入信号还是不错的。事实上，如果把日元期货价格走势曲线展开，会发现有些其他信号可以稍稍盈利。不过总体而言，日元期货的走势不太对应其期权认沽认购比的变化，因此不是反向交易的首选。

接下来的外汇期货是瑞士法郎（SF）期货。其期权认沽认购比总体情况不错（见图 4-62）：这里一共标出 9 个信号，只有 2 个没被圈出。圈出的信号只要交易就能轻松获利，尤其是那几个买入信号。同样，加权比率的信号表现比标准比率的信号要好得多（标准比率的图未展示）。

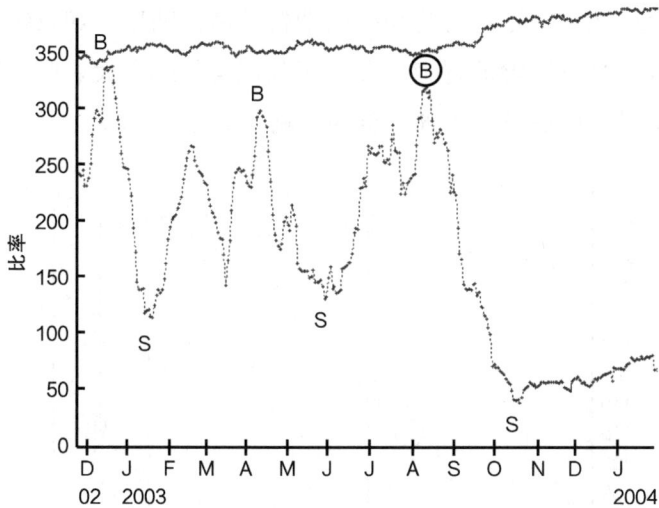

图 4-61　加权日元期货期权认沽认购比（21 日均线）

最后一个外汇期货是欧元（EC）期货，其期权认沽认购比的走势参见图 4-63。它的信号也比较准确，近一半的信号准确捕捉到主要的价格变化。对主要的变化趋势要有正确的判断是我们的目标（特例是交易期货时）。

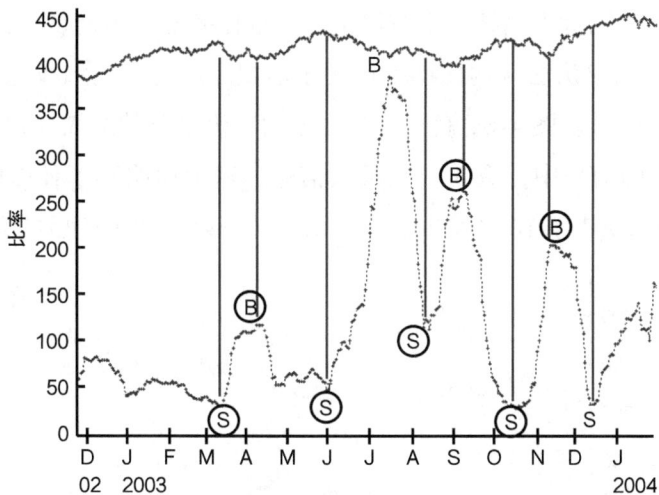

图 4-62　加权瑞士法郎期货期权认沽认购比（21 日均线）

至于是什么原因导致加权比率对于外汇期货特别奏效，我们并不完全清楚，但似乎可以肯定虚值期权干扰了标准比率的表现。一般来说（至少那些大规模的虚值期权交易量）来自机构投资者是这样的。当然，也可能有其他解释。外汇期货期权一般在芝加哥商业交易所（Merc）挂牌交易，但更多的外汇期货、远期和期权是在场外交易的。投资者和做市商可能利用场内期权去对冲或规避风险。有时候当市场观点**一致**时，这些行为会扭曲期权认沽认购比，导致错误的信号。事实上，这种对冲或规避风险的行为也存在于其他期货或者大宗商品市场，只是在那些市场中，信号的质量没有受到严重的影响。

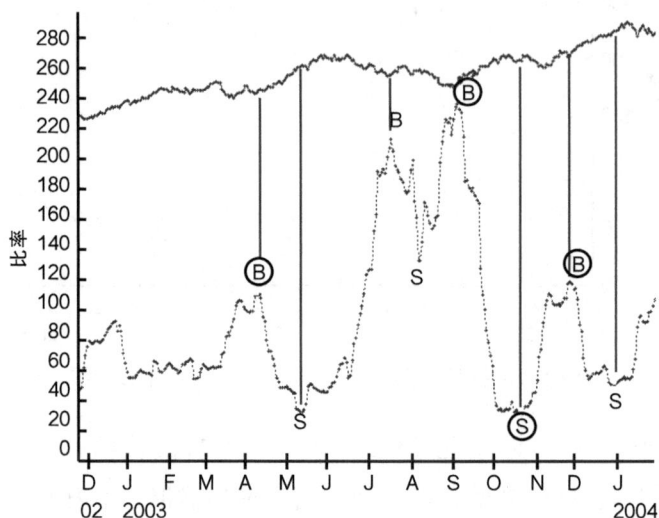

图 4-63　加权欧元期货期权认沽认购比（21 日均线）

最后，以白银期货为例结束本节讨论。标准比率对白银期货价格的预测很差，因此一开始以为期权认沽认购比都不适用于白银。但是使用**加权**比率之后，竟发现了一些极好的信号。图 4-64 就显示了白银期货价格及其**加权**期权认沽认购比的走势。4 个成功的信号中，有 3 个是买入信号，这也说明不了什么问题。该图中最核心的一点是 2003 年 10 月发出的买入信号，正好抓住了此后的大牛市开端。

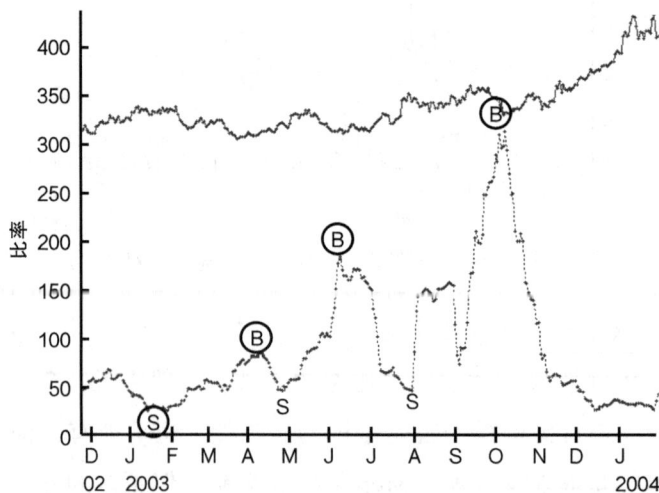

图 4-64　加权白银期货期权认沽认购比（21 日均线）

最后，我们列出了期货市场中，期权认沽认购比表现最好的例子，包括：

英镑	德国马克	瘦猪肉	白银
可可豆	欧元	活牛	白糖
咖啡	欧洲美元	天然气	瑞士法郎
棉花	黄金	橙汁	美国长期国债
原油	日元	标普 500 指数	美国 10 年期国债

最后补充一点，谷物类期货（至少玉米、大豆以及小麦期货）有的时候也值得关注。对于这些期货，建议只使用加权期权认沽认购比。

4.5 期货期权交易量

我们已经详细讨论了期货期权，不妨在此简要介绍一下期货期权的流动性。和本章前面部分介绍的指标不同，期货期权流动性没有预测性，仅供参考。根据流动性大小，我们将期货期权分为以下四大类：

流动性很好	流动性较好	流动性较差	流动性很差
原油	玉米	取暖油	可可豆
欧洲美元	棉花	无铅汽油	美元指数
标普 500 指数	黄金	活牛	铜
美国长期国债	咖啡	天然气	橙汁
欧元	大豆	白糖	CRB 指数
美国 10 年期国债	白银	瑞士法郎	
	英镑		
	小麦		
	日元		

随着时间的推移，上述分类也许会发生变化。一般来说，我估计期货期权的流动性都会变高。那些流动性已经很高的期货期权，其流动性不见得会下降。它们长久以来都保持着高流动性，是对冲市场以及投机市场真正的代表。因此，像欧洲美元、美国长期国债、原油以及标普 500 指数的期货期权，其交易量会保持高位。

小结：交易期权认沽认购比

期权认沽认购比走势图是观察反向投资的好工具。不过，单纯依靠认沽认购比是不够的。要使它的效用发挥到最大，应结合相应标的在技术面的依据。例如，如果认沽认购比出现买入信号，按理来说标的价格走势应呈现突破式上涨，或者至少高于短期移动平均线的水平，即当日最高价和最低价都高于短期平均最高价和最低价。一旦建仓后，就跟随趋势，并利用追踪止损锁定利润或提取部分利润。如果中途认沽认购比出现形势逆转的信号，可以据此止损。但如果标的价格走势看上去很好，可以忽略信号，继续跟随趋势，利用追踪止损。

最后一点，从之前走势图中可以看到，加权比率通常比标准比率更有效，尽管它们各有各的成功案例。因此，必须结合该认沽认购比的图形及以往的数据来评价其信号。要评价信号过去的表现，至少须考察 1 年以上的历史数据。在我们公司的网站上 www.optionstrategist.com 提供了大量这类数据，可以在订阅者专区的"策略专区"（The Strategy Zone）中找到。在那里，本章列举的几个历史表现最好的标的，我们会每日更新它们的期权认沽认购比走势图——包括标准比率及加权比率。除此以外，那些平均日交易量达到相当规模的股票期权也囊括在内。因此，基本上包含了所有活跃的股票期权。我们为所有注册"策略专区"（The Strategy Zone）的客户，提供一周的免费试用期。

4.6　移动平均线

这一节的内容其实应放在专门介绍技术分析的章节，但由于本书没有相应章节，因此放在此处最为合适。利用期权认沽认购比进行交易，必须通过均线的局部最大值和最小值来确定买入点和卖出点。实际上，除了认沽认购比以外，其他技术分析工具的使用方法都大同小异。那么，如何判断均线是否达到局部最大值或最小值呢？在回顾历史走势图时，很容易就能找到图形的高点和低点，正如本章第二节中展示。可是，对于实时的走势图，有可能在高低点形成时就迅速发现它们吗？回答是肯定的，本节会解释为什么能够做到。

你可能已经认定，我不是一个喜欢用移动平均数的**绝对**水平来判断交易时机的人。讲述认沽认购比时已经指出，市场是动态的，重要的往往是**方向**，而不是比率实际数值。这种动态分析方法可以适用于很多其他的移动平均数，例如 TRIN 指标，又称为阿姆氏指标（Arms Index）。阿姆氏指标的使用者会选用 10 日均线、50 日均线或其他的移动平均线，判断市场是否超买或超卖。

阿姆式指标的计算公式如下：

$$\frac{上涨股票数量}{下跌股票数量} \times \frac{下跌股票交易量}{上涨股票交易量}$$

理论上，市场平衡时该指标为 1.00。由于交易量是决定性因素，因此牛市数值小（印象中，最小曾达到 0.25），熊市数值大（大跌时比率可能超过 3.00）。通过观察阿姆氏指标的移动平均线，如果发现均线维持在高水平太久，说明市场超卖，我们就会寻找买入信号。如果均线太低，说明市场超买，我们就会寻找卖出信号。

绝对水平可能适用于解读短期的移动平均线（对于 10 日均线的阿姆氏指标，1.20 意味着超卖，0.80 意味着超买）。但是，这种刻板的解释方法不适用于周期更长的移动平均线。长期均线的买入点和卖出点都从不同的绝对水平发出。但一致的是，当均线达到峰值，就对应买入信号；而当均线触底，就对应卖出信号。因此，接下来讨论的内容普遍适用于这类移动平均线。其实，这些规则的探索，源于我在 1977 年观察阿姆氏指标信号时受到的启发。

任何一个利用移动平均线寻找买入点和卖出点的交易者都知道，若要发出预期信号，均线在次日需要达到什么水平。**双移动平均线（双均线）系统**是被交易者，尤其是商品期货的技术分析交易者所使用的典型移动平均线系统。该系统采用移动周期不同的两条均线，当它们交叉时就意味着买入或卖出点。一般来说，短期均线可作为方向性信号。

如果采用 10 日均线和 20 日均线的双均线系统，那么当 10 日均线上穿 20 日均线时，就得到买入信号。相反，如果 10 日均线下穿 20 日均线，就得到卖出信号。该系统是跟踪趋势策略的一种，在遇到长期趋势时，它能产生巨额收益，但市场价格在某区间内来回摆动时，它就表现不佳。

例： 任何一个使用双均线系统的交易者都应该知道，次日均线达到哪个水平会出现信号。假设我们掌握了如下信息：

> 20 天前的收盘价：80
> 10 天前的收盘价：60
>
> 当前 10 日均线值：62.0
> 当前 20 日均线值：63.5

10 日均线比 20 日均线要低，据此推测我们正处于一个卖出信号。但是，我们也想对下一个可能的买入信号有所警觉，毕竟两条均线非常接近。

现实的问题就是："当天收盘价达到多高，会导致 10 日均线上穿 20 日均线，并出现买入信号？"解决办法很简单，只需要算出两个周期内的收盘价的总和，就可以求出能够触发信号点的当天收盘价格。

当前 10 日收盘价总和：620

当前 20 日收盘价总和：1270

10 日收盘价总和是由当前 10 日均线值 62.0，乘以 10 得出。20 日收盘价总和则是由当前 20 日均线值 63.5，乘以 20 得出。

很明显，过了今天，10 天前的收盘价就不会计入下一个 10 日均线了。因此，过了今天之后的新 10 日收盘价总和，就等于当前 10 日收盘价总和，减去 10 天前的收盘价，再加上今天的收盘价：

新的 10 日收盘价总和 = 620 − 60 + 当天收盘价 = 560 + 当天收盘价

类似地，我们可以算出新的 20 日收盘价总和：

新的 20 日收盘价总和 = 1270 − 80 + 当天收盘价 = 1190 + 当天收盘价

现在，通过简单方程式，求出使得 10 日均线值大于 20 日均线值所需的当天收盘价。用 t 代替"当天收盘价"以简化公式。那么，何时 10 日均线值大于 20 日均线值呢？

$$\frac{560 + t}{10} > \frac{1190 + t}{20}$$

求得的结果是 $t > 70$。也就是说，如果股票（也可以是大宗商品或任意标的）当天收盘价高于 70，就能获得买入信号。此时，期货交易者就会委托他们的经纪人输入这样的止损指令："在 70¼ 买入，只有收盘价有效。"然后，他们就能去钓鱼或打高尔夫了。

不论使用哪种交易系统，通过这个简单的方法，可以确定次日交易需要达到何种程度才能促使移动平均线达到特定的水平，即达到产生交易信号的水平。

现在，我们来看期权认沽认购比的信号。假如将认沽认购比的**局部最大**定义为"移动平均线达到 10 天内未超过的最高位"的情形，那么当该情形出现时，我们就称该点为局部最大值。按照前面例子的逻辑，（出现局部最大值）9 天之后，第 10 天收盘的认沽认购比必须保证其 10 日均线值低于 9 天前的最大值,这样才能满足"10 天内未超过"的定义。

这个规律很有趣,但帮助不大,因为只能等 9 天过去之后才能确定这是个买入点还是卖出点。而这段时间内可能错失很多价格变动的机会。如果可能的话,希望知道的是这个买入点或卖出点是否发生在 10 天周期内的第 1 天或第 2 天。**这**才是真正有用的信息。放在前面例子看,等同于预测未来 10 天的收盘价总和。虽然可以追踪移动平均的历史数据(即当前 10 日收盘价总和),但由于不知道未来 10 天的收盘价,因此无法算出下一周期的收盘价总和。由此看来,似乎没有办法能预知 10 天后的均线会在什么水平上。

很不幸,除非能预知未来,否则甚至没办法准确预测到第 2 天交易的变化,更别说 10 天了。但总是可以根据过去事件发生的概率,做出合适的猜想。对于那些在一定范围内变动的变量来说,比如说阿姆氏指标、期权认沽认购比指数(不包括股票指数)、期货价格等,这一点尤其正确。

若想预测移动平均线几日后的情况,要做的第一件事,就是要确定计入移动平均线的收盘值的分布情况。**股票期权认沽认购比**,就是当天股票认沽期权交易量除以认购期权交易量的比率。该比率一般在 0.3 ~ 0.5。虽然偶尔会低于这个区间,但通过长时间的跟踪总结,比率大体落入该区间。

简单起见,假设某日股票期权认沽认购比只可能是 0.3、0.35、0.40、0.45 以及 0.50。并且,这 5 个比率随机发生,且发生概率相等。这些假设也许不太准确,但足够合理、简单,便于我们解释预测移动平均线未来几天走势所涉及的技巧。

第一步(确定分布情况)做好之后,技术分析员就可以准备开始预测移动平均线未来一段时间的变化了。不妨先从简单的开始,看看未来 2 天的预测是如何做到的。

例:继续刚才股票期权认沽认购比的例子。为避免过多的小数,以百分比值 30、35、40、45 和 50 表示某日可能出现的收盘比率。

假设已知信息如下:

当前 10 日均线值:40

10 天前的认沽认购比:50

9 天前的认沽认购比:45

已知 10 日均线值的总和是 400（40 乘以 10）。

有了这些，现在可以比较有根据地计算未来 2 天移动平均线的走势。下一个交易日的期权认沽认购比只可能是 30、35、40、45 和 50。同样，再下一个交易日的认沽认购比也只有这 5 种情况。因此，未来 2 天的认沽认购比的情况，总共有 25 种不同的排列组合（第 1 天的 5 种情况，乘以第 2 天的 5 种情况）。

已知当前的 10 日均线值总和是 400，并且知道要被剔除的 2 个比率（在假设中给出的 50 以及 45）。因此，未来 2 天的 10 日均线值总和就是当前总和减去 95 再加上未来两天的实际比率。例如，下表中第 1 行的 10 日均线为 36.5，其算法是：400 − 95 + 30 + 30 = 365；365/10 = 36.5。按照这个方法，我们能把未来 2 天所有可能出现的均线值计算出来（当然，该结果的基础是假设任一交易日的期权认沽认购比只有 5 种情况）。

下一交易日可能出现的比率	下 2 个交易日可能出现的比率	10 日均线值
	30	36.5
	35	37.0
30	40	37.5
	45	38.0
	50	38.5
	30	37.0
	35	37.5
35	40	38.0
	45	38.5
	50	39.0
	30	37.5
	35	38.0
40	40	38.5
	45	39.0
	50	39.5
	30	38.0
	35	38.5
45	40	39.0
	45	39.5
	50	40.0
	30	38.5
	35	39.0
50	40	39.5
	45	40.0
	50	40.5

表中列出的 25 个结果，就是根据假设条件求出的 2 天之后 10 日均线的所有可能情况。

计算出这些数值后，下一步就是如何使用它们。假设目标是要确定当前 10 日均线值是一个局部最大值。那么，从表中得知，25 种情况中只在 3 种情况下，10 日均线值会达到或者超过当前的均线值，即 40。换句话说，22 种可能情况下，未来 2 天的 10 日均线会低于该水平。因此，未来 2 天内，当前 10 日均线值是局部最大值的概率是 88%（22 除以 25）。如果把它视为交易信号，而且又知道它很有可能是一个局部最大值（认沽认购比的局部最大值相当于买入信号），就应该买入。

这是非常有用的方法，以此我们可以推算更长期的情况。如前所述，我个人倾向于利用 21 日均线寻找能够持续 10 天的局部最大值或最小值。因此可以将上面的树状图扩大至 10 个节点（当然，借助计算机），计算出未来 10 天 21 日均线值所有可能的情况。接着就能看到在几种情况下均线值会超过该局部最大值，也就算出该点成为未来 10 天局部最大值的概率有多大。

只要指标的每日数值通常在一定范围波动，该方法可用于预测任意市场的移动平均线。因此，适用于阿姆氏指标（数值一般在 0.60～1.40）、股票认沽认购比（0.30～0.55）或者指数认沽认购比（0.90～1.50）。还有其他很多指标也符合这个特点——像本章介绍的不同标的对应的期权认沽认购比，有些也都有一定的波动范围。相当多技术性指标的原理和振荡器一样，都是通过交叉或者超过一定水平线产生信号。这个方法也同样适用于这类指标。

当然，真实市场会有意想不到的情形发生。例如，1987 年市场崩盘的那天，阿姆氏指标竟达到 14.07！虽然肯定不会在设定可能的数值分布时把这种情形考虑进去，但它的确发生了。因此，虽然计算结果能确定一个概率大的最大值或最小值、买入点或卖出点等。但几天之后的真实数据有可能远超设想。当这种情况发生时，也许就不会获得所期待的信号。如果在信号出现前进行交易，或许不得不承受损失。

我第一次完成对这个系统的研究时，用的是阿姆氏指标 50 日均线来预测市场中期买入点（最大值）和卖出点（最小值）。当时（1977 年）我在 Thomson McKinnon 做零售期权的分析员。我的部门主管以及他的上级（执

行副总裁）都对我的系统进行了验证。他们认为该方法可行，于是我们就等待着交易信号的发生。

当时，我只将概率为90%以上的点作为交易信号，后来收紧为95%。无论如何，1977年8月，该系统预告了一个概率为90%的买入"市场"信号。1977年还没有指数期权的交易，因此我们不得不买入个股期权（或者由不同个股期权构成的组合）来交易"市场"。我们打包了3个推荐的期权——IBM、柯达以及通用汽车，并将该研究结果告诉了公司大的期权经纪商。

事后证明，该信号**的确**发生了（10天后，在阿姆氏指标的50日均线上得到一个局部最大值）。然而，由于市场非常平淡，大部分时间在震荡。最后我们不得不建议经纪商亏本卖出。对此，并没有人特别不愉快——因为这不过是为了找到有利可图的交易而付出的实质性努力。不过，执行副总裁开玩笑地说，一定是我的错误，误把"有90%的概率会下雨"的结果解读为"有90%的概率市场会上涨"。因此从那时起，该系统被喻为"计算下雨概率"的指标。

对于想自己或者雇人编程实现该系统的读者们，我想指出一点，树状图能大大减少计算量。例如，如果你想得到未来10天的局部最大值，而且已经算出其中一个分枝某个节点上有3天超过了当前均线值，那么你就不用计算该枝上其他节点了。你已经知道该值被超越了，那么其他节点的数据就无关紧要了。你的任务是找到某个节点上所有**将**超过当前均值的可能情况，而你不需要通过求出所有具体数值来实现目标，只需要计算有多少种情况就可以了，而这就简单多了（例如，已知有3天超过了均线值，剩下7天，按照每天9种可能的情况计算，就有63种情况可能会超过目前数值）。不过，以现在计算机的能力，不需要弄得这么深奥——计算机可以瞬间完成所有计算。

预知信号发生的概率非常有用。该系统能让你的定位更接近实际的局部最大值或最小值。同时，它也可以算出2个移动平均线在未来几天内交叉的概率（对于这种系统，你需要把上述方法运用于两条均线，然后看多少种情况下会发生交叉）。

4.7 小结

本章介绍了多种利用期权预测市场的方法。异常活跃的股票期权交易往往暗示着标的将有大动向。另外，期权权利金水平在很多情况下也是一个重要的指标。有时，它预示了标的将大涨或大跌。有时，当期权很昂贵时，它可能暗示着下跌趋势即将到头。根据指数期权权利金也可得出类似的结论。当指数期权非常昂贵时，市场可能是快触底了。而当它特别便宜时，意味着可能的市场重大变动（往往是下跌）。最后一点，认沽认购比对于整体股市以及特定期货来说，是很有价值的市场指标。

本章也展示了如何判断移动平均线局部最大值或最小值的方法。这个方法与认沽认购比一起使用会非常有效。我们正是用该方法来确定买入点和卖出点的。

交易体系和策略

本章，我们将描述一些有盈利记录的交易策略。这些策略包括了日内交易体系（day-trading systems）、中线市场择时体系（intermediate-term market-timing systems）、跨市套利（intermarket spreads）以及一系列的季节性策略（seasonable strategies）等。虽然大部分策略的应用并不一定要交易期权，但是正如任何交易决定一样，在很多情况下，使用期权对交易者而言是有必要的。

我们已经讨论了一系列非常赚钱的策略，这些策略主要集中在期权到期日附近，特别是期权到期当周或到期后一周。在第 3 章中我们已对一些到期日附近的交易策略进行了阐述，这些策略包括周五到期日当天的对冲策略，到期日之前与到期相关买入机会的决策方法以及到期日下一周进行交易的策略（到期后效应）。

5.1 结合期货公允价值进行交易

在第 3 章中，我们介绍了标普（S&P）期货公允价值的概念。这是一个非常重要的概念，特别是对标普 500 股指期货、标普 100 指数（OEX）及其他股指期权的日内交易而言。如果读者不够熟悉期货公允价值的概念，就应复习一下。当标普 500 股指期货被高估时，标普 100 指数认购期权的价格同样偏高，而标普 100 指数认沽期权的价格则会偏低。当期货价格回归至公允价值时，几乎会立即付出额外支付的代价，因此这不是购买期货或认购期权的合适时机，却是购买认沽期权非常理想的时点。同理，如果标普 500 股指期货的价格被低估，标普 100 指数认购期权就会很便宜，而对应的认沽期权则会很昂贵。在这种情况下，如果是空头方，会因为卖出期货或买入认沽期权而蒙受损失。但如果是多头方，则会受益于买入认购期权。

因此，如果股票市场交易体系发出了信号，根据这个信号立即冲入市场并建立头寸并不总能带来盈利（不要总是立刻建立头寸）。应首先关注标普 500 股指期货价格与其公允价值的关系，如果价格太高，且你准备在市场上买入，那么可以等到期货价格回归其公允价值时再做出买入的决定。

如前所述，期货价格会很快地回归其公允价值。在正常情况下确实如此，特别是在当前高效的套利机制下。然而，如果市场受到某些因素的影响，特别是在下跌行情中，期货价格并不总会反弹至其公允价值。请回忆一下在 1987 年股市崩盘期间，期货是如何在与其公允价值相比产生巨大贴水的情形下进行交易的。虽然这是一个极端的例子，但也有更为普遍的例子（比如可能涉及影响整个市场的利空消息、意料之外的政府失业数据报告）可能导致期货较长时间贴水的交易。

即使期货定价不合理，交易员也应该判断何时进行交易。比较典型的是，如果市场相对稳定，而且不会对极端消息做出反应，那么可以比较挑剔，当期货价格被高估时不买入或当期货价格被低估时不卖出。然而，在快速波动的市场中，消息是重要的影响因素，而且美国长期国库券期货可能在同一方向波动也很快，可酌情决定不按公允价值进行交易。例如，在快速波动的市场条件中已经持有多头，如果市场价格跌穿了你的心理止损价位，那么也许更应该在市场上卖出，而不是等到期货价格回到其公允价值。

因此，在本章讨论交易策略时，应该认识到，在下单前关注标普 500 股指期货的溢价程度，能够提高总体的盈利能力。

5.2　日内交易工具

在本章介绍的许多体系中，我们通常在较短的时段内进行"市场"交易。不可避免的问题就是使用何种交易工具——期货还是期权。在某些体系里面，对何时使用期权有着专门的评论（例如跨市套利）。然而，在其他体系中，则是交易者自己的选择。

通常，我偏向于使用标普 500 股指期货进行日内交易，但如果是进行较长期交易（例如 3 ～ 15 天），我更偏向于使用标普 100 股指期权。这么选择是有一些理由的，我会尝试去解释。

只要意识到公允价值的存在，标普 500 股指期货就是"最真实的"交易工具。与标普 100 股指期权不一样，这里不会有隐含波动率导致期货价值暴跌的因素。根据我 22 年的从业经验，标普 500 股指期货会比标普 100 股指期权更准确地拟合标的指数波动。

以下是 1995 年某交易日的真实情况，准确地说是发生在 12 月 1 日。市

场由于一份利好的经济报告而跳空高开。这触发 TICKI 体系的卖出信号。标普 500 股指期货在 608.50 点进行交易，而标普 100 指数几乎刚好是 581 点。下列是价格汇总：

> 标普 500 指数：607.60
>
> 标普 500 股指期货：608.50
>
> 期货升水：0.90
>
> 公允价值：1.25
>
> 标普 100 指数：580.98
>
> 12 月 580 认沽期权：4⅝
>
> 认沽期权隐含波动率：12.5%
>
> CBOE 波动率指数：11.5%

所有以上价格中的控制因素（controlling factor）是标普 500 股指期货升水值，在当时是 0.90，低于公允价值。标普 100 指数（期权）的做市商在监测标普 500 股指期货升水上是非常勤勉尽责的，因此标普 100 指数的认沽期权价格会较为昂贵。

通过比较标普 100 股指期权的隐含波动率与 CBOE 波动率指数（代码：当时是 $VIX，现在是 $VXO，任何报价机器上都可以查询），往往可以很快知道标普 100 指数的平值期权有多贵。可以看到，12 月 580 认沽期权定价过高，其隐含波动率 12.5% 高于 VIX 指数 11.5% 整整 1 个点。在该期权例子中，隐含波动率每点变化对应期权价格 0.45（美元）的变化。这就是说，如果隐含波动率跌到 11.5%，而标普 100 指数仍为 580.98，该期权将以 4⅛ 美元出售。对于期权而言这是非常高的价格。

结果，我卖空期货后，市场缓慢见顶，随后缓慢下滑，在东部时间下午 3:45，闭市前 15 分钟，市场上存在以下报价（括号中显示的是价格净变化值）：

> 标普 500 指数：606.20（-1.40）
>
> 标普 500 股指期货：607.40（-1.10）
>
> 期货升水：1.20（+0.30）
>
> 公允价值：1.25

标普 100 指数：579.60（-1.38）

12 月 580 认沽期权：4¾（+⅛）

认沽期权隐含波动率：11.5%（-1.0%）

CBOE 隐含波动率指数：11.2%（-0.3%）

标普 500 股指期货价格下跌了 1.10 美元，我买入平仓后可以赚取 550 美元（需扣除佣金）。但是标普 100 的 12 月 580 认沽期权，它仅仅上涨了 1/8 点。此外，如果想要卖出，为弥补买卖价差，可能得消耗这 1/8 点的利润。这里发生了什么呢？

分析可知，该认沽期权的隐含波动率下降至更接近 CBOE 波动率指数的位置（分别是 11.5% 和 11.2%）。正如之前指出，波动率的下降导致了期权价格下跌 45 美分。此外，该认沽期权的 delta 值最开始只有 0.43，表明如果标普 100 指数下跌 1 个点，该期权的价值仅仅上涨 43 美分。结果表明，标普 100 指数与标普 500 指数下跌的幅度几乎相同，但是期权隐含波动率的损失基本上抹平了标的价格变动带来的潜在盈利。因此，买入期货是更好的选择，除了回归公允价值带来的损失（30 美分），它们紧密地拟合了标普 500 指数 1.4 点的下跌。

这是相当典型的例子。标普 100 股指期权定价过高的原因在于期货升水。如果市场变动不大，那么使用期货作为交易工具则是更好的选择。当然，如果市场变动较大，那么可能观察不到选择期货与选择期权之间的差异。此外，上述例子发生在隐含波动率下跌时。虽然当市场变动较小时，这种现象常常发生，但也有例外。

因此，如果以日内交易为目的，我倾向于选择标普 500 股指期货，它们更能紧密地拟合标普 500 指数的表现。不过对于持有期限较长的（如几天甚至几个星期的）投机类头寸，我会使用实值标普 100 股指期权，原因是它们本质上风险有限且仅需少量的资本投入。然而，如果隐含波动率太高，即便是较长期的情况下，我也会谨慎选择买入标普 100 股指期权。

5.3　TICKI 日间交易体系

为交易标普 500 股指期货，几年前我设计了 TICKI 体系，它基于以下概念：如果在平稳市场里某人下达了程序化交易订单（定义请见第 3 章），当该程序化交易结束之后，市场将倾向于回到原先的价格。在过去多年里，大多数情况下这个观察都是正确的。当然，当一波接一波的程序化交易冲击市场时，也有不寻常的情况。但只是例外，不是规则。

因此，为利用此概念来创造一个体系，需要找到识别程序化交易何时开始以及结束的方法。我找到了一个非常简单的判断方法，称之为 TICKI。任何报价机都可以进行报价，包括那些家庭使用的系统，如 Signal 或 Bonneville。

TICKI 是道琼斯工业指数中 30 种股票的净涨码或净跌码（net plus or minus ticks）。例如，如果当前有 20 只道琼斯工业指数成分股处于所谓的涨码（或零涨码）⊖，其余 10 只股票处于跌码（或零跌码）⊖，那么 TICKI 就是 10（20 减去10）。下面是个简单的例子，用来定义涨码、零涨码、跌码和零跌码的概念。

例：假设股票 XYZ 在某交易日的某段较短时期内，以如下价格进行交易。每次交易都标有相应的价码。

价格	价码类型
50	
50.05	涨码
50	跌码
50	零跌码（与前一交易价相同，前一交易价是跌码）
50.05	涨码
50.10	涨码
50.10	零涨码（与前一交易价相同，前一交易价是涨码）

TICKI 展示了任何时点上道琼斯工业指数 30 只成分股的最近价码。TICKI 中有 30 只股票，它所能达到的最大值是 +30，最小值是 −30。**如果 TICKI 变为 +22 或更高，说明程序化买入订单正在被执行；如果 TICKI 跌到 −22 或者更低，说明程序化卖出订单正在被执行**。请注意，要使 TICKI 为 +22，26 只股票必须是涨码，4 只是跌码。因此，要使 TICKI 是 +22，几乎所有 30 只道琼斯工业指数股票必须是涨码；反之亦然，要使 TICKI 为 −22，30 只股票中必须有 26 只是跌码。

⊖ 涨码表明该股票最新价格比前一时刻交易的价格要高，零涨码表明该股票最新价格与前一时刻交易的价格一样，但前一时刻交易价格同之前相比是上涨的。——译者注
⊖ 跌码表明该股票最新价格比前一时刻交易的价格要低，零跌码表明该股票最新价格与前一时刻交易的价格一样，但前一时刻交易价格同之前相比是下跌的。——译者注

几乎所有大到足以对市场产生影响的程序化交易都涉及 30 只道琼斯工业指数成分股，因此 TICKI 是识别程序化交易很好的方法。还有一个相似的方法叫作 TICK，即所有在纽约证券交易所（NYSE）挂牌股票的净涨码或净跌码。当程序化交易正在冲击市场时，由于覆盖股票太广，TICK 很难迅速而准确地对程序化交易进行识别，因此我们选择了 TICKI。

我们对需要了解的前半部分内容，也就是什么时候程序化交易在被执行，有了定量标准。现在需要着重了解另一半内容，也就是如何判定程序化交易已经结束。不管程序化买入订单有多少，总是要结束的。在该程序化交易执行期间，TICKI 有可能上升到 +22，而且在一段时间内处于该水平或更高。当程序化交易结束时，TICKI 就会开始下跌，反映出有些股票开始在跌码上交易。**当 TICKI 在达到 +22 或更高之后再跌回 +12 时，意味着程序化买入已经结束；相反的，当 TICKI 在达到 −22 或更低之后再涨回 −12 时，意味着程序化卖出过程结束。**

显然，一些程序化交易可能是通过不连续的方式执行的，不过，大多数程序化交易的执行只是敲一下电脑按键，让一大批订单涌入市场而已。这类的程序化交易形成了上文描写的 TICKI 现象。此外，正是这类程序化交易使得交易者持有不同看法。当持有该股票的交易者发现该股票价格跳涨时，常常会作为程序化买入订单的对手方卖出股票，以获得比在稳定市场中更优的卖出价格。

在建立了决定何时开始和结束程序化交易的标准之后，现在可以讲述该交易体系如何在程序化交易结束后，市场方向反转时获利。

- 当 TICKI 上升到 +22 然后再下跌到 +12 时，卖出标普 500 股指期货。
  持有该头寸，直到下列条件之一出现：
    a. 当天交易结束。
    b. TICKI 回到 +22。
    c. 标普 500 股指期货的价格比程序化买入订单执行过程中触及的最高价高 0.20。
- 当 TICKI 下跌到 −22 然后再上升到 −12 时，买入标普 500 股指期货。
  持有该头寸，直到下列条件之一出现：
    a. 当天交易结束。
    b. TICKI 交易回到 −22。

　　　c. 标普 500 股指期货的价格比程序化卖出订单执行过程中触及的最低价低 0.20。

- 由于接近收盘时程序化交易没有足够的时间反转方向，因此东部时间下午 3 点 30 分后不要再做任何交易。
- 如果一个交易日内连续出现两次亏损，那么在这天剩余时间内不要再交易。

　　请注意，该系统常有一种内在的优势：因为刚好在程序化买入订单执行后卖出，期货价格可能已被抬高（超过公允价值进行交易），这是额外的好处。反之，如果在一次程序化卖出执行后立即买入，会发现是以低于其公允价值的价格买入期货。

　　这里需要对该体系做一些说明。我不认为要完全地固守规则。这是一个日内交易体系，因此，一般不会持仓过夜。如果头寸在交易日收盘前没有被止损平仓，那就主动平仓。不过，一些著名的交易者改变了对日内交易的立场：如果在收盘时有盈利，且市场在朝有利方向加速运动，那么在第二天早晨平仓。当然，标普 500 股指期货整晚都在 Globex 上交易，基本上可以在任何时候平仓。

　　请注意，何时平仓会影响保证金要求。大部分经纪公司对日内交易收取的保证金少于持仓过夜的保证金。标普 500 股指期货的"交易日"是从下午 4 点 45 分 Globex 市场开盘算起，一直到第二天下午的 4 点 15 分芝加哥商业交易所（Merc）收盘时结束。因此，如果你在 4 点 15 分之前没有平仓完毕，那么就必须按持仓过夜的标准交付保证金。

　　回到该体系上。如果根据规则（b）止损平仓，那么就会在该程序化交易刚结束就立即重新进入另一手交易。因此，规则（b）只是某种临时性止损，暂时让你退出市场，由于有另一个程序化交易正在执行中，很快你将返回交易。

　　最后，或许需要对规则（c）定义的止损指令给出一定的解释。该规则是在我对程序化交易产生的市场行为进行了多年观察之后建立起来的。通常来说，如果标普 500 股指期货的价格超过了在程序化买入中触及的最高点，那么对该程序化买入后会出现反转效果就不要抱太大的希望，因此，应当平仓。同样的想法也适用于下跌时。

　　例：假设在一次程序化买入过程中，我们观察到了下列价格：

S&P 价格	TICKI	评语
550.00	+22	程序化买入开始
550.50	+26	程序化买入加速
551.00	+26	程序化买入仍然继续
550.75	+20	程序化买入减弱
550.50	+12	卖出信号

在这个例子里，在程序化买入的高峰时段，标普 500 股指期货触及了最高价格 551.00。然后在该体系发出卖出的信号之前，略微下跌了一些。发出卖出信号时，标普 500 股指期货为 550.50。将止损点设置在 551.20，刚好高于在该程序中触及的最高价格。

交易员在交易时也可以思考，在设定规则（c）止损时进行思考就是非常有必要的。我根据期货升水的水平来决定止损价。如果升水过大，超过了其公允价值，由于担心另一次的程序化买入可能潜伏在角落中，那么就使用最严格的止损。不过，如果期货的升水值刚好等于其公允价值，特别是低于公允价值时，那么应给该头寸多一点价格空间，而不只是在该程序化交易中触及的最高价之上 0.2 美元。

我一般只用心理止损，这样的止损迫使我在每一次达到止损价时都要思考。这样做是希望有机会在买入或卖出期货之前评估其升水幅度。我并不试图猜透市场，所有的体系都依赖于是否遵守止损点。根据经验，如果在交易之前观察期货的升水幅度，则会有一定的盈利。

头寸一旦建立，浮盈开始积累，我建议使用追踪止损来锁定部分盈利。一般使用 1.70 或 1.80 个标普点作为追踪止损点。因此，如果卖出期货后紧接着下跌了 1.8 个点，那么对任何在这天剩下时间里接着出现的低价，开始使用 1.80 作为追踪止损点。如果市场朝头寸有利方向较大变化后，趋势又反转，那么使用追踪止损可以获得一些盈利。

使用以上体系交易的交易者被称为即时交易员（real-time trader），原因是他应当有能力盯住市场并做出实时决定。不过，如果你宁可使用固定的止损点，而且不愿冒险承受心理止损所带来的情绪化因素，那么就用规则（c）中固定的 20 美分止损。

下表是在 1995 年夏天某一星期的一些实际交易数据，它可以帮助解释该体系实际是如何运作的。

日期	时间	9月标普500 股指期货	升水	TICKI	行动
8月24日	12:20P.M.	560.10	1.80	+22	卖出预警
	12:27P.M.	559.70	1.20	+12	卖出
	4:15P.M.	559.10（不止损）			在收盘时买入平仓（+0.60）

此时，9月标普500股指期货的公允升水价值约1.10点。在这天（星期四，虽然具体日期并不真正重要），刚过中午的时候，有程序化买入订单进入市场。该程序化交易使得升水涨至1.80，远远高于1.10的公允价值，并使得TICKI也上涨至+22，这就产生了卖出信号的预警。几分钟之后，12点27分，该程序化买入终止，TICKI略微下跌至+12，这就给出了卖出信号，我们按559.70的价格卖出标普500股指期货。注意这个时候升水已经缩回到1.20，仅略高于公允价值。正如后来证明的，这是一个普通的信号，市场在下午平稳地下滑，在当天结束平仓时，这笔交易产生了60美分的盈利。

以上交易是当天唯一的交易。不过，该体系在之后的几天里很活跃。当它活跃时，通常就是产生最大盈利的时候，之后4天的交易历史如下：

日期	时间	9月标普500 股指期货	升水	TICKI	行动
8月25日	9:40A.M.	560.60	2.00	+22	卖出预警
	9:45A.M.	560.40	1.20	+12	卖出
	3:18P.M.	561.60			止损平仓（−1.20）

8月25日，在早上程序化买入中期货触及的最高价是561.40，因此，在交易的最后一个小时，当期货价格最终超过561.40时，止损平仓。

日期	时间	9月标普500 股指期货	升水	TICKI	行动
8月28日	9:35A.M.	563.00	1.65	+22	卖出预警
	9:40A.M.	563.10	1.20	+12	卖出
	4:15P.M.	559.40（不止损）			在收盘时买入平仓（+3.70）

8月28日，这天早上的程序化买入发出了一个不错的卖出信号，市场整天都在下跌，从而获利颇丰。

日期	时间	9 月标普 500 股指期货	升水	TICKI	行动
8 月 29 日	9:40A.M.	559.50	1.30	+22	卖出预警
	9:44A.M.	559.00	0.90	+12	卖出
	12:07P.M.	556.50	0.40	−22	买入预警
	12:13P.M.	557.20	1.20	−12	买入 2 手（盈利 +1.80）
	12:24P.M.	556.40	0.50	−22	止损：规则（b）(−0.80)
	12:30P.M.	557.00	1.15	−12	买入
	4:15P.M.	560.55（不止损）			在收盘时卖出平仓（+3.55）

　　8 月 29 日的操作很有意思，该体系在两个方向上都产生盈利。开始的时候，早盘的程序化买入触发了卖出信号，该信号在刚过中午程序化卖出订单进入市场时就停止了。程序化卖出产生了买入信号，我们买入了 2 手期货：1 手是为了将卖空的头寸平仓，1 手是为了跟进买入信号。不过，12 点 24 分当另一次程序化卖出订单进入市场时，原买入信号就中止了；TICKI 此时跌回到了 −22，故将多头头寸止损平仓。最后，在下午 12 点 30 分产生了第二个买入信号，随后大部分时间市场都在上涨，导致该交易日的盈利非常丰厚。

日期	时间	9 月标普 500 股指期货	升水	TICKI	行动
8 月 30 日	9:42A.M.	561.50	1.75	+22	卖出预警
	9:51A.M.	562.00	1.30	+12	卖出
	4:15P.M.	561.15（不止损）			在收盘时买入平仓（+0.85）

　　8 月 30 日，市场在早盘以较高价格进行交易，然后程序化买入过程中发出了卖出信号。在交易日结束时产生了一定的盈利。

　　当市场在一定价格范围之内交易时，该体系就特别有效。我肯定每个人都记得有这样的日子，开盘前出现新闻发布而造成市场跳空高开，然后市场反转，在当天大部分时间里朝相反方向波动。在这样的日子里，该体系表现出色，可以产生盈利。这类新闻常常是政府数据发布，例如失业率、消费者价格指数或者某些相似的会同时影响债券和股票市场的新闻。上述例子就发生在这些时段。你可以从 8 月 25 ～ 30 日这 5 个连续交易日刚开盘后发出信号的数量中观察出这种现象。

　　当市场在交易日内稳定地朝一个方向波动时，该体系是最无效的。这就是为什么我们建议如果日内连续两次亏损，则应当停止交易。请注意，如果连续亏损两次，要么是因为有3次同方向的程序化交易，要么是有2次，导致其后都紧跟着朝预期反方向的价格变动。下面的例子就说明了该情形。

2次连续的亏损可能是由于3次连续的程序化卖出造成的，例如：

- 1.程序化卖出 #1：在程序化卖出结束时买入了标普500股指期货。
- 2.程序化卖出 #2：当TICKI在程序化卖出 #2中到了 −22时，止损平仓（也许有亏损）；当程序化卖出 #2结束时，又买入了标普500股指期货。
- 3.程序化卖出 #3：当TICKI到达 −22时，止损平仓。

2次连续亏损也可以用下面的方式创造出来。

- 1.程序化卖出 #1：在程序化卖出结束时买入了标普500股指期货。
- 1a.标普500股指期货价格下跌，止损平仓。
- 2.程序化卖出 #2：在程序化卖出结束时，又买入了标普500股指期货。
- 2a.标普500股指期货又一次跌到新低，止损平仓。

还有其他一些情况（是前面那些例子的组合），也可能造成连续2次亏损。不过，在所有这些情况里，在同一方向上连续有2次或3次程序化交易造成亏损。我的经验是，这种情况下会有更多的程序化交易出现，最好是离场休息，而不是连续操作而亏损。幸运的是，这种情况很少，而且我们在2个连续亏损后不再交易，最大亏损也是有限的。

日内市场反转推演

多年以来，在上涨或下跌方向上，市场产生了一些令人印象深刻的日内反转。每个日内交易者都愿意在这样的时刻参与交易。

1992年10月5日，星期一，市场处于一个非常脆弱的状态。市场在前一个星期四和星期五共下跌了75点，包括星期五下跌的54点。更糟的是，星期日晚上，海外市场抛盘较重，因此市场低开后开始大跌。中午时道琼斯工业指数跌了115点，标普100指数跌了13点。标普500股指期货贴水程度可以用来说明市场中慌乱的程度。在这一天低位的时候，标普指数下跌了

13.67 点；而期货则下跌了 19.90 点并且以 6.80 的贴水进行交易！不过，在下午刚开始的时候，市场开始稳定，然后大幅反弹。最终，收盘时道琼斯工业指数下跌 21 点，标普 100 指数只下跌 2.42 点，而标普 500 股指期货仅跌 1.70 点。

另一次猛烈的反转出现在 1995 年 7 月 19 日，当时科技股被大量卖出。道琼斯指数最低时下跌了 134 点，标普 100 指数下跌了几乎 16 点。不过，1995 年的抛售没有达到 1992 年抛售时那种慌乱的水平，标普 500 股指期货全天都没有贴水交易。市场又一次稳定下来并且大幅反弹。在这一天，它没有完全反弹回去，不过在收盘时，道琼斯工业指数从最低点反弹了 70 点，标普 100 指数、标普 500 指数和标普 500 股指期货全都从它们的日间最低点反弹 8 ～ 9 点。

如果以上市场反转发生在 TICKI 体系出现第 1 或第 2 个信号时，TICKI 体系可以让你参与这些反转。不过，如果市场在同方向上出现 2 次或 3 次程序化交易之后才反转，你也许会担心在这种情况下失去好的交易机会。根据 TICKI 体系的止损规则，你应退出市场，从而失去抓住反转的机会。在刚才描写的 2 个主要反转例子中，在市场最终稳定和大幅上涨以前，重复地出现了程序化卖出订单。任何利用 TICKI 体系的交易员都会在早上承受 2 个较小亏损后，在当天剩下的时间里停止交易。

为了在市场产生大幅变动后能够参与市场反转交易，我对 TICKI 体系的下列推演做出以下定义，而且多年来成功运用：**如果在使用 TICKI 体系承受了 2 次连续亏损之后，市场从它的最低或最高点反转了 1.75 点，那么就重新进入市场交易。**

例：市场正面临抛售，你两次想要在程序化卖出之后买入，不过两次尝试都失败了。也许是在更多程序化卖出的压力下，紧接着市场又面临了更多的抛售。

不过，刚到下午，市场停止下跌并开始反弹。假设这时标普 500 股指期货的低点是 551.00，如果标普 500 股指期货之后上涨至 552.80，你就可以按以上反转推演在市场中买入。

与此相似，对于上涨的情形，如果你由于程序化买入反复进入市场，并在 TICKI 体系中被迫连续 2 次亏损，但标普 500 股指期货从当日最高的价位下跌 1.80 点，就应当使用反转推演再次进入市场。

- 一旦根据反转推演建立头寸后，如果标普 500 股指期货价格紧接着创新高（如果你是空头）或创新低（如果你是多头），那么就应当止损平仓。
- 如果没有止损平仓，那么在该交易日结束时平仓。

我同样发现，在用 TICKI 交易获取盈利方面，1.80 点的反转是有用的。例如，如果因 TICKI 信号而卖空标普 500 股指期货，而随后它们大幅下跌，就会有较大的浮盈。如果期货从低位反弹了 1.80 点，应当将空头平仓并获取盈利。我不会使用这类反转再去做多，只是作为某种追踪止损去平掉空头头寸。

注意：当标普 500 股指期货在 500 点附近交易时，1.80 点的反转效果不错，但是，当期货价格上涨至 1000 时，就需要有所变动。可以用两种方法来进行修正。一种是试错：如果发现比过去经历了更多的市场反转，或是错失了几乎所有的市场反转，那么就需要改变反转点。另一种方法是使用标普 500 股指期货价值 1% 的约 1/3 作为反转标准。第二种方法更动态化且更优。

还有其他一些关于 TICKI 体系的补充说明。一般来说，虽然这些交易倾向于成群出现，但它平均每天能带来约 1 笔交易。有些星期会很沉闷，只有很少的程序化交易活动，在这样的星期里，或许只有 2 笔或 3 笔交易。不过，在一个波动率更大、更以交易为导向的市场里，会获得更多的交易机会，也许每周会有 8 ~ 10 笔。

关于盈利性，我不清楚哪里有包含 TICKI 日间价值历史资料的数据库，只能基于个人的经验推测。该体系产生赢家的概率略多于 50%，其中，平均盈利的交易比亏损交易大约多出 70%。最后，应当注意到，使用该体系进行交易非常耗时，原因是当使用该体系交易时，你几乎得一直紧盯报价机上。因此，许多交易员都无法使用该体系。

5.4　短线交易体系

短线交易体系的时间跨度要略长一些，一般至少是几天到几个星期，这是与前一节所描写的 TICKI 体系日内交易的性质相比而言的。这样的短线交易体系是基于使用每日上涨股票数量与下跌股票数量来检测股票市场中极度超买或超卖的水平。当上涨股票数量相比下跌股票数量优势过大时，市场就变成超买，该体系便寻找卖空的机会（或买入认沽期权）。与此相似，当下跌股票数量过多时，市场就变成超卖，该体系便寻找做多的机会。

有许多方法可以观察上涨－下跌线（advance-decline line），不过一般而言大部分都以每天上涨数量减去下跌数量的**净值**作为出发点。我们的体系也同样如此。体系的关键在于计算出每天的动量振幅指标。振幅自身不难计算，任何一个读者，只要给定一个计算开始时点，都可以自行计算出来。

下面是具体细节。

（1）用纽交所（NYSE）上涨股票数量减去下跌股票的数量就等于**净上涨**数量。

（2）将昨天计算的指数移动平均振幅值乘以 0.9，再加上今日**净上涨**数量乘以 0.10 的数值。

按照该公式，每日振幅的价值是：

$$M_1 = 0.9 \times M_0 + 0.1 \times （上涨股票数量 - 下跌股票数量）$$

式中，M_0 为昨日振幅的价值；上涨股票数量为 NYSE 今日上涨股票的数量；下跌股票数量为 NYSE 今日下跌股票的数量。

例如，如果昨天计算的振幅价值是 100，今天上涨股数是 1200，下跌股数是 900，那么新的振幅价值就会是 120：

$$M_1 = 0.9 \times 100 + 0.1 \times （1200 - 900）= 120$$

式中，M_0 为 100；上涨股票数量为 1200；下跌股票数量为 900。

这一类的计算叫作**指数移动平均值**。在计算指数移动平均值时，我们用"昨天的振幅"乘以一定比例，加上 1.0 减去该比例的差值与今日振幅相乘后获得的数值。在上述例子里，我们使用了 90% 和 10%，这就赋予了历史数据更多的权重，而只给今天数据 10% 的权重。我们可以改变比例，改成 80% 和 20%，或 75% 和 25% 等。

当开始计算这个振幅时，所需要的就是知道任何一天的 M_1 值，并使用公式。麦克米兰分析公司（McMillan Analysis Corp.）将通过电子邮件 info@Optionstrategist. com 向任何有需要的人免费提供 M_1 值。

正如刚才所定义的，振幅通常介于约 +200 到 −200 之间，这被认为是"正常"值。无论何时，只要振幅超出这个范围，就应该注意市场已经开始超买或超卖了。

进行交易的实际规则非常简单：

（1）如果振幅低于 −200，市场就是超卖。

● 一旦超卖，如果振幅回升到高于 −180，那么在收盘时买入。

（2）如果振幅大于 +200，那么市场就是超买。

● 一旦超买，如果振幅跌回到低于 +180，那么在收盘时卖出。

这是在股票市场中判断超买和超卖情况的可靠方法之一，多年来都相当有效。它通常标志着市场的一个中期转折点。不过，在某些情况里，它只能分辨短期波动。

在 1995 年上半年凶猛的上涨中，5 月振幅超过了 +200，变成超买。当时，在不到 1 个月的时间里，道琼斯工业指数上涨了 220 点。在连续 8 个交易日里振幅保持在超买状态，与此同时市场又上涨 40 点。最后，振幅跌回到 +180 以下，道琼斯工业指数在 1 天之内下跌 81 点。不过，下跌到此结束。接下来，道琼斯工业指数上涨到了更高的价位。

另一方面，振幅信号有时候也能判别持续几个月的主要转折点。

1994 年下半年，9 月到期日至 10 月下旬之间，市场有持续稳定的抛售。当振幅跌到低于 −200 时，道琼斯指数从 9 月高位下跌了大约 100 点。接着出现了一系列下跌的交易日。在大多数日子里，下跌始终多于上涨。在之后 35 个交易日中的 26 个交易日，振幅保持在 −200 以下。在最差的时候它下跌至 −454。在这 35 天中，道琼斯工业指数又下跌了 180 点。最后，当超卖的情况减弱时，1994 年 12 月中旬，买入信号出现，道琼斯工业指数在随后的 9 个月里上涨了 1200 点。

因此，振幅可用于具有短线交易潜在机会的市场，甚至可以用于中期的交易。我们已经谈到了建仓标准，但是还没有具体讲到如何退出交易。显然，如果止损点设置太近，那么就无法抓住中期波动中可能产生的收益。反过来，如果止损点设置太远，那么当市场朝着有利方向仅有较小变动，随后就反转方向时，则无法盈利。

为优化结果，我们在电脑里进行了大量的情景分析，希望利用这些信号来交易标普 100 指数。该体系要在一开始就设立止损点，不过，如果标普 100 指数的运动对我们有利，就可以使用追踪止损来锁定盈利。此外，我们将在两个固定价位上提取部分的盈利，在每一个盈利点，平仓 1/3 的头寸。根据这些标准，该体系通过设定止损点的大小和部分盈利的价位而进一步精细。事实证明，这些价位最好设置为标普 100 指数的百分比，而不是固定的差价。

这是通过电脑模拟验证而得出的最佳体系，不同的交易者可以根据自己的偏好对它进行调整。

（1）在进入交易时，将最初的止损点设定为当时标普 100 指数价值的 2%。例如，如果 OEX 是 500，而且出现了买入信号，那么初始的止损价就应当是 490（500

减去 500 的 2%）。

（2）如果标普 100 指数在朝有利方向变动 2%，卖出头寸的 1/3 来提取盈利。

（3）如果标普 100 指数朝有利方向又变动 2%，再卖出头寸的 1/3，以提取盈利。因此，如果一开始标普 100 指数是 500 点，那么你在 510 点及 520 点上提取盈利。

（4）无论什么时候开始提取盈利，使用标普 100 指数当时价值的 2% 作为追踪止损。标普 100 指数收盘的价格越高，越要提高追踪止损价位。因此，如果标普 100 指数初始买入价格是 500 点，然后涨到了 510 点，提取部分盈利后，止损点提升至 499.80 点（510 点的 98%）。

表 5-1 显示出使用这些标准的结果，按年统计。最大盈利 38.6 点，最大亏损 18.3 点，盈利中位数是 5.30 点。所有交易中持续最长的是 155 个日历日，而有 6 笔交易是在 1 天后止损平仓的。持有头寸时间的中位数是 23 天。

模拟中，使用标普 100 指数的理由是持有期权的风险有限。我们可以交易标普 500 股指期货或标普 100 股指期权。假设我们使用期权，买入的是平值或略为实值的期权。那么无论使用哪种工具，中位数为 OEX 3 个点的获利都足以产生盈利。

表 5-1　使用短线交易体系得到的结果

年份	有盈利的信号	净盈利（标普 100 指数点）
1984	5/6	+15.7
1985	6/7	+35.4
1986	5/5	+35.5
1987	5/9	+8.8
1988	4/8	−2.8
1989	2/5	−4.3
1990	4/7	+15.0
1991	5/5	+58.3
1992	4/4	+41.7
1993	4/5	+28.3
1994	6/12	+56.3
1995	3/9	−15.7
1996	7/11	+34.7
1997	9/12	+160.7
1998	10/15	+85.2
1999	5/10	+40.0
2000	5/10	+72.8
2001	6/10	+110.2
2002	9/14	+94.8
2003	5/12	+27.0
总数	109/176（62%）	+896.6

5.4.1　监控日内振幅

在某些情况里，可以通过预测信号的出现而改善入市的价位。为了预测信号，你需要观察在相关交易日那天下午的上涨股票数量和下跌股票数量之间的关系。即使股票市场在那天较晚的时候发生大幅波动，通常也无法对上涨股票数量与下跌股票数量之间的关系产生多大的影响。之所以如此，是因为许多小盘股和流动性较差的股票在上午交易中有了最初的运动，但在下午不会追随大市反转。例如，假设道琼斯指数下跌了 30 点，在下午的时候，下跌的股票比上涨的股票多出 800 只，即使道琼斯指数上涨回原点，甚至略微超过原有价格，到收盘时，下跌的股票数量仍占据统治地位，虽然不再是多出 800 只股票，但仍然会多出好几百只。显然，在收盘时下跌的深度不会像道琼斯工业指数下跌 30 点时那么深，但在那一天，大部分股票仍然会下跌收盘。以上解释对于从振幅中来预测信号较有用。

在任何交易日前，都需要知道什么样的上涨和下跌股票数量水平会产生信号。例如，如果某交易日收盘时振幅为 +220，那么就可以知道在下一交易日什么样的上涨和下跌股票数量会产生卖出信号。第 2 天的振幅会是**净**上涨股票数量加上 0.90×220 [⊖]（＝净上涨数 +198）。显而易见的是，如果下跌股票数量比上涨股票数量多出 180 只，将至少从 198 中减掉 18（−180 的 10%），得到期望的 180 来产生该信号。因此，当下一交易日开始的时候，就可以盯住这个水平。例如，如果下午 3 点左右下跌股票比上涨股票多出 500 以上，那么卖出信号就很有可能被确认，因此，可以提前几个小时建仓。

前例提到道琼斯工业指数一天下跌 81 点的情况，是非常典型的，它可以说明预测信号的好处。在前一天晚上收盘时振幅为 201。201 的 90% 是 180.90。因此，次日只要下跌股票的数量多于上涨股票，就会确认卖出信号。到下午 1 点钟，道琼斯工业指数下跌大约 35 点，下跌股票的数量要比上涨股票数量多 800 只左右。很显然上涨股票数量很难恢复。此时我买入认沽期权，接着下午的暴跌导致道琼斯工业指数的下跌达到 81 点，从而使买入的认沽期权有了极高的盈利。就像在那年（1995 年）常常发生的那样，市场跌得很凶，但持续时间很短，整个下跌只用了 1 天时间。

下例说明了日内信号监控的另一种用途。这个发生在快速波动市场的特定情

⊖　原文有误。原文为 200。根据上下文，此处应为 220。——译者注

形中，振幅在日内交易中变得超买或超卖，但并没有维持到收盘。从技术上说没有获得交易的信号。但是从实践上来讲，可以做 1 手短线交易，即使严格意义上这样的交易与该体系并不相符。

1995 年 10 月，市场抛售进行得相当快（顺便提下，9 月中旬的某个振幅信号就正确地预测此次抛售）。10 月 9 日，道琼斯工业指数在收盘时下跌了 43 点，振幅停留在 −147.18。下一日市场承受了非常大的压力，并且在午盘时下跌 67 点。下跌股票数量超出上涨股票数量约 1300 只，因此，按照 −262（＝ 0.9×（−147.18）+ 0.1×（−1300）＝ −262.46）的数值，日内振幅无疑已经进入了超卖的范围。

此时，科技股从低位迅速恢复，市场开始反弹。1995 年的大部分时间里，科技股都是市场的领头羊，因此，它们股价的变化对全市场非常重要。随着上涨，空头开始回补头寸，道琼斯工业指数几乎收复了之前的下跌，当天收盘仅下跌 5 点。与此同时，上涨股票数量与下跌股票数量之间的差距也缩小了。尽管，像上面所指出的，在任何交易日里，几乎不可能有那么多的股票在下午从下跌转为上涨。但无论如何，收盘时下跌股票数量只比上涨股票数量多约 500 只，因此收盘时振幅的价值大约是 −182.46，不处于超卖范围内。

即使按我们的规则没有产生买入信号（收盘时振幅没有在 −200 以下，没有满足首要标准），但是相当明显的是，那天午盘时市场是深度超卖的。此外，此次大幅上涨反弹给人留下了非常深刻的印象，将道琼斯指数从低位拉升了 62 点。因此，是日内活动产生了买入信号呢？还是由于振幅在收盘时刚好在超卖的 −200 点之上，所以导致更多的卖出呢？具体情况是，此后 3 天，道琼斯工业指数上涨 73 点，因此，日内的买入信号是正确的。

从该例可以得出的结论是，振幅可以用来确认日内运动。根据道琼斯工业指数较大幅度的反转（自低位上涨 62 点），你也许想要在市场中买入。振幅进入深度超卖范围，到当天收盘时又上涨离开超卖范围的现象，有效地确认了抛售的压力已经结束并有可能出现短期上涨。

这并不是说，只要振幅在日内进入了超卖水平，然后在收盘时脱离超卖范围，就一定会有买入信号。不过，当存在一个紧接着的市场反转，就像上个例子那样，那么该日内振幅就可以起到确认指标的作用。显然，在振幅接近 +200 时，也可以就超买的情况构建出相似的情景。

近几年出现过振幅上下波动非常大的情况。图 5-1 显示了从 1998 年晚期到 2004 年早期的振幅历史。有趣的是，该时段不但包括了有史以来振幅的最低数值（1998 年 10 月的危机），而且包括了最高数值（2003 年春季，当时市场多日持续大幅上涨）。

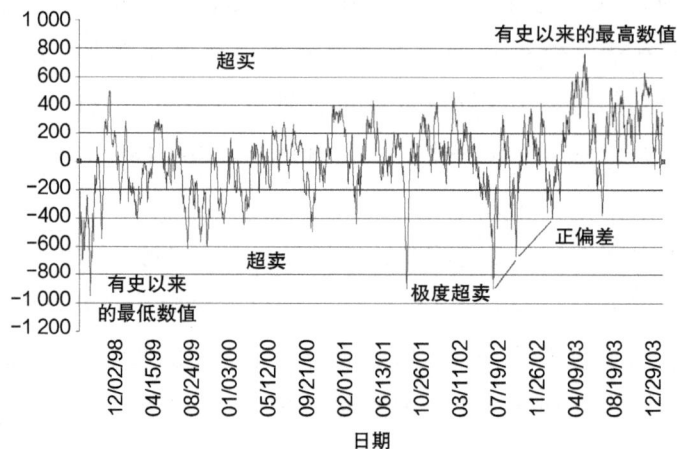

图 5-1 振幅（1998 ～ 2004 年）

这里还有其他引人注目的有趣之处。在 2001 年和 2002 年有过两次极度超卖的情况。第 1 次出现在 2001 年 9 月 11 日恐怖分子袭击之后的极度抛售中。第 2 次在 2002 年 7 月，熊市停止了大幅下跌。两者的超卖都没有 1998 年 10 月那么大，但无疑相当接近。

另外，仔细观察下之后的市场变化，特别是 2002 年。市场实际上在 2002 年 10 月出现了比低位更低一些的价位（图中未显示），但是振幅没有更低，它进入深度超卖，但是没有超出 7 月的低位。因此，这是正偏差：市场出现新低，振幅则记录了较高的数值。这可以解释为长期买入信号，而且最终证明确实如此。此外，随着伊拉克战争正在酝酿，股票市场在 2003 年 3 月回到了相同的水平，但是，振幅仍然产生了另一个较高的数值。因此，这里接连有 3 个点都显示振幅产生了止偏差。紧跟而来的是一个很强的牛市。

最后，从振幅里还可以得到另一种长期的观点：如果振幅变得**极度**超买，对市场来说是非常正面的（如果它变得**极度**超卖，那就是负面的）。考虑一下 2003 年 4 月之后的情况。在这一年的大部分时间里，振幅都在 +200 以上，事实上在许多日子里，它超过了 +600。这些数值轻松地打破了原有的记录。然而，市场仍然在不断攀升。按照传统的经验，牛市开始时是极度超买的，这是一件好事，而此振幅图显然确认了这点。

此外，在 2002 年 6 月和 7 月，振幅在很长一段时间内处于 –200 之下，但仅仅因为市场超卖，这不是逞能冲进市场的时候，市场继续下跌，日复一日，而且变得越来越超卖。在等到买入信号实际出现后再买入，是非常有必要的。

事实上，对所有交易员而言，这都是一条好的标准："超买"并不意味着"卖出"，"超卖"也不意味着"买入"。记住这条标准可减少在趋势强劲的市场中面临的麻烦。即使趋势明显过度，也不要与它作对。正如约翰·梅纳德·凯恩斯（John Maynard Keynes）所说，"市场处于非理性状态的时间会比你有偿付能力的时间还要长"。

5.4.2　涨跌线的问题

2001 年 7 月，我们开始注意到市场行为与 NYSE 涨跌线之间的不一致。具体来说，涨跌线创出了新高，而市场却停滞不前。事实上，我们从自己指标中发现了卖出信号，而市场明显处于下跌前夕。但是看多的评论家反复地提到涨跌线的正面性质，作为牛市来临的先兆。这似乎很奇怪，但他们是对的，涨跌线**确实**在创新高。与此同时，《道氏理论市场报导》（*Dow Theory Letter*）的出版人理查德·罗素注意到，在纽交所交易的证券中约有一半不是股票，而是权证、优先股和基金等。此外，这些证券中有很大一部分是与利率相关，从而扭曲了涨跌线的图。

为什么与利率相关的证券扭曲了这些图呢？因为在 2001 年利率持续下跌导致证券价格上涨，所以与"纯股票"方法相比，纽交所中有更多的证券价格在上涨。纽交所**的确**在其网站上公布了"公司"股票的涨跌线图，但它没有发布给新闻媒体或数据供应商。此时，我们决定自行研究。当意识到我们拥有现成的股票数据库，也就是拥有所有挂牌期权交易的股票数据（超过 3000 种），我们决定使用该数据库来构建自有的"纯股票"涨跌线图。

在当时（2001 年 7 月），这个对比是惊人的，见于图 5-2 中。图中上端是普通的 NYSE 涨跌线。可以看出它正创出年度新高。不过，下端那条线是仅用有期权挂牌交易的股票构建的涨跌线（"纯股票"涨跌线）。它是**下跌的**！因此，这两者间有很大的差异。

我们确信"纯股票"涨跌线更能准确地反映出市场的真正状态。因此，我们努力想要研究清楚出现如此差异的原因。其中的原因之一是美联储（Fed）从2000年年初（见图5-2中的A点）就一直在降低利率。不过，这还不能完全解释。此外，纽交所挂牌的证券中48%不是股票也不是真正原因。

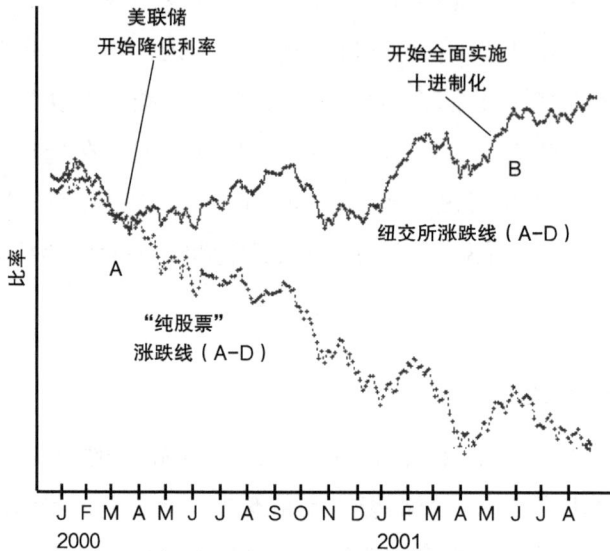

图 5-2　纽交所涨跌线走势

回顾历史也许有所帮助。很明显，从20世纪40年代晚期起，纽交所大约一半的证券不是股票（优先股是造成这个区别的主要原因）。此外，美联储在过去也多次降息，但是涨跌线的表现并未与事实相反。因此，在2001年7月和8月，这两个因素没有理由造成这样的差异。

当然，后来证明它们确实也是影响因素，但是**真正的**元凶是十进制化，该措施在2001年年初开始逐步实施，于2001年春季完成。考虑以下情形，就知道为什么十进制是（而且仍然是）个问题。假设某优先股以每股40美元在交易，同时假设债券市场今天上涨了12个最小变动单位[⊖]（也就是12/32，或3/8，少于半个点）。尽管债券市场有不错的表现，在十进制生效前，这不足以吸引任何人为该优先股支付40⅛美元，这是对收益率的大幅调整。但是，在采用十进制后，有人会为该优先股支付40.01美元或者40.02美元，使得它变成上涨的证券。我们早就开始应对这个问题，不过，交易员仍然在努力适应这种变化。例如，有人建议剔除那些上涨或下跌只有几美分的证券，认为这样做可以得到"更真实"的图。

至今为止，利率并没有真正上升，因此，NYSE涨跌线的正偏仍然持续着。

　⊖　1 tick 代表 1/32 美元。——译者注

不过，当利率最终开始上升时，情况将反转，NYSE 涨跌线的表现会差于"纯股票"涨跌线，**那时**与利率相关的证券都会下跌。

NYSE 涨跌线的这个问题，影响到了所有涉及市场广度的技术指标。例如阿姆式指标（该指标的名字来自它的设立者理查德·阿姆斯），在 2001 ～ 2002 年产生了"奇怪的"数值，显然受到了影响。当然，我们关心的是该问题如何影响振幅。在计算中，使用"纯股票"涨跌线比 NYSE 涨跌线简单。事实上，我们建立了一个基于"纯股票"振幅的交易体系，它与本章前面所述的体系相似。正如所预想的，由于没有 NYSE 涨跌线造成的失真现象，使用"纯股票"数据的体系会产生更优结果。

彻底忽视 NYSE 涨跌线图是不妥的，但应当意识到，在利率产生大幅度变动时，该图是值得怀疑的。事实上，我们目前例行保持着两套振幅，并且在我们发布的所有简报中提供"纯股票"的数据。

技术分析师们对纽交所提出要求，请它只发布"运营公司"涨跌线的数据，但是，纽交所无视该请求（或者说媒体无视了这样的请求）已久，所以我认为纽交所短期内不会这样做。

5.5 跨市套利

期权术语中通常认为，1 手（价差）套利就是在买入 1 份期权的同时卖出另 1 份期权，两者的标的证券相同。不过，从广义上来说，只要买入一种证券，并且同时卖出另一种与其相关的证券，就是（价差）套利交易。这样的套利可以通过股票、期货或者期权建立起来。股票交易者通常把这些头寸叫作'配对交易'，而不是套利。

在这种广义的套利中，可以把所有的套利分成两大种类：**跨市**（价差）套利（intermarket spreads）和**同市场**（价差）套利（intramarket spreads）。同市场套利包含相同标的（证券或商品）期货、期权上的套利。例如，在买入 12 月玉米期货合约的同时卖出 9 月玉米期货合约，这就是期货的同市场套利。只有期权的套利可以是任何一种正常的期权价差组合，例如买入 1 月 IBM 100 认购期权，卖出 1 月 IBM 110 认购期权。这是同市场套利，期权合约标的都是 IBM。

顾名思义，跨市套利指的是一个市场针对另一个市场进行套利交易。这两个市场可能是关系紧密的，例如美国政府长期国库券（T-bonds）与市政债券（municipal bonds）；或者之间的关系比较松散，例如美国政府长期国库券与公用事业股票（utility stocks）。跨市套利甚至可以是 2 只波动趋势倾向于同步的股票间的套利交易，这是一种被称为**配对交易**的策略。无论是哪种情况，两个市场一般都有相当明确的历史相关性。不过，这种相关性有时也会出现变化。当变化幅度足够大时，在这两个市场间进行套利交易，就有机会获利。

许多市场之间通常都会有关联。想要进行指数间的套利交易，其目的往往不是真正预测股票市场的波动方向，而是预测2个指数之间的关系。请注意，许多期权套利交易常常也是遵循这种理念的。例如，你有没有听过有些分析师说，他预测小盘股会比大盘股票的表现要好？那么该分析师应考虑在标普500指数与价值线指数（包含了许多小盘股的指数）之间或者是在标普500指数与场外交易的指数之间使用指数间的价差套利。买入包含小盘股的指数，同时卖出标普500指数，如果分析正确，那么不管整体股票市场上涨还是下跌，都能盈利。所需要做的，只是买入的指数比卖出的指数表现要好。

在进入那些已被证明适合交易的市场之前，我们将描述执行套利交易的2个主要方法：使用期货或者期权。执行套利交易最简单的方法是使用期货，或者是等价头寸。例如，如果在美国长期国库券与市政债券之间进行套利交易，可以使用这2个市场的期货合约。不过，如果在美国长期国库券与公用事业指数之间进行套利交易，那么就不得不使用期货的**等价**头寸。

当在跨市套利中交易指数时，特别是行业指数，无法实际买入或者卖出该指数，通常也无法买入或者卖出该行业的期货合约。不过，通过使用期权以及等价头寸，就可以建立"期货等价头寸"或者"指数等价头寸"。例如，如果想要在跨市套利中买入指数，那么可以仅买入认购期权，同时卖出相同条款的认沽期权，这就相当于买入指数的等价头寸。该认购期权和认沽期权都有时间价值，实际上建立的是一个基于该指数期货合约的等价头寸。相反地，如果想卖空该指数，就买入认沽期权，同时卖出认购期权。

因此，无论是使用期货还是期货的等价头寸，都是用最简单的形式建立跨市或同市场的套利。使用此类头寸，潜在盈利是显而易见的：如果2个期货合约朝正确方向波动，就能盈利；反之，则亏损。

不过，这里有另一种方法来建立套利头寸：使用期权。如果不是买入期货合约（或等价期货头寸），而是买入实值认购期权，那么潜在盈利是相似的。可以像使用期货那样得到无限的盈利，但放弃了在买入该认购期权上付出的时间价值。

如果该认购期权实值程度足够深的话，在时间价值上的花费就会很小。因此，持有期货与持有实值认购期权之间的潜在盈利是相似的。这里有一个主要的区别：认购期权的亏损是有限的，而期货头寸（或等价头寸）则有无限的下行风险。与此相似，如果你买入实值的认沽期权而不是卖空期货合约（或等价头寸），则有相似的特性。因此，期权的跨市套利是通过买入实值认购期权和实值认沽期权构建的。

也就是说，与期货头寸（或等价头寸）相比，期权的跨市套利有额外的盈利机会：如果价格的波动性很大，就可以获利，即便这两个市场间的价差没有像期望那样收敛。例如，假设两个市场的价格下跌了许多，但两个市场之间的价差并没有收敛，那么使用期货（或等价头寸）进行跨市套利交易就不会盈利。可是，使用期权则会盈利，因为认购期权下行方向亏损有限，而认沽期权则不断地产生盈利。因此，使用期权进行跨市套利交易，在以下两种情况里都能盈利：①两个市场像预期那样收敛，或者②价格波动很大，并在任一方向上有较大变动。由于该优点，期权交易者必须付出时间价值；不过，如果使用实值期权，就可以把时间价值成本控制在最低点。

本章后面将专门讨论使用黄金期货和黄金概念股进行跨市套利交易，但是首先看一下来自市场的实例，来说明在跨市套利中使用期权的好处。

1995 年年末，黄金概念股大幅上涨，而黄金价格没有，因此我们认为这两个市场将会收敛，建议客户买入黄金概念股的认沽期权和黄金期货的认购期权。我们建议的价格是：

黄金概念股指数（$XAU）：120　　　　XAU 2 月 125 认沽期权：8

4 月黄金期货：389　　　　　　　　　黄金 4 月 380 认购期权：10.50

买入的是同样数量的认购期权和认沽期权。每个认沽－认购期权组合花费 18½ 点（1850 美元）。

然而与预想的不同，黄金概念股的表现持续好于黄金期货。不过，两个市场都迅速向更高价位波动，这就给了我们一定的弥补。在几个月之后，出现了以下价格：

黄金股票指数（$XAU）：138　　　　XAU 2 月 125 认沽期权：1

4 月黄金期货：407　　　　　　　　　黄金 4 月 380 认购期权：27.00

该组合现在价值 2800 美元。认购期权的价格增长了不少（1650 美元），而认沽期权损失有限。因此，使用期权策略产生了盈利，而直接的市场间指数对冲就做不到这一点。

5.5.1　欧式期权

在讨论跨市套利之前，有必要花几分钟了解欧式期权的一些复杂特性。大部分指数期权和行业期权都是欧式的。你也许还记得，这就意味着，它们只有到合约到期时才能被行权，因此它们的价格行为与大部分人习惯使用的美式期权有所差异。

欧式期权与美式期权主要区别是，**欧式期权在到期之前可以而且确实是低于平价的折价交易**（trade at discount to parity）。认购期权和认沽期权都是这样，虽然认沽期权更为普遍。折价严格意义上只是套利和期权定价的一个数学功能，与市场如何运作以及其他类型的供求没有关系。

为理解其中的原因，需要站在套利者的角度来看问题。首先，应明白为什么美式期权不是低于平价进行交易。如果交易者运气好，买入 1 手美式认沽期权，而标的价格随后大幅下跌，该认沽期权实值程度达到 20 点。该交易者决定要卖掉认沽期权，而且他肯定可以得到 20 点（也许只少很小的分数）。为什么呢？因为套利者或者做市商可以：

（1）从交易者手中买入认沽期权，然后

（2）买入标的，然后

（3）将认沽期权行权，解除套利头寸。

为提供这样的"服务"，做市商一般不会为该认沽期权付出完整的 20 点，而会减去一小部分，因此他（做市商）也可以从这笔交易中盈利。请注意，做市商从来都不承担任何风险，他在任何时候都进行了对冲（股票和期权的交易，也就是步骤 1 和步骤 2，会同步执行）。下面的例子就说明了这样的交易。

例： 假设交易者持有 1 手 XYZ 12 月 100 认沽期权，而且 11 月 XYZ 股票的交易价格是 80。他想要卖掉该认沽期权。做市商发现能以 80 的价格买到股票，因此，做市商告诉交易者，他可以为该认沽期权支付 19⅞美元。交易者同意了，交易完成。做市商的总支出是 99⅞美元（其中股票 80 美元，

认沽期权 19⅞美元)。当他将 12 月 100 认沽期权行权后,获得 100 美元(按 100 美元的价格卖出股票)。因此,做市商获得无风险的 1/8 美元的收益,而交易者是以几乎是平价卖出该认沽期权的。

以下是站在做市商角度对该交易的总结:

以 19⅞美元价格买入 12 月 100 认沽期权	支出 1987.50 美元
以 80 美元价格买入 100 股 XYZ 股票	支出 8000.00 美元
以 100 美元价格卖出 100 股 XYZ	收入 10 000 美元
净额:	收入 12.50 美元

做市商几乎不用付佣金,因此在此套利中盈利了。

因此,任何美式认沽期权在存续期内的任何时候都可以按接近平价的价格卖出,原因是买入该认沽期权的做市商可以构建套利交易。对美式实值认购期权来说也是这样。持有美式实值认购期权的交易者可以保证任何时候都可以平价卖出该认购期权。对于认购期权,做市商同时(1)买入认购期权,并(2)卖空股票(卖空豁免),然后(3)认购期权行权以完全平仓。同样,做市商也可通过少量折价买入认购期权,以赚取 1/8 点的利润。

当持有欧式实值期权的交易者想在到期之前卖出,做市商通常就是买家。不过,这种套利的性质略有不同,做市商无法如前述步骤(3)那样平仓。这里,在做市商(1)从交易者手里买入实值认沽期权和(2)买入标的股票对冲风险之后,他**必须持有该头寸到期**。这就把做市商的资金给锁住了相当长的时间,因此,他必须考虑到这个事实,在向交易者买入实值期权时,需要进行价格调整。同样,可以用下面例子来说明此概念。

例:交易者持有 1 手 12 月 100 认沽期权,标的股票交易价格是 80 美元,交易者想在到期前 1 个月卖掉这手认沽期权。现在让我们假设该期权为欧式。该期权的做市商现在面临着以下情形。他仍想赚取无风险的 1/8 点利润,但现在当他(1)从交易者手里买入认沽期权和(2)买入标的股票之后,必须在到期前等 1 个月才能完成步骤(3)将该认沽期权行权平仓。因此,该做市商就会调整对该认沽期权的报价,以反映到期前的"持有成本"。一般来说是通过计算出在所需时间(这个例子中为 1 个月)里持有该头寸

（在这个例子中为 100 美元）的成本。如果短期贷款的年化利率是 12%，那就意味着做市商持有头寸的成本是每月 1%。这里，恰好是 1 美元。所以，该认沽期权就会以平价的基础上折价 1 个点进行交易。

从做市商的角度来看，以下就是整个交易的流程：

● 离到期还有 1 个月：

（1）以 18⅞美元的价格从交易者手里

买入认沽期权（比美式认沽期权少付 1 个点）　　支出 1887.50 美元

（2）以 80 美元的价格买入股票　　　　　　　　支出 8000 美元

因此，目前他的成本是 98⅞（9887.50 美元），我们假设他是从清算所或银行那里借到这笔钱的。

● 到期日（1 个月以后）

（3）向银行支付 100 美元作为贷款利息　　　　支出 100 美元

（4）将认沽期权行权，收入约定价格：100 点　收入 10 000 美元

做市商的净利润同样也是 1/8 点：10 000 美元减去最初付出的 9887.50 美元，减去 100 美元的利息，等于 12.50 美元的利润。

不计做市商盈利的 1/8 点，该欧式认沽期权的卖出价格是 19 美元，而相应的美式期权卖出的价格是 20 美元（平价）。你也许会想："如果做市商不必向银行借钱呢？不是可以降低成本吗？"事实上，这不会改变任何事情，因为如果他使用的是自己的资金，还是会因为失去机会成本而"花费成本"，原因是在到期之前，他就无法用这笔钱来赚取利息。

上述例子是极度简化的，忽略了 2 个可以**提高**欧式认沽期权价格的因素：①股息和②行权价和到期日相同的认购期权价格。股息之所以如此重要，是因为它们提高了所有认沽期权的价格，无论是美式的还是欧式的。例如，如果上述例子里的股票在认沽期权剩余月份里支付每股 25 美分的股息，那么该认沽期权的价格就会比例子里的高出 1/4 点。

认购期权的价格也包括在这个等式里。做市商或者套利者可以在买入交易者的认沽期权的同时，卖出认购期权以降低总成本。这样就降低了做市商的总成本，从而可以提高认沽期权价格，也降低交易者成本。

让我们继续讨论前述例子。

例：再一次假设，标的股票价格为 80 美元，交易者要想卖出 1 手 12 月 100 认沽期权，时间是离到期前约 1 个月。不过，现在我们考虑另一个信息：存在 12 月 100 认购期权，价格为 0.5 点。下面是对套利者可能采取行动的总结：[⊖]

（交易）行动	成本
以 19⅜美元的价格从交易者手中	支出 1 937.50 美元
买入 12 月 100 认沽期权以 80 美元的价格买入股票	支出 8 000 美元
以 1/2 美元的价格卖出 12 月 100 认购期权	收入 50 美元
总额	支出 9 887.5 美元[⊖]

正如你看到的，这里与前述例子里的初始支出是相同的。接着，做市商会向银行支付 100 美元的利息，最终将该认沽期权行权，或者认购期权空头**被指派行权**——这样可以收入 100 点，或者说 10 000 美元，无论哪种情况都能平仓。

不过，这里的区别是，该交易者从卖出认沽期权中获得了 19⅜美元，而不是上述例子里的 18⅞美元。因此，在决定实值欧式认沽期权折价的数额时（如果有折价），认购期权的价格是非常重要的。

实值欧式期权距离到期的时间越长，做市商的借贷成本会更大，折价就越深。上述例子讨论的是一个相对短期期权的折价情况，只剩一个月就到期了。然而，股票指数上还有长期期权（LEAPS），它们的存续期可以是两年或更长。这些欧式长期认沽期权上的折价可能非常大。

在交易者制订交易计划时，应当考虑长期欧式认沽期权的深度折价。

认沽期权持有者第一次大规模面临欧式期权的折价，发生在 20 世纪 90 年代早期美国股票交易所（AMEX）的日本指数认沽期权上（代码：$JPN）。以日经 225 指数来衡量，日本股票市场达到 40 000 日元的顶部，并且在接下来几年持续下跌，一直下跌至接近 15 000 日元。日本指数是日本股票市场的代表，它的价值大约是日经 225 指数价值的 1%。因此，粗略来说，日

⊖　原文有误。原文为 9875.5 美元。根据上下文计算，应该为 9887.5 美元。——译者注

本指数下跌至将近 150 日元（当日经 225 指数为 40 000 日元的时候，日本指数还不存在，如果当时已存在，大概会是 400 日元左右）。

在日本指数上有欧式长期期权挂牌，有的行权价高达 280，这就意味着当日本指数接近熊市底部的时候，这些还剩余 1 年以上存续期的期权有 100 点以上的实值。考虑还有 1 年到期的 1 月 280 认沽期权，当时日本指数为 180 日元。你可以有把握地推断，1 月 280 认购期权基本毫无价值，因此不能帮助认沽期权提升价格。即使利率只有 5%，28 000 美元（行权价）1 年的持有成本也有 1400 美元。用期权术语来说，就是 14 点。因此。当期权平价为 100 的时候，1 月 280 认沽期权的理论价格为 86。

现实中，做市商为股指期权提供买入报价的折价可能还要更大，因为对冲整个指数更为困难，他们需要买入该指数的所有成分股，而不是像前述例子那样只需要买入一只股票。况且他们不得不买入大量的股票，每一只都要按卖出报价来买入，这就增加了清算成本。由于这些因素，该认沽期权的实际买入报价约为 84。

部分投资者甚至提出了一些小型法律诉讼，他们觉得这样的折价是任意且不公平的。当然并非如此，这些认沽期权的定价是合理的，但那时许多交易者还不太理解欧式期权的概念。有人认为，做市商知道这些交易者持有多头想要卖出，因此他们把买入报价降到极低水平。这是交易者的妄想吗？是的。这是错误的定价吗？不是。

当然，如果交易者在市场价格高得多的时候看空，并以 10 点的价格买入该认沽期权，那么不会在乎以 84 美元还是 86 美元卖出，总之无论是哪种情况，都将获得丰厚盈利。不过，重要的是要明白，如果到期日还很远，就不可能以 100 美元的价格将它卖掉。

如果买入认沽期权的目的是作为对市场下跌的保护，欧式认沽期权折价概念可能会很重要，原因在于如果市场下跌得太快，而且离到期日还相当远的话，认沽期权在折价后可能提供不了多人的保护。

那么欧式认购期权的命运也相同吗？除非标的股票需要支付大额股息，否则答案是否定的。要明白其中原因，还是有必要从套利者角度来看问题。当持有欧式实值认购期权的交易者想要卖出时，做市商买入后马上通过**出售**（卖空）标的股票作为对冲。这笔交易让套利者（或做市商）获得收入，可以从中获得利息。

因此，他很愿意将该头寸持有到期，从而获得利息。他也愿意与交易者平价交易该认购期权（也许甚至更多一点）。

例外情况是，期权存续期间，标的支付大量股息的情况下。由于套利者卖空了标的，随着时间的流逝，他要付出这些股息。因此，在支付认购期权费用时，就要对原始价格进行折现，减去所有剩余股息的折现值。请注意，对于美式期权，一个同时买入实值认购期权和卖空标的的做市商，仅会在除息日之前将认购期权行权，从而省去股息成本。然而，对于欧式期权，做市商在期权到期之前不能行权，因此，他不得不付出这些股息。

某交易者买入 1 手 7 月 60 长期欧式认购期权，然后幸运地看到股票上涨至 90 美元。此时，假设该认购期权还有 1 年到期，但该交易者想要卖掉它。此外，假设该股票每季度支付股息 50 美分，或在明年将支付总股息 2 美元。做市商为该认购期权提供的买入报价是 28 美元：平价（30）减去由于卖空股票而在明年不得不支付的 2 个点股息。

现实中，该股息现值不会是 2 美元整，更有可能是 1.80 美元或是其他数字，这取决于利率。因此，做市商支付的**准确**价格可能略高于 28 美元，不过，上述例子说明的概念是正确的。同时，如果 7 月 60 认沽期权有价值，它的价值也可增加认购期权的价值。

如果面对的是高收益股票或指数，例如公用事业指数（$UTY），欧式认购期权的性质显著，特别是在该指数的大量成分股将要除息时。许多股票在 2 月、5 月、8 月和 11 月上旬除息的。因此，在这些月份到期的实值欧式认购期权，即使是在快到期时仍有可能折价交易。

我亲身经历过股息影响欧式认购期权价格的情况，发生在 1993 年费城股票交易所（PHLX）公用事业指数的交易中。我当时买入了 12 月 210 认购期权，UTY 指数在 214 美元左右。指数朝有利方向波动，到 11 月下旬迅速上涨至 233 美元。因此，这些认购期权的实值程度为 23 点。不过，我发现它的买入报价只有 21¼ 美元。原因是构成公用事业指数的许多股票都快要除息了，用 UTY 的标准来衡量，这些股息总计大约是 2 点。此外，由于距离到期时间实在太短，做市商不可能在到期前 3 个星期通过卖空股票而获得显著的利息收入。然而，做市商不得不为对冲头寸而卖空的股票支付股息。

因此，他对认购期权的买入报价中反映了折价，该折价等同于 2 美元股息减去 3 个星期中可获得的少量利息后的差值。

如果想要卖出 1 手欧式期权，但由于股息的原因，该期权折价交易，那么我的建议是，不管怎样还是卖掉它。它不是定价错误，而是以折价进行交易。你也许会想要等到除息日后再卖出。首先，从理论上讲，这不会带来任何好处，标的股票或指数的价格会随着除息下跌相等数额。因此，即使认购期权是按平价卖出的，从理论上说，它将以当前看到的现价卖出。其次，如果是为了这样单纯的原因而延误卖出，通常来说是错误的。税收是另一个常见的例子。许多人想要卖出股票，但是由于税收原因而决定不卖了，结果股票价格大幅下跌，而承受的损失比支付资本利得税要高得多。

到这里，我们对欧式期权的讨论得出了结论。此处介绍欧式期权的原因是，本章接下来会讨论的许多跨市套利都涉及使用欧式指数或行业期权。如果要交易这些期权，应当对刚才描述的概念有充分的理解，否则就会发现自己处于劣势。

现在，把注意力转回到使用期权的跨市套利。还记得吗，在市场波动性较高的时候，期权套利可以给交易者带来期货（期货等价头寸）套利无法给予的好处。下面这些是我特别喜欢的跨市套利，其中有的时间较长，不过大多数都是几个星期而已。

5.5.2　HUG/HOG 价差

别弄错，这并不是指抱着可爱的农场动物，尽管听起来如此。这是 2 月燃油期货合约（代码：HOG）与 2 月无铅汽油期货合约（代码：HUG）之间的价差。

每年秋天，无铅汽油期货的表现比燃油期货的表现要好，这是一个公认的事实。除非懂得市场如何运作，否则第一眼看上去似乎不合逻辑。在劳动节⊖之后，人们外出休假和旅游的次数减少，因此对汽油的需求应该疲软，对吗？对。此外，随着冬天的临近，对燃油的需求应当增加，对吗？对。那么，在这样的时候，无铅汽油期货的表现怎么可能比燃油期货的表现要好呢？这是因为市场将未来事件进行了折现。

历史价格表告诉我们，期货市场倾向于在前一年的 9 月完成大部分 2 月合约的折现。此外，建立折价机制时常常会考虑最差的情景。因此，如果这种"差"的情景在秋天拉开序幕并于冬天继续发展，那么燃油期货和无铅汽油期货之间

⊖　美国劳动节为每年 9 月的第一个星期一。——译者注

的价差会保持稳定。但如果情况不像折价机制设想得那样差（这是通常发生的情况），那么无铅汽油期货的表现就会比燃油期货的表现要好。因此，买入 2 月无铅汽油期货，同时卖出 2 月燃油期货，是一个低风险的价差；该价差通常在 9 月或者 10 月上旬建立的，然后持续到 12 月。

你也许会说："等一下，我在整个秋天都听到电台广告在说，冬天就要来了，现在应当买入燃油期权。这是怎么回事儿？"对于这个问题，我会从以下两个方面进行回答。第一，你是唯一知道冬天要来了的交易者吗？如果你是根据很明显的信息，或者是众所周知的信息进行交易，那么可以肯定的是，这些信息已经包含到交易价格里了，知道这些信息不会带来任何优势。第二，如果因为听信媒体广告而买入期权，那么就是自食其果。此外，核实一下这些电台收取了多少的广告费，就可以看出在买入这些期权时谁能从中获利。

应当指出，随着冬天的来临，燃油的价格也许会上涨（也许不会），但是不同于预期的无铅汽油表现跑赢燃油，该价差没有方向性偏好。因此，如果两个产品的价格都上涨或下跌，该价差都能朝有利方向波动。我们并不在乎无铅汽油的表现是否跑赢燃油。

为了解该价差的整体表现，先从该价差的综合图开始。图 5-3 展示了这幅图，它覆盖了 1992 ～ 2003 年的时段。具体地说，从 1992 年 2 月至 2003 年 2 月到期的期货合约。还记得吗，**综合图**是将这 12 年中每一天的数据点平均而成。可能每年的表现与该综合图描绘的不一定一致，但这幅图是展示该时段内价差趋势的不错指南。

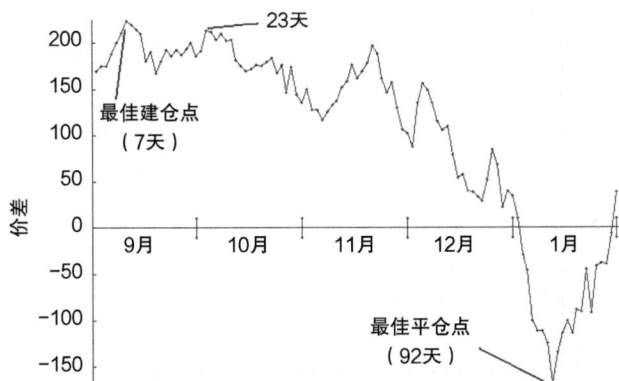

图 5-3 燃油 / 无铅汽油价差（1992 ～ 2003 年）

该价差在卖出燃油期货的同时买入无铅汽油期货。综合图用这样的方法来展示两者间的价差：燃油减去无铅汽油。因此，当图形向下时，该价差就获利。综合图只展示了该价差在 5 个月内的表现：从 9 月 1 日到下一年 1 月底期货到期时。从图 5-3 中可以看出，在 9 月和 10 月上旬，该价差几乎不变。然后，11 月大部分时间都向下跌，11 月中旬再次反弹。一旦反弹见顶，价差便急剧下跌，于 1 月中旬触及低点。

　　将图 5-3 作为指南，想要在 9 月第 7 个交易日开始价差交易，92 个交易日之后退出。实际上，9 月没有大事发生，因此，10 月上旬的建仓点（8 月底之后的 23 个交易日）与 9 月上旬的建仓点区别不大。采取这些步骤，大约只需要持有该头寸 3 个月，从每年 10 月上旬到第 2 年 1 月中旬。

　　燃油和无铅汽油期货的合约乘数是 420 美元。综合图显示，价差从 +2.00 的区域下跌至 −1.50，共变动 3.50 点，或者说，以每点 420 美元计算为 1470 美元。通常建议建仓后设置一个约 2.00 点的止损位，不过在波动率较高的年份应使用 3.00 个点。保证金要求各有千秋，不过纽约商业交易所（New York Mercantile Exchange）将其认定为价差组合，因此每手保证金一般低于 2000 美元。在建立该价差组合之前，应向经纪人确认一下准确的保证金要求。

　　图 5-4 至图 5-8 具体展示了该价差不同年份的表现。接下来将分别说明每幅图。图 5-4 是 1993 年 2 月合约，因此，这笔交易是发生于 1992 年 10 月到 1993 年 1 月。这是相当经典的一年，价差从 10 月开始下跌（也就是盈利）到 12 月低位。这里的建议是：在开始积累盈利时，设置 2.00 点左右的追踪止损，这样做就可以在 1992 年 12 月退出交易。

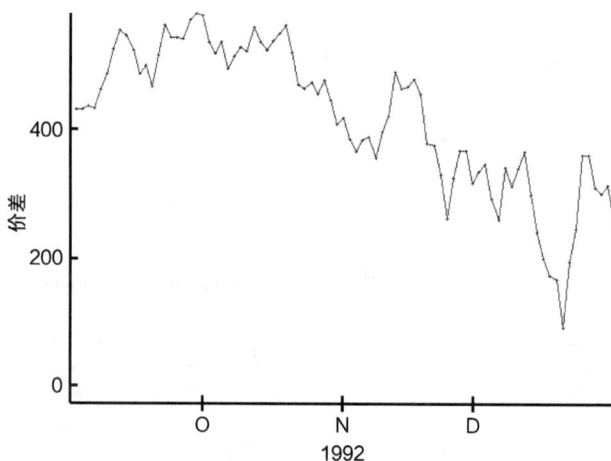

图 5-4　HOG/HUG 1993 年合约

图 5-5　HOG/HUG 1992 年合约

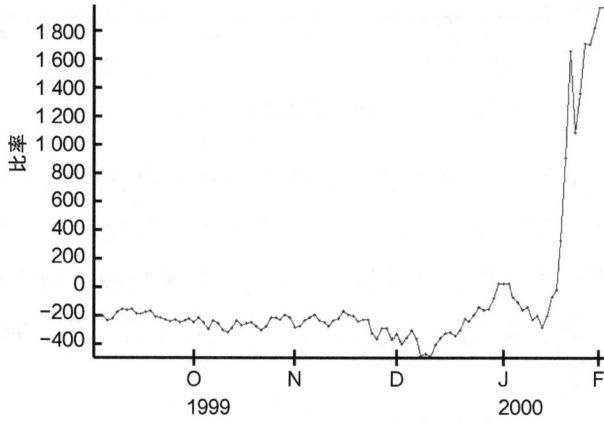

图 5-6　HOG/HUG 2000 年合约

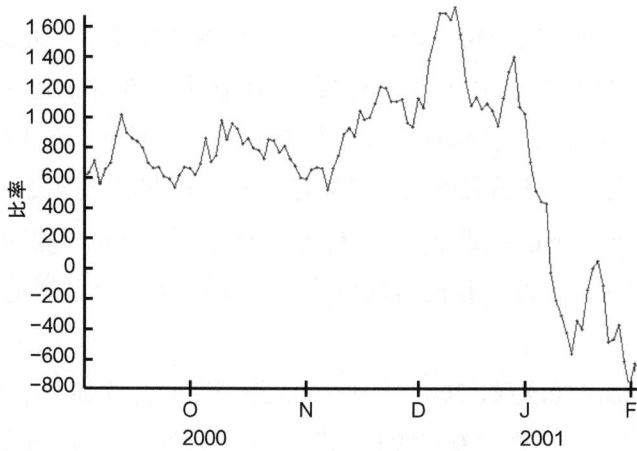

图 5-7　HOG/HUG 2001 年合约

图 5-5 是前一年的价差，也就是 1991 年 2 月到期合约的价差。这一次，在

11月1日之前，价差几乎没变，甚至略为上升了一些（但没有大到触发止损）。
然后年底时大幅下跌。总体说来，该价差在这一年获利将近7个点。

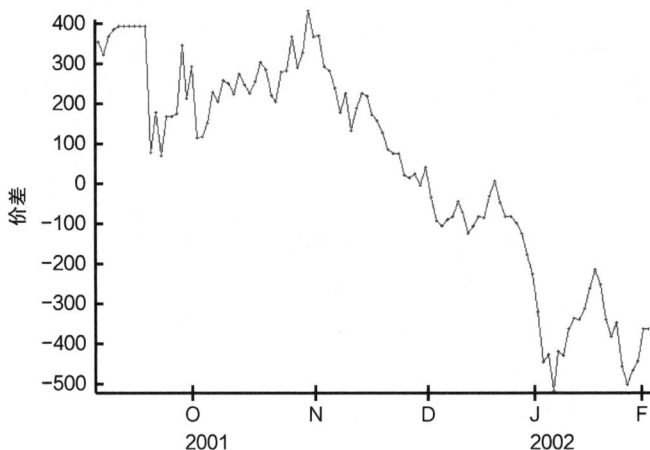

图 5-8   HOG/HUG 2002 年合约

　　图 5-6 显示了在 2000 年 2 月合约上使用该价差套利产生亏损的一年。该价
差上下波动了很久，最终在 12 月产生了一笔盈利，但随后在该月剩余时间里向
上反转。该反转使得这笔交易止损平仓。不过，如果持仓不动，在 1 月上旬另一
次波动中，亏损可能有所减少，但随着 1 月下旬的暴涨，头寸将失去全部价值。
这一年几乎无法获利。

　　如图 5-7 所示，2001 年到期的合约也没有多大的起色。这可能是历史上该
价差波动最高的一年。一般来说，当冬天的情况远逊于预期，燃油合约价格的
上涨幅度比无铅汽油合约快得多的时候，就会出现高波动。在此例中，9 月 1 日
至 11 月上旬，该价差在 6.00 ～ 10.00 之间来回波动。10 月上旬"理想的"建仓
点是很好的；到 11 月上旬，也许已经获得部分盈利。不过，在 12 月该价差明确
朝不利方向发展之前，已不太可能全身而退。该变动肯定会造成止损平仓。讽刺
的是，价差随后转向下跌了近 25 点。我想，当转向下跌时，聪明的交易者可能
已经重新建仓交易，不过，我们对此没有一个系统性条款来规定何时重新建仓
交易。

　　从那时起开始出现改观，2002 年和 2003 年到期的合约都产生了盈利。图 5-8
展示了 2002 年合约。这是"有代表性的"一年，从 10 月上旬的建仓点开始，价
差就没有真正下跌过。最后，11 月时价差开始崩盘，一路下跌至 1 月上旬，下跌
了 8.00 点或更多。

在综合图所包含的 1 年之中，有 8 年产生了稳定盈利，2 年产生了少量亏损，还有 2 年产生了大幅的亏损（触发了 3 个点的止损）。在价差有效的年份中，可在有利方向上获取 3 ～ 4 点的盈利，就是说以 2000 美元或更少的投资金额获取 1260 美元或 1680 美元的盈利。这显然是一个惊人的回报。在被止损平仓的那些年份里，亏损是有限的；通常说来，宁肯等到第 2 年再进行交易，也不能在当年重新建仓。

你也许已经注意到，分析中还没有提到期权。期权同样也可用于价差策略里。简单来说，为尽量降低时间价值的成本，可买入 1 手深度实值的 2 月无铅汽油认购期权，同时买入 1 手深度实值的 2 月燃油认沽期权。

买入这些期权的目的是用来**取代**价差中使用的期货合约，因此，期权头寸是建立于前一年 9 月下旬或 10 月上旬的。这带来第一个问题：流动性。这些期货期权在离到期还剩四五个月的时候，流动性较差。因此较难找到一个深度实值的期权来降低时间价值成本。同时，可能没有足够数量的期权合约交易，导致无法建立需要规模的价差。

要记住，该价差的最佳潜在盈利是 3 ～ 4 点。因此，如果在买入期权时已经付出上述时间价值成本，那么也许应当使用期货。应当承认的是，如果在 12 月要退出该价差交易，那么在卖出期权时，它们仍会剩余部分时间价值，也许不会完全损失买入时的时间价值，不过指望这点价值是不行的。此外，这些期权在 1 月到期，因此，当 12 月想要卖出时，它们只剩几个星期的存续期。

说明以上情况后，让我们来对比一下，与期货价差相比，期权买入组合（我们买入了 1 手认购期权和认沽期权）有哪些优点。该期权头寸的优点是可在价格波动较大时盈利。下面的例子（1991 年的价格）展示了如何运作。

1991 年 9 月中旬，有下面的价格：

2 月无铅汽油：62.50	HU 2 月 56 认购期权：6.80
2 月燃油：68.00	HO 2 月 74 认沽期权：7.50
期货价差：5.50	期权组合价差：14.30

期货价差（5.50）只是两个期货合约之间的差值，而期权组合价格是两个期权合约价格的总和。请注意，燃油 2 月 56 认购期权的时间价值是 0.30

美元，无铅汽油 2 月 70 认沽期权的时间价值是 1.50 美元。因此，该期权组合的时间价值成本是 1.80 美元。如果标的价格保持不变，这就代表了该价差可能的全部亏损[⊖]。不过，在价格波动变大时，就可以看出持有期权组合的优点。

1991 年秋天，期货价差几乎没变，从 11 月时接近 6.00，下跌至 12 月第 1 个星期时的 4.00。与初始价格相比，已有 1.50 的盈利（5.50 − 4.00），也就是期货合约的基差。

不过，无法从价差价格知道的是，在 1991 年 11 月和 12 月时，石油和石油产品的价格已处于熊市中。图 5-9 展示了燃油在这段时期的表现。可以从两者间价差保持相对稳定推断，无铅汽油的图也类似如此。

图 5-9   HOG

12 月上旬，2 月燃油下跌至 56.00 美元。这就意味着 2 月 74 认沽期权的价值至少应为 18.00 美元，这是它的平价。无铅汽油 2 月 56 认购期权的价格最多跌到 0（事实上它价值 0.20 美元）。因此，该期权组合在 12 月上旬至少价值 18 点。该组合最初成本 14.30，因此盈利 3.70 点，明显高于期货价差获得的 1.50 点盈利。

⊖　原文有误。原文为"盈利"，但根据时间价值成本应该理解为"亏损"。——译者注

结果是，燃油价格在 12 月下跌更深，这就意味着买入认沽期权产生了更大的盈利。

这个例子也可以用来说明期权组合另一个重要的方面。假设，仅仅是假设，当 2 月燃油在 12 月上旬下跌至 56.00 美元时，无铅汽油下跌得更深。当这种情况发生时，期货价差实际上会亏损。尽管如此，期权组合仍会盈利，因为亏损的无铅汽油期权价格保持不变，燃油 2 月 74 认沽期权的价格是 18.00 美元，而无铅汽油 2 月 56 认购期权的价格是 0。因此如果价格波动性高（例如，在这个例子里，价格大幅下跌），尽管期货价差有可能亏损，期权组合实际上仍会盈利。

当然，从另一方面来说，如果价格保持稳定，而且期货价差扩大 2 点左右，如果持有期货价差，就可以得到全部的 2 点。但如果持有的是期权组合，那么在相同情况下就会失去时间价值。前例子中的时间价值是 1.80 美元，因此该期权组合实际上不能获利。

那么，究竟哪个更好呢？是期货价差还是期权组合？期权时间价值是主要决定因素。9 月上旬，如果期权隐含波动率较高，或时间价值"太高"，那么就应当使用期货价差。如果隐含波动率降低（时间价值降低），任何时候都可以移仓到期权上。这可能发生在 10 月或 11 月上旬。因此，如果持有期货头寸，应当持续盯住期权情况，等待时机将头寸转为期权组合。所以，**我本人更喜欢期权组合，但仅限于时间价值足够小的情况下**。

现在请在日历的下一个 9 月上做记号，到时来评估 2 月的燃油和无铅汽油的合约价差（该价差有着良好的记录）。

5.5.3 1 月效应

这是另一个实际上可以朝**两个**方向运作（当然不是同时的）的季节价差。**1 月效应**是一个术语，可以用来描述以下现象：在每年 1 月，小盘股的表现一般比大盘股票好。产生该现象的原因是，快到年底时，人们更偏向于抛售小盘股来确认亏损（也叫核税抛售[○]）。这就压低了小盘股的价格，而当抛售潮过去后，这些股票在 1 月又会反弹。不过，由于整个股市都可能下跌，当 1 月到来时，不会仅想买入小盘股（例如价值线指数）。因此，较好的策略是对冲策略：买入小盘股

　　○ 核税抛售（tax selling），是指临近年终集中抛售证券，准确统计其损失，以便申报其所得税。——译者注

指数，同时卖出大盘股指数（例如标普 500 指数）。如果 1 月小盘股的表现优于大盘股，就会盈利。

这听上去很简单，不是吗？不幸的是，某件事只要每个人都知道，市场就不会允许人们从这件事中轻松获利。例如，"传统的"智慧是，许多人预计到会有 1 月效应出现，因此提前出现了。

为理解该价差如何真正运作，我们决定研究一下它近年来的实际表现。不需要往前追溯**太**远，因为随着时间的推移，价差倾向于表现出不同方式。最好的时间段也许是股市崩盘后（也就是 1987 年以后）的时段，这是许多投资理念的转折点。这就意味着，我们研究的是从 1988 年 11 月到 2003 年 1 月的数据，这里有 15 个 1 月效应的例子。

以下分析将用价值线指数（Value Line Index）作为小盘股的代表，标普 500 指数（S&P 500 Index）作为大盘股的代表。在 20 世纪 90 年代，利用价值线指数期货与标普 500 指数期货，可以轻松建立该价差。后来，"大型"价值线指数期货摘牌了，迷你价值线指数期货变得缺乏流动性。因此，出现了其他几种价差交易的方法。接下来很快会讨论它们（在"执行价差"那一节里）。现在，首先解释一下使用价值线指数和标普 500 指数的策略。

下面列出了一些具体价格，这里有两个非常重要的广义结论。

结论一：多年来，从 11 月中旬到 11 月底，再到年底，大盘股的表现都明显优于小盘股。因此，应在 11 月买入标普指数，卖出价值线指数（或是等价头寸），然后在 3 ～ 6 个星期之后平仓。

结论二：近年内，利用 1 月效应交易的最优时间大约是从 12 月 19 日到 1 月 5 日。应当在 12 月买入价值线指数（或是等价头寸）并卖出标普指数，在 1 月上旬平仓。

图 5-10 展示了 1989 ～ 2003 年的综合价差。同样，请记住综合图是将所含年份对应价格取均值构成。因此，任何一年都可能与这幅图有所差异，不过，综合图的用途是展示 15 年的趋势，这是分别查看 15 年的图像所做不到的。图 5-10 从 10 月第 1 个交易日开始，然后**按交易日**向前移动。因此，轴线上的月度标记（10 月、11 月和 12 月等）只是估计值。实际上应当数一下交易日，并且根据这个数字来决定日期，不过，每月的交易日数量大致相等，因此，在 X 轴上用月份来分段标识是可以接受的。

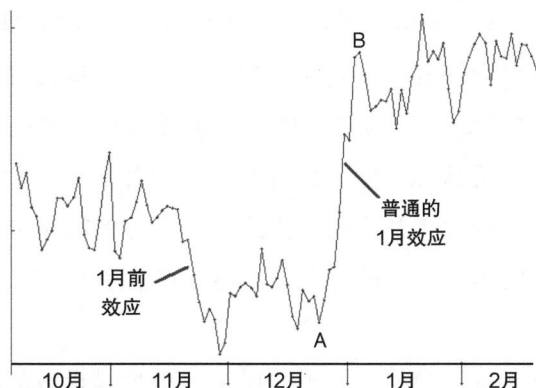

图 5-10　价值线指数 / 标普 500 指数综合图（1989 ～ 2003 年）

从这幅图中可以看出价值线指数（代表小盘股）和标普 500 指数（代表大盘股）之间的价差在 11 月缩小或下跌了（特别是在 11 月的下半月），而且在 12 月下旬（图中 A 点）前一直保持在低位。因此，该图验证了结论一：在 11 月上旬到中旬买入大盘股并卖出小盘股，同时计划在 11 月下旬到 12 月中旬之间的任何时候平仓。有的年份中 12 月 20 日左右价差才见底回升；但在其他年份，当感恩节一过就脱离底部了。

有时金融媒体分析师认为，由于每年 1 月效应都出现得更早，投资者应当在 11 月就建仓。这是错的。结论一和图 5-10 清晰地展示出，在 11 月，也许甚至是 12 月，大盘股的表现比小盘股好。该结论是有逻辑的，前提是这些小盘股在 11 月和 12 月时会因核税抛售而被大量卖出。不幸的是，某些 1 月效应的支持者太急于建仓，建仓过于仓促导致成本很高。

实际上，传统 1 月效应价差建仓的恰当时机是离年底非常近的时候，这时核税抛售潮开始减退。这通常出现在 12 月 18 ～ 20 日，不过在个别年份，核税抛售一直持续到当年年底。

可以从图 5-10 中看出，1 月效应的主要部分（当小盘股比大盘股的表现更好时）出现在 A 点（12 月下旬）到 B 点之间（1 月上旬）。事实上，这两点之间的时间相当短，约为 8 天或 9 天。实际上，A 点出现在 9 月结束后的第 59 个交易日，B 点出现在 9 月结束后的第 67 个**交易日**（记住，图 5-10 中使用的是**交易日**而不是实际的日历日）。通常来说，9 月结束后第 59 个交易日是 12 月 18 日或 19 日，退出的日子通常是 1 月 5 日或 6 日。当然，取决于周末和节日的分布情况，这些日子可以与上述日子略有差异。

在过去的年份里，1月效应的长度被大大压缩了。在20世纪80年代末和90年代初，该效应刚被公众注意到。它从年初开始，一直持续到1月末。但现在开始日期提前到了12月下旬，原因是交易者都想要避开人群提前建仓。至于结束的日子，即使是现在也可从综合图（见图5-10）中看出，实际的顶部更接近1月底，但大部分的盈利出现在1月上旬。因此，一个好的策略或许是1月上旬取走部分盈利，剩余部分使用追踪止损到1月下旬。在下一节中将展开这个概念。

1. 执行价差

针对1月效应进行价差交易，而不是仅买入小盘股指数的理由是，没人能担保市场在1月会上涨。但无论上涨还是下跌，在过去的60年里，1月效应都有一个很好的追踪记录。在这段时间里，即使市场处于下跌，小盘股的表现都优于大盘股的表现。

在过去的年份里，我们用非常简单的方法执行价差交易：相对于标普500指数3月期货，交易价值线指数3月期货。价值线指数期货的流动性很差，这不一定是最好的选择。不过，先看一下使用期货的例子，然后再讨论其他选择。

目前，唯一的价值线指数期货合约是迷你价值线指数期货（代码：MV），价值线指数（VLE）每波动1点，价值变化100美元。因此可用来与迷你价值线指数期货进行价差交易的、最简单的是标普500指数的e-迷你期货合约（代码：ES）。从表面上来看，1手MV合约可以和2手ES合约建立价差交易，这样价差中两合约的每点变化都相当于100美元。下面章节将会提及为何该比率需要进一步修正。

在使用期货进行价差交易时，必须意识到期货是衍生品，它们可以预期1月效应，因此，就会有较大的价差。我曾见过价值线指数期货在12月下旬时升水高达9点（而公允价值大约为2点）。原因是市场已预期到1月效应。如果这是实际的情况（价值线指数期货产生明显过高的升水），那么也许换一种方法来进行价差交易会更好——交易型开放式指数基金（ETF），下面很快会进行讨论。

12月下旬，交易者想要建立1月效应价差：买入迷你价值线指数期货，同时卖出标普e-迷你指数期货。使用3月合约，也就是最近月（最活跃的）合约。市场上存在下列价格：

VLE：1351.13　　　　　　　　　　SPX：1082.07

3月迷你价值线指数期货：1358.00　3月e-迷你标普指数期货：1084.00

现货指数之间的价差是 269.06（VLE 减去 SPX），不过期货之间的价差只有 274.00 [⊖]。原因是价值线指数期货有近 7 点的升水。同时，要卖出的标普期货只有 2 点的升水（大致上）。因此，交易者为期货价差付出了额外 5 点的升水。也就是说，期货市场已对 2 个指数间价差（1 月效应）的扩大进行了折价，并产生了 5 点的升水。对交易者来说，理论上额外的升水是不好的。如果预期该价差会变得更大，那么可以继续交易。但如果这已经剥夺了该价差大部分潜在盈利，那么就应寻找其他交易工具来建立该价差。

假设交易者继续进行交易。为简化起见，交易者：

以 1358 美元的价格买入 1 手 3 月迷你价值线指数期货

以 1084 美元的价格卖出 2 手 3 月 e－迷你标普股指期货

1 月上旬，股指预期的波动发生了，价格如下：

价值线指数（VLE）：1346.53　　　　标普 500 指数（SPX）：1067.44

3 月迷你价值线期货：1348.00　　　　3 月 e－迷你标普期货：1069.00

显然，市场下跌了，VLE 和 SPX 都下跌了。不过还是产生了 1 月效应。因为价值线指数与标普 500 指数的价差**变大了**（此外，记住 1 月效应与市场上涨或下跌没有关系。不管市场朝哪个方向发展，小盘股会比大盘股的表现更好）。

另外请注意，现在迷你价值线指数期货的升水与 e－迷你标普指数期货的升水大致相等，每个都略超出 1 点。目前价差表现如下：

合约	目前价格（美元）	建仓价格（美元）	美元 / 点（美元）	盈利（美元）
买入 1 手 MV 期货	1 348.00	1 358.00	100	−1 000
卖出 2 手 ES 期货	1 069.00	1 084.00	50	+1 500

因此，该价差的盈利是 500 美元。现货价格间的差异扩大到 10.03 点，但只获得了 5 点盈利，这是由于在建仓时支付了 5 点的升水。不过仍是有价值的一笔交易。

虽然许多经纪人可能没有意识到这点，但期货价差符合少缴保证金的标准。你应当要求经纪公司对该头寸进行复查，让他们确认这是价差，并允许减少保证

⊖　原文有误。原文为 264.00。根据计算，应该为 274.00。——译者注

金。正如前例所示，价差的保证金要求通常是 2000 美元。

VLE 上不再有任何期权交易，因此无法使用期权来执行该价差。不过只计划在该价差上停留 8 ～ 9 天，因此问题也不大。在这样短期的交易中，处理指数期权合约中的买卖价差过于复杂。

然而不使用期权的风险非常大，因此需要使用某种止损单。按照理想的做法，交易者应先观察该价差的近期历史，据此设定止损，或只使用"资金止损"（也就是说，当亏损到预先设定的金额时就止损平仓）。资金止损或许应至少设置为该价差价值的 5 个点（或者说，在买入 1 手 MV 期货合约并卖出 2 手 ES 期货合约的价差中，就是 500 美元）。

现在来看一下其他执行价差的方法。我仍会使用标普 500 指数来交易大盘股。不过，除了期货之外，至少还有 3 种方式可在标普 500 指数中建仓：①期货期权；②在 CBOE 交易的标普 500 股指期权；③标普 500 存托凭证（SPDRs，代码 SPY），所有人都把它叫作"spiders"（字面意思是蜘蛛）。SPY 是一种复制标普 500 指数的交易型开放式基金，不过交易的价格是标普 500 指数的 1/10。

SPY 的流动性非常好，机构投资者很喜欢它。SPY 可以按该证券上笔成交价更低的价格进行卖空，与期货的特点非常相像。对 SPY 来说，最大的缺点是保证金要求与股票一样（50% 的保证金），显著高于标普 500 指数期货合约所要求的 10% 保证金。其他可以接受的替代方法还包括安硕标普 500 指数（代码：IVV）、标普 100 指数（OEX）、相应的 ETF（代码：OEF）和期权。

小盘股也有一些替代选择。有许多可交易期权的小盘股指数，也有许多种代表小盘股指数的基金产品（例如，由巴克莱发行的 ETF，如果你还记得的话）。任何时候，如果需要知道什么样的基金产品是可用的，访问 www.ishares.com 网站，点击主页左侧的"Market Cap"和"Small Cap"栏目。表 5-2 列出了目前可用的产品，可以考虑在 1 月效应中使用这些产品来交易小盘股指数。

表 5-2　小盘股指数产品

罗素 2000 指数基金（IWM）[①]
标普 600 小盘股指数基金（IJR）[①]
标普小盘股指数（$SML）期权
罗素 2000 指数（$RUT）期权
罗素 2000 指数期货（代码：RU）

①两者都是 ETF 基金，都有相应期权。

2003 年 12 月下旬，市场上存在以下价格：

VLE：1460.2　　　　　　　SPX：1075.1　　　　　　　差异：398.1

　　交易者想要根据 1 月效应交易，但想用期权。当时，罗素 2000 指数（$RUT）跟踪价值线指数非常好，所以通常可作为小盘股相当好的替代产品，其基金产品（IWM）的期权定价合理。同时，ETF 基金 OEF 被选作大盘股的代理，它几乎无偏差地跟踪标普 500 指数，而且也有 ETF 期权。与所有跨市套利一样，使用实值期权交易该头寸。以下是市场上的相关价格：

RUT：537.70　　　　　　　　　　OEX：534.70

IWM：107.12　　　　　　　　　　OEF：53.51

IWM 2 月 105 认购期权：5.60　　　OEF 2 月 55 认沽期权：2.20

　　假设每买入 1 手 IWM 认购期权的同时买入 2 手 OEF 认沽期权，虽然这可能不完全正确（本章后面将介绍一个将波动率结合到跨市套利的公式）。因此，以 2.20 的价格买入 2 手 OEF 2 月 55 认沽期权，同时以 5.60 的价格买入 1 手 IWM 2 月 105 认购期权，总投入是 1000 美元，再加上佣金。

　　2004 年年初，1 月效应非常显著，VLE 和 SPX 之间的差值在 1 月 8 日扩大至 445 点。此外，该差值一直在扩大，如果交易者只想持仓不动，直到价差收窄的话，就一直要等到 2004 年 1 月 21 日，当日的价差是 471.70。那时相关价格如下：

VLE：1619.3　　　　　　SPX：1147.6　　　　　差异：471.7

RUT：598.00　　　　　　OEX：563.70

IWM：118.91　　　　　　OEF：56.56

IWM2 月 105 认购期权：14.1　　OEF 2 月 55 认沽期权：0.35

　　因此，现在 2 手 OEF 认沽期权加上 1 手 IWM 认购期权组合的价值是1480 美元，再扣除佣金。因此，该价差盈利 480 美元，或为 48%。盈利如此之大的原因之一是，不但小盘股与大盘股之间的价差扩大（对交易而言是创造盈利的），而且 OEF 价格也上涨到超过行权价，这就意味着认沽期权不再有更多亏损（当然，认沽期权的交易价格不可能低于零），这是交易期权的额外好处。

　　值得注意的是，这些指数的大范围波动会使得期权价差有吸引力。如果价格

保持相对稳定，那么在期权上付出的时间价值加上相对较宽的买卖价差，就有可能产生亏损，那么使用期货来交易 1 月效应则可能有更好的结果。因此使用期权并不一定就是最佳选择，但如果时间价值相对较小，我一般倾向于使用期权来建立价差。

结束这个主题之前，先观察一下图 5-11。该图展示了长期的价值线指数（VLE）和标普 500 指数（SPX）之间的差异。请注意 1990 ～ 1998 年该价差非常稳定，标普 500 指数通常比价值线指数高出不到 100 点。实际上，在 1995 年，它们差不多是相等的。从那时起，在 20 世纪 90 年代末大牛市的其余时间里，标普 500 指数占据统治地位。最后，在 2000 年时，标普 500 指数比价值线指数高出 400 点。熊市开始后，小盘股卷土重来，而且即便在 2002 年熊市结束之后也保持这种态势。从那时起，小盘股比大盘股的表现要好很多，大部分小盘股指数都创了新高，超过了它们在 2000 年牛市的顶部。与此同时，标普 500 指数、纳斯达克指数和道琼斯指数的点位全都远低于它们各自在牛市的最高点。

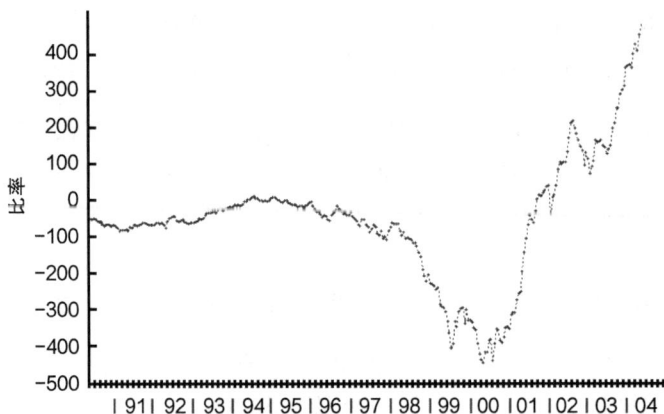

图 5-11　价值线指数与标普 500 指数的差值

小盘股指数的重新上涨使得近年价差有了偏向。1 月前效应（开始于每年的 11 月，买入大盘股同时卖出小盘股）的表现很差，与此同时，"正常的" 1 月效应（反方向交易）的盈利比它的历史正常情况好得多。因此，只要小盘股在全年表现持续跑赢大盘股，就应谨慎对待 11 月价差（也许轻仓交易，或者使用技术分析提供的建仓点，例如用价差缩小来作为建仓点，如果在最佳建仓日期附近没有下跌，那么就不要建仓）。相反，只要长期趋势持续，如图 5-11 所示，也许应当对 1 月效应采取更为激进的价差交易。换句话说，选一个接近 12 月底的合适日子进行正常的价差交易，而不考虑 2 个指数之间差异的短期技术形态。但是，

11 月价差只有在标普 500 指数看上去比价值线指数的表现好的时候，才建仓交易。如果在建仓日期附近，标普 500 指数的表现并非如此，那么那年就不要交易11 月价差。

总的说来，该价差可用期货交易，也可用期权来交易，而且在两个方向上都可交易（在 11 月买入大盘股并卖出小盘股，年底之后再反向交易）。两个方向的价差都有成功的追踪记录，每年都可以对两者进行交易。只是要注意整体的趋势，而且，如果小盘股持续占据统治地位，那么在交易前要考虑该因素。

5.5.4　黄金概念股 VS. 黄金价格

有些股票的价格与原材料关系密切，这些原材料对于公司的金融财富极为重要。这类原材料包括黄金、石油、铜和肥料。某些情况下可以设计出一个跨市套利的策略，该策略针对相关商品在期货和股票之间进行交易。跨市套利策略可以很简单，在铜期货与菲尔普斯·道奇（Phelps Dodge，主要的铜生产商）股票之间进行交易；也可以较为复杂，例如在股票指数（事实上，如果存在行业指数的话）与期货合约之间进行交易。后一种策略较有用，指数提供了分散化投资的作用，与个股和期货间的交易相比，更为可靠。

为交易该指数，可买入该指数成分股的适当数额，或者如果该指数有挂牌期权交易的话，则使用该指数期权。通常来说，使用期权更为简单，比起交易行业指数的所有成分股，"买入"或者"卖空"指数更为简单快捷。此外，比起买入指数的所有成分股，期权交易成本要小得多。

此外，针对指数进行期权交易时可采取两种方法。第一种是使用第 3 章描述的**等价策略**。例如，如果想要买入该行业指数，那么可以买入 1 手认购期权的同时卖出 1 手认沽期权，它们的行权价和到期日都相等，作为持有该指数的替代。使用该方法时拥有了指数上行方向的全部潜在盈利，也有下行方向的风险。第二种方法是仅买入 1 手该指数的认购期权，这就意味着下行方向风险有限，但存在时间价值消耗期权价值的风险。

讨论完所有的可能性后，现在来看看其中一个跨市套利。这是黄金（期货）与费城证券交易所金银（行业）指数（代码：$XAU）之间的套利。图 5-12 是该套利在 1991 ~ 2003 年这 13 年间的综合图。该图说明了黄金概念股价格与黄金本身价格之间的关系随着时间变动产生巨大的变化。当实际进行跨市套利交易时，比起这幅时间跨度较宽的图，交易者通常对短期波动更感兴趣。

图 5-12　金银指数（$XAU）与 12 月黄金期货的比值

　　然而这幅图是有用的。请注意，20 世纪 90 年代开始时，黄金概念股的价格（XAU）是 12 月黄金期货价格的 30% 左右（图中纵坐标 30）。当时的价格是历史上最贵的。然后，1990 年，黄金和黄金概念股都开始了长期下跌，该比率也大幅度下降。事实上，黄金概念股比黄金本身跌得更深，XAU 指数从 1990 年早期的水平下跌超过 50%，而黄金下跌约 20%。这就导致了该比率最后下跌至图 5-12 中 20 左右的水平。

　　1993 年出现反转，黄金和黄金概念股开始暴涨，XAU 的价格翻倍，不过，黄金价格只上涨约 25%。因此，该比率又一次上涨，1994 年年初到达了将近 35 的高位。正如所见，当主要的波动出现时，由于 XAU 的波动更大，所以波动得比黄金更远。因此，当 XAU 和黄金一起波动时，通常不会想要建立跨市套利。不过，如果它们之中只有一个波动时，就可能有兴趣利用这个机会来建仓。

　　1993 ～ 1995 年是个经典的时间段。在这段时间，黄金本身相当稳定，保持在 375 ～ 410 这样非常狭窄的范围内。但是由于黄金概念股受投资者情绪的影响更重，产生了一些较大的波动。这造成了图 5-12 所示的情形：该比率有 3 次上涨至超过 33 ～ 35 的区间，随后每一次都下跌至低于 30 的底部。这些范围都可通过跨市套利进行交易。

　　从 1995 年 2 月开始，许多机构投资者、投资经理和投资顾问开始使用黄金概念股进行投资。结果是，XAU 指数从略低于 100 上涨至超过 130。同时段内，黄金期货从 380 上涨 10 美元，至 390。这就导致该比率从 24 上涨至 33。显然，这是两者不一致的信号，因为黄金的价格并没有真正明显

的变动方向，而黄金概念股是按自己的方向变动。当这种类型的活动出现时，跨市套利就具有吸引力。

由于 XAU 变动"先于"黄金，一个合适的跨市套利是买入黄金期货同时卖出 XAU（或买入 XAU 认沽期权）。该策略运作良好，黄金价格保持相当稳定，不过黄金概念股最终下跌了大部分涨幅，XAU 下跌到低于 110。该比率同时跌回到 28，这笔套利交易产生了很好的收益。

以上情形之所以成为建立跨市套利的理想情景，是因为 2 个组成部分中只有 1 个在变。XAU 在上涨，而另一个相对稳定。当在相关市场中看到这样的情况时，就必须考虑：①黄金概念股是否会下跌至与黄金价格更为一致（这就是在我们的例子里最终发生的）；或者②黄金的价格能否跟上黄金概念股的上涨。

为更好地描述建立这类型跨市套利的细节，下面将使用同一个例子。不过，在考虑具体价格之前必须引入一个必要公式，来平衡 2 个不同市场的 2 种不同交易工具。该公式提供了所需要交易合约的比率，从而获得市场中性的套利，该比率可以抓住 2 个指数的真正波动。对于前面讨论过的跨市套利（无铅汽油与燃油，价值线指数与标普 500 指数），这些市场的相关性很强，则不一定非要使用该公式。事实上，它们几乎是一致的。不过，当相关性比较弱时，就有必要使用该公式来决定买入和卖出多少手合约。

$$\text{跨市系数} = \frac{\text{价格 1}}{\text{价格 2}} \times \frac{\text{单位 1}}{\text{单位 2}} \times \frac{\text{波动率 1}}{\text{波动率 2}} \times \frac{\text{Delta}_1}{\text{Delta}_2}$$

式中，价格为合约价格；单位为合约单位（例如，每点 100 美元，或每点 500 美元等）；波动率为合约的实际（历史）波动率；Delta 为价差中期权的 delta，如果确实使用期权的话。

一旦在公式中输入不同的变量，这个系数就会相当简单地说明，每卖出一手合约时需要买入几手另一合约。因此，这是每个跨市套利的基础。

下面继续论述图 5-12 中的情形，1995 年 9 月中旬，市场上存在以下价格：

XAU 指数：126.62

12 月黄金期货：389.70

继续遵循我们的交易理念，只要时间价值不是太高，在这些跨市套利中就应尽量使用期权。当时，以下期权合约看起来具有吸引力：

期权	价格	Delta
XAU 12 月 135 认沽期权	12	0.71
黄金 12 月 380 认购期权	11.50	0.78

该认沽期权时间价值是 3.62，而认购期权的时间价值是 1.80。因此，总时间价值成本是 5.42，略贵一些。但考虑到该比率可能出现的快速波动，也还算合理。请记住，如果价格在某一方向上有很大的波动，即使跨市价差并没收敛，使用期权也获得了额外的盈利机会。

当时（1995 年 9 月中旬），XAU 指数的 20 天历史波动率 27%，而 12 月黄金期货的对应数字为 7%（对黄金来说，这是极低的数值，不过在相当长的一段时间内都非常平稳）。最后，两个期权的交易单位都一样，1 点变动价值为 100 美元。因此，所有变量已知，可利用前述公式计算参数。

$$跨市系数 = \frac{126.62}{389.70} \times \frac{100}{100} \times \frac{27\%}{7\%} \times \frac{0.71}{0.78} = 1.14$$

这就意味着，每交易 1 手 XAU 合约，就应当交易 1.14 手 12 月黄金合约。讽刺的是，当涉及的交易量较小时，系数就非常接近 1。因此大部分交易者在买入 1 手 XAU12 月 135 认沽期权时，就干脆只买入 1 手 12 月黄金 380 认购期权。不过，如果涉及的交易量较大，就应当严格遵照该比率（例如，在买入 100 手 XAU 认沽期权的同时买入 114 手 12 月黄金认购期权）。

最后，大约 5 个星期后，黄金概念股的价格产生了实质性的下跌。但这在黄金价格本身得不到确认，股票持有者变得紧张起来。黄金价格略微有些下跌，而 XAU 的价格则剧烈下跌。因此，该套利策略表现正如预期：XAU 价格回到与黄金价格较一致的价位上。

指数	期权
XAU 指数：108.08	12 月 135 认沽期权：27
12 月黄金：383.80	12 月 380 认购期权：5.00

现在期权组合的总价值 32 点，与初始 23.50 点相比，每个组合有 850 美元的盈利。

前面讨论中提到，在持有头寸期间，套利交易标的价格波动率不高，而当

价格收敛时，期权策略仍有盈利。这就说明如果两个市场收敛，只要建仓时的期权时间价值成本合理，使用期权策略就可以盈利。建仓点通常会寻找 XAU 和黄金期货价格间比率的顶部或底部。峰值是显著高于 30%，谷值是显著低于 25%。

图 5-12 可以看出这些价位。数字 1、2 和 3 标记的位置都是应卖出黄金概念股和买入黄金期货的区域。数字 4 标记的位置也可以，它是近年来的最高点，不过比 1993 ~ 1997 年的峰值要低不少。该点展示了价差的动态性，再强调一次，该比率的绝对水平不一定重要，重要的是峰值出现在哪儿。A 点到 E 点是图上的局部最低点，它们是很好的反向对冲建仓点：买入 XAU，卖出黄金期货。这些全都出现在图中比率在 20 以下时，不过，B 点是价位较高的局部最低点，也是一个很好的建仓点。

这些例子表明，XAU 指数和黄金期货之间是值得进行（价差）套利交易的。最好的机会出现在当一个市场相对稳定，而另一个市场有实质性波动时。当两个市场都有强烈的波动趋向时，我会避免使用这样的套利交易，此时 XAU 的波动会比黄金的波动更明显。

5.5.5 石油概念股 VS. 石油价格

既然能够针对黄金期货来进行黄金概念股指数交易，那么针对石油期货进行石油概念股交易就不应感到惊讶了。美国证券交易所（AMEX）在石油与天然气行业指数（代码：$XOI）上有期权交易，而且也有原油期货的交易。同样，这两个市场的关系不是完全一致的，最好的机会出现在其中一个市场波动，而另一个市场波动不一致时。

1990 年，伊拉克占领科威特时，石油价格开始暴涨，该比率因此下跌了。石油概念股当时没有跟随石油价格上涨。实际上，后来证明这是一个极好的买入石油概念股和卖出原油期货的机会。当然，如果伊拉克摧毁了中东油田，使得石油价格飞涨，就不能确定石油概念股价格是否跟涨。

图 5-13 是多年以来 XOI 指数除以原油期货价格的图，它显示出在石油价格保持相当稳定的情况下，石油概念股的价格一般是上涨的，特别是在 1993 年。如果想在此时建立跨市套利，**除非使用期权**，否则也许不会成功。1994 年和 1995 年，价差在新的交易范围内 150 ~ 175（见图 5-13）。因此在该时段，就有可能从套利交易本身获得盈利，不一定要依赖价格的波动。

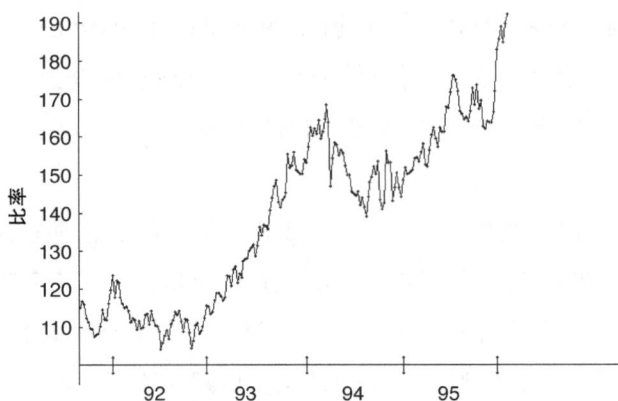

图 5-13 $XOI 除以 12 月原油期货（1992～1995 年）

1993 年 9 月，当时石油概念股价格上涨，而原油价格实际上还下跌了。在图 5-13 中，这只是 1993 年整体上涨的一部分。不过，即使这段时间内市场整体上扬，但可在图 5-14 中看到 9 月的上涨"泡沫"。当时，这看上去像是一个不合常理的市场波动，因此我根据以下价格建立了跨市套利：

XOI 指数：260   11 月原油期货：17.38

XOI 10 月 265 认沽期权：8   原油 11 月 17 认购期权：0.84

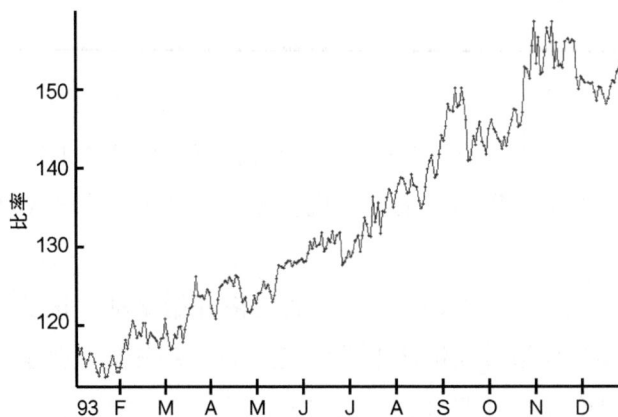

图 5-14 $XOI 除以 12 月原油期货（1993 年）

这两个市场间的异常引起了新闻界的一些关注。许多分析师觉得石油概念股的价格可能超过原油价格太多了，应当卖出这些股票。按逻辑的话，期权交易者可将此看法转化成买入 XOI 认沽期权的机会。不过，因为这种情况通常不会被报纸报道，所以使用跨市套利更优。因此，我不但买入了 XOI 的认沽期权，而且买入了相等数量的原油认购期权。

一开始石油概念股价格**确实**下跌了。更好的是，原油价格开始上涨。不过，原油的上涨最终也导致了石油概念股的上涨，甚至比原油上涨得还要厉害。因此，无论投资者最初买入石油概念股的理由是什么，随着原油价格的上涨，反而会更加激化买入股票的行为。

10 月上旬，市场上的价格如下：

XOI 指数：273　　　　　　　　　　11 月原油期货：18.90

XOI 10 月 265 认沽期权：2　　　　　原油 11 月 17 认购期权：2.13

幸运的是，2 个市场的上涨程度都相当大。因此，原油 11 月 17 认购期权也上涨不少，虽然 XOI 认沽期权损失了大部分价值，但整体头寸仍能获利，原油认购期权的盈利是 1.19（1190 美元），而 XOI 认沽期权的亏损仅有 6 点（600 美元）。

该例很好地说明了套利交易中使用期权是如何产生盈利的，这是其他工具所不能做到的。不仅跨市套利的差值没有收窄（除了最初的运动之外），而且买入 XOI 认沽期权的 "传统智慧" 也错了。因此，虽然在非趋势性的市场里（如图 5-13 所示的 1994 ～ 1995 年）进行套利交易更为安全，但如果把期权作为跨市套利的内在组成部分，还是有可能获利。

现在来考虑一下图 5-15，它展示的是更长时期（12 年）中的比率。图 5-13 中 1992 ～ 1995 年这段时间的大幅上涨，与 1996 ～ 2000 年所发生的相比，完全相形见绌。在这段时间，石油概念股价格（这段时间也是有史以来最大的股票牛市）达到了 360 的峰值。再次强调，如前例所示，如果想要在石油概念股和原油期货之间建立套利交易，最应当使用的是期权。

从这里开始，随着 2002 年年末石油概念股价格的下跌，该比率在熊市中急剧下降。随着股票价格上涨，图中显示该比率又有一次上升，然后随着原油在 2003 年下半年的上涨，比率又跌回到了低点。

最终结果是，在图 5-15 上，150 的水平看上去是可交易的区域（如趋势线所示）。此时应买入 \$XOI（代表石油概念股），同时卖出原油期货，或者是买入 \$XOI 的认购期权和原油的认沽期权。此外，随着近年来 ETF（交易型开放式基金）的引进，有几个与石油相关的 ETF 可以用来取代 XOI 指数，考虑到 XOI 的期权流动性较差。其中可行的基金之一就是石油指数 ETF（代码：OIH），不过，OIH 成分股并不就是 XOI 指数成分股。iShares 也包含石油股，例如道琼斯美国能源行业指数基金（代码：IYE）。

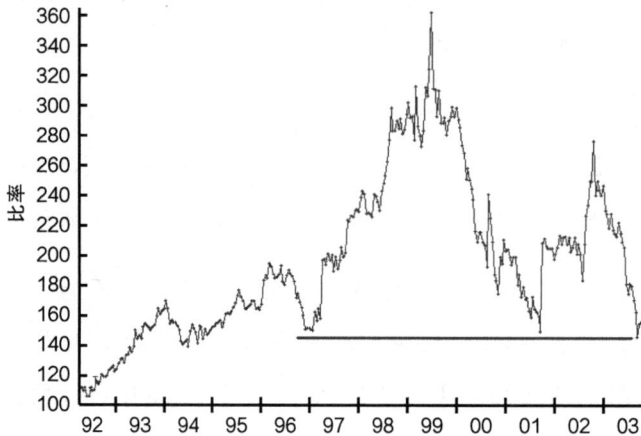

图 5-15　石油天然气指数（$XOI）除以 12 月原油期货（1992 ～ 2003 年）

2003 年年末，该比率已经接近图 5-15 中的低点，我们想买入石油股，或者是等价物，同时卖出原油期货。我们决定在该交易里使用 IYE，其期权的价格较便宜（隐含波动率百分比较低）。当时存在以下价格：

XOI 指数：470.55　　　　　　　12 月原油：29.17

比率：16.13

IYE：44.7　　　　　　　　　　2 月原油：28.30

IYE 2 月 40 认购期权：5.00　　2 月原油 30 认沽期权：3.54

IYE 认购期权与原油认沽期权的比率不能凭直觉可以获知的，有必要使用前述公式：

IYE 认购期权：43.0×100（每 1 手期权的份额）×16.5%（波动率）×delta（0.80）

原油认沽期权：28.30×1000（每点美元数）×32%（波动率）×delta（0.75）

相除后计算出比率是 12。也就是说每买入 1 手原油认沽期权，应当买入 12 手 IYE 认购期权。

正如后来所证明的，2 个市场都大幅上涨，以至于原油认沽期权到期无价值。但是 IYE 认购期权产生了 5.26 点的盈利，是值得交易的盈利：

IYE 认购期权：+5.26×12 美元 ＝ +6312 美元

原油认沽期权：−3.54×1000 美元 ＝ − 3540 美元[⊖]

请注意，1 月中旬（当 2 月石油认沽期权到期时），XOI 指数和 12 月原油期货之间的比率是 19.1。因此，不但这 2 个市场之间的比率扩大了，而且波动率和价格上涨也起到了如虎添翼的作用。结合以上两个因素，在约 3 个月的时间内，就从略超过 19 000 美元的初始投资中获得了 2500 美元的盈利。对于对冲策略来说，这个收益相当不错。

5.5.6　公用事业股票与 30 年长期国债

另外 2 个相关的市场是公用事业股票与长期国债期货。因为公用事业股票通常来说支付的股息相当高，因此是利率敏感型股票。显然债券也是利率敏感型的。此外，公用事业股票的买家一般是持有长期投资观点的，而这些股票对长期利率最为敏感。长期利率的领头羊是美国 30 年国债（T-bond）。期货中最活跃的合约之一是在芝加哥期货交易所（CBOT）挂牌交易的 30 年国债期货，一般被称作"长期国债期货"。

图 5-16 展示的是这 2 个市场多年的相关性。这幅图相当有趣，几年内都在一定的范围内交易，随后范围改变。这在图的上端格外正确，这些年里明显改变过 3 次（趋势线用来标识范围）。不过，这些范围的底部在 2002 年以前没有被击穿过，2002 年公用事业股票暴跌（原因是人们对许多公司参与能源衍生品做市感到不安），再加上债券市场因利率下跌而开始上涨。这些事件的结合使得该比率暴跌到以前从未见过的底部。从那时起，该比率有所恢复，但只是勉强超过之前的底部范围，也就是靠近 2.7 那个水平。在 2004 年早期，比率为 2.83。

图 5-16　公用事业指数（$UTY）除以 12 月长期国债期货

⊖　原文为 3750，疑有误。——译者注

从图 5-16 上可以注意到的另一件事就是，从 1999 年年底以来，价差表现得更为波动。从那以后发生了什么呢？通货紧缩开始抬头，股票跟债券不再挂钩，在某种程度上，甚至与利率相关的股票跟债券也是如此。因此自从那时起，该比率就以一种更为剧烈的方式上下波动。

这不是问题，跨市套利的交易者**想要**价差上有波动以便获利，特别是如果市场波动也变得很高的话。因此，最好的策略似乎是在比率的极端水平上建立套利交易，并且在突然转向时获利。当然，如果它突破了旧有的水平，那么就应当止损平仓（除非标的价格也迅速变化），等到出现新的极端数值时再建仓。

该比率向下突破了之前 10 年底部的范围时，让我们来看一下 2002 年年底应当怎样应对。顺便说依据，该价差的表现是个出色的理由，可以用来说明为什么只要有可能建仓时就应当尽量使用期权，而不是标的证券。因为如果标的剧烈波动，期权仍然可以赚钱，即使价差本身并未朝有利方向波动。

表 5-3 展示了这段高波动时期内公用事业指数和 12 月长期国债期货（代码：@USZ）。从表中所示的价格可看出，由于上述原因，公用事业指数价格暴跌，而长期国债期货则大幅上涨，一方面原因是资金从股票熊市中快速转向质量更高的投资，另一方面原因是对美联储不断降息的反应（同时也是对股票熊市的反应）。

表 5-3　公用事业指数（UTY）VS.12 月长期国债期货（@USZ）

日期	UTY	@USZ	比率
2002/07/01	310	102.0	3.04
2002/07/10	270	103.5	2.61
2002/07/20	220	105.0	2.10
2002/08/25	295	107.0	2.71
2002/10/10	225	115.0	1.96

大约 7 月 10 日，该比率触及历史低点，接近 2.6。跨市套利的交易者在这时也许会认为价差会转向，因此可能会买入 UTY 的认购期权，同时买入 USZ 认沽期权。但是该比率继续向下突破，在仅 10 天后达到了短暂的 2.1 的低位！现实中，只要看到该比率跌破原低点，交易者也许会止损平仓，也许是在 2.5 或者 2.4 的水平。不过在任何情况下，套利的 2 个方向都会亏损：认购期权因为 UTY 的下跌而亏损，认沽期权因为 USZ 的上涨而亏损。换句话说，这两个市场的关系在这段时间内变得错乱了。但是，至少使用期权的亏损是有限的，假设交易者一开始买入 3 或 4 个月的期权，就不会全部亏损。如果他建立套利时使用的是期

货和 ETF，那么价差扩大多少，就会亏损多少，按亏损的点数来说，比期权交易要差得多。

直到 2003 年年初这两个市场恢复正常前，交易者也许不会重新建仓进行跨市套利交易。再仔细看一下图 5-16。2003 年年初，该比率处于比低位稍高一点的位置，然后开始上涨。因此，很显然债券价格在继续上涨，公用事业股票也随之上涨。于是，又可以建立这样的套利了。

最后，应当注意到，美国政府打算要停止发行 30 年国债。不过，10 年期国债期货（代码：TY）也可以起到相同的作用。事实上，任何使用长期国债期货的策略都可以通过使用 10 年期国债期货来有效实施，这两个合约的变动非常一致。

总的说来，这种关系不像前面讨论的石油或黄金例子那样一致，不过确实有可以交易的时段，因此应出现在跨市套利交易者的考虑范围内。

5.5.7 相似行业的指数与期货

还有其他一些行业的指数与期货市场有着相关性。跨市套利中也可以使用这样指数。其中之一是天然气行业指数（代码：$NGX）和天然气期货。这是"自然的"，但因为该指数是 1994 年年底才上市，因此没有足够长的交易历史来说明在这两个市场之间的比率范围应当是多少。当任何一个市场产生强劲的波动，而另一个市场没有跟随时，就是在 XNG 指数和天然气期货之间建立跨市套利的理想情形。

因为不断有新行业指数的期权挂牌交易，应注意是否有与挂牌期货合约相匹配的期权出现，这样的跨市套利是可行的。这也包括 ETF 及其期权。许多有 iShares 和 HOLDRS 覆盖的行业与期货市场有着相关性，且有对应期权交易。

此外，如果没有行业指数或者 ETF 可用，可注意商品价格与该领域内主要股票价格之间的价格关系。以铜为例有铜期货，菲尔普斯·道奇（PD）是铜相关的主要股票，股价与商品价格之间有相关性。图 5-17 展示了两者间的关系。显然，在比率接近图中所画出的那条线时，也就是接近 3.0 时，你可以考虑建立一个"买入 PD 认购期权，买入铜期货认沽期权"的套利交易。价格最后一次接近这个水平是在 2002 年 10 月，当时，PD 从 26 上涨至高于 80。与此同时，铜的期货价格翻了一倍，从 65 上涨至 130。这是期望的情形：价格朝相同方向波动，**而且**比率在扩大。不过，即使该比率没有扩大，期权交易者仍然可从价格朝着同方向强势波动中获利。在该情况下，PD 的认购期权会持续盈利，而铜的认沽期权价格则最终会归零，因而停止亏损。总体上说，该套利会非常成功。

图 5-17 PD 除以 12 月铜期货

事实上，如果交易者想知道哪些股票对个别商品的价格有较好反应，可以看一下 CRX 指数的成分股。指数是由摩根士丹利设计的一篮子股票，这些股票在追踪商品价格上相当有效。实际上，甚至有 CRX 指数与 CRB 期货间的价差可交易。表 5-4 是 CRX 目前的成分股。

表 5-4 摩根士丹利商品相关股票指数（CRX）的成分股

代码	名称	代码	名称
AA	Alcoa Inc.	IP	International Paper Co.
ABX	Barrick Gold	MRO	Marathon Oil
ADM	Archer-Daniels	NEM	Newmont Mining
AHC	Amerada Hess	PD	Phelps Dodge CP
AL	Alcan Inc.	PDG	Placer Dome Inc.
APA	Apache Corp.	POT	Potash Corp.
APC	Anadarko Pete	SLB	Schlumberger Ltd.
BHI	Baker Hughes Inc.	TSN	Tyson Foods
BR	Burlington Res.	WY	Weyerhaeuser Co.
CAG	Conagra Foods	X	U.S.Steel Corp.

5.5.8 配对交易

可以考虑的其他关系是行业自身间的关系（特别是如果有 ETF）或者是相互关联的股票间关系。最初的"配对交易"（pairs trading）的概念仅用在股票上。统计数据发现，某只股票可能与另一只股票在一定时期内有可靠关系（举个简单的例子，通用汽车与福特）。近年来，这个概念也被用到行业交易上（例如，半导体行业与制药业）。现在，有些业内人士把"跨市套利"的概念也叫作"配对交易"。因此，配对交易的概念发展到了这样的程度，可以用来定义任何一种买入一种证券，同时卖出另一种证券的策略，且该交易是建立在两者之间历史相关性的基础上。

这里想要指出的是，在建立任何被认为是配对交易的策略时，或者说在任何两个有相互关系的工具之间相互对冲时，最好的方法是使用期权而不是标的本身，这样就有两种途径获利：①如果相关性改善；②如果价格波动大，而且两个市场朝同方向波动。在第 2 种情况下，只有期权套利可以盈利。有两种方法可以获利难道不比只有一种要好吗？

5.6　其他季节性趋向

在结束本章时，我想讨论一下股票市场中 3 种走势强劲的季节性趋向。讽刺的是，它们都出现在一年的最后 3 个月里；如果想把 11 月建仓的价值线指数 / 标普指数价差包含进来，那么从 8 月到年底可以留意 3 个季节性交易。它们不是一定重叠，但有时会。下面将按时间顺序讨论这 3 种趋向，从 8 月开始，接着讲 9～10 月的，最后讨论我们所喜爱的在 10 月底和 11 月初产生的短期季节性趋向。

5.6.1　8 月：乏味的月份，真的如此吗

人们普遍认为 8 月是股票市场中乏味的月份，许多交易者都在休假。于是，期权的隐含波动率，特别是指数期权的隐含波动率，从 7 月下旬到 8 月往往会下降。不过，市场从 8 月开始的剧烈波动，其次数多到令人惊讶。事实上，一年中秋天通常是波动性最大的时期，主要在股票和债券市场上。由于市场波动性大，买入跨式价差（买入相同条款的 1 手认沽期权和 1 手认购期权）就很有吸引力。股票市场的波动率有时来自价格的下跌（有时是突然下跌），这更加增强了该策略。隐含波动率的增长，使得持有的跨式价差价格上涨。

从表 5-5 中 1981～2003 年这 23 年的数据可知，8～9 月是波动相当大的时期。在大部分年份里，实质性的市场波动从 8 月开始。在某些年份，道琼斯工业指数在 8 月有相当规模的独立波动。在其他年份，波动从 8 月开始，一直延续到 9 月或者 10 月（我们将在下一节里讨论 9 月和 10 月）。唯独 1990 年，波动在 8 月前就开始了。那年 7 月下旬，伊拉克入侵科威特。那年的 8 月依然是波动的一个月，但实际上波动是从 7 月开始的。表 5-5 甚至没有包含 1987 年 10 月出现的崩盘事件，只是包含当年 8～9 月 8% 的亏损。

从那时起，波动几乎每年都持续。2001 年 8 月，8 月 1 日到 9 月 30 日的时段发生了恐怖袭击，不过在袭击发生**之前**，市场已经下跌了大约 600 点（5.7%）。2002 年 8 月，市场上涨（脱离 7 月的超卖状态）；不过在见顶后开始急剧下跌至 9 月底，表 5-5 中 2002 年那行展示了这两个波动。讽刺的是，2003 年 7 月下旬媒体首次表示，8 月可能导致市场高波动。因此，如果采用反向投资的态度，该策略在今后几年也许不再那么有效，一直要等到大众再次认为 8 月是个乏味的月份为止。

表 5-5 数据中极为有趣的是，指数期权特别是 OEX 期权的隐含波动率通常在 7 月和 8 月下跌。在这段被证明是高波动的时段里，指数期权的隐含波动率较低，使用期权买入策略（如买入跨式价差或反向价差等）就更为有利。交易者常常谈到波动率，源于它是影响期权价格最重要的因素。如果持有期权且波动率上涨，就非常有利。

表 5-5　1981 ～ 2003 年的 8 ～ 9 月波动率

日期	道琼斯水平	波动	百分比水平（%）
2003 年 8 月	8 300	+600	+7.2%
2002 年 8 月	8 600	+400，然后 −1 700	+4.7%，然后 −18.9%
2001 年 8 月	10 500	−2 400	−22.9%
2000 年 8 月	10 600	+700	+6.6%
1999 年 8 月	10 700	+600	+5.6%
1998 年 8 月	8 600	−1 100	−12.7%
1997 年 8 月	8 200	−600	−7.3%
1996 年 8 月	5 600	+280	+5.0%
1995 年 8 月	4 700	−160	−3.4%
1994 年 8 月	3 300	+200	+6.1%
1993 年 8 月	3 500	+80	+2.3%
1992 年 8 月	3 300	+140	+4.2%
1991 年 8 ～ 9 月	3 000	−90	−3.0%
1990 年 7 ～ 10 月	3 000	−640	−21.3%
1989 年 8 ～ 9 月	2 700	+130	+4.8%
1988 年 8 ～ 9 月	2 100	+120	+5.7%
1987 年 8 ～ 9 月	2 700	−220	−8.1%
1986 年 8 月	1 800	+160	+8.9%
1985 年 8 ～ 9 月	1 600	−60	−3.8%
1984 年 8 月	1 100	+150	+13.6%
1983 年 8 ～ 10 月	1 200	+125	+10.4%
1982 年 8 月	800	+160	+20.0%
1981 年 8 月	950	−130	−13.7%

即使波动率没有增长，在多数年份里，上表所示的市场波动都已经足够产生盈利了。在上涨市场中，OEX 期权的隐含波动率也许上升不了多少，因此严重依赖于市场上涨，才足以使得买入跨式价差盈利。不过，在下跌的市场中，隐含波动率通常会上涨；因此，在这种情况下可获得双重好处：隐含波动率上涨和市场下跌。市场下跌的程度如果超出跨式价差的成本，那么买入的跨式价差就会盈利。

第 1 章讲述了 OEX 认购期权在崩盘中几乎没有亏损的故事，下面的例子则更为常见。

例： 你也许想知道隐含波动率的增长对跨式价差多头的价格究竟会有多大的影响。假设股票以 100 美元的价格进行交易，1 手 3 个月的跨式价差的价格是 8 美元，隐含波动率是 20%。如果在 1 个月内股票仍然是 100 美元，隐含波动率仍然是 20%，那么该跨式价差就会因为时间价值的损耗而失去 1.25 点，那么它的售价就是 6.75 美元。但如果隐含波动率在这个月底增长到 24%，那么该跨式价差的售价就仍然是 8 美元。因此，如果隐含波动率从 20% 增长到 24%，就可以完全弥补一个月的时间价值损耗。

如果跨式价差的存续期变得更短，时间价值的损耗会更快。在下个月，如果隐含波动率保持在 20%，股票仍然是 100 美元。该跨式价差将因时间价值的损耗而变为 4½ 美元。因此，由于 2 个月的时间价值损耗，它会失去最初价值的 3½ 点。隐含波动率的增长也可以弥补这个损耗，不过现在需要更大的增长才能弥补该跨式价差 2/3 的剩余时间里所产生的时间价值损耗。事实上，隐含波动率必须增长到 36%，才能在剩余 1 个月时以 8 美元的价格卖出。

显然，隐含波动率在 1 个月内从 20% 上涨至 24% 要比在 2 个月内从 20% 上涨至 36% 容易得多。不过，这些例子仍然可以证明隐含波动率确实是影响期权价格的一个有利因素。

下一章将讨论如何辨别波动率是否"过低"以及对此的交易方法。在这个季节性的例子里也可以知道隐含波动率在 8 月 1 日时是较低的。回头再看一下图 4-24，它展示的是标普 500（或 OEX）股指期权隐含波动率在那一年的综合水平，请注意它在 8 月 1 日相对较低（不过，没有 7 月 1 日那么低），然后又涨了回

去。从这可以很容易知道 OEX 隐含波动率高低，只要看一下 CBOE 波动率指数（代码：$VIX）就行。如果 8 月开始时波动率确实很低，就应当买入 3 个月的平值 OEX 跨式价差，并在这个月持有。实际上也许应当持有 2 个月，因为 9 月也是波动性很大的月份。此外，波动率综合图（见图 4-24）显示，股指期权隐含波动率一般在 7 月上旬最低，因此甚至应当考虑在市场升温前买入跨式价差，即使市场在 7 月份期间几乎不动，隐含波动率的适度增长也可以导致跨式价差价格的迅速上升。

其他市场常常也表现出相似的特征：隐含波动率在夏末时很低，而价格在秋天时波动很大。特别是①黄金、② CRB 指数和③美国长期国债（或者是 10 年期国债），这三者是在接近 8 月 1 日时，用其他期权买入策略来建立跨式价差策略的出色候选者。这 3 个市场并不是每一个都会在秋天有重大波动，但确实经常出现。黄金常在 8～9 月波动超过 40 美元以上。与此相似，CRB 指数波动 10 点（有的年份多达 25 点），长期国债一般波动 5 点，常常还大于这个幅度——对于该市场来说是实质性的波动。实际上黄金中 50 美元的波动，CRB 指数期货中 10 点的波动以及长期国债中 5 点的波动，都相当于合约 5000 美元的波动。

借助隐含波动率历史走势判断

因此，在这些市场里寻找低成本的跨式价差时，有许多盈利机会。分析这些情况的最优方法是评估每个市场从 7 月到 8 月 1 日的隐含波动率。如果很低，或至少不高于正常的水平，那么可以买入 12 月期货期权跨式价差。由于持有中期跨式价差，在持仓初期就不会遭受时间价值的明显损耗。如果标的市场出现快速波动，就能获利，如果持有期权隐含波动率也上升，那么就有额外的收益。

为了决定什么是"正常的"波动率，至少需要知道在过去几个月里隐含波动率在什么水平上交易。这个信息可以在好几个地方找到。在我们的网站上可以免费获得，网址是 www.optionstrategist.com，登载了每个有期权交易的股票、指数和期货合约的波动率（百分比）。这个免费信息每周更新。如果想要更全面的图表，我们也提供这些及其他市场的波动率图以及许多其他与期权相关的数据，它们在网站中的订阅区域 The Strategy Zone。

从这些资料中可以看出波动率在什么位置上交易。这很重要，而且与历史波动率不同。前面已经指出，在某些市场里，隐含波动率比实际波动率交易的位置更高。因此，在 8 月开始时应看一下与前几个月相比，隐含波动率是否低于平均值。我们网站上同时展示了几个时段的历史波动率数据（20 天、50 天和 100 天），因此可以很容易对当时的隐含波动率进行比较。

5.6.2　9 ～ 10 月：股票市场极好的交易时段

现在来看一下劳动节到 10 月中旬间的另一个季节性交易模式。在这一时段中出现过一些大幅波动，同时也有一些突出的模式。以上信息与我们刚讨论的 8 月时段并不冲突。事实上，如果在劳动节前已建仓，它可以帮助你微调退出的时机。

正如许多分析师和媒体所注意到的，9 月股票市场常常下跌。围绕劳动节的那段时间常常会出现短期顶部。不过，"常常"是个模糊的词语，因为 9 月市场也有过一些相当不错的上涨。因此更仔细地分析数据才能更好地构建一笔交易。

在 9 月或 10 月，股票市场上通常会出现相当大的回调，幅度大约是 5% 或更多。市场**通常**从劳动节左右开始进行回调，但并不是每个 9 月都下跌。不过我们发现，即使整个 9 月上涨，10 月也常会出现市场回调。

在过去的 30 多年里，市场遵循 3 种主要的情形：①在劳动节附近产生顶部，接下来的底部出现在 9 月（底部偶尔也出现在 10 月）；②顶部形成于 9 月的中下旬，接下来的底部出现在 10 月的第 1 个或第 2 个星期；③顶部形成于 10 月的上旬或中旬，底部出现在 11 月上旬。表 5-6 总结了这些数据。在 31 年里，第 1 种情形（顶部接近劳动节）出现了 19 次，第 2 种情形（顶部在 9 月中、下旬）出现了 6 次，最后那种情形（顶部在 10 月）出现了 5 次。这样就还剩下 1 次：1996 年并没有发生市场回调行为，道琼斯指数几乎是直线上涨了 300 点（从 5600 点上涨到 5900 点）。请注意在熊市（2000 ～ 2002 年）中的下跌有多么严重。

表 5-6　市场下跌的总结，1973 ～ 2003 年的 9 月 /10 月[①]

年份	高位日期	最大回调（%）	年份	高位日期	最大回调（%）
1973	10 月 12 日[③]	-14.4	1984	8 月 29 日	-4.2
1974	8 月 30 日	-12.5	1985	8 月 28 日	-4.9
1975	8 月 25 日	-3.5	1986	8 月 27 日	-8.8
1976	9 月 21 日[②]	-7.4	1987	9 月 2 日	-35.3
1977	9 月 7 日	-7.1	1988	10 月 20 日[③]	-7.1
1978	9 月 6 日	-11.4	1989	9 月 1 日	-7.9
1979	10 月 5 日[③]	-10.0	1990	8 月 29 日	-9.1
1980	9 月 22 日[②]	-5.4	1991	8 月 28 日	-5.3
1981	8 月 26 日	-9.6	1992	9 月 4 日	-5.3
1982	9 月 15 日[②]	-5.5	1993	9 月 2 日	-3.3
1983	10 月 16 日[③]	-6.8	1994	8 月 29 日	-5.7

（续）

年份	高位日期	最大回调（%）	年份	高位日期	最大回调（%）
1995	9月29日[②]	-2.3	2000	9月6日	-11.8
1996	（未发生市场回调）		2001	9月5日	-14.6
1997	10月7日[③]	-9.7	2002	9月10日	-15.3
1998	9月23日[②]	-6.4	2003	9月18日[②]	-4.0
1999	9月9日	-9.6			

①除了下面两者之外，所列情况都属于第1种情况。
②第2种情况。
③第3种情况。

当出现这3种情况中的某一种时，一般来说会出现市场回调，那么必须决定如何才能辨认出回调已经开始。使用策略，当回调最终出现时就可以获利。显然，我们并不想在劳动节前的交易日冲入市场买入认沽期权。在第2种和第3种情形中，这样的交易会造成亏损。

在做出这类市场时机选择时，第4章所描述的认沽认购比，无论是指数和个股的，还是本章前面所描述的短期振幅，对我们都会有帮助，特别是对市场方向有预期的时候。只需要从这些指标中得到确认就可以了。

发生在1995年的一个例子可以很好说明。市场在9月上半月大幅上涨，最终在9月29日见顶后出现了小的回调，这符合第2种情形。当劳动节到来时，认沽认购比都是买入信号，也就是说，认沽认购比的**走势**是从峰值开始往下的。此外，振幅数值并不特别指向哪一边。因此当时并没有建立看空头寸。

随着市场在劳动节后的2个星期里急剧上涨，振幅变得超买，9月22日产生卖出信号。该信号略有一些早，因为还没有从认沽认购比中得到确认，我买入了熊市认沽价差：OEX靠近551，我买入了11月550认沽期权，同时卖出10月540认沽期权（卖出10月期权是由于就隐含波动率而言，10月认沽期权非常昂贵，因此在当时卖出10月540认沽期权比卖出11月540认沽期权更好）。

市场短暂停留在该价位上，但9月29日终于达到了更高的价位。认沽认购比此时最终发出了卖出信号（实际上是在9月28日）。于是，得到想要的确认信号后。我们买入了更多的认沽期权，这次使用了更宽的行权价格间距，同时也使用了更高的行权价：买入11月560认沽期权，卖出11月545认沽期权。

　　最后，市场崩盘了，迅速但很短暂。OEX 在几天内就下跌至 544。此时，振幅变为超卖，并且产生了买入信号。尽管没有完全平仓，利用该买入信号也获取了一些盈利，直到 10 月最后那个星期，当认沽认购比在 OEX 靠近 553 时也发出了买入信号时，我们才彻底平仓。

　　这个季节性模式还有个推论：在 9 月下旬或 10 月通常会产生一个值得交易的**底部**。传统智慧认为，最好的买入机会出现在 10 月底部。当底部确实出现在 10 月时，这也许是对的。实际上，更为正确的结论应当是，在这种季节性交易模式中的下跌结束时，常会产生值得交易的底部。在第 1 种情形里，当顶部接近劳动节时，最终的底部常常出现在 9 月的中旬到下旬，尽管下跌有时会延长到 10 月，而在第 2 种和第 3 种情形里，底部确实出现在 10 月。一些最惊人的底部出现在 10 月：1974 年、1978 年、1979 年、1985 年、1989 年、1990 年、1992 年、1997 年、1998 年和 2000 年。2001 年，底部出现在 9 月下旬；在其他若干年里，10 月是一个交易底部，但是没有那么“惊人”。

　　总的说来，应警惕在劳动节附近出现的买入认沽期权或卖出期货的机会。如果此时未产生顶部，那么在 9 月下旬或 10 月上旬就应当形成顶部。不过，这些顶部通常**不是**主要的顶部，而只是很好的交易机会。最后在 9 月下旬或者 10 月会有不错的买入机会。此信息也确认了前一节的观察：秋天，各行业的市场波动性很大。下一节将描述一个短期的季节性买入机会，它与其他的季节性模式配合得很好。

5.6.3　10 月下旬的买入点

　　1994 年，《股票和商品技术分析》(*Technical Analysis of Stocks and Commodities*) 杂志刊登了一篇文章，这篇文章指出了一个独特的现象：如果在 10 月 27 日收盘时买入标普 500 股指期货，并在 11 月 2 日卖出，除了有一年会亏损 0.45 点之外，从 1982 年以来每年都能盈利。这篇文章详细描述了 1982 ～ 1993 年的情况，在这些年中，盈利多数处于 2 ～ 4 点的范围里，虽然有两年的盈利要大得多。这篇文章指出，在某些年份里，较大的市场波动只存在 1 ～ 2 天，因此你应当自行判断何时平仓。

　　我喜欢这个观点，多年来持续收集了该价差的数据。至今为止，这是一年中短期季节性时段中最重要的一个，它与相似的 1 月底时段相比更好，也比接近年底的"圣诞老人上涨行情"（Santa Claus rally）要好。

将这篇文章作为指南，我们决定追溯到 1982 年之前的时期（1982 年标普 500 指数期货第一次挂牌，因此在此之前没有历史资料可查）。为更好地追溯，这里使用标普 500 指数。我们发现，1978～2001 年，标普 500 指数每年在 10 月 27 日到 11 月 2 日之间都是上涨的。这个 24 年趋势非比寻常，除了有 1 年它没有变化。表 5-7 里的数据显示出了这个非凡的现象。应当注意到，如果 10 月 27 日是周末，就应在 10 月 27 日**前**的那个星期五收盘时买入标普 500 指数。不过如果 11 月 2 日是周末，就应等到这个周末**后**星期一收盘时卖出。

表 5-7　标普 500 指数从 1978～2003 年的 10 月 27 日到 11 月 2 日的表现

年份	标普 500 指数涨幅 （10 月 27 日到 11 月 2 日）	年份	标普 500 指数涨幅 （10 月 27 日到 11 月 2 日）
1978	+1.53	1991	+7.12
1979	+1.95	1992	+4.26
1980	+1.16	1993	+3.83
1981	+4.90	1994	+0.66
1982	+2.22	1995	+10.02
1983	0.00	1996	+5.81
1984	+2.13	1997	+62.01
1985	+4.00	1998	+46.26
1986	+7.03	1999	+51.03
1987	+22.56	2000	+48.74
1988	+1.78	2001	−17.41
1989	+3.43	2002	+10.70
1990	+7.15	2003	+18.90

注：平均盈利：11.95 标普点，或 1.84%。

为什么这样的交易会有效呢？除了普遍存在的"季节性"之外，没有什么更好的解释。它使我想起了看过最好的橄榄球"下注体系"：在雪城队与宾州队比赛**之后**，下一场雪城队的比赛就押注雪城队。该策略连续 19 年都有效（不幸的是，在宾州队加入了"十强"（Big Ten）[⊖]之后，取消了与雪城队的系列赛）。

事实上，该交易背后有一定的逻辑。首先，正如之前所述，市场常常在 10 月见底，然后在月底产生大幅上涨。该体系在这些年份里似乎特别有效。机构投资者有从众心理，通常在 9～10 月的下跌中卖出，但看到 10 月底市场大幅上涨时，他们就买入股票，从而在月底时账户中有东西"记录"。这被称为"作秀"，而且在接近月底时很常见，特别是在 10 月。必然的结果是 2001 年该体系亏损

　⊖　Big Ten，美国西北部体育联盟。——译者注

了，市场在 9 月恐怖分子袭击不久后就见底。那一年，机构在接近 9 月底时买入，但在 10 月底到来的时候，他们觉得没有作秀的必要。该体系起作用的另一个原因是，10 月是许多共同基金财政年度的最后一月，在市场大幅上涨时，他们也许想要买入股票，年底比其他月底更需要粉饰投资组合的业绩。

如果市场马上就朝有利方向波动，我会采用追踪止损来锁定盈利。如果标普指数朝有利方向波动 3 点或以上，也许应当取走部分盈利。至于交易工具，如果不想使用期货，我建议买入最接近实值的 11 月 OEX 或 SPX 认购期权，那么最晚应在 11 月 2 日就全部平仓。对于 5 天的交易而言，买入实值认购期权的时间价值损耗不大。不过，无论什么时候，在买入前都应当检查一下 OEX 的隐含波动率，在短期内，隐含波动率对期权价格的影响最大。如果隐含波动率表明期权价值太贵，那么应使用期货。该体系不使用期权牛市价差的原因，是因为过去若干年里波动幅度都相当大，牛市价差会不必要地限制了潜在盈利。

在每年的夏末和初秋，现在有 3 个很好的季节性模式可以交易。在进入新的一年时，再结合 1 月效应，让你保持忙碌，但也获得盈利。

5.6.4 1 月下旬的买入点

前面讨论中提到过 1 月下旬的买入点。这个案例中的理论是相似的：在 1 月的第 18 个交易日买入，5 天之后收盘时平仓。该体系背后的理由很有说服力：在新的日历年开始时，机构一般有大量现金流入。通常来说，他们不会立即投入全部资金，但接近月底时，他们不想在账上留存大量现金，因此会大量买入股票来花掉多余的现金。虽然这个理由听上去相当合理，但与前面讨论的 10 月下旬体系相比，该体系的跟踪记录并不完善。

也许是因为机构近年来变得更为激进，只要一拿到钱，马上就开始投资。2004 年肯定是如此，不过他们是否会在熊市中如此激进投资，是值得怀疑的。该体系的跟踪记录见于表 5-8 中。

表 5-8 1 月季节性交易的历史

年份	买入	5 天之后	收益	跌幅	
				日内	收盘
1986	207.4	214.0	+6.6	0.0	0.0
1987	273.8	276.0	+2.2	−2.4	0.0
1988	249.4	257.2	+7.8	0.0	0.0
1989	291.7	296.8	+5.1	−0.7	0.0

（续）

年份	买入	5 天之后	收益	跌幅	
				日内	收盘
1990	326.1	328.8	+2.7	-0.7	0.0
1991	336.1	343.0	+6.9	-1.8	-0.3
1992	415.0	409.5	-5.5	-7.5	-5.5
1993	438.1	447.2	+9.1	-1.2	0.0
1994	473.2	482.0	+8.8	0.0	0.0
1995	468.3	472.8	+4.5	-0.8	0.0
1996	617.0	638.5	+21.5	-1.7	0.0
1997	765.0	786.7	+21.7	0.0	0.0
1998	977.4	1 006.9	+29.5	-2.2	0.0
1999	1 265.4	1 248.4	-16.9[1]	-17.7[1]	-16.9[1]
2000	1 398.6	1 425.0	+26.4	-42.4	-38.4
2001	1 354.9	1 349.4	-5.5[1]	-6.2[1]	-5.5[1]
2002	1 133.1	1 094.4	-38.7	-40.9[1]	-38.7[1]
2003	858.5	848.2	-10.3[1]	-18.4	-13.9
2004	1 128.4	1 126.5	-1.9[1]	-3.7[1]	-1.9[1]

①大部分亏损出现在最后一天。

从表中可看出，1986 ～ 1998 年，该体系有着优秀的跟踪记录。在这段时间里只有 1 年是亏损的（1992 年），总体来说，以收盘价为基准，从建仓价位算起跌幅几乎为 0（表 5-8 最右面的那一列显示，在 1998 年以前的跌幅几乎都是 0）。事实上，从建仓价位算起，有些年甚至都没有出现**日内**跌幅，也就是说，市场开盘就跳空高开，然后一路上涨。

但是近年来，该体系出现了问题，其中大部分与以下情形有关：持仓不能超过 5 天了，4 天似乎是最优的，有时甚至是 3 天。以 2004 年为例，1 月 28 日买入价是 1128.4（SPX 的价格），也就是 1 月第 18 个交易日收盘时的价格。在随后的 4 个交易日里，SPX 上涨了 8 点，在 2004 年 2 月 3 日，也就是第 4 天，收盘于 1136 点。但到了第 5 天，它下跌了将近 10 点，使得该体系又记录了一个亏损年（见表 5-8 最后一行）。同时，2000 年也值得一提，这一年的盈利很高，可是跌幅也很大。使用期权交易应该还不错，但如果跌幅过大（顺便一提，跌幅全部出现在 2000 年，该系统第 1 个交易日里），使用期货交易则有可能被止损平仓。

下面是 1999 ～ 2004 年经过修正的数值，显示出在这段时间里市场总体上是上涨的，但没有连续上涨 5 天。

年份	观察
2003	在第 1 天和第 4 天之后有盈利存在
2002	**从来没有**盈利；第 3 天之后亏损最小，第 5 天 SPX 暴跌 28 点
2001	第 4 天后上涨 19 点，第 5 天下跌 24 点
2000	第 1 天大跌，第 5 天恢复到高额盈利
1999	第 1 天上涨 14 点，第 4 天之后仍然有 +7 点，第 5 天是 −24 点

可以看一下历年情况，第 5 天常常是一场灾难。（事实上，现在是否有在第 5 天卖空的体系呢？）

结合这些最新的数据，在该系统进行交易的方法是：①使用期权；②在第 4 天尽量撤出所有资金。使用期权，可在建仓时就知道最大风险，这样就可以等到下跌期过去（如 2000 年那样），而不必慌忙平仓。如果在第 4 天就全部平仓，结果会比表 5-8 中所示要好得多（确实，第 4 天就全部平仓会让你在 2000 年错失 15 点的盈利，但仍有盈利）。表 5-9 是 1999 年以来在第 4 天结束时的结果。这显然有所改善，6 年中有 5 年是**盈利**而不是**亏损**的。**因此，目前更好的体系应当调整到在 4 天后就全部平仓。**如果对第 5 天也看好，可以保留部分头寸，观察当天行情，使用某种严格的日内止损指令，以防出现另一个下跌的第 5 天。

表 5-9　1 月下旬季节性交易在第 4 天离场

年份	第 4 天结束时的结果	第 5 天结束时的结果
1999	+6.7	−16.9
2000	+10.6	+26.4
2001	+18.1	−5.5
2002	−10.8	−38.7
2003	+1.8	−10.3
2004	+7.6	−1.9

5.7　小结

本章，我们展示了一系列有着很好表现的交易策略，有些期限非常短（日内交易），有些适合长线交易。不一定要尝试使用所有策略，不过至少可以使用那些与你的交易理念相吻合的策略。在恰当时候，无论是面对日内交易机会，还是不那么频繁出现的振幅交易机会，还是一年只一次的季节性交易机会，在实际交易前要对期货和期权进行分析，必须考虑期货公允价值和期权隐含波动率。进行仔细分析后，就可以从这些策略中获利。

波动率交易和其他理论方法

本章将介绍另外一种基于数学估值的交易方法。这种交易方法不需要预测标的价格走势就可以获利，因此有时被称为**中性交易**（neutral trading）。这么说可能正确，但必须明白一点：**为了获利必须要做一些预测。只有做市商和套利者才能构建完全无风险的头寸，在扣除佣金之后获得高于无风险利率的收益。**而且，即使初始头寸中性，但随着时间推移或者标的价格显著变化，都会给头寸带来某种价格风险。

在第 3～5 章，我们已经介绍了各种基于价格预测的交易策略，其中很多策略基于历史数据或者技术分析。这些策略是有效且合理的，共同之处在于，只有当标的价格朝有利方向运动，策略才能获利。但也有一些是例外。比如，在跨市套利中使用期权，如果价格只是波动，那么就有额外机会获利；但一般情况下，策略的获利性都依赖于价格走势。每一个策略，无论是基于期权交易量，还是不同市场之间的历史关联度，它们都有各自的"优势"。这些"优势"可以帮助投资者获取丰厚收益。

不过，有一些交易者更加偏爱另外一种策略。很多数学家认为价格趋势不可预测。因此这种策略更加依赖期权本身的数学规则，较少依赖价格预测。本质上，该策略是一种理论方法。这种**理论**方法可以帮助你构建通过因子而非价格变化获利的策略。而且，因为期权也是一种衍生品，所以标的和期权之间存在一定的关联性——包括它们的一些性质也存在关联性，因此可以不采用价格预测，而利用这些关联性来获利。

本章分为 4 个部分：基本介绍；波动率在一定范围内的基本交易策略；波动率在一定范围内的高级交易策略；波动率偏斜情况下的交易策略，也就是当相同标的下不同期权对应的隐含波动率有显著差异时的交易策略。

在介绍交易策略具体内容之前，先简要定义一些涉及的术语及其性质。

6.1　波动率

在第 1 章中已经提到，期权价值是 6 个变量的函数：股价、行权价格、到期时间、利率、波动率和股息（股息仅针对股票期权和股指期权）。除波动率外，其他变量均是已知的。在第 1 章中已提到了波动率的两种类型：**历史波动率**（historical volatility），反映的是历史股价的波动程度；**隐含波动率**（implied volatility），反映的是期权市场对于未来波动率的预期。

为计算隐含波动率，只需要找出相应的波动率，使得模型中的理论期权价值与实际期权市场价格相等。该模型的一般函数形式可以表示为：

$$期权价值 = f(股价，行权价格，到期时间，利率，波动率)$$

股价、行权价格、距离到期时间和利率是已知的。市场中期权交易的实际价格也是已知的。那么，模型中的波动率为多少时，才能和其他 4 个变量一起，使得模型中的期权价值等于当前期权价格？综合以上信息，可以得出满足条件的波动率，即隐含波动率。

大多数期权软件会直接显示一个期权或一列期权的隐含波动率。事实上，隐含波动率要经过大量的迭代计算才能得到；然而，当前计算机处理速度极快，因此交易者未必会注意到实际计算量有多大。

通常使用**隐含波动率**评估期权价格。例如，我们会常说"这个期权有较高的隐含波动率"，而不是说"这个期权被高估了"。在这种说法中，"高"是相较于历史波动率水平，或者是相较于具体标的对应期权的历史隐含波动率。

很多理论交易者认为，波动率不仅是理解期权交易和从中获利的重要因素，而且它还最容易被预测。因此，如果把重点从预测标的价格趋势，转移到预测标的波动率，那么获利将更加有规律、更为确定。

1994 年 1 月，标普 100 指数的隐含波动率跌至历史最低水平。而 OEX 之前数据显示，波动率低于 10% 的情况非常少见。过去只有 2 次跌到低于 10%。大多数时间里 OEX 隐含波动率较高——最近几年一般在 11%～14%，20 世纪 80 年代甚至更高。

不仅如此，OEX 的**历史**波动率也处于低位 7% 左右。在过去 10 年里，只是偶尔短暂地跌到 6%，正常情况下都处于 9%～12%，或者更高。

与此同时，在美联储（Fed）一轮长期降息中，股票市场连创新高（虽然最近并没有降息），债券期货价格也接近历史高位。收益预期似乎也非常乐观，经济活动积极但并不过热。同时也有一些令人不安的因素——公用事业股票创新高并在 4 个月前开始下跌。基本面估值也说明一些股票被高估，尤其考虑到股票市场已经有 3 年没有大幅的调整。

根据这些数据，哪一种预测更加有把握，未来波动率水平还是股票市场方向？如果你觉得是波动率，那么本章就是为你准备的。如果觉得是股票市场，那么也应该阅读本章，因为你的想法可能会因此而改变。

事实上，波动率很少会处于如此低位，所以交易者一般认为它会上升到正常水平。有时，波动率并不会立刻恢复上升；虽然在类似美国如此之大的股票市场中，波动率恢复上升并不需要太长时间。另一方面，股票市场走向经常也是关注点，会存在看多和看空观点的各种有理有据的争论。在我看来，预测波动率会上升，可能要比预测股票市场涨跌更加可靠。基于以上分析，一种简单的交易策略是购买跨式期权，不管价格上涨还是下跌都会获利，同时还能从上升的隐含波动率中获得好处。

2 月上旬美联储提高了利率，同时也导致了股票市场大幅度的调整。3 月底，隐含波动率涨到了 22%，同时 OEX 的价格下跌逾 9%。跨式期权的购买者获利颇丰。

以上应该看作一个极端事例：OEX 的隐含波动率和历史波动率都处在历史最低位，所以预测波动率未来都会上涨相当安全。但在更多的普通情形中，我对于凭靠个人预测未来波动率的这件事持怀疑态度。在下面几节，将会介绍 2 种波动率的交易方法，以及构建波动率交易策略的简单和复杂方法。

因此，我们策略的重点不再是预测标的价格趋势，而是预测波动率并根据波动率变化进行交易。事实上，因为价格中性不需要关心标的价格涨跌，只要波动率预测正确就可以，所以要尽早使用价格中性。因此，需要分析如何使得策略对于价格保持中性。

6.2　Delta 中性交易

当谈到中性交易策略时，通常是指 **delta 中性**策略。前文提到，**delta 值**是衡量标的资产价格每变动 1 点时，对应期权价格的（绝对）变化幅度。如果计算并加总组合头寸中各个期权的 delta 值，则可以得到该组合**头寸的 delta 值**。该 delta 值表示标的资产价格每变动 1 点时，组合头寸的预期损益。

例：某交易者持有一份牛市价差组合，即 1 月 100 认购期权多头和 1 月 110 认购期权空头组合。通过计算并加总组合头寸中各个期权的 delta 值，可以得出持有头寸的 delta 值。数据如下：

股价：98

期权	头寸	价格	Delta
1 月 100 认购期权	10 手多头	5	0.50
1 月 110 认购期权	10 手空头	2	0.20

此例中，delta 值是 0.5，如果股价上涨 1 点，那么 1 月 100 认购期权的价值均上涨 0.5 点。交易者持有 10 手该期权多头，则其多头头寸会由于股价上涨 1 点而获利 5 点。

与此同时，如果股价上涨 1 点，1 月 110 认购期权的价值均上涨 0.2 点⊖。交易者持有 10 手该期权空头，则其空头头寸会由于股价上涨 1 点而亏损 2 点。

因此，该交易者持有头寸的 delta 值是 3 点（多头方向增加 5 点，空头方向增加 2 点，净增加为 5−2=3 点），这意味着如果标的股价上涨 1 点，其期权组合会随之增值 300 美元；如果股价下跌 1 点，则亏损 300 美元。

Delta 头寸也被称为**等价股票头寸**（equivalent stock position，ESP）。如果标的是期货及其期货期权，则期权 Delta 头寸被称为**等价期货头寸**（equivalent futures position，EFP）。通过计算并加总每手期权对应的股票头寸，可以计算出任意复杂组合头寸的 delta 值。等价头寸的计算公式为

$$ESP 或 EFP = 数量 \times 交易单位 \times 期权 \ delta$$

同样，使用前例数据，可以计算出该价差组合的等价股票头寸，其交易单位均为 100（每手期权对应 100 股股票）。

$$1 月 100 认购期权的 ESP = 10 \times 100 \times 0.5 = 500 股$$

$$1 月 110 认购期权的 ESP = -10 \times 100 \times 0.2 = -200 股$$

$$总 ESP = Delta 头寸 = 500 - 200 = 300 股$$

因此，持有该价差组合相当于持有 300 股股票。当然，随着标的股价的涨跌，期权的 delta 值会发生变化（随着时间的消逝，delta 值也会变化）。当 delta 值变化时，ESP 也会变化。

⊖ 原文此处为 20 美分。译者觉得统一成用点表示便于理解。——译者注

因此，计算复杂期权策略的 delta 头寸（等价股票头寸），难度并不大。如果该头寸的 delta 值非常接近 0，那么就是持有一个中性头寸，盈亏不受标的股价涨跌的影响。这个指标非常有用，如果你想对冲头寸风险，则只需要建立等价但方向相反的标的股票头寸。在前例中，你需要卖空 300 股股票，将组合头寸的价格风险中性化（至少此时可以保证价格风险是中性的）。

像这样 delta 为零的头寸被称为**中性头寸**。中性头寸对交易者非常具有吸引力，尤其是对那些：①痴迷数学，②深信价格随机变动，或者③厌倦了预测市场趋势却屡屡失败的人。理论上，如果卖出一手"昂贵的"期权，同时买入一手"价格合理"的期权对冲，那么你可以通过该中性头寸捕捉到差价而盈利。数学理论上该做法可行，但是实际交易中性头寸远比想象困难。如果交易时一不小心，中性交易就会面临危险。

Delta 中性头寸中影响盈亏的其他变量并不一定是中性的。当持有 delta 中性头寸时，标的**短期的小幅波动**不会造成盈亏。但是，如果标的股价涨跌太多，随着时间流逝，或者隐含波动率变化，头寸中每一期权的 delta 值都会改变，整体头寸就不再是 delta 中性了。事实上，这些情形会带来相当大的风险。

1993 年 7 月，由于美国中西部的大雨和洪涝，大豆价格大幅上升。期权变得非常贵，策略交易者或许会考虑使用一个比率价差组合来建立 delta 中性头寸。下表是其 1993 年 7 月 2 日的期权头寸情况：

8 月大豆期货价格：665

数量 / 期权	价格	Delta	Delta 头寸（EFP）
50 手 8 月 650 认购期权多头	30½	0.63	31.5 张标的合约多头
100 手 8 月 700 认购期权空头	12	0.31	31.0 张标的合约空头
			合计：0.5 张标的合约多头

由于多头 EFP 几乎被空头 EFP 抵消，这个头寸非常接近 delta 中性。这些头寸 1993 年 7 月 24 日到期，这样的短期期权非常适合构建中性头寸。

接下来一周是连续 3 天休市日（7 月 4 日，美国独立日），下一个交易日是 7 月 6 日。由于洪涝灾害恶化，大豆一开盘就涨停并维持在涨停价上。当时期权的价格如下：

8 月大豆期货价格：695

数量 / 期权	价格	Delta	Delta 头寸（EFP）
50 手 8 月 650 认购期权多头	59	0.74	37 张标的合约多头

（续）

数量 / 期权	价格	Delta	Delta 头寸（EFP）
100 手 8 月 700 认购期权空头	32½	0.50	50 张标的合约空头
			合计：13 张标的合约空头

此时，这个头寸变成了深度 delta 空头。不仅如此，该头寸严重亏损。50 手多头升值了 28½ 点（1 手大豆期权的 1 点相当于 50 美元），即 71 250 美元。但是 100 手空头亏损了 20½ 点，即 102 500 美元。合计总浮亏 31 250 美元。

虽然这个头寸最初是 delta 中性，但是仅仅一个交易日，它就迅速失衡变成了 delta 空头，并出现巨额亏损。

该例子说明，delta 中性的头寸非常具有欺骗性；这种头寸只有在标的（在这个例子中是大豆期货）价格波动**不大**的时候才是 delta 中性。值得注意的是，即使对于小投资者，亏损也可以很大。在同一个例子里，如果持有的是 5 手 8 月 650 认购期权多头和 10 手 8 月 700 认购期权空头，这样的小规模头寸仅仅在一个交易日就可能损失 3125 美元。

前面的例子说明了价格与 delta 之间关系的重要性。但是，波动率，或者更准确地说，隐含波动率，也可以对 delta 产生实质性的影响。也就是说，如果期权因为隐含波动率的变化变得更贵或更便宜，那么 delta 值也会相应变化。任何这样的变化都会改变 delta 中性性质。

1995 年 10 月下旬，联邦纸板公司（Federal Paperboard，FBO）公司的股价略低于 40 美元，当时出现了一个模糊的收购传闻。一开始，期权价格比股价反应更明显——期权隐含波动率显著上升，而股价只有小幅上涨。从以下数据可以看出这样的事件如何影响到 delta 中性头寸。1995 年 10 月 30 日，市场价格如下表所示，一位不知情的交易者可能会建立 delta 中性头寸：

FBO 股价：39⅝；期权隐含波动率：54%

数量 / 期权	价格	Delta	Delta 头寸（ESP）
10 手 1 月 40 认购期权多头	3	0.52	520 股多头
30 手 1 月 45 认购期权空头	1/2	0.16	480 股空头
			合计 ESP：40 股多头

初始头寸的 ESP 非常接近零，可以认为是 delta 中性。3 天内股价小幅

上涨至 41 美元。但期权买方听到了一些消息而不断抬高期权的买价，以至于 3 天之后的隐含波动率大幅上升至 89%。此时的头寸情况如下表所示：

FBO 股价：41；期权隐含波动率：89%

数量 / 期权	价格	Delta	Delta 头寸（ESP）
10 手 1 月 40 认购期权多头	5½	0.60	600 股多头
30 手 1 月 45 认购期权空头	2¼	0.32	960 股空头
			合计 ESP：360 股空头

因此，现在的 delta 空头头寸相当于 360 股 FBO 股票空头。其部分原因是股价由 39⅝ 美元上涨为 41 美元，但更主要的原因是隐含波动率的急速上升。同时，尽管头寸规模相对较小，隐含波动率的变化导致 2750 美元的浮亏。

稍后我们将在此章中具体地介绍 delta 和时间、delta 和波动率的关系。

虽然以上两个例子都是净期权空头，但 delta 中性并不一定都是净期权空头，也可能是净期权多头（比如反向价差）。然而有一点不会改变，即价格变化或隐含波动率变化会严重影响头寸中性。

6.2.1　保持头寸中性

头寸不再中性，有时会导致亏损。当头寸变成 delta 多头或空头时就会面临市场风险。但更重要的是，不能仅靠构建中性头寸不做任何管理就稳稳获利。标的变化会影响头寸的 delta 中性，有必要重新调整来保持 delta 中性。

将头寸调整回 delta 中性的最简单办法是买卖标的股票。上例中，隐含波动率上升导致 delta 头寸相当于 360 股 FBO 股票空头。很明显，可以通过买入 360 股（更有可能是 400 股）FBO 股票来达到 delta 中性的目的。当然 Delta 头寸很可能在未来发生新的变化，每一次的变化都需要重新调整。

另一种把 FBO 调整回 delta 中性的方法是买入更多的 1 月 40 认购期权，该认购期权多头已经在此前的头寸中。当股价上涨至 41 美元，隐含波动率飙升至 89% 之后，该头寸相当于 360 股 FBO 股票空头。此外，1 月 40 认购期权的 delta 是 0.60（见上表）。

1 份 1 月 40 认购期权的 ESP 为 60 股股票：

$$ESP = 1 \times 100 \times 0.60 = 60 \ 股$$

因此，如果继续买入 6 手 1 月 40 认购期权，Delta 头寸将增加 6×60，即 360 股股票，这样就可以完全将空头头寸调整成中性头寸。新的头寸如下表所示：

数量 / 期权	Delta	Delta 头寸（ESP）
16 手 1 月 40 认购期权多头	0.60	960 股多头
30 手 1 月 45 认购期权空头	0.32	960 股空头
		合计 ESP：0 股

因此，你既可以通过买入股票来调整，也可以通过买入更多之前买入的认购期权进行调整。虽然你也有可能买入原来卖出的认购期权，但前两种方式依然是最常见的调整策略。事实上，你可以通过买入适量的**任何**认购期权来达到头寸中性的目的。通常，散户会买入已持有的任意一个认购期权。然而，对于做市商或者头寸较大的交易者，可能只能去买市场上能买得到的期权，那么其最后持有的头寸可能相当复杂。不过，判断大且复杂的头寸是否中性并不难，不管头寸多少，合计 ESP 都可以利用每个期权头寸的 ESP 加总得到。

做市商倾向于保持头寸中性。他们通过买卖价差来赚取收益。如果不得不持有一个头寸，他们会尽可能保证该头寸短时间内不承担任何价格风险。场内期权的做市商一般可以很快完成平仓，尤其是在期权流动性很高时。但是，对于场外期权的做市商（包括规模排名靠前的银行和经纪商）和流动性差的期权市场做市商而言，在实现完全对冲前或者期权到期前，他们可能会被迫持有头寸一段时间。这些做市商就需要保持头寸中性，并随着时间变化不断调整头寸。

做市不得不调整头寸，这带来了一些不良影响，甚至可能会引发市场崩盘。在第 3 章的例子里，投资组合保险的管理者不得不卖出大量期货合约，以保护其股票头寸。虽然现在已经不推崇这种做法，但是很多这类机构通过买入认沽期权作为市场大跌时的保险。这些认沽期权很多是场外期权，由买卖双方直接交易，而且期权到期日、行权价格和标的"证券"等条款都是个性化的。事实上，标的"证券"可能是该机构投资组合内特定的一篮子股票。

当然，购买此类认沽期权的机构是有对手方的。这里的对手方指的是场外做市商，如所罗门兄弟、高盛、摩根士丹利、瑞士银行或信孚银行等大型机构。当机构购买这些认沽期权时，期权价格往往被高估，这也正是交易商们乐意卖出的原因。做市商只需要合理对冲头寸，就可以获得这些认沽期权被"高估"部分的收益。如果是卖出认沽期权，此时做市商持有 delta 多头。因为大部分这类期权标的是一篮子股票或宽基股票指数，那么该做市商就相当于是持有"整个市场"的 delta 多头。可以通过卖出标普 500 指数期货，轻松实现对冲。

令某些监管者担心的是，如果市场像 1987 年那样急剧下跌，这些做市商可能会卖出大量期货来对冲认沽期权空头。由于这些认沽期权在场外交易，无法知道此类期权的总量。而且，任何时候也无法知道需要用期货对冲到什么程度。所以一旦发生像 1987 年那样的崩盘，类似的市场行为可能会使得市场下跌得更惨烈。

场外做市商都非常聪明，知道不管投资组合现在是 delta 深度多头，或者市场下跌后变成是 delta 深度多头，都是非常危险的。因此，做市商尽可能地鼓励机构投资者或其他交易者**卖出**认沽期权，以平衡自身投资组合。当然这样可以将市场下跌风险转嫁给其他交易者。但总的来说，大部分机构会净买入认沽期权进行保值，因此不管是做市商还是其他机构卖出认沽期权，都要承担市场下跌带来的风险。未来市场可能不会再那么剧烈下跌，delta 多头交易者也可能会采取严格措施来控制风险，但是不能确保类似情况不会发生。

6.2.2　其他形式的中性

我们已经知道，delta 中性交易只能在短时间内或者标的价格变化范围较小时保持中性。只要了解这个事实，就可以设计出策略，用来抵消、调整变化的 delta 值。然而，如果标的价格或者期权隐含波动率大幅变动，那么可能就没有哪种调整可以"拯救"头寸。历史上已有过大幅波动，这给 delta 中性交易者带来很高的代价。其实本书前几章已经提供了若干事例：1987 年市场崩盘，1978 年 4 月市场大幅反弹以及以卖出跨式期权为开端的巴林银行（Barings Bank）事件。

1973 年场内期权正式推出后不久，中性交易才首次成为可能，只有少数交易者参与其中。当时的期权权利金极为昂贵。虽然 1974 年 10 月、1975 年 1 月、1976 年 1 月大幅反弹的市场给比率价差的套利者带来了一些麻烦，但是中性策略的表现还是相当不错的。之后又推出了场内认沽期权，通过卖出跨式期权也获利颇丰；久而久之，出现了更多的 delta 中性交易者。

应当注意的是，与本章前面例子中提到的认购期权比率价差相比，卖出跨式期权并没有那么"中性"。初始构建的跨式组合 Delta 头寸值可以为零，但是标的价格的**任何**变化都会导致跨式期权头寸不再中性。

例：XYZ 为 50。

数量 / 期权	Delta	ESP
9 手 XYZ 的 1 月 50 认购期权空头	0.55	495 股 XYZ 空头
11 手 XYZ 的 1 月 50 认沽期权空头	−0.45	495 股 XYZ 多头
		合计 ESP：0 股

这是一个典型的 delta 中性跨式期权空头，其标的价格在行权价格附近。为使得组合头寸的 delta 中性，卖出认沽期权的数量要略高于卖出认购期权的数量。现在假设股票价格小幅上涨，认购期权 delta 值会增加到 −0.65，同时认沽期权 delta 值会减少到 −0.35。以上小幅度的变化会极大地影响组合头寸中性；在此情况下，组合的 delta 头寸值为 **200 股 XYZ 空头**。

当股价波动，上述组合中 2 种期权的 delta 值都会同向变动。换句话说，如果股价上涨，认购期权的 delta 空头**增加**，同时认沽期权的 delta 多头**减少**。

不过认购期权比率价差的情形不一样。如果股价上涨，认购期权空头的 delta 负值（绝对值）增加，但是价差中认购期权多头的 delta 正值增加有一定的抵消作用。

Gamma

大多数严谨的中性策略交易者意识到，delta 中性还不够。标的价格波动还是会带来很多风险，需要一些方法来减少标的价格带来的风险敞口。如果可以使得 delta 值保持不变——假定初始是中性的，那么组合头寸就会达到更加真正的中性。事实上确实有这样的度量。它被称为 gamma 值，衡量了 delta 值变化的快慢程度。因此，如果构建 **gamma 中性头寸**，delta 值将保持不变！如果 delta 值不变，则头寸也会一直保持 delta 中性。眼见为实！在介绍一些基本知识后，后面将详细介绍 gamma 中性交易。

数学家很快发现，任何头寸或投资组合中，任一变量对期权价格的风险敞口，都是可以被量化的。我们已经知道，价格变化的风险参数是 delta 值，也可以计算出时间、波动率甚至是利率的风险参数。（行权价格在期权存续期内是不变的，所以没有必要计算行权价格对（期权）价格变化的影响）。这些参数如下表所示：

影响期权价格的变量	风险参数
标的价格	Delta
行权价格	不适用
到期时间	Theta
短期利率	Rho
波动率	Vega

如表所示，采用希腊字母或者类似希腊字母的名称来命名这些"风险参数"（虽然 vega 听起来很像希腊字母，但其实它并不是希腊字母）。

此外，从 gamma 描述中可知，交易者可以从中获取信息，决定**每个风险参数**是多少。这对于中性交易者至关重要，他们可以构建关于其中一些变量的中性头寸，而这些变量往往会向不利的方向发展，尤其是标的价格或者隐含波动率的突然变化。

值得注意的是，当市场条件变化时，任何风险参数也会随之变化。前文已提到，当股价变动、隐含波动率变化、时间推移时，delta 值都会发生变化。依此类推，当这些情况变化时，上述提到的其他参数也会发生变化。不过，当期权头寸或组合对于若干的风险参数保持中性时，其盈利性也会异常稳定。

能够理解**可以**利用其他一些风险参数构建中性头寸就足够了。后面将更加详细介绍这些希腊字母。现在先回到波动率预测的内容。波动率预测与之前熟悉的价格趋势预测截然不同。

6.3 预测波动率

如果能够准确预测波动率，那么就可以构建对标的价格波动保持中性的头寸，这样一来只需要专注于从预测波动率中获利。虽然理论上可行，但实际操作并不简单。本章剩余的大部分内容将慢慢解决这个问题。首先我们采用 delta 中性的案例来进行阐述。然而，前文已提到 delta 中性存在一系列的问题。本章最后的高级策略章节会解决所有这些问题。

假设存在一只股票，其价格波动在固定范围内。那么就可以在接近价格底部时买入，而在接近高位时卖出。事实上，也可以在接近高位时先进行卖空，待价格接近底部时再买回。虽然这种股票少之又少，凤毛麟角，但偶然也能发现一两只这样的股票。

然而在大多数时间里，波动率的表现特征就是如此。很多波动率的历史数据显示，其变化都在一定的范围内。期货、指数、股票的波动率都如此。即使是微软这类价格变动较大的股票（20 世纪 90 年代，微软股票从 12 美元上涨至 106 美元），其波动率也同样在一定范围之内。微软的隐含波动率从未在 26% ～ 50% 范围之外，而大多数时间在更窄的范围内：30% ～ 45%。

有时，波动率的确也会突破前期范围创新高。1987 年股市就是一个经典例子。波动率也可能降到历史范围之下。例如，1994 年和 1995 年黄金历史波动率降到 6%，而正常情况在 12% 以上。

尽管存在一些偶然的异常情况，但相较于价格，波动率仍然具有较高的可预测性。数学和统计学的方法也可以证明——波动率的偏离一般要比价格的偏离小很多。

前面提到两种类型的波动率：隐含波动率和历史波动率。历史波动率是对价格波动速度的精确统计度量。历史波动率是针对过去一段时间的历史数据，比较常用的是 10 天、20 天、50 天、100 天对应的历史波动率等。而隐含波动率是期权呈现出的波动率。交易者和做市商试图通过隐含波动率来评估标的**未来**的波动率。所以，隐含波动率和历史波动率有时会发生偏离。如果打算进行波动率交易，会选择哪一种呢？

我的回答是：当且仅当隐含波动率预测的未来波动率**不同寻常**时，可采用隐含波动率和历史波动率的比较。因此，如果隐含波动率相较于历史波动率处于低位，那么通常认为隐含波动率会上升。在此情况下，合适的策略为买入期权的策略，例如买入跨式期权。而如果隐含波动率相较于历史波动率处于高位，那么正常情况下会认为隐含波动率会降低，最终与历史波动率保持一致，此时合适的策略为卖出期权的策略。但是，如果怀疑是由于某种特殊原因，隐含波动率与历史波动率才很不一致时，那么就不应采用波动率交易。特殊原因可能是即将发布的公司消息等。

第 4 章介绍期权的预测作用时提到，昂贵的期权有时是公司消息的先兆。尤其是当期权变得十分昂贵，同时交易十分活跃时，那么关于公司大事的消息也就近在咫尺了，例如，公司收购、诉讼裁定、政府机构的决定、出乎意料的盈利报告等，而标的价格也会因此大幅变化。此时，你应该避免卖出高隐含波动率的期权。

6.4　历史波动率和隐含波动率的比较

当隐含波动率和历史波动率存在差异时，波动率交易往往具有吸引力。这种情况出现的频率较高。然而，仅仅存在很大差异并不足够。仍然需要知道过去几个月或者 1 年时间内的隐含波动率和历史波动率水平；也就是说，需要了解它们的历史变化范围。即使隐含波动率远高于历史波动率，除非根据历史变化范围可以确定隐含波动率确实处于高位，否则不应直接卖出。

当注意到 OEX 的隐含波动率为 11% 而历史波动率为 6% 时，你可能会因为历史波动率和隐含波动率之间存在差异而认为应该卖出期权。从这一有限信息出发，好像是比较合乎逻辑的结论。然而，当了解更多信息之后，会发现这并不正确。

OEX 期权的隐含波动率一般都要高于 OEX 指数的当前（历史）波动率。这可能不是一个非常有逻辑的解释，但是事实确实如此。因此，只是基于 OEX11% 的隐含波动率以及 6% 的历史波动率进行分析还远远不够，还需要关注隐含波动率和历史波动率的历史水平。

事实上，在过去一年或几年，OEX 的隐含波动率的变化范围是在 10% 到 22% 之间。所以当前 11% 其实处于很低水平。而同期的历史波动率也在 6% 到 15% 之间。所以当前 6% 也是处于历史变化范围的绝对低位。历史波动率和隐含波动率都处于历史变化范围的低位，因此**买入**期权的策略会更谨慎一些。

以上是 1995 年 2 月 OEX 波动率的真实数据，之后市场开始历史性大幅上涨。显而易见，应该买入波动率而不是卖出。

以上例子说明，把握波动率的历史变化范围比仅仅分析当前隐含波动率和历史波动率的相对位置重要得多。单独采用后者进行分析会导致错误结论而使得交易亏损。另外，卖出波动率的策略往往涉及裸卖期权，因此在建立头寸之前，应极其谨慎地分析。

使用百分位数来表示隐含波动率是一个有效的方法，这样可以比较容易地描述期权是便宜还是昂贵。不过，为了便于描述隐含波动率的历史数据，最好采用**十分位数**的方法。把一组历史数据从低到高按照十分位数进行分组，如果当前隐含波动率是在第 1 或者第 2 分位，隐含波动率已靠近历史低位，那么合适的策略可能是买入期权。反过来，如果当前隐含波动率在第 9 或者第 10 分位，那么应当考虑卖出期权的策略。换言之，如果按照百分位数进行分组，隐含波动率在第 20 百分位或者更低，则倾向于采用买入期权策略，如果在第 80 百分位或者更高，则倾向于采用卖出期权策略。

另外，为了从历史波动率中获得一些确认，同样应该采用十分位数分组方法来分析历史波动率数据。历史波动率应处于相同的或者更优的分位：如果隐含波动率在第 2 分位，而且考虑买入期权策略，则希望当前的历史波动率处于第 2 或者更高分位。另一方面，如果隐含波动率处于高位（在第 9 或者第 10 分位），那么希望历史波动率在相同或者更低的分位，这样才能清楚地确定出隐含波动率的相对位置。除此之外，还应该采用若干种历史波动率的度量法进行分析比较。

以下是关于 OEX 的例子，其波动率处于低位：

	十分位数度量（Decile）									
	1	2	3	4	5	6	7	8	9	10
隐含波动率	10.3>	11.4	11.8	12.3	13.0	13.7	14.5	15.3	16.0	16.7	17.7
10 天	4.3	5.2	6.2	6.6	7.0	7.7	8.6>	9.4	10.1	10.8	16.5
20 天	5.4	5.8	6.2	6.6	6.8	7.9>	8.6	9.1	9.8	11.1	12.9
50 天	6.3	6.6	7.2>	7.5	7.7	8.0	8.6	9.1	9.9	10.3	11.1
100 天	7.4>	7.7	7.8	8.0	8.5	8.9	8.9	8.9	9.0	9.1	9.1

隐含波动率数值是隐含波动率 20 天的移动平均值。采用了过去 1 年的数据，大约有 250 个交易日。因此，在样本时段内有 231 个 20 天移动平均值。"＞"表示当前波动率数值处于该分位（例如，隐含波动率在第 1 分位，以及 10 天移动平均值在第 7 分位，等等）。

除第 1 行的隐含波动率外，另外 4 行则表示历史波动率。这里采用了 4 种历史波动率的度量法。可以看到，相较于隐含波动率，10 天、20 天和 50 天历史波动率都处于较高的分位。同隐含波动率一样，100 天历史波动率数值在第 1 分位。

综上所述，对交易者而言，买入期权策略非常有吸引力：隐含波动率处于最低位置，而历史波动率处于"正常"水平，10 天和 20 天历史波动率只略高于平均值（分别处于第 6 和第 7 分位）。因此，如果隐含波动率上升、回到中间位置的分位，则买入期权策略就可以从中获利。

相似方法可用于确定隐含波动率是否太高。只需要比较隐含波动率和历史波动率的分位即可。不过，一定要考虑到隐含波动率较高时的例外情况：如果股票波动不高，但是期权却非常昂贵，那么可能是预示即将出现的公司消息，例如公司收购或者出乎意料的盈利报告等。原则是只有当隐含波动率处于之前变化范围的高位时，才卖出隐含波动率。但是，如果已经突破之前的变化范围并创新高时，那么对于卖出隐含波动率就应该持谨慎态度，甚至应该考虑将已有头寸平仓。

前文已提过联邦纸板公司（Federal Paperboard，FBO）的例子。它是表达我们观点的经典案例。根据历史数据，FBO 期权隐含波动率的变化范围是 20% ~ 40%。另外，股价变化对交易波动率也相当有利。

1995 年 10 月，股价小幅调整到 35 美元左右，之后价格开始上升。隐含波动率在 1 天内突破 40% 到达 41%，第 2 天则上升到 44%，而在之后 5 天时间里暴涨到 48%，54%，60%，81% 和 89%！这种超出正常变化范围的隐含波动率上升是一个预警信号，警告卖出波动率的交易者要更加谨慎一些。此时，股价涨到 42½ 美元——上涨幅度并不是很大，因此，卖出波动率的交易者能以相对较小的亏损平仓离场或者调整头寸。

结果，FBO 在下一周被收购，股价上涨到 53 美元。

因此，一般情况下，当隐含波动率超出了它之前的变化范围，尤其是股价也同时上涨时，就不应考虑卖出波动率的策略。这里也有一个例外，即当股价正在迅速下跌，而且认为这就是隐含波动率增长原因的情况。在这种情况下，正如第 4 章中 IBM 和墨西哥电话公司的例子，备兑期权或者裸卖出认沽期权往往行之有效。

之前已提到，网站（www.optionstrategist.com）提供免费的周波动率数据。你也可以花少许费用，订阅网站的 The Strategy Zone，这样就可以获取每天更新的波动率以及隐含波动率的图表。

6.5　交易隐含波动率

目前已经大致描述了买入或卖出波动率的场景，接下来讨论具体采用什么策略较为适合。本节将介绍一些基本策略，之后将讨论更高深的策略。之前已提到，作为波动率交易者，并不需要预测标的价格走势，而只需要预测未来的波动率。因此，通常一开始就建立中性头寸。

讨论简单的策略通常会从 delta 中性头寸开始。本节将对此进行探讨。但是要注意，delta 中性头寸可能会很快转变为有价格风险的头寸；因此，这些策略虽然有用，但还是不能避免标的价格变化带来的影响。

6.5.1　卖出波动率

当隐含波动率"太高"时，策略交易者会想要卖出波动率，待波动率恢复到更为正常的水平时，则可赚取差价。**当需要卖出波动率时，我倾向于采用以下两种策略：①裸卖出宽跨式期权，或者②比率价差。**这 2 个策略都涉及裸卖出期权，因此有些交易者倾向于买入深度虚值期权作为灾难保险。但是，这是一个好主意吗？一方面，有了它就不必担心开盘时的大幅度跳空；但另一方面，它价格不菲。如果这些交易者分析正确，就应卖出已经处于高位的波动率，而不是买入。在卖出波动率时，我也倾向于选择相对短期的期权。

本章重点是波动率交易策略，在介绍具体内容前，先介绍一些操作机制。首先，必须得到经纪人同意才能裸卖出期权。如果想要裸卖出期权，经纪人会要求账户中有较高的保证金——有的公司要求 20 000 美元，有的公司要求 100 000 美元。除了资金，还需要有一些交易经验，经纪人才可能同意进行裸卖出期权的交易。另外还应该确定，个人性格是否适合交易裸期权。以下是我总结的裸卖出期权的 3 条适当性准则：

（1）是否具有处理风险的性格特征？

（2）是否有能力为头寸提供足够的保证金？

（3）是否有坚持止盈、止损的交易经验，以及持续监控头寸风险的时间？

进一步讨论上述准则。如果因为持有裸期权而夜不能寐，那么对第 1 个问题就不能坦诚地回答"有"。如果保证金只达到交易所最低要求，那么对第 2 个问题也就不能回答"有"（当标的向不利方向波动时保证金要求将增加，需要有足够保证金来应对朝盈亏平衡点波动的情况——盈亏平衡点即交易者进行调整或者平仓的价位）。最后，不一定非要有**期权**的交易经验，但是必须做好止损，而且要把监控头寸作为全职工作。如果做不到，那么第 3 个问题就不能回答"有"。如果对上述 3 个问题的回答都是肯定的，那么证明你已经准备好进行裸卖出期权的交易。

裸卖出宽跨式期权中，卖出 1 手虚值认购期权，同时卖出 1 手虚值认沽期权。相比跨式期权，我更加喜欢宽跨式策略，因为其可以盈利的价格范围要比跨式期权更宽。

图 6-1 比较了裸卖出跨式期权与裸卖出宽跨式期权的潜在损益。可以看出，如果到期时，标的价格在行权价格附近，则卖出跨式期权可以获利更多，但是卖出宽跨式期权的可盈利价格范围要更宽一些。标的价格向不利方向运动时，往往不得不做一些调整。使用宽跨式期权，一定程度上可以减少类似调整的次数。

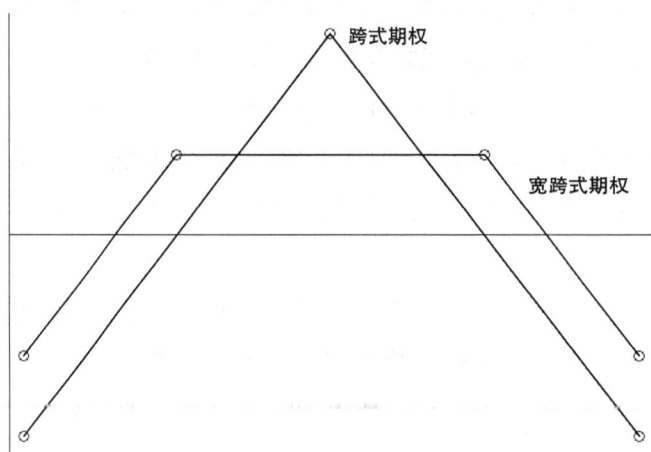

图 6-1　裸卖出跨式期权与裸卖出宽跨式期权

在介绍实例前，还有另外一个直观的重要概念，即头寸的统计优势。当卖出高波动率时，会希望波动率回到更为正常的水平，大多数情况下就可以获利平仓。波动率可能很快回到"正常"水平，也可能需要一段时间（或者根本不会发生）。交易者卖出处于高位的波动率，因此具有统计"优势"。这种"优势"所代表的潜在盈利，就是一旦波动率回到正常水平时所能获取的收益。

图 6-2 描述的是卖出宽跨式期权的一般损益情况。另外还包含了 2 条曲线。直线表示如果这个头寸一直保持到期权到期时，可能的盈利或亏损。曲线表示如果头寸只保持到距离到期一半时间时，可能的盈利或亏损。这里有 2 条曲线，一条代表了波动率处于高位的结果（较低的曲线），另一条则代表如果波动率回到正常水平时的结果（较高的曲线）。

可以看出，如果标的（价格）接近图示的中央，2 条曲线都有盈利。同样，如果标的价格上升或下跌幅度过大，2 条曲线均回落到零以下，都会出现亏损。不过，最重要的是，在 2 条曲线之间有明显的距离，即图示中的阴影部分。这个阴影部分代表了交易者卖出高隐含波动率时获取的统计优势；若波动率回到正常水平，就可以获得阴影部分的盈利。

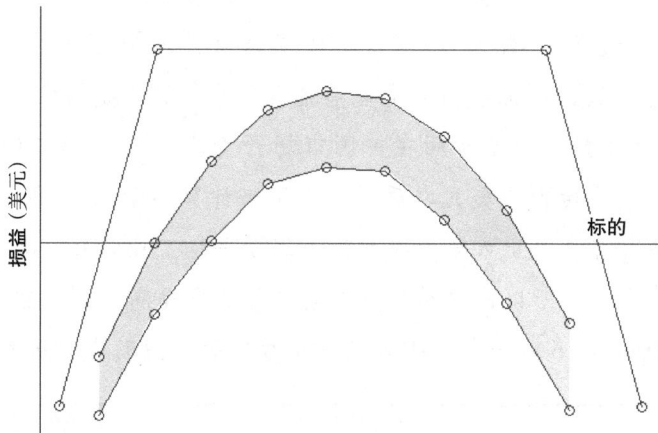

图 6-2　卖出宽跨式期权

图 6-3 描述的是比率价差策略的类似情形，具体是认购期权比率价差。简单来说，1 手认购期权比率价差包括买入 1 手较低行权价格的认购期权，同时卖出更多的较高行权价格的认购期权。我们注意到，所有 3 种情况下（到期、离到期还有一半时间且波动率相同以及离到期还有一半时间且波动率下降）最大盈利区域都处于较高的行权价格（即价差组合中期权空头对应的行权价格）。在这一点，统计优势达到最大，同时两条曲线之间的区域也最宽。

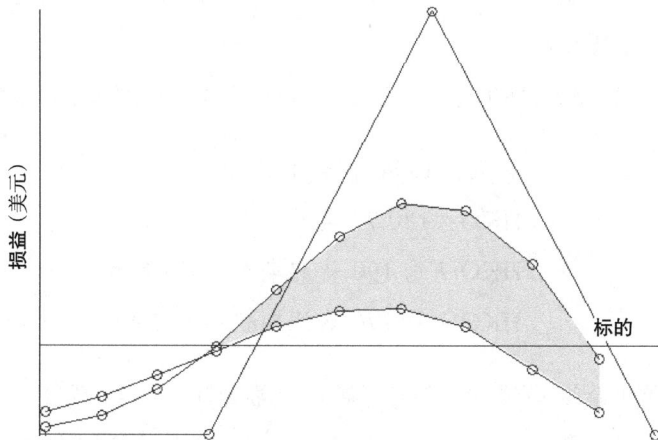

图 6-3　认购期权比率价差

目前已经建立了交易高位隐含波动率的一般理论，一些实例会帮助我们加深理解。毋庸置疑，第一个是有利实例，当时做出的决定反映了我们到目前为止所讨论的交易理念。

1993 年，美国股票交易所（AMEX）上市了香港期权指数（Hong Kong Option Index，代码：HKO）的期权。该指数设计成恒生指数（Hang Seng Index）的跟踪指数，而恒生指数是香港股票交易所的主要指标。

HKO 每天计算一次，时间在美国市场开盘之前、香港市场收盘之后。港股的实际收盘价转换为美元之后，可以用来计算 HKO。所以，HKO **每个**交易日都会**跳空**开盘。正如夜盘交易的道琼斯平均工业指数，其开盘价是每天道琼斯的收盘价。所以，这种特点在某种程度上提高了隐含波动率。

以下是 1994 年 6 月下旬，香港期权指数的隐含波动率和历史波动率。

	当前数值（%）	十分位分组
隐含波动率	34	第 10 组
10 天历史波动率	16	第 7 组
20 天历史波动率	18	第 7 组
50 天历史波动率	19	第 7 组
100 天历史波动率	21	第 8 组

HKO 隐含波动率的历史变化范围在 21%～38%。因此符合之前提到的 2 条标准：①隐含波动率显著高于历史波动率，②隐含波动率在第 10 分组，与此同时，历史波动率也处于较高分组，但是低于隐含波动率分组。除此之外，股票波动率可能因为即将出现的收购消息而快速上升，而指数波动率不大可能出现类似情况。

当时 HKO 价格约 180 美元，3 星期后到期的 7 月期权报价如下：

日期：1994 年 6 月 23 日

HKO：180.79 美元

HKO 7 月 190 认购期权：1¾ 美元

HKO 7 月 170 认沽期权：2 美元

额外的好处是这些短期（3 周）期权价格处于相当的高位。卖出组合期权，即卖出相等数量的 7 月 190 认购期权和 7 月 170 认沽期权；事实上，这些期权在之后相当短的存续期内，隐含波动率始终保持高位，并没有回到

"正常"水平。不过，HKO 的价格一直没有大幅变化，之后 3 个星期的变化范围大概是 170 ~ 182 美元。组合期权到期没有价值，该空头组合也获得了最大盈利。

在这里做一些补充说明，将对理解该策略有所帮助。首先，选择裸卖出期权组合作为工具，是因为在构建交易前的若干星期里，HKO 一直在 180 美元附近徘徊。所以，对于中性头寸来说，以现有价格（180.79 美元）作为盈亏平衡点的中值是最好的选择。

其次，当 HKO 跌到 170 美元时，头寸就会变成 delta 多头。是否需要调整？这取决于你的推测，我一直认为这和头寸本身大小相关。当采用基本的中性策略时，例如卖出宽跨式期权，你最后不得不承担某些 delta 风险（否则，就需要做出一系列调整，但相关的手续费和买卖价差也会蚕食利润）。当采用短期宽跨式期权时，我会预留一些调整的空间，但是如果下列情况出现，则需要进行平仓操作：①如图所示，波动率下跌，获利等同于统计优势；②期权到期，或者③突破了盈亏平衡点。

显然，没有人愿意承担如此之大的亏损——特别是裸头寸，所以，第 3 条标准是需要强制执行的。因此，在建立头寸时，就准备就绪，当 HKO 下探到 167 美元，或者上涨到 193 美元时，将平仓宽跨式期权组合。无论是上述哪种情况，都将只有少量亏损。

延续前例，从某种意义上说，历史波动率和隐含波动率并没有收敛。请注意之前提到过，在期权到期时，隐含波动率从未回到过正常水平。所以，同样的情况分析基本上也适用于下一个到期日的期权。

7 月的到期日，就香港期权指数的波动率而言，情况并没有很大变化。

	当前数值（%）	十分位分组
隐含波动率	33	第 10 组
10 天历史波动率	24	第 10 组
20 天历史波动率	22	第 9 组
50 天历史波动率	20	第 9 组
100 天历史波动率	21	第 8 组

虽然可能没有像前例那么有吸引力，但这种情况下仍然是值得注意的。

好的一点是隐含波动率仍然处于变化范围的高点；但是，如果用十分位分组来衡量的话，它并没有比历史波动率高出多少，说明波动率仍然在升高。不过这个情况还是很有吸引力，参照以下价格，可以重复之前的策略：

日期：1994 年 7 月 15 日

HKO：176.20 美元

HKO 8 月 190 认购期权：3¼ 美元

HKO 8 月 165 认沽期权：2 美元

从价格中可以看出，认购期权比认沽期权更贵，因此，要建立一个中性的头寸，我们可以卖出 5 手认沽期权和 3 手认购期权。这样的头寸可以得到的权利金点数为（5×2）+（3×3¼）=19¾，此时上端的盈亏平衡点为 196.58（= 190 + 19.75/3），下端的则为 161.05（= 165 − 19.75/5）。

在到期前的 4 个星期里，隐含波动率并没有降到第 9 分组之下，而 HKO 的变化范围在 176 ～ 194 美元，到期时 HKO 为 188 美元。因为盈亏平衡点没有被突破，所以后续没有采取防护措施，该组合期权又一次到期无价值。

此时应该承认，对于接连 2 个宽跨式期权都到期无价值，是非常幸运的。不但如此，试想 下：在第 1 个策略中，IIKO 大多数时间的交易价位都较低，甚至逼近下端的盈亏平衡点，而第 2 个策略刚好相反：HKO 大多数时间里，交易价位较高，而且几乎要突破上端的盈亏平衡点。不过，在建立头寸时，隐含波动率就处于高位，这使得盈亏平衡点与初始指数价格距离很远，因而指数最终无法突破这些盈亏平衡点。

这样的情况似乎不可能永远继续下去，但是，由于在第 2 个宽跨式期权到期无价值后，隐含波动率仍然处于高位，因此，进行第 3 次尝试似乎也无可厚非。

以下是第 2 个期权组合到期无价值之后，1994 年 8 月到期日的数据：

	当前数值（%）	十分位分组
隐含波动率	31	第 10 组
10 天历史波动率	22	第 9 组
20 天历史波动率	21	第 9 组
50 天历史波动率	20	第 9 组
100 天历史波动率	21	第 8 组

当时的价格情况如下：

> 日期：1994 年 8 月 12 日
>
> HKO：189.85 美元
>
> HKO 9 月 205 认购期权：1¼ 美元
>
> HKO 9 月 175 认沽期权：2¼ 美元

2 个期权的 delta 值基本相同，因此，组合期权包括了卖出相等数量的 9 月 205 认购期权和 9 月 175 认沽期权。在之后 2 个星期里，HKO 的变化范围相当小（188 ～ 193 美元）。这使得隐含波动率最终降到 23%。此时，实现了全部统计优势，于是对宽跨式期权进行回补平仓操作。

到此为止，关于香港期权指数高位波动率的盈利历程圆满结束。有意思的是，1994 年夏天之后，该指数波动率在 1 年半时间里从未回到过第 10 分位。也许做市商和其他交易者认为，在正常交易中，HKO 每晚令人不安的跳空并不值得较高的隐含波动率。

因为涉及裸期权，所以采用这种策略卖出波动率在某种程度上会让人高度紧张。你会经常发现裸期权引发的严重后果，在此也列举了一些——兼并收购、崩盘等，不过只要遵循前文的指引，你就能避免这些。例如，将要崩盘前的隐含波动率会非常**低**；根据我们的规则，它应该在第 9 或者第 10 分位（才能卖出），否则不该卖出。同时，如之前提到的，隐含波动率通常在兼并收购发生前急剧上升；因此，如果隐含波动率突然暴涨，且大幅超出第 10 分位，同样也不应该卖出波动率。遵循以上指引，亏损一般有限，但并不意味着不会有亏损。如果你认为只要隐含波动率处于第 10 分位，裸卖出期权就一定有利可图的话，那么请看看下面的例子。

同样是在 1994 年的夏天，美国联合航空公司（UAL Corp，代码：UAL）的期权价格较高（无论用什么标准来进行衡量，都处于高位）。

	当前数值（%）	十分位分组
隐含波动率	36	第 10 组
10 天历史波动率	28	第 8 组
20 天历史波动率	26	第 7 组
50 天历史波动率	28	第 7 组
100 天历史波动率	25	第 6 组

所以，隐含波动率不仅绝对值高于历史波动率，而且它处于较高分位。注意，这里的波动率**绝对**差并没有之前 HKO 例子中的那么大，但是，36% 的隐含波动率，与 25%～28% 的历史波动率变化范围相比，差别还是很显著的。

当时的相关价格如下：

> 日期：1994 年 6 月 10 日
> UAL：116 美元
> UAL7 月 125 认购期权：1¾ 美元
> UAL7 月 110 认沽期权：2½ 美元

2 个期权的 delta 值大致相等，因此宽跨式期权中认购期权与认沽期权的卖出数量相同。上端的盈亏平衡点为 129¼ 美元，下端则为 105¾ 美元。根据之前的理论，可以允许该头寸在一定范围内变化，只要不突破盈亏平衡点即可。在离到期还有 5 个星期时，以下变化范围似乎是较为合理的：距离上端有 14 美元，距离下端有 11 美元。

然而，该头寸并没有像香港指数认沽期权那么好运。在之后的时间里，UAL 立即上涨，7 月 1 日的收盘价为 130 美元。与此同时，7 月 125 认购期权的价格为 5¾ 美元，并被回补平仓。认沽期权在很小的分数上交易，也进行了回补操作。

此外，隐含波动率也跌至 23%，不再昂贵。因此，也就没有必要基于 UAL 建立其他头寸。

上例说明，要想捕捉波动率的下跌，只是采用简单的中性头寸是不够的。事实上波动率**确实**下跌了——从 34% 跌至 23%，这正是我们想要预测的。不走运的是，这样简单的中性头寸，对于 UAL 价格变化（风险）的敞口太大。其价格变化超过了波动率下降所带来的收益，最终头寸是亏损的。正是因为类似这样的原因，我们需要更为缜密的方法，才能把波动率这样重要的变量分割开来。目前我们先继续讨论较为简单的策略，为之后更复杂的内容奠定基础。

6.5.2　买入波动率

当波动率"太低"时，波动率交易者就会买入波动率。这种情况下，有 3 种策略可以采用：①买入跨式期权，②反向价差，③日历价差。值得注意的是，前2 种简单策略仅仅是卖出波动率策略的反向操作。引入第 3 种策略，即日历价差，能使我们的选择余地更大一些。

　　之前讨论的卖出波动率的简单策略，在某种程度上受到标的价格大幅变化的负面影响，同时也受到时间衰减的正面影响。正如预期，前两个买入波动率的策略（买入跨式期权以及反向价差）受到的影响恰好相反：标的价格的大幅波动有利于这些策略，而时间衰减则是不利的。因此，采用日历价差买入波动率为投资者提供了重要的替代工具：时间衰减成为有利的影响（因素）。图 6-4 描述了这些策略在到期日以及到期前更早时间（该时间更为重要）的损益情况。

　　图 6-4 描述的是买入 1 手跨式期权的损益情况，采用这种策略就是买入波动率，我倾向于选择跨式期权（其中，认购期权和认沽期权具有相同的行权价格，且与初始的标的价格相近），而不是宽跨式期权（虚值认购期权和虚值认沽期权）。图中曲线描述了与之前的图相似的内容，即距离到期日一半时间时的盈亏情况。如果波动率保持低位，则盈利是较低的那个；如果波动率上升，盈利则是较高的那个。它们之间的差距表示波动率在回到"正常"水平时产生的盈利大小。

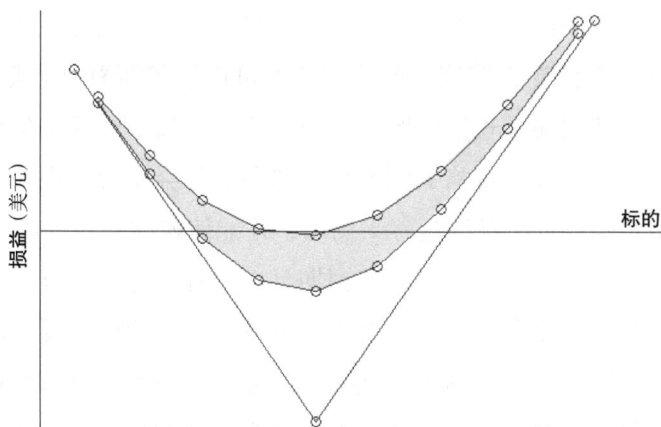

图 6-4　买入跨式期权

　　由于头寸会因为时间衰减而价值减少，买入跨式期权在某种程度上令人压抑。不过，如果波动率**确实**迅速上涨，或者价格迅速上涨，那么很快就会盈利且获利颇丰。该头寸的处理方法，与之前讨论的卖出宽跨式套利策略有明显不同。比如，**买入跨式期权**后，如果突破了盈亏平衡点，那只是刚刚开始获利。因此，如果你想要最大程度盈利，就必须持有头寸，即使它不再是 delta 中性。另一点则是要决定何时止损、平仓。下面用实际交易的例子来说明这些问题。

1995年9月下旬，零售业股票存在下跌压力。它们在同一年牛市中涨势强劲，并在7月下旬达到峰值。有一个行业指数由零售业股票组成，其交易代码为$RLX。该指数在夏天到达峰值342，之后在9月略跌至330。其波动率数据如下：

	当前数值（%）	十分位分组
隐含波动率	12	第1组
10天历史波动率	10	第2组
20天历史波动率	9	第1组
50天历史波动率	10	第1组
100天历史波动率	13	第4组

根据这些数据，可以明显看出，无论隐含波动率还是历史波动率，零售业指数都处于低位。100天历史波动率要稍高一些，说明过去该指数波动更高。

当指数在330附近时，以15点价格买入12月330跨式期权。

跨式期权多头在2种情况下可以获利：①隐含波动率上升，或者②标的价格大幅上涨或下跌，期权变为实值。前一种情况可以使得所有跨式期权价格上升，无论是短期的跨式期权还是长期的跨式期权。不过，如果波动率保持低位，那么买入跨式期权就依赖于标的价格大幅变化而获利。你会发现，在波动率较低的情况下，标的价格需要一直波动到盈亏平衡点，才能使跨式期权获利。

买入波动率时，我一般会买入距离到期日3个月或者4个月的跨式期权。选择这样的时间，有2个原因。第一，对于3个月的跨式期权来说，时间衰减不会太快。毫无疑问，时间在一定程度上与跨式期权持有者的盈利背道而驰。其次，标的价格将有可能上涨或下跌较大幅度。如果距离到期日太远，时间衰减可能太多，这样很难从标的价格变化中获利，就可能会过分依赖波动率上涨。

继续之前例子，在买入跨式期权不久，零售业股票开始公布差强人意的收益和预期收益，零售业指数在2个星期内下跌至319。然而，因为隐含波动率只是温和上升（至13%），认沽期权变为实值，所以跨式期权卖价仍然是15点左右，该跨式期权的时间价值几乎为零。

变为实值期权后，期权本身会损失其时间价值，实值认沽期权比实值认购期权时间价值损耗的速度更快。这是一个相当典型的现象，也并非完全令人不悦：标的价格在向盈亏平衡点波动，而由于波动率一直处于较低水平，跨式期权的价格并没有很大变动。随着标的价格靠近任意一个盈亏平衡点，跨式期权多头不再是 delta 中性。

当发生这样的情况时，跨式期权持有者（实际是波动率买方）必须做出决策。他可以①平仓，②再次调整头寸，使得 delta 中性，或者③顺势而为。做这样的决定并不容易，但是可以遵循一些规律。如果波动率上升，第 1 个选择（将跨式期权平仓）就是合适的。如果隐含波动率和历史波动率仍然保持在第 1 或第 2 个分位，那么第 2 种选择（再次调整）更合适一些；在标的价格接近盈亏平衡点时，通常不会出现这种情况。事实上，最初没有持仓，而以该头寸开仓时，我才会采用再次调整的决策。如果波动率仍然处于低位，而且技术分析也较好地表明现有价格趋势将会持续，那么第 3 种选择（顺势而为）则比较适合。

同例中，当价格跌至 319 之后，该零售业指数的跨式期权已成为 delta 空头。这是因为 12 月 330 认沽期权的 delta 值负值很多，实值 11 点，而 12 月 330 认购期权的 delta 值并不高，虚值 11 点。隐含波动率略微上升至 13%，因此，第 1 个选择（将头寸平仓）并非是最好的选择。

为了评估第 2 个选择——再次调整，有必要再一次对比隐含波动率和历史波动率。波动率数据如下所示：

	当前数值（%）	十分位分组
隐含波动率	13	第 2 组
10 天历史波动率	13	第 4 组
20 天历史波动率	11	第 3 组
50 天历史波动率	11	第 2 组
100 天历史波动率	12	第 3 组

以上数据说明波动率处于较低水平，但并非极低。在这种波动率情况下，我一般不会构建头寸，所以再次调整并没有吸引力。

第 3 种决策——顺势而为，有时是最冒险的选择，但是也能带来最大的收益。如图 6-5 所示，当时零售业指数在 10 月上旬已到达 319。之前在 9 月 1 日达到底部之后，技术面上有支撑。不过如果突破支撑位的话，可能会有更大幅的下跌。

因此，我决定顺势而为，如果估计错误，RLX上涨，波动率仍然会上升，则平仓也不会出现太多亏损。事实证明，**确实**突破了该支撑位，指数跌至297。此时，我采用追踪止损，在价格反弹到304时将头寸平仓。因此，用15点买入的跨式期权，卖出价格为27½（认购期权在指数突破319支撑位时卖价为1½，而认沽期权通过追踪止损卖出）。以上操作发生在11月2日，因此从开始交易到了结头寸，并没有花很长时间。

图 6-5　零售业指数（RLX）

一旦你决定采用"顺势而为"的决策，只要在技术分析中确认趋势，就应当卖出跨式期权中不盈利的那一半。在之前例子中，支撑位是在319被突破的，当时认购期权的卖价是1½。讽刺的是，零售业指数到11月下旬一直上涨至328，因此认购期权的卖价本来可能更高。然而，在大多数情况下，如果技术支撑被突破，若要顺势而为的话，那么就应当卖出亏损的一边，因为它可能导致卖出收入为零。

处理亏损的跨式期权头寸实际上要容易很多。只需要为跨式期权价格设定一个心理止损价位，然后坚持止损即可。如果跨式期权价格跌至止损价位，则平仓。在这之后，可能想就相同标的建立新的较为长期的跨式期权，即便它可能没有最初跨式期权那么具有吸引力。

之前提过，在1994年和1995年，黄金波动率跌至历史最低水平。其波

动率的下跌是从 1993 年晚些时候开始的，当时在 20% 左右，到 1994 年 6
月，到达底部。以下是当时波动率的相关数据：

	当前数值（%）	十分位分组
隐含波动率	10.7	第 1 组
10 天历史波动率	6.0	第 1 组
20 天历史波动率	6.4	第 1 组
50 天历史波动率	10.0	第 1 组
100 天历史波动率	11.3	第 2 组

根据以上十分位分组情况，买入跨式期权看上去非常吸引人。因此，我
们以 18 的价格买入 12 月 390 跨式期权（12 月黄金的交易价格为 391）。这
些跨式期权还有 4.5 个月到期，这也是选择它们的原因之一。

一般来说，我的止损限额为 40% ~ 50% 跨式期权价值，因此，对于这
个买入的跨式期权，我的心理止损价位为 10 美元。任一交易日跨式期权的
结算价是 10 美元或者更低时，则应当被卖出。

后来事实证明，黄金的变化范围较为狭窄，而波动率甚至跌得更低。黄
金的交易价格在 380 ~ 400 美元，价格并没有大幅变化到靠近下端的盈亏平
衡点 372 美元或者上端 408 美元。更糟糕的是，隐含波动率在持续下跌。最
后到 10 月上旬，该跨式期权跌至 10 美元，于是卖出并承担亏损。

当跨式期权多头亏损时，通常会很懊恼，特别是前期准备工作并没有犯错，
而且是在波动率极低的情况下买入跨式期权的。最初反应通常是就同一标的再建
立另一个跨式期权，认为波动率应该会上升了。这个决定可能是想当然的。为了
去除情绪的影响，应该进一步对比波动率，在重复构建头寸前，应确认波动率与
之前的情形类似，甚至更好。

黄金跨式期权的例子中，在平仓亏损后不久，4 月黄金价格接近 390 美
元，波动率在十分位的第 1 组中（虽然波动率水平比之前例子中的更低）。4
月 390 跨式期权的买价为 11，该跨式期权的存续期大于 4 个月。注意，该
跨式期权的绝对价格较低，反映了隐含波动率正在降低。

无须过多讨论细节，总的来说这次的结果要更好一些，之后黄金跌穿了
380（夏天时的技术支撑位）。

即使第 2 个跨式期权多头同样出现亏损，但也是根据隐含波动率处于低位（的事实）而建立的。如果持续亏损，波动率也继续下跌，我认为不应该持续重复类似的买入交易。例如，黄金的隐含波动率在 1995 年仍然继续下跌，且保持在非常低的水平，最终直到 1996 年年初才开始上涨。交易波动率的理念是建立在掌握过去波动率的变化**范围**基础上，理论的内涵是，波动率要**保持**在这个变化范围之内。当它突破了之前的变化范围，应该避免建立该产品的头寸，直到对新的相对稳定的波动率范围有把握时才行动。因此，后来波动率继续下跌，则不再买入黄金的跨式期权。

买入波动率的第 2 种策略是反向价差。图 6-6 描述的是认购期权反向价差的情况——比如，卖出 1 手实值认购期权，与此同时，买入 2 手平值认购期权。从图 6-6 中的直线可以看出，除了潜在盈利在下行方向被截断之外，反向套利与买入跨式期权是很相似的。曲线描述的是距离到期一半时间的潜在盈利。较高的曲线描述的是如果隐含波动率升高（回到正常水平）的潜在盈利。较低的曲线描述的是如果隐含波动率保持原有水平时的潜在盈利。2 条曲线之间的空间表示，波动率回到之前正常水平所产生的统计优势。

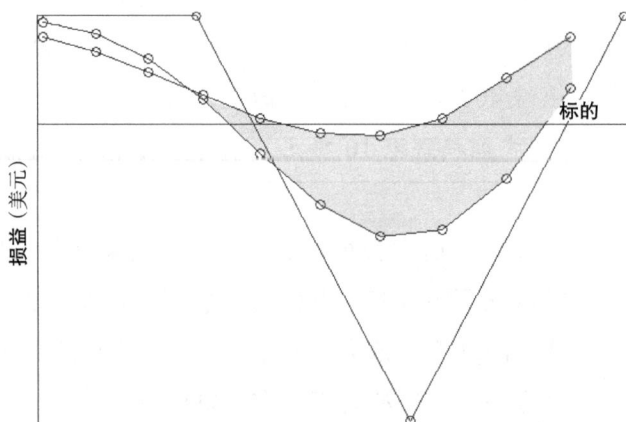

图 6-6　认购期权反向价差

正如图中所示，该认购期权反向价差在上行方向的潜在收益是无限的。反过来，认沽期权反向价差则在**下行**方向有无限的潜在收益。无论是哪种情况，反向价差放弃了其中一个方向的潜在收益，其最大亏损都要**小于**相应的买入跨式期权的最大亏损。

如果认为市场更有可能沿着某一方向波动，就可以采用反向价差来代替跨式期权。不过，中性策略交易者在建立头寸时通常对价格预测不感兴趣。相对来说，**各个**期权的隐含波动率互不相同时，交易者就会利用它们来构建反向价差。

这种情况被称为**波动率偏斜**（volatility skewing），本章后面部分会对其进行介绍，到时再讨论反向价差例子。

日历价差策略是从增长的隐含波动率、而非实际价格的波动中获利。日历价差包括买入 1 份中期期权，同时卖出 1 份较短期的期权，且这些期权的行权价格相同。交易者一般只是把日历价差当作普通价差，如果近期期权到期，则平仓整体头寸。如果在短期期权到期后，仍然保持较长期限的期权，那么你将成为投机者而不再是价差交易者。

图 6-7 描述了日历价差在近期期权到期时的损益情况。注意，如果标的价格与行权价格刚好相等，则该头寸实现最大的潜在盈利。如果标的价格朝任意方向运动、远离行权价格，那么就会出现亏损。不过，该头寸的亏损仅仅局限于最初的成本。图中有两条曲线，较高的曲线描述了波动率上升时的盈亏情况，较低的曲线则描述了波动率保持在低位时的盈亏情况。同样，2 条曲线之间的空间是由于波动率上升而产生的统计优势。

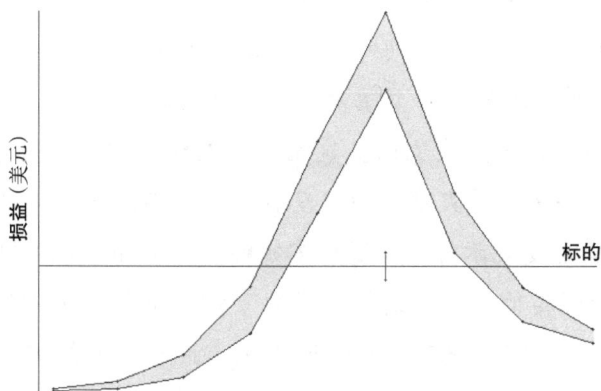

图 6-7　认购期权日历价差

大多数期权交易者都比较熟悉日历价差，但是他们经常没有意识到，日历价差在很大程度上会受到波动率的影响。因此，新手交易者常常在波动率很高时建立日历价差。这非常吸引人，但事实并非如此。我们一般会举例说明如何使用该策略，但以下是不要使用该策略的例子。举此例的原因是，人们倾向于在不应当使用日历价差时使用它。这是用实际价格虚拟的例子。

例：1994 年的夏季和秋季，关于桂格燕麦（Quaker Oats，代码 OAT）要收购公司的传闻已经延续好几个月。股票价格从 60 美元涨到了 75 ～ 80

美元，隐含波动率甚至上升更多：从 20% 到了极高的水平，上涨超过 60% 甚至更高。

当隐含波动率上涨如此之多时，会扭曲期权价格，因此，近期期权价格同远期期权相比贵得荒谬。以下是 10 月第 1 个星期的数据：

OAT 普通股股票：75 美元

	价格	隐含波动率（%）
11 月 75 认购期权	6½	60
12 月 75 认购期权	8⅛	57

可以用看起来很低的成本 1⅝ 美元，建立一个日历价差，即买入 12 月 75 认购期权，卖出 11 月 75 认沽期权。该日历价差看上去非常有吸引力。近期的 11 月期权价格异常得是远期 12 月期权价格的 80%，两者都是平值期权。这样的情况并不常见。此外，11 月认购期权的隐含波动率略高于 12 月认购期权，因此，就隐含波动率而言，日历价差也有些许的理论优势。

更进一步，利用定价模型可以计算出，如果 12 月期权具有 57% 的隐含波动率，而且 OAT 在 11 月到期时（大约 6 个星期之后）价格在 67 ～ 85 美元（这是一个相当大的范围），该套利就可以获利。

现在，这些条件都是成立的。这里研究忽略了波动率收缩对价差的影响。事实上，这种影响是灾难性的。没有什么比实际发生的事更有说服力：11 月 9 日，桂格燕麦表示将收购斯纳普饮料公司（Snapple），因而平息了收购传闻（大部分谣传的人对斯纳普这样的亏本企业是不感兴趣的）。股价跌 10% 至 67 美元[⊖]，而隐含波动率狂跌至 37%。此时的价格如下表所示：

OAT 普通股股票：67 美元

	价格	隐含波动率（%）
11 月 75 认购期权	1/16	n/a
12 月 75 认购期权	7/8	37

到期日当天（11 月 18 日），股价跌至 65 美元，12 月 75 认购期权的交易价只有半个点。

因此，用 1⅝ 美元买入的日历价差，在隐含波动率大幅下降后，亏损巨大。

⊖ 原文有误。原文为 67%，实际应为 67 美元。——译者注

这个例子说明，在交易日历价差时，考虑波动率后才决策的重要性。当波动率已经很高时，就像在桂格燕麦例子中那样，对于日历价差来说，就可能是个潜在的障碍。在本章结尾，将介绍一种在高位波动率的情况下使用日历价差的激进策略；不过，从统计学角度来说，当隐含波动率过高的时候，你应当避免使用该策略。当隐含波动率处于低位时，使用日历价差会更加适合，它可以减低波动率降低而损害价差（获利）的概率，同时提高由于波动率上升增加价差（获利）的概率。

总的来说，在交易波动率时，上述讨论的 5 种 delta 中性策略都是你的最佳备选。综上所述，如果要卖出波动率，那么 2 个合适的策略是比率价差（可以用认购期权也可以用认沽期权来建立）和裸卖出组合。如果要买入波动率，则适合买入反向价差（可以用认购期权或认沽期权）、买入跨式期权和日历价差。此外，使用价差策略（比率价差、反向价差和日历价差）的最好时机，是当期权隐含波动率存在偏斜时。例如，如果短期期权交易的隐含波动率要显著高于中期或长期期权，那么应当采用日历价差（同样，需要假定隐含波动率所处的十分位组不高）。另外，有时候行权价格较低的期权，其隐含波动率要高于行权价格较高的期权。在这种情况下，认沽期权比率价差（如果隐含波动率总体较高）或认购期权反向价差（如果隐含波动率较低）就会有吸引力。

6.6　希腊字母

之前的策略和例子已说明了波动率交易的迷人之处，其与价格预测不同。不过，由于这些都是简单策略，随着策略的演化发展，你常常不得不对价格进行判断。现在应该来讨论一些方法，在策略中使用这样的方法，可以更容易将波动率独立出来讨论，更少地依赖价格。

为做到这一点，我们必须更抽象地处理问题。因此，这一节也许会略显复杂，但是概念并不难。我常常说，在华尔街，统计学被当作导弹科学，而数学专业的大学生可以很轻松理解的数学问题，也被许多交易者鼓吹为只有爱因斯坦这样的科学家才能解决。再者，许多交易者认为，计算机得出的结果一定是绝对正确的。千万不要被我们在这里要讨论的东西吓倒，它不是什么圣杯，也不是什么成功秘诀。如果是成功秘诀的话，每个人都会用它。不过，我们将要讨论的内容，比通常所见的期权策略会更上一层楼，同时使得你的投资收益更持久、风险更小。

为将波动率独立出来，需要知道如何将**每一个**影响期权价格的变量分离开来。本章前面部分已经介绍了一些术语，即期权或者投资组合对于影响期权价格的不同因素的风险敞口度量。这些风险敞口的度量都采用了希腊字母（或者听上去像是希腊字母）作为名称，就把它们合称为"希腊字母"（Greeks）。

影响期货价格的变量	风险参数
标的价格	Delta
到期时间	Theta
短期利率	Rho
波动率	Vega

此外，我们也说过，"gamma"是"delta"的风险敞口的度量，有经验的交易者通过观察"gamma"值来进行中性交易。

6.6.1　模型

之前的风险参数、隐含波动率以及期权的理论价格，都是通过期权模型来计算得出的。有若干种模型是为大家所熟知的，其计算公式都已公之于众。其中，最早提出、同时也是最简单的，就是布莱克－斯科尔斯（Black-Scholes）模型，它是由两位教授在 1973 年提出，从那时起，许多学者都想对其做出修正和改进，致力于求解更准确的理论价值。

这些模型中较为流行的是二项式模型（Binomial model，附录 C 中给出了公式以及一些模型应用实例）。与布莱克－斯科尔斯模型相比，它需要更大的计算量；不过，现代计算机运算速度极快，可以很快完成计算，当然相比于布莱克－斯科尔斯模型所涉及的几项计算，还是稍慢一些。讽刺的是，经过多年来的这些"改进"，新模型所给出的答案（即期权价值）同布莱克－斯科尔斯模型的结果很少有相差超过几分钱的。本质上说，布莱克－斯科尔斯模型的结果与二项式模型的结果之间的区别，要比期权市场上的买卖价差更小。因此，没有理由使用一个比布莱克－斯科尔斯模型更复杂的模型，特别是对需要支付手续费、不是做市商的交易者来讲，就更是如此。

模型是必要的，没有模型就无法计算"希腊字母"。回忆一下，模型是决定期权价格的 5 个变量（股票价格、行权价格、到期时间、波动率和利率）的函数。对单个期权来说，这 5 个变量中，只有行权价格是永远不变的。其他会随着市场的交易，每天都发生变化。"希腊字母"衡量的是保持其他变量不变的情况下，单一变量的影响。可用一个简单的例子来解释"希腊字母"的概念。

例：假定根据以下数据，对期权进行评估：

股票价格：50 美元
行权价格：55 美元
到期时间：3 个月
波动率：25%
利率：6%

根据这些假设条件，布莱克－斯科尔斯模型给出的理论价格是 1.02 美元。现在假定其他所有数据保持不变，而股票价格变为 51 美元，然后重新计算。以下是新的假设条件：

股票价格：51 美元
行权价格：55 美元
到期时间：3 个月
波动率：25%
利率：6%

根据上述假设条件，布莱克－斯科尔斯模型给出的理论价格是 1.33 美元。

刚才所做，即是计算这个期权的 delta 值。当股票价格上涨 1 点，其他变量恒定的情况下，该期权的理论价值增长 31 美分。因此 delta 值为 0.31。

实际操作中，有数学等式可以直接计算 delta 值。根据等式计算可得，当股价为 50 美元时该期权 delta 值为 0.28，当股价为 51 美元时 delta 值为 0.34。因此，第 1 个方法（不那么理论化）产生的结果，是用数学等式计算 delta 的平均值。这个例子也说明，delta 值始终在变，即使股价只变化 1 点的情况下。无论是哪种情况，你可以看到，计算 delta 值的 2 种方法所得的结果都非常接近。

从上例可以推断"希腊字母"的计算，是通过保持其他变量不变的情况下，改变在每个交易日中都会发生变化的 4 个变量的其中之一而得出。用这种方法就

可以衡量任意变量对期权价格的影响。几乎所有的期权软件程序都可以计算任意期权的"希腊字母"。从数学角度来说，每个"希腊字母"都是定价模型关于4个变量之一的偏导数。如果不知道什么是偏导数，也不用担心。作为交易者，你只需要知道如何解释这些数学结果，而非数学运算本身。这些信息非常重要，我们能以此为根据建立关于任意或者若干变量的中性头寸。不过，在头寸分析之前，我们先介绍一下这些"希腊字母"。

6.6.2　Delta

现在你已经知道了，期权的 delta 值衡量了当标的价格变化 1 点时，期权价格变化的多少。认购期权 delta 值是正数，其变化范围从 0 到 1；认沽期权的 delta 值是负数，其变化范围是从 −1 到 0。

本章前面的部分和第 1 章已经介绍了一些关于期权 delta 值的内容。以前面例子为基础，假设除了让股价增加 1 点之外，其他 3 个变量（到期时间、波动率以及利率）同时也发生变动。在此情况下，该期权的理论价值肯定会发生变化，但是该变化中有多少是因为股价变化所引起的呢？难以说明，但其他变量显然也影响了 delta 值。

图 6-8 描述了 delta 值与时间之间的关系。注意到，当标的从深度虚值（图示左侧）到深度实值（图示右侧）的变化过程中，剩余到期时间越长的期权，其 delta 值的变化幅度更为温和。反过来，短期期权的 delta 变化会越急剧。当短期认购期权为实值时（图示右侧，较高的曲线），其 delta 值会向 1.00 快速靠拢；当短期认购期权为虚值时（图示左侧，较低的曲线），delta 值会快速下跌至零。

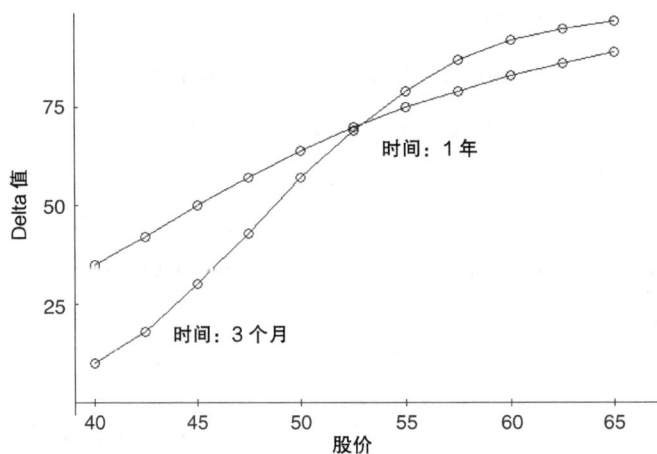

图 6-8　不同到期时间的 Delta 比较

1995 年 2 月，就在 2 月期权到期日的前几天，摩托罗拉（Motorola）宣布它们最重要的产品——手机的销量下滑。股票随之下跌了 6 点，从 64 美元下跌至 58 美元，日间下跌幅度更大。这发生在 2 月期权到期日的前一天。

于是，虚值认沽期权的持有者有不同程度的获利，但是这并没有比 2 月 55 认沽期权与 3 月 55 认沽期权之间的对比更引人注目。在消息公布的前一天，股价为 64 美元（这一天涨了 2 点），这 2 个期权的交易价都是 1/16 美元——这是最低价。当第 2 天股票（急剧地）下跌时，2 月 55 认沽期权纹丝不动；价格仍然是 1/16 美元。不过 3 月 55 认沽期权涨至 1 美元，涨了几乎整整 1 个点。

最生动地传递这类信息的，也许要算是（1997 年）1 月 50LEAPS 认沽期权，当时它还有几乎 2 年的存续期，虚值 5 点，它上涨了 1½ 点，表现优于其他 2 个认沽期权。因此，这个实例中淋漓尽致地展现了时间对于期权价格变化的影响。

股票的大幅变化也会影响期权的 delta 值：2 月 55 认沽期权的 delta 值在下跌之前是 0.00，在下跌后仍然是 0.00，因此可以确定：短期虚值期权的 delta 值在股票变化时并不会发生大幅变化（即使股票变化幅度较大）。3 月 55 认沽期权的 delta 值从股票下跌前的 −0.01 到了下跌之后的 −0.16，幅度增长 0.15。不过，较长期的期权，即便价格变化更大，delta 值的变化却相对较小，从 −0.13 到 −0.23，只有 0.10 的变化。以上描述如下表所示：

	Delta 初值	价格变化	Delta 终值
股票		−6	
2 月 55 认沽期权	−0.00	0	−0.00
3 月 55 认沽期权	−0.01	+1	−0.16
（1997 年）1 月 50 认沽期权	−0.13	+1½	−0.23

我们前面提到过，平值期权的 delta 值**并不是**刚好一半（0.50）。相反，它要更高一些。更有趣的是：平值认购期权的 delta 值会随着时间而发生变化。图 6-9 是认购期权的 delta 值，很清楚地阐释了以上事实。认沽期权也会有类似变化；但是，认沽期权的 delta 值的变化方向相反，例如，随着时间变化，从 −0.43 变化到接近 −0.50（回忆一下，认沽期权的 delta 值是认购期权的 delta 值减 1）。因此，随着到期日的接近，平值认沽期权对标的价格的变化会**更加**敏感，而认购期权则反应较为平淡。不过，两种情况下的变化幅度都很小。

我们已经看到标的价格变化会使得 delta 值发生变化，另外，时间推移也会改变 delta 值。影响认购期权 delta 值的第 3 个主要因素是**波动率**。回忆一下有 2 种波动率，分别是隐含波动率和历史波动率。历史波动率衡量的是标的价格波动程度；隐含波动率是期权表示出的波动率——是对未来波动率的某种预期。这 2 种波动率都会影响期权的 delta 值，不过，**隐含波动率**的影响通常是在短期，且更加剧烈。

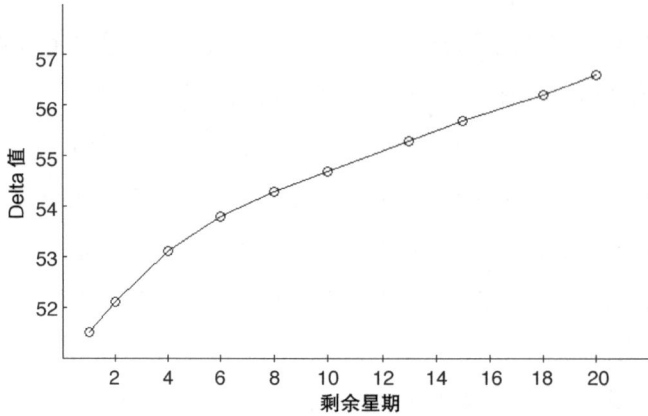

图 6-9　随着时间变化的平值期权 Delta 值

低波动率股票期权的时间价值较小，因此，虚值期权对短期（低波动率）股票的波动没有那么敏感，而实值期权则非常敏感。这意味着低波动率股票的虚值期权 delta 值很小——可能接近零，而相应的实值期权 delta 值则较高。图 6-10 说明了该情况。这与之前提到的较短期的期权行为有些相似。另外，如果标的波动率**非常**高，那么其虚值期权对标的价格变动就会更加敏感；而由于实值期权具有时间价值，所以标的变化 1 点，期权不可能也随之变化 1 点。这在图 6-10 中也有所体现，就其性质而言，与长期期权的表现类似。

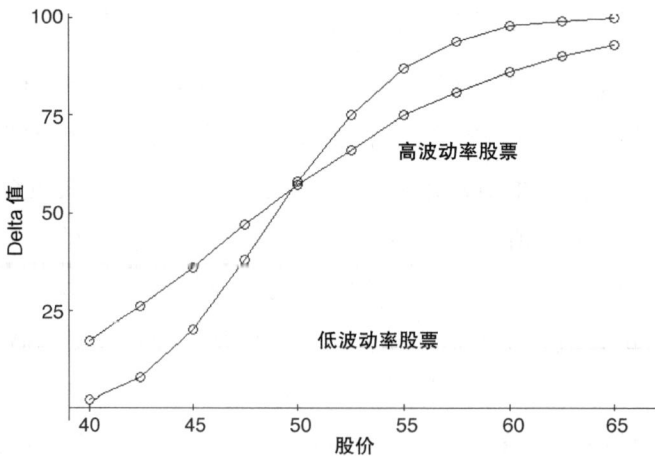

图 6-10　Delta 值和波动率的比较

隐含波动率变化十分迅速；也就是说，市场对**未来**波动率的认知可以在一夜之间发生变化。下例说明了这种变化是如何发生的。

1994 年，刚起步的药品公司 Gensia 公司（Gensia Pharmaceuticals）是一个典型的高波动股票。其正常波动率为年化 70%，相当高（整个市场的波动率仅为 15%）。1994 年 7 月，美国食品药品监督管理局（Food and Drug Administration，FDA）宣布，将就 Gensia 公司的主要药品举办听证会。公司股票从 10 美元下滑到了 8 美元，然后在次月慢慢回至 10 美元；因此该股票实际上**并没有**什么波动，而期权的波动幅度却很大。期权的隐含波动率即刻大幅上涨，上升至 130% ～ 140% 的区域，这是因为交易者知道 FDA 的决定将"成就或者击垮"这家公司。最后在 10 月，FDA 做出了对 Gensia 公司不利的决定，股价一夜之间下跌 50%。不过，当一切结束时，隐含波动率一夜之间从 130% 跌回到 70%，因为交易者不必对该公司未来类似 FDA 裁决而导致大幅波动的事件进行折现了。

隐含波动率会因为各种原因而突然上涨。一种是重要的公司公告，例如该例中 FDA 的裁决，或者是之前提到过的诉讼判决。而另一个促使波动率急剧上升的因素是对于标的未来价格的**感知变化**。对股票而言，这一般意味着收购传闻；对谷物期货来说，它常常意味着糟糕天气的预期。当这些情况出现时，波动率变化就没有一个清楚的原因（譬如，类似 FDA 裁决）。实际情况是，尽管没有相关的新闻，也没有标的价格的特别变动，它们的期权价格还是会常常出现相当急剧的变化。从本质上说，这些期权的 delta 值在急剧变化。要勾画出这样的情景，可以看看之前的图示，想象一下这是在股价没有任何变化的情况下，一条曲线上的 delta 值突然移到了另一条曲线上。

对交易者而言，理解这些概念很重要，这样才能明白，任何"中性"头寸都是有风险的；所谓中性，只是说头寸最初关于一个（或者几个）变量是中性的。随后其他变量的变化可能对这种中性带来负面影响。在本章前面部分谈到的 delta 例子中已有所了解，标的价格变化时，最初的 delta 中性头寸就变得相当的非中性。

6.6.3　Vega

Vega 以"希腊字母"命名，描述的是波动率变化如何影响期权价格（仍然假定是在其他变量不变的情况下）。在这里讨论的波动率限定于在定价模型中使用的波动率，因此实际上就是隐含波动率。大多数期权交易者可能都不熟悉 vega，但应当去了解它。没有任何东西比波动率对期权价格的影响更大了。事实上，正如本书已经反复说明的，隐含波动率变化对期权价格会有很大的短期影响。

本章主题是波动率交易，因而在接下来几节的许多地方都会讨论 vega。如果能够衡量隐含波动率变化对于头寸的影响，那么也就知道，在交易波动率时会承担多大的风险。

例： 正如本章前面部分，观察到某个证券的波动率在 20% ～ 34%。此外，假定当前的波动率是 32%，而且我们在考虑卖出波动率。

假设建立了一个头寸，其 vega 值为 -5.00；也就是说，波动率每增加 1 点（即从 32% 到 33%），则会**亏损** 500 美元。该假设说明，-5.00 vega 价值为 500 美元，适用于任何交易单位为每点 100 美元的期权。不过，如果是交易单元更大的期货期权，那么波动率风险将是 -5.00 乘以相应的交易单位。

vega 值为负，表示波动率下跌，头寸就会获利，而波动率上升则会亏损。如果我们真正相信波动率交易范围包含了顶部的 34%，那么波动率的风险就是 2 个点（从 32% 到 34%），或者说 1000 美元。

如果认为波动率会降低到比如 27%，也就是波动率在过去范围内的中心，那么如果真的发生，可以获利 2500 美元（500 美元乘以 5 个点，也就是从 32% 到 27%）。

总的来说，用 vega 衡量，这是一个有 1000 美元风险和 2500 美元潜在盈利的头寸。当然，其他因素也会影响该头寸，其中包括隐含波动率上升到前所未有的水平。不过，此例说明的是，vega 值可以衡量头寸的波动率风险。

本章后面的部分会讨论分离波动率与其他变量的方法，因此可以产生除波动率外、在其他方面都对市场保持中性的头寸。

6.6.4 Theta

Theta 值衡量的是期权时间价值的减少。它是用负数来表示，期权价值每过一天就会减少一些。Theta 值在描写时间推移如何影响期权投资组合方面非常有用。如果投资组合中有许多期权（裸）空头，那么就会有一个很高且为正数的 theta 值，时间对头寸有利。另一方面，如果持有大量的期权多头，那么投资组合 theta 则为负值，度量由时间衰减而遭受的损失。

6.6.5　Rho

Rho 衡量的是利率变化对期权价格的影响。回忆一下，用来评价期权的是**短期无风险利率**，一般是 90 天短期国债利率（90-day T-bill rate）。短期期权的 Rho 非常小。大部分交易者所拥有的都是短期头寸，因此，很自然他们并不把它考虑在内。像 LEAPS 期权这样的长期期权，Rho 有更多的意义。事实上，期权离到期日的时间越长，利率就越重要。图 6-11 描述的是 2 年期的 LEAPS 期权的 3 条理论价值曲线。顶部曲线描绘的是利率为 9% 的价格，中间曲线的利率 6%，底部曲线利率 3%。曲线之间的距离，即利率的实质影响。

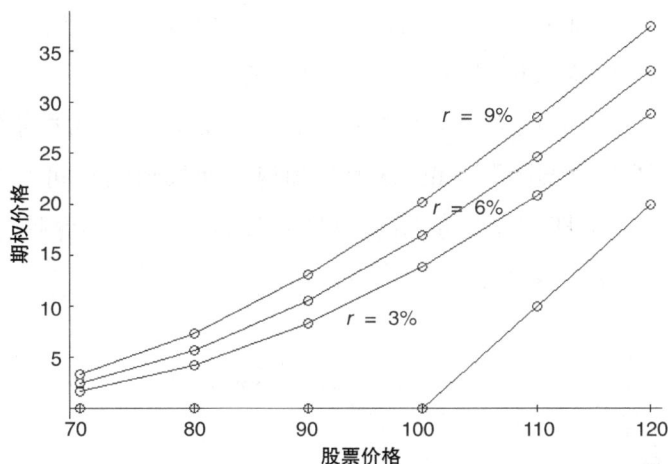

图 6-11　2 年 LEAPS 认购期权曲线

当然，短期利率不可能立刻变化 3%，但是如果美联储（Fed）非常想要提高或降低利率，那么在相当短时期内，可能会看到如此明显的变化。

1994 年，美联储几次提高贴现率，想要减缓过热的经济。在提高贴现率的过程中，无风险利率在大约 10 个月里从 3% 上升到 5.5%。利率提高时，股票价格通常会摇摆不定。1994 年也不例外，在那一年里，宽基平均指数中有 4 次相当急剧的下跌，同时全年均值也略微下跌。

从利率上升中获利的是 LEAPS 长期期权。事实上，利率在 8 个月里的上升抵消了长期期权中很大一部分随时间衰减的价值损失。本质上，价格从图 6-11 底部曲线移动到中间曲线，虽然其间经过了 8 个月的时间。

6.6.6　再议 Gamma

有了之前 4 个参数，就可以决定期权头寸或者整个期权投资组合将如何对市场中的变化做出反应。不过，有的理论家觉得还不够，因为其中两个——delta 值和 vega 值会变化得非常迅速，因此很难使得它们中性化。他们认为，如果可以对 delta 值的变化进行衡量，则会比较有用。这就是在本章前面部分讨论过的 **gamma 值**。Gamma 值衡量的是标的价格每变化 1 点时，期权 delta 值的变化幅度。本质上说，它衡量了 delta 变化速度的快慢。因此，如果 gamma 值和 delta 值可以中性化，那么即使标的价格发生变化，相关的期权头寸也会继续保持 delta 中性。最后，如果标的价格变化范围较大，gamma 值和 delta 值为非零值，该头寸将不再中性。即使这样，delta **和** gamma 都保持中性的头寸相比只是 delta 中性的头寸来说，保持 delta 中性的概率要大得多。

Gamma 值与其他的风险参数具有相关性（事实上，正如之前所说，它们**全都**相互关联）。图 6-12 显示了 gamma 值是如何与期权到期时间相关联的。如果到期时间很长，无论期权是实值还是虚值，其 gamma 值都保持相对稳定。图 6-12 底部的曲线说明了这一点。

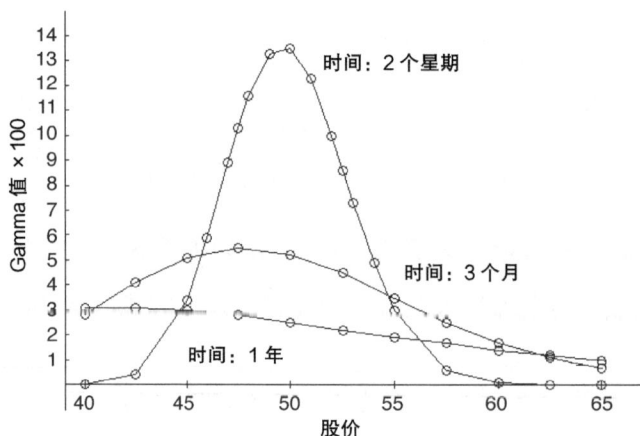

图 6-12　Gamma 值和时间关系图

这个事实也可以用列表形式进行描述。表 6-1 假设期权还有 1 年的存续期，其行权价格为 50，列表显示了该期权的理论价值和其 delta 值。Gamma 值就是标的股票变动每 1 点时，delta 值的变化值。因此，列表中是所观察到的 gamma 值（delta 值的实际变化值），而不是用数学方法计算得出的 gamma 值。这二者本质上是相同的。

表 6-1　行权价格 50 的 1 年认购期权

股价	理论价值	Delta 值	Gamma 值（观察得出）
40	1.02	0.24	
41	1.27	0.28	0.04
42	1.57	0.32	0.04
⋮			
49	4.87	0.62	
50	5.50	0.66	0.04
51	6.18	0.69	0.03
⋮			
58	11.72	0.87	
59	12.60	0.89	0.02
60	13.50	0.91	0.02

同时可以看到，对这个较长期的期权来说，gamma 值是相当稳定的：在股票上升的时候，delta 值上升相当平稳（在股票下跌的时候，delta 值的下降也相当平稳）。不过，当考虑短期期权的话，情形则大相径庭。图 6-12 中显示，当股价接近行权价格时，还剩 1 个月的期权 gamma 值波动相当大。与表 6-1 相似，表 6-2 是还剩 1 个月的期权情况。

表 6-2　行权价格为 50 美元的 1 个月认购期权

股价	理论价值	Delta 值	Gamma 值（观察得出）
41	0.00	0	
42	0.00	0	0
43	0.01	0.01	0.01
⋮			
48	0.47	0.28	
49	0.81	0.41	0.13
50	1.29	0.55	0.14

（续）

股价	理论价值	Delta 值	Gamma 值（观察得出）
51	1.90	0.68	0.13
52	2.64	0.79	0.11
⋮			
59	9.25	1.00	0
60	10.25	1.00	0

对于这个短期期权而言，当期权略为实值或虚值时，gamma 值是稳定的，而且几乎为零。这是合理的。例如，略为虚值的期权，且剩余到期时间极短，在这种情况下，其 delta 值接近零。即使标的价格上升 1 点，其 delta 值仍然还是非常接近于零。因此，标的价格 1 点的上升根本没有改变 delta 值太多；这仅仅是用另一种说法，表明了 gamma 值几乎等于零。对实值期权来说也是如此，因为在这种情况下，delta 值非常接近 1.00，而标的价格 1 点的运动不会过多改变 delta值。因此，gamma 值同样几乎为零，标的价格 1 点的波动不会使得 delta 值有太大变化。

不过越靠近行权价格，情形会越有趣。Delta 值的变化非常迅速，特别是短期期权或者低波动率股票。这同样也是合理的，因为在接近到期时，期权的时间价值流逝得很快。因此，股价的小幅上涨后高于行权价格时，会导致 delta 值很快从略高于 0.5 上升到很高水平。因此可以看出，gamma 值与时间和波动率相关。

6.6.7　Gamma 和 Delta 中性

建立价格中性头寸合乎逻辑的下一步，是建立一个对 delta 和 gamma 都保持中性的头寸。按照这种方法，该头寸就不会因为标的价格变化而承担过多风险。对于许多交易者来说，这种方法可能会让他们望而却步，但其实构建这样一个头寸是相当简单的。实际只需要两步：①建立 gamma 中性的头寸，然后，②将该 delta 头寸中性化。第 2 步始终是通过操作标的（等价）股数或者合约来完成的。

例：假定一只股票年初时的交易价格为 98，而交易者有兴趣采用以下的 3 月期权建立 gamma 和 delta 中性的头寸：

期权	价格	Delta 值	Gamma 值
3 月 100 认购期权	5 美元	0.50	0.030
3 月 110 认购期权	2 美元	0.25	0.020

请注意，这里的 gamma 值很小，因此，在处理 gamma 值，特别是进行大笔交易时，应当使用至少小数点之后的 3 位数字。

现在，为了创建 gamma 中性的头寸，只需要将相关的 2 个 gamma 值相除、决定其中性比率。在这个例子中，因为 gamma 值的比率为 2 比 3（0.020 比 0.030），gamma 中性头寸是每卖出 3 手 3 月 110 认购期权，同时买入 2 手 3 月 100 认购期权。该头寸的 delta 值非零，需要将该 delta 头寸中性化。

为达到这个目的，我们假设实际交易是买入 200 手 3 月 100 认购期权，卖出 300 手 3 月 110 认购期权，则该头寸 ESP，或者是，delta 头寸如下表所示

期权	数量	Delta 值	ESP
3 月 100 认购期权	200 手多头	0.50	+10 000
3 月 110 认购期权	300 手空头	0.25	−7 500
		Delta 头寸合计：	+2 500

为将该 Delta 头寸中性化，可以卖出（卖空）2500 股普通股股票，或者，也可以利用等价头寸的知识，卖出 25 手 3 月 100 认购期权，同时买入 25 手 3 月 100 认沽期权。如果采用期权，由此产生的头寸如下所示：

买入 175 手 3 月 100 认购期权

卖出 300 手 3 月 110 认购期权

买入 25 手 3 月 100 认沽期权

注意： 使用等价期权头寸完全没有改变 gamma 值。无论股票还是等价头寸，其 gamma 值都为零（也就是说，3 月 100 认购期权和 3 月 100 认沽期权的 gamma 值相同，当买入和卖出相同数量的认购期权和认沽期权时，它们之间就相互抵消了）。

前面的例子中，假设使用 gamma 值来建立中性头寸，该头寸是一个认购期权比率立权（call ratio write）。事实上，也可以反向操作。下列 2 个头寸也都是 gamma 中性的：

买入 2 手 3 月 100 认购期权

卖出 3 手 3 月 110 认购期权

或者

卖出 2 手 3 月 100 认购期权

买入 3 手 3 月 110 认购期权

可以从上述两者中做出选择，具体取决于想实现的目标。如果想要卖出波动率，那么采用第 1 个头寸——认购期权比率立权。反过来，如果想要买入波动率，那么采用第 2 个头寸——反向价差。此例并没有显示关于波动率的风险敞口。但是，前文提到认购期权比率立权是卖出波动率的策略之一，而反向价差是买入波动率的策略。我们很快会讨论 gamma-delta 中性头寸对波动率的风险敞口。

不过，首先让我们更为仔细地察看一下该头寸，看看 gamma 和 delta 中性头寸具有何种特征。图 6-13 描述了该头寸处于不同股价水平的 delta 值。较平直的为 7 天 delta 值的曲线，另一条曲线的跨度更大，它描述的是 30 天的 delta 值位置。可以看出，即使开始时头寸是 gamma 和 delta 中性的，随着时间推移，delta 值会增加，特别是当标的价格发生急剧变化的时候。不过要记住，该例涉及的是相当大的头寸，因此对比起来其 delta 值就没有那么大。事实上，7 天后的 delta 值几乎不重要了——这是 gamma-delta 中性头寸的优势。

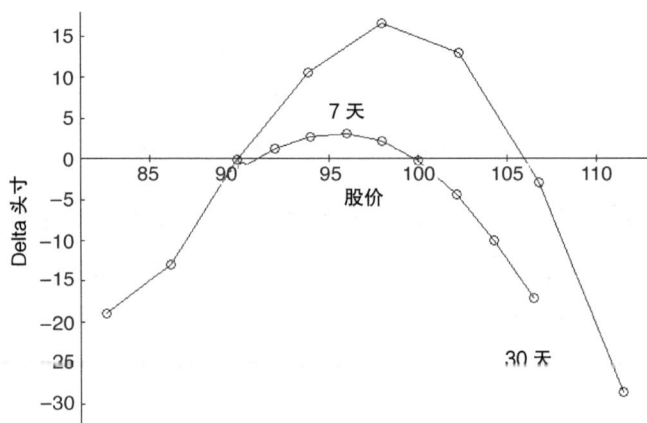

图 6-13　比率价差的 delta 头寸

可以注意到，delta 值在一定范围内较为平稳——7 天是在股价 100 以下，30 天是在股价 107 以下。这意味着，除非股价上涨到类似价格之上，否则不必调整头寸。一旦股价高于这些价格，则开始卖空 delta。同时，30 天之后，股价大幅**下行**会导致该头寸的 delta 值为负（这是因为买入了 25 手 3 月 100 认沽期权）。中性交易者在该情况下也会需要调整头寸。

此例的头寸的 delta 值比典型的 1 比 2 认购期权比率价差要稳定得多（比如说，买入 100 手 3 月 100 认购期权，同时卖出 200 手 3 月 110 认购期权）。在此指出这一点就足够了。

用 gamma-delta 中性头寸建立起来的实际头寸基本上是认购期权的比率立权，但是也包含了一些额外的认沽期权，同时可以获取下行方向的潜在盈利。在这里，买入认购期权与卖出认购期权的比率要大于严格的 delta 中性头寸（不是 1:2，而是 1.75:3）[⊖]，因此该头寸在上行方向并没有那么大的裸期权风险敞口。

如果想从盈利 – 亏损角度来审视这个 gamma-delta 中性头寸，图 6-14 描述了该头寸在到期时（直线）和 30 天时（曲线）的盈利情况。图示中，假设波动率保持不变，盈利和亏损的增加完全是由于股价波动和时间推移引起的。但实际上，只有在认为波动率会下降时才会建立如此头寸。以下会看到波动率下降是如何影响盈利的。

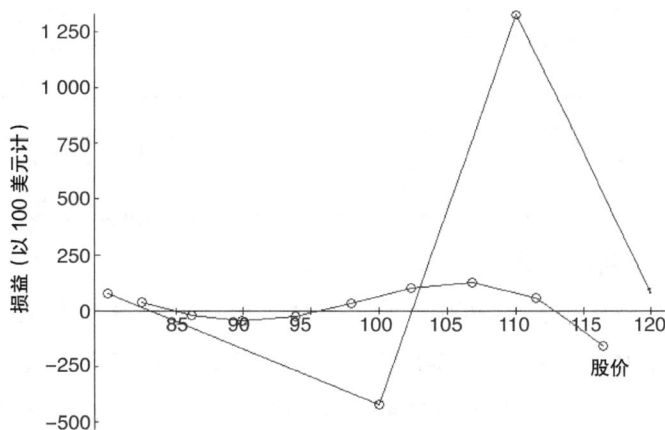

图 6-14　比率价差的盈利

最初，该头寸对上升的波动率存在风险敞口。换句话说，该头寸是波动率空头；或者用"希腊字母"来说，其 vega 值为负。如果打算卖出波动率，这正是我们所想的。为了量化，拓展一下上面的例子，将波动率包括在计算中。

例：我们对该头寸再做一个假设。假设交易者已经了解到，该股票波动率变化范围通常是 20% ～ 30%。当前波动率为 30%，交易者想要建立一个

⊖　原文此处有误。1.75:3 的比率是大于 1:2 的比率的。——译者注

gamma-delta 中性头寸来卖出波动率。该例中的头寸即是这样的一张入场券。

下面所列数据同前例数据相同，不同的是增加了每个头寸的 vega 值。Vega 值表示隐含波动率每增长 1% 时，期权价格瞬间增长的幅度。表中也加入了认沽期权。

期权	价格（美元）	Delta 值	Gamma 值	Vega 值
3 月 100 认购期权	5	0.50	0.030	0.180
3 月 110 认购期权	2	0.25	0.020	0.150
3 月 100 认沽期权	5⅞	−0.50	0.030	0.180

我们最初的头寸：买入 175 手 3 月 100 认购期权，卖出 300 手 3 月 100 认购期权，同时买入 25 手 100 认沽期权，它是 delta 和 gamma 中性的，但是在波动率上有风险敞口。使用这些期权的 vega 值，很容易就可以计算出风险敞口的大小。

头寸	期权 vega 值	头寸 vega 值
买入 175 手 3 月 100 认购期权	0.180	+3 150
卖出 300 手 3 月 100 认购期权	0.150	−4 500
买入 25 手 3 月 100 认沽期权	0.180	+450
	头寸 vega 值合计：	−900

Vega 值总是表示成正数；因此，期权多头（该例中 3 月 100 认购期权和 3 月 100 认沽期权）的 vega 值为正，而期权空头的 vega 值为负。

上述头寸 vega 值说明，如果隐含波动率下降 1%，比如从 30% 下降到 29%，那么该头寸盈利 900 美元。当然，这是一个瞬时参数，受到股价变化和时间推移的影响。图 6-15 显示了 30 天的盈利情况，较低的曲线即是我们在前面盈利图示中所看到的那条曲线——它是波动率不变时对应的损益情况。较高曲线表示如果波动率下跌到范围中间位置时所产生的盈利情况。

可以看到该头寸中，当股价高于 98 美元而波动率下降时，会产生多少额外的收益。

例子相当具体地展示了隐含波动率下降可以给该 gamma-delta 中性头寸带来的可观盈利。另外，相比纯粹的认购期权比率价差，它基本上维持了很好的价格中性。也可以看看 5 个首选的交易波动率的 delta 中性策略，同 gamma-delta 中

性头寸有什么相似之处。这种转化相当有趣。不过先抛出 1 个谜题，即如何构建不仅 gamma 和 delta 中性，同时波动率的风险敞口在可接受范围的头寸。

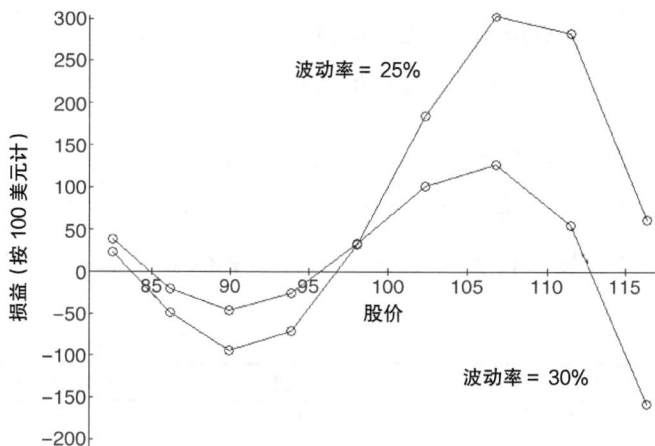

图 6-15 波动率变化情况下的比率价差损益

通过求解二元一次方程组，然后就剩余的 delta 值进行调整，这很容易做到。只要说"2 个方程 2 个未知数"，许多人就慌乱起来。请放轻松。解决问题的方法很简单。首先，这只是高中代数；因此，如果家里有高中生或者大学生，他们也许就可以帮你解答。实际上，解决含有 2 个未知数的 2 个等式有简单的程序可以使用。有些软件可以提供，而且有可能是免费的。

接着用同一例来说明这一观点。本质上，我们将会获得与之前相同的头寸，不过，这次将从不同的角度来考虑整个问题，即是我们想要承担的风险。在前例中，我们只是建立 gamma-delta 中性头寸，然后检验其 vega 值有多大。

例：假定想采用 3 月期权建立认购期权比率价差——正如前面，而且波动率每上升 1 点，你只想承担 1000 美元的风险。当然，这也意味着如果波动率每下跌 1 点，你就会获利 1000 美元，这是盈利的来源。用"希腊字母"来描述，即每 1 点的波动率上升需要承担 1000 美元的风险，这也就意味着该头寸的 vega 值为 −10.00。

期权	价格（美元）	Delta 值	Gamma 值	Vega 值
3 月 100 认购期权	5	0.50	0.030	0.180
3 月 110 认购期权	2	0.25	0.020	0.150

用 x 表示买入的 3 月 100 认购期权数量，y 表示卖出的 3 月 110 认购期

权的数量。记住，我们想要 gamma 中性，且 vega 值等于 –10。于是这两个等式为：

$$\text{Gamma 中性：} 0.030x + 0.020y = 0$$
$$\text{Vega 风险：} 0.180x + 0.150y = -10$$

解这个方程组，我们可以得到 $x = 222$ 和 $y = -333$。这就意味着我们应买入 222 手 3 月 100 认购期权，卖出 333 手 3 月 110 认购期权。操作之后，我们的头寸就有一定的 delta 值。由于我们希望 delta 中性，那么应该从头寸中除去 delta 值的影响。

期权	Delta 值	ESP 或 Delta 头寸
买入 222 手 3 月 100 认购期权	0.50	+11 100
卖出 333 手 3 月 110 认购期权	0.25	–8 325
	Delta 头寸合计：	+2 775

因此，我们要卖空 2800 股股票，或者使用等价期权头寸——卖出 28 手 3 月 100 认购期权和买入 28 手 3 月 100 认沽期权。由此产生的头寸即是：

买入 194 手 3 月 100 认购期权

卖出 333 手 3 月 110 认购期权

买入 28 手 3 月 110 认沽期权

该头寸同前例中的头寸非常相似。相比较它略大一些，原因是我们想要 vega 风险是每点 1000 美元，而在前面的例子中，每点为 900 美元。

目前已经建立了如何确定适度头寸的理论，我们再来看看其他交易波动率的策略。之前的例子有些过于简单，这是因为我们把认购期权限定在 2 个期权中——3 月 100 和 3 月 110 期权。在现实中，当我们寻找卖出波动率的方法时，有许多期权可供选择。通常在价差的买入方面使用平值期权比较合理，不过在卖出的方面，有许多虚值期权可供选择。一般来说，交易者可以把挑选过程集中到少数几种选择上；不过，就像我们在下例中可以看到，有时由于选择了"错误的"期权，因而转变成了某种交易者并不想要的头寸。

大部分人感兴趣的一个卖出波动率策略是裸卖出组合套利。当你将 gamma 中性化时，该头寸会发生什么呢？下例说明了这个情况，展示了 gamma-delta 中性头寸，它特有的 vega 风险是基于卖出的组合套利。

例： 假定与前例一样，交易者想要卖出波动率。当前波动率在 30% 的水平，但正常水平是在 20% ～ 30%；而且，交易者想就每 1 点波动率的上升有 1000 美元的波动率风险。不过在该例中，交易者想要通过卖出组合套利来解决问题。回忆一下，在这些情况下，我们偏向于使用组合套利（2 个行权价格）而不是跨式期权作为卖空头寸。

当前股价是 98 美元，交易者考虑要卖出 3 月 95 认沽期权和 3 月 105 认购期权作为空头组合，然后想要买入虚值期权来对冲这个空头。他使用 2 月 90 认沽期权和 2 月 110 认购期权作为买入对冲的虚值期权组合。买入这样的虚值组合来保护空头组合时，则被称为买入 "双翼"（wings）。

在 1 月 2 日，XYZ 股票有下列数据，当时股价为 98 美元。

期权	Delta 值	Gamma 值	Vega 值
2 月 90 认沽期权	−0.18	0.025	0.096
3 月 95 认沽期权	−0.35	0.027	0.167
3 月 105 认购期权	0.37	0.028	0.170
2 月 110 认购期权	0.18	0.024	0.095

除了认沽期权的 delta 值，其他所有数据都为正数。交易者同样会有和之前类似的方程组，一个是关于 gamma 值的，一个是关于 vega 值的。不过 4 个期权对应就有 4 个未知数。但是在现实中，他可以将此看作 2 个未知数：一个是 3 月空头组合，另一个是买入作为对冲的 2 月多头组合。这样简化之后，可以把构成部分的总和代入该方程。

因此，令 x = 3 月组合的志出数量，y = 2 月组合的买入数量。这个方程组为：

$$\text{Gamma 中性：}(0.027 + 0.028)\,x + (0.025 + 0.024)\,y = 0$$
$$\text{Vega 风险：}(0.167 + 0.170)\,x + (0.096 + 0.095)\,y = -10$$

解方程组可得 $x = -81$ 和 $y = 91$。也就是说，如果交易者卖出 81 手 3 月组合，他就应当买入 91 手 2 月组合作为对冲。他也可以演算头寸 gamma 值和头寸 vega 值，以确保其满足标准，即 gamma 中性和 vega 风险为 −10。

该头寸的 delta 值如下表所示：

期权	Delta 值	ESP（Delta 头寸）
买入 91 手 2 月 90 认沽期权	−0.18	−1 638
卖出 81 手 3 月 95 认沽期权	−0.35	+2 835
卖出 81 手 3 月 105 认购期权	0.37	−2 997
买入 91 手 2 月 110 认购期权	0.18	+1 638
Delta 头寸值合计：		−162

因此，这个头寸基本为 delta 中性。如果交易者想要真正做到没有偏差，他可以买入 100 股或 200 股标的股票将 delta 中性化；但是，从实践的角度上说，没有这个必要。

该例中产生的头寸与想象的可能会有些不同。"正常"部分是，空头组合通过买入更深虚值期权的组合进行对冲。不同寻常的是，期权多头在期权空头之前到期。这样的搭配，保证金要求会大不相同。在期货期权中，在期权多头到期之前，它们被视为卖出期权的"回补"，因此，保证金仅仅是价差部分的要求。不过，在股票和指数期权中，由于保证金要求不明晰且不合逻辑，期权空头被视为裸期权而交纳保证金（除非符合做市商的要求，也就是说，交易者作为交易所会员进行交易）。

因为按裸期权计算期权空头保证金，使得保证金要求变得非常高，远远大于所涉及的风险。显然，不管标的在期权多头到期之前有多大变化——本例是 2 月，这些期权多头都能防止出现大额亏损，即亏损是有限的。而保证金要求忽略这个事实，是荒唐的。

虽然保证金要求会降低收益率，但并不会降低头寸本身的潜在盈利。图 6-16 显示了前例中的头寸在 2 月到期日时，也就是说，多头期权到期日时的情况。图 6-16 中较低曲线描绘了波动率保持在 30% 时的盈利，较高曲线表示波动率降低到 25%，也就是在假定隐含波动率范围中间位置时，会获得更大的盈利。同样，很显然，即使头寸最初是 gamma-delta 中性，经过时间流逝和标的（价格）变动，也会有风险累积。无论如何，相比于只是裸空头组合，该头寸的风险要小很多，无论标的在哪个方向上变化过大，裸空头组合都会有无限的风险。

你也许会感到奇怪，为什么使用 2 月期权而不是较长期的期权来为对冲这个空头组合。这样做的理由是：**为了在一开始就裸卖出组合，而且通过买入"双翼"来使其成为一个 delta 中性和 gamma 中性的头寸，双翼必须早于空头组合到期。**下例说明在多头一边使用较长期的组合时其 gamma-delta 中性头寸的情况。

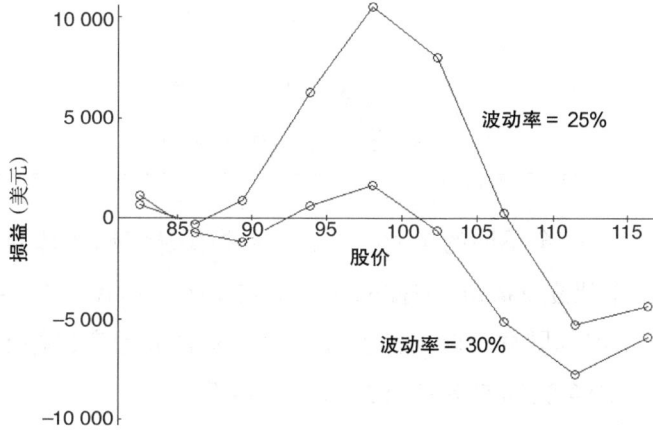

图 6-16　双翼损益图

例：使用同上例相同的波动率假设，想要构建 gamma 中性的头寸，vega 风险是每点 1000 美元。下面是有关 XYZ 的数据，1 月 2 日股价为 98 美元：

期权	Delta 值	Gamma 值	Vega 值
4 月 90 认沽期权	−0.24	0.019	0.170
3 月 95 认沽期权	−0.35	0.027	0.167
3 月 105 认购期权	0.37	0.028	0.170
4 月 110 认购期权	0.31	0.022	0.192

同样，设定二元一次方程组，加入每个组合的数字。令 x = 卖出的 3 月组合的数量，y = 买入的 4 月组合的数量，则方程组为：

$$\text{Gamma 中性：}(0.027 + 0.028)x + (0.019 + 0.022)y = 0$$
$$\text{Vega 风险：}(0.167 + 0.170)x + (0.170 + 0.192)y = -10$$

解方程组可得 $x = 67$ 和 $y = -90$。在使用这些数据建立和求解二元一次方程组之后，得出的结果是一个完全不同的头寸。现在，x 是一个正数，这就意味着应买入 3 月组合同时卖出 4 月组合。因此事实上是构建了 2 个比率立权，一个是用认购期权，一个是用认沽期权。

买入 67 手 3 月 95 认沽期权

卖出 90 手 4 月 90 认沽期权

以及

买入 67 手 3 月 105 认购期权

卖出 90 手 4 月 110 认购期权

这是与最初计划完全不同的头寸。不过，如果要从我们所选的 4 种期权中按照要求的 vega 值来建立 gamma 中性的头寸，这是唯一途径。图 6-17 中是 30 天后该头寸的损益情况。同样，较低的曲线代表了隐含波动率保持不变时的损益，较高的曲线代表了隐含波动率下降到 25% 时的结果。

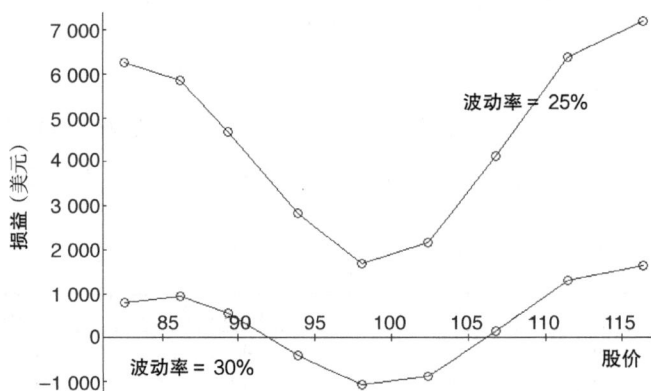

图 6-17   双比率价差的损益图

请注意，我们并没有真正解决保证金问题。同前例一样，我们仍然卖出较长期的期权（该例中为 4 月），因此，该头寸还是会需要相当数量的保证金。

该头寸与预期不同的原因是，4 月期权的 vega 值很大。为了按原计划创造出**负值** vega 的头寸，这将因为 4 月期权的 vega 值太大而几乎无法买入。3 月期权 vega 值合计为 0.337，而 4 月期权 vega 值合计更高，为 0.362。这就意味着，只要波动率下降 1 个点，3 月组合亏损约 34 美分而 4 月组合亏损更多——36 美分。因此，如果我们想要从波动率下降中赚钱，那么卖出 3 月组合同时买入 4 月组合就没有意义。

此例给出了一个非常有趣的现象：通常很难"直观"地获得特定波动率风险对应的 gamma 中性头寸。而通过使用"希腊字母"，可以精确地了解需要什么样的构建才能实现目标。本章，我们花了相当多的时间来说明我们的策略基础：交易波动率，并且尽量消除标的价格变动带来的风险。通过使用"希腊字母"，可以保证所建立的头寸是我们所需要的。

我常常见到这样的交易者，他们想建立我们在本章所描述的投资策略，却失败了，但建立头寸是可行的。通常来说，如果想要就波动率下降预期而卖出组合，我们认为需要买入在相同时间或者更晚月份到期的双翼来进行保护。前例展示了这种想法的错误。实际上，买入较晚到期的双翼，更可能失去波动率下降带来的潜在盈利。

目前为止我们介绍了 2 个比较常用的卖出波动率策略——比率价差和裸卖出组合，我们也看到了当其转化为 gamma-delta 中性头寸时所发生的情况。现在我们来考察一下买入波动率的基本策略——买入跨式期权、反向价差和日历价差，就 gamma-delta 中性头寸而言，该如何运用它们。

1. 日历价差

这里的日历价差，并没有前例里那么多细节。它是 gamma-delta 中性的，波动率风险敞口适中（当前 vega 值为 +10——请注意是**正号**），在 1 月 2 日，XYZ 为 100 美元，波动率等于 20%：

> 买入 52 手 6 月 100 认购期权
> 卖出 44 手 3 月 100 认购期权
> 买入 15 手 6 月 100 认沽期权

这看上去有点像一个普通的日历价差，不同的是买入了较多的认购期权，同时买入了一些认沽期权。这是很有吸引力的头寸，因为标的无论朝哪个方向变动，只要足够远，就可以获利。另外，如果波动率上升（这是我们的基本假设），也可以获利。此外，如果标的停滞不动，卖出的认购期权则为该头寸提供对冲保护。

图 6-18 显示了该头寸的盈利情况。曲线表示 3 月到期（近月）的盈利。图示中较低的线条显示了如果波动率保持在 20% 的结果，而较高的线条则表示如果隐含波动率上升到 25% 时可以预见的较好盈利结果。

2. 反向价差和买入跨式期权

这是我们在想要买入波动率（也就是说，希望 vega 值为正）时使用的其他 2 个基本策略。我不认为使用这些策略需要非常关注 gamma 中性。如果这 2 个策略的 delta 值不为零，那么标的价格变化可能带来盈利。对卖出波动率的策略来说，价格变化的中立性要重要很多。在卖出波动率的情况里，股价的大幅波动将会是灾难性的。然而，在买入波动率时，价格大幅变动则会有帮助，因此一般只要波动率风险适中，delta 中性就足够了。

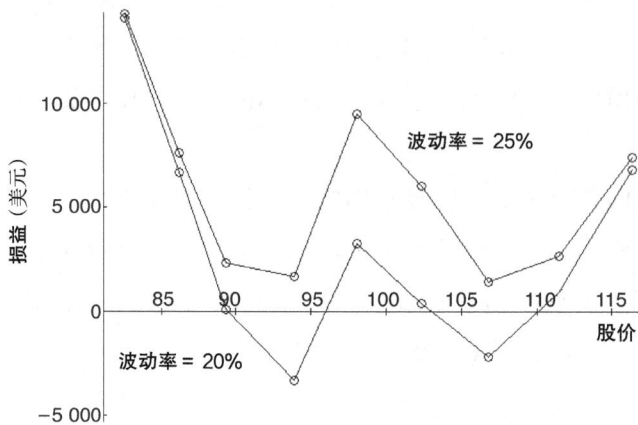

图 6-18　日历价差

例： 假定当前波动率是 20%，处于其历史变化范围的低位，而且可能会向上运动，因此我们想要建立一个反向价差。下面的数据描述了 1 月 2 日的情况：当时 XYZ 价格为 100 美元，波动率为 20%：

期权	Delta 值	Gamma 值	Vega 值
3 月 90 认购期权	0.91	0.018	0.079
3 月 100 认购期权	0.57	0.043	0.180

通过解方程组获得 delta 中性，vega 值为 +10 的头寸。如果波动率增长，其每 1 个点的增长就会给带来 1000 美元的盈利。

$$Delta \text{ 中性：} 0.91x + 0.57y = 0$$
$$Vega \text{ 风险：} 0.079x + 0.18y = 10$$

解该方程组可得 $x = -48$ 和 $y = 76$。因此，我们想要的头寸即是：

买入 76 手 3 月 100 认购期权
卖出 48 手 3 月 90 认沽期权

这是典型的反向价差头寸。凑巧的是，虽然没有刻意将它的 gamma 中性化，但是其 gamma 值还是相当小。我们可以计算出，该头寸的 gamma 值为 +2.40。如果标的价格上升 1 个点，最初为中性的头寸，其 delta 值就会上涨到 2.40，这就意味着该头寸的 delta 值相当于 240 股股票多头。另外，如果标的价格下跌 1 个点，delta 值就会是 −2.40，或者说，该头寸的 delta 值相当于 240 股股票空头。

标的价格上升得越多，delta 值也就增长得越多；标的价格下跌得越多，delta 值下降幅度也就越大。最后，会持有 delta 绝对值相当高的头寸，要么在市场上升过程中为正 delta 值，要么在市场下跌过程中为负 delta 值。不管怎么说，这是一个"好"现象，在标的价格大幅变动之后将会获利。我对跨式期权持相同观点，其 gamma 值不一定为零。

如果偏好使用 gamma-delta 中性策略来买入波动率，那么推荐使用之前例子中所提到的日历价差。

6.6.8　高级专题

前面描述的中性头寸，其 gamma 和 delta 二者都是中性的。理论上可以建立对于所有变量都保持中性的头寸。虽然，如果你是需要支付手续费的交易者，要想赚钱，最后还是不得不承担某种风险；只有做市商才有可能对**所有**的变量都保持中性，他们的目的就是要买卖报价，从而不需要承担更进一步的风险。

比如说，为了建立一个对 3 个变量保持中性的头寸，需要建立三元一次方程组，进而求解。例如，你也许想对 gamma 和 theta（时间）保持中性，但这仍会有波动率风险。

另一个交易者使用的风险度量是"gamma 的 gamma"。它衡量的是标的每变化 1 点时，gamma 值变化的速度。因此，许多比较侧重理论的交易者认为，他们需要**另一个**度量参数来帮助他们保持头寸对标的价格运动的中性，这也恰恰说明价格中性对他们有多么重要。

因此，在方程式中，你想要使用的 3 个参数是 gamma 值、gamma 的 gamma 值以及 vega 值。同前例所做的一样，你仍然应该考虑最后将 delta 中性化。按照这种方式，将得到一个对价格变化**非常**中立却仍然有波动率风险的头寸，这正是本章我们想要的风险。

可以把这个概念进行拓展，比如说，考虑 4 个方程 4 个未知数（gamma 值、时间或者说 theta 值、波动率或者说 vega 值以及 gamma 的 gamma 值），其最后 delta 值仍然是中性的。如果不使用数学公式，那就根本无法得到这样的头寸。

例：不涉及过多细节，我们可以用前面的一个例子来构建一个对 4 个参数变量保持中性、同时还具有波动率风险的头寸。同样，还是从卖出 3 月 95 和 3 月 105 认沽期权组合的思路开始，并且使用 2 月 90 和 2 月 100 认购期权组合作为保护。正如实际所发生的，下面是 1 月 2 日，XYZ 价格为 98 美元时，经过对必需的变量中性化后的头寸：

买入 28 手 2 月 90 认沽期权
卖出 145 手 3 月 95 认沽期权
卖出 45 手 3 月 105 认购期权
买入 82 手 2 月 110 认购期权
卖空 5400 股 XYZ 股票

该头寸有以下性质：

Delta 中性
Gamma 中性
Theta 中性
Gamma 的 gamma 中性
波动率风险：每点 1000 美元

该头寸有上行风险，不过 82 手认购期权多头将会对冲掉 45 手认购期权空头和 5400 股股票空头的大部分风险。下行方向的风险更为明显，5400 股股票空头和 28 手认沽期权多头并不能完全对冲所有 3 月 95 认沽期权空头。

一般来说，小规模或者中等规模的投资者没有必要达到如此程度的中性化，不过该例说明了其可行性。

6.6.9　总结

本节讨论的是使用"希腊字母"将头寸中性化，从而可以更精确地评估和承担波动率风险。从之前例子来看这个方法并不复杂。不过，即使有了所有这些准备，还是应当认识到，这些头寸仍然会亏损，特别是涉及裸期权。

虽然本书大部分的例子都是真实的例子，目的是基于实际市场的交易说明各种方法的可行性，但是本节使用的例子还仅仅是理论上的。本节的概念对许多交易者来说都很新鲜，所以我们觉得，一些理论的例子能够相当准确地描述出分析和建立这些头寸的方法。没有引用实例并不意味着该方法仅仅在理论上有效。这恰恰相反。事实上，当你下一次看到 OEX 期权变得十分便宜或者十分昂贵时，你也许应当尝试一下该方法，其在宽基指数期权上的应用特别有效。也相当适用于期货市场。期货市场的波动率有时会因预期的旱灾、洪涝或者其他类似的情况而会上涨至高位。

6.7　交易波动率偏斜

到目前为止，我们双管齐下，考察波动率交易的可行性：①隐含波动率在其变化范围的极值，②其相比历史波动率处于更极端的水平。这里的思路是，隐含波动率在某个时刻会运动到其变化范围的中间位置，此时波动率交易者就可以获利。

尽管本章展示了所有谨慎的方法，但是按照所描述的方法交易波动率，还是有可能亏损。例如，如果你在卖出波动率，可能发现它突破了之前的变化范围，且处于更高水平。即使头寸基本上是 delta 和 gamma 中性的，还是会亏损。这一类的波动率增长在过去出现过许多次。有时，波动率的上升会出现在本来已经很高位的时候。

1991 年夏天，大豆价格从 575 美元**跌破至** 525 美元。波动率降低至其变化范围的极低值，这也是谷物期权常态；下跌的谷物价格通常相伴着下降的隐含波动率。之后到了 7 月，因为出现了对干旱的恐惧，大豆反弹回 600 美元。该反弹也将隐含波动率带回到之前变化范围的顶部，且远远高于当时的历史波动率。

此时我建立了 gamma-delta 中性的认购期权比率价差，如果波动率下降，该头寸将获利颇丰。接着一个星期，对干旱的恐惧愈演愈烈，在这段时间内，大豆价格猛涨到将近 650 美元，隐含波动率剧增并远远超出之前范围。

即使对 gamma-delta 中性头寸来说，这个变化幅度也太大了，我不得不进行调整以保护头寸。几天之内，天降大雨，大豆交易接连 2 天跌停板，然后稳定在 550 ～ 575 美元的区域。这时波动率下降了，但是已经太晚了——由于所做的调整无法盈利，整个头寸变为亏损。

交易波动率时，必须关心基本面的要素；在建立大豆头寸时，我认为干旱并不严重——它可能只是谷物市场常常经历的那种夏季的炒作。此外，我也认为隐含波动率在它变化范围的高点，这些理由足以解释那些流言蜚语。显然我错了，所以不得不承受亏损，尽管亏损有限。

与此相似，如果是买入波动率，也有可能亏损。我们已经提到过这样的例子，1994 年和 1995 年，黄金的波动率降至前所未闻的水平，从而造成了波动率买家的亏损。

这些情况的主要问题是，历史波动率和隐含波动率从来没有收敛，至少在一段时间内。事实上，这是交易波动率的主要问题之一：**不能保证隐含波动率与历史波动率会收敛，或者说，在持有头寸期间，无法保证它们会收敛**。于是，有的波动率交易者倾向于使用另一种方怯，他们倾向于找出波动率偏斜，然后交易它。

当同一标的的不同期权之间的波动率有实质性不同时，就存在**波动率偏斜**（volatility skew）。有的市场几乎不断有波动率的偏斜——比如说金属和谷物期权，OEX 和标普（S&P）500 期权白从 1987 年崩盘以来也是如此。其他市场偶尔有偏斜出现。谈到波动率偏斜时，是在描述一组期权，它们有不同的波动率模式，而不只是一些零星的不同波动率。事实上，对于**任何**股票、期货或者指数期权，行权价格和到期日不同的各个期权之间，都有稍许差别。不过，在波动率偏斜的情形中，我们可以看到个别期权之间更大的隐含波动率差别，特别是在那些到期日相同的期权之间；而且，这些差别通常有一定的模式。下例说明了我们所看到的模式。

接下来的例子是 1987 年崩盘以来在 OEX 和标普 500 期权中（以及许多其他宽基指数期权中）存在的波动率偏斜类型。这是一个很常见的持续 8 年的偏斜数据。1995 年 12 月，OEX 价格为 586 美元：

期权	隐含波动率（%）
1 月 560	15.8
1 月 565	14.9
1 月 570	14.0

（续）

期权	隐含波动率（%）
1 月 575	13.2
1 月 580	12.5
1 月 585	11.8
1 月 590	11.2
1 月 595	10.7
1 月 600	10.5

请注意，该表并没有标记认购期权或是认沽期权。这是因为行权价格和到期日相同的认购期权和认沽期权，其隐含波动率一定相同，否则就会存在无风险套利机会。

在以上波动率偏斜中，行权价格较低的期权，其隐含波动率最高，这叫作**反向波动率偏斜**。它有时是因为预计标的市场会出现熊市而造成的，不过，这通常是短期现象。例如，当一种商品正在经历急剧下跌时，就会出现反向波动率偏斜，而且会一直持续到市场稳定为止。

不过，反向偏斜在宽基指数期权中存在如此之长，反映出一些更基本的因素。1987 年崩盘，交易者和经纪公司遭受亏损之后，裸卖出期权的保证金要求提高了。有的公司甚至拒绝让客户裸卖出期权。这样的话，市场上的卖出交易就减少了。另外，正如第 3 章所指出的，资金管理者转向买入指数认沽期权作为工具，来为股票投资组合提供保险，防止亏损。这就增加了对认沽期权的需求，特别是虚值认沽期权。因此，需求增长的同时供给减少，导致较低行权价格期权对应的隐含波动率上升。

除此之外，投资经理有时也会卖出虚值认购期权来融资，买入作为保险的认沽期权。在前面章节里将其称为"领口"（collar）策略。这样的行为进一步增加了卖出虚值认购期权的压力，同时也解释了高行权价格期权中较低隐含波动率引起的某些偏斜。

正向（forward）的波动率偏斜与反向偏斜相反。一般来说，虽然在金属期权市场中相当常见，它还同样出现在各种期货期权的市场中，特别是谷物期权。不过，在咖啡、可可豆、橙汁和白糖期权中并不常见，但确实也还是以一定频率出现。

以下数据描述的是正向波动率偏斜。这是 3 月的大豆，当时的价格是 745 美元：

期权	隐含波动率（%）
3 月 675	15.8
3 月 700	16.2
3 月 725	17.7
3 月 750	19.8
3 月 775	21.9
3 月 800	23.8
3 月 825	24.8
3 月 850	26.9
3 月 875	28.8
3 月 900	30.7

在**正向**偏斜中，期权的行权价格越高，波动率就越大。

正向偏斜常常出现在对价格上行预期过于乐观的市场中。这并不等于说每个人都看多市场，不过，他们担心会出现幅度非常大的价格上涨——或许是几天的涨停板，而这样的价格波动会对虚值认购期权的空头方造成严重损害。

偶尔也会看到 2 种偏斜**同时**存在，源于 2 个方向的行权价格。这种情况不常出现，不过有时可以在金属市场中见到。

下面是 4 月黄金期权价格的实例，当时黄金价格是 390 美元：

期权	隐含波动率（%）
4 月 350	10.7
4 月 360	10.0
4 月 370	8.8
4 月 380	8.2
4 月 390	8.0
4 月 400	9.6
4 月 410	11.2
4 月 420	13.1
4 月 430	14.9
4 月 440	16.6
4 月 450	18.3

注意，平值期权最便宜，而虚值期权则更贵一些，在较低行权价格和较高行权价格的期权上都是如此，是双重偏斜。

波动率偏斜有趣的是，你可以理想地在卖出昂贵期权的同时买入**相同**标的的便宜期权。于是，如果标的实际价格波动遵循正常的模式，那么该头寸就会获利。实际上，你拥有了交易同一标的 2 种不同波动率的难得机会——这几乎是确定无疑的。

6.7.1　价格分布

在正式讲解波动率偏斜前，首先讨论下股票价格分布。数学家通常认为股票和商品价格波动符合标准的**统计**分布。最常见的统计是正态分布。大部分没有上过统计课程的人们也很熟悉正态分布。

图 6-19 展现了正态分布的"钟形曲线"。图形中心是数值所集中的地方；也就是说，大部分数值在均值附近，非常少的数值在远高于均值或者远低于均值的地方。正态分布可用于描述很多事物的分布情况：例如，IQ 测试的结果，或者成人的平均身高。在正态分布中，有些数值可能无限低于均值，或者无限高于均值。均值也可称为中位数。股票价格可以无限上涨，但最多下跌到 0，因此正态分布不适合描述股价波动。

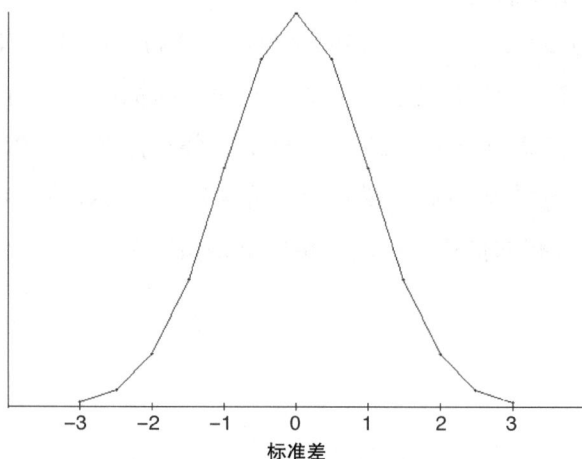

图 6-19　正态分布或钟形曲线

因此，另一统计分布通常用于描述股价波动。该分布被称为**对数正态分布**（lognormal distribution），在图 6-20 中展示。曲线上不同点的高度代表股票在该价格上的概率。最高的点刚好是均值，表示大部分价格在该点附近，正如图 6-19 的正态分布。如果是股价，均值定义的是今天的价格，那么经过一段时间后，股价大多会在价格均值附近。对数正态分布允许股价无限上涨（尽管概率很低），但不能下跌到 0 以下。实际上，价格也极少下跌到 0。

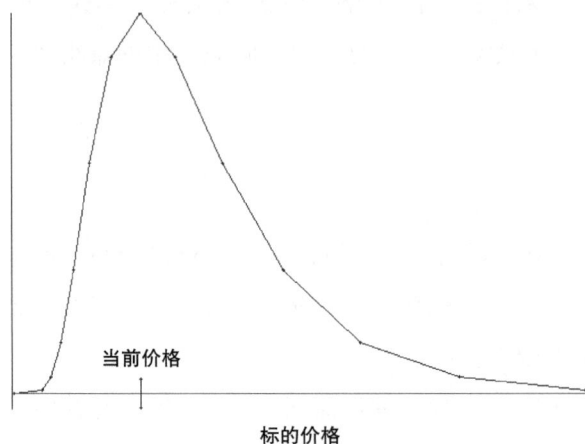

图 6-20　对数正态分布

数学家花费了大量时间去精确定义股价波动的分布，也存在争议。但普遍接受对数正态分布作为价格波动情况模拟。价格不一定是股价，可以是期货价格、指数价格或者利率。

通常，期权价格反映的是预期标的价格分布。例如，布莱克－斯科尔斯模型（Black-Scholes model）就是基于价格的对数正态分布。但是，当存在隐含波动率偏斜时，该价格分布会不同。图 6-21 是正向偏斜的标的价格分布图，可见于谷物或者金属商品。将该图与图 6-20 的对数正态分布比较，可以发现该图形态有非常明显的不同：图形右侧较高，说明标的价格较大上涨概率。图的左侧被压低，说明相比对数正态分布的价格，标的价格的下跌概率更小。

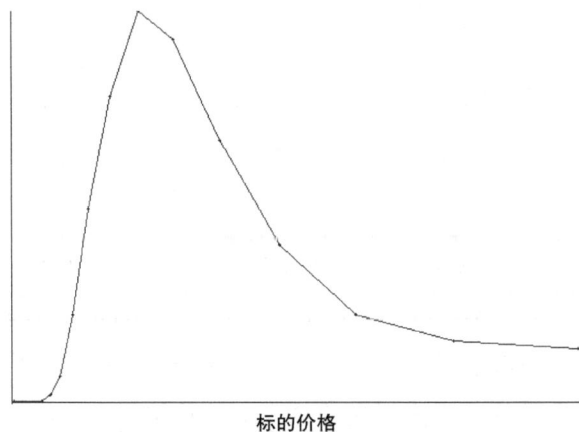

图 6-21　正向偏斜

图 6-22 是反向波动率偏斜（reverse volatility skew）的价格分布图。它也与常规的对数正态分布不同。该图的左侧抬升较高，说明价格下跌的概率高于对数正态分布对应的价格下跌概率。相似地，右侧较为平坦，说明该分布下的价格上涨概率不如对数正态分布的。

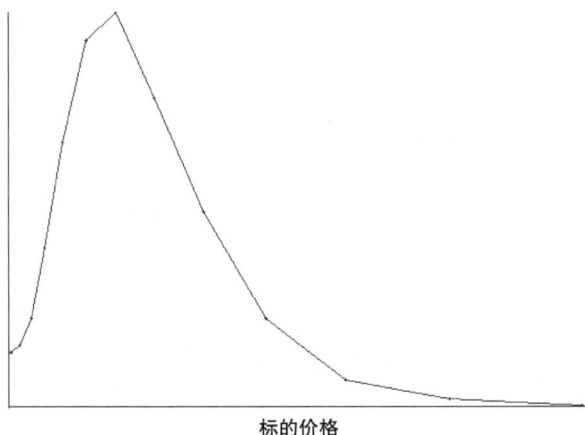

标的价格

图 6-22　反向偏斜

我认为有偏斜的波动率**并不是**准确的市场波动情况，而对数正态分布才是更加准确的图形。因此，如果发现某一些期权有明显的波动率偏斜，那么就存在很好的交易机会。中性期权价差头寸中的期权有着不同的隐含波动率，因此建立该头寸拥有统计意义上的优势。

寻找波动率偏斜的最好地方是在到期日相同的期权上，可见于上文 OEX 和玉米期权表格。我更喜欢用相同到期日的期权来交易波动率偏斜，其原因是即使到期时偏斜没有消失，期权在到期时必须平价的事实意味着期权价格会像标的价格一样波动——也就是说，它们会与对数正态分布一致，而不是偏斜分布。

交易波动率偏斜的目的是捕捉 2 个期权之间的隐含波动率差异，同时不过度暴露在标的价格波动的风险中。我们可以利用简单的牛市价差和熊市价差，但这两者过于依赖价格。因此，最好的策略是垂直价差：比率立权和反向价差。

6.7.2　交易正向偏斜

当波动率偏斜是**正向**时，就像谷物期权那样，那么**认购**比率立权（见图 6-23）或者**认沽**反向价差（见图 6-24）是较好的策略。选择这 2 种策略的理由是，在每一策略中，都是买入低行权价格的期权，卖出高行权价格的期权。在正向波动率偏斜中，较高行权价格期权的隐含波动率较高，这些策略就提供了统计意义上的优势。这种优势来自买入"便宜"的期权，同时卖出相同标的相对"昂贵"的期权。

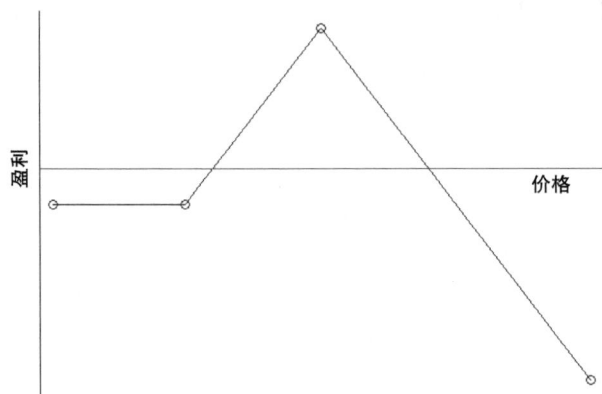

图 6-23 认购比率价差

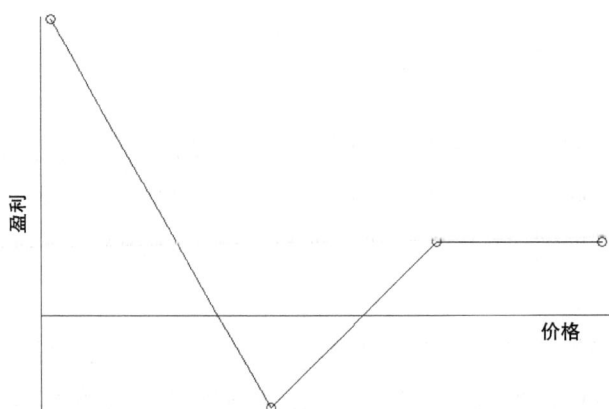

图 6-24 认沽反向价差

以下数据是从上文正向波动率偏斜中摘录的 3 月大豆期权数据[⊖]，标的价格为 745：

期权	隐含波动率（%）
3 月 750	19.8
3 月 775	21.9

接下来的 2 个策略都是 delta 中性，并且从正向偏斜中获利。认购期权比率价差是交易波动率偏斜中颇具吸引力的策略：

⊖ 原文有误。根据前文，此例中是大豆期权数据，而非玉米期权数据。——译者注

> 买入 10 手大豆 3 月 750 认购期权
>
> 卖出 20 手大豆 3 月 775 认购期权

　　但是，如果担心波动率会剧烈上升，对头寸造成伤害，那么可以用认沽期权反向价差：

> 买入 20 手大豆 3 月 750 认沽期权
>
> 卖出 10 手大豆 3 月 775 认沽期权

　　这一次，也是买入较低行权价格的期权，卖出相对较贵的较高行权价格的期权。

　　可以利用过去的隐含波动率数据，以帮助选择哪种策略。如果目前隐含波动率处于较低位，那么有较大的概率上升，则可以选择反向价差。相反，如果隐含波动率已经接近历史高点，那么可以选择认购比率价差，从隐含波动率下降中获利。

　　当交易波动率偏斜时，可以有以下几种获利方式。第一，可以马上从波动率偏斜消失中获利，此时期权的隐含波动率相同。这种情形相当罕见，但有时确实发生。第二，标的价格在期权到期时处于设定的盈利范围内，那么也可以盈利。第三，隐含波动率朝希望的方向移动（如果持有反向价差则希望隐含波动率上升，如果持有认购比率价差则希望隐含波动率下降）。可以参考上文的图 6-3，回顾该策略的盈利性。

　　虽然 1995 年夏天的谷物价格上涨了，但这段时间是交易谷物期权波动率偏斜的绝佳时机。其偏斜非常陡，呈现出非常好的统计优势。1995 年 6 月初，9 月玉米价格为 278：

期权	价格	隐含波动率（%）
9 月 280 认购期权	13½	26.5
9 月 300 认购期权	8	31.5

　　对于只相差 2 个行权价格间距的期权而言，它们的隐含波动率差值是比较大的。此外，隐含波动率处于第 8 分位⊖上，因此比率价差更合适。基于期权 delta（没有在此显示），推荐建立如下头寸：

⊖　原文有误。在此处，隐含波动率处于较高位，应该是第 8 分位（decile），而不是第 8 百分位（percentile）。
　　——译者注

10 手 9 月 280 认购期权多头

16 手 9 月 300 认购期权空头

该头寸建立之初，有 7 点的支出（350 美元，谷物期权的每点价值是 50 美元），下行风险很小。如果玉米价格上涨太多，**上行**风险理论上是无限的。上行方向的盈亏平衡点是 332，因此使用撤销前有效的买入止损指令（GTC buy stop orders），买入 6 手 332 价格的 9 月玉米期货，以锁定上行风险。到期时玉米价格为 300 时的潜在盈利最多，因此如果价格上涨到 300，则平仓获利。

最后在 7 月中下旬，玉米价格上涨到 295，此时的持仓已经有不错的浮盈，波动率偏斜已经有所减少——9 月 280 认购期权的隐含波动率为 27.5%，9 月 300 认购期权的隐含波动率是 30.7%。盈利来自波动率偏斜的降低以及有利的标的价格波动。隐含波动率依然在相同**绝对**水平上——25% 以上，因此并没有为盈利贡献多少。

通过比率价差交易波动率偏斜时，我通常买入平值期权，卖出虚值期权来组成价差。这也是前例中介绍的方法。在此方法中，如果标的价格向价差中的行权价格移动，一般可以获利。实际上，如果波动率偏斜消失，或者至少有所平缓，就已经有不少盈利。

当持仓有盈利时，决定何时平仓获利总是一门艺术。如果很幸运，标的价格移动到行权价格上——正如前例中的 9 月玉米价格那样，那么应该保留头寸，以获得标的价格停留在较高行权价格时的更多盈利。我建议的 2 种处理方式如下：①平掉一半仓位，先获得一部分盈利；②设定一些接近目前价位的心理止损价位，那么在触及这些价格时，依然锁定一部分盈利。

接着以 9 月玉米为例，可以证明当不错的浮盈出现时，较窄的心理止损价位很有用。8 月 1 日，9 月玉米的价格一路下跌至 280；8 月中旬到期的期权，最后都到期无价值，那时玉米价格是 275。如果当时没有用心理止损价位去锁定盈利，那么所有之前的浮盈都亏完了，并且还有相当于建仓时支出费用的亏损。

因此，当玉米处于 290 的高位时，设定心理止损价位为 290 和 310，以便在触及这些价格时平仓。另外，如果玉米价格停留在这 2 个价格之间，会获得更高的盈利。正如前面解释的，玉米价格下跌，当触及 290 时，期权平仓获利。此时的盈利不如玉米价格在 300 时的盈利，但至少还是有所盈利。

单靠一个例子当然不能全面证明整个策略。但为了说明波动率偏斜交易将带来优势，在过去 4 年中我从《**期权策略交易者**》（*The Option Strategist*）中总结出比率立权。所有交易都基于波动率偏斜。39 次交易中，24 次盈利，10 次亏损小额的初始投入资金，还有 5 次亏损很大。亏损很大的原因在于：①隐含波动率的上升；②由期货引起的较大跳空；或者③调整过后趋势逆转（双重亏损）。5 次亏损中没有一次是由跳空引起，要么是快速波动引起的波动率突然上升，要么是双重亏损。平均持仓周期为 53 天，39 次的平均年化盈利超过 50%（假设交易所收取的是最低限额保证金）。因此，通过上述方式构建的比率价差策略可以获得不错的收益：在正向波动率偏斜下，并且初始隐含波动率相对较高时，建立比率价差。

正向波动率偏斜下，如果隐含波动率相对较低，那么相应的策略是认沽期权反向价差。相比认购期权比率价差，认沽期权反向价差使用频率较低。部分原因在于正向波动率偏斜机制本身。谷物期权隐含波动率下降的唯一时机是谷物价格下跌。认沽期权的比率反向价差在价格下跌更大时获得最大盈利，但这种情形在价格已经比较低的时候并不常见。然而，该策略在满足以下 2 个条件时，统计意义上可行：①正向波动率偏斜；②较低的隐含波动率。

6.7.3　交易反向偏斜

当隐含波动率反向偏斜时，有 2 种与前面提到的策略刚好相反的策略可以使用：①**认沽**比率价差（见图 6-25）；②**认购**反向价差（见图 6-26）。在这两种策略中，买入较高行权价格、较低隐含波动率的期权，卖出较低行权价格、较高隐含波动率的期权。同样，如此交易将拥有统计优势，相当于卖出较"贵"的期权，同时买入较"便宜"的同一标的对应的期权。如果隐含波动率处于低位，那么认购期权反向价差更为合适；如果隐含波动率处于高位，那么认沽期权比率价差是更好的选择。

反向波动率偏斜普遍见于宽基指数期权，但并非一直如此（1987 年前，宽基指数期权呈现轻微的正向波动率偏斜），所以可能某一天这种偏斜又会消失。此外，在经历突然下跌的期货期权市场中，有一定的频率会出现该偏斜。近几年，活牛、长期债券和原油期权出现过反向波动率偏斜。在这些期权上，一旦标的商品价格开始稳定，反向波动率偏斜就出现了。但是，宽基期权上的反向波动率偏斜则持续存在，大部分原因可能是之前谈到的保证金和供求因素的影响。

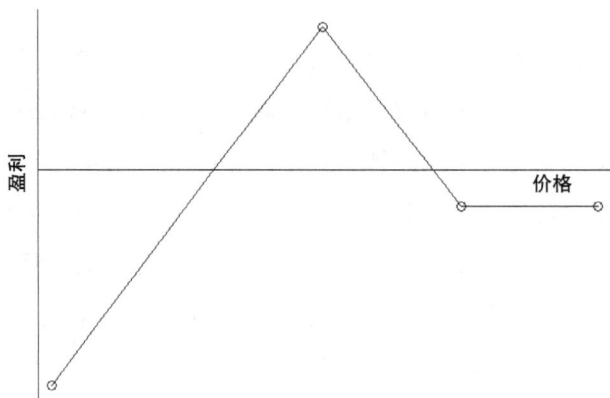

图 6-25　认沽比率价差

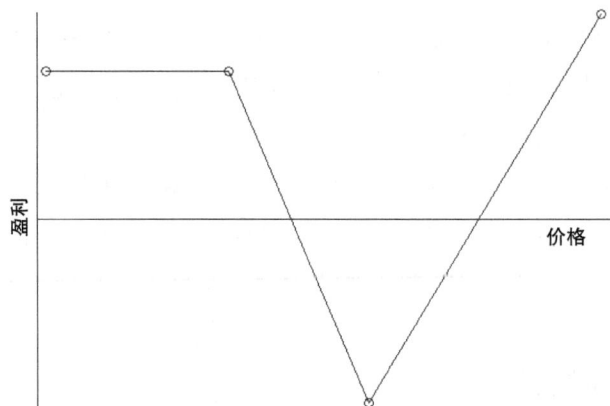

图 6-26　认购反向价差

第 4 章指出，当 OEX 隐含波动率较低时，买入跨式期权是好策略。但是现在，因波动率偏斜，我们将修正该说法：当隐含波动率较低，而且呈现反向波动率偏斜时，认购期权反向价差将是更好的策略。1987 年以来，通过利用反向波动率偏斜，OEX 上的认购期权反向价差表现不错。部分原因是 OEX 期权大部分时间在较低的波动率范围内。如果等待这些机会去建立头寸，则有值得期待的收益。

接下来讲述的是在股市中跟踪一个持续数月的反向价差策略，说明如何做出调整，如何获得盈利以及何时平仓。

1995 年 2 月，OEX 期权的隐含波动率相对较低。这有时可看成市场卖出信号，但更好解释为市场朝任一方向急速波动的先行指标。以下是当时的

相关数据，为我们和我们的客户建立了反向价差策略：

1995 年 2 月 23 日，OEX 价格：455

在 455 的 OEX 价格下，我们买入行权价格 455 或 460 的认购期权，卖出行权价格为 445 或更低的认购期权。这些期权一般距离到期还有 3 个月或以上，因此时间衰减不会是主要因素。此外，有时会买入一些虚值认沽期权，为头寸提供更多下行时的机会。特别是在卖出的认购期权行权价格接近目前标的价格时，更会去买入虚值认沽期权。

期权	价格	隐含波动率（%）
5 月 460 认购期权	7	9.9
5 月 445 认购期权	16½	11.7
4 月 445 认沽期权	3½	10.8

基本的反向价差如下：

买入 20 手 OEX　　　5 月 460 认购期权

卖出 10 手 OEX　　　5 月 445 认购期权

买入 10 手 OEX　　　4 月 445 认沽期权

净支出：10 点

卖出的 5 月 445 认购期权的隐含波动率高于买入的 5 月 460 认购期权的隐含波动率，这是存在反向波动率偏斜时的天然副产品。此例中，由于 **4 月**认沽期权价格较低，我利用该期权以获得额外的下行收益。为使收入与支出的计算简单，只在最后计算佣金。

图 6-27 展现了 3 种隐含波动率下 4 月期权到期时的持仓情况，隐含波动率仍然在较低水平（中间的曲线），隐含波动率上升（较高的曲线），隐含波动率下跌至 6%（最低的曲线）。

反向价差要求的保证金必须超过该策略的风险；如果期权到期时，标的价格刚好等于较高行权价格，将出现最大亏损。这就是对应的保证金要求。换种说法，即资金要求必须要有等同于每一卖出的期权行权价格与买入的期权行权价格之间的差值部分，再加上必须支出的费用。如果开仓时有收入（通常是有收入的），则该收入可用于抵扣价差所需要的保证金要求。此例中，行权价格之间的差值是 15 点（1500 美元），而且有 10 手价差，那么资金要求是 15 000 美元，再加上 1000 美元的开仓成本。

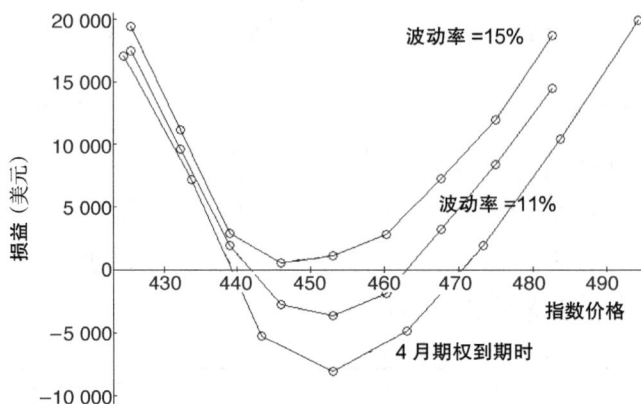

图 6-27　OEX 反向价差——阶段 1

此例中的持仓是 delta 中性的，但是有波动率风险和 gamma 风险，即 gamma 不是中性。当 OEX 价格开始上涨时，持仓会变为 delta 多头；当 OEX 价格下跌，持仓会变为 delta 空头。

当 OEX 波动时，必须知道如何调整。前文讲述跨式多头时谈过此问题。考虑到波动率偏斜，我们必须同时关注波动率偏斜以及波动率水平，以便决定如何调整头寸。

例如，如果 OEX 上涨，持仓将变为 delta 多头，很可能有所获利。如果不做调整，OEX 价格若下跌，那么我们将失去盈利。所以，在波动率已经上升时，我们将更倾向于先取走一部分盈利。但是，如果波动率没有变化，那么可能选择重新中性化持仓。反向价差很容易做到重新中性化：滚动买入，将原认购期权多头换成更高行权价格的认购期权。此操作可以从原来的认购期权中获得盈利，增加账户资金。接着，可以从 OEX 随后的上涨和下跌中继续盈利。

3 月底，OEX 上涨到接近 475，持仓变得 delta 深度多头。隐含波动率几乎没有上升，而反向波动率偏斜也没有消失。实际情况如下：

期权	价格	隐含波动率（%）
5 月 475 认购期权	7½	10.9
5 月 460 认购期权	18	13.0
5 月 445 认购期权	32	16.0

看起来持有期权的隐含波动率上升了——确实上升了。但是，该上升是因为波动率的偏斜，并不是隐含波动率的普遍上升。现在的平值期权 5

月 475 认购期权隐含波动率略高于 5 月 460 认购期权开仓时的隐含波动率
（10.9% 和当时的 9.9%）。波动率偏斜是导致实值认购期权（例如，更低行权
价格的认购期权）有更高的隐含波动率的原因。稍后将更详细地讨论该问题。

　　平值认购期权依然便宜的事实，是我决定滚动买入更高行权价格的认购
期权，而非平仓所有期权的主要因素。那时已经有浮盈约 3500 美元（4 月
445 认沽期权的价格依然约为 1 点）。当滚动买入时，一般需要买入比期权
空头更多的头寸，以保证 delta 中性。然而，有时受技术因素影响，而且市
场似乎处于超买状态，所以我们只是滚动买入相同的数量：

<blockquote>
买入开仓 20 手 5 月 475 认购期权，价格为 7½
卖出平仓 20 手 5 月 460 认购期权，价格为 18
滚动买入的净收入：210 点（21 000 美元）
</blockquote>

　　通过调整，持仓变为：

<blockquote>
20 手 5 月 475 认购期权多头
10 手 5 月 445 认购期权空头
10 手 4 月 445 认沽期权多头
目前净收入：200 点
</blockquote>

　　图 6-28 展示了 4 月期权到期调整后的持仓损益。较低曲线描画的是隐
含波动率保持目前较低水平时的盈利情况，较高曲线描画的是隐含波动率上
升时对应的盈利情况。

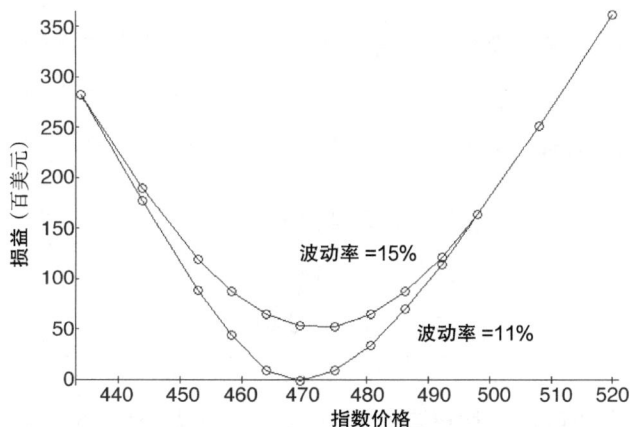

图 6-28　OEX 反向价差——阶段 2

值得注意的是，当滚动买入后，保证金要求提高了。在此例中，期权多头与空头的行权价格差值变为 30 点（3000 美元），持仓中仍然包括 10 手熊市价差，保证金变为 30 000 美元。已经获得的 21 000 美元的收入可用于抵扣增加的保证金。

在完全理论化的情况下，我总是建议调整回到 delta 中性头寸。但是，这些例子讨论的都是实际的交易行动，有时在变化的市场行为中不得不调整理论方法。微小调整是对我的市场观点稍做让步——并不是完全抛弃反向价差策略而改为单边持仓。

在更大的背景下，我那关于 1995 年 OEX 处于超买状态的观点是错误的——OEX 在当年剩余时间里都在上涨，只有几次停顿。但当时的下个月，为加强摆脱超买状态，OEX **确实** 在上涨方面出现问题。到期时间就在 1 个月后。我并不愿意持有只剩很短时间的虚值、平值期权多头，因此需要做出另外的决定。

第 3 个星期，OEX 价格逐渐爬升到 479，5 月 475 认购期权多头只剩下 1 个月到期。隐含波动率依然较低，因此决定滚动持仓到 6 月期权，再多持有头寸 1 个月，寻找隐含波动率那难以捉摸的上升机会。做出以下交易：

> 买入开仓 20 手 6 月 480 认购期权，价格为 9
> 卖出平仓 20 手 5 月 475 认购期权，价格为 9½
> 滚动交易的净收入：10 点（1000 美元）

此外，4 月 445 认沽期权已经在数周前以约 1 点的价格卖出。此时，认购期权已经深度实值，没有必要再买入其他虚值认沽期权去增加市场下行的潜在盈利了；认购期权空头已经提供足够的下行能力。交易带来的总收入是 20 点，此时的持仓如下：

> 20 手 6 月 480 认购期权多头
> 10 手 5 月 445 认购期权空头
> 目前净收入：220 点

尽管期权多头的行权价格已经变得较高，但因为 OEX 价格刚好在 480 以下、隐含波动率较低，仍然可以获得盈利。距离到期还有 3 个星期，5 月 445 认购期

权提前行权概率不高，但随着到期日的接近，可能性提高。在任何 OEX 价差中，如果交易者收到提前行权通知，那么应该快速卖出另一更长期限的期权以替代，或者平仓价差组合中的另一期权。波动率交易者不应该变成市场方向预测者；这种做法并不明智。

通过 13 年 OEX 期权的交易经验，我认为提前行权也可能盈利。提前行权确实**比较麻烦**，并且给价差带来很大风险。这也是为什么应尽量避免提前行权。想要说明的是，当收到提前行权通知时，一般来说市场会在行权后朝着有利方向发展，此时获得盈利。那些提前行权的交易者是因短期的市场观点而做出如此决定，但那种观点是错误的。

在任何情况下，选择冒险都是不明智的。在 5 月到期前的两周里，OEX 开始上涨，于是做出如下调整。

---

5 月第 1 个星期，OEX 又一次快速上涨，价格约为 490。这是让持仓变得 delta 多头的一次主要上涨。此外，5 月期权的剩余时间已经很短了；提前行权的可能性随时间推移变得越来越高。隐含波动率也变高了，但也不贵。

期权	隐含波动率（%）
6 月 480 认购期权	12.9
6 月 495 认购期权	11.1

最后，值得注意的是，浮盈已经达到 7500 美元，再扣除佣金部分。平值期权的隐含波动率还是处于较低的 11%，决定滚动持仓如下：

买入开仓 20 手 6 月 495 认购期权，价格为 9
卖出平仓 20 手 6 月 480 认购期权，价格为 20
滚动持仓的净收入：220 点（22 000 美元）

由于到期日临近，有必要将 5 月期权持仓滚动到 6 月期权。当认购期权多头变为实值时，有时就需要滚动买入较高行权价格的认购期权。至于认购期权空头部分，选择滚动卖出哪个行权价格的期权，基于 2 个因素：①选择滚动卖出期权的时间价值，②保证金要求——一般较高的行权价格，其认购期权对应较低的保证金。

6 月 445 认购期权的时间价值还算合理（接近 2 点），故选择相同行权价格的认购期权空头：

买入平仓 10 手 5 月 445 认购期权，价格为 53½

卖出开仓 10 手 6 月 445 认购期权，价格为 54½

滚动持仓的净收入：10 点（1000 美元）

这些调整为持仓带来更多的收入：

之前的持仓收入：220 点

滚动买入认购期权的收入：220 点

滚动卖出认购期权的收入：10 点

目前净收入：450 点

收入是 45 000 美元。该金额需要减去因行权价格差值增加（行权价格变为 495）而提高的保证金。这样之后，6 月到期的期权收益整体提高了（见图 6-29 的直线部分）。虽然我们不愿放弃目前 7500 美元的浮盈，但可以看出几乎没有亏损区域。

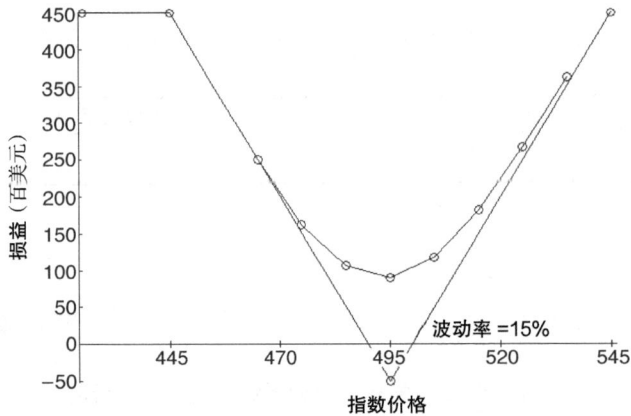

图 6-29　OEX 反向价差——阶段 3

曲线展示的是 6 月初隐含波动率上升时的盈利情况，又一次证明隐含波动率上升到 15% 左右时的强大影响力。

当到期日临近时，反向价差的多头部分成为时间价值损耗的主要担忧问题（假设标的价格在期权多头的行权价格附近）。此外，反向价差的空头部分则需要关注提前行权的可能性。保留持仓的目的是为了交易波动率。如果波动率依然较低，则应该保留持仓，而不是平仓。

接下来的情形中，5 月期权滚动持仓到 6 月期权。1 个月的差别并不会为持仓增加很多时间价值。滚动持仓期权多头时，必须要清楚自己的目的。如果滚动持仓到最近月份，那么留给自己的自由度非常窄，将受到时间价值损耗的影响，但同时滚动持仓的成本最低（例如，6 月期权的成本低于 7 月期权成本）。因为我一直怀疑 OEX 将持续现在的上涨节奏，所以我只是滚动持仓到短期期权，从当月到下月。

OEX 的走势很快就证明我的判断是错误的。在 6 月第 1 个星期，其价格就上涨到 505。平值期权的隐含波动率勉强上升了——7 月认购期权为 12.3%。此时，持仓已有 3½ 月了，隐含波动率才从 9.9% 上升到 12.3%。此时的隐含波动率处于第 4 分位[⊖]，不便宜，也不贵。

价格和波动率情况如下：

期权	价格	隐含波动率（%）
6 月 495 认购期权	13	13.4
6 月 445 认购期权	61	n/a
7 月 505 认购期权	10½	12.3

此时，从初始建仓至今，已经有浮盈约 9000 美元，再扣除佣金部分。

从开始到现在，持仓表现都不错，我决定采取中途措施：平掉一部分头寸以锁定部分盈利，同时持有剩余头寸，看是否有机会获得更多盈利。我实际所做的决策是将 1/4 的持仓平仓，将剩余持仓滚动到 7 月 505 认购期权上。

平仓 1/4 持仓：

> 卖出平仓 5 手 6 月 495 认购期权，价格为 13
> 买入平仓 3 手 6 月 445 认购期权，价格为 61
> 交易支出：118 点（11 800 美元）

将 6 月期权多头滚动持仓到 7 月期权：

> 卖出平仓 15 手 6 月 495 认购期权，价格为 13
> 买入开仓 15 手 7 月 505 认购期权，价格为 10
> 交易收入：45 点（4500 美元）

剩下的持仓情况为：

⊖　原文有误。在此处，隐含波动率处于中间位置，应该是第 4 分位（decile），而不是第 4 百分位（percentile）。——译者注

15 手 7 月 505 认购期权多头

7 手 6 月 445 认购期权空头

目前净收入：377 点

保证金为 42 000 美元（7 手 60 点的熊市价差，每手是 6000 美元）。此时的净收入是 377 点，再扣除佣金（曾经是 450 点，但因最近的两次交易减去了一部分），这些可用于抵扣保证金。

持仓再次变为接近 delta 中性，不过整体持仓变得更小。图 6-30 展示了 6 月到期时的潜在盈利。假设隐含波动率维持在 12.3%。如果 OEX 价格仍在 505 附近，那么虽然有可能丧失建仓以来约 9000 美元中的一部分盈利，但持仓不再有亏损。

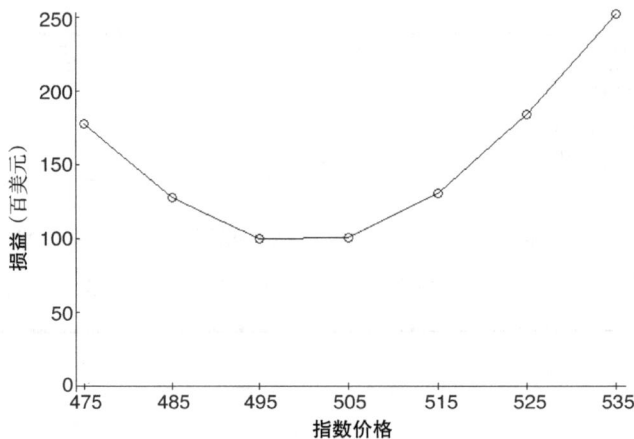

图 6-30　OEX 反向价差——阶段 4

或许在更为理论化的世界，平值期权的隐含波动率上升到 12.3% 时，就已经整体平仓，不会再滚动持仓了。但是，在真实世界，必须不停地在理论与实际中权衡。每位优秀的交易员都想降低亏损，让盈利持续，即便是在类似反向价差的已对冲持仓中。虽然该策略表现很好，我只是平仓一小部分，选择让其他部分增加潜在的盈利。

管理已对冲头寸时，没有绝对"正确"或"错误"的事情要做。在波动率多头持仓中，例如反向价差，让持仓有波动的空间很重要；但是当 delta 已经过高时，则需要中性化持仓。此例中的反向价差已经调整几次。只要如此处理，并且设置好心理止损价位，就可以比较准确地管理头寸了。心理止损价位使你不会因时间衰减而得意忘形。在目前约 9000 美元的浮盈下，设置 6000 美元的止损心理价位是比较合理的。

　　OEX 在下个月上涨到更高价格，但是接着开始出现问题了。此外，还有一些提前行权。这些共同作用使我的持仓处于不利位置。接下来讨论关于提前行权的处理。

---

　　6 月到期日临近，对认购期权空头进行滚动持仓，以避免指派行权。

> 买入平仓 7 手 6 月 445 认购期权，价格为 58
>
> 卖出开仓 7 手 7 月 445 认购期权，价格为 60
>
> 收入：14 点（1400 美元）

　　但是，一星期后，还有 1 个月才到期的 7 月认购期权，其中 2 手收到了提前行权通知。在距离到期还比较早时收到行权通知，是非常罕见的。虽然期权深度实值，但我仍然认为提前 1 个月的行权不正常。OEX 收盘价为 511.31 的第二天早上，我收到行权通知。因此，行权时的价格是 511.31 - 445.00，即 66.31。

　　实际上，那天晚上有不少 OEX 认购期权行权。提前行权的情况是，第 2 天市场低开，但接着回升。实际上，中午时价格已经完全恢复到原来价位。我的经验也是此类价格变化非常普遍——OEX 认购期权行权后，价格先因抛售而下跌，接着上涨。

　　我本来就觉得在最后一次滚动持仓（7 月 505 认购期权）时没有平仓更多头寸而感到担心。因此，利用行权指派，我平仓了其他的一些头寸。在行权当天的中午，卖出 5 手 7 月 505 认购期权多头。

　　完整的交易如下：

> 买入平仓 2 手 7 月 445 认购期权，价格为 66.31
>
> 卖出平仓 5 手 7 月 505 认购期权，价格为 15
>
> 交易净支出：57.62 点（5762 美元）

　　在滚动交易及被指派行权后的剩余头寸如下：

> 10 手 7 月 505 认购期权多头
>
> 5 手 7 月 445 认购期权空头
>
> 目前净收入：333.38 点

用以上方法处理提前行权有一定风险。我的经验是，由 OEX 认购期权行权引起的抛售下跌将很快止跌回升。但有时市场并非如此，那么等待机会去执行抵消指派行权交易会很糟糕。因此，如果按照我的方法，一开始不在开盘时立刻卖出（当所有人都在卖出的时候），而是等待反弹，那就需要设置心理止损价位。该止损价位将保证你不会"冻结"操作而持有头寸太长时间。

好的经验法则是，当 OEX 认购期权行权引起的卖出恐慌开始平息时，观察标普期货的交易价格。标普期货价格一般会在当日最低价位上。通常可用它作为止损价位：如果标普价格又创新低，我会马上卖出需调整的持仓，以平衡仓位。如果市场开始回升，就像刚刚例子那样，那么我会寻找回升中的更好价格卖出。

但是，我**不会**改变整体策略。例如，如果市场按照我的预想进行，我也不会将多头保留更长时间。在提前指派行权后，必须在当天的某些时点，回到平衡的持仓状态。如果可以驾驭反弹期，以更好价格卖出，会更好，但不要等到第 2 天才调整持仓。

OEX 继续上涨——这使我感到困惑，但也同时让我的持仓保持中性。6月底，价格达到 520 时，8 月 520 认购期权的隐含波动率只有 11.6%。实际上，波动率比最后一次滚动持仓操作时下降了（当时是 505 行权价格的期权）。

我决定保留该头寸，并执行以下交易：

> 卖出平仓 10 手 7 月 505 认购期权，价格为 18
> 买入开仓 10 手 8 月 520 认购期权，价格为 10½
> 收入：75 点（7500 美元）

总持仓情况为：

> 10 手 8 月 520 认购期权多头
> 5 手 7 月 445 认购期权空头
> 净收入：408.38 点

浮盈增加到 12 000 美元。**我将心理止损价位移动到 9000 美元。如果某一天收盘时持仓盈利触及 9000 美元，那么第 2 天就平仓。**

这个耗时很久的持仓终于在 8 月结束，但在这之前还有一些提前行权。

7月，接连收到提前指派行权通知。第 1 次，5 手 7 月 445 认购期权都被行权指派。我卖出 8 月 445 认购期权，获得滚动持仓的净收入。就在第 2 天，8 月期权也被指派了！此时，我认为避免提前行权的办法是滚动持仓到较高行权价格，因此卖出 8 月 475 认购期权。选择 475 行权价格的理由是该期权的持仓量比较大。行权价格较高，因此产生支出。

这 2 次提前指派行权所产生的净支出是 127.45 点（12 745 美元）。持仓如下：

> 10 手 8 月 520 认购期权多头
> 5 手 8 月 475 认购期权空头
> 目前净收入：280.93

最后在 7 月下旬，OEX 价格上涨到 530，但在 8 月初开始下跌。时间价值损耗变成主要因素，此时必须做出结束交易还是继续滚动持仓（滚动到 9 月或 10 月期权）的决定。

OEX 价格为 525 时，9 月平值期权的隐含波动率为 12.7%，10 月期权为 13.0%。这一年隐含波动率的范围都在萎缩，这些数值处于第 5 和第 6 分位[⊖]。这种情况下，加之 OEX 价格稳定后认购期权多头的时间价值损耗影响，我决定平仓：

> 卖出平仓 10 手 8 月 520 认购期权，价格为 8
> 买入平仓 5 手 8 月 475 认购期权，价格为 51
> 净支出：175 点（17 500 美元）

总共实现净收入 105.93 点，即 10 593 美元。

一共交易了 304 张合约。佣金是每张合约 4 美元，共 1216 美元。因此，整体的净盈利是 9377 美元。

对冲交易者经常受到这样的批评：在 6 个月中不得不管理相当复杂的头寸，多次交易，最后的净盈利是 9377 美元。与此同时，OEX 上涨了 70 点。如果买

⊖ 原文有误。在此处，隐含波动率处于中间位置，应该是第 5 和第 6 分位（decile），而不是第 5 和第 6 百分位（percentile）。——译者注

入认购期权后一直持有，不是更好吗？

当然可以如此交易，但这是事后诸葛亮，并不是建立持仓时的目的。实际上，该持仓在对冲情况下有很好的收益率。初始的投资是16 000美元，最后的收益是9377美元，在6个月里获得约60%的收益率。对对冲持仓来说是非常有吸引力的。更重要的是，每一时刻的持仓都是对冲的；如果有重大的市场调整，认购期权空头部分将有很好的盈利机会（可以查看此例中的盈利图）。

因此，不要混淆对冲和投机。确实投机可能有更高的收益，但对冲是为了获得更平稳的收益。而且，用对冲头寸交易波动率，还可以获得额外的统计意义上的边际优势。

例子很长，但解释了建立类似持仓时需要考虑的大部分决定：何时以及是否需要滚动持仓期权多头和空头部分，如何处理提前行权，保证金和盈利/亏损的考虑等。在序言里曾提到，经常有人问我如何决定建持仓以及之后的操作——如何决定交易哪一个期权，何时滚动持仓，如何处理提前行权，等等。希望此例可以帮助回答大部分问题。

本节总结了运用反向价差交易波动率偏斜。当然不是所有反向价差都表现那么好。但是，在波动率偏斜的市场中，本策略非常有吸引力。我特别喜欢的是，可以用简单的价差（例中，滚动持仓期权多头）去调整。这是反向价差明显优于多头跨式策略之处。当标的价格上涨时，跨式的下行保护会渐行渐远。重新中性化跨式组合的方法是卖出整个跨式，买入更高行权价格的跨式。平均来说，比起跨式，我在反向价差交易上获利更多。

6.7.4 认沽期权比率价差

认沽期权比率价差也是交易反向波动率偏斜的可行策略。以高行权价买入认沽期权，同时以低行权价卖出认沽期权，此时买入的认沽期权隐含波动率，由于不同行权价格关系，会低于卖出的认沽期权隐含波动率（反向波动率偏斜），因此该组合头寸会有较大的统计优势。由于卖出的认沽期权隐含波动率较高，会带来不菲的权利金收入，OEX交易者都愿意尽可能使用该策略。

在该策略中，同时买入和卖出相同数量的认沽期权，是有统计优势的熊市价差，然而该熊市价差并不能在持续上涨的行情中大幅盈利。投资经理们可以利用波动率偏斜买入熊市价差来保护他们持有的股票头寸。但要注意，这么做只能保护较低行权价以上的价格。可是对他们而言，这么做聊胜于无，而且只要有反向波动率偏斜，成本就不太高。

Delta 中性的认沽期权价差是认沽期权比率价差：买入 1 手平值认沽期权，卖出 2 手虚值认沽期权。假如波动率偏斜够大，认沽期权比率价差甚至刚建仓就可获利，所以只要市场在期权到期之前没有跌破认沽期权比率价差较低的盈亏平衡点，就可以盈利。尤其当市场正好跌到认沽期权空头的行权价时，该头寸将有很大盈利。

1987 年股市崩盘以来 OEX 期权经常会有如下波动很大的收盘价。道琼斯指数在当天上午上涨 35 点，下午下跌 90 点后又反弹 35 点，并最终以下跌 20 点收盘。市场的波动率偏斜在诸如此类的行情后都会变得很大，而此时也是建立认沽期权价差的好机会。

1 月 4 日 OEX：587

期权	价格	隐含波动率（%）
2 月 550 认沽期权	1.81	16.6
2 月 555 认沽期权	2.19	16.0
2 月 560 认沽期权	2.69	15.4
2 月 565 认沽期权	3.19	14.6
2 月 570 认沽期权	4.13	14.3
2 月 575 认沽期权	5.00	13.7
2 月 580 认沽期权	6.38	13.2
2 月 585 认沽期权	7.88	12.6

上表可以看出行权价越低，隐含波动率越高的统一模式，这是典型的反向波动率偏斜现象。

有趣的是，如果同时买入任意 1 手认沽期权，卖出 2 手行权价低 15 点的认沽期权，依然可以盈利，因此该认沽期权比率价差会很受欢迎。例如买入 1 手价格为 7⅞的 2 月 585 认沽期权，同时卖出 2 手价格为 4⅛的 2 月 570 认沽期权，净收入 3/8 个点。这些利润可能只够支付佣金，但理论上是很有吸引力的价差：期权多头的隐含波动率 12.6%，与期权空头 14.3% 的隐含波动率有较大差值。

2:1 比率价差的下行方向盈亏平衡点大约是 565，比 OEX 的价格低 22 点，对下行风险有足够的缓冲。

认沽比率价差策略的操作，与前文玉米期权的认购期权比率价差策略的操作类似。对于认沽期权价差来说，如果指数上升，则按兵不动，一旦指数下跌到认

沽期权空头的行权价，通常会有盈利（不能跌太快，下面就会谈到此点）。此时可以决定是获利平仓还是部分平仓以提取部分盈利。

认沽期权比率价差需要很多保证金，最适合账户内有多余资金的交易者。每1手裸空头指数认沽期权的保证金等于指数价值的15%加上认沽期权的权利金，再减去虚值部分（如果是虚值期权）。虽然保证金属于账户中的资产（可以不是现金），但依然很贵。交易者持有的股票或者债券中的超额价值可以用来冲抵保证金。

认沽期权比率价差的问题在于，它失败的例子给人留下太深刻的印象了，比如1987年的崩盘、1989年阿拉伯联盟（UAL）杠杆收购失败而造成的崩盘以及1990年伊拉克事件造成的熊市。虽然这些失败例子让人记忆犹新，但可以通过对冲来防止灾难。

在1989年由阿拉伯联盟导致的崩盘中，我持有OEX认沽期权比率价差。市场暴跌时我使用了期货合约对冲。只要市场开盘，且没有跳空下行，就能够提供保护。

市场下跌的盈亏平衡点是316，OEX指数价格高于330。在一个平静的星期五下午，有些自营交易者觉得市场沉闷甚至提前回家了，突然消息传来——UAL的谈判要失败了。UAL当时的价格在249，接着由于价格暴跌，在243上暂停交易。

股票市场迅速对这一消息做出反应，OEX一路快速下跌！当天下午OEX跌了20多点，刚好收在310下方（道琼斯指数下跌190点）。OEX认沽期权的权利金也一路暴涨，发生了几次交易暂停和价格轮询。交易暂停时没有人能够对头寸做出调整，也根本不可能在价格轮询中交易。

但是，标普500期货合约仍然在交易，可以使用它们对冲。当市场接近该价差下方的盈亏平衡点（316）时，卖出足够的标普期货来对冲下跌风险——卖出1手期货合约可以对冲比率价差头寸中的5手裸认沽期权空头。尽管标普500指数与OEX（标普100指数）不一样，但这就使得裸认沽期权空头转变成了保护性认沽期权。这2个指数的表现通常是一致的，在没有其他方法进行对冲时，也就不计较跟踪误差了。

这样，就可以使用标普500指数期货对冲OEX的头寸。如果OEX没有暂停交易，则没有必要这么做，但是如果芝加哥期权交易所（CBOE）宣布在OEX中

出现快市（fast market）[⊖]的情况，则需要期货进行对冲。虽然期货有涨跌停板，但比起在快市里交易期权，期货价格更连续。需要注意的是，一旦卖出期货进行对冲，如果市场突然反转重新上涨，并反弹到卖出的认沽期权行权价的位置，就会出现风险。当然，只要对卖出的期权做出调整，不管什么策略都会有这样的问题：可能遭受双重损失。这种情况下只能通过平仓认沽期权／期货空头来减少风险。

6.7.5　波动率偏斜使头寸具有倾向性

当头寸中期权存在波动率偏斜时，该头寸就存在倾向。该观点很正确，但第一眼看并不明显。如果是反向偏斜，如 OEX 期权，则该头寸就有了看多倾向：如果 OEX 价格上升，头寸收益会高于正常期望；反之则低于正常期望。另一方面，如果是正向偏斜，如谷物期权，则该头寸就有看空倾向：下跌时头寸收益会高于期望。

只要存在波动率偏斜，就会有头寸倾向。如果偏斜消失，头寸则回归正常。前例的损益图展示了如何交易波动率偏斜，在一开始构建时就将波动率偏斜考虑在内。依靠电脑程序预测盈利的交易者，需要在存在波动率偏斜的情况下，将波动率偏斜纳入考虑范围。

为了证明反向偏斜的头寸有看多倾向，考虑前文中 OEX 反向价差的例子。在建立该头寸时，有如下情况：

2 月 OEX：455

头寸	隐含波动率（%）
20 手 5 月 460 认购期权多头	9.9
10 手 5 月 445 认购期权空头	11.7

之后 3 月时 OEX 上涨，下表的隐含波动率出现显著变化。

3 月[⊜]OEX：475

头寸	隐含波动率（%）
20 手 5 月 460 认购期权多头	13.0
10 手 5 月 445 认购期权空头	16.0

⊖ 以下 3 种情况，CBOE 可能宣布出现快市，①标普 500 指数上一个交易日的收盘价与当日开盘价相差 2% 以上；②上午 8 点前，E- 迷你标普 500 期货交易价格高于或低于上一个交易日收盘价 20 点以上；③交易日内，标普 500 指数 1 小时内的波动超过 1%。——译者注

⊜ 原文有误。原文为 2 月，根据上下文，此处应为 3 月。——译者注

2 个期权都变为实值期权，因而隐含波动率都增加了。在反向波动率偏斜下，期权实值越多，其隐含波动率就越高。

20 手认购期权多头的隐含波动率从 9.9% 上升到 13.0%，是有利于头寸的。相反，10 手认购期权空头的隐含波动率从 11.7% 上升到 16.0%，令头寸亏损。不过合计后，20 手认购期权多头隐含波动率的上升比 10 手认购期权空头隐含波动率的上升更多。因此，如果仍然存在隐含波动率偏斜，OEX 的价格上升有利于该头寸。

如果想观察一下实际价格以验证这个倾向，请看下表：

头寸	价格	隐含波动率（%）	盈亏（美元）
开始时			
20 手 5 月 460 认购期权多头	7	9.9	
10 手 5 月 445 认购期权空头	16½	11.7	
1 个月后			
20 手 5 月 460 认购期权多头	18	13.0	+22 000
10 手 5 月 445 认购期权空头	32	16.0	−15 500
总盈利			+6 500

先假设没有偏斜，而且当 OEX 向上运动时，期权的隐含波动率没有变化。如此 1 个月之后会出现以下情况（根据我们的期权模型）：

头寸	价格	隐含波动率（%）	盈亏（美元）
20 手 5 月 460 认购期权多头	17	9.9	+20 000
10 手 5 月 445 认沽期权空头	31	11.7	−14 500
总盈利			+5 500

注：没有隐含波动率增长，1 个月后的头寸。

波动率偏斜使实值期权的隐含波动率增长，帮助该头寸的盈利变为 6500 美元，而如果隐含波动率不变，则该头寸的盈利为 5500 美元。增加的 1000 美元盈利来自于波动率偏斜导致的倾向。

同理也可以说明正向偏斜会给头寸带来看空倾向，在此不详细介绍。简单来讲，当大豆价格上涨时，大豆期权中的中性头寸收益会**低于**期望。

明白这一点，在出现类似情况时，你就不会感到费解。正如前文提到，将偏斜考虑进盈利预测的电脑程序中，可以得到更准确的信息。那么在建立头寸时，也可以预见到这个影响。例如，如果买入 20 手认购期权，同时卖出 10 手认购期权，可以组成一个中性的 OEX 反向价差，并且你知道该头寸在上涨时表现高于预期，在下跌时表现低于预期。那么你可能只想买入 18 手认购期权的同时卖出 10 手认购期权，来平衡波动率偏斜所带来的影响。

6.7.6　找出波动率偏斜

前文讨论了**如何**交易波动率偏斜，还需要知道**如何**找到它。最简单的方法是计算出相同到期日、不同行权价的期权对应波动率的统计标准差。计算并不复杂，下面看一个例子。

首先，我们先向不熟悉的读者介绍下**标准差**（standard deviation）的定义。计算一组数字（这里是指各个期权的隐含波动率）的标准差，首先要计算出这组数字的平均数，然后对该组中每一个数：①从单个数中减去平均数；②求出第 1 步结果的平方值。接下来将所有平方值相加作为分子，这组数的总个数减 1 作为分母。最后将这个结果开方，得出平方根。计算的结果就称为**标准差**。将最后结果同隐含波动率的平均值对比，观察波动率偏斜是否显著。

下面是计算 n 个数字标准差的数学公式，用 σ 表示百分比标准差：

$$\sigma = \frac{\sqrt{\dfrac{\Sigma(V_i - \mu)}{n - 1}}}{\mu}$$

式中，V_i 是单个期权隐含波动率；μ 是所有 V_i 的平均值；n 是组合的项数。

下例计算了某一天 3 月大豆期权的标准差，其波动率偏斜一目了然。不过，我们的目的是从数学上证明它的存在。这样就可以通过电脑程序找到它。

---

3 月大豆期权的数据，其中价格是收盘价。

3 月大豆：758¾

行权价	认购期权	认沽期权	隐含波动率
700	59¾	1⅜	15.39
725	38½	5¼	16.33
750	24	15¼	18.93
775	14⅜	31	20.74
800	8¾	50	22.70
825	5½	n/a	24.65
850	3¾	n/a	26.91
875	2½	n/a	28.67
900	1⅝	n/a	30.00

注意，该组期权里有9档行权价（相同到期日的9个不同行权价），分别计算各自的隐含波动率。

首先，计算这9个隐含波动率的平均值，22.70。然后，从每一隐含波动率中减去该平均值。最后，各自平方（见下表）

行权价	隐含波动率	平均值之差	差的平方
700	15.39	−7.31	53.45
725	16.33	−6.37	40.62
750	18.93	−3.78	14.26
775	20.74	−1.96	3.84
800	22.70	0.00	0.00
825	24.65	1.95	3.79
850	26.91	4.21	17.74
875	28.67	5.97	35.64
900	30.00	7.30	53.26

现在加总平方值，也就是上表里右面一栏的数字，得到222.61，标准差是：

$$\sigma = \sqrt{差的平方之和 / (n-1)} = \sqrt{222.61/8} = 5.275$$

最后，用平均隐含波动率的百分比表示标准差：

$$5.275/22.70 = 23.2\%$$

使用标准差主要是检验大部分期权的隐含波动率同平均波动率之间是否存在很大差距。"很大差距"通常是指超过15%，本例中最后结果是23%。因此可以从数学上证明，这些3月大豆期权存在波动率偏斜。

通常只有在指数期权和期货期权中才有波动率偏斜。波动率偏斜很少出现在股票期权中，不过当股票处于收购状态时，其期权也可能会存在波动率偏斜。

6.8　激进的日历价差

在结束本章前，再介绍一个策略。该策略与波动率相关，但技术上并不是波动率交易策略，而是日历价差策略。与其他日历价差一样，在该策略里需要波动率保持不变（或者上升）。区别在于该头寸是在波动率高位时建立，这对日历价差来说是高风险行为。然而可以对冲风险的是该策略期限非常短，顶多只持有头寸几个交易日。这有助于降低持有头寸时隐含波动率暴跌的风险。

当收购传闻出现时，隐含波动率通常会暴涨。策略交易者常常寻找卖出昂贵短期期权的途径，同时使用股票或者较长期限的期权进行对冲。以下实例说明了该情况。

1994 年春末，关于美国医疗集团（American Medical Holdings，代码：AMI）的收购传闻四起。当时股价 25，距离 6 月到期日还有 2 个星期，下表是当时的价格。

AMI：25		
期权	价格	隐含波动率（%）
6 月 25 认购期权	1½	105
7 月 25 认购期权	2⅞	95

当收购传闻盛行时，近月期权价格会远高于任何较远期的期权。AMI 是个典型例子。

表面上看，日历价差风险有限，是个吸引人的策略。这也是我们在建立高波动率期权头寸中所追求的。相比无事发生时 2 个期权价差扩大所面临的风险，它的风险似乎并不大。

不过，这类日历价差策略高度依赖于高隐含波动率。如果隐含波动率突然暴跌，该策略肯定会亏损，所以只能在距离到期日非常短的时候建立日历价差，例如短到 10 天或者 1 个星期。因为时间越短，传闻消失的可能性就越小，策略交易者更有可能抓住昂贵的短期期权价格下跌的机会，而长期期权保持较高的隐含波动率。如果真的如此，2 个期权的价差将扩大，从而迅速获得一笔丰厚的盈利。

任何短期期权策略都是有风险的。任何只有 1 个星期或者更短时间的策略都是投机策略。投机不一定是坏事，但在这种情况下即使有对冲，1 个星期时间也足以使收益大幅变化。

如果持有日历价差的 1 个星期内出现了收购报价，那么很大概率这 2 手期权都按平价或者接近平价的价格交易，这样就产生最大程度亏损——等于初期为该价差的支出。如果股票因传闻消失而在下一星期暴跌，同样会出现类似程度的亏损。

图 6-31 是提到的 AMI 期权的 10 手日历价差损益图。该价差策略是在距离到期日 1 个星期时建立的。图 6-31 展示 2 种情景：第 1 种，隐含波动率保持高位，收购传闻仍在传播，但始终未被证实。这种情景对应的是图中较高的、有盈

利的曲线。第2种，隐含波动率下跌到30%，对应图中较低的曲线。这两条曲线相距甚远，似乎毫无关系，**然而它们是相关的！** 值得注意的是，即使是在理想情境里，如果波动率下跌，该价差会亏损将近1000美元。如果波动率保持在高位，且AMI价格接近25，那么它可以盈利大约1000美元。此图形象地描绘了该策略风险/收益的两面。只能希望持有该头寸的时间很短，减少落到较低曲线上的概率。

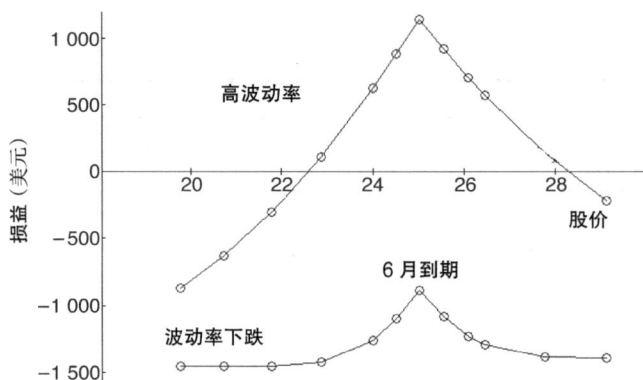

图 6-31　AMI 短期日历价差

该日历价差应当在近月期权的到期日（星期五）平仓。如果当时股价非常接近行权价，且2个期权价差已经变宽，则可以提前平仓。不过，有可能近月期权将到期的价格（隐含波动率）仍然很高。这是由于投机者期望在星期五之前出现收购报价，因此可能没机会提前平仓。

只要股票期权的隐含波动率足够高，就可以使用该策略。要注意的2点是，在建立头寸时，股价接近行权价；同时要确认到期日之前不会有大事发生。后一点要排除到期以前出现盈利报告、法院裁决或是食品药品监督管理局（FDA）决定等情况。

6.9　在波动率交易中使用概率论和统计学

目前为止，我们讨论了从简单到较为复杂的一些策略。那么如何判断在什么样的情况下使用哪一种策略呢？前文已经对什么时候买入波动率、什么时候卖出波动率等提供了一些建议，但即便是买入波动率也分很多种情况，如何知道哪一个最好呢？这需要概率论和统计学的知识。使用所谓的"预期收益"（expected return），可以将策略相互比较排列，或者是将它们与当前可接受的市场收益对比。

接下来简要介绍如何计算预期收益。首先，什么**是**预期收益？什么**不是**预期收益？预期收益在决定哪个头寸成功概率最大上是一个有用工具，但并**不能**保证一定成功。如果买入某跨式期权的预期收益是 42%，你会很高兴，因为无论什么头寸，这都是一个非常出色的收益，尤其对于这种风险有限的跨式期权策略来说。不过，这并不意味着该头寸一定会有 42% 的收益，它也有可能像其他的跨式期权一样，全部亏光，也有可能因没有达到盈亏平衡点而少量亏损。预期收益衡量的是：在相同波动率、相同期权价格的条件下，如果重复投资一个相同策略，那么一段时间之后平均收益应当是 42%。然而，现实是一生中也未必有多次投资同一个跨式期权的机会，但是你有可能是不断投资具有高预期收益的头寸。如果经常建立高预期收益的头寸，加上正确分析，最终会得到高于平均数的收益。

这与概率论和统计学有什么关系呢？预期收益包含预期的股票价格波动（即股价在预期范围内出现在每一价格上的概率）。这种计算方式需要波动率，因此在决定预期收益之前对波动率有很好的预测或参考其他波动率预测十分重要。

除了预期收益之外，也可以用概率计算器来计算概率。这对于卖出波动率特别重要。因为很可能需要在头寸到期前调整仓位，而任何调整都会改变预期收益，所以需要知道这种情况出现的概率。

1989 年，离 10 月到期日还有 1 个月，市场很平静。OEX 期权定价偏高，隐含波动率在 20% 左右，OEX 价格在 166 左右。宽跨式期权组合（10月 175 认购期权和 10 月 160 认沽期权）可以按 2.60 卖出。预期收益很好，股票收盘价在盈亏平衡点之间（157.4 到 177.6）的概率很大。如果 10 月到期时，将该宽跨式期权组合平仓，且 OEX 收盘价在 162.20，这样会实现最大收益吗？

别那么快下结论。实际上在到期前一个星期，UAL 退出谈判造成股价暴跌：在到期前一周那个平静的星期五上午，OEX 价格在 165。随着市场崩盘，OEX 在当天下午跌到 154.30，并在随后的星期一上午继续下跌到 152.10，之后整个星期都在上涨。

宽跨式期权的裸卖方肯定要在那个星期五下午或是星期一上午做出调整。当时隐含波动率暴涨，他也许会高价买回认沽期权。因此，当 OEX 回升到 162 时（回到最初的盈利范围），他可能早就止损平仓了。

建仓之前，交易者需要知道在头寸到期前**任何时间内**指数超出盈亏平衡点的概率，而不只是期权到期时的概率。

这些就是概率论和统计学的作用。接下来讨论如何使用它们。首先来讲概率计算器，然后是如何运用到预期收益上。

最简单的概率计算器可以计算某一期间结束时股票价格在某一价位上的概率，具体而言就是期权到期时。更精密的概率计算器可以计算股票在到期之前的任意时间，超出某个（或某几个）目标价格的概率。我们的网站 www.optionstrategist.com 提供这 2 种计算器。最简单的概率计算器可以免费使用。更复杂、全面的概率计算器仅对我们网站策略专区会员开放，但也以 CD-ROM 的形式单独卖出，本书没有提供这些计算器的公式。

下面讲如何使用它们。回到刚刚 OEX 的例子，也就是 UAL 终止收购报价导致市场崩盘的例子。

有以下价格：

OEX：166　　　10 月 175 认购期权：1.00

10 月 155 认沽期权：1.60

请注意认沽期权的隐含波动率高于认购期权的隐含波动率，这说明从 1987 年以来，OEX 期权中存在典型的反向波动率偏斜。

使用简单的概率计算器，运用对数正态分布，需要以下输入值：

股票价格：166

上端目标：177.6

下端目标：152.4

预期波动率：20%

研究期限：1 个月

简单的概率计算器显示，到期时价格高于上行盈亏平衡点 177.6 之上的概率是 9.7%；价格低于下行盈亏平衡点 152.4 的概率是 15.4%。加在一起表示股价出现在界限之外的概率是 25.1%。如果是**买入**期权策略，现在已经有足够的信息建仓了。由于这是裸卖期权，还需要知道从建仓到到期日之间任何时点 OEX 在盈亏平衡点之外交易的概率，概率显示如下：

OEX 超过上限（177.6）的概率 = 26.1%

OEX 超过下限（152.4）的概率 = 15.9%

合在一起，OEX 超出任一盈亏平衡点的概率就是 42%。这是一个很高的概率，意味着不得不做出调整的风险太高了。在卖出策略上，一般要求整个过程的概率不高于 25%。因此交易者应当卖出虚值程度更高的期权，来降低调整头寸的概率。如果这些深度虚值期权价格太低，导致头寸收益不高，那么就不应当建立这个头寸，而是去寻找另一个机会。

值得注意的是，必须把预期波动率数值[⊖]作为变量，输入概率计算器。这是一个非常关键的输入变量。我一般保守地使用历史波动率：如果是期权买入策略，就将较低的预期波动率作为概率计算器输入值；如果是卖出期权或者是负值 vega 策略，就将较高的预期波动率作为概率计算器输入值。如此就可以模拟最坏情况，不会高估潜在收益。按我的方法也许会低估盈利，但这样一来实际结果反而可能好于预测。

买入跨式期权时，需要很高的成功概率，80% 或者更高。也就是说，需要标的超过盈亏平衡点一定数值——大到可足以获得收益。例如，如果股价是 50，跨式期权成本 5 点，那么计算该股票上升到 56 或下跌到 44 的概率，也就是比 2 个盈亏平衡点各多 1 点。如果概率是 80% 或者更高，这就是值得买的跨式期权。

许多策略有盈亏平衡点，包括日历价差。如图 6-7 或图 6-31 所示，日历价差的上行和下行盈亏平衡点一目了然。由于策略的风险有限，大多数交易者不会在日历价差中就盈亏平衡点进行调整。首先做出一些假设，然后使用概率计算器和盈亏平衡点来计算盈利概率。但还是需要考虑最坏的情况，进而做出合理预测。

2004 年早期，IBM 的价格是 92，考虑下面的日历价差，支出是 1.90：

买入 7 月 95 认购期权：3.30

卖出 4 月 95 认购期权：1.40

当天波动率的测量数据见下表：

	百分比（%）
今日综合隐含波动率	28
20 天历史波动率	26

⊖　原文有误。原文为概率，根据文义，应该为波动率。——译者注

（续）

	百分比（%）
50天历史波动率	25
100天历史波动率	22

假设保守地使用较低的22%波动率（高波动率有利于日历价差盈利），该价差在4月到期时的盈亏平衡点大约是90.5和100.7，7月到期期权剩余的时间价值是1.90。

使用概率计算器来计算IBM在到期时高于90.5和低于100.7的概率。这里只需要最后的概率，不需要计算全程的概率。使用22%的波动率：

IBM收盘高于100.9的概率 =8%

IBM收盘低于90.5的概率 =41%

在日历价差中，IBM收盘在两者**之间**（也就是该日历价差的盈利范围）的概率是100%减去49%（前面两个概率的总和），即51%。

这不是一个很好的盈利概率，有比它更好的策略，但至少交易者可以知道盈利的概率。

可以拓展一下概率在日历价差中的使用。比如我们可以计算期权头寸在到期前几天，标的价格落在行权价半个点之内的概率，来最大化盈利。如果期权接近到期，股票在行权价附近波动，那么日历价差就接近它的最大价值。

所有的策略都可以用这种方法计算概率，结果很有参考作用。比如在备兑开仓这样的简单策略里，它们是有用的。我们可以计算最大收益（也就是说被指派行权）的概率，亏损（或盈利）的概率，或者是该备兑开仓的表现优于或劣于仅持有股票头寸的概率。对反向价差来说，可以计算盈利的概率、最大亏损的概率等。

任何策略都可以用这样的方式来测算，包括比率价差、反向价差、对角价差，甚至是简单的买入认购或认沽期权。概率真正的意义在于可以告诉我们什么时候头寸是不合适的。不过，概率高不等于盈利高。有的交易者宁愿选择一个极高的盈利概率，虽然只是一小笔钱，也不愿意去优化策略。对备兑开仓这样的简单策略，卖出深度实值的认购期权成功概率有90%或者更高，但盈利可能很低。日历价差也可以用高概率的价差组合，但可能没有高收益。虽然概率分析很有趣，但不如预期收益分析完备。下面开始讲预期收益。

6.10　预期收益

理论上预期收益分析是最高级的分析，包含了前文的所有内容：波动率、概率和盈利。同时，它也可以说明那些 delta、gamma、theta 无法说明的内容——股票大幅变动时的盈利。

为了计算预期收益，首先必须预测标的在所研究时段结束时的价格。通常，研究时段是到期日之前的时间，特殊情况下也可以是不同的时间段。与其猜测标的价格，通常人们假设它会按标准的也就是对数正态分布而波动，但也可以加入其他分布。比如某股票收到收购报价，但是①谈判可能会破裂，或者②可能会出现更高的报价，那么该股票至少在收购事宜确定之前，**不会**按照对数正态分布运动。

下面用备兑开仓的简单策略来介绍预期收益概念。在制药业股票中昂贵期权的例子比较常见：当药品的试验结果将要公布，或者是 FDA 就要开会决定是否允许生产或是销售一种新药的时候。NeoPharm Inc.（NEOL）就是这样一个例子：

> 3 月 NEOL 价格：20.75
>
> 7 月 17.5 认购期权：5.5
>
> 100 天历史波动率：60%
>
> 备兑开仓的净投资 = 20.75 − 5.50 = 15.25

该认购期权为下跌提供了挺好的保护，同时它也有很大的时间价值（2.25 点）。因此它既产生高收益，也为下跌提供保护。不过，这是只高波动股票，所以并不能确定 5.5 点的保护是否有效。

为了计算预期盈利，首先估算股价以及有多大概率达到该价格，然后用概率乘以该价格上的盈利。接着用预期盈利除以投资量，得出预期收益。计算结果未考虑佣金。

下表显示了相关数据，假设 NEOL 股价服从对数正态分布。波动率为60%，在 1/3 年（3 ～ 7 月）里 2 个标准差的下跌会使股价跌到 10.30；2 个标准差的上涨会使股票价格一路涨到 41.80。将该范围（10.30 ～ 41.80）分成 7 个部分，计算结果见下表：

股价	概率	盈利	概率 × 盈利
10.30	0.023	−4.95	−0.11
14.80	0.144	−0.45	−0.06
19.30	0.251	+2.25	+0.56
23.79	0.235	+2.25	+0.53
28.29	0.160	+2.25	+0.36
32.78	0.092	+2.25	+0.21
37.28	0.049	+2.25	+0.11
41.78	0.023	+2.25	+0.05
	总计：0.977		+1.65

预期盈利是 1.65 点，投资是 15.25 点（假设备兑开仓是通过现金账户执行），预期收益就是将两者相除，是 10.8%，非年化数值。

实际估算时会远远多于 7 个数据点。通常的扫描范围是从 −3 个标准差到 +3 个标准差，并将它们分成 40 个以上的部分。不过，即使是简化方法（7 个数据点）也提供了合理的预期收益的近似值。

正如前文提到，不能认为该头寸肯定盈利 10.3%。如果公司破产（比如被发现审计欺诈），它就可能一下亏光。盈利也可能多达 2.25 点（14.8%）。不过**平均来看**，这一类型的头寸会盈利 10.3%。投资者无法确切地知道结果如何，但如果他持续按高预期收益去投资，应当能够实现高收益。

在前例中，因为是备兑开仓，所以投资数量固定。当持有涉及裸期权的头寸时，投资数量就会变化，这是因为经纪公司所要求的保证金取决于当时的股票和期权价格。预期收益的方法依然可用，只需要计算出一个**预期投资**即可。计算与前例相同，除了"盈利"一栏外，还需要增加"投资"一栏。最后预期收益是预期**盈利**除以预期**投资**。

预期盈利的计算也可以使用"如果－怎么样"的形式。如果波动率暴跌会怎么样？如果波动率暴涨会怎么样？如果股价不服从对数正态分布会怎么样？这些问题都可以通过改变某个因素来分析解答。如果将对数正态分布转换成其他分布，交易者应当谨慎；但如果跨式期权买家担心股票会长期在某交易范围之内波动，而且该股票落在该范围内的任意一点上的概率相同，那么可以降低波动率，使得分布变得更为平坦来调整收益。

可以这样使用预期收益的分析：要求任意头寸都有至少 20% 或者某个固定数值的收益，或者要求它是固定利率的几倍。

有了预期收益分析，就可以很容易比较备兑开仓与日历价差、比率价差和反向价差等。所有这些策略都可以结合波动率，最终归纳到基本的盈利上。预期收益分析的真正价值是对概率的比较，而不是对实际收益的预测，因此实际上不涉及预测。这是统计推测，不是对某个具体投资的结果预测。

6.11　小结

交易波动率有 2 种基本方法，虽然这 2 种方法都基于隐含波动率当前值而彼此关联。在第 1 种方法里，我们要找的是更靠近交易范围上下两端的隐含波动率，和更靠近这个范围中间的历史波动率。在这种情况下，波动率高的时候卖出，波动率低的时候买入。卖出波动率策略是裸卖空组合套利和比率价差。买入隐含波动率的策略是买入跨式、反向价差或者日历价差。这些策略都可以通过 gamma 和 delta 中性策略来转移价格风险，特别是卖出组合套利、比率价差和日历价差——价格的高波动会给这些策略带来亏损。

交易波动率的第 2 种方法是寻找同一标的不同期权有不同波动率的情况。这种情况叫作**波动率偏斜**。如果偏斜是正向的，则波动率随着行权价格的上涨而上升，那么可以选择认沽期权反向价差和认购期权比率价差作为交易策略。反之则是**反向**波动率偏斜，这时可以使用认购期权反向价差或者是认沽期权比率价差。最后还介绍了计算波动率偏斜的数学方法。

在期权价格和期权策略上，有经验的期权交易者倾向于把波动率看作最重要的变量。此外，波动率比价格更有预测性。如果可以独立分析比较波动率，则能通过预测波动率而不是价格，构建风险更小而盈利更高的头寸。

第 7 章
McMillan on Options

其他重要考虑

本章将要讨论期权交易的一些重要知识。首先是与后台相关的工作，包括下单、经纪人、数据供应商和软件部分。其次是关于一般性交易的介绍，包括流程和资金管理。最后则讨论期权交易心理，不管交易的是**什么**市场，这部分可能都是最重要的。

7.1 后台工作

现在，大多数交易者通过研究进而建立适合自己的交易体系。我想这也是你阅读本书的目的。虽然可以通过咨询其他人或者从出版的日报、月报中获取信息，但除了从经纪人那里获取与你交易相关的信息外，一定要亲自搜集信息。因此，我们首先讨论经纪人、卜单、经纪公司、数据供应商以及软件这些内容。

7.1.1 下单

当需要下单时，有两种方式：①打电话给经纪人，或者②利用电脑（或者电话触摸屏）下单系统。无论哪种方式，该订单都会被发送到相应的交易所去执行。所有场内证券都是如此，场外（Nasdaq）交易则有些不同。

对个人投资者而言，下单要先打电话给**经纪人**，然后经纪人根据订单的数量和复杂程度，可能通过**电子下单系统**（经常被称作**网络系统**（wire system））操作，也可能打电话到经纪公司的一个**特殊服务后台**（special-handling desk），也叫下单服务台（order desk）。就算你自行将订单输入系统，订单还是会传到经纪公司，进而转入公司自己的网络系统。图 7-1 是下单流程图。

两种下单的方式各有千秋。如果订单较小，而且要求尽快执行，那么电子化交易是最好的，尽管很多客户的家里没有高速网络。就算电话下了一个小订单或者一个简单的市价 / 限价单，订单都很有可能由经纪公司职员输入系统，所以最终还是电子订单。此时会有两种可能情形：①订单进入公司**相应交易池内的办事台**（booth）；②订单进入**自动执行系统**。

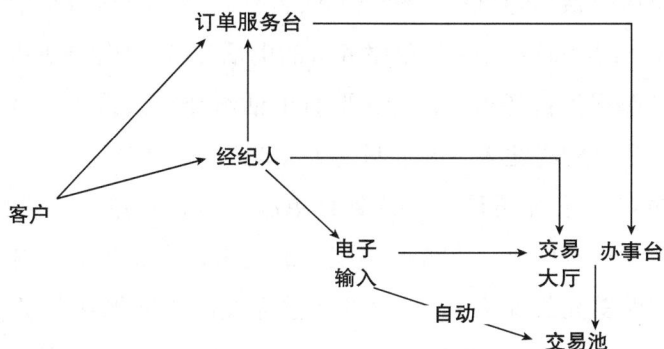

图 7-1　下单流程

　　如果电子订单进入了自动执行系统，那么它会通过电脑传到相应的交易池（某一只股票或者期权实际进行交易的地方），然后被立刻执行。然而这个系统只能处理部分订单，比如，如果这是个 10 手或者更小的市价单，或者是一个按现有买卖报价成交的限价单，那么该订单就会进入自动执行系统。所有期权交易所都有自动执行的合约数量上限（指数期权的上限可能更高），而且每个期权交易所自动执行系统的名字都不一样。因此自动下单的具体细节应该咨询相应经纪人。如果使用该系统，则不需要经过交易池的办事台。

　　如上所述，还有一种可能是电子订单进入公司在交易池内的办事台。指令通过"电子公告板"（electronic deck）发送给场内经纪人，**场内经纪人**（floor broker）会在交易池执行该订单。也就是说，后台办公室直接用电子化方式发送该订单给交易群中的经纪人来执行，不需要先经过经纪公司服务台，再送达交易池。

　　订单还有另一种方式进入交易池。如果是更大额的交易者，可能需要人工处理大宗订单。特殊服务台，也叫**订单服务台**（order desk）会处理这一订单，之后再将订单送进交易池内。订单服务台会监控该订单，以便随时了解订单的成交情况以及伴随该订单可能会需要的其他服务。有些客户甚至会把某些交易权利交给订单服务台或者是经纪人（也就是说，替客户决定价格）。他们认为交易服务台和交易池里的专业人员对市场变化更敏锐。

　　通常专业交易员管理订单服务台，他们深谙复杂的期权术语，负责处理大宗订单和涉及价差甚至更复杂情况的订单。不过在享有订单服务台为你管理订单的好处的同时，你的总订单数必须达到一定数量。大宗交易者、投资经理以及机构交易者可以直接获得订单服务台的特殊服务。**如果你的订单数量很大，可以找经纪公司允许订单服务台为你服务**。经纪人依然有佣金，但是由于中间环节省去了一次电话时间（你的经纪人打给订单服务台的电话），订单会更快执行。大客户的经纪人就坐在订单服务台旁边，他们只要打电话给经纪人就可以直接接到服务台上。这些经纪人是**机构经纪人**，他们只对大额交易账户负责。

　　无论是通过网络系统还是打电话到订单服务台，订单最终都给到场内经纪人。场内经纪人一般分两种：①你的经纪人的同事；和②为自己打工的独立经纪人（有时被称作**两美元经纪人**）。虽然这些独立经纪人收取额外的费用，但是他们更擅长获取更优价格和处理特殊订单。除非你自己同独立经纪人联系（如果你的公司允许你这么做），否则无法决定哪类经纪人处理你的订单。

　　图 7-1 总结了上述步骤。大额交易者最快途径是直接给订单服务台打电话，订单服务台将订单下达给交易池服务台，订单在交易池被执行。前文提到，如果自己打电话到交易池的服务台会更快，但你的经纪公司必须同意独立经纪人来执行订单。而要做到此点，需要一些"握手"行为，所以一般很难建立这种关系。

7.1.2　经纪人和经纪公司

　　如果交易者使用一个全方位服务的经纪人（full-service broker），那么服务就不只限于咨询，还包括技术面和基本面的分析、账户总结、图表以及其他产品服务。最重要的是，全方位服务的经纪人能够替客户监控账户，一旦出现约定情况就会提醒客户。例如，如果需要心理止损价位，即在标的触及某个价格时立即做出决定，那么全方位服务经纪人会在股票、期货或者指数到达价位时及时通知你。因此，如果有经纪人帮忙监控，客户完全不需要时刻关注报价。

　　折扣经纪人（discount broker）则无法提供这种级别的服务，但他们的佣金比提供全方位服务的经纪人更低。如果使用折扣经纪人，那么就要亲自知道价格来交易。如果做中远期投资，并不需要知道实时价格；但如果是短线交易，实时价格则是必需的。折扣经纪人无法提供这些，稍后将介绍报价服务。

　　经纪公司（不是你的经纪人）之间的区别在于它们可以接受什么样的订单，是否能及时处理。有研讨会的参加者告诉我，他们的经纪公司只能接受市价订单和限价订单，不能接受价差、止损或条件订单，那我只能建议他们换一家有能力接受这些订单的经纪公司。如果你的订单总被执行得很慢，甚至要因为部分成交而和经纪公司发生争议，那也要换一家合适的经纪公司。毕竟，为了省钱找一家很便宜的折扣经纪公司没有任何好处，订单执行出了问题造成的损失只会比你省下的还多。

佣金是在选择经纪人和经纪公司时应当考虑的因素，包括处理行权和指派的佣金。佣金非常重要，但不能只考虑它。我很难说什么样的佣金率最合适，毕竟这取决于很多其他因素。一般而言，以下佣金标准是比较合理的：股票或指数期权合约，每张 3 美元；股票，每股 6 美分；期货期权，单次交易（开仓或平仓）10 美元；期货，一轮完整交易（包括开平仓）15 美元。如果你的经纪人要得稍微多一点，但你觉得值得，那也没问题。行权和指派是期权交易，尤其是股票和指数期权中的重要一环。如果你被指派或者行权，经纪人就会按期权交易标准收取佣金。

以下情况可能会发生在期权快到期时：你持有认购期权想要卖出平仓，但期权正在折价交易。卖出股票（卖空豁免）并将认购期权行权，可以获得相当于期权内在价值的收入。假设在 1 月星期五到期的期权，快到期时有如下价格：

> XYZ：买报价 23.50，卖报价 23.60
> XYZ 1 月 20 认购期权：买报价 3.40，卖报价 3.70

做市商的买报价在平价的 1/8 点下方，卖报价在平价 10 美分上方，快到期的实值期权出现这种报价很正常。

你想以 3.50 卖出 1 月 20 认购期权，但是做市商报价没有改变，而时间所剩不多。这时候你可以 23.50（XYZ 买报价）卖出股票，同时将认购期权行权，即以 20 买入股票。这样你实际上就是以 3.50 卖出认购期权。

当然，以上交易的净收入还取决于佣金。假设佣金标准是每张期权合约 4 美元，每股 8 美分。

比较一下两种选择：①以它的买报价 3⅜ 卖出认购期权，或者是②卖出股票，将认购期权行权，和前文一样。

（1）以 3.40 卖出认购期权的净收入：

　　3.40 卖出认购期权：　　　　收入 340.00 美元

　　佣金：　　　　　　　　　　支出 4.00 美元

净收入：　　　　　　　　　　　336 美元

（2）卖出股票和行权的净收入：

23.50 卖出股票：　　　　　　收入 2350 美元

卖股票的佣金：　　　　　　　支出 8 美元

行权（按 20 买入股票）：　　支出 2000 美元

买入股票的佣金：　　　　　　支出 8 美元

净收入：　　　　　　　　　　收入 334 美元

这两种方法的结果非常相近，所以花费很大精力买卖股票没有任何意义，更优价格带来的好处都被佣金抵消掉了。

许多经纪人对行权和指派交易的佣金有折扣。假设在行权和指派时可以得到 50% 的折扣，那么第 2 种方法的净收入就是 342 美元（股票上获得 350 美元，再减去 8 美元的佣金）。这么看来第 2 种方法更好。

选择经纪公司时还要注意保证金率，特别是在处理裸（卖）期权上。如果你是策略交易者，肯定会不时裸（卖）期权。比如可能会裸卖认沽期权来模拟备兑开仓策略；也可能会在比率价差中裸（卖）期权以便在高波动率中获利；裸期权也可能涉及简单策略，比如卖出牛市价差组合中已经虚值的多头，从而让组合的空头部分无价值到期。

有些期权公司不允许裸（卖）期权。除非你只计划买入期权，否则不要选择这样的公司。有的公司通过很高的保证金或资产要求来阻止交易者裸卖出期权，声称是交易所对裸（卖）期权设定了最低保证金要求。**无论期货还是期货期权交易者，请选择一家使用同一标准（交易所保证金最低要求）的经纪公司**。其实期货期权的交易者应当要求使用 SPAN 保证金，这比交易所的最低保证金要求更好。SPAN 在裸期权上使用包括波动率在内的合理价格预测来计算保证金要求。虽然不是必须要让经纪人在期货期权头寸上使用 SPAN 保证金，但至少应该问一下。

在选择经纪人上的最后一个建议是，找一个可以参与所有市场的经纪人，尤其是能参与指数、股票和期货市场。后文中，我们将鼓励你参与所有市场，但前提是你要有一个经纪人可以执行这些交易（执行股票和股票期权交易的不一定是同一个经纪人）。即使你没有计划要交易期货⊖，但如果在交易标普 100 指数

⊖ 原文有误。根据上下文，应该是指期货，而不是期货期权。——译者注

（OEX）期权，那你迟早需要交易标的期货。回顾下 1989 年崩盘，当时 OEX 停止交易，那些持有 OEX 认沽期权裸空头的交易者唯一可以避免灾难的方法就是卖出标普（S&P）500 指数期货。前文曾经提到，如果隐含波动率太高，有时交易标普指数期货要好于交易 OEX 期权。

7.1.3　数据供应商

很多交易者和投资者用家里的电脑报价。目前市面上有非常多的产品和服务，而且一直不断涌现。虽然我很想对现在的情况做一个精确描述，但由于技术飞速发展，无法非常准确。

在选择一个数据供应商之前，我们要考虑一些因素，比如报价的时效性、如何接收报价以及哪些软件可以处理接收到的价格等。

1. 费用

从数据商那里购买股票或者期货市场数据需要考虑两种费用：①数据商收取的服务费；②发布这些价格的交易所收取的费用（exchange fee）。数据商从交易所打包价格，再把这些报价分销给订购服务的客户。如果终端客户只对延迟报价和收盘价感兴趣，那么就不需要支付交易所费用，只需要支付数据商的服务费即可。

交易所对每一位使用实时报价的终端客户收费是一种相当过时的设定，也就是说，如果交易者需要实时价格，他就必须支付交易所费用。由于各种数据源的费用竞争激烈（而且费用价格不断降低），交易所征收这样的费用似乎不太合理，但是目前为止还是如此。对个人投资者来说，这些费用不贵，例如纽约证券交易所（NYSE）为个人投资者提供报价的每月收费只是 4 美元。不过，对专业投资者来说（交易所对这类人的定义包括所有为非自己账户交易的人），他们要付的费用就要多很多。另外，期货交易所的收费要比大多数股票交易所的收费高。

如果你只需要股票和期权的报价，只需要支付低于 100 美元 / 月的费用。如果只需要延迟报价和收盘价，则每个月不到 20 美元。如果想要得到所有的股票、期权和期货交易所的实时报价，则每个月要支付 500 美元以上，这还不包括很多分析程序的额外费用。

2. 数据连接

接下来讨论如何获取价格数据。喜欢自己分析的投资者，会用电脑中的软件程序（例如图表分析程序）来处理获得的价格数据，其实，要获取价格数据并不是非要用电脑不可。

如果只看报价，而且经常外出，则可以使用便携工具，比如可以接收短信的手机、掌上电脑（PDA）或寻呼机。这些工具通常还可以看新闻。数据传播公司（Data Broadcasting Corporation）正在重新引进一种更为先进的 Quotrek 便携工具。Quotrek 曾经很流行，但现在已被淘汰。

然而，如果你需要自己分析，则要掌握更为复杂的方法来获取和处理数据。以下有 3 种方法：①将自己的电脑连接到另一台电脑（主机），从另一台电脑获取分析数据；②连接数据商主机，并使用数据商提供的可以执行分析任务的终端；③使用自己电脑下载数据，并用自己的软件分析。

方法①不需要购买整个数据服务。数据商向交易所支付费用，对接进其主机的终端用户按单元收费。单元费用可以是一笔固定的月费，也可以根据用户接进系统的时间来收费。数据商中有一些是互联网提供商，交易者可以通过在这些网站上注册来查看价格或分析。由于互联网的普及以及网速的提升，通过网络查看价格变得越来越流行。我们公司（www.optionstrategist.com）的"策略专区"（The Strategy Zone）可以提供上述服务，在里面可以看到认沽认购比图表、隐含波动率图、显示各个主要策略预期收益和概率分析的报告，还有每日市场评论以及各类期权和波动率数据。如果需要更专业的服务，分析大师（PowerAnalyzer）可以提供深度分析，当然，价格也会更贵。

方法②是在家中或办公室安装数据终端。这种方法比较贵，但对高端用户来说很值得。这类数据商最著名的应该是彭博（Bloomberg）了。彭博终端遍布全世界，大部分安装在专业交易室中。办公室的彭博终端通过直连电话线同彭博主机相连。直连电话线专门用于终端与主机连接。一根直连电话线每个月需要 500美元，而租用 1 台彭博终端的月费是 1500 美元。1 台彭博终端是从彭博租来的一台戴尔电脑，该电脑中会安装所有需要的软件。

虽然费用昂贵，但彭博终端会提供大量种类繁多的数据，其中包含非常多的报价，不但有证券，还有债券和国外股票。终端也提供一键分析功能，例如，可以很容易找到期权隐含波动率和标的历史波动率（就绘制在标的证券价格图形上）。此外，彭博终端还提供一些华尔街最有经验的分析，但是这种资料基本都要额外收费。彭博终端还提供购物功能，但这只是附加功能，不是使用该终端的主要原因之一。

方法③是利用个人电脑直接获取数据。eSignal、Realtick、PCQuote、DTN

Wallstreet、S&P Comstock 以及其他供应商都提供这类服务。例如，eSignal 可以提供实时价格、15 分钟延迟价格或者收盘价格。每一种价格的收费不同，实时报价最贵。现在所有这些系统都可以通过网络连接，也就是说只要在自己电脑安装相应软件，就可以获取数据。所有这些服务提供图表、期权综合信息、新闻检索等。部分服务是付费的附加服务。由于电脑始终起着报价机的作用，因此当这些软件工作时，电脑就一直被占用。很多投资者会单独购买一台电脑作为报价机。

至少有 4 种方式可以将数据传送到家里或者办公室：①拨号电话线，②高速的互联网，③电缆调制解调器（cable modem），④卫星。高速互联网还有很多的形式：T-1 电缆、DSL 以及其他形式。T-1 和 DSL 也是电话线，但是它们比一般电话线要贵。T-1 的频带最宽，价格最高。其他方式则会便宜很多，而且足以为大多数客户提供服务。不过如果时刻都在监控报价，而且不是专用网络，那就需要更宽的频带才能保持数据的高速传输。卫星通信需要人工将天线装到屋顶并启动整个装置，因此很贵。这些方式都可能出现故障，我认为电缆最可靠（因为只要电视没法看，就一定会有人大声抱怨）。

其实，也可以只是购买数据，然后自己分析处理。创世纪金融数据系统（Genesis Financial Data Systems, www.gfds.com）和更好软件（The Better Software People, www.tbsp.com）都可以提供收盘价和买、卖报价。不过这样一来就需要自己写程序分析数据，也可以雇一个程序员来编写程序。由于需要编程，这个方法只适合少数喜欢自己编写程序的投资者。

7.1.4 软件

前文提到，登录一个在线经纪账户时，就会显示数据和下单界面。通常软件功能很完备，但有时你会想要买入或者编写一些软件来做进一步的分析。对期权交易者而言，这些软件要有精细的期权综合信息——同时显示同一标的的所有期权合约。这一功能对价差交易者来说尤为重要。

例如 Realtick 是很多在线经纪公司使用的一款软件，从中你能看到各类技术指标、绘制图表以及最好的期权综合信息（使用 Realtick 的 TurboOptions）。TurboOptions 的综合信息很有用，是因为可以清晰地看到所有期权月份，有利于发现日历价差或者对角价差的机会。如果需要发现垂直价差（同一月份），可以展开任一月份，在单月合约中看到所有行权价。综合信息中还可以根据布莱克 – 斯科尔斯模型，或者二项式模型计算出期权理论价值，也可以显示每个期权的"希腊字母"和隐含波动率。同时，这款图表软件还包含一些经典技术指标，如移动平均值、ADX、RSI 等。Realtick 可以连接下单功能，就在期权综合信息或者股票做市商界面中，因此也便于交易。

eSignal 也可以提供包含制图和新闻检索功能的一系列分析软件。它也能连接经纪公司，直接下单。它还可以展示理论价格和"希腊字母"的期权综合信息图表。TradeStation 同样能提供包括所有服务的软件包，包括数据、软件和经纪业务。

其实，不管是哪家经纪公司，都提供类似界面软件，但并不是所有软件都可以做技术分析或期权分析。

更为复杂的分析则需要购买软件。市场上大部分软件包（例如，技术分析制图软件、期权分析软件）都可以直接获得主要数据提供商（例如 eSignal 或者 PC Quote）提供的数据。

自己购买数据将有更多的灵活性。如果你是编程专家或者能够雇到优秀的程序员，甚至可以分析原始数据。即使不会编程，自己购买数据也是最好的，因为：①只买需要的数据，可以减少费用，②只买用得到的分析功能。

期权交易者需要有期权分析软件来处理买来的数据。有一些主流的期权分析软件，金融报刊或杂志的广告上经常有它们的名字。例如 Option Vue（www.optionvue. com）、Option Pro（www.optionpro.com）、PowerAnalyzer（www.optionstrategist.com）和 Power Options（www.poweropt.com）等。此外，还有更高级、应用更广的分析工具，例如 First Alert 或者 AIQ 也可以进行期权分析。数据供应商可以提供比软件供应商更加完整的名单。

购买期权分析软件时，我认为一定要考虑如下几个因素。首先要考虑这个软件能否完整地展示期权价格、理论价格、delta、隐含波动率等。前文提到数据供应商的软件应该完整展现期权数据。如果他们提供的软件完全符合要求，则选择标准就可以低一些。这类期权分析软件还要包括投资组合管理系统，这个系统不仅要满足计算盈亏，还应当能够计算任意头寸或整个投资组合的 delta。最好还可以计算头寸 vega 和 gamma 等。这样就可以清楚期权投资组合在不同市场条件中的风险敞口。

分析软件的计算模型并不重要。正如第 6 章提到，期权模型有好几种，各自计算出的理论价值差不多。另外，如果分析软件的模型无法计算期货期权的理论价值，只要软件允许你修改自定义短期利率（几乎所有的软件都允许）就没有问题，只要将模型里的短期利率定为 0，就可以得到正确的期货期权理论价值。例外是深度实值的期货期权，用利率为零的方法计算的理论价格会被低估。所以，**如果交易期货期权，请确认软件能够自定义利率**。

软件也要能够进行"如果，那么"的分析，例如，软件可以假设时间流逝和波动率变化，描述头寸在未来可能产生的变化，最好是能够用图显示。Option Vue 擅长这类分析，它还可以进行期望收益分析，所以它是这个行业中的凯迪拉克。

理想情况下，软件还应当能够记录波动率和标的价格的历史数据，但可以不包括期权的历史价格。期权历史价格的数据量非常大，而且对进一步分析没多大用途。对于那些在第 4～6 章中提到的策略，软件则需要能够跟踪波动率（通过标的历史价格得到）以及隐含波动率的过去范围。

本节结束前，需要指出，也有一些"独立的"低水平软件。它们不提供实时数据。需要先将数据导入一个文件，再用软件提取数据来分析。这类软件通常可以满足不少交易者需求。由于不提供实时数据，这类软件很便宜（低于 100 美元）。例如，想要一组期权的隐含波动率，只需要输入股价、到期日、行权价和目前期权的价格（最后一个输入值是报价），这时低水平软件程序就可以显示出 delta、gamma、隐含波动率等。由于没有波动率的历史记录，会很难确定这些期权与历史水平的关系，但至少可以看出这些期权之间的关系。这类程序通常称为**期权计算器**。其中有 3 个非常有用，广受欢迎：麦克米伦分析公司（www.optionstrategist.com）提供的期权计算器（Option Evaluator），www.manticsoft.com 提供的期权实验室（Options Laboratory），www.options-inc.com 的肯·泰斯特（Ken Trester）提供的期权大师（Option Master）。

总体而言，没有最好的数据服务或分析软件。"最好"取决于是否满足你的需求。如果是小投资者，只需要每日收盘价，那么简单的软件就是最好的。如果是短线交易者，就需要更为精细的数据服务，不过分析软件没必要太复杂。最后，如果在期权市场中交易波动率，那么就需要更为精细的软件和实时数据服务。

7.2　交易方法和理念

前面章节主要讲述交易策略和交易体系。本章目前为止阐释了实际该如何开始交易。对交易而言，已经谈到的两方面内容都很重要。不过交易中还有其他值得注意的地方，大部分关于心理准备和执行。

7.2.1　管理你的资金

资金管理是交易最重要的环节之一。本书阐述了一些体系和策略，但是在具体操作中各个头寸的资金分配，是由投资者或者投资经理决定。资金管理的概念也远远大于投资额度，它还包含如何在亏损时"生存"，以后可以继续投资。

大家耳熟能详的一种简单资金管理模式是平均成本法（dollar cost averaging）。它很简单，定期买入定额的股票。这个策略是为了避免投资者一次性在市场投入全部资金，尤其避免在市场顶部买入过多。该策略虽然不错，但它不是短期或中期的投资，而更像是长期买入持有策略。

大部分交易者会投入他们认为风险可承担的资金量进行短期交易。因此，他们有一笔固定资金，要么赚钱要么亏钱，如果亏钱则再也不会注入新资金。专业交易公司采用的方法有所不同。专业交易公司对一个策略会设定亏损限额。如果达到限额，交易就终止。这是一个妥当的方法，专业交易公司和个体投资者之间的区别就在于能否坚持采用这个方法。

交易公司，大部分是大型经纪公司，常常会接受外部交易者或分析家的新观念。不过近年来，经纪公司选择降低风险，而对冲基金则趁机抢占市场。如果交易者有新交易策略，同时这个策略有很好的预期盈利，该交易者很可能从这些公司得到启动资金。盈利可能是对半分成。但是如果亏损过大，提供资本的公司有权终止交易。如果亏损达到最初资本的 15% ～ 20%，公司一般会终止交易。

20 世纪 80 年代晚期，交易日本权证是获利颇丰的新策略。日本股票市场当时涨到了历史高位 40 000。很多日本公司都发行权证。权证与期权类似，不同点是权证由一家公司发行，公司获得最初权证销售的收益。市场专业人员始终认为权证对冲交易是一个好策略。爱德华·索普（Edward Thorp）和希恩·卡索夫（Sheen Kassouf）在 1967 年写的《战胜市场》（*Beat the Market*）用整本书来讨论这个策略。在权证对冲交易中，买入被低估的权证，卖空标的证券，整个头寸成为一个 delta 中性的对冲头寸。类似于期权市场中持有便宜的跨式价差，如果标的股票价格上涨或下跌足够大，或者权证回归到其"合理价值"，都会产生盈利。

虽然索普和卡索夫只讨论了美国市场的权证交易，权证模型也很简单，但是策略被证明有效。由于美国公司停止发行权证，该策略就没人用了。然而当日本公司开始发行权证时，相同的策略吸引了许多交易员。

有一家规模相当大、投资策略相当激进的交易公司专门成立一个部门来做权证对冲交易。接触该策略的交易员大概知道其优点，并从理论上可以证明策略的成功性。当然，这个例子的重点是交易如何进行以及公司如何进行风控。

在日本股票上使用该策略，需要在实际操作中考虑一些不同因素，一是借券的高难度和高成本（投资者需要借到股票才能进行卖空，以此作为权证的对冲），二是美元兑日元的汇率风险，标的市场是日元交易，而权证是美元交易（因为这些权证也在中国香港和伦敦市场交易，所以用美元挂牌）。

当然，最核心的问题是，最容易被忽视的定价结构。之前谈到观察隐含波动率在哪个百分位交易的必要性。第 6 章大部分的讨论都是基于这种概念，但有时波动率会突破之前范围而造成波动率交易策略失败。

权证对冲实际也是波动率交易策略，在隐含波动率低时买入权证并用股票进行对冲。当日本市场在 20 世纪 80 年代晚期和 90 年代早期大涨时，隐含波动率的范围相当稳定。但是当市场触顶回落时，隐含波动率下降到闻所未闻的低点。一些情况下，虚值权证的下跌速度不低于股票（虚值期权的 delta 几乎是 1.0！），这是波动率下跌造成的。

此时该公司账户中的对冲持仓出现大量亏损，当亏损达到了事前商定的阈值时，交易员就接到命令，被要求按规定平仓，停止交易。没有任何解释，只是不再交易。

个人交易者很少严格遵循这样的规则。个人投资者会为自己寻找借口，比如下一次在估计波动率时会更加小心，或者以后会选择流动性更好的股票等。然而，有时你不得不接受亏损并终止交易策略，尤其是在交易一个历史记录非常好的股票却亏损的时候。也许因为做了错误决定，也许因为情绪控制了你，但是此时阻止错误行为的唯一办法就是终止策略。

原因可能并不是交易策略不好，只是运气差碰到了几次亏损事件。但这个理由对前例中的公司交易员而言毫无意义，碰到止损点会直接导致他们失去工作。不管个人投资者多有钱，他们通常只在一个策略中投入一笔固定数目的资金。他们愿意用这笔钱冒险，认为策略会成功。如果想用一整笔资金去承担风险（假设只是全部资产中的一部分），那么就不应该用前例中固定止损的方式，而是另一种投资方式，即盈利就追加资金，亏损就减小交易规模。

　　许多年前我从一本关于某著名赌徒的书中学到一个重要概念。这个赌徒是一位叫尼克的希腊人（不是那个叫吉米的希腊人）。他有许多有趣的故事，大部分是关于赌场赌博和对体育运动下注的。尼克的策略是逐步下注法（progressive betting），即每次赢的时候就增加赌注；输了就回到最初下注的规模。

　　一天晚上，尼克站在一个拉斯维加斯赌场里的赌桌旁。这时，加入了一位内布拉斯加的农场青年，他在过线投注区（pass line）下了 1 美元的注，赢了。然后他又下了 1 美元的注，又赢了。最终，这位农场青年取得了尼克所见到过的最多连胜：28 把（即使你不是一个赌徒，你也应当知道在任何一个赌场的游戏中连赢 28 次都是不可思议的）。在第 29 把他输了，然后带着赢来的 27 美元走了。

　　与此同时，尼克下了 10 美元的赌注，并在这个农场青年带钱离开时，赢下了 40 000 美元。这里尼克使用的就是逐步下注法，每赢一次就加注。最后在快接近连胜结束时尼克下注了一大笔钱，都是赢来的钱。如果不是赌场有限制，尼克这一波连胜可以让整个赌场破产。

　　这本书始终未详细解释尼克使用的逐步下注法，但通常是每一次将赌注增加 60%，然后将赢来的 40% 留下。如果运气够好接连赢 8、9 次，累积起来收益就会很多。比如在连赢 8 次之后，下一次赌注就会是最开始下注的 1.6^8 倍，也就是 43 倍。其实，如果连赢很多把之后很难记住要下多少注，可以按斐波那契数列下注，也就是 5、8、13、21 等。每一次大约是前一次的 1.61 倍；如果还记不住，每一次下注就用前两次之和。这样只需要记住前两次就可以了，即使赌得很投入时也不会错。

　　虽然逐步下注法很厉害，但如果一直赌下去最终还是会输，因为赌场自身有天然优势。不过，如果只是偶尔去玩玩的话，就应该使用逐步下注法，一旦碰到一个足够多的连赢机会，你可能一夜暴富，当然前提是偶尔去玩一次。

　　数学家们尝试把同样思路运用到交易上，具体而言是在决定一次交易投资多少的时候。与下赌注不同，交易员可能同时交易多个股票。因此股票交易的结果是混在一起的。此外，赌场游戏每轮很快结束，要么掷赢，要么掷输；要么赢牌，要么输牌，但是在股票市场里要由你来决定什么时候投资结束。假如使用一个交易体系，那么该体系会有明确的买入、卖出标准，会让接下来资金管理体系的讨论变得更容易一些。

---

20 世纪 50 年代早期，贝尔电话实验室（Bell Telephone Laboratories）的一位科学家小凯利（J.L. Kelly Jr.）试图用一个公式来优化电话电缆中的缆线使用。1956 年，他在一份论述信息理论的技术杂志上发表了这一成果。没人知道他的理论怎么会进入赌博业。很多大赌场确实雇用数学家来计算输赢概率，所以也许是某赌场的某个人在这份晦涩难懂的技术杂志上读到他的论文。当凯利的成果被用到赌博上时，这一套资金管理的体系就成了凯利体系，之后被用到股票市场里。

其实凯利体系的设计最初只针对两种结果的事件（赢或者输，真或者假，开或者关等）。它适合赌博却不适合股票市场，但只要稍微改一下，就可以在股票市场应用。凯利体系假设每次从资金中拿出固定百分比来下注。如果赢钱，赌注和下注金额规模都会增加；如果输钱，由于资金减少，凯利体系会自动减小赌注规模。

下面是最简单形式的原始凯利公式：

$$筹码数量 = (W + L) \times p - L$$

式中，W 为可能赢得的数量；L 为可能输掉的数量；p 为赢的概率。

例如，用一份资金开始赌博，付 10% 佣金，那么 W 就是 1.0，L 是 1.1，这 10% 的佣金在体育竞猜中很普遍。将这些变量代入凯利公式：

$$筹码数量 = 2.1p - 1.1$$

所以，想使用凯利体系只需要知道预测赢的概率是多少。如果你预测赢的概率是 60%，凯利体系得出应下注 $2.1 \times 0.60 - 1.1 = 0.16$，或总赌注的 16%。

如果 p 小于 52%，按照凯利体系不应该下注（$2.1 \times 0.52 - 1.1 = -0.01$）；也就是说，如果要付 10% 佣金且赢的概率小于 52%，那还是改行吧。要承认自己无法预测体育事件、标普期货交易情况或者其他事件是很困难的，正如下面事例所讲述的那样。

一个对篮球下注的赌博者在这个赛季的运气很不好。他向朋友诉苦说输了很多钱。他的朋友就问："你为什么不试试其他的呢，比如说在冰球上下注？"这个博弈者回答说："冰球？！我完全不懂冰球啊！"

如果这个可怜的家伙使用凯利标准，将赢钱百分比用于这个公式，他会立刻明白应当放弃继续在篮球上下注。

由于股市更为复杂，凯利公式不能直接用到股票市场上。每一次交易结果并不是像在体育运动和赌场下赌注那样全部亏损或者全部获利，而且佣金更少。股票、期货或期权交易可能会有无数种结果，因此必须做一点改动才能使用凯利公式。除了要估量盈利的概率，还必须考虑具体的盈利或亏损，也就是说必须将平均回报考虑进凯利公式里。改动后凯利公式就变成了：

$$风险大小 = \frac{(r+1) \times p - 1}{r}$$

式中，p 是盈利概率，r 是这个策略里平均盈利 / 平均亏损（这里的平均盈利和亏损都需要计算，假设每一次交易投入相等资金）。

换言之，无论是什么交易体系，r 也就是盈亏比[⊖]。从交易体系的回顾中算出平均盈利次数和平均亏损次数并不麻烦。例如，很多标普期货日内交易体系的设计者会提供盈利交易的百分比、平均盈利次数和平均亏损次数，可以直接输入凯利体系。

例： 假设有一交易体系的历史数据，已知它成功 35 次和失败 45 次，或者说成功概率是 44%。此外，成功交易所产生平均盈利是 1000 美元，失败交易平均损失是 500 美元。凯利体系只需要知道这些数据（$p = 44\%$, $r = 2$）。

$$风险大小 = \frac{(2+1) \times 0.44 - 1}{2} = 0.16$$

所以，凯利标准说明，使用该策略时，应当在每次交易中，投资总资金的 16%。

这个结论很重要，我们可以在账户规模扩大时增加交易规模，亏损时减小交易的头寸。当然，凯利标准也存在一定问题：它假设每次按顺序交易，也就是说每个时点只交易一次。

然而，大多数投资者会在同一时刻交易很多品种。例如，就像第 4 章提到的，使用期权交易量变化作为先行指标，推断标的公司会出现重大新闻而买入股票。有时只有个别股票有新闻，而有时会有好多股票都出现新闻。假设凯利标准

⊖ 原文有误。原文称 r 为平均收益率（average rate of return），但根据上文公式以及下文例子，r 应该指盈亏比。——译者注

显示应该在每一次交易中投入总资金的 20%，而恰好需要同时建仓 5 只股票该怎么办呢？最简单的方法是保证金交易，但更为稳妥的办法是使用**风险修正**（risk-adjusted）方法，即每次交易中投资金额是这个账户中**可使用**资金的凯利百分比。

例：假设已经计算出凯利标准，需要在每手交易中投资资金的 20%。然后结合上面提到的风险修正法，结果如下表所示：

交易次数	此次交易之前可以 使用的资金（%）	此次交易 投入的资金（%）	交易后 剩余资金（%）
1	100	20	80
2	80	16	64
3	64	12.8	51.2
⋮			

因此，如果凯利标准是 20%，那么第 1 次交易应该投入全部资金的 20%，剩下 80%。下一次交易则是剩下可用资金的 20%，也就是全部资金 80% 的 20%（即 16%）。因此，在第 1 次交易中投入总资金的 20%，在第 2 次交易中投入总资金 16%。然后整个账户里就剩下了 64% 作为可用资金，第 3 次交易需要 64% 的 20%，依此类推。

这种方法的主要问题是，第一次交易规模最大。但这是保证不过度投资，同时使用凯利标准的方法。如果某一时点该账户有许多交易同时在进行，而且所有这些交易都会受到同一事件（例如新闻或者波动率）的负面影响，这个方法就会自动缩小每一次新交易的资金规模，减少过度交易的风险。此外，随着时间消逝以及交易开平仓，这些头寸规模会逐渐一致。

使用风险修正法计算每一项新投资的合适凯利百分比，将它用在账户剩余资金上，就可以知道在每一次具体交易中应当投资多少，将不同策略结合在一起。

总体而言，凯利标准可以同风险修正方法结合，在建立每个新头寸时有效无偏地管理资金。

7.2.2　投机交易流程

本书中，许多我们谈到的交易机会本质上都是投机交易。如果使用期权成交量、期权权利金或者是认沽认购比作为预测指标，则大概率会持有一个直接头寸

（outright position），而不是对冲头寸，所以下面介绍下直接头寸。

其实直接的投机头寸非常容易管理，买入证券（股票、期货、认购期权或者认沽期权）后，接下来只需要坚定执行既定止损策略就行。然而实际操作中，开始选择到最终卖出的过程没有这么简单。有时找不到可交易的标的，例如行业指数，只能选择行业指数期权。如果有条件，交易前必须用数学模型对期权进行定价，**了解期权之间的相对价格**。如果期权太贵，则交易标的以替代。

要决定期权是否"太贵"，则需要用波动率来衡量当前期权价格。不仅需要将期权当前隐含波动率同标的最近历史波动率比较，还要将当前隐含波动率与近期隐含波动率比较。下例有助于了解这个过程。

例：交易者想要买入"市场"。他可以选择 OEX 期权，也可以选择标普 500 期货。当 OEX 在 550 时，有下列数据：

OEX：550

期权	隐含波动率（%）
545 认购期权	13
550 认购期权	12
555 认购期权	11
历史波动率：9	

以上信息似乎说明这些期权的价格被高估。因此交易者可能会选择买入标普 500 期货，而不是买入期权。但进一步研究发现，OEX 期权的隐含波动率一直高于历史波动率。事实上 OEX 隐含波动率在过去的几个月里在 11% ~ 18% 波动，当前隐含波动率刚好处于这个区间的下端。

此外，通过比较历史波动率，会发现在过去的几个月里历史波动率在 6% ~ 13% 波动，历史波动率正处于该区间的中间位置。

基于隐含波动率接近它正常范围的低端，并且一般也是高于历史波动率这一信息，该交易者应买入认购期权而不是期货。

此时还要决定是买入哪一种期权。正如本章前面部分提到的，最好选择买入短期实值期权。该交易者持有 1 手期权而获得杠杆，但是他没有为时间价值付出很多。期权买方亏损的绝大部分原因就是因为买入的是深度虚值期权。这些期权剩余时间很短。这样一来即使标的运动方向对他有利，交易者依然会亏损。而在

实值期权中，如果标的朝有利方向运动，交易者基本上都会盈利。

　　谨慎使用市价订单买入这些期权。除非：①交易流动性很好的期权，例如OEX 或者 IBM，或者是②交易小于 10 手的小订单，才使用市价订单。否则从长期而言应该使用限价订单。你可能注意到在交易流动性不错的期权时，成交会"分割"市场（也就是说，以买价和卖价之间的价格买入）。但是不要局限于限价订单。如果想要买入的合约订单簿非常"薄"（流动性差），由于做市商并不真想成交，他们可能在看到你的订单后提高卖报价。

　　尤其在投机交易中，对持有头寸止损的风险管理非常重要。不仅要严格执行止损，还要在持仓过程中有计划地取出部分盈利。我一般倾向于根据标的图形中技术支撑位和阻力位来设定止损点。如果交易者根据**期权**价格设定止损，他很可能因时间价值衰减而止损离场，也可能在标的价格正好落在支撑位置时平仓（这很**不好**）。其实，持有实值期权的交易者不必太在意时间价值衰减，完全可以使用技术指标来设定止损。

　　交易期权使用**心理**止损；而在交易股票或期货时可以使用**实际**止损。心理止损是指并没有真正下一个止损订单，而是当标的的价格到达你的心理止损线时，会立即评估当前情况。假设你认为应该平仓，则使用市价订单（market order）或限价订单（limit order）。如果已经到达心理止损线，并且股票或者期货合约在朝不利方向急速运动时，那么最好使用市价订单。如果股票或者期货的价格走势平稳，则可以使用限价订单平仓。

　　管理盈利比及时止损更重要。每个人都希望限制亏损，累积盈利，实际操作要比看上去**容易**一些。许多交易者都经历过这样的苦恼，眼看一个头寸大幅盈利，但没有及时平仓获利，然后行情开始逆转，最后止损出局。这其实比起提前获利平仓更让人郁闷。有两种方法解决：①分批提取部分盈利；②使用追踪止损（trailing stop）。

　　有的交易者会严格按计划逐步提取盈利。例如当持有期权且盈利达到 25%，他们就将一部分头寸平仓。如果之后盈利达到 50%，则会卖出更小规模的头寸。此后，就会继续持有剩余的头寸，同时设定心理止损。有的交易者喜欢根据标的走势（价格碰到了阻力线，或者价格上涨过快）来提取盈利。这两种方法都是正确的，都做到了限制亏损、累积盈利。

　　另一保护盈利的方法是**追踪**止损法。头寸一开始盈利就提高止损价格，不管是心理止损还是实际止损。这是因为一开始设定的止损价格较低，但如果一直都在提取盈利，那么在提高追踪止损价位时，就适当放松条件。换句话说，当市场朝有利方向发展时，即使出现轻微调整，也不至于止损出局。

正如之前所述，要限制亏损、累积盈利并不难。一开始就设定合理的止损标准，并且**坚持住该止损原则**。无论什么交易，我认为在每次交易中所承担的风险不应该超过一个固定百分比，比如 3% 左右或者更少。这里说的是持仓一段时间的交易，而不是日内交易（日内交易中，风险应控制得更小）。使用追踪止损来积累盈利时，不要总想着完成目标，不要被情绪所牵制。目标可能会让你在头寸就要大幅盈利时平仓。其实，只要一年之内抓住一两次大行情就够了。

具体步骤如下，以简单的 20 天移动平均线作为收盘心理止损，称之为**心理**，是因为没有一个真正的止损订单；称之为**收盘**是因为要判断股票收盘时是否突破止损价。图 7-2 是收盘止损的例子。当天出现许多假突破，因此使用的是收盘止损（有的交易者使用 2 日收盘止损，即连续 2 个交易日的收盘价都突破了止损价）。其实，收盘止损对非专职的交易者来说更方便，每天只需花 10 分钟左右看一下收盘价就可以了，如果突破止损线就平仓。另外，如果错过了收盘前的交易时间，也需要看一下收盘价。如果收盘价穿过了止损价，还可以在第 2 天早上开盘时平仓。

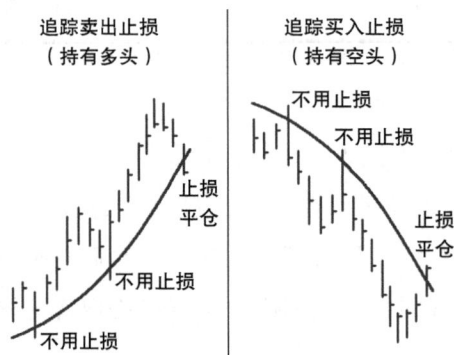

图 7-2　收盘止损例子

止损方法有很多。**枝形**止损（chandelier stops）和**抛物线**止损（parabolic stops）都是为了在价格出现大幅的甚至是抛物线运动时，能够同时有效结合股票实时价格和标的近期波动率进行止损。我不知道哪一种止损方法更好（虽然将波动率包含在内很有道理），重点是要使用**追踪收盘止损**。

总的来看，很多理念实际上都难以实现，例如不是每个人都能做到低买高卖（而且，未必一定要买在低点卖在高点）。但是锁定亏损、累积盈利是可以实现的，而且难度不大。只需要最初就设定止损价，如果到达止损价就平仓以锁定亏损。如果有盈利，则使用追踪止损来积累盈利。

7.2.3　交易实例

下面是我参与过的一些比较特别的真实交易案例，有人将其称之为"战斗实例"（war stories）。这些例子可以展示期权交易中关于市场判断、时机及运气成分等要素可能产生的影响。我有一次听到杰克·施瓦格（Jack Schwager）（《金融怪杰》（*Market Wizards*）○的作者）说过，任何关于交易理论和交易体系的实际案例都是好案例。我很认可这个观点，所以下面列举的案例中既有盈利交易，也有亏损交易。这些例子即使对有经验的交易者也很有用，他们自己也可能有过相似的经历。

前面一节讨论了止损的使用。不管止损设定得如何完备，如果市场上没有交易发生，能做的事情就很少。我所经历的最严重的流动性缺失情形发生在 1982 年美国城市服务公司（Cities Service Company）股票上。在 1981 年和 1982 年这两年里，发生了无数石油公司收购事件。很多收购以极高价格达成。其中最大的两个，一个是美国康诺克石油公司（Conoco）（它最后被杜邦公司（DuPont）以高于施格兰公司（Seagrams）和美孚石油公司（Mobil）的报价收购），另一个是马拉松石油公司（Marathon Oil）（最后被美国钢铁公司（U.S. Steel）收购）。

1982 年，海湾石油公司（Gulf Oil）对美国城市服务公司报出了每股 63 美元的收购价。当时我在汤姆森·麦金农证券公司（Thomson McKinnon）担任套利部主任，得知此消息后我开始建仓。这不仅因为当时的股价相比收购价低很多（当时卖价在 55 美元左右），而且虚值认沽期权价格也非常高。当时我们裸卖出认沽期权，买入股票。华尔街大部分公司的套利部门也这么操作。然后我们将持有的美国城市服务公司股票以要约收购价进行申报卖给海湾石油公司。在此之后只需要等到期后，海湾石油公司如约支付现金获得股票。

然而这一天从未到来。不知道什么原因，海湾石油公司突然决定收手。有传闻说这里面出了某些问题，事实上市场上根本没有人能卖出股票，大家都计划将持有的股票以要约收购价进行申报卖给海湾石油公司。这样一来情

○　此书中文版已由机械工业出版社出版。

形更糟糕：交易者只能买入认沽期权套保，而认沽期权价格很快就被炒高起来。同期在现货市场有一点美国城市服务公司的股票交易，但数量远远不够。尽管情形已经如此恶劣，大部分交易者依旧对收购持乐观态度。

由于海湾石油公司一直拖到某个星期五下午才正式宣布停止收购，交易者蒙受了巨大损失。海湾石油公司最终决定收回要约报价，之前投资者以要约价格将股票卖给海湾石油公司的所有申报作废。由于买卖订单数量严重失衡，美国城市服务公司的股票交易中止，直到下个星期三才重新开盘（这对 NYSE 的专业交易系统来说并不光彩）。当它终于重新开盘时，开盘价仅为 30 美元，足足比停牌前跌了 22 美元！

当时美国城市服务公司收购失败带来的后果导致华尔街交易公司的巨大亏损。甚至有些小交易公司因此破产。即使是伊凡·博伊斯基（Ivan Boesky）的公司也陷入绝境：在股价回升之前，必须借钱才能维持运转。

在海湾石油公司董事们内部开会期间，美国城市服务公司的高管们也同其他交易者一样也对真相一无所知。最终他们找到了西方石油公司（Occidental Petroleum，代码：OXY）作为新买家，几个月之后以每股 50 美元的价格完成收购。对那些将股票持有到最后的交易者，他们很幸运地避免了更大亏损。我们公司也有所亏损，如果不是 OXY 出手相助，亏损甚至会多 10 倍以上。直到今天，我仍然不交易同海湾石油公司有关的任何产品。

这个故事描述了当市场出现流动性枯竭时的意外损失。它还证明意外损失可能出现在任何头寸上。无论前期计划和技术分析多么到位，无论市场上有多少交易者与你持有同样观点，都不能确保万无一失。不过，生活总是出人意料，你必须随时随地为可能出现的情况做好准备。如果因为类似美国城市服务公司这种情况的亏损而感到郁闷，从而一蹶不振是没有任何意义的。下面例子说的就是在重大亏损后紧接着出现的绝佳机会。

美国城市服务公司的收购是在 1982 年 8 月上旬宣告失败的。而 8 月下旬马丁－玛丽埃塔公司（Martin-Marietta）的股票突然出现一次交易机会。市场上对该公司的股票有个很含糊的收购报价，但是没有多少交易者相信。不过，马丁－玛丽埃塔公司股价却一路攀升到接近 40 美元，期权价格也水涨船高。这时费城股票交易所（Philadelphia Stock Exchange，PHLX，马丁－

玛丽埃塔的期权在该交易所交易）的一名独立经纪人致电为我们提供了一个很有吸引力的交易：以 40 美元的价格买入股票，同时以 8 美元价格卖出 9 月 35 的认购期权。对一个到期期限不到 1 个月的期权来说，这个价格很吸引人。因此我们做了少量的交易。如果股价下行，这笔交易在到期时的盈亏平衡点是 32 美元。

然而几周过去了，收购马丁 – 玛丽埃塔公司的可能性更加渺茫，股票跌到了 33～34 美元，我们的头寸十分接近盈亏平衡点了。由于是套利交易，我们选择继续持有当前头寸，此时期权价格依然维持高位。虽然标的股票在到期当周的星期三价格已经跌到 33½ 美元，但是 9 月 35 的认购期权价格还是大于 1 美元。

这时期权交易突然放量，价格暴涨，但标的价格未发生较大变化。负责套利业务的执行副总裁在一系列的内部会议中鼓励我们，说如果认定股价会上涨可以采取更为激进的策略，于是我们买入平仓 9 月 35 认购期权。理论上来说这不太合适，因为此时期权价格已经很贵了，而且我们的头寸也因此暴露在股票价格下行风险之中。

第 2 天，本迪克斯公司（Bendix Corporation）对马丁 – 玛丽埃塔公司提出了 45 美元的收购报价。2 个星期之内就正式完成了收购，以 45 美元的价格从套利交易者手中购买了股票。

从交易的角度看，马丁 – 玛丽埃塔公司这个故事的重点并不明显。这里实际使用的策略十分激进，但这也是我们在风险套利中不得不选择的一条路。这个例子所要说明的，不是你应当将对冲头寸拆开，而是应当自始至终地执行你的策略。城市服务公司和马丁 – 玛丽埃塔公司都是相当冒险的头寸，如果因为在城市服务公司收购中的亏损，而改变在马丁 – 玛丽埃塔公司中的策略，那就一错再错了。

当然，这种好事不会**总是**发生。我曾经在一次研讨会上被问及做过的最好和最坏的交易，我选择了下面这个例子作为其中最坏的一个，不仅是因为它的结果，更因为在交易过程中所犯的错误。

对风险套利而言，即使未能有幸参与德崇证券公司（Drexel Burnham）迈克·米尔肯（Mike Milken）的那些交易，1986 年也是好年景。这段时期是杠杆收购的黄金时期，许多交易都采用杠杆收购。**杠杆收购**（leveraged buyout）的定义是，收购人通过质押被收购公司的资产来融资。质押融资往往通过"垃圾债券"的形式实现，此类垃圾债券是由德崇证券公司米尔肯的团队推广开的。你可以看电影《华尔街》（*Wall Street*）或者是读詹姆斯·斯图尔特（James Stewart）写的《贼巢》（*Den of Thieves*），或者是布赖恩·伯勒（Bryan Burrough）和约翰·希利亚尔（John Helyar）写的《门口的野蛮人》（*Barbarians at the Gate*）⊖，来了解更多关于杠杆收购的情况。

　　11月下旬的一个星期，市场传闻有人要收购吉列（Gillette），股价应声上涨至60美元，期权价格也水涨船高，股票和期权均开始放量。套利部的研究人员非常喜欢这个场景，而我也想抓住机会，卖出高估的认沽期权得到权利金。因此我们最终构建的头寸是买入股票的同时卖出认沽期权。在星期五收盘之后，我突然意识到我们意外地建立了双倍的股票多头头寸。研究部主管和我分别通过不同的经纪人下了相同方向的订单。但是这也不是什么大事，因为我们通常在坚持看好某个方向时不断增加头寸。

　　星期六上午，我看到《纽约时报》的头条是伊凡·博伊斯基被捕了。整个周末市场上的价差套利交易者都在猜测，消息在星期一会对市场，尤其是股票市场产生多大的影响。但是事实证明市场在星期一出人意料的平静，不像是会有不幸的事情发生。

　　但到星期二，这种平静被彻底打破，整个华尔街，人人都在争相抛售手里的头寸。在接下来的一两个星期里，大部分价差套利交易者都亏损不少。这次亏损将原本一个好年份变成了收益低于平均数的一年。我们最后在每股低于50美元的价格上平掉了所有的吉列股票头寸。

　　把吉列的这次交易作为我最糟糕的交易有几个理由，但是没有任何一个理由同伊凡·博伊斯基刚好在头寸建立后被捕有关。首要问题是构建了双份股票多头头寸。其次是在星期一市场稳定时没有及时平仓。我可以找理由解释，并不是每次新闻出现后市场就会怎么走，所以我通常让市场告诉**我**它会朝哪个方向运动（这么多年，我靠着这一点躲过了很多错误预判）。但这次市场似乎用了整整一个交易日才最终做出决定，在20世纪80年代和90年代高波动的市场中，这简直是难以置信的。无论如何，我们原本有机会在星期一以较低亏损平掉吉列股票来规避博伊斯基被捕的新闻可能带来的风险。而且，市场上没有其他交易者急着抛

　　⊖　此书中文版已由机械工业出版社出版。

售吉列的股票的情况，也不应当成为我们做投资决策的理由，但事实上它的确影响了决策。第三个错误是我个人因素，与交易头寸无关；按照公司制度，我们奖金是与全年盈利挂钩的，所以快到年底时应该稳妥为主。

事实上，偶发事件（博伊斯基的被捕）可能在它最不应当发生时发生了，导致我亏得一塌糊涂，这就是所谓的墨菲定律（Murphy's Law）。此外，与马丁 – 玛丽埃塔公司事件不同，这次没有可以让交易者从 1986 年 12 月的亏损中迅速回本的机会，尽管 1987 年上半年对价差套利交易者和此类交易者来说都是盈利丰厚的半年。

星期一没有卖出吉列，说明我不相信自己的分析（我的分析是博伊斯基被捕对股票套利来说是件坏事）。这不是一个经过研究后得出的有统计数据或数学分析支持的明确结论，它更像是一种直觉，而有时直觉会出错。如果有了经过充分研究的确定看法，就要相信自己，坚持自己的策略，这也是下一节所要讲述的。

交易的一个重要理念是，如果确信自己已经充分研究，那就应该坚持自己的方法论。只有对自己的观点和策略有足够的信心才能从市场中盈利。你可能会发现某些被多数投资机构忽视或者选择无视的信息。我指的不是某个无人在乎的小股票（这类小股票的信息一般与"内幕交易"有关），也不是那些人人知道的能导致股价剧烈变动的消息。我指的是有些公开的事情，由于某种原因，大部分交易者忽略了它们。下面两个例子展示了错误和正确的方法。

1973 年，迪士尼重新发行一些经典作品，这在数年来是第一次。我的邻居去看了一部新发行的电影，好像是《灰姑娘》，我记不起名字了。他坚信这是迪士尼的一个出色策略，于是买入了它的股票。第 2 年就碰到了 20 世纪最差的一个熊市，一年里迪士尼股票跌了 50% 以上。这笔交易亏损与运气无关，是错误的分析造成的。所有投资者都知道迪士尼重新发行经典影片对其股票价格的影响，这一预期已经被包含在股价中了。因此，他的"信息"没有任何价值。

上例是对"明显"信息缺乏研究的分析。下例说的是对大多数交易者而言并不明显的信息。如果有时间充分地分析头寸，就应当找一个精通此道且可以信赖的人探讨。如果他也同意你的分析，那就果断交易，不要犹豫。要知道，最有用的技术分析指标全都是一些个人投资者发明的；如果没有坚定按照自己分析而采

取行动，往往会错失良机。这种机会可能包括在其他人认为时机不对的时候买入或者卖出波动率，或者是某种更复杂但没有那么明显的交易方式，比如一次对冲机会。我们不断地在市场中寻找类似的交易机会。其中一个就是下例。

1980 年，市场流行黄金概念股，黄金价格也处于历史高位。我（幸运地）发现南非黄金概念股从 1980 年夏天起一直在支付非常高的股息。之所以会注意到这件事是因为我给孩子们买了一些黄金概念股，所以我注意到了在他们账户中出现的股息。

ASA（当时称 American South African）是在纽约证券交易所交易的一个南非黄金概念股封闭式公募基金。ASA 每年不间断地收取它所持有股票的股息，正常情况下会在 2 月、5 月和 8 月支付小额股息。如果之后还有多余的股息收入，就会在 11 月以特殊股息形式支付。在前几年，特殊股息都是每年 50 美分。基于 ASA 持有股的情况我对其收到的股息进行一番计算，结果显示需要支付超过 2.50 美元的特殊股息才能够付清这一年的特殊股息收入。

我向一个与我们有友好合作关系的小型研究公司核实了这一情况，他们赞同我的看法。此时期权市场尚未对这个信息做出任何反应。如果标的会有一笔特殊股息，那么认沽期权价格会上涨，而认购期权价格会下跌，完全体现标的股票除息的预期。这个预期对期权持有者很不利。此时期权价格平稳，反映的还是特殊股息 50 美分的预期。

我们用汤姆森·麦金农（Thomson McKinnon）公司的套利账户建仓，买入认沽期权并卖出认购期权，构造了无风险的转换套利。对转换价差的特殊股息部分我们仅仅付了 50 美分。在建立这些转换套利时，做市商和其他持有反向头寸的人都觉得我们疯了，为该套利花了这么多钱。可是，如果真的有一个好想法，现在正是你应当相信自己、果断行动时候。在我们建立 10 万份头寸的时候市场有了变化，一些较大的做市商开始转而支持我们的观点。

最终我们得到了回报。在一个星期四早晨 ASA 公司在纽约召开了股息会议，明确宣布要支付 2.50 美元的特殊股息，不过他们只公布了一条短讯就去吃午饭了。路透新闻社接到新闻后也只发布了一行报道；而道琼斯要先确认（这是一条公司政策）才能发布这条新闻。但是此刻 ASA 办公室的工作人员都外出吃午饭去了！我们一下子开始紧张了，因为那时很少人使用路透社新闻服务，我们大部分人还在看道琼斯新闻。整个午餐时间我们都在等待消息确认，最终我们成功了。

意外的是，该策略居然在以后几年也能继续使用，不过再没有达到那一年的盈利水平。一直到 20 世纪 80 年代中期黄金价格陷入一个熊市，南非股票再也无力支付股息后，策略才失效。现在回想，该策略之所以能够成功有两个原因：①注意到这件事的人很少；②尽管任何人只要想找都可以找到，但有关南非股息的消息传播不广。

迪士尼例子和 ASA 例子的差别很大：一个是人尽皆知的事实，另一个是没人注意的细节。那些通过深入研究而得出的结论和交易决策，即使没有人相信或者市场没有反应，也要坚持。这类情况指的就是类似 ASA 的情形。

请不要觉得当时的交易者还不够成熟，因此这样的事例只会在早期期权交易中出现。再举一个例子，描述的是该策略在双层收购（two-tiered tender offers）中的潜在应用。1981 年圣乔矿物公司（St. Joe Minerals）的收购和 1994 年奇隆公司（Chiron）收购之间非常相似。

两个收购都属于部分要约收购（partial-tender offers），收购完成后仍有部分股票在交易。这样的交易也被称为"双层"（two-tier）交易。在讨论实际例子之前，我先大致解释一下什么是双层交易以及如何在它们之中运用期权。

例：在双层交易里，收购公司通常对被收购公司的股票按照固定百分比提出要约收购，一般在 50% 左右；这个最初的要约叫作**首次要约**（front end），剩下的都叫作**后端要约**（back end）。首次要约之后，被收购公司剩下的部分就叫作**剩余资产**（stub）。它可以使用不同的名字在市场中自由交易。在 20 世纪 80 年代收购公司也会对剩余资产继续发出要约收购，不过后来法律有了变化，现在剩余资产必须作为股票来交易。

当双层交易在进行第一层，即提供报价要约的时候，被收购的股票交易价格包含双层交易的**总**价值。假设 ABC 将通过一个双层交易收购 XYZ，它对该公司 50% 股票的每股报价 100 美元。此后另外 50% 的剩余部分将在市场中交易。进一步假设分析师对剩余资产赋予价值为每股 60 美元。

这时 XYZ 会以每股 77 美元的价格交易，原因是如果买入 100 股 XYZ 后以要约价格申报卖出，仅能将其中的 50 股以 100 美元的价格，而其他的

50 股每股价值 60 美元（如果分析师是正确的话）。可以将这些股票在公开市场上按每股 80 美元的均价卖出（一半是 100，还有一半是 60）。XYZ 的售价略为低于每股 80 美元的原因是考虑了时间成本。要约收购完成和剩余资产开始交易都需要时间。随着要约收购到期日临近，XYZ 会朝每股 80 美元的方向移动。

进入下例之前请思考一个问题，如果 XYZ 现在的价格是 77，行权价为 80 的认沽期权卖价应该是多少呢？答案在下一段落末尾。

此例中，XYZ 实值认购期权在这个收购的第一层面，即要约收购完成之前，会在实值价格上交易，它们没有任何时间价值溢价。这是因为收购第一层面一结束，股票就会下跌 20 美元（从 80 跌到 60）。如果你持有 XYZ 认购期权，你可以将它们行权并将通过行权得到的股票卖出。如果不这么做，那么认购期权就会遭受巨大亏损（只能用股票而不是认购期权进行要约申报）。认沽期权则反映了剩余资产的价值。剩余股票会以 60 的价格进行交易，因此行权价为 80 的认沽期权售价至少是 20 美元。这一部分有点复杂，一般的期权交易者不太容易理解。

1981 年，前文描写的那种双层交易在华尔街很常见，同年，福陆公司（Fluor Corporation）决定收购圣乔矿物公司（St. Joe Minerals）。由于当时认沽期权上市的时间不长（它们是从 1977 年开始上市交易的），这可能是第一个被收购的公司圣乔矿物公司有挂牌认沽期权的双层交易。

1981 年，福陆公司对圣乔矿物公司采用双层交易的形式进行收购，以 60 美元的价格收购公司的 60% 股份，剩余 40% 的股权也计划以要约收购的形式报价，价格大概在 45 ～ 50 美元。由于要约收购到期日在 2 月上旬，我们买入了 2 月认沽期权对持有股票进行对冲。

不知什么原因，此时市场出现近乎免费的套利机会。圣乔矿物公司股价是 53 美元，2 月 55 认沽期权的售价大约为 9 美元。这个故事比较久远，数字只是大概，不过故事本身依然有参考价值。

考虑这样交易：

以 53 买入 1000 股圣乔矿物公司	53 000 美元支出
以 9 买入 4 手 2 月 55 认沽期权	3 600 美元支出
通过要约以 60 卖出 600 股圣乔矿物公司	36 000 美元收入

| 通过认沽期权行权以 55 卖出 400 股 | 22 000 美元收入 |
| 净收入 | 1 400 美元收入 |

　　只要第一阶段顺利完成，利润就有保障。显然大部分市场参与者对这个收购的后期部分不乐观，不想为它花费更多的钱，因此他们将价格维持在 53 的位置。由于当时认沽期权是新东西，很多人可能尚未注意到可以交易认沽期权，也就是说他们没有意识到可以通过买入认沽期权而锁定后半部分股票价格。但是不管怎样，我们都赚了。

　　不要认为随着市场成熟，这样的套利情况已经不复存在。这样的双层收购很少出现。只要有这样的交易出现，买入股票同时用认沽期权对冲的交易就是个盈利良机。至少到 1994 年年底还是如此，当时的奇隆公司（Chiron）就发生了一笔双层交易。

　　这是一个要收购奇隆公司（代码：CHIR）的交易：有公司为奇隆公司 40% 的股份提供了每股 117 美元的要约报价，股票的剩余部分继续在公开市场交易。这次要约收购可能会在 1 月期权到期日之前发生，但是也有可能因为政府第 2 次要求材料，进而将收购完成日期推迟到 1 月期权到期日之后。

　　在 12 月初 CHIR 的价格是 75，下面是当时的相关期权价格：

12 月 70 认购期权：5¼	12 月 70 认沽期权：1/4
1 月 70 认购期权：6	1 月 70 认沽期权：7½
4 月 70 认购期权：7	4 月 70 认沽期权：18

　　任何具有一点期权知识的人都看得出，1 月 70 认沽期权和 4 月 70 认沽期权价格很高——但是为什么呢？交易新手常常认为卖出如此高价格的认沽期权很有吸引力，而且他们不会明白为什么 CHIR 的交易价只有 75 美元。而认购期权几乎按平价在交易，它们所反映出的时间价值只包括了首次要约收购到期之前的时间。

　　我无法分析后期剩余部分的价值多少，也不需要知道。分析师对公司情况已经了然于胸，已经认定它的价值在 50 ～ 55 美元。即使不听分析师评论，我也清楚知道其价值。因为我们必须假设套利交易者们不笨，他们已经给股票设定了正确价格。在这里"正确"的意思是如果收购成功，并且他们分析没有问题，套利交易者可以得到大约 3 点的盈利。奇隆公司股票持有者会将股票的 40% 按 117 美元 / 股卖出，股票的总价值就会是：$0.40 \times 117 + 0.60 \times$ 剩余资产的每股价格 = 78 美元，CHIR 目前价格 75，给套利留下一定的盈利空间（78 − 75，3 个点），这大致等于时间成本。解方程发现，剩余部分的每股价格是 52。

对于剩余资产（也就是在部分要约收购完成后将要继续交易的那部分股票）是否价值 52，可能会有不同的看法。不过理论上目前价格（75 美元）最终会达到 52 美元，认沽期权也会按照要约结束时 CHIR 价格 52 的假设定价。那么 4 月 70 认沽期权价值应该是 18 左右，刚好是现在交易的价格。正如前面两个例子那样，认沽期权价格只与收购完成**之后** CHIR 将在什么价位有关；认沽期权持有者或卖出者并不参与价格为 117 的要约收购。

那么为什么 1 月 70 认沽期权价格只有 7 呢？这是因为投资 1 月到期的认沽期权是极大的投机行为，没人知道它们的价值是 0（如果收购在 1 月到期日之前没有完成），还是 18（如果收购在 1 月到期日之前完成了）。只有那些对收购时机有确定把握的人，才应该交易 1 月认沽期权。

我们建立的策略是买入 CHIR 股票，并就剩下的 60% 头寸买入 **4 月**到期认沽期权。例如，买入 1000 股 CHIR 同时买入 6 手 4 月 60 认沽期权。然后只要要约收购如期发生，认沽期权可以覆盖下行风险。

一旦 CHIR 在高于 52 的价格上交易，那还能获得额外盈利。收购完成后，头寸变为剩余资产部分的股票以及 4 月 60 认沽期权，相当于持有 4 月 60 认购期权。因此，只要剩余部分的股票真的上涨，我们就等于拥有免费的认购期权。

这一策略的风险就是收购"破裂"，最终的要约收购流产，那么 CHIR 就会崩盘。买入的 1000 股股票中就会出现大笔的亏损，我们持有的 6 手认沽期权多头也没多大用处。

结果证明没必要担心。随着收购到期日的接近（在 1 月份**前**到期），股票稍微上涨，刚刚超过 80。这个上涨更多反映的是对这次收购剩余部分的乐观预期。然后剩余部分在 61 美元公开交易（远高于最初估计的 52 美元），而且最终一直涨到 67。那个用不到 1 美元的价格买入的"等价"认购期权最后价值 7 美元，利润最终兑现。做出该套利策略仅仅需要认真观察价差中隐含的信息，同时使用认沽期权构建适当的对冲。

为什么不是所有交易者都建立这样一个对冲头寸呢？我不知道。很可能是因为"交易规模"限制，套利交易者和投资经理在 CHIR 中所持头寸非常大，市场上没有足够的认沽期权可供交易以对冲风险。因此比起那些"大户"，小交易者可以更灵活地参与市场。

7.3　期权交易理念

本书最后一节将讨论交易中一些与期权相关的细节。它们没有包括所有情况，也不能保证盈利，但是如果按照这些准则交易，就更有可能取得成功。这些准则**不是**一夜暴富的诀窍，但是遵循它们一般会使你少走弯路，提高资金效率，而且说不定还可以提高期权盈利概率。如果你是一个有经验的期权交易者，也许已经潜意识地遵循了准则中很多部分，甚至不会主动思考它们。如果你刚开始交易期权，那么在新开仓时，应当看看这些。前文提到的一些准则，由于非常重要，需要再强调一次。

以自己舒适的方式进行交易。

有许多策略供期权交易者使用。有些更适合你的风险收益偏好。例如有的交易者不喜欢买期权。在流动性差的市场里，他们接受不了期权由于时间价值减少而每天承受损失。如果你也有同感，那就去做价差交易（spread trading）和卖出波动率交易。

另外，如果不喜欢裸卖出期权，那么就不要这样做。虽然这样的策略可以带来相当好的收益，但如果它们会让你晚上睡不着觉或每天担惊受怕，那就不要使用这个策略。

我有一位朋友，他是美国股票交易所（AMEX）交易池里的期权交易者，这在 20 世纪 80 年代中期很常见。他是一个很大的裸期权卖出者。有一天他再也不这么做了，我问原因，他说："我一直都在祈求人生过得快一点，祈求今天就是期权到期日。"

一个我喜欢的关于停止裸卖出期权故事，其主人公会让你十分惊讶：他是某套利部门的负责人，也是一个非常喜欢冒险的人。

---

20 世纪 70 年代和 80 年代，不论是普惠这样的大公司，还是其他很多公司，

它们在股票方面承担风险的业务常常是由一个部门来执行的。因此该部门交易风险套利、可转换套利、指数套利、反向和转换套利等。有时也要持有一定数目的风险导向型头寸，这些头寸有可能是股票空头或多头以及某些期权策略等。

我有个好朋友是做可转换套利的，同时他也负责制定期权策略。该部门负责人是一位著名的套利交易者，他对风险套利中几十万股的头寸连眼都不眨。但他并不真正懂期权。1974 年的一天，该部门负责人要我的朋友解释一下他的 IBM 期权头寸，因为他想知道为什么在逐日盯市过程中这个头寸出现少量亏损。真实原因是 IBM 的股价从 1973 ~ 1974 年熊市中由于超卖导致的低位中缓了过来，在 10 月和 11 月出现了上涨。

这个头寸是 1 比 2 的比率认购期权价差。我记不太清具体细节，应该是买入 100 手 IBM 的 1 月 240 认购期权，卖出 200 手 1 月 270 认购期权。价差的上端盈亏平衡点是 300 左右。该头寸是 100 手 IBM 认购期权净空头头寸，IBM 当时在 210 或 220 左右交易。

该交易员解释，至少在 3 个月内，只要 IBM 的上涨幅度不超过 80 点，就没问题。而且如果 IBM 在到期时价格为 270，就可以盈利 30 万美元。可是这个部门负责人想要知道如果 IBM 到 350 会怎样。当被告知会导致 50 万美元亏损时，他说："如果阿拉伯人以每股 350 美元收购了 IBM 就糟糕了，马上半掉这个头寸。"

这是一种臆测。阿拉伯人（当时处于 OPEC 卡特尔的他们非常有实力）怎么可能**会**买一个电脑公司呢？概率远远低于千分之一，但是该部门负责人却非常不愿承受这个风险。该部门负责人是一个很有经验的交易者，他知道什么样的事情使得他不舒服，因此他决定终止策略。

判断你是否感到不自在的交易，不应只局限于持有空头还是多头，更深层的是：它取决于对整个市场你准备使用什么策略。有的交易者喜欢价差，而且有的则喜欢投机。价差套利虽然会限制总收益，但是相应地，它们所承担风险比投机者要小。你知道价差既有可能盈利也有可能亏损，如果让你不舒服，那么就去做投机交易，对市场的趋势做判断，进而采取相应交易策略。

---

20 世纪 70 年代早期，我有一位朋友在一家大型谷物公司做交易，换句话说，他用公司资金在期货市场冒险。在经过一系列的成功交易后，他相信

如果自己是交易池内的交易员，可以做得更好。于是他搬家到芝加哥，并且在芝加哥期货交易所（CBOT）买了一个席位，主要交易玉米期货。

他的第一笔交易是非常大的同市场价差套利，应该是买入 5 月玉米，卖出 3 月玉米。他之前一向是投机交易者，对套利交易不是很熟悉；不过他认为套利风险相对较小，但事实证明这想法糟透了。无论玉米价格朝哪个方向运动：向上、向下，或者是上下波动，他的价差头寸总是亏损，最后亏光了他账户中的所有资金。

他后来变成了最大和最成功的玉米市场投机者之一。但是他再也不对冲交易了。

很重要的一点是，如果你用自己策略"较顺"，那么无论它们是哪种策略都会很容易盈利。不存在一个万能策略。每个策略都有相应的风险和回报特点，以及对投资者相应的心理素质要求。

很多人宁愿采取更保守的策略也不去投机。如果这是你的交易理念，没有问题。你就应当寻找有统计优势的对冲头寸，而不是日内交易或者其他短期投机交易。

对那位谷物交易者，还有一个有意思的补充。他确实因为那笔玉米价差头寸破产，但后来他又借到了钱，继续交易。最后成功后他告诉我："有这么一种说法，不破产两次就不算真破产。"意思是很多成功的交易者都破产过，然后重整旗鼓又赚了更多钱，开始的亏损是交学费。

虽然不是每个交易者都一定要先破产一次才能获得成功，但对大多数交易者来说，确实如此。只有那些从自己的错误中吸取经验的人才有能力卷土重来，最后成为成功的交易者。

一定要使用模型。

本书始终强调在期权定价中，一定要使用模型估值。期权交易者最容易犯的错误就是没有估计它的合理价值（fair value）就下单。模型估值的确很烦琐，尤其是当你或者你的经纪人不能合理评估实时信息的时候。不过，不管是策略类还是投机类，模型估值是所有期权投资的基础，你总要知道买卖期权是否多花了钱。

**不要总是交易期权——（如果期权定价过高或者买卖价差过宽），
标的可能会是更好选择。**

此项准则与前文使用模型的准则相关。尤其想要快速交易时，你会发现标的股票或者标的期货合约比期权更合适，短时间内定价过高的期权很可能比标的表现还要差。另外，交易标的还有其他的优势，比如标的流动性更高，市场买卖价差也就更小，止损也更便捷（个人不建议在期权上使用止损指令）。另外交易期权的优势是有杠杆以及风险有限，而且如果期权价格较低，还有理论上的盈利优势。

避免买入虚值期权。

第 4 章着重讨论了买入实值期权代替标的股票的重要性，这里讲的这项准则与之有关。虽然存在买入虚值期权获利的微小可能，但通常是在一个大幅震荡的市场中，将你的风险限制在一个固定范围内。我们讨论过联邦纸板（FBO）牛市价差的例子，另一例关于赛贝斯（Sybase）公司。

第 4 章讲过一个故事：在赛贝斯公司（SYBS）上我们持有大量的认沽期权头寸，当公司收益报告预测很差时股票大跌。由于该股票波动剧烈，它的实值期权时间价值很大。当股票价格 42 美元、负面传闻爆发时，以 SYBS 股票为标的的期权价格（4 月是近月）如下：

4 月 50 认沽期权：9½

4 月 45 认沽期权：5½

4 月 40 认沽期权：2

4 月 35 认沽期权：没有该合约

每个合约的隐含波动率都高得离谱。如果负面传闻是假的，隐含波动率自然会跌回来。可惜这里没有 4 月 35 认沽期权，否则就买入 1 手熊市价差（买入 4 月 40 或者 45 认沽期权，卖出 4 月 35 认沽期权），因此只能选择买入昂贵的实值认沽期权或买入虚值的 4 月 40 认沽期权。以隐含波动率衡量，4 月 40 认沽期权的价格最贵，但相应的现金风险也最小。决定愿意付出的亏损后，我买入 4 月认沽期权。这也是我在那一年唯一一次购买虚值期权。

该例的实值期权非常昂贵，这并不典型。因此我也只有在这个例子中，才考虑买入 1 手虚值期权。

不买超过所需期限的期权。

一般而言，交易者更喜欢买入长期期权。例如，XYZ 价格 50，1 月 50 认购期权的成本为 2，4 月 50 认购期权成本为 2¾。虽然这两期权的隐含波动率相同（也就是说，时间上，没有一个比另一个更贵一些），但你依然会认为买入 4 月 50 的期权更好。不过，这是个错误的观点，特别是当你只是短期交易时。与 1 月 50 认购期权不同的是，你为 4 月认购期权多支付的时间价值与较低的 delta 反而限制了仓位盈利。当然，如果想要通过基本面分析盈利，比如较好的收益报告或是玉米大丰收，由于不能确定期望的基本面什么时候会影响标的价格，那么就需要买入更长期限的期权。

了解等价策略，永远使用最优化的策略。

等价策略的潜在盈利相同。例如，持有认购期权等价于同时持有认沽期权和标的。不过，两个等价头寸需要的资金多少（以及对应的回报率）会有很大的不同。例如，买入认购期权成本只是买入认沽期权和标的股票成本的一小部分，当然，买入认购期权，对应的全部亏损概率也要大得多。

最重要的等价策略是与买入股票（或者买入期货）或者卖出股票（或者卖出期货）对等的期权头寸。

买入 1 手认购期权并卖出 1 手合约条款（行权价和到期日）相同的认沽期权，与直接买入该标的等价。相似地，买入 1 手认沽期权并卖出 1 手合约条款相同的认购期权与直接卖出标的等价。下面的 3 条准则是关于等价的。第 3 章提到过，比起持有股票，持有等价的期权策略可能更好。同时，等价期权策略要比卖空股票更好，而且这也是唯一的完全做空指数的方式。更重要地，构建该头寸时不用遵守"下单价格必须高于证券前一交易价格"的卖空规则。最后，等价期权策略是期货交易者必须掌握的技能，它可以把处在停板价位的被锁头寸解放出来。

在所有市场中交易。

使用期权策略的机会存在于所有市场（股票、指数和期货）中，忽略任何一个都是不对的。构建具有统计优势的策略适用于以上所有市场的期权定价。这三个市场间常常有很好的套利机会，只有同时在 3 个市场交易，才能捕捉到它们。

保持谦卑。

狂妄者最终只能在市场里自讨苦吃。如果有人对我吹嘘，他在交易里赚了很多钱，我马上就知道，他不是一个专业交易者。真正的专业交易者在谈到交易时，只会告诉你他们怎么在交易中亏损（其实这些故事更有趣）。同时要记住，**不要被牛市冲昏头脑**，头寸盈利很可能是由于市场很幸运地朝有利方向运动，千万不要觉得自己是交易天才，下一次也许不会这么好运。

最大的错误

经常有人问我，期权交易新手有可能犯的最大错误是什么。这个问题有很多非常好的答案：比如没有在交易中使用波动率（或者不使用模型）就是其中一个。没有合理地管理资金，包括没有使用止损或分批提取盈利也是一个好答案。然而，我认为最好的答案是大部分交易新手（他们中有些人其实已经有了一些交易经验）对头寸**期望**过高。他们总是买入临近到期的深度虚值期权，过于乐观地寄希望于市场按照自己的想法运动。因此，你需要使用模型合理管理头寸，并且对所持头寸，持有现实客观的预期。

7.4 小结

本章内容，虽然不像前面几章那样专门阐述交易体系、策略以及方法，但也十分重要。与其说交易是一门科学，它更像是一门艺术。首先，我们对基本经纪业务和信息收集工作提出建议。其次，我们还阐述了如何进行资金管理，通过例子说明期权交易中能做和不能做的事情。最后，我们就交易理念提出了一些准则。

指数和行业期权

下列是指数期权和有期权交易的控股证券（HOLDRS）。在芝加哥期权交易所（CBOE）和美国股票交易所（AMEX）还有许多挂牌的 ETF，要找这些产品的最新名单，可以访问这些交易所的网站。

Airline Index（航空指数）：$XAL

Asia 25 ADR Index（亚洲 25 种 ADR 指数）：$EYR

Biotech（生物科技）：$MVB

Biotech（生物科技）：BTK（美国股票交易所）

Banking（银行业）：BKX（费城股票交易所）

Mexico（墨西哥指数）：MEX（芝加哥期权交易所）

S&P500（标普 500）：SPX

Technology（技术）：TXX（芝加哥期权交易所）

Broker Dealer（证券经纪业）：XBD

Computer& Technology（电脑与技术）：XCI

Consumer Stock（消费类股票）：CMR

Cyclical Stock（周期性产业股票）：CYC

Cable Media（SIG，有线电视媒体）：$SCQ

Commodity Related Stock Index（商品相关股指数）：$CRX

Composite（综合指数）：$GTC

Computer Box Maker（电脑箱体制造业）：$BMX

Defense Index（国防工业指数）：$DFI 或者 $DFX

Deutsche Bank Energy（德意志银行能源类）：$DXE

Disk Drive Index（电脑硬盘制造业指数）：$DDX

Dogs of the Dow（道狗理论[1]）：$MUT

Dow Jones 30 Industrials（道琼斯 30 只工业股平均指数）：$DJX

Dow Jones Transportation（道琼斯运输业平均指数）：$DTX

Dow Jones Utility Average（道琼斯公用事业平均指数）：$DUX

Dow Jones Internet Commerce（道琼斯互联网商业）：$ECM

Drug Index（医药业指数）：$RXS（费城股票交易所）

Drug Stock（医药股）：DRG

Euro 25 ADR Index（欧洲 25 种 ADR 指数）：$EOR

Europe Sector Index（欧洲行业板块指数）：$XEX（费城股票交易所）

Gold Index（黄金指数）：$GOX

Gold Bugs Index（金甲虫指数）：$HUI

Gold and Silver（黄金和白银）：XAU

Hardware Index（硬件类指数）：$GHA

Housing Index（房产指数）：$HGX

Insurance Index（保险业指数）：$KIX（KBW）

Interest Rate Indices：

　　Short-Term Interest Rates（短期利率）：IRX

　　5-Year Treasury Note（5 年期政府短期债券）：FVX

　　10-Year Treasury Note（10 年期政府中期债券）：TNX

　　30-Year Treasury Bond（30 年期政府长期债券）：TYX

Internet（互联网）：$MOX

Internet Index（互联网指数）：$INX

Investment Manager Index（投资经理指数）：SMQ（SIG）

Hong Kong（香港指数）：HKO

Institutional（机构指数）：XII

Japan（日本指数）：JPN

Major Market（主要市场指数）：XMI

Morgan Stanley High Tech（摩根士丹利高科技指数）：MSH

---

[1] 道指狗股理论（Dogs of the Dow）于 1991 年由美国人 Michael B.O'Higgins 提出，他建议每年将道琼斯指数中 10 只（总共 30 只）股息率最高的股票等比例纳入投资组合，未来会有较高回报收益。——译者注

Multimedia Networking Index（多媒体网络指数）：$GIP

Natural Gas（天然气）：XNG

Nasdaq100（纳斯达克 100）：NDX

Nasdaq 100 Mini-Index（纳斯达克 100 迷你指数）：$MNX

Nasdaq Biotech（纳斯达克生物科技股）：$NBI

Oil Index（石油指数）：$OIX

Oil Service（石油服务）：$OSX

Oil Services（石油服务业）：$MGO

Oil Stock（石油股）：XOI

OTC Prime Sector Index（场外交易主要行业指数）：$OTX

Retail Stock Subindex（零售业股票指数）：RLX

Retail（零售指数）：$MVR

Russell 2000（罗素 2000）：RUT

Russell 3000 Value（罗素 3000 价值指数）：$RAV

Russell 3000 Growth（罗素 3000 增长指数）：$RAG

Russell 1000 Value（罗素 1000 价值指数）：$RLV

Russell Midcap（罗素中型资本股）：$RMC

Russell 1000 Growth（罗素 1000 增长指数）：$RLG

Russell 3000 Index（罗素 3000 指数）：$RUA

Russell 1000 Index（罗素 1000 指数）：$RUI

Russell 2000 Value（罗素 2000 价值指数）：$RUJ

Russell 2000 Growth（罗素 2000 增长指数）：$RUO

Russell Midcap Value（罗素中型资本价值指数）：$RMV

S&P100（标普 100）：OEX，CPO

S&P100（OEX）European Style（标普 100，欧式期权）：$XEO

S&P500（标普 500）：SPX

Semiconductor（半导体）：SOX

Semiconductor Index（半导体指数）：$GSM

Service Index（服务业指数）：$GSV

Small Cap 600 Index（小型资本股 600 指数）：SML

Software（软件业）：$GSO

theStreet.com Internet Sector（theStreet.com 互联网行业）：$DOT

Utility Stock Subindex（公用事业股指数）：UTY

HOLDRS（HOLding company Depositary ReceiptS，持有公司存托收据）在美国股票交易所挂牌

Biotech（生物科技）HOLDRS：BBH

Broadband（宽带）HOLDRS：BDH

B2B Internet（商业互联网）HOLDRS：BHH

Europe 2001（欧洲 2001）HOLDRS：EKH

Internet（互联网）HOLDRS：HHH

Internet Architecture（互联网设计）HOLDRS：IAH

Internet Infrastructure（互联网基础建设）HOLDRS：IIH

Market 2000+（市场 2000+）HOLDRS：MKH

Oil Service（石油服务业）HOLDRS：OIH

Pharmaceutical（制药业）HOLDRS：PPH

Regional Bank（地方银行）HOLDRS：RKH

Retail（零售业）HOLDRS：RTH

Semiconductor（半导体业）HOLDRS：SMH

Software（软件业）HOLDRS：SWH

Telecom（电信业）HOLDRS：TTH

Utilities（公用事业）HOLDRS：UTH

Wireless（无线通信）HOLDRS：WMH

ETFs：在 www.amex.com 这个网站你可以找到一份相当完整的 ETF 的名单。在左边的菜单中，点击" ETFs"。在接下来弹出的菜单里，选择" All ETFs"。不是所有的 ETF 都有期权，有的 ETF 只有自己在交易。

期货期权条款和到期日

截至本书（英文版）出版，下面的数据还是准确的，不过到期日定义有可能会改变（合约的大小也有可能变化，但可能性较低）。如果想要最新的信息，可以同经纪人联系，或者访问金融市场学院（Institute for Financial Markets）的网站 www.theifm.org，订阅"期货和期权手册"（Futures and Option Fact Book），它提供了这方面最完整的信息。

标的	美元／波动范围	到期日
British Pound（英镑）	625 美元（150.00 ～ 151.00）	第 3 个星期三之前的第 2 个星期五
Canadian Dollar（加元）	1 000 美元（72.00 ～ 73.00）	第 3 星期三之前的第 2 个星期五
Cattle,Feeder（饲养牛）	500 美元（80.00 ～ 81.00）	非节假日的最后 1 个星期四
Cattle, Live（活牛）	400 美元（72.00 ～ 73.00）	第 1 个星期五
Cocoa（可可）	10 美元（1 100 ～ 1 101）	前一个月的第 1 个星期五
Coffee（咖啡）	375 美元（82.00 ～ 83.00）	前一个月的第 1 个星期五
Copper（铜）	250 美元（87.00 ～ 88.00）	前一个月的最后交易日之前的第 4 天
Corn（玉米）	50 美元（260 ～ 261）	前一个月最后交易日之前，至少早于该最后交易日 2 个交易日的那个星期五
Cotton（棉花）	500 美元（80.00 ～ 81.00）	这个月的第 3 个交易日
Crude Oil（原油）	1 000 美元（16.00 ～ 17.00）	（查看交易日历）
CRB Index（商品研究局价格指数）	500 美元（250.00 ～ 251.00）	合约月的第 2 个星期五
Deutsche Mark（德国马克）	1 250 美元（58.00 ～ 59.00）	第 3 个星期三之前的第 2 个星期五
Dollar Index（美元指数）	1 000 美元（84.00 ～ 85.00）	第 3 星期三之前的第 2 个星期五
Dow Jones（道琼斯指数）	10 美元（10 500 ～ 10 501）	合约月的第 3 个星期五
Euro Currency（欧洲货币）	1 250 美元（113.00 ～ 114.00）	第 3 星期三之前的第 2 个星期五
Eurodollar（欧元）	2 500 美元（94.00 ～ 95.00）	第 3 个星期三之前的伦敦的第 2 个工作日
Five-Year Note（5 年债券）	1 000 美元（102.00 ～ 103.00）	至少早于前一个月最后一天之前 2 个交易日的那个星期五
Gasoline (unleaded)（无铅汽油）	420 美元（48.00 ～ 49.00）	（查看交易日历）
Gold（黄金）	100 美元（381.00 ～ 382.00）	前一个月的第 2 个星期五

（续）

标的	美元 / 波动范围	到期日
Heating Oil（取暖油）	420 美元（46.00～47.00）	（查看交易日历）
Hogs，Live（生猪）	400 美元（45.00～46.00）	第 1 个星期五
Japanese Yen（日元）	1 250 美元（97.00～98.00）	第 3 个星期三之前的第 2 个星期五
Lumber（木材）	160 美元（326.00～327.00）	前一个月的最后那个星期五
Muni Bonds（地方政府债券）	1 000 美元（90.00～91.00）	倒数第 8 个工作日
Nasdaq-100（纳斯达克 100）	100 美元（1 400.00～1 401.00）	合约月的第 3 个星期五
Nikkei Stock Average（日经股指）	500 美元（201.00～202.00）	第 3 个星期五（在 3、6、9 和 12 月里，第 2 个星期五）
Orange Juice（橙汁）	150 美元（100.00～101.00）	前一个月的第 1 个星期五
Platinum（铂）	50 美元（388.00～389.00）	前一个月的第 2 个星期五
Pork Bellies（猪腩）	400 美元（54.00～55.00）	（查看交易日历）
Silver（COMEX）（白银）	50 美元（525.00～526.00）	前一个月的第 2 个星期五
Soybeans（大豆）	50 美元（653～654）	前一个月最后交易日之前，至少早于该最后交易日 2 个交易日的那个星期五
Soybean Meal（豆粕）	100 美元（187.00～188.00）	前一个月最后交易日之前，至少早于该最后交易日 2 个交易日的那个星期五
Soybean Oil（豆油）	600 美元（25.00～26.00）	前一个月最后交易日之前，至少早于该最后交易日 2 个交易日的那个星期五
S&P500 Index（标普 500 指数）	500 美元（443.00～444.00）	第 3 个星期五
Sugar（#11）（白糖）	1 120 美元（11.00～12.00）	前一个月的第 2 个星期五（12 月合约：12 月的第 2 个星期五）
Swiss Franc（瑞士法郎）	1 250 美元（69.00～70.00）	第 3 个星期三之前的第 2 个星期五
T-Bills（政府短期债券）	2 500 美元（95.00～96.00）	（查看交易日历）
T-Bonds（政府长期债券）	1 000 美元（105.00～106.00）	前一个月最后交易日之前，至少早于该最后交易日 2 个交易日的那个星期五
T-Notes（政府中期债券）	同 T-Bonds 一样	同 T-Bonds 一样
Ten-Year Note（10 年债券）	1 000 美元（102-100～103-100）	至少早于前一个月最后一天之前 2 个交易日的那个星期五
Wheat（小麦）	50 美元（314-315）	前一个月最后交易日之前，至少早于该最后交易日 2 个交易日的那个星期五

注：如果没有特别说明月份，这里使用的就是期权合约月份；"前一个月"指的是先于期权合约月份的一个月。

期 权 模 型

布莱克 – 斯科尔斯模型（Black-Scholes Model，B-S）

$$期权价值 = pN(d_1) - se^{-rt}N(D_2)$$

其中，

$$d_1 = \frac{\ln\left(\dfrac{p}{s}\right) + \left(r + \dfrac{v^2}{2}\right)t}{v\sqrt{t}}$$

$$d_2 = d_1 - v\sqrt{t}$$

变量定义如下：

p	股票价格
s	行权价
t	剩余时间（单位：年）
r	无风险利率，通常是 90 天债券利率
$\ln$	自然对数
$N(d)$	正态密度函数
v	波动率（年化标准方差）

使用下列多项式可以计算出正态密度函数，首先计算 x、y 和 z 来得到 $N(\sigma)$：

$z = 0.398\ 942\ 3e^{-\sigma/2}$

$y = 1/(1 + 0.231\ 641\ 9|\sigma|)$，

$x = 1 - z(1.330\ 274y^5 - 1.821\ 256y^4 + 1.781\ 478y^3 - 0.356\ 538y^2 + 0.319\ 381\ 5y)$

那么如果 $\sigma > 0$，则 $N(\sigma) = x$；如果 $\sigma < 0$，则 $N(\sigma) = 1 - x$。

我们也可以根据该模型推导出期权的希腊值：

$$Delta = N(d_1)$$

$$Gamma = \frac{e^{-x/2}/\sqrt{(2\pi)}}{pv\sqrt{t}}$$

其中 $x = \ln(p/(s(1+r)^{-t})/(v\sqrt{t})) + v\sqrt{t}/2$

二项式模型

很多人相信二项式模型能够自定义价格分布，因此二项式模型比 B-S 模型更精确。二项式模型计算量远大于 B-S 模型计算了，但现在电脑运算速度已经很快，计算量大不再是问题。这个模型也被称为 Cox-Ross-Rubinstein（C-R-R）二项式模型。

首先构建图 C-1 那样的格阵。格阵左侧代表了当前股价，用自定义概率来决定股票在格阵每一点上的价格。格阵宽度代表了交易者想要考虑的从当前到到期日所有的时间阶段（实际运用中，可以使用 50 个时段）。

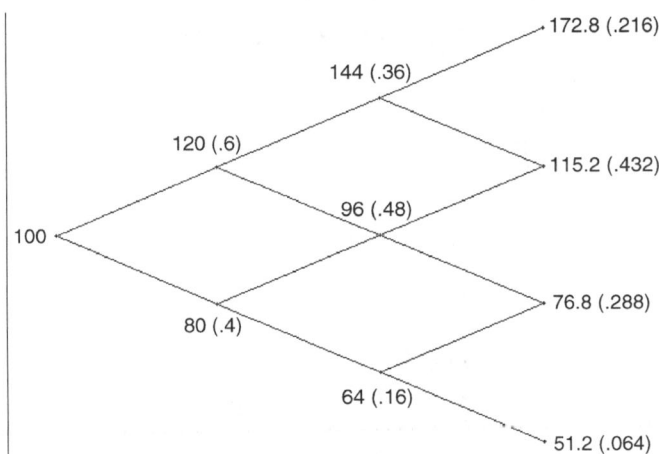

图 C-1　二项式模型的格阵

在例中的格阵中，假设股票只能有两种运动：每一个时段里股价要么上涨 20%，要么下跌 20%。同时，假设只考虑 3 个时段，那么 3 个时段后股价会在 172.8、115.2、76.8 或 51.2。另外，每节上涨后的价格是前一节的 1.2 倍，下跌后价格是前一节的 0.8 倍。

格阵中的数字都列出来后，期权价值就显而易见了。例如，如果想估值一个在这 3 个时段后到期、行权价 100 的认购期权，那么我们可以看出，期权到期时有下表价值。

股票价格	期权到期时价值
172.8	72.8
115.2	15.2
76.8	0
51.2	0

现在，我们也想知道这些价格运动出现的概率有多大。C-R-R 模型给了我们下面的公式来决定这一点：

$$p = (R - d) / (u - d)$$

式中，p 为向上运动的概率；R 为 e^{-rt}；r 为无风险利率；t 为到期前所剩下的年数；u 为一个向上运动的幅度；d 为一个向下运动的幅度。

该简单例子中，向上运动的幅度是 1.2（20% 的增长），向下运动幅度是 0.8（20% 的减少）。此外，为了简单起见，假设 $R = 1.04$，可以计算出：

$$p = (1.04 - 0.8) / (1.2 - 0.8) = 0.6$$

因此，$p = 0.60$，则 60% 的概率该股票在该时段会上涨，同时也意味着它有 40% 的概率下跌。该股票上涨机会比下跌的大，其中包含一些类似正态对数分布的概念。

图 C-1 总结了所有这些信息。在每一节上都显示了股票价格和它们出现的概率（括号中的数字）。请注意，一个有**两个**输入量（一个从上面，一个从下面）的节点，其概率等于前面节点概率总和。

最后，可以利用这个信息来决定在最初节点上认购期权的当前价值。我们将到期时的内在价值乘以在这一节点上的概率，对每一节点都进行这样的计算，再把它们加在一起。在这个例子里，认购期权的价值（C）是

$C = 0.216 \times (172.80 - 100) + 0.432 \times (115.20 - 100) + 0.288 \times 0 + 0.064 \times 0$

$\quad = 15.72 + 6.57 + 0 + 0$

$\quad = 22.29$

因此，这个 3 个时段、行权价 100 的认购期权在股价为 100 时的理论价值就是 22.29。

在 C-R-R 模型中，我们只需要知道认购期权在后续节点上的价值，就可以使用下面公式来计算认购期权在任一节点上的价值。为了最终得出认购期权在最初节点上的价值，**从右向左**对这个格阵进行估算。

使用 C-R-R 模型来决定认购期权理论价值 C：

$$C = \frac{pC_{\text{up}} + (1 - p)\,C_{\text{down}}}{R}$$

式中，p 为上涨概率；R 为 e^{rt}；C_{up} 标的物上涨后认购期权的价值；C_{down} 为标的物下跌后认购期权的价值。

从右向左对二项式模型进行计算，可以得到 C_{up} 和 C_{down}，计算时间短。

　　概括而言，首先对股票价格波动进行假设，建立从左到右的格阵。然后从右到左使用公式计算出认购期权的理论价值。

　　如果想了解 C-R-R 模型的更多信息，可以阅读约翰 C. 考克斯（John C. Cox）和马克·鲁宾斯坦（Mark Rubinstein）的《期权市场》（*Options Markets*，Prentice-Hall，1985 年版）。

期权投资策略

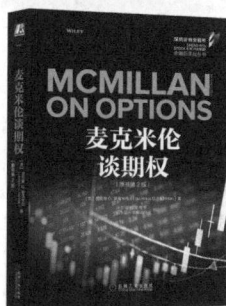

书名	作者	ISBN	价格
散户的优势：期权场内交易策略	（美）丹·帕萨雷里	978-7-111-73544-1	79.00元
期权交易仓位管理高级指南	（美）尤安·辛克莱	978-7-111-72619-7	79.00元
期权投资策略（原书第5版）	（美）劳伦斯 G. 麦克米伦	978-7-111-48856-9	169.00元
期权波动率与定价：高级交易策略与技巧（原书第2版）	（美）谢尔登·纳坦恩伯格	978-7-111-58966-2	128.00元
麦克米伦谈期权（原书第2版）	（美）劳伦斯 G. 麦克米伦	978-7-111-58428-5	120.00元
波动率交易：期权量化交易员指南（原书第2版）	（美）尤安·辛克莱	978-7-111-56517-8	69.00元
期权波动率交易策略	（美）谢尔登·纳坦恩伯格	978-7-111-48463-9	45.00元
高胜率期权交易心法	蒋 瑞	978-7-111-67418-4	49.00元
期权入门与精通（原书第2版）:投机获利与风险管理	（美）W. 爱德华·奥姆斯特德	978-7-111-44059-8	49.00元
走进期权(原书第2版）	（美）迈克尔·辛西尔	978-7-111-50652-2	59.00元
商品交易之王	（美）凯特.凯利	978-7-111-50753-6	59.00元
奇异期权	张光平	978-7-111-47165-3	200.00元
期权交易实战一本精	陈松男	978-7-111-51704-7	59.00元

巴菲特系列

分类	译者	书号	书名	定价
坎宁安作品	王冠亚	978-7-111-73935-7	超越巴菲特的伯克希尔：股神企业帝国的过去与未来	119元
	杨天南	978-7-111-59210-5	巴菲特致股东的信：投资者和公司高管教程（原书第4版）	128元
	杨天南	978-7-111-67124-4	巴菲特的嘉年华：伯克希尔股东大会的故事	79元
哈格斯特朗作品	杨天南	978-7-111-74053-7	沃伦·巴菲特：终极金钱心智	79元
	杨天南	978-7-111-66880-0	巴菲特之道（原书第3版）	79元
	杨天南	978-7-111-66445-1	巴菲特的投资组合（典藏版）	59元
	郑磊	978-7-111-49646-5	查理·芒格的智慧：投资的格栅理论（原书第2版）	69元
巴菲特投资案例集	杨天南	978-7-111-64043-1	巴菲特的第一桶金	79元
	杨天南	978-7-111-74154-1	巴菲特的伯克希尔崛起：从1亿到10亿美金的历程	79元

推荐阅读

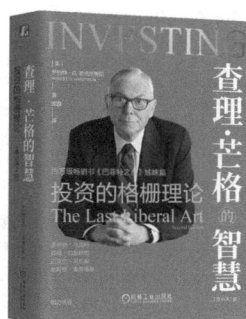

序号	中文书名	定价
1	股市趋势技术分析（原书第11版）	198
2	沃伦·巴菲特：终极金钱心智	79
3	超越巴菲特的伯克希尔：股神企业帝国的过去与未来	119
4	不为人知的金融怪杰	108
5	比尔·米勒投资之道	80
6	巴菲特的嘉年华：伯克希尔股东大会的故事	79
7	巴菲特之道（原书第3版）（典藏版）	79
8	短线交易秘诀（典藏版）	80
9	巴菲特的伯克希尔崛起：从1亿到10亿美金的历程	79
10	巴菲特的投资组合（典藏版）	59
11	短线狙击手：高胜率短线交易秘诀	79
12	格雷厄姆成长股投资策略	69
13	行为投资原则	69
14	趋势跟踪（原书第5版）	159
15	格雷厄姆精选集：演说、文章及纽约金融学院讲义实录	69
16	与天为敌：一部人类风险探索史（典藏版）	89
17	漫步华尔街（原书第13版）	99
18	大钱细思：优秀投资者如何思考和决断	89
19	投资策略实战分析（原书第4版·典藏版）	159
20	巴菲特的第一桶金	79
21	成长股获利之道	89
22	交易心理分析2.0：从交易训练到流程设计	99
23	金融交易圣经II：交易心智修炼	49
24	经典技术分析（原书第3版）（下）	89
25	经典技术分析（原书第3版）（上）	89
26	大熊市启示录：百年金融史中的超级恐慌与机会（原书第4版）	80
27	敢于梦想：Tiger21创始人写给创业者的40堂必修课	79
28	行为金融与投资心理学（原书第7版）	79
29	蜡烛图方法：从入门到精通（原书第2版）	60
30	期货狙击手：交易赢家的21周操盘手记	80
31	投资交易心理分析（典藏版）	69
32	有效资产管理（典藏版）	59
33	客户的游艇在哪里：华尔街奇谈（典藏版）	39
34	跨市场交易策略（典藏版）	69
35	对冲基金怪杰（典藏版）	80
36	专业投机原理（典藏版）	99
37	价值投资的秘密：小投资者战胜基金经理的长线方法	49
38	投资思想史（典藏版）	99
39	金融交易圣经：发现你的赚钱天才	69
40	证券混沌操作法：股票、期货及外汇交易的低风险获利指南（典藏版）	59
41	通向成功的交易心理学	79

推 荐 阅 读

序号	中文书名	定价
42	击败庄家：21点的有利策略	59
43	查理·芒格的智慧：投资的格栅理论（原书第2版·纪念版）	79
44	彼得·林奇的成功投资（典藏版）	80
45	彼得·林奇教你理财（典藏版）	79
46	战胜华尔街(典藏版)	80
47	投资的原则	69
48	股票投资的24堂必修课（典藏版）	45
49	蜡烛图精解:股票和期货交易的永恒技术（典藏版）	88
50	在股市大崩溃前抛出的人：巴鲁克自传（典藏版）	69
51	约翰·聂夫的成功投资（典藏版）	69
52	投资者的未来（典藏版）	80
53	沃伦·巴菲特如是说	59
54	笑傲股市（原书第4版.典藏版）	99
55	金钱传奇：科斯托拉尼的投资哲学	69
56	证券投资课	59
57	巴菲特致股东的信：投资者和公司高管教程（原书第4版）	128
58	金融怪杰：华尔街的顶级交易员（典藏版）	80
59	日本蜡烛图技术新解（典藏版）	60
60	市场真相：看不见的手与脱缰的马	69
61	积极型资产配置指南：经济周期分析与六阶段投资时钟	69
62	麦克米伦谈期权（原书第2版）	120
63	短线大师：斯坦哈特回忆录	79
64	日本蜡烛图交易技术分析	129
65	赌神数学家：战胜拉斯维加斯和金融市场的财富公式	59
66	华尔街之舞：图解金融市场的周期与趋势	69
67	哈利·布朗的永久投资组合：无惧市场波动的不败投资法	69
68	憨夺型投资者	59
69	高胜算操盘：成功交易员完全教程	69
70	以交易为生（原书第2版）	99
71	证券投资心理学	59
72	技术分析与股市盈利预测：技术分析科学之父沙巴克经典教程	80
73	机械式交易系统：原理、构建与实战	80
74	交易择时技术分析：RSI、波浪理论、斐波纳契预测及复合指标的综合运用（原书第2版）	59
75	交易圣经	89
76	证券投机的艺术	59
77	择时与选股	45
78	技术分析（原书第5版）	100
79	缺口技术分析：让缺口变为股票的盈利	59
80	预期投资：未来投资机会分析与估值方法	79
81	超级强势股：如何投资小盘价值成长股（重译典藏版）	79
82	实证技术分析	75
83	期权投资策略（原书第5版）	169
84	赢得输家的游戏：精英投资者如何击败市场（原书第6版）	45
85	走进我的交易室	55
86	黄金屋：宏观对冲基金顶尖交易者的掘金之道(增订版)	69
87	马丁·惠特曼的价值投资方法：回归基本面	49
88	期权入门与精通：投机获利与风险管理（原书第3版）	89
89	以交易为生II：卖出的艺术（珍藏版）	129
90	逆向投资策略	59
91	向格雷厄姆学思考，向巴菲特学投资	38
92	向最伟大的股票作手学习	36
93	超级金钱（珍藏版）	79
94	股市心理博弈（珍藏版）	78
95	通向财务自由之路（珍藏版）	89